L'autonomie de l'arbitrage commercial international

site : www.librairieharmattan.com
diffusion.harmattan@wanadoo.fr
e.mail : harmattan1@wanadoo.fr

ISBN : 2-296-00235-8
EAN : 9782296002357

Antoine Kassis

L'autonomie de l'arbitrage commercial international

Le droit français en question

Préface de Paul Lagarde

L'Harmattan
5-7, rue de l'École-Polytechnique ; 75005 Paris
FRANCE

L'Harmattan Hongrie
Könyvesbolt
Kossuth L. u. 14-16
1053 Budapest

Espace L'Harmattan Kinshasa
Fac..des Sc. Sociales, Pol. et
Adm. ; BP243, KIN XI
Université de Kinshasa – RDC

L'Harmattan Italia
Via Degli Artisti, 15
10124 Torino
ITALIE

L'Harmattan Burkina Faso
1200 logements villa 96
12B2260
Ouagadougou 12

Principaux ouvrages publiés en français à la LGDJ
(Librairie Générale de droit et de jurisprudence)

1- Théorie Générale des Usages du Commerce, 1984.
2- Problème de base de l'arbitrage, en droit comparé e en droit international. Arbitrage juridictionnel et arbitrage contractuel, 1987.
3- Réflexions sur le règlement d'arbitrage de la Chambre de Commerce Internationale, 1988.
4- Le nouveau droit européen des contrats internationaux, 1993.

PRÉFACE

Monsieur Antoine Kassis est un auteur confirmé, bien connu de ceux qui liront ce nouvel ouvrage. Il a fait la preuve, par ses écrits antérieurs sur l'arbitrage et sur les contrats internationaux, qu'il écrit ce qu'il pense être juste, avec une impressionnante liberté d'esprit, sans le moindre souci de plaire ou de déplaire. Il ne craint pas de déranger, voire de bousculer les idées reçues qui, à force d'être répétées par les autorités les mieux établies, ont fini par s'imposer. Il éprouve de la détestation vis-à-vis des positions juridiques qu'il soupçonne d'être inspirées, même à l'insu de leurs auteurs, par des présupposés idéologiques. Il prend plaisir à dénoncer les confusions de raisonnement, à démonter les glissements de sens et les explications en trompe-l'oeil. Il met de l'acharnement dans la critique des idées qu'il estime fausses et ne fait aucune concession dans sa démonstration de leur fausseté. Pour toutes ces raisons, il lui arrive d'agacer. Mais il ne sert à rien d'ignorer Cassandre. M. Kassis critique, parfois vivement, les idées, non les personnes, et ses analyses, même si on peut ne pas toutes les partager, sont toujours, dans leur implacable logique, le fruit d'une réflexion méthodique approfondie et bien documentée.

Dans le présent ouvrage, il exerce sa critique sur l'autonomie de l'arbitrage commercial international telle qu'elle s'est développée en droit français avec et depuis le décret du 12 mai 1981. Comme le terme d'autonomie est lui-même susceptible d'acceptions différentes, il précise qu'en droit français l'arbitrage international est autonome en ce sens qu'il est détaché de tout droit étatique pour être régi par des règles matérielles incertaines. De façon très pédagogique, il examine cette autonomie aux trois stades successifs que sont la convention d'arbitrage, le droit applicable au fond et le contrôle judiciaire de la sentence.

Sa critique la plus radicale porte sur ce qu'il dénonce comme le mythe de l'autonomie de la convention d'arbitrage, objet de sa première partie. On connaît l'évolution de la jurisprudence, de l'arrêt *Gosset* de 1963, qui sépare le sort de la convention d'arbitrage de celui du contrat principal, à l'arrêt *Dalico* de 1993 qui " en vertu d'une règle matérielle de droit international de l'arbitrage ", admet la validité de la convention d'arbitrage " d'après la commune intention des parties en cause, sans qu'il soit nécessaire de se référer à une loi étatique ", tout en réservant " les règles impératives du droit français et de l'ordre public international ". M. Kassis condamne cette volonté d'élimination des règles de conflit de lois, qui repose en réalité sur une faveur de principe, non justifiée, à la validité de la convention d'arbitrage et qui isole le droit français par rapport à la quasi totalité des droits étrangers. L'encadrement juridique de la convention d'arbitrage s'en trouve frappé de la plus grave des imprécisions. Quel est le contenu de cette règle matérielle de droit international à laquelle se réfère l'arrêt *Dalico* ? Nul n'a pu le préciser, non plus que celui de l'ordre public international français en la matière. L'auteur conteste l'idée, avancée par certains, d'une délégation implicite au juge de combler le *vacuum juris* né de l'absence de référence à une loi étatique. Le recours à la notion de règle matérielle est pour lui un leurre, une pétition de principe, et il faudrait revenir à la règle que la convention d'arbitrage, comme tout contrat international, est régie par une loi étatique.

M. Kassis ne se contente pas d'une contestation de principe. Il prend la peine de tester le principe d'autonomie et sa variante, la méthode des règles matérielles, dans leur application, successivement, à la formation et à la validité de la convention d'arbitrage, à l'arbitrabilité du litige, à la constitution du tribunal arbitral et à la détermination de la procédure arbitrale. Il a beau jeu d'opposer sur tous ces points les solutions conflictuelles de la convention de New York, faciles à appliquer, à la recherche de règles matérielles improbables, à laquelle conduiraient les dispositions du décret du 12 mai 1981.

Sur le premier point, alors que la convention de New York prévoit, lors de l'exequatur de la sentence, le contrôle de la convention d'arbitrage selon une loi étatique (la loi choisie par les parties ou la loi du pays où la sentence est rendue), les articles 1502 et 1504 NCPC sont muets sur la loi que le juge français de l'exequatur doit appliquer pour s'assurer que la convention d'arbitrage s'est formée et n'est pas nulle. Il n'a pas de peine à démontrer l'impasse dans laquelle on s'enferme si l'on écarte le système conflictuel et que l'on cherche à dégager des règles matérielles transnationales.

En matière d'arbitrabilité, M. Kassis suit Philippe Fouchard qui, dans sa thèse publiée en 1965, avait analysé l'arbitrabilité comme étant à la fois une condition de validité de la convention d'arbitrage et comme une condition de reconnaissance de la sentence, ce qui menait à l'application cumulative de la loi d'autonomie (ou à défaut de la loi du siège de l'arbitrage) et de la loi de l'État de reconnaissance (cf. la convention de New York). Mais que faire si l'on abandonne la méthode conflictuelle ? Où trouver les règles matérielles ou l'ordre public réellement international qui diront si le litige est arbitrable ?

Pour la constitution du tribunal arbitral, l'article 1493 NCPC entend laisser la plus grande liberté aux parties, tout en prévoyant, pour les arbitrages se déroulant en France ou soumis à la loi de procédure française, le recours à la justice étatique (le président du tribunal de grande instance de Paris) en cas de difficulté. Mais ce texte n'indique aucunement les règles auxquelles le juge d'appui pourra recourir. L'auteur met en lumière une série de situations précises et concrètes que le juge, abandonné aux règles matérielles, ne pourra résoudre (n° 337 et s.) et dont la moindre n'est pas la quasi impossibilité pour le juge de l'exequatur de la sentence, privé du pouvoir de se référer à la loi du siège de l'arbitrage, de statuer sur la régularité de la constitution du tribunal arbitral. Et de même, pour la procédure arbitrale, l'absence de règles légales supplétives pose de sérieux problèmes, notamment quant au délai de l'arbitrage.

La conclusion de cette première partie est donc que la convention d'arbitrage, qui est la source des pouvoirs de l'arbitre et qui précède l'accomplissement par celui-ci de sa mission, devrait être encadrée par un droit étatique. Sa prétendue autonomie n'est qu'une mystification. Il en est tout autrement du droit applicable au fond.

Sur la question du droit applicable au fond du litige, l'opposition de M. Kassis à la doctrine dominante en matière d'arbitrage est moins accusée. Tous les auteurs s'accordent aujourd'hui pour constater que l'arbitre international, qui tient ses pouvoirs de la volonté des parties, n'a pas de *lex fori.* De plus, depuis la critique célèbre qu'en avait faite Pierre Mayer dans les *Mélanges Goldman,* l'idée d'un ordre juridique de base du contrat international est abandonnée. Enfin, nul ne conteste que le juge de l'exequatur de la sentence ne contrôle pas la loi appliquée au fond par l'arbitre international. De ces trois points d'accord, il découle que l'arbitre, au moins lorsque les parties n'ont pas choisi le droit applicable, statue sans règle de droit.

Ainsi, rejoignant encore Pierre Mayer, M. Kassis montre que l'article 1496 NCPC est un faux-semblant, un hommage vide de sens au fétichisme de la règle de droit. Pourtant, même si ce texte n'oblige pas l'arbitre à passer par le détour d'une règle de conflit, il paraît lui faire obligation de statuer conformément à des règles de droit. L'auteur montre que cette obligation, si c'en est une, est dépourvue de toute force obligatoire. Oblige-t-elle au moins l'arbitre, même en toute liberté, à se référer à des règles de droit préexistantes ? L'auteur estime que l'article 1496 donne à l'arbitre licence de forger de toutes pièces ses propres règles de droit (n° 587), dès lors que le droit français ne subordonne la reconnaissance et l'exécution de la sentence à aucun contrôle de la loi appliquée par l'arbitre.

L'auteur utilise une formule choc pour synthétiser sa position : " lorsque les parties n'ont pas fait d'*electio juris,* l'arbitre international n'adore que l'idole juridique qu'il a lui-même créée, même s'il ne le dit pas, même s'il ne le croit pas " (n° 707). Et cela le conduit, toujours à défaut de choix de loi par les parties, à soutenir que rien ne sépare l'arbitre international de l'amiable compositeur. N'étant pas tenu de se référer à des règles de droit préexistantes, l'arbitre international serait donc, *ex natura*, un amiable compositeur et l'article 1497 NCPC serait inutile.

Lorsque les parties ont choisi la loi applicable au fond du litige, l'arbitre qui n'appliquerait pas cette loi manquerait à sa mission, ce qui pourrait être sanctionné par le juge de l'exequatur (art. 1502-3°). M. Kassis, arguant de ce que l'arbitre n'a pas de *lex fori* et n'est donc pas soumis à une règle de conflit soumettant le contrat à la loi étatique choisie par les parties, en déduit que cette dernière perd son caractère de règle de droit pour devenir une simple clause contractuelle, que donc la loi choisie est incorporée dans le contrat. Il en découlerait les conséquences bien connues de l'incorporation, notamment la mise à l'écart de la loi choisie si elle annule le contrat. On pourrait cependant lui répondre, comme on l'a fait dans le cadre de la justice étatique, que si l'intention des parties était de soumettre la validité du contrat à la loi choisie, ce serait de la part de l'arbitre méconnaître leur volonté que de refuser l'application de cette loi lorsqu'elle annule le contrat. Dans un autre développement, reprenant sa critique déjà exprimée ailleurs de la *lex mercatoria* et allant sur ce point bien au delà de l'auteur de cette préface, il dénie toute portée au choix par les parties de la *lex mercatoria*, même au titre de l'incorporation, car la *lex mercatoria* n'a pas le caractère de choix d'une règle de droit.

Le troisième terrain sur lequel se poursuit l'examen par M. Kassis de l'autonomie de l'arbitrage commercial international par rapport au droit étatique est celui du contrôle judiciaire de la sentence.

L'auteur part de l'article V de la convention de New York qui énumère les motifs de refus de reconnaissance et d'exécution de la sentence arbitrale et dénonce le travail de démolition auquel ils ont été exposés. Il se débarrasse d'abord assez vite de ceux qui ont soutenu le caractère facultatif de ces motifs de refus et il fait justice de l'argument linguistique tiré d'une différence de rédaction entre les diverses versions de la convention. Il s'attaque ensuite à l'article 1502 NCPC qui, pour l'appréciation des motifs de refus qu'il retient, supprime toute référence à une loi étatique et abandonne le juge à des règles matérielles à inventer. L'auteur s'inquiète à juste titre de ce saut dans l'inconnu, en examinant sous cet angle, l'un après l'autre, les motifs d'opposition de l'article 1502.

Le détachement de la sentence de tout droit étatique est plus criant encore avec la disparition dans l'article 1502 du motif d'opposition, pourtant prévu par la convention de New York (art. V, 1, e), tiré de l'annulation de la sentence par une autorité compétente du pays dans lequel ou d'après la loi duquel la sentence a été rendue. Le désordre provoqué dans l'arbitrage international par cette disparition, illustré par les impasses de l'emblématique affaire *Hilmarton*, suffit à la condamner. Dans sa critique, M. Kassis rejoint un courant doctrinal important, représenté notamment par **Pierre Mayer** et très récemment par la thèse de **Sylvain Bollée** (*Les méthodes du droit international privé à l'épreuve des sentences arbitrales*, Economica, 2004, préface **P. Mayer**), qui dénie l'assimilation de la sentence étrangère à un jugement étranger et la considère comme un acte privé. Il s'ensuit qu'un jugement étranger ayant annulé la sentence ne peut être assimilé à un jugement d'exequatur, limité par nature au territoire de l'État dans lequel il est intervenu. Ce jugement, selon ce courant doctrinal, est un jugement comme un autre et il doit être reconnu dans les autres États, dès lors qu'il remplit les conditions habituelles de régularité internationale, spécialement la condition de compétence indirecte, assurément satisfaite lorsqu'il s'agit d'un jugement rendu dans l'État du siège de l'arbitrage ou dans l'État d'après la loi duquel la sentence a été rendue.

Ainsi, la position de M. Kassis est-elle finalement moins isolée qu'on aurait pu le croire. Elle n'est pas une déclaration de guerre à l'arbitrage, dont la légitimité, comme mode alternatif de règlement, n'est pas en cause. Elle montre simplement que le mouvement de balancier du droit français qui a progressivement détaché l'arbitrage international de tout droit étatique est allé beaucoup trop loin et doit être reconsidéré.

PAUL LAGARDE

Professeur émérite de l'Université de Paris I
(Panthéon - Sorbonne)

INTRODUCTION

1. - Aujourd'hui, dans les travaux des juristes sur l'arbitrage commercial international, on voit sans cesse revenir un thème récurrent, repris à la manière d'un leitmotiv, à savoir l'affirmation de l'autonomie de l'arbitrage commercial international.

Il n'est guère étonnant que cette idée-force soit répétée et commentée à satiété, lorsqu'on observe que la réforme de 1981 de l'arbitrage commercial international en France est centrée sur l'idée d'autonomie de l'arbitrage commercial international. Dès l'entrée en vigueur du décret de 1981 édictant les nouvelles règles de l'arbitrage commercial international, les premiers commentateurs de ce décret, qui sont dans le même temps les défenseurs résolus du nouveau droit, se sont attachés à souligner l'importance de cette vérité.

Dans sa présentation du nouveau droit au Colloque de Paris du 23 septembre 1981, le professeur GOLDMAN, reprenant les paroles de JEAN ROBERT, écrivait que le principe essentiel et de base du nouveau texte est celui de l'autonomie de la volonté poussée à ses plus extrêmes limites. Ce qui est vrai, ajoutait-il, de l'organisation de l'arbitrage (procédure, désignation des arbitres) aussi bien que de la détermination des règles de droit applicables au fond du litige [(1)].

De son côté, le professeur FOUCHARD, dans sa présentation du nouveau droit au même Colloque, écrivait sous un intitulé révélateur (Introduction : Spécificité de l'arbitrage international), que la préoccupation des auteurs du texte a été de faire simple, qu'il était inutile et même dangereux de multiplier les prescriptions, ce qui explique l'absence de règles de conflit

(1) **BERTHOLD GOLDMAN**, La volonté des parties et le rôle de l'arbitre dans l'arbitrage international, Colloque du 23 septembre 1981 sur la réforme de l'arbitrage international en France, Rev. Arb., 1981, p. 471.

dont l'énoncé eut été inévitablement complexe, en raison de la grande diversité des circonstances et des phases de chaque arbitrage. Leur intérêt, ajoutait-il, était médiocre, dès lors que l'objectif recherché était seulement de consacrer l'autonomie des praticiens et de fixer les limites de celle-ci lors du contrôle de l'arbitrage par un juge français, car pour atteindre ce résultat seules les règles matérielles étaient nécessaires, et elles étaient aussi suffisantes [(2)].

Dans une autre présentation du même décret de 1981, le professeur FOUCHARD écrivait que le texte à intervenir ne procéderait pas fondamentalement de la méthode conflictualiste. Précisant sa pensée, il observait qu'une institution aussi complexe et diversifiée que l'arbitrage, comportant plusieurs phases à la croisée de plusieurs qualifications (contractuelle pour la convention d'arbitrage, juridictionnelle pour la procédure et la sentence, sans parler même du fond du litige), l'élaboration d'un système écrit et complet de rattachements aurait été fort laborieux et risquait - en fixant une matière naturellement malléable - d'entraîner de nouvelles rigidités. En outre, ajoutait-il, la jurisprudence française avait montré, précisément en matière d'arbitrage international, que cette méthode conflictualiste ne permettait pas de régler toutes les difficultés : ses tendances les plus récentes manifestaient une faveur croissante, en la forme, pour des règles matérielles propres à l'arbitrage international, au fond, pour la reconnaissance de la plus large autonomie de l'arbitrage par rapport aux lois étatiques. Ce sont ces tendances, concluait le professeur FOUCHARD, que les auteurs du nouveau texte entendaient consacrer [(3)]

Voilà donc brossés en quelques lignes les traits essentiels de l'autonomie dans l'arbitrage international.

2 -Reprenons quelques-unes des formules des professeurs GOLDMAN et FOUCHARD dans les deux passages cités ci-dessus : " Autonomie de la volonté poussée à ses plus extrêmes limites ". " La plus large autonomie de l'arbitrage (international) par rapport aux lois étatiques "." Autonomie des praticiens ". " Règles matérielles propres à l'arbitrage (international) ". Qu'est-ce que cela veut dire au juste, concrètement ? Cela veut dire que le droit français de l'arbitrage international a fait son deuil de toute loi étatique, que l'arbitrage international en France est régi par " des règles matérielles " propres à cet arbitrage et différentes des lois étatiques, que ces règles matérielles sont nécessaires, mais qu'elles sont aussi suffisantes pour l'arbitrage international.

(2)**FOUCHARD**, Introduction : Spécificité de l'arbitrage international, Colloque du 23 septembre 1981, Rev. Arb., 1981, p. 460.

(3) **FOUCHARD,** L'arbitrage en France après le décret du 12 mai 1981, Journal de dr. int., 1982, p. 376.

3. - Ce principe d'autonomie de l'arbitrage international par rapport aux lois étatiques, tel qu'il est admis et proclamé aujourd'hui en France par une doctrine devenue classique, est lié à une autre idée, à savoir l'idée de spécificité de l'arbitrage commercial international, idée qui se trouve dans l'intitulé de la présentation du nouveau droit par le professeur FOUCHARD au Colloque de Paris du 28 septembre 1981. C'est précisément parce que l'arbitrage international est spécifique par rapport au droit étatique en général et à l'arbitrage interne en particulier qu'est proclamée son autonomie par rapport au droit étatique. Son autonomie est en quelque sorte tributaire de sa spécificité.

4. - Certains seraient tentés de croire que l'autonomie de l'arbitrage commercial international par rapport aux lois étatiques, telle que l'admettent et la proclament les auteurs français, n'est pas l'apanage du système juridique français, mais qu'elle est reconnue et proclamée aussi par les autres systèmes juridiques nationaux. Ceux qui seraient portés à le croire devraient se détromper. Aux antipodes du droit français, il y a une forte tendance en droit comparé, représentée notamment par les droits des Pays-Bas, de l'Angleterre, de l'Allemagne et de l'Egypte, où le législateur national a appréhendé de la même manière et par les mêmes textes les arbitrages internes et les arbitrages internationaux, les défenseurs de cette tendance estimant que ce qui est bon pour l'arbitrage interne est bon pour l'arbitrage international, et inversement.

De toute manière, on verra qu'il n'y a pas un système juridique national qui, bien qu'il n'appréhende pas de la même manière et par les mêmes textes les arbitrages internes et les arbitrages internationaux, pousse à ses limites extrêmes le principe d'autonomie de l'arbitrage international, comme le fait le droit français qui entend couper le cordon ombilical qui lie le droit de l'arbitrage commercial international au droit étatique. Dans tous les systèmes juridiques nationaux hormis le système français, une certaine dépendance du droit de l'arbitrage international par rapport aux droits étatiques est admise à certains égards et dans certaines limites. Le droit français fait cavalier seul à cet égard. On peut donc parler de ce point de vue d'une exception française.

5. - Sans doute l'esquisse de l'autonomie de l'arbitrage commercial international par rapport aux lois étatiques, telle qu'elle transparaît à travers les réflexions du professeur GOLDMAN et du professeur FOUCHARD que l'on vient de voir, est-elle incomplète et insuffisante. Le principe d'autonomie de l'arbitrage international, tel que le conçoivent les auteurs français, a un contenu beaucoup plus riche et plus détaillé, et c'est l'analyse de ce contenu qui fera l'objet du présent travail.

Mais avant de passer à l'examen de ce contenu, il faudra apporter une précision sur le concept d'autonomie en droit d'une manière générale. Si l'autonomie signifie étymologiquement le droit de se gouverner par ses propres lois (4), l'expression " loi d'autonomie " ou " principe d'autonomie " en droit souffre d'un caractère amphibologique. La loi ou le principe d'autonomie n'a pas le même sens en droit civil (droit des contrats), en droit international privé des contrats et dans le droit de l'arbitrage commercial international.

6. - Le concept d'autonomie est d'abord un concept connu en droit interne privé, et plus précisément dans le droit des contrats. C'est le principe ou la théorie de l'autonomie de la volonté selon laquelle l'homme étant libre par essence ne peut s'obliger que par sa propre volonté. Ce serait donc la volonté qui crée les effets des contrats et qui en détermine le contenu. Les effets juridiques des contrats n'existeraient que parce qu'ils ont été voulus et comme ils ont été voulus par les parties. La volonté serait la seule source de toute obligation, la liberté contractuelle satisfaisant l'intérêt général et la justice par le jeu de la concurrence.

Le principe de l'autonomie de la volonté a inspiré l'interprétation doctrinale du code civil. Ses rédacteurs ont légiféré en considération des relations contractuelles qui existaient au début du XIXe siècle. Mais l'évolution économique et sociale aux XIXe et XXe siècles a eu pour conséquence le déclin de l'autonomie de la volonté : aspects nouveaux de l'inégalité des parties (entre employeurs et salariés), inégalité des producteurs et des distributeurs entre eux, nécessité de protéger certaines catégories (les consommateurs), standardisation des contrats (contrats types et contrats d'adhésion), nécessité d'apporter des restrictions à la liberté contractuelle (ordre public économique et social de direction, de protection), interdiction ou contrôle de certains contrats au nom de l'ordre public.

7. - L'évolution économique et sociale a mis en évidence le caractère dogmatique de la théorie de l'autonomie de la volonté en droit interne privé et a conduit à l'apparition de la primauté du droit objectif : la force obligatoire du contrat ne trouve pas son fondement dans la volonté des parties mais dans le droit objectif. Le contrat est essentiellement un instrument au service du droit objectif, mais la volonté n'en conserve pas moins un rôle important dans la formation du contrat : la formation par un accord de volontés reste toujours le trait commun de tous les contrats et le critère de cette qualification (5). Le fondement de la juridicité du contrat est

4) ANCEL, Communication au Comité Français de droit international privé sur l'Actualité de l'autonomie de la clause compromissoire (Travaux du Comité, années 1991-1992, p. 82).

(5) Voir : GHESTIN, Traité de droit civil, Les obligations, Le contrat, LGDJ, 1980, nos 31 à 192.

l'article 1134 du Code civil aux termes duquel les conventions légalement formées tiennent lieu de loi à ceux qui les ont faites.

8. - Si tel est le sens du principe ou plutôt de la théorie de l'autonomie de la volonté en droit civil (droit des contrats), la loi d'autonomie en droit international privé des contrats (en l'absence d'arbitrage, bien entendu) a un sens différent. La loi d'autonomie dans le droit international privé des contrats est une règle du droit positif étatique selon laquelle les parties à un contrat international peuvent choisir le droit applicable à ce contrat international. Il ne s'agit pas d'autonomie de la volonté dans le sens de la théorie de l'autonomie de la volonté en droit civil, mais d'une liberté des parties dans le choix du droit applicable au contrat international. Il y a au départ une règle du droit positif étatique (la *lex fori*) qui autorise les parties à choisir le droit applicable à leur contrat international, et cette règle est une véritable règle de conflit (6). On sait que cette loi d'autonomie a été définitivement consacrée par la Convention de Rome du 19 juin 1980 sur la loi applicable aux obligations contractuelles. Cette règle autorise les parties à choisir la loi de tout pays, même si elle n'a aucun lien avec le contrat. On sait que la Convention de Rome a mis fin à la théorie de la localisation. On sait aussi que la loi que cette Convention autorise à choisir doit être une loi étatique. La Convention de Rome condamne ainsi expressément le contrat international sans loi et condamne aussi le choix d'un droit non étatique (choix de la *lex mercatoria* par exemple) (7).

9. - On en vient à l'autonomie dans l'arbitrage commercial international, qui fait l'objet de la présente étude. Que veut-on dire lorsqu'on parle d'autonomie dans l'arbitrage commercial international ? Autonomie de quoi ? Autonomie par rapport à quoi ?

Lorsqu'on parle d'autonomie dans l'arbitrage commercial international, on entend par là, à l'évidence, l'autonomie du droit appliqué dans cet arbitrage. Mais on sait que dans tout arbitrage, il y a trois phases : la phase pré-arbitrale qui est la phase de la convention d'arbitrage international et de la constitution du tribunal arbitral, la phase arbitrale et la phase post-arbitrale. L'arbitrage commercial international est inévitablement complexe, comme l'écrivait le professeur FOUCHARD, puisqu'à chaque phase correspond une catégorie de règles de droit. A la phase pré-arbitrale correspond

(6) Comme l'écrit le professeur PIERRE MAYER, en droit international privé, la règle de la *lex fori* joue à l'égard de l'accord de volonté sur le choix de la loi le même rôle que l'article 1134 du Code civil à l'égard de la substance du contrat (PIERRE MAYER, Droit international privé, MONCHRESTIEN, 1987, n° 694, p. 435).

(7) Voir sur tout cela : KASSIS, Le nouveau droit européen des contrats internationaux, LGDJ, 1993, n° 319 à 377.

le droit applicable à la convention d'arbitrage international et le droit applicable à la constitution du tribunal arbitral. A la phase arbitrale correspond le droit applicable à la procédure et au fond du litige. Et à la dernière phase correspond le droit applicable par le juge étatique dans la procédure d'annulation ou dans la procédure de reconnaissance ou d'exécution de la sentence arbitrale.

Il s'agit de savoir si, pour chacune de ces phases, le droit français de l'arbitrage commercial international est un droit autonome. Les auteurs français répondent d'emblée par l'affirmative, en entendant par autonomie non seulement l'autonomie dans son sens propre mais aussi l'indépendance totale du droit de l'arbitrage commercial international par rapport au droit étatique.

Le droit français serait le seul, en droit comparé de l'arbitrage commercial international, qui proclame une indépendance aussi absolue par rapport au droit étatique. C'est un véritable pari des partisans de l'autonomie dans le droit de l'arbitrage commercial international. Peut-on dire que ce pari a été gagné ? Pour répondre à cette question, il faut examiner la position du droit français par rapport à chacune des catégories de règles de droit.

10. - S'agissant d'abord de la convention d'arbitrage international, le fait que dans le nouveau texte de 1981 il n'y ait aucune référence au conflictualisme ou au droit étatique, suffit-il pour autoriser à en déduire que la convention d'arbitrage international est autonome, c'est-à-dire indépendante par rapport au droit étatique ? C'est ce qu'a affirmé la jurisprudence aussi bien qu'une partie de la doctrine en France.

Ainsi qu'on le verra, c'est la jurisprudence française qui a posé par une succession d'arrêts importants le principe d'autonomie de la convention d'arbitrage international indépendamment de toute référence au droit étatique. C'est ce qui a été appelé le principe de validité et d'efficacité propres de la convention d'arbitrage international. La validité et l'efficacité de la convention d'arbitrage international, ont affirmé les arrêts, s'apprécient d'après la seule volonté des parties. On reviendrait ainsi à la vieille théorie de l'autonomie de la volonté, théorie depuis longtemps dépassée, comme on le sait.

11. - Mais à peine ainsi posé par la jurisprudence, ce principe a soulevé une levée de boucliers dans la doctrine. Les critiques ont fusé de toutes parts. L'objection majeure à laquelle il s'est achoppé, c'est que ce principe, auquel la jurisprudence n'a fourni aucun fondement ni aucune explication, est à la fois une énigme et un défi au droit des contrats internationaux, étant bien entendu que la convention d'arbitrage international, quelles que soient ses particularités, est un contrat international.

12. - Les défenseurs du principe se sont évertués à lui trouver une autre justification théorique. Il a été soutenu que le fondement théorique de l'autonomie de la convention d'arbitrage international par rapport au droit étatique est l'absence de vocation du droit étatique à s'appliquer en matière internationale. Il a aussi été allégué que cette autonomie se justifie par la nature spécifique de la convention d'arbitrage, qui est une convention de procédure. Il a été soutenu enfin que la défaillance du législateur à édicter dans le décret de 1981 des règles législatives spécifiques en matière d'arbitrage international a créé un *vacuum juris* qu'il faut bien combler. Le législateur aurait donné ainsi une délégation implicite à la jurisprudence de procéder à la création de règles qui seraient ainsi des règles matérielles propres à l'arbitrage international et différentes des règles étatiques. On examinera en détail les controverses théoriques qui se sont déroulées autour de ces questions savoureuses et dont l'importance se comprend.

13. - Les critiques formulées à l'encontre du principe d'autonomie de la convention d'arbitrage international par rapport au droit étatique, ou principe de validité et d'efficacité propres de cette convention, n'ont pas désarmé les défenseurs du principe. Dans le *Traité de l'arbitrage commercial international* des professeurs FOUCHARD , GAILLARD et GOLDMAN [(8)] qui fait autorité en France, le professeur GAILLARD reconnaît que les formules utilisées par la jurisprudence dans les arrêts pertinents sont excessives et que l'existence et la validité de la convention d'arbitrage international ne peuvent pas s'apprécier d'après la commune volonté des parties, comme l'affirment les arrêts, mais doivent s'apprécier d'après des règles de droit. Mais de quelles règles de droit s'agit-il ? Ce ne sont pas les règles d'un droit étatique désignées par une règle de conflit. Ce serait tout ce qu'il faut retenir de la jurisprudence en question. Mais cette terminologie fâcheuse des arrêts ne doit pas conduire à méconnaître le bien-fondé de l'autonomie de la convention d'arbitrage international. Il s'agit de faire échapper l'appréciation de la validité de la convention d'arbitrage international aux particularismes locaux pour l'apprécier au regard de la seule conception française de l'ordre public international. La convention d'arbitrage international ne puiserait pas d'elle-même son principe de validité, ce qui serait l'autonomie au sens le plus pur, mais de sa reconnaissance par les principes que l'ordre juridique français estime essentiels en matière internationale. La convention d'arbitrage international devrait donc être contrôlée sous tous ses aspects au regard des règles matérielles minimales qui, dans la conception française de l'arbitrage international, doivent être respectées pour que l'on puisse donner effet à une convention d'arbitrage

(8) FOUCHARD, GAILLARD et GOLDMAN, Traité de l'arbitrage commecial international, Litec, 1996.

international. Tel serait le sens de l'autonomie de la convention d'arbitrage international selon les auteurs du Traité [9].

14. - On revient ainsi aux règles matérielles dont le professeur FOUCHARD nous avait dit au lendemain du décret de 1981 qu'elles caractérisent l'arbitrage international et par lesquelles se traduirait sa spécificité et son autonomie. Il ne s'agissait alors que d'un nombre très réduit de règles matérielles que la jurisprudence antérieure au décret de 1981 avait posées et que le professeur FOUCHARD considérait comme nécessaires mais aussi suffisantes pour l'arbitrage international.

En réalité, ces quelques règles jurisprudentielles étaient loin de suffire pour régir l'arbitrage commercial international. Dans les explications que nous trouvons dans le Traité de 1996, il s'agit de quelque chose de tout à fait différent. Il s'agit de toute une méthode, c'est-à-dire d'un nombre autrement plus grand de règles matérielles qui seraient celles de la conception française de l'ordre public international, au regard desquelles l'existence et la validité de la convention d'arbitrage international doivent être contrôlées et qui doivent régir cette convention pour qu'il lui soit donné effet.

Ainsi le principe d'autonomie de la convention d'arbitrage international par rapport au droit étatique ou principe de validité et d'efficacité propres de la convention d'arbitrage international n'est pas un postulat comme on serait tenté de le croire en lisant les arrêts, mais ce principe est tout à fait justifiable et démontrable, parce qu'il se concrétise par l'application de règles matérielles qui ne sont pas les règles du droit interne français mais qui sont propres à l'arbitrage international et qui sont dictées par la conception française de l'ordre public international. En parlant d'ordre public international, il ne s'agit pas, précise le professeur GAILLARD, d'un ordre public d'éviction, mais des conceptions matérielles que l'ordre juridique français retient des exigences fondamentales de justice applicables aux situations à caractère international. Ce sont donc des règles françaises, et ce sont des règles nombreuses puisqu'elles sont censées répondre à toute question relative à l'existence et à la validité de la convention d'arbitrage, et elles sont enfin érigées en méthode. On parlera alors de la méthode des règles matérielles de l'arbitrage commercial international. En un mot, l'autonomie de la convention d'arbitrage international par rapport au droit étatique n'est donc pas autre chose que l'application à la convention d'arbitrage international d'une méthode bien précise, la méthode des règles matérielles.

15. - Dans le *Traité de l'arbitrage commercial international* les professeurs FOUCHARD et GAILLARD entendent démontrer le bien-fondé de

(9) Traité, précité, n°s 439 à 442.

la méthode des règles matérielles, en examinant dans le détail son application à toutes les questions relatives à la convention d'arbitrage international. Le professeur FOUCHARD entreprend de démontrer que cette méthode s'applique et se vérifie en matière de constitution du tribunal arbitral, et le professeur GAILLARD entreprend de démontrer qu'elle s'applique et se vérifie en matière d'existence, de validité et de forme de la convention d'arbitrage international aussi bien qu'en matière de procédure arbitrale. C'était un véritable pari et un pari de taille, dès lors que, pour autant que l'on sache, personne ne s'est embarqué dans une pareille aventure ni avant ni après eux, ni en France ni ailleurs.

16. - On verra tout au long de la première partie du présent ouvrage que l'entreprise s'est soldée par un échec. Ses résultats sont loin d'avoir été à la hauteur de son ambition. Ces auteurs sont loin d'avoir pu montrer quelles règles matérielles peuvent être tirées de la prétendue conception française de l'ordre public international pour régir soit l'existence et la validité de la convention d'arbitrage international, soit la constitution du tribunal arbitral, soit la procédure arbitrale. La méthode des règles matérielles, qui n'est qu'une variante du principe d'autonomie de la convention d'arbitrage international par rapport au droit étatique (ou principe de validité et d'efficacité propres de la convention d'arbitrage international) qu'avait posé la jurisprudence française, règles qui seraient dictées par une conception française de l'ordre public international et qui seraient différentes des règles étatiques, s'est révélée, au bout du compte, aussi énigmatique que le principe d'autonomie de la convention d'arbitrage international par rapport aux lois étatiques, tel que l'avait posé la jurisprudence.

Pourquoi la méthode dite des règles matérielles a-t-elle fait faillite ? Parce que l'entreprise d'établir ces règles matérielles qui régiraient la validité de la convention d'arbitrage international , la constitution du tribunal arbitral et la procédure arbitrale et qui seraient dictées par la conception française de l'ordre public international, a débouché sur un retour aux mêmes règles du droit étatique français, affublées tout simplement d'un autre chapeau, celui de règles matérielles (10). Ou bien l'entreprise d'application de la méthode des règles matérielles a débouché sur un *vacuum juris*.

Au total, tout bien considéré, l'autonomie de la convention d'arbitrage international par rapport au droit étatique est un mythe. Sa variante, à savoir la méthode dite des règles matérielles, est un leurre. C'est le produit de l'imagination de certains auteurs français qui n'a pas fait école ailleurs qu'en France, et qui, au contact des réalités, a fait faillite en France même.

(10) Débats sur la Communication du Président ANCEL au Comité français de droit international privé sur l'actualité de l'autonomie de la clause compromissoire (Travaux du Comité, années 1991-1992, p. 111).

Ce sera la conclusion de notre première partie.

17. - Mais dans l'arbitrage commercial international il n'y a pas seulement la convention d'arbitrage et le droit applicable à cette convention, à la constitution du tribunal arbitral et à la procédure, il y a aussi le fond du litige et le droit applicable au fond du litige. Lorsqu'on parle d'autonomie de l'arbitrage commercial international, ce qu'on vise surtout, c'est précisément l'autonomie du droit applicable au fond du litige. Si l'autonomie est un mythe lorsqu'il s'agit du droit applicable à la convention d'arbitrage international, elle n'est pas du tout un mythe, loin s'en faut, lorsqu'il s'agit du droit applicable au fond du litige.

En matière de droit applicable au fond du litige dans l'arbitrage commercial international, il y a lieu de faire une distinction essentielle entre deux situations différentes : celle où le droit applicable au fond du litige est choisi par les parties elles-mêmes et celle où les parties n'ont pas fait un tel choix.

18. - On a vu ci-dessus qu'en droit international privé des contrats (en l'absence de clause d'arbitrage), il existe un principe fondamental selon lequel les parties sont libres de choisir le droit applicable à leur contrat international, c'est-à-dire au fond du litige, appelé justement principe d'autonomie.

S'agissant d'arbitrage international, on ne saurait concevoir que les parties ne puissent pas avoir la même autonomie dans le choix du droit applicable au fond du litige. Seulement le fondement du principe n'est pas le même. S'il y a autonomie des parties dans le choix du droit applicable au contrat international, ce n'est pas parce que cette autonomie est dans la nature des choses ou parce que c'est un postulat. Pour le juge étatique saisi directement d'un litige relatif à un contrat international en l'absence de clause d'arbitrage, le pouvoir des parties de choisir le droit applicable à leur contrat a pour fondement une règle de la *lex fori* du juge qui autorise les parties à procéder à ce choix et lui donne effet, et cette règle est elle-même une règle de conflit, selon le droit international privé des contrats, ainsi qu'on l'a vu. Il n'en est pas de même dans l'arbitrage international. On l'a vu et on y reviendra longuement : dans l'arbitrage commercial international l'arbitre n'a pas de *lex fori*. La *lex fori* est la loi du juge étatique, parce que c'est la loi de l'État dont il tient son office, d'où dérive son pouvoir de juger. Si pour le juge étatique la *lex fori* est la loi de son créateur qui est l'État, l'arbitre a lui aussi un créateur, mais ce créateur n'est pas l'État, ce sont les parties au litige qui l'ont désigné. La loi de l'arbitre, c'est donc la convention des parties.

Le fondement du choix de la loi applicable au fond du litige dans l'arbitrage international se trouve donc directement dans la convention des parties et non dans une règle de la *lex fori*, dès lors que l'arbitre n'a pas de *lex fori*. Cette différence de fondement du principe d'autonomie entre les deux situations (celle du juge étatique saisi directement d'un litige relatif à un contrat international en l'absence d'arbitrage d'une part, et celle d'un arbitrage international d'autre part) entraîne des conséquences très importantes que l'on verra.

19. - Mais autrement plus intéressante et plus originale est l'autre situation, celle où les parties à un arbitrage commercial international n'ont pas fait un choix du droit applicable au fond du litige. Qui va alors désigner ce droit et quel sera le contenu de ce droit ?

20. - On sait qu'en droit international privé des contrats et en l'absence d'arbitrage, c'est la *lex fori* du juge étatique qui désigne la loi étatique applicable au fond lorsque les parties n'ont pas choisi elles-mêmes cette loi (article 4 de la Convention de Rome du 19 juin 1980). Or, nous savons déjà que l'arbitre international, contrairement au juge étatique, n'a pas de *lex fori*. Cette vérité a mis du temps pour s'installer confortablement dans la doctrine. Pendant un certain temps, assez court du reste, a prévalu en doctrine la thèse que l'arbitre international, tout comme le juge étatique, a bien une *lex fori* et que sa *lex fori* est la loi de l'Etat du lieu où se déroule l'arbitrage international. Selon cette thèse, l'arbitre international est purement et simplement assimilé à un juge étatique. C'était la thèse qu'avait adoptée l'Institut du droit international en 1957.

21. - Mais les objections théoriques contre cette thèse n'ont pas tardé à se faire jour : absence de lien entre le siège de l'arbitrage international et l'objet du litige, le choix du siège étant dicté par des considérations personnelles aux parties qui ont voulu un siège " neutre " par rapport au litige, erreur de l'assimilation de l'arbitrage à une procédure étatique interne, l'arbitrage étant une activité distincte de celle de l'État et du fonctionnement du service public de la justice dans l'État où il est géographiquement localisé. On n'a pas tardé à constater que, ne jugeant ni au nom ni par l'investiture d'un État mais en vertu de pouvoirs qui trouvent leur source dans la volonté des parties, l'arbitre international, contrairement au juge étatique, n'a pas de loi du for. Si, en l'absence de convention d'arbitrage, le juge étatique applique au fond du litige la loi désignée par sa *lex fori* territoriale, quelle loi doit appliquer au fond du litige l'arbitre international qui n'a pas de for ? Rien ne sert de dire que l'arbitre appliquera au fond du litige le droit choisi par les parties, dès lors que nous sommes dans l'hypothèse où les parties n'ont pas fait un tel choix. Faut-il en conclure que nous sommes dans le *vacuum juris* en matière de droit applicable au fond ?

22. - Mais s'il est bien entendu que l'arbitre international n'a pas de for, donc qu'il n'a pas de loi du for, il n'en reste pas moins que le litige dont il est saisi a pour objet un contrat international dans le sens du droit international privé. Or, n'a-t-il pas été dit que tout contrat est enraciné dans un ordre juridique de base (*Grundlegung*) ? De longues controverses se sont déroulées autour du concept d'ordre juridique de base à propos du *State Contract.* Mais s'il est vrai que toute relation juridique s'insère nécessairement dans un ordre juridique de base, qui est soit l'ordre international pour les relations entre États ou entre États et organisations internationales, soit un des ordres juridiques nationaux, lorsqu'il s'agit d'un contrat interne, lorsqu'on passe au contrat international et plus généralement à la relation objectivement internationale dans le sens du droit international privé, les choses ne sont plus aussi simples. S'il est vrai qu'un contrat interne ne peut pas se trouver dans le vide, en dehors des nombreux ordres juridiques nationaux, en revanche, il n'y a pas d'ordre juridique de base (*Gundlegung*) pour le contrat international ou pour une relation internationale dans le sens du droit international privé en général. La source ultime de la juridicité d'un contrat international dans le sens du droit international privé se trouve simultanément dans tous les États dont les tribunaux peuvent être appelés à émettre une décision à son égard, soit directement, soit à l'occasion de l'exequatur d'une sentence arbitrale. Aucun ordre juridique n'est fondamental pour un contrat international. La *Grundlegung* est inexistante [11].

23. - La conjonction des deux vérités que l'on vient de voir, à savoir d'une part l'absence de *lex fori* pour l'arbitre international et d'autre part l'absence d'un ordre juridique de base pour le contrat international, doit conduire à une conclusion paradoxale, à savoir que l'arbitre international n'est assujeti à aucune règle de droit en ce qui concerne le fond du litige, qu'il est autonome dans la détermination du droit qu'il applique au fond du litige. En l'absence de choix par les parties du droit applicable au fond, l'autonomie de l'arbitre international est totale.

24. - Mais encore faut-il que le juge étatique du contrôle de la sentence arbitrale, soit dans une procédure d'annulation, soit dans une procédure de reconnaissance ou d'exécution de cette sentence, n'exerce aucun contrôle sur le droit appliqué par l'arbitre international au fond du litige et ne censure pas une mauvaise détermination par l'arbitre international du droit appliqué au fond du litige ou une mauvaise application de ce droit.

C'est chose faite avec l'adhésion de la grande majorité des États à la Convention de New York de 1958 qui a acquis de ce fait un caractère oecu-

(11) PIERRE MAYER, Le mythe de l'ordre juridique de base, Mélanges GOLDMAN, Litec, 1982, p.199 et s.

ménique. Selon la Convention de New York le juge étatique qui contrôle la sentence arbitrale *a posteriori* n'exerce plus aucun contrôle sur le droit choisi et appliqué par l'arbitre au fond du litige. Or, l'arbitre est un juge privé et non un juge étatique, il n'est pas investi de sa mission par l'Etat et ne rend pas la sentence arbitrale au nom d'un Etat. Contrairement au juge étatique, il n'a pas de for et n'est pas soumis à la loi d'un for. Si la source de la juridicité de sa sentence est la décision du juge étatique qui a accordé à cette sentence l'exequatur, l'octroi de l'exequatur à la sentence en question est accordé quel que soit le droit appliqué par l'arbitre au fond du litige. Ce droit n'intéresse pas le juge étatique qui accorde l'exequatur à la sentence et n'est pas contrôlé par lui. Il n'intéresse pas non plus le juge saisi d'une action en annulation de la sentence internationale.

25. - Quelque paradoxale que soit cette vérité, le contrat international litigieux dont est saisi l'arbitre et sur lequel il statue est un contrat sans loi pour ce qui concerne le fond, lorsque les parties n'ont pas choisi elles-mêmes le droit applicable au fond. Mais contrat sans loi ne veut pas dire contrat sans droit. Contrat sans loi signifie que l'arbitre international n'est soumis à aucune règle de droit lorsque les parties n'ont pas choisi une loi pour régir le fond du litige, pour la bonne raison que l'arbitre n'a pas de for, qu'il n'a donc pas un droit du for. Il ne s'agit pas de non-droit mais d'un droit sans règles de droit, dès lors que c'est un droit choisi par l'arbitre international et au besoin créé par lui. L'arbitre international n'est d'ailleurs pas tenu de dire quelles règles de droit l'ont conduit à la solution du litige.

26. - Le juriste dogmatique ne peut pas concevoir qu'il puisse y avoir un droit sans règles de droit. Mais ce dogmatisme est le fruit d'un préjugé légaliste. Le droit sans règles de droit est une réalité qui a existé de tout temps. On sait depuis les analyses de Santi Romano que la règle de droit n'est pas une condition du droit. Pour qu'il y ait droit, il suffit qu'il y ait un juge et une sanction. Et c'est ce qui se vérifie dans un arbitrage international lorsque les parties n'ont pas choisi le droit applicable au fond du litige. L'arbitre international est un juge privé mais un juge et sa sentence est sanctionnée par la juridiction étatique de l'exequatur. Mais l'arbitre international n'est pas soumis à des règles de droit, parce que la norrmativité de la règle de droit ne peut lui venir que d'une *lex fori* qu'il n'a pas.

27. - L'article 1496 du N.C.P.C. est un pas en avant dans le sens du réalisme juridique, parce qu'il dépasse l'approche conflictualiste en matière de droit appliqué au fond du litige dans l'arbitrage international en l'absence de droit choisi par les parties, alors que d'autres droits nationaux restent toujours prisonniers de cette approche. Mais il est regrettable que le législateur français ne soit pas allé plus loin dans cet article, c'est-à-dire jusqu'au bout de la logique qui résulte du fait que l'arbitre international n'a pas de *lex fori* et que cette absence de *lex fori* exclut le recours au concept même de règle de droit.

Même lorsque les parties ont choisi les règles de droit applicables au fond, ces règles ne sont plus d'authentiques règles de droit, mais deviennent pour l'arbitre international des modèles dépourvus d'impérativité, et l'arbitre international les applique en tant que modèles incorporés au contrat. Le contrat est donc un contrat sans loi, c'est-à-dire sans règles de droit, même lorsque les parties ont choisi les règles de droit applicables au fond.

28. - Les auteurs du Traité de l'arbitrage commercial international ont tenté d'apporter une démonstration théorique à la condamnation du contrat sans loi dans l'arbitrage commercial international. Ils ont tenté de démontrer que dans un tel arbitrage, seule une loi peut fonder l'autonomie des parties aussi bienque l'autonomie de l'arbitre. Ainsi qu'on le verra, leur tentative n'a pas été couronnée de succès et cette autonomie n'a d'autre fondement logique que le contrat, quelque paradoxale que puisse paraître cette vérité.

29. - On examinera enfin dans cette deuxième partie la thèse d'un autre droit autonome de l'arbitrage commercial international, à savoir la *lex mercatoria* ou le droit transnational. On verra qu'un tel droit est rationnellement impossible et que ses partisans ont d'ailleurs fini par le ravaler au rang d'une banale étude de droit comparé.

En conclusion de la deuxième partie du présent travail, on dira donc que, contrairement à l'autonomie du droit applicable à la convention d'arbitrage international, qui est un mythe, l'autonomie du droit appliqué au fond du litige par l'arbitre international est une réalité. Les parties sont autonomes dans leur choix du droit applicable au fond du litige. Et en l'absence de choix du droit par les parties, l'arbitre international est autonome dans la désignation du droit qu'il applique au fond du litige.

30. - Dans la troisième partie de ce travail seront examinées les frontières de l'autonomie de l'arbitrage commercial international. Le domaine de l'autonomie est enserré par les règles de droit étatiques qu'applique le juge de l'exequatur ou le juge du recours en annulation dans son contrôle de la sentence arbitrale aux fins de la reconnaissance et de l'exécution de cette sentence. Ces règles sont celles qu'applique ce juge étatique dans sa vérification de la licéité et de la validité de la convention d'arbitrage international ainsi que dans la vérification de l'adéquation de la constitution du tribunal arbitral et de la procédure arbitrale. Ce sont les règles étatiques examinées dans la première partie de ce travail. Toutes ces règles de droit étatiques doivent être appliquées par le juge du contrôle de la sentence lors des vérifications qu'il effectue. Mais ces règles doivent être appliquées auparavant par l'arbitre international lui-même, s'il est soucieux de rendre une sentence susceptible d'être reconnue et exécutée. En sus de sa mission spécifique qui consiste à trancher le litige, l'arbitre international doit donc s'acquitter d'une autre mission qui, en principe, n'est pas la sienne.

On examinera dans cette dernière partie les tentatives visant à l'extension de l'autonomie par l'atténuation du contrôle judiciaire de la sentence ou par l'atténuation de l'impact de ce contrôle. Il s'agit de la nouvelle thèse du caractère facultatf du refus d'exequatur, des tentatives françaises visant à l'extension de l'autonomie, enfin de la thèse française de l'autonomie de la sentence arbitrale qui s'est caractérisée, en droit français, par le principe de l'exequatur d'une sentence annulée dans son pays d'origine.

31. - On se référera souvent dans le présent travail au Traité de l'arbitrage commercial international des professeurs FOUCHARD, GAILLARD et GOLDMAN (Litec, 1996) qui fait aujourd'hui autorité en France, et l'on prendra souvent le contre-pied des thèses et propositions qui s'y trouvent exposées. Comme les professeurs FOUCHARD et GAILLARD se sont réparti la charge de la rédaction de ce Traité, chacun des deux auteurs se considérant responsable des textes rédigés par lui (voir l'avant-propos du Traité, page 2), on indiquera pour chaque citation référencée le nom de son auteur.

PREMIÈRE PARTIE

LE MYTHE DE L'AUTONOMIE DE LA CONVENTION D'ARBITRAGE INTERNATIONAL

32 - On examinera d'abord le principe d'autonomie de la convention d'arbitrage international par rapport au droit étatique ou principe de validité et d'efficacité propres de la convention d'arbitrage et sa variante proposée par une certaine doctrine, à savoir la méthode dite des règles matérielles.

On fera ensuite un aperçu du fondement théorique de ce principe et de sa variante, tels qu'ils ont été proposés par la doctrine.

On passera enfin en revue les tentatives des partisans du principe d'autonomie et de la méthode des règles matérielles d'appliquer ce principe et cette méthode à la formation, à la validité et à la licéité de la convention d'arbitrage ainsi qu' à la constitution du tribunal arbitral et à la procédure arbitrale.

CHAPITRE I

L'AUTONOMIE DE LA CONVENTION D'ARBITRAGE INTERNATIONAL PAR RAPPORT AU DROIT ÉTATIQUE ET SA VARIANTE, LA MÉTHODE DES RÈGLES MATÉRIELLES

33. - L'élaboration du principe par la jurisprudence procède à partir d'une donnée plutôt simple et indiscutable, à savoir l'autonomie de la convention d'arbitrage international par rapport au contrat principal.

A partir de cette donnée, la jurisprudence a évolué vers l'affirmation d'une autre autonomie, l'autonomie de la convention d'arbitrage international par rapport au droit étatique.

Une certaine doctrine a tenté d'expliquer cette dernière affirmation par une règle matérielle d'autonomie de la convention d'arbitrage international par rapport à la règle de conflit des lois. Mais cette tentative doctrinale a été désavouée par la jurisprudence elle-même.

Les critiques doctrinales faites à l'adresse du principe d'autonomie de la convention d'arbitrage international par rapport au droit étatique, telle qu'il a été affirmé par la jurisprudence, ont conduit certains auteurs à substituer à ce principe une variante formelle de son énoncé, qui le rendrait plus acceptable, sans qu'une modification ait été apportée à sa substance. Cette variante, c'est la méthode dite des règles matérielles.

On fera l'analyse du principe lui-même et de sa variante.

Par ailleurs, le principe d'autonomie, tel qu'il a été énoncé par la jurisprudence, a donné naissance à un corollaire, le principe de l'effet mobilisateur de l'autonomie, qui sera lui aussi analysé.

SECTION I
LE PRINCPE D'AUTONOMIE DE LA CONVENTION D'ARBITRAGE INTERNATIONALE PAR RAPPORT AU DROIT ÉTATIQUE

34. - L'évolution dans le sens de ce principe a commencé en France par l'affirmation jurisprudentielle d'un autre principe, celui de l'autonomie de la convention d'arbitrage par rapport au contrat principal, puis on est passé au principe de l'autonomie de la convention d'arbitrage international par rapport à la loi étatique, pour arriver enfin à la méthode dite des règles matérielles.

A- LE PRINCIPE D'AUTONOMIE DE LA CONVENTION D'ARBITRAGE INTERNATIONAL PAR RAPPORT AU CONTRAT PRINCIPAL

35. - Cela a commencé avec l'arrêt GOSSET de la Cour de cassation du 7 mai 1963. Le principe a été posé dans la formule suivante : " En matière d'arbitrage international, l'accord compromissoire, qu'il soit conclu séparément ou inclus dans l'acte juridique auquel il a trait, présente toujours, sauf circonstances exceptionnelles..., une complète autonomie juridique, excluant qu'il puisse être affecté par une éventuelle invalidité de cet acte (1).

36. - La doctrine française unanime y a vu tout de suite une règle matérielle du droit français de l'arbitrage international. Pourquoi ? Parce que, comme l'écrit le professeur GOLDMAN, une différence profonde fut ainsi créée entre l'arbitrage international et l'arbitrage interne : dans celui-ci, en effet, il n'était sans doute point certain - la jurisprudence étant ambiguë - mais à tout le moins très soutenable que la Cour de cassation n'admettait pas que l'arbitre dont le pouvoir de juger était contesté en raison de la nullité ou de la cessation alléguée du contrat principal, fût compétent pour statuer sur sa propre compétence ; elle rejetait ainsi, implicitement mais nécesairement, l'autonomie de la clause compromissoire (2).

37. - Si cette qualification de la règle comme règle matérielle française de l'arbitrage international pouvait en son temps se justifier par une con-

(1) Cass. ler civ. 7 mai 1963, JCP, 1963.II.13405, note **GOLDMAN** ; JDI, 1964.82, note **BREDIN** ; Rev. crit., 1963.615, note **MOTULSKY** ; D. 1963.545, note **ROBERT**. Comme l'observe JEAN **ROBERT**, l'invocation de " circonstances exceptionnelles" n'est qu'une précaution rédactionnelle qui n'est pas reprise dans les arrêts ultérieurs (**ROBERT**, L'arbitrage, 6ème éd., 1993, n° 283).
(2) **GOLDMAN**, JCL de dr. int. pr., Fasc. 586-1, n° 9.

ception qui prévalait à une certaine époque en droit interne, rejetant l'idée d'une autonomie de la clause compromissoire par rapport au contrat principal en matière d'arbitrage interne, on peut se demander si elle se justifie dans l'absolu, c'est-à-dire en dehors des contingences d'un état déterminé de la jurisprudence à un moment donné, cette jurisprudence étant ambiguë.

Le professeur GOLDMAN observe qu'actuellement, en revanche, on peut considérer que l'autonomie de la convention d'arbitrage interne a été implicitement consacrée par l'article 1466 du Nouveau Code de procédure civile qui dispose que " si, devant l'arbitre, l'une des parties conteste dans son principe ou son étendue le pouvoir juridictionnel de l'arbitre, il appartient à celui-ci de statuer sur la validité ou les limites de son investiture ".

38. - Sans doute le principe d'autonomie de la convention d'arbitrage par rapport au contrat principal est-il consacré par des dispositions législatives expresses dans de nombreux pays en matière d'arbitrage interne (3). Mais il semble que la question doive être posée à un autre niveau : ne faut-il pas rechercher le principe d'autonomie de la convention d'arbitrage par rapport au contrat principal dans la nature spécifique de cette convention, et ce d'une manière générale et non seulement en matière d'arbitrage international, et sans qu'il soit besoin d'invoquer des dispositions législatives expresses ? Si cela est vrai, il n'y aurait plus lieu de parler de règle matérielle du droit français de l'arbitrage international, car le principe se justifierait aussi en matière d'arbitrage interne.

Le Président JEAN-PIERRE ANCEL écrit que la convention d'arbitrage est une " convention de procédure ", dont l'objet est fondamentalement distinct de celui du contrat principal, et ne l'intéresse en rien : elle traduit l'accord des contractants pour écarter la compétence des juridictions étatiques, quelles qu'elles soient, et pour instituer une juridiction particulière, de caractère privé et confidentiel, jouissant de leur confiance commune pour résoudre les litiges qui pourraient survenir entre elles (4). " Convention de procédure " n'est pas l'expression adéquate pour caractériser la convention d'arbitrage, parce que celle-ci ne concerne pas seulement la procédure à proprement parler, mais c'est une convention qui vise exclusivement la mise en place d'une juridiction particulière, non étatique, pour la solution du litige ou des litiges. Il conviendrait de parler plutôt de convention de compétence juridictionnelle.

(3) Voir les références dans : Traité, n° 401 ; GOLDMAN, *loc. cit.*, n° 7.

(4) J. P. ANCEL, L'actualité de l'autonomie de la clause compromissoire, communication au Comité français de droit international privé, Travaux du comité, années 1991-1992 et 1992-1993, p. 82. Dans le même sens : JARROSSON, note sous l'arrêt LABINAL, Rev. Arb., 1993, p. 659.

L'autonomie de la convention d'arbitrage par rapport au contrat principal résulte précisément de cette différence d'objet des deux contrats, la convention d'arbitrage n'ayant qu'un objet unique, la mise en place d'une juridiction particulière de caractère privé pour résoudre les litiges pouvant naître du contrat principal.

Or, lorsqu'on procède à une analyse juridique approfondie du principe d'autonomie de la convention d'arbitrage par rapport au contrat principal, qu'il faut appeler plutôt principe de séparabilité de la convention d'arbitrage, on constate que le raisonnement qui sous-tend ce principe est le même pour l'arbitrage interne et pour l'arbitrage international (5).

39. - La conséquence la plus importante de cette " autonomie ", c'est l'indifférence au sort du contrat principal. Elle était indiquée dans l'arrêt GOSSET lui-même : " la complète autonomie juridique " exclut que la convention d'arbitrage puisse être affectée par une éventuelle invalidité du contrat principal. La validité et, le cas échéant, le maintien en vigueur de la convention d'arbitrage ne dépendent pas du sort du contrat principal. La nullité, la résolution, la novation des obligations issues du contrat principal n'entraînent pas la nullité ou l'extinction de la convention d'arbitrage.

De ce que cette " autonomie " est inscrite dans la nature même de la convention d'arbitrage, il s'ensuit qu'elle n'est pas propre à l'arbitrage international, mais qu'elle se vérifie aussi bien dans l'arbitrage interne. On ne voit donc pas la raison pour laquelle cette autonomie serait une " règle matérielle du droit français de l'arbitrage international ".

40. - Il est aussi généralement admis que le principe de " compétence-compétence " est une autre conséquence- conséquence indirecte (6), a-t-on dit - du principe d'autonomie. On a observé que le principe d'autonomie va plus loin que celui de " compétence-compétence " et qu'inversement, le principe de " compétence-compétence " va, à d'autres égards, plus loin que celui d'autonomie (7). M. GAILLARD écrit que " le principe d'autonomie est le premier maillon d'un raisonnement qui permettra à l'arbitre de statuer sur sa propre compétence. Grâce à lui, l'argument selon lequel le contrat de fond est entaché d'un vice quelconque perd toute incidence directe sur la convention d'arbitrage et donc sur la compétence de l'arbitre. Il permet aussi de faire justice de la contestation de la compétence tirée de

(5) voir l'analyse du professeur **MAYER** : Les limites de la séparabilité de la clause compromissoire, Rev. Arb., 1998, p. 359 et s.
(6) **GAILLARD**, Traité, n° 415.
(7) **GAILLARD**, Traité, n° 416 ; **RENÉ DAVID**, L'arbitrage dans le commerce international, n° 209 ; **P. MAYER**, L'autonomie de l'arbitre international dans l'appréciation de sa propre compétence, Cours de l'Académie de La Haye, p. 430.

l'inefficacité du contrat faisant l'objet du différend. Dans cette situation, autonomie et " compétence-compétence " se recoupent et se confortent mutuellement " (8).

On a vu dans le principe de la " compétence-compétence " une concession de la part des ordres juridiques nationaux aux arbitres pour que ceux-ci puissent statuer sur leur compétence, étant entendu que leur décision pourrait toujours être soumise au contrôle des juges étatiques (9).

41. - Reste une autre conséquence directe du principe d'autonomie ou de séparabilité : la loi qui régit la convention d'arbitrage peut être différente de celle qui régit la convention principale. La jurisprudence française fournit de nombreuses illustrations de cette conséquence (10). Il est vrai que cette conséquence ne se vérifie qu'en matière d'arbitrage international. Mais ce n'est pas parce que l'autonomie de la convention d'arbitrage est une particularité de l'arbitrage international, mais parce que l'hypothèse de lois différentes qui régissent la convention d'arbitrage et le contrat principal est inconcevable pour un arbitrage interne, faute de conflit de lois dans ce dernier.

42. - Aujourd'hui, la règle de l'autonomie de la convention d'arbitrage par rapport au contrat principal, qui était considérée, il y a une trentaine d'années, comme une règle matérielle du droit de l'arbitrage commercial international, est devenue un poncif du droit de l'arbitrage interne. On la trouve dans les différents droits nationaux. Elle est donc commune à l'arbitrage international et à l'arbitrage interne. Aux termes de l'article 1053 du Code hollandais de procédure civile, modifié par la loi de1986 et commun à l'arbitrage interne et à l'arbitrage international, " la convention d'arbitrage est considérée et jugée comme constituant une convention autonome. Le tribunal arbitral a le pouvoir de statuer sur la validité du contrat principal dont la convention d'arbitrage fait partie ou auquel elle se rapporte (11). La " separability doctrine " fait partie du droit américain de l'arbitrage (12). Et la nouvelle loi anglaise sur l'arbitrage de

(8) GAILLARD, Traité, n° 416.

(9) DIMOLITSA, Autonomie et " *Kompetenz-Kompetenz* ", Rev. Arb., 1998, p. 321. Le principe de la " compétence-compétence " diffère de la doctrine sur la *kompentenz-kompentenz*, suivant laquelle l'arbitre peut statuer sur sa compétence de manière définitive si les parties lui ont expressément accordé ce pouvoir.

(10) Voir la jurisprudence citée par M. GAILLARD, Traité, n° 413

(11) P. SANDERS et A. J. VAN DEN BERG, The Netherlands Arbitration Act 1986, **KLUWER** 1987.

(12) GARY BORN, International Commercial Arbitration in the United States, **KLUWER** 1994, p. 193-197.

1996 l'adopte clairement dans son article 30.

Les temps sont révolus où le professeur GOLDMAN pouvait parler à cet égard de règle matérielle française de l'arbitrage international.

B - DU PRINCIPE D'AUTONOMIE DE LA CONVENTION D'ARBITRAGE PAR RAPPORT AU CONTRAT PRINCIPAL AU PRINCIPE D'AUTONOMIE DE LA CONVENTION D'ARBITRAGE INTERNATIONAL PAR RAPPORT À TOUTE LOI ÉTATIQUE OU PRINCIPE DE VALIDITÉ ET D'EFFICACITÉ PROPRES À CETTE CONVENTION

43. - Dans l'arrêt GOSSET, l'autonomie de la convention d'arbitrage est une autonomie par rapport au contrat principal. Ce n'est pas une véritable autonomie, au sens étymologique. Le vocable utilisé (autonomie) est une impropriété du langage. L'autonomie est le droit de se gouverner par ses propres lois (le Littré). Plutôt que d'autonomie il s'agissait de séparabilité (*separability* ou *severability*).

Or, la jurisprudence française ne s'est pas arrêtée à ce sens de séparabilité. Curieusement, elle a glissé insensiblement, comme si cela allait de soi, à un autre sens, à la véritable autonomie au sens étymologique. Et l'on a pu parler d'un " effet d'entraînement " [(13)].

Ce glissement a commencé avec l'arrêt HECHT. Ayant à statuer sur la validité d'une clause compromissoire insérée dans un contrat international d'agence commerciale, clause contestée par l'une des parties au motif que ce contrat était expressément soumis à la loi française et que cela rendait ladite clause inapplicable, puisqu'il s'agissait d'un contrat conclu entre un commerçant et un non commerçant, la Cour d'appel de Paris a rejeté cette contestation, au motif que malgré cette référence législative, les parties ont pu exclure l'application de la loi française et adopter une clause compromissoire en dehors des cas où la loi française l'autorise. La Cour d'appel de Paris justifiait cette solution en la rattachant au principe de l'autonomie de la clause compromissoire par rapport au contrat principal, qu'elle rappela en des termes identiques à ceux de l'arrêt GOSSET. " En effet, énonce l'arrêt, en matière d'arbitrage international, l'accord compromissoire, qu'il soit conclu séparément ou inclus dans l'acte juridique auquel il a trait, présente toujours, par rapport à celui-ci, sauf circonstances exceptionnelles qui ne sont pas alléguées en la cause, une complète autonomie juridique " [(14)].

44. - Or, le principe de l'arrêt HECHT ne se justifie en aucune manière par

(13) FRANCESCAKIS, Le principe juridictionnel de l'autonomie de l'accord compromissoire après l'arrêt HECHT de la Cour de cassation, Rev. Arb. 1974, p. 68.

(14) Paris, 19 juin 1970, HECHT, JCP, 1971.II.16927, note GOLDMAN ; JDI, 1971.833, note OPPETIT ; Rev. crit. 1971.692, note LEVEL ; Rev. Arb. 1972.62, note FOUCHARD.

le principe de l'arrêt GOSSET. Le lien logique entre les deux fait défaut. Comme l'écrit le professeur GOLDMAN, la Cour d'appel de Paris est allée au-delà des conséquences qui découlent logiquement et directement de l'autonomie de la clause compromissoire par rapport au contrat principal (validité et maintien en vigueur de la convention d'arbitrage en dépit de la nullité ou de la cessation du contrat principal ; possibilité de soumettre la convention d'arbitrage à une loi différente de celle qui régit le contrat principal) : l'arrêt HECHT ne rattache en effet la convention d'arbitrage à aucune loi étatique, et en déduit la validité de la seule volonté des parties.

Le pourvoi contre l'arrêt de la Cour d'appel a été rejeté par l'arrêt du 4 juillet 1972 de la Cour de cassation qui s'est borné à énoncer " qu'ayant rappelé le caractère international du contrat liant les parties et rappelé qu'en matière d'arbitrage international l'accord compromissoire présente une complète autonomie, l'arrêt attaqué en a justement déduit que la clause litigieuse devait en l'espèce recevoir application " (15).

45. - Ainsi la clause compromissoire est considérée comme valable en soi, et, comme l'écrit le professeur OPPETIT, " la Cour de cassation...déduit...purement et simplement du principe d'autonomie la validité de l'accord compromissoire sans aucune référence au droit qui le régit : la notion de loi de rattachement s'efface totalement " (16).

Cette validité de principe devait être ensuite formellement consacrée par la Cour de Paris dans l'arrêt MENICUCCI du 13 décembre 1975. La Cour de Paris y énonce que " sans qu'il y ait lieu en l'état de rechercher la loi applicable soit au fond du contrat...soit à l'instance arbitrale et la sentence, il suffit, pour accueillir l'exception d'incompétence...que, compte tenu de l'autonomie de la clause compromissoire, instituant un arbitrage dans un contrat international, celle-ci est valable indépendamment de la référence à toute loi étatique " (17). Le cordon ombilical entre la convention d'arbitrage international et le droit étatique est ainsi coupé.

C - LE RAPPEL CONSTANT PAR LA JURISPRUDENCE DU PRINCIPE D'AUTONOMIE OU DE VALIDITÉ DE LA CONVENTION D'ARBITRAGE INTERNATIONAL INDÉPENDAMMENT DE TOUTE RÉFÉRENCE À UNE LOI ÉTATIQUE

46. - De nombreux arrêts sont venus par la suite rappeler ce principe. On en citera quelques-uns.

(15) Cass. 4 juillet 1972, Rev. crit. 1974, p. 87 ; JDI 1972, p. 843 ; **GOLDMAN**, **JCL** de dr. int pr., Fasc. 586-1, n° 14.
(16) **OPPETIT**, note préc., p. 845.
(17) Paris, 13 déc. 1975, **MENICUCCI**, **JDI** 1977.107, note **LOQUIN** ; Rev. Arb., 1977.147, note **FOUCHARD** ; Rev. crit., 1976.506, note **OPPETIT**.

L'arrêt du 23 octobre 1982 de la Cour d'appel de Toulouse qui rappelle " le principe non contesté de l'autonomie de la clause compromissoire, étant observé que la jurisprudence la plus récente ne situe pas seulement cette autonomie par rapport aux autres stipulations du contrat, mais encore par rapport à toute loi étatique " [18].

L'arrêt du 6 janvier 1987 de la Cour de cassation, selon lequel " si la mission de la Cour d'appel, saisie en vertu des article 1502 et 1504 du Nouveau Code de procédure civile, est limitée à l'examen des vices énumérés par ces textes, aucune limitation n'est apportée au pouvoir de cete juridiction de rechercher en droit et en fait tous les éléments concernant les vices en question ; qu'en particulier, il lui appartient d'interpréter le contrat pour apprécier elle-même si l'arbitre a statué sans convention d'arbitrage " [19]. L'arrêt ne fait aucune obligation à la Cour d'appel de se référer à une loi désignée par la règle de conflit ni à une loi quelconque.

L'arrêt ECOFISA de la Cour de cassation du 4 décembre 1990 [20] où est affirmée la légitimité de la recherche de la commune volonté des parties afin d'interpréter cette commune volonté, sans référence à un droit étatique déterminé [21]

L'arrêt DUCLER de la Cour d'appel de Paris du 8 mars 1990 [22] qui énonce " qu'en matière d'arbitrage international, la clause compromissoire possède une complète autonomie juridique, àl'égard tant de la convention principale, dont l'inexistence ou la nullité n'ont aucun effet sur elle, que de la loi interne applicable à cette convention, sous la seule réserve de l'ordre public international, et que dès lors, la nature civile ou commerciale du contrat principal est sans incidence sur la validité de l'accord compromissoire, qui lie les parties et doit recevoir application, sans que puissent être opposées les dispositions de l'article 2061 du Code civil " [23].

Les arrêts FORESTIER et LEGRAND du 14 novembre 1991 qui énoncent que " la clause compromissoire est licite en tant que telle dans l'ordre international, en vertu du principe général d'autonomie de la convention d'arbitrage, règle matérielle qui lui assure une efficacité propre indépendammant

(18) Toulouse, 26 octobre 1982, JDI 1984.603, note **SYNVET.**

(19) Cass. 6 janvier 1987 (Southern Pacific / Rép. Arabe d'Égypte, Rev. Arb. 1987.469, note **LEBOULANGER**.

(20) Cass. 4 décembre 1990 (Rev. Arb. 1991.81, note **FOUCHARD).**

(21) Cet arrêt a un précédent, à savoir l'arrêt **CONVERT** de la Cour de cassation du 14 décembre 1983 (Rev. Arb., 1984.483) où la Cour affirme le principe de " complète autonomie " de la clause compromissoire, lequel permet au juge du fond de l'interpréter sans se référer à une loi étatique désignée par la règle de conflit.

(22) Paris, 8 mars 1990, Rev. Arb. 1990.674.

(23) On sait que l'article 2061 du Code civil prohibe la clause compromissoire (sauf en matière commerciale, article 631 du Code de commerce).

de la loi applicable au contrat dans lequel elle est stiuplée ou aux parties à ce contrat, sous la seule réserve de l'ordre public international, notamment quant à l'arbitrabilité du litige" [24].

L'arrêt GATOIL de la Cour d'appel de Paris du 17 décembre 1991 [25]. Une société de droit panaméen contestait la validité de la clause compromissoire contenue dans un contrat pétrolier conclu avec une société d'État iranienne au motif que cette dernière société n'aurait ni capacité ni pouvoir de compromettre à défaut d'avoir obtenu les autorisations parlementaires exigées par la constitution iranienne. On sait que l'arrêt GALAKIS de la Cour de cassation du 2 mai 1966 [26] avait affirmé que la prohibition de compromettre édictée en droit interne (article 2060 du Code civil) à l'égard des personnes morales de droit public ne s'applique pas au contrat international " passé par une personne publique pour les besoins et dans les conditions conformes aux usages du commerce maritime ". On se demandait si cette règle concerne seulement les personnes morales françaises de droit public ou si elle englobe aussi dans son champ d'application les personnes publiques étrangères. L'arrêt GATOIL tranche la question. La Cour d'appel y énonce qu' " en matière d'arbitrage international, le principe d'autonomie de la clause compromissoire est d'application générale, en tant que règle matérielle internationale consacrant la licéité de la convention d'arbitrage, hors de toute référence à un système de conflits de lois, la validité de la convention devant être contrôlée au regard des seules exigences de l'ordre public international ; qu'en l'espèce, s'agissant de contrats internationaux passés pour les besoins et dans des conditions conformes aux usages du commerce international, la convention d'arbitrage est conforme à l'ordre public international qui, au contraire, interdirait à NIOC de se prévaloir des dispositions restrictives de son droit national pour se soustraire *a posteriori* à l'arbitrage convenu entre les parties ; que, de même, GATOIL ne peut pas davantage fonder sa contestation de la capacité et des pouvoirs de NIOC sur les dispositions du droit iranien alors que l'ordre public international n'est pas intéressé par les conditions fixées en ce domaine dans l'ordre interne, telles qu'elles sont visées au moyen ".

L'arrêt DALICO de la Cour de cassation du 20 décembre 1993 [27]. Le pourvoi faisait grief à la Cour d'appel d'avoir écarté la loi lybienne sans rechercher quelle norme régissait, selon les principes du droit international privé, l'existence et la validité en la forme de la clause compromissoire et d'avoir déclaré adoptée cette clause figurant sur un document non signé

(24) Dans le même sens, l'arrêt **DALICO** de la Cour d'Appel de Paris du 26 mars 1991 (Rev. Arb. 1991.456)

(25) Paris, 17 décembre 1991, Rev. Arb. 1993.281, note **SYNVET.**

(26) Cass. 2 mai 1966, Rev. crit. 1967.553, note **GOLDMAN**.

(27) Cass., 20 décembre 1993, Rev. crit. 1994.663, note **MAYER..**

parce qu'un autre document, qui n'était pas davantage signé, mais auquel renvoie le contrat de base signé par les parties, y faisant référence, reprochant aussi à la Cour d'appel d'avoir fait prévaloir une telle clause sur la clause attributive de juridiction insérée dans les conditions signées [(28)]. La Cour de cassation répond à ces griefs en énonçant qu' " en vertu d'une règle matérielle du droit international de l'arbitrage, la clause compromissoire est indépendante juridiquement du contrat principal qui la contient directement ou par référence et que son existence et son efficacité s'apprécient, sous réserve des règles impératives du droit français et de l'ordre public international, d'après la commune volonté des parties, sans qu'il soit nécessaire de se référer à une loi étatique ; qu'en l'espèce, la Cour d'appel a légalement justifié sa décision en établissant l'existence de la clause d'arbitrage sans avoir égard à la loi libyenne du contrat et a souverainement retenu, par l'analyse et l'interprétation des documents produits, que l'annexe invoquée avait, notamment, pour objet de substituer la clause d'arbitrage stipulée à l'origine à celle donnant compétence aux tribunaux libyens et que son intégration dans l'ensemble contractuel démontrait, bien que ce document ne fût pas signé, la commune intention des parties à se soumettre à la clause litigieuse ".

47. - La jurisprudence a donné à la convention d'arbitrage une efficacité propre en tant que règle matérielle justifiant qu'elle soit opposée à des personnes impliquées dans un litige soumis à l'arbitrage, encore qu'elles ne soient pas signataires de la convention d'arbitrage.

C'est ainsi que dans un arrêt du 20 avril 1988 (Clark International) [(29)], rendu sur la question du transfert de la clause compromissoire comme accessoire d'une créance, la Cour d'appel de Paris a jugé que " la clause compromissoire insérée dans un contrat international a une validité et une efficacité propres qui commandent d'en étendre l'application à la partie venant - même partiellement -- aux droits de l'un des contractants ".

Déjà en 1976, le professeur OPPETIT observait que l'arrêt de la Cour de cassation dans l'affaire HECHT orientait la réflexion vers l'idée qu'une clause compromissoire doit recevoir plein effet du seul fait qu'elle a été stipulée dans un contrat international, faisant ainsi de la clause compromis-

(28) La Cour d'appel de Paris avait jugé (arrêt du 26 mars 1991, Rev. Arb. 1991.456) " qu'en matière internationale le principe de validité et d'autonomie de la clause compromissoire - désigné à en assurer la pleine efficacité selon la volonté des contractants - consacre l'indépendance de la convention d'arbitrage à l'égard tant des dispositions substantielles du contrat auquel elle se rapporte, que de la loi interne applicable à ces conventions, sous la seule réserve de l'ordre public international, notamment quant à l'arbitrabilité du litige ".

(29) Paris, 20 avril 1988, Clark International, Rev. Arb. 1988.570.

re " un contrat sans loi ", et que l'arrêt MENICUCCI de la Cour d'appel de Paris ne laissait plus aucune équivoque à cet égard en énonçant que " compte tenu de l'autonomie de la clause compromissoire instituant un arbitrage dans un contrat international, celle-ci est valable indépendamment de la référence à toute loi étatique ". Dans la vision de la jurisprudence qui ne fournit aucune indication sur le caractère de la règle ainsi posée, il s'agit donc visiblement d'une " règle matérielle " qui se verra ainsi reconnaître une portée absolue. C'est justement ce caractère absolu de la règle ainsi posée qui conduit à élever une grave interrogation : le détachement de l'accord compromissoire de toute loi étatique signifie-t-il que l'ensemble de son régime juridique se trouve désormais soustrait à toute appréciation de validité au regard d'un système de droit étatique ? On songe en particulier aux problèmes de consentement ou de pouvoir. S'il devait en être ainsi, observe M. OPPETIT, plus aucune sanction ne s'attacherait à un vice du consentement, par exemple, faute d'un système de référence. Or, à s'en tenir aux termes de l'arrêt rapporté, rien ne permet de penser que ces questions continuent de relever d'une loi déterminée par le procédé habituel du conflit des lois.

Ces conséquences extrêmes sont graves, constate M. OPPETIT. Le principe d'autonomie poursuit un objectif essentiel qui consiste à soustraire l'accord compromissoire aux vicissitudes du contrat principal. En ce sens, l'autonomie s'entend par rapport au contrat (ce qu'exprime d'ailleurs mieux le vocable anglo-saxon de *separability*). " Mais, en proclamant l'indépendance de la clause à l'égard de toute loi étatique, on donne à l'autonomie une autre signification : il s'agit d'autonomie, non plus à l'égard du contrat principal, mais à l'égard du droit, même si elle se trouve affirmée par le canal d'une règle matérielle appartenant elle-même à l'ordre juridique ; et toute la question est de savoir si cette conséquence procède logiquement du principe d'autonomie et de son " effet d'entraînement ", selon l'expression de M. FRANCESCAKIS (art. préc.), ou si on ne s'éloigne pas plutôt de ce qui paraît être la vocation fonctionnelle de la règle " [30].

48. - BERTOLD GOLDMAN, adversaire résolu du conflictualisme, qui n'a pas eu de cesse de prôner le détachement de l'arbitrage international des droits étatiques, ne pouvait qu'applaudir au principe de validité de la convention d'arbitrage et de son autonomie par rapport à toute loi étatique, tel que l'a proclamé la jurisprudence. Mais il ne pouvait pas ignorer les obstacles logiques auxquels se heurte ce principe. Rappelant les critiques précitées de M. OPPETIT et la question de l'arbitrabilité du litige, " à propos de laquelle les systèmes étatiques, et au premier chef le droit français, ne sont certainement pas disposés à renoncer à toute exigence ", il reconnaît que l'élimi-

(30) **OPPETIT,** note sous **MENICUCCI**, Rev. crit., 1976, p. 514.

nation totale de la règle de conflit dans la construction du régime juridique de la convention d'arbitrage peut manifestement se heurter à l'absence ou à l'insuffisance de règles matérielles transnationales concernant certaines des conditions de validité de la convention d'arbitrage - communes, du reste, à celle-ci et tous autres contrats - comme notamment la capacité, le pouvoir, le consentement et son expression. Et le professeur GOLDMAN ne peut que reconnaître que sur ces divers points une place doit être laissée aux lois étatiques et partant à leur désignation par des règles de conflit (31).

Le professeur GOLDMAN conclut que, " ces nécessaires limites étant rappelées, il demeure que progressivement façonné par la jurisprudence, sous ses deux aspects, le principe d'autonomie est incontestablement consacré par le droit français, bien qu'il ne fasse l'objet d'aucune des dispositions du Code de procédure civile relatives à l'arbitrage international ". Le problème étant limité au second aspect du principe, à savoir l'autonomie de la convention d'arbitrage par rapport à toute loi étatique - qui ne procède pas logiquement de l'autonomie de la convention d'arbitrage par rapport au contrat principal - il est permis de se demander ce qui reste du principe en question, une fois " ses limites " reconnues. Et il est significatif que, lorsqu'il entreprend l'étude de la détermination de la loi applicable à la convention d'arbitrage international, le professeur GOLDMAN conduit son étude comme le ferait le juriste le plus attaché à la méthode des conflits de lois (32). Le professeur GOLDMAN prend donc acte de ce principe jurisprudentiel d'autonomie de la convention d'arbitrage par rapport à tout droit étatique, tout en avouant qu'il n'en est pas convaincu, par l'aveu qu'il fait de la nécessité de lui en fixer des " limites ".

49 - Mais point ne suffit de prendre acte de ce que le principe d'autonomie de la convention d'arbitrage international par rapport à tout droit étatique, ou principe de validité de cette convention, est consacré par la jurisprudence comme principe de droit positif français et d'ajouter que ce principe a des " limites " et qu'une place doit être laissée aux lois étatiques et partant à leur désignation par des règles. Encore faut-il préciser quel champ d'application reste réservé à ce principe, compte tenu de ses limites, et quelles règles s'appliquent dans ce champ résiduel, si ce ne sont pas des règles étatiques. A moins que dans le cadre de ce champ résiduel, la convention d'arbitrage international ne devienne un " contrat sans loi ". Au demeurant, le principe est énoncé par les arrêts en termes absolus sans allusion à des limites ou à des réserves. Il importe tout autant de se demander si ce principe de validité se conjugue, et dans quelle mesure il se conjugue, avec son contexte juridique. On reste dans une zone d'ombre totale.

(31) GOLDMAN, JCL de dr. int. pr., Fasc. 586-1, n° 18
(32) *ibidem*, n°s 41 à 53.

D - UNE TENTATIVE DOCTRINALE D'EXPLICATION DES ARRÊTS : UNE RÈGLE MATÉRIELLE D'AUTONOMIE DE LA CLAUSE COMPROMISSOIRE À L'ÉGARD DE LA RÈGLE DE CONFLIT DE LOIS, PLUTÔT QUE D'AUTONOMIE PAR RAPPORT À TOUT DROIT ÉTATIQUE

50. - Il est pénible pour le juriste de souscrire à une jurisprudence qu'il n'arrive pas à comprendre. Il s'efforce toujours de hasarder une explication, même si elle s'avère risquée. Le principe jurisprudentiel est là, il faut donc l'accorder avec le droit. Or, une convention autonome est une énigme sinon une monstruosité juridique. N'est-ce pas à dire que c'est un contrat sans loi ?

Tous les commentateurs s'accordent à récuser l'idée que l'autonomie de la clause compromissoire par rapport à tout droit étatique des arrêts HECHT et MENICUCCI implique l'idée que la clause compromissoire devient ainsi " un contrat sans loi ". Commentant l'arrêt HECHT, le professeur GOLDMAN se demandait s'il s'agit, dans l'esprit de la Cour de Paris, d'une règle matérielle de l'arbitrage international de source jurisprudentielle, mais insérée cependant dans l'ordre juridique français, ou bien d'une norme contractuelle se suffisant à elle-même et trouvant son fondement dans la commune volonté des parties. Et de répondre d'emblée à la question en observant que la force obligatoire du contrat (ici la force obligatoire de la clause compromissoire) ne se conçoit pas sans l'appui d'une règle extérieure aux contractants, qui consacre cette force. Mais, ajoute le professeur GOLDMAN, il reste toujours à décider si en appliquant, fût-ce implicitement, cette règle, le juge français la puise dans un secteur du système juridique français propre aux relations commerciales internationales ou bien s'il exprime dans l'ordre juridique français une règle de véritable droit international (33), largement accueillie pour les besoins du commerce international, par les nations qui y sont engagées (34).

Le professeur GOLDMAN laisse la question sans réponse. Sans doute son coeur bat-il pour le " véritable droit international ", c'est-à-dire pour sa *lex mercatoria*, mais il ne s'aventure pas à affirmer, ni même à insinuer que le droit français reconnaît que l'autonomie de la clause compromissoire par rapport à tout droit étatique est une règle matérielle anationale.

51. - Le professeur OPPETIT s'était posé la même question dans sa note sous l'arrêt MENICUCCI. Mais il trouvait que la sèche formulation utilisée dans cet arrêt et l'absence de justification par les besoins ou les usages du commerce international engageraient plutôt l'exégète dans la voie de la règle matérielle de droit international étatique (35).

(33) Souligné par l'auteur.
(34) **GOLDMAN**, note sous l'arrêt **HECHT**, JCL périodique, 1971, n° 16927.
(35) **OPPETIT**, note sous **MENUCUCCI,** Rev. crit., 1976, p. 514

52. - D'autres auteurs se sont posé la même question. Le professeur LOQUIN, pourtant adepte convaincu de la *lex mercatoria,* n'ose pas voir dans le principe d'autonomie de la clause compromissoire indépendamment de toute référence à une loi étatique (ou principe de validité) une règle matérielle anationale. Il récuse d'abord l'idée que ce principe serait une manifestation du phénomène du " contrat sans loi ". L'auteur reprend l'argument qui est devenu un des truismes du droit des contrats internationaux : la clause n'est pas valable du seul fait que les parties l'ont adoptée, solution condamnée par le célèbre arrêt des Messageries Maritimes (Cass. civ. 21 juin 1950 : D.1951, p. 744) ; la force obligatoire du contrat ne peut, en effet, se concevoir sans l'appui d'une règle extérieure qui la consacre, et c'est en réalité d'un principe de droit positif que la clause compromissoire tire sa validité. Cela étant, le professeur LOQUIN trouve légitime de se demander si ce principe n'est pas une règle faisant partie de la *lex mercatoria*, un usage du commerce international," reconnu comme une règle de droit par les nations qui y sont engagées ", selon l'expression du professeur GOLDMAN. S'il en était ainsi, la validité de la clause compromissoire serait fondée non pas sur un droit étatique quelconque, mais sur une règle coutumière intégrée par les États, ou par leurs tribunaux, dans leur ordre juridique.

Malgré son attachement à la *lex mercatoria*, M. LOQUIN trouve qu'il serait très hasardeux de s'aventurer sur ce terrain. La raison en est, explique-t-il, que la jurisprudence française n'a que rarement fondé expressément les règles matérielles qu'elle dégageait en matière de commerce international sur le droit coutumier international (36). C'est au contraire, constate-t-il, l'absence de référence à la *lex mercatoria* qui est remarquable dans la jurisprudence analysée. Aussi trouve-t-il plus prudent d'admettre que la règle matérielle ainsi dégagée est une règle propre à l'ordre juridique français, une règle " de droit international étatique ", pour reprendre l'expression de FRANCESCAKIS. Car le juge étatique, lorsqu'il dégage une règle matérielle internationale, dérogatoire au droit interne, proclame nécessairement l'existence de cette règle, au nom de l'ordre juridique qui l'a investi

(36) Une seule fois, nous dit le professeur **LOQUIN**, la Cour de cassation a fait référence aux usages du commerce international pour justifier l'application d'une règle matérielle, et cela dans l'arrêt **GALAKIS** qui admet la capacité de l'État français de compromettre dans les contrats internationaux. Mais le fait que la Cour de cassation ait fait référence aux usages du commerce international ne veut pas dire pour autant que la règle matérielle dégagée par elle soit une règle anationale. Car la justification de la règle par les besoins et les usages du commerce n'entraîne pas nécessairement la qualification anationale de cette règle. Le droit étatique peut se fonder sur les besoins et les usages du commerce international pour justifier une règle matérielle de l'arbitrage international qui n'en sera pas moins une règle matérielle étatique.

et ne peut que se contenter de la constater, en tant qu'usage du commerce international.

Se fondant sur ce raisonnement, le professeur LOQUIN ne peut que se rallier à l'opinion de M. SYNVET (37), qu'il est aventureux d'affirmer, comme le fait l'arrêt MENICUCCI ou l'arrêt DAHAR, l'autonomie de la clause compromissoire par rapport à toute loi étatique. Devant le juge français, la règle prend sa source dans l'ordre juridique français, et c'est le droit français qui valide la clause compromissoire.

53. - Poursuivant l'exposé de cette thèse qu'il reprend au professeur SYNVET, le professeur LOQUIN donne les précisions suivantes : " En revanche, l'application du principe d'autonomie de la clause compromissoire échappe à l'emprise du conflit de lois. La clause est toujours valable dans les contrats internationaux, sans qu'il soit nécessaire que la règle de conflit désigne le droit français. Il s'agit d'une règle matérielle, unilatéralement proclamée par l'ordre juridique français, qui fournit directement, concrètement, la solution d'une question de droit par opposition aux règles de conflit de lois qui ne fournissent qu'indirectement, abstraitement, cette solution par la désignation de la loi d'un État. Le juge français fait intervenir le principe dès l'instant que la relation litigieuse est internationale sans s'interroger sur la règle de conflit applicable à celle-ci (cf. GOLDMAN, " Règles de conflit", règles d'application immédiate et règles matérielles dans l'arbitrage commercial international : Trav. Comité fr. dr. int. pr. 1966, 1969, 119). Ainsi est-il plus juste de parler d'autonomie de la clause compromissoire à l'égard de la règle de conflit de lois, plutôt que de son autonomie par rapport à tout droit étatique. Cette formulation, théoriquement mieux fondée, est également conciliable avec l'opinion dominante qui soutient que la clause compromissoire reste régie par un droit étatique lorsqu'il s'agit de vérifier si la clause a pu valablement se former, eu égard à l'existence d'un éventuel vice de consentement, ou relativement aux questions d'arbitrabilité (cf. en particulier sur cette question, OPPETIT, note précitée : Rev. crit. dr. int. pr. 1976, 507 ; LOQUIN, note précitée : JDI 1977, 107 ; SYNVET, note précitée : JDI 1984, 603). L'intervention des règles matérielles ne porte que sur des points isolés et précis, ceux qui supposent dans l'intérêt des échanges internationaux des solutions spécifiques et dérogatoires des droits internes. Il est vrai que l'arrêt commenté est rédigé en termes restrictifs : le principe de la validité de la clause compromissoire n'est affirmé qu'eu égard à la nature du contrat et à la qualité des parties (38).

(37) **SYNVET**, note sous l'arrêt **DAHAR** de la Cour d'appel de Toulouse du 26 octobre 1982 (JDI 1984, p. 603) qui énonce le même principe de validité.

(38) **LOQUIN,** note sous Paris, 9 novembre 1984, JDI 1986, p. 1039, note **LOQUIN**.

54. - Cette lecture des arrêts qui tente d'expliquer l'inexplicable principe jurisprudentiel de validité ou d'autonomie de la clause compromissoire par rapport à tout droit étatique, telle qu'elle a été proposée par MM. SYNVET et LOQUIN, est soutenue par d'autres auteurs (39). Il nous semble qu'elle fait dire à la jurisprudence exactement le contraire de ce qu'elle dit. En effet, les arrêts commentés ne disent pas que la clause compromissoire est autonome par rapport au conflit de lois. Ils disent, et en des termes qui ne laissent place à aucune équivoque, que la clause compromissoire est autonome par rapport à tout droit étatique, donc quel que soit ce droit étatique. Mais une règle matérielle, même si elle est énoncée par la jurisprudence en matière de droit international privé, et plus précisément en matière d'arbitrage international, reste après tout une règle matérielle étatique. Or, on ne voit pas comment une règle matérielle étatique peut édicter le principe qu'une convention (la convention d'arbitrage international) doit être considérée comme autonome par rapport à tout droit étatique, y compris le droit étatique dont fait partie la règle même qui édicte cette autonomie.

Cett explication laborieuse, tiraillée, traduit le désarroi devant une jurisprudence dont la logique échappe au juriste.

E -LE DÉSAVEU INFLIGÉ À CETTE TENTATIVE DOCTRINALE PAR LES ARRÊTS GATOIL ET DALICO : LE DÉFI AU DROIT DES CONTRATS INTERNATIONAUX

55. - A peine la doctrine avait-elle hasardé une explication pour rendre compréhensible le principe de validité de la convention d'arbitrage international (ou de son autonomie par rapport à tout droit étatique) que la jurisprudence s'est hâtée de lui fausser compagnie et de lui couper l'herbe sous les pieds. L'arrêt GATOIL de la Cour de Paris de 1991 et surtout les arrêts DALICO de la Cour de Paris de 1991 et de la Cour de cassation de 1993 ont dissipé toute velléité d'intégration du principe de validité dans la théorie du contrat international. Le principe de validité devient un véritable défi au droit des contrats internationaux. L'on se trouve alors devant un véritable dilemme. Ou bien on acceptera ce principe comme un postulat inexplicable et indémontable, dérogatoire à la théorie du droit, ou bien il faudra dire que le droit de la convention d'arbitrage international, laquelle est un contrat, est un droit à part, différent du droit des autres contrats internationaux, et il faudra alors expliquer les raisons de cette différence.

Arrêtons-nous d'abord à l'arrêt GATOIL.

(39) Par exemple, M. DE BOISSÉSON, Le droit français de l'arbitrage interne et international, GLN JOLY, 1990, n° 718.

a) L'arrêt GATOIL : la règle matérielle internationale de la licéité de la convention d'arbitrage hors de toute référence à un système de conflits de lois

56. - Le problème de la validité de la convention d'arbitrage international a souffert d'une confusion entre la notion de validité et la notion de licéité de cette convention. Sans doute l'illicéité est un cas d'invalidité de la convention d'arbitrage. Mais la convention d'arbitrage peut être invalide pour d'autres causes que l'illicéité (vices du consentement, par exemple). Invalidité et illicéité ne sont pas synonymes.

Or, dans l'arrêt GATOIL il s'agissait de licéité. La question était de savoir si la clause est licite, quels que soient les obstacles qui peuvent s'opposer à cette licéité dans tel ou tel droit nationnal. Dans l'arrêt GALAKIS, il s'agissait aussi de licéité : il était question de savoir si la clause compromissoire souscrite dans un contrat international par une personne morale de droit public était licite même si le droit français l'interdit dans les contrats internes. Mais cela concernait le droit français. L'arrêt GATOIL a étendu la solution de l'arrêt GALAKIS au cas où l'interdiction se trouve dans un droit étranger. Mais dans l'esprit des rédacteurs de l'arrêt GATOIL, la licéité et la validité de la clause sont interchangeables, comme le relève le professeur SYNVET (40). En effet, le même considérant parle de licéité et de validité.

57. - M. SYNVET observe avec raison que la solution de l'arrêt GATOIL n'était pas la suite nécessaire de la jurisprudence GALAKIS. Celle-ci pouvait être interprétée comme une exception à l'interdiction de compromettre de l'article 2060 du Code civil, mais cette interdiction ne concernait que les personnes publiques françaises. Et il était raisonnable de soutenir que la loi de chaque État est la mieux placée pour déterminer l'aptitude de ses entités publiques à se lier par une convention d'arbitrage, la question relevant, pour des motifs de droit international public, de la compétence exclusive de cet État.

Dans l'arrêt GATOIL, il s'agit de l'éviction d'une loi étrangère qui exclut ou limite l'aptitude de ses entités publiques à se lier par une convention d'arbitrage. Et cette éviction est pleinement justifiée.

Lorsque c'est l'État étranger lui-même qui a donné son consentement, par un organe compétent pour l'exprimer, à une convention d'arbitrage, cela révèle son aptitude à compromettre. Dans ses relations avec des sujets de droit extérieurs à son ordre juridique, l'État peut a *priori* librement s'en-

(40) Le commentateur relève l'impropriété du vocabulaire employé à un autre endroit, lorsque l'arrêt parle de la contestation par GATOIL de la capacité et des pouvoirs de NIOC, alors qu'il faudrait parler d'aptitude à compromettre ou d'arbitrabilité à raison de la personne.

gager. L'interdiction est une auto-limitation qu'il s'impose. S'il ne la respecte pas, des conséquences sont peut-être à tirer sur le plan interne. Mais la souscription de la clause démontre que, dans le cas particulier, l'État est revenu sur cette auto-limitation.

La question est plus délicate dans l'hypothèse où un organisme public a méconnu, de son propre chef, une règle prohibitrice ou a omis de solliciter une autorisation requise par son système juridique.

Comme le souligne le professeur SYNVET, vu de l'extérieur, l'État a la charge de faire respecter, par les collectivités se rattachant à lui, les disciplines qu'il prétend leur imposer. Que la convention d'arbitrage ait été conclue manifeste que ce contrôle n'a pas été correctement exercé. Cette faute de l'État fait obstacle à ce que ses règles prohibitrices puissent être opposées à un cocontractant étranger. D'un point de vue pratique, une telle généralisation présenterait d'ailleurs l'avantage d'éviter des discussions sur le degré d'implication des organes de l'État dans la conclusion d'un contrat déterminé (41).

On évite avec cette analyse le recours à " une règle matérielle internationale consacrant la licéité de la convention d'arbitrage, hors de toute référence à un système de conflits de lois ".

58. - Or, comme l'observe M. SYNVET, l'affirmation de la licéité de la convention d'arbitrage hors de toute référence à un système de conflit de lois est une généralisation aventureuse. Ce n'est pas parce que, pour certaines questions déterminées, la mise à l'écart du raisonnement en termes de conflits de lois a été jugée souhaitable (licéité de la clause compromissoire insérée dans un acte mixte, hier ; aptitude des personnes de droit public à compromettre, aujourd'hui) qu'il en ira nécessairement de même ailleurs. La bonne méthode n'est pas celle qui consiste à poser le résultat *a priori*. Il est plus réaliste - quoique moins glorieux - de confronter, pour chaque problème, le souci d'efficacité propre au recours à l'arbitrage, et les impératifs sous-jacents à telle législation nationale restrictive ou prohibitrice. On ne peut assurer, à l'avance, que les seconds doivent toujours être sacrifiés. M. SYNVET donne, comme exemple, la question du pouvoir de souscrire une convention d'arbitrage. On peut certes souligner le danger qu'une société ou une collectivité publique puisse se prévaloir d'une irrégularité qui lui est imputable, pour se délier d'un engagement sur lequel

(41) HERVÉ SYNVET, note sous l'arrêt GATOIL du 17 décembre 1991 de la Cour d'appel de Paris, Rev. Arb., 1993, p. 281 et s. M. SYNVET se réfère à l'article 177, para. 2 de la loi fédérale suisse sur le droit international privé : " si une partie à la convention d'arbitrage est un État, une entreprise dominée ou une organisation contrôlée par lui, cette partie ne peut invoquer son propre droit pour contester l'arbitrabilité d'un litige ou sa capacité d'être partie à un arbitrage " .

son partenaire s'était légitimement fondé ; accueillir le moyen tiré du défaut de pouvoir serait donner une prime à la mauvaise foi. Mais, d'un autre côté, comme l'a décidé la Cour de cassation, l'appréciation des pouvoirs des dirigeants d'une société relève de la loi nationale de celle-ci. Et les conséquences de l'opposabilité des sûretés conférées par un dirigeant sans pouvoir ne sont pas moins graves, du point de vue de la sécurité juridique, que l'annulation d'une convention d'arbitrage. Ceci n'est pas avancé pour conclure au maintien, en matière de pouvoirs, du seul raisonnement conflictualiste, souligne M. SYNVET, mais pour montrer que la difficulté ne peut être réglée d'un trait de plume, et qu'elle appelle une maturation à partir d'espèces où elle sera posée effectivement (42).

59. - On aurait pu avec cette explication du professeur SYNVET faire l'économie de l'argument sur lequel s'est fondée la Cour, à savoir l'existence, en matière d'arbitrage international, d'un principe d'autonomie de la cause compromissoire, principe d'application générale en tant que règle matérielle internationale consacrant la licéité de la convention d'arbitrage international.

Avec cette même analyse du professeur SYNVET, on aurait pu aussi bien faire l'économie de l'autre argument sur lequel s'est fondée la Cour, à savoir l'invocation de l'ordre public international. Point n'était besoin, en effet pour la Cour, d'affirmer, s'agissant de contrats internationaux passés pour les besoins et dans les conditions conformes aux usages du commerce international, que la convention est conforme à l'ordre public international, que cet ordre public interdisait de se prévaloir des dispositions restrictives d'un droit national pour se soustraire *a posteriori* à l'arbitrage convenu entre les parties et que l'ordre public international n'est pas intéressé par les conditions fixées en ce domaine dans l'ordre interne.

60. - De plus, il est pour le moins irréaliste d'affirmer, comme le fait l'arrêt GATOIL, qu'il y a en matière d'arbitrage international une " règle matérielle internationale consacrant la licéité de la convention d'arbitrage, hors de toute référence à un système de conflits de lois ". Car l'affirmation d'une telle règle signifie que la clause compromissoire internationale est licite en tout état de cause, c'est-à-dire que tout litige est arbitrable. Mais ce seraitalors faire l'impasse sur tous les cas de non-arbitrabilité. Or, une telle licéité " de principe " de la convention d'arbitrage est infirmée par la réalité, car la convention d'arbitrage n'est pas licite pour les matières non-

(42) SYNVET, note précitée, p. 296.

arbitrables, même dans un arbitrage international, comme lorsqu'un litige porte sur une question d'état ou de capacité des personnes physiques (article 2060 du Code civil). Dira-t-on qu'il ne s'agit pas alors d'une matière patrimoniale ? Mais la question peut se poser même lorsqu'iil s'agit d'une matière patrimoniale, comme lorsqu'il s'agit d'un droit indisponible dans le sens de l'article 2059 du Code civil (43), ou bien lorsqu'il s'agit de ce M. GAILLARD appelle " matières patrimoniales sensibles ", surtout en matière de brevets et de marques ou en matière de procédures collectives où certains litiges ne sont pas arbitrables (44) ? Il semble permis de dire qu'il est à tout le moins hasardeux d'affirmer en des termes aussi absolus l'existence d'une règle matérielle internationale consacrant la licéité de la convention d'arbitrage, hors de toute référence à un système de conflits de lois (45).

b) L'arrêt DALICO : la règle matérielle du droit international de l'arbitrage selon laquelle l'existence et l'efficacité de la clause compromissoire s'apprécient d'après la commune volonté des parties

61. - Cette proposition est une énigme pour l'interprète. Comment l'existence et l'efficacité de la convention d'arbitrage peuvent-elles s'apprécier d'après la seule commune volonté des parties sans référence à aucune règle de droit ?

La Cour d'appel avait parlé de " principe de validité et d'autonomie de la clause compromissoire, destiné à en assurer la pleine efficacité selon la volonté des contractants ". La Cour de cassation parle du principe selon lequel " l'existence et l'efficacité de la clause compromissoire s'apprécient d'après la commuune volonté des parties, sans qu'il soit nécessaire de se référer à une loi étatique ". Le juriste est atterré.

62. - " Voudrait-on dire qu'une clause compromissoire n'est pas susceptible d'être nulle pour cause d'incapacité, de vice de consentement, de non-arbitrabilité, etc. ? Ce n'estpas sérieux ", observe M. MAYER (46). Pourquoi, se demande le même auteur, la validité et l'efficacité de la clause compromissoire devraient-elles différer, dans leur nature ou dans leurs effets, de celles des autres clauses ? Échappent-elles à la théorie générale

(43) Bail commercial, bail rural, conflit individuel de travail, voir : **GAILLARD,** Traité, n° 573.

(44) Voir : **GAILLARD**, Traité, n°s 574 à 579.

(45) Nous reviendrons sur la question lorsque nous parlerons de l'arbitrabilité.

(46) **P. MAYER**, L'autonomie de l'arbitre international dans l'appréciation de sa propre compétence, Cours de l'Académie de LA HAYE, 1989, t. 217.

des obligations (47) ?

63. - Dans sa note sous l'arrêt de la Cour d'appel de Paris dans l'affaire DALICO, Mme GAUDEMET-TALLON constate que le principe d'autonomie de la clause compromissoire est heureux dans la mesure où il permet à la clause d'échapper au sort des dispositions du contrat principal et de bénéficier éventuellement d'un rattachement propre. Il lui paraît également logique que ce principe d'autonomie se double d'un principe de licéité de la clause compromissoire dans l'ordre international, alors qu'elle est interdite dans l'ordre interne. En revanche, parler de " principe de validité " semble beaucoup plus discutable : un acte ne peut être " en principe valable ", il n'est valable que s'il remplit des conditions de forme et de fond posées par une norme logiquement supérieure par rapport à cet acte ; ces conditions peuvent être sévères, elles ne sauraient être inexistantes (48).

L'analyse de Mme GAUDEMET-TALLON de l'arrêt de la Cour de cassation qui a rejeté le pourvoi (49) est plus exhaustive. Elle note avec raison que, selon cet arrêt,l'existence et l'efficacité de la clause compromissoire ne dépendent que de la commune volonté des parties et échappent à toute loi étatique. Puisqu'une clause ne saurait être efficace si elle n'est pas d'abord valable, il résulte donc aussi de cet arrêt que la validité de la clause échappe à toute loi étatique et ne dépend que de l'appréciation de la commune volonté des parties, sous réserve des deux limites (les règles impératives françaises et l'ordre public international) (50).

Cette explication soulève une objection théorique sérieuse. Car asseoir l'effet de la clause compromise sur la seule volonté des parties érige cette volonté en véritable norme, source de droit, objecte Mme GAUDEMET-TALLON. Or, cette conception est condamnée par la doctrine qui n'admet que le contrat puisse être source d'obligations que si un système juridique attribue cette conséquence à la rencontre des volontés. Lorsqu'il y a des doutes sérieux pour savoir si les parties étaient vraiment d'accord pour soumettre leur litige à l'arbitrage, il pourrait être d'un grand secours de recourir à une règle de droit précisant les règles de fond (appréciation des vices du consentement, valeur du silence, par exemple) et les règles de forme (exigence d'un écrit, signé ou non, modalités des clauses par référence) (51). Il y a là, dit l'arrêt, une règle matérielle du droit français de l'ar-

(47) MAYER, note sous Paris, 28 nov. 1989, COTUNAV, Rev. Arb. 1990.675.

(48) Note sous Paris, 26 mars 1991, DALICO, Rev. Arb. 1991, p. 469.

(49) Cass. 20 déc. 1993, Rev. Arb. 1994.118 et s.

(50) Il était expressément question de validité dans l'arrêt de la Cour d'appel, comme on l'a vu.

(51) Il faut dire plutôt que cela est indispensable et non seulement d'un grand secours.

bitrage. Soit, observe Mme GAUDEMET-TALLON, mais ajoute-t-elle, le contenu de cette règle reste très insuffisant, car dire qu'il suffit de constater qu'il y a ou non accord des parties est loin de tout résoudre et il faudra que la jurisprudence parvienne à un ensemble normatif plus complet répondant à toutes les questions qui peuvent naître pour savoir si la clause doit produire effet ou non.

64. - D'autres questions se posent au sujet des deux limitations posées par l'arrêt au principe d'autonomie de la clause. Quel est le contenu des règles impératives du droit français auxquelles se réfère l'arrêt DALICO en matière de clause compromissoire, se demande Mme GAUDEMET-TALLON ? S'agit-il des règles sur l'arbitrabilité du litige ? Ou d'éventuelles règles de forme ? Ou de règles de fond, concernant, par exemple, les vices du consentement ? Il est difficile de savoir, observe-t-elle, quelles sont exactement, pour la clause compromissoire, les normes visées par la Cour de cassation sous l'appellation de " règles impératives du droit français ", et l'on se demande si cette formule ne prend pas simplement la place de la réserve des " circonstances exceptionnelles " de l'arrêt GOSSET, réserve qui n'avait pas été non plus explicite et qui avait fini par disparaître.

65. - Et surtout que faut-il comprendre de la réserve de" l'ordre public international " ? Il ne peut s'agir de l'ordre public au sens traditionnel du droit international privé, comme l'observe Mme GAUDEMET-TALLON et comme l'observait M. SYNVET sous l'arrêt GATOIL, en l'absence de règle de conflit désignant une loi susceptible d'être évincée, puisque la Cour de cassation énonce dans le même attendu que la clause n'est pas soumise à une loi étatique. S'agit-il de l'ordre public international français de direction ? Celui-ci est susceptible de réaction, par exemple, si l'objet du litige n'est pas arbitrable ou si le consentement d'une partie a été vicié. Mais il fait alors double emploi avec la réserve des " dispositions impératives du droit français ". S'agit-il de " l'ordre public réellement international ", se demande Mme GAUDEMET-TALLON ? Mais quel serait son contenu, s'agissant de la clause compromissoire, et qu'apporterait-il de plus que l'ordre public international français ? Et d'ailleurs, comme le notait M. SYNVET sous l'arrêt GATOIL, la jurisprudence française ne limite pas l'ordre public international à la notion d' " ordre public réellement international " mais y englobe aussi des règles de pur droit français (réglementation des investissements étrangers, règles relatives aux procédures collectives).

66. - Mais là où le bât blesse surtout dans les arrêts DALICO de la Cour d'appel et de la Cour de cassation, c'est le principe selon lequel l'existence, la validité et l'efficacité de la clause compromissoire s'apprécient d'après la commune volonté des parties, sans qu'il soit nécessaire de se référer à une loi étatique. Comme l'écrit Mme GAUDEMET-TALLON et comme l'écrivait M. OPPETIT, il semble bien qu'avec la validité et l'efficacité de principe de la convention d'arbitrage, validité et efficacité devant s'apprécier d'après la commune volonté des parties, nous soyons ramenés au " contrat sans loi ", c'est-à-dire au vieux dogme de l'autonomie de la volonté et qu'il y ait remise en cause de la conception de l'autonomie de la volonté, aujourd'hui définitivement établie et consolidée, selon laquelle la volonté n'est pas en elle-même une véritable norme, source de droit et que le contrat ne peut être source d'obligations que si une règle de droit confère cette conséquence à la rencontre des volontés, la volonté ne jouant un rôle que dans la mesure où la loi le lui confie. C'est le seul sens de la loi de l'autonomie, admis aujourd'hui tant pour le contrat interne (article 1134 du Code civil français : " les conventions légalement formées tiennent lieu de loi à ceux qui les ont faites ") que pour le contrat international (article 3.1 de la Convention de Rome : " le contrat est régi par la loi choisie par les parties ") (52).

Et cela est vrai aussi bien pour la convention d'arbitrage international que pour tout autre contrat international, la convention d'arbitrage international étant elle-même un contrat international.

67. - Cette proposition est cependant contestée par le Président ANCEL. Lorsqu'il y a dol ou erreur, est-il utile de s'adresser à des catégories précises de droit interne pour juger de cela, s'agissant d'un arbitrage international, se demande-t-il ? Et il répond par la négative. " Lorsqu'on se situe dans le domaine de l'arbitrage international, des contrats internationaux, affirme-t-il, il y a une émancipation de tous les droits internes. Voilà mon propos : il y a un phénomène d'émancipation qui permet au juge statuant en ces matières une certaine latitude (je le reconnais, mais ne disons pas une facilité) par rapport à l'application stricte de telle ou telle disposition du droit interne, français ou autre " (53).

Il est permis, croyons-nous, d'avoir des doutes sur cette conception. Et pour éviter le risque d'équivoque et de confusion, nous pensons qu'il faut, dans un raisonnement élaboré, faire des distinctions.

68. - D'abord, la question ne se présente pas de la même manière lorsqu'il s'agit d'un litige sur un contrat international devant un juge étatique et lorsqu'il

(52) Voir : KASSIS, Le nouveau droit..., *op. cit.*, n°s 170 et s.

(53) J.P. ANCEL, intervention dans les débats sur sa communication au Comité français de droit international privé sur " l'actualité de l'autonomie de la clause compromissoire " (Travaux du Comité, années 1991-1992, p. 113).

s'agit d'un arbitrage international. Lorsqu'un juge étatique est saisi d'un litige sur un contrat international en l'absence d'une convention d'arbitrage, nous ne croyons pas du tout qu'il y ait un phénomène d'émancipation de ce contrat international par rapport à tout droit étatique. Il n'y a pas un tel phénomène d'émancipation permettant au juge étatique une certaine latitude par rapport à l'application stricte de telle ou telle disposition du droit interne, français ou autre. Au contraire, il n'y a pas d'émancipation du tout par rapport aux droits internes. Sauf choix par les parties d'un droit à appliquer au contrat international - qui sera en tout état de cause un droit étatique - le juge étatique doit appliquer au contrat international un droit interne déterminé, qui est précisément le droit désigné par la règle de conflit de la *lex fori* du juge étatique. C'est l'enseignemnt de la méthode des conflits de lois qui est toujours en vigueur et qui est repris et consacré par la Convention de Rome (articles 3 et 4). Il n'y a donc, dans cette hypothèse d'un litige sur un contrat international sans convention d'arbitrage, ni émancipation ni latitude pour le juge étatique par rapport à l'application stricte de tel ou tel droit interne. Le juge étatique applique strictement le droit désigné par sa règle de conflit, et ce droit est, en tout état de cause, un droit interne. Telle est depuis SAVIGNY, la méthode des conflits de lois, et elle s'applique toujours aux contrats internationaux.

69. - Dans l'hypothèse d'un arbitrage international, les choses ne se passent sans doute pas de la même manière. Lorsqu'un litige relatif à un contrat international fait l'object d'un arbitrage, sauf choix du droit par les parties, l'arbitre est émancipé, il est vrai, de tout droit c'est-à-dire de toute règle de droit à appliquer au fond du litige relatif à ce contrat international. Quelque paradoxal que cela puisse paraître, nous verrons que le contrat international devient dans ce sens un contrat sans loi, et l'arbitre n'applique pas à ce contrat un droit interne parce qu'il n'y applique pas de règles de droit du tout. Il y applique son droit à lui, tel qu'il le conçoit, tel qu'il le crée au besoin. Contrairement à ce que pense la doctrine, il devient législateur ou amiable compositeur du seul fait qu'il est arbitre international et que les parties n'ont pas choisi le droit applicable. Cela est dû aux particularités de l'arbitrage international, à ce qu'on pourrait appeler " la technologie " de l'arbitrage international : l'arbitre international n'a pas de *lex fori*, le contrat international ne s'inscrit pas dans un ordre juridique de base, et le droit du fond appliqué par l'arbitre au contrat international échappe au contrôle du juge étatique qui contrôle la sentence arbitrale internationale aux fins de la reconnaître et de l'exécuter.

70. - Mais attention au risque de confusion. Il s'agit en cela d'émancipation de l'arbitre international de toute règle de droit en ce qui concerne le fond du litige relatif au contrat international. Or, la convention d'arbitrage international s'inscrit dans un autre registre. La convention d'arbitrage international précède l'exercice par l'arbitre de sa mission. C'est elle qui " crée " la mission et les pouvoirs de l'arbitre. Et elle est soumise au contrôle *a posteriori* du juge étatique dans le cadre de son contrôle de la sentence, que ce contrôle s'exerce par la voie de l'appel de l'ordonnance de reconnaissance ou d'exécution de la sentence arbitrale rendue à l'étranger ou par la voie du recours en annulation de la sentence internationale rendue en France. Lorsque le juge étatique (la Cour d'appel en France) contrôle la sentence arbitrale, il doit vérifier en premier lieu l'existence et la validité de la convention d'arbitrage international, et il le fait au regard d'un droit interne, celui désigné par la règle de conflit de sa *lex fori*. La convention d'arbitrage international étant un contrat international comme un autre, il n'y a pas plus émancipation de tous les droits internes pour la convention d'arbitrage international que pour un autre contrat international. Il y a bien émancipation de l'arbitre de tout droit étatique ou non-étatique lorsqu'il statue sur le fond du litige relatif au contrat international, les parties n'ayant pas choisi le droit applicable à ce contrat international. Il n'y a pas d'émancipation du juge étatique de tout droit étatique lorsqu'il contrôle la convention d'arbitrage international.

71. - Il y a une différence fondamentale entre les règles de droit auxquelles obéit le juge étatique dans l'examen des conditions d'existence et de validité de la convention d'arbitrage international et l'émancipation de l'arbitre de toutes règles de droit lorsqu'il statue sur le fond du litige, en l'absence de droit choisi par les parties (54).

Ainsi donc, le traitement juridique de la convention d'arbitrage international par le juge étatique du contrôle *a posteriori* de la sentence est foncièrement différent du traitement juridique du fond du litige par l'arbitre et, à sa suite, par le juge étatique du contrôle. Sans doute, l'arbitre saisi d'un litige relatif à un contrat international est-il le premier à se prononcer sur l'existence et la validité de la convention d'arbitrage, mais la décision qu'il prend à cet égard n'est pas souveraine, elle peut être infirmée par le juge étatique dans le cadre de son contrôle de la sentence, au vu du droit interne appliqué par celui-ci. L'arbitre saisi doit aussi se prononcer sur le fond du litige. Mais - et c'est là l'originalité de l'arbitrage international - l'arbitre se prononce sur le fond du litige librement, selon sa propre conception du droit, sans obéir à des règles de droit, justement parce que sa décision à cet égard est souveraine et ne peut pas être infirmée par le juge étatique du contrôle de la sentence dès lors qu'elle échappe justement à ce contrôle en ce qui concerne le droit appliqué au fond du litige, les parties n'ayant pas

(54) On reviendra, dans la deuxième partie, sur le droit appliqué par l'arbitre international au fond du litige relatif au contrat international.

choisi le droit à appliquer au fond.

Il semble donc difficile de souscrire à la thèse du Président ANCEL selon laquelle lorsqu'on se situe dans le domaine des contrats internationaux, il y a une émancipation de tous les droits internes. D'abord, dans le domaine des contrats internationaux, il n'y a aucune émancipation des droits internes, lorsque c'est la justice étatique qui est saisie directement des litiges sur ces contrats, en l'absence d'une convention d'arbitrage. Et même en cas de convention d'arbitrage, il n'y a émancipation des droits internes que pour le fond du litige sur le contrat international, et à condition qu'il n'y ait pas eu de choix de droit par les parties. Quant à la convention d'arbitrage international elle-même, elle ne jouit d'aucune émancipation des droits internes ni devant l'arbitre ni devant le juge étatique du contrôle *a posteriori* de la sentence.

SECTION II
LA MÉTHODE DITE DES " RÈGLES MATÉRIELLES "

72. - Les objections doctrinales soulevées contre le principe jurisprudentiel d'autonomie de la convention d'arbitrage commercial international par rapport à tout droit étatique ou principe de validité et d'efficacité propres de la convention d'arbitrage international en dehors de toute référence à une loi étatique n'ont pas désarmé ses défenseurs. De la défense de ce principe s'est acquitté surtout le professeur GAILLARD (55), mais en adoptant une variante simplement formelle (ou de terminologie) du principe lui-même, dont le contenu substantiel demeure inchangé.

A - DU PRINCIPE DE VALIDITÉ OU D'AUTONOMIE DE LA CONVENTION D'ARBITRAGE INTERNATIONAL PAR RAPPORT À TOUTE LOI ÉTATIQUE À LA MÉTHODE DITE DES RÈGLES MATÉRIELLES OU DE CHARYBDE EN SCYLLA

73. - Certaines formules des arrêts, reconnaît le professeur GAILLARD, ont un caractère excessif. La jurisprudence relative à certains aspects de l'autonomie de la convention d'arbitrage par rapport " à toute loi étatique " et surtout à la notion d' " efficacité propre " de cette convention, est assez mal venue, selon lui. Les termes de " principe de validité et d' efficacité propres " de la convention d'arbitrage sont fâcheux. Outre qu'une conven-

(55) GAILLARD, note sous DALICO, Rev. Arb. 1993, p. 433 et s. ; JCL de dr. in. priv., fasc. 586-1 ; Traité, n°s 439 et s.

tion ne peut être valide qu'à l'égard d'une norme qui lui reconnaît son effet, l'affirmation apparaît comme une pétition de principe. Lorsqu'il s'agit de savoir si une partie a accepté de se lier par une convention d'arbitrage, il n'est d'aucun secours d' invoquer la " validité " et l' " efficacité " d'une convention dont on ignore encore si elle a ou non été conclue. La question litigieuse est ici étrangère au principe d'autonomie et aux sources de l'efficacité de la convention d'arbitrage. Elle ne concerne que la question de la preuve de l'existence et de l'étendue du consentement qui relève d'une étude distincte (56).

C'est donc bien compris. La formule jurisprudentielle est malheureuse. L'existence et la validité de la convention d'arbitrage ne peuvent pas s'apprécier seulement d'après la commune volonté des parties. Elles doivent s'apprécier d'après des règles de droit. Mais ce ne seront pas les règles d'un droit interne désigné par une règle de conflit. c'est tout ce qu'il faut retenir de la jurisprudence. Mais alors de quelles règles s'agit-il ?

74. - Pour le professeur GAILLARD, ce caractère fâcheux de la terminologie ne doit pas conduire à méconnaître le bien-fondé de la position de fond consacrée par la jurisprudence française, consistant à faire échapper l'appréciation de la validité de la convention d'arbitrage aux particularismes locaux pour la faire apprécier au regard de la seule conception française de l'ordre public international. Même s'il ne s'agit pas d'un ordre public d'éviction mais d'une référence aux conceptions matérielles que l'ordre juridique français retient des exigences fondamentales de justice applicables aux situations à caractère international, le professeur GAILLARD trouve la solution bienvenue dans l'arbitrage international.

Elle le serait d'abord pour les juridictions étatiques chargées du contrôle de la sentence. Pour ces juridictions qui ne connaissent des questions relatives à la validité de la convention d'arbitrage qu'à travers un recours en annulation ou une demande de reconnaissance ou d'exécution, c'est dans ce contexte que, selon la formule de la jurisprudence que le professeur GAILLARD trouve excellente, l'existence et l'efficacité de la convention d'arbitrage doivent être contrôlées " au regard des seules exigences de l'ordre public international ". Selon lui, les critiques doctrinales tirées de l'impossibilité pratique et théorique de ne soumettre la validité de la convention d'arbitrage commercial international à aucune norme porteraient à faux. Il ne s'agit pas de la soustraire à tout contrôle, mais de limiter ce contrôle à sa confrontation aux conceptions fondamentales du droit français en matière internationale. Qu'il s'agisse de l'arbitrabilité du litige, de l'existence ou de la validité de la convention, sous tous ces aspects, elle

(56) **GAILLARD**, Traité, n° 440.

ne doit être contrôlée qu'au regard des conceptions fondamentales du droit français, c'est-à-dire plus précisément au regard des " règles matérielles minimales qui, dans la conception française de l'arbitrage international, doivent être respectées pour que l'on puisse accepter de donner effet à une convention d'arbitrage ". Il n'est donc pas question de contrat sans loi mais de contrat sans conflit de lois. Il ne s'agit pas d'une invulnérabilité de la convention d'arbitrage. Celle-ci ne puise pas d'elle-même son principe de validité, ce qui serait l'autonomie au sens le plus pur, mais de sa reconnaissance par les " principes que l'ordre juridique français estime essentiels en matière internationale " (57).

B - ANALYSE CRITIQUE DE LA MÉTHODE DES RÈGLES MATÉRIELLES

75. - Que faut-il penser de ce plaidoyer de M. GAILLARD en faveur de la jurisprudence française qui semble bien établie en matière de droit applicable à la convention d'arbitrage international et de la méthode préconisée, dite des " règles matérielles " ? Précisons qu'il s'agit du droit applicable à la convention d'arbitrage international par le juge étatique saisi d'un recours en annulation ou d'une demande de reconnaissance ou d'exécution de la sentence arbitrale. Le droit applicable au fond du contrat international lui-même par l'arbitre international d'abord et par le juge étatique du contrôle ensuite, s'inscrit dans un autre registre que nous examinerons par la suite.

76.- En doctrine, on considère d'une manière générale que ce qui se pose à cet endroit pour la convention d'arbitrage international, c'est une question d'existence et une question de validité. Une convention d'arbitrage s'est-elle formée ? Un accord des parties de soumettre le litige (ou les litiges) à l'arbitrage existe-t-il ? La convention d'arbitrage est-elle valide ? Dans ce cadre se posent les diverses questions relatives, *inter alia*, aux contrats entre absents, à la valeur du silence, aux pouvoirs de celui qui souscrit la convention, à la capacité, aux vices du consentement, à la forme, questions auxquelles est consacrée une bonne partie d'un code civil en matière de contrats internes.

77. - **a** -Selon le professeur GAILLARD, il faut lire dans la jurisprudence - plus particulièrement dans l'arrêt GATOIL de la Cour de Paris et l'arrêt DALICO de la Cour de cassation, qui seraient la meilleure expression de cette jurisprudence - que le juge étatique doit puiser le principe de validité de la convention d'arbitrage non dans la convention elle-même, mais dans les " principes que l'ordre juridique français estime essentiels en matière

(57) GAILLARD, Traité, n° 442.

internationale ", ou " dans les règles matérielles qui, dans la conception française de l'arbitrage international, doivent être respectées pour que l'on puisse accepter de donner effet à une convention d'arbitrage ".

Mais force est de se demander si c'est bien ce que disent les arrêts GATOIL, DALICO et les autres, ou si c'est bien ce qu'on peut en déduire. Il est permis d'en douter lorsqu'on s'en tient à une simple lecture de ces arrêts. Selon l'arrêt GATOIL, " le principe d'autonomie de la clause compromissoire est d'application générale, en tant que règle matérielle internationale consacrant la licéité de la convention d'arbitrage, hors de toute référence à un système de conflit de lois, la validité de la convention devant être contrôlée au regard des seules exigences de l'ordre public international ".

L'arrêt dit bien que le principe d'autonomie est une règle matérielle internationale mais ne dit pas que la convention d'arbitrage puise son principe de validité dans sa reconnaissance par les principes essentiels en matière internationale ou dans des " règles matérielles minimales qui doivent être respectées dans la conception française de l'arbitrage international ". Il dit tout simplement que la validité de la convention doit être contrôlée au regard des seules exigences de l'ordre public international . Ainsi, l'ordre public international fait fonction de " référence de contrôle ", c'est-à-dire de garde-fou, pour évincer la convention d'arbitrage lorsqu'elle n'est pas conforme à cet ordre public. Il n'y est pas envisagé en tant qu'ensemble de " règles matérielles minimales " dans lesquelles la convention d'arbitrage puise son principe de validité, c'est-à-dire que l'ordre public international n'est pas envisagé en tant que " source " ou fondement de la validité.

L'arrêt DALICO énonce qu'en vertu d'une règle matérielle du droit international de l'arbitrage, l'existence et l'efficacité de la clause compromissoire s'apprécient, " sous réserve " des règles impératives du droit français et de l'ordre public international, d'après la commune volonté des parties, sans qu'il soit nécessaire de se référer à une loi étatique. Le principe ainsi énoncé est clair : l'existence et l'efficacité de la clause compromissoire ne s'apprécient pas par référence à une loi étatique, mais d'après la seule volonté commune des parties. Ces règles impératives du droit français et de l'ordre public international ne sont que des " réserves ", ce qui veut dire qu'ils sont des garde-fou, des limites à la commune volonté des parties, qu'ils remplissent une fonction d'éviction ou de limitation et non de source. Il s'agit toujours d'éviction, mais d'une éviction de la volonté. L'arrêt ne dit nullement ce que lui impute l'interprétation du professeur GAILLARD, il n'y est point question de règles matérielles minimales ou de règles matérielles tout court, qui seraient dictées par les seules exigences de l'ordre public international et dans lesquelles l'existence et la validité de la clause principale puiseraient leur principe. L'arrêt DALICO comporte bien la pétition de principe dont parle le professeur GAILLARD. Si, comme il le reconnaît, une convention ne peut être valide qu'à l'égard d'une norme qui lui reconnaît cet effet, l'arrêt DALICO ne reconnaît pas l'existence d'une telle norme, puisque l'existence et la validité de la clause compromissoire ne s'apprécient que d'après la commune volonté des parties, la référence à une loi étatique quelconque étant exclue. Il semble donc que cette lecture fasse violence à l'arrêt DALICO.

78. - **b** - En admettant que l'interprétation du professeur GAILLARD - la méthode dite des règles matérielles - traduit bien ce qu'a voulu dire la jurisprudence, quelle est concrètement cette méthode ? Quelles sont ces règles matérielles ? Le professeur GAILLARD fait usage, tout à tour, d'expressions variées : " conception française de l'ordre public international ", " exigences de l'ordre public international ", " conceptions fondamentales du droit français ", " principes que l'ordre juridique français estime essentiels en matière internationale ", " règles matérielles minimales qui, dans la conception française de l'arbitrage international, doivent être respectées pour que l'on puisse accepter de donner effet à une convention d'arbitrage ". Qu'est-ce à dire ?

79. - Et d'abord, si tant est que l'on puisse parler de règles matérielles, encore faut-il se demander en quoi ces règles seraient " minimales ". Une règle est une règle. Il n'y a pas, que l'on sache, de règles minimales et de règles maximales. Pour savoir si une convention d'arbitrage existe, si elle est valide et efficace, il faut, selon l'auteur, consulter les règles matérielles des conceptions fondamentales du droit français de l'arbitrage, celles qu'il retient des exigences fondamentales de justice applicables aux situations à caractère international, en bref, " la seule conception française de l'ordre public international ".

Il y aurait ainsi des règles matérielles que l'on trouve dans la conception française de l'ordre public international ou dans les exigences fondamentales de justice applicables en matière internationale, qui donneraient la réponse à toutes les questions qui se posent sur l'existence, la validité et l'efficacité de la convention d'arbitrage international. Ces questions sont nombreuses et diverses. D'abord la question de savoir si une telle convention existe et s'est valablement formée, avec tout ce que cela peut comporter, en particulier l'existence du consentement et la valeur du silence. Question de la capacité des parties : âge de la capacité, alinéation, etc. Question du pouvoir du représentant. Question de la validité du consentement (les vices du consentement). Problème de l'arbitrabilité. Question de l'extension de la convention d'arbitrage aux non signataires. Question de la validité en la forme de cette convention.

80. - Selon cette méthode dite des règles matérielles, la juridiction française du contrôle de la sentence devrait, pour répondre à ces questions, rechercher et trouver les règles matérielles qui s'y appliquent. Mais quelles sont ces règles ? Elles seraient d'abord, et à n'en pas douter, des règles françaises, des règles de l'ordre juridique français. Mais ce ne sont pas les règles du droit français en matière interne qui régissent toutes ces questions. Ce ne sont pas non plus des règles étrangères, puisque la méthode conflictuelle est exclue. Ce sont des règles françaises, mais elles sont autres que celles du droit français applicables aux contrats internes français. Lorsque la juridiction française qui contrôle la sentence arbitrale internationale examine la question de savoir si une convention d'arbitrage international existe, si elle est valide (par exemple, si les parties sont capables, valablement représentées, s'il existe ou non un vice du consentement, etc.), elle devrait, selon l'explication du professeur GAILLARD, appliquer des règles matérielles françaises mais différentes des règles du droit interne français, des règles propres à la convention d'arbitrage international. Mais où trouver ces règles, dès lors qu'il n'est point question de les chercher dans le droit interne français, ni dans un droit étranger ? Or, nous dit-on, ces règles existent et la juridiction française qui exerce son contrôle sur la sentence doit les chercher dans " la conception française de l'ordre public international ", dans les " conceptions fondamentales du droit français ", dans " les principes que l'ordre juridique français estime essentiels en matière internationale ", ou dans " la conception française de l'arbitrage international ", qui doivent être respectés pour pouvoir donner effet à la convention ", ou dans les " conceptions matérielles que l'ordre juridique français retient des exigences fondamentales de justice applicables aux situations à caractère international ". Les formules sont nuancées mais l'idée est la même.

81. - Il s'agit donc de découvrir les " règles matérielles " en les cherchant dans des " conceptions ", celles qui sont définies dans les formules que l'on vient de voir. Mais est-on sûr de les y trouver ? Quelle sera par exemple dans la conception française de l'ordre public international la règle sur l'âge de la majorité ou sur la valeur du silence, ou sur l'erreur ou le dol comme vice du consentement ?

C'est la question que posait le professeur GOLDMAN au Président ANCEL dans un débat qui mérite d'être rappelé : " Alors, je vous pose la question très nette et très directe : croyez-vous que des questions de ce genre, par exemple, l'erreur ou l'absence de pouvoir de quelqu'un qui a signé une clause arbitrale puissent être résolues par le seul recours à l'ordre public international ? " (58). Et le Président ANCEL répond que si le débat sur la

(58) Débats sur la communication du Président J. P. ANCEL au Comité français de droit international privé sur "l'actualité de l'autonomie de la clause compromissoire" (Travaux du Comité, années 1991-1992, p. 110 et s.)

question de savoir si le consentement est vicié ou non se déroule sans faire référence à la loi applicable, il pense que le tribunal saisi pourra trancher le litige sans avoir à se référer à une loi étatique quelconque, mais il concède que la question du pouvoir est beaucoup plus délicate, car tout ce qui concerne la forme peut effectivement être considéré comme devant se rattacher obligatoirement à une réglementation ou à une législation précise.

Le professeur MAYER observe que, dans cette conception, on fait jouer à l'ordre public international un très grand rôle qui n'est pas son rôle classique puisqu'il ne s'agit pas d'évincer une loi, étant donné qu'il n'y a pas, selon la thèse invoquée, de loi à évincer. Ce qu'on va appliquer au nom de l'ordre public international, c'est le droit français, on va énoncer de nouvelles règles qui, vraisemblablement ressembleront énormément à celles que contient le Code civil sur l'erreur, le dol, la violence, etc. Pourquoi parler d'ordre public international lorsqu'il s'agit d'appliquer des règles du droit français, se demande le professeur MAYER ? (59)

Le Président ANCEL ne trouve pas l'objection convaincante. Il estime que la considération de l'ordre public international qui interdit qu'une convention ait été obtenue par tromperie donne aux juges les moyens intellectuels et juridiques - sans préciser l'origine de la règle - de décider si cette clause a été obtenue par tromperie ou par contrainte morale. Lorsqu'il s'agit de vices du consentement, est-il utile, se demande-t-il, de s'adresser à des catégories précises de droit interne pour juger cela, dans un arbitrage international ?

82. - Sans doute à ce niveau n'est-il pas besoin de se référer à un droit national pour dire qu'une tromperie ne doit pas être admise. Mais, comme le relève M. BISCHOFF, si on prend n'importe quel code sur les contrats, il y a des dizaines de pages sur le dol, avec des questions très techniques, et ces pages ne seront pas les mêmes selon que le traité est français, anglais ou allemand. Donc, à un certain niveau d'approfondissement du problème juridique, on ne peut plus se contenter de dire que la tromperie n'est pas admissible, mais on est bien obligé d'en revenir soit directement à un droit national que l'on désignera par une règle de conflit, soit, sans le dire, à la conception du for, du juge étatique qui contrôle la sentence. Il y a, dit M BISCHOFF, un risque de simplisme dans l'ordre public international dégagé des droits nationaux. Et l'on n'échappe pas à cette exigence en répliquant avec le président ANCEL que dans l'ordre des relations économiques internationales, le juge qui contrôle la sentence n'a pas besoin d'entrer dans le détail technique du mécanisme juridique de tel ou tel droit, dès lors que ce juge ne se prononce sur la validité de la convention d'arbitrage que pour vérifier la régularité internationale de la sentence arbitrale, et qu'il n'a pas

(59) *ibidem*, p. 111.

besoin de faire cette vérification au regard des règles précises et complexes d'un droit national, se contentant de se référer aux principes essentiels, suffisants pour garantir la régularité de l'arbitrage (60).

Or, c'est précisément là l'illusion qui sous-tend la méthode dite des règles matérielles. Car les choses ne sont pas aussi simples pour pouvoir se résoudre toujours par référence à des principes essentiels. Des situations se présentent au juge étatique du contrôle de la sentence, qui peuvent être aussi complexes que celles qui se présentent au juge saisi d'un litige interne, où il faut bien avoir des règles précises et détaillées pour pouvoir dire si l'on est par exemple en présence d'un vice du consentement. Le juge étatique du contrôle doit bien dire au bout du compte s'il y a un vice du consentement, et cela n'est pas nécessairement plus simple pour lui que pour un juge étatique saisi d'un litige relatif à un contrat interne. De plus, même des situations non complexes ne sont pas toujours résolues par des principes simples. Que l'on songe à l'âge de la majorité, à la signification du silence dans la formation de la convention d'arbitrage, etc. Il peut arriver d'ailleurs que la question qui se pose relativement à l'existence ou à la validité de la convention d'arbitrage soit simple, mais qu'à celle-ci s'en greffe une autre, qui ne l'est pas du tout. Par exemple, l'existence d'un vice du consentement est indiscutable, mais une partie soutient que la nullité résultant de ce vice est prescrite. Comment trancher la question sans se référer à un droit étatique ?

83. - S'il pouvait y avoir un ordre public international comportant des règles matérielles positives qui permettent de résoudre toute question ponctuelle qui se poserait en matière d'existence et de validité de la convention d'arbitrage international, ce serait merveilleux. L'on verra que le professeur GAILLARD s'est échiné à relever le défi en croyant pouvoir trouver dans l'ordre public international de telles règles qui répondraient à toutes ces questions. On verra dans l'examen des questions relatives à la formation et à la validité de la convention d'arbitrage que ses tentatives ont été vaines.

En dernière analyse, on se rend compte qu'avec cette méthode des règles matérielles on aurait retrouvé au bout du compte le droit étatique que l'on aura baptisé d'autres noms (conception française de l'ordre public international, exigences fondamentales de justice applicables aux situations à caractère international, etc), et la méthode des règles matérielles n'aurait servi que de camouflage, pour entretenir l'illusion qu'on a échappé à un droit étatique.

84. - **c** - La grande objection soulevée contre la méthode des règles matérielles, c'est l'imprévisibilité des solutions qui en résulterait. En effet,

(60) Travaux du Comité français de droit international privé, précité, p. 109 à 114.

c'est la juridiction étatique investie du contrôle *a posteriori* de la sentence qui aurait pour tâche de découvrir les règles matérielles qui doivent s'appliquer à la convention d'arbitrage international, règles qu'elle devrait dégager , nous dit-on, de la conception française de l'ordre public international. Comment prévoir, en effet, quelles seront, selon la juridiction étatique du contrôle, et sur tel ou tel point déterminé relatif à la convention d'arbitrage international, les exigences fondamentales de justice et les principes essentiels en matière d'arbitrage international ? Le professeur GAILLARD s'inscrit en faux contre cette objection. A son avis, la méthode des règles matérielles, d'inspiration internationaliste, qui s'efforce de dégager sur la base de considérations de droit comparé et des aspirations légitimes des opérateurs du commerce international, des règles spécifiques à l'arbitrage commercial international, est sans doute moins aléatoire que celle qui consiste à faire dépendre le sort de la convention d'arbitrage de l'application d'une loi nationale déterminée par les règles de conflit françaises qui, trouvant la seule justification de leur application dans l'existence d'un recours en annulation ou d'une demande d'exequatur en France, peuvent elles-mêmes ne pas correspondre aux hypothétiques prévisions des parties (61).

Cet argument rend le juriste perplexe. On glisse, en effet, d'une explication à une autre. Il s'agissait de règles matérielles dégagées d'une conception française de l'ordre public international, faite d'exigences fondamentales de justice et de règles minimales de l'arbitrage international. Il s'agit maintenant de considérations de droit comparé et d'aspirations légitimes des opérateurs du commerce international. Or, ce n'est pas du tout la même chose. On bascule sans s'en apercevoir d'un fondement à un autre. Les règles matérielles minimales de la conception française de l'arbitrage international, à supposer qu'elles existent, c'est le juge étatique qui doit les puiser directement dans cette conception sans considérations de droit comparé. Car, en droit comparé, on compare des droits nationaux, on reste attaché aux droits nationaux, on ne s'en émancipe pas. Si le juge étatique doit puiser les règles matérielles dans les exigences fondamentales de justice applicables aux situations à caractère international, il est censé le faire d'une manière objective sans se soucier des " aspirations légitimes des opérateurs du commerce international ". Ces " aspirations légitimes " ou cette " attente légitime " sont un concept creux. On se demande d'ailleurs ce que peuvent donner des considérations de droit comparé ou des considérations relatives aux aspirations légitimes des opérateurs du commerce international lorsque se pose la question de savoir quelles règles appliquer à la capacité, aux pouvoirs d'un représentant, au silence en matière de formation de la convention, aux vices du consentement, etc.

(61) GAILLARD, Traité, n° 442, p. 251

Une étude de droit comparé met en évidence des similitudes et des différences entre les droits nationaux comparés. Quelles règles matérielles minimales peut-on en dégager ? Comment se mettre à la merci d'une telle recherche ou d'une recherche d' " aspirations légitimes " pour dégager des règles matérielles en ces matières ?

85. - Que la méthode des règles de conflit soit plus aléatoire que celle des règles matérielles paraît difficilement soutenable. La méthode des règles matérielles est ce qu'il y a de plus aléatoire, et elle est plus qu'aléatoire, elle consacre l'imprévisibilité totale, absolue, parce des règles matérielles dégagées de l'ordre public international pour régir la convention d'arbitrage international n'ont aucune existence objective. C'est en réalité le juge étatique investi du contrôle de la sentence qui les inventera pour les mettre sur le compte de l'ordre public international, et il sera toujours impossible à l'interprète de les prévoir, pour la simple raison que l'ordre public international ne contient pas un *corpus* de règles positives qui régissent la formation de la convention d'arbitrage, comme un droit étatique contient des règles qui régissent la formation du contrat. Quant à la méthode des règles de conflit, elle n'est pas aléatoire du tout, lorsqu'on retient, par application de la méthode conflictuelle la loi du pays où l'arbitrage a lieu, comme le fait l'article V de la Convention de New York. Si le législateur français avait suivi cette Convention dans son article 1502 du N.C.P.C., tout aurait été clair, et il n'y aurait pas eu un problème du droit applicable à la convention d'arbitrage. Mais le législateur français a vulu aller au-delà de tout conflictualisme et de tout droit étatique pour ce qui concerne le droit applicable à la convention d'arbitrage international, et il s'est empêtré dans des difficultés inextricables, parce que'on ne peut pas se détacher de tout droit national dans la recherche des règles qui régissent la convention d'arbitrage international. Le droit français a voulu faire mieux que la Convention de New York, entraînant ainsi le juge français de l'exequatur dans une impasse, dans l'incertitude. Le législateur italien, comme d'autres, a bien fait de se garder de s'engager dans une telle aventure en se contentant de recopier l'article V de la Convention de New York (voir l'article 840 du Code italien de procédure civile, amendé par la loi du 5 janvier 1994) (62).

86. - **d** - La méthode des règles matérielles s'expose aussi au grief sinon de nationalisme, du moins d'un certain " expansionnisme " ou " impérialisme " (63) du système juridique français. Elle fait prévaloir des règles de source française sur des règles susceptibles d'être désignées par une règle de conflit, censée plus respectueuse des particularismes locaux, pour

(62) Rev. Arb., 1994, p. 593.

(63) Mme TOUBIANA (Travaux du Comité français de dr. in. pr., précité, p. 115).

juger de situations pouvant n'avoir que des liens ténus avec le système juridique français. Il y aura application de la *lex fori*, quel que soit le lien entre le litige et l'ordre juridique français, le résultat étant que la convention d'arbitrage risque d'être déclarée valable dans des hypothèses où les systèmes nationaux auxquels elle se rattache plus étroitement refusent de consacrer son efficacité (64). L'objection porte à faux, selon le Président ANCEL et le professeur GAILLARD (65). Pour la juridiction française saisie d'un recours en annulation ou d'une demande d'exécution, il s'agit en fait d'apprécier si la sentence rendue sur le fondement de la convention d'arbitrage en cause est susceptible d'être accueillie dans l'ordre juridique français, et il n'est nullement excessif, à cette fin, d'apprécier la validité de la convention sur laquelle la sentence se fonde au regard des conceptions retenues par le droit français en matière internationale, réplique le professeur. GAILLARD. Et le Président ANCEL de se demander quel inconvénient il y aurait à ce que le juge français énonce des règles à cet égard et que les autres pays en fassent autant : si tout le monde est impérialiste, plus personne ne le sera, ajoute-t-il. Mais est-ce la bonne voie à suivre pour une uniformisation du droit de l'arbitrage international ? N'y a-t-il pas plutôt là le système du " chacun pour soi " ?

S'agissant de validité, (capacité, vices du consentement, par exemple), au nom de quel principe supérieur le juge français devrait-il écarter la méthode conflictuelle ? Du reste, même selon les défenseurs de la méthode des règles matérielles, celle-ci ne consiste pas, pour le juge français, à appliquer les règles de son droit interne mais à dégager des règles d'un ordre public international selon la conception française pour les appliquer à la convention d'arbitrage international. Or, c'est là une pétition de principe, parce que de telles règles n'existent tout simplement pas, et qu'il n'y a pas de conception française d'un ordre public international en matière d'existence et de validité de la convention d'arbitrage international.

87. - **e** - Dans son plaidoyer en faveur de la méthode des règles matérielles, M. GAILLARD a cru pouvoir déceler dans certaines législations récentes une illustration du recours à la méthode des règles matérielles sous la forme d'une combinaison *in favorem validitatis* de règles de conflit et de règles matérielles, de façon à multiplier les chances de voir la convention d'arbitrage international validée. Il a cru trouver une telle combinaison dans l'article 178 de la loi fédérale suisse sur le droit international privé, consacré à la convention d'arbitrage et qui permet de reconnaître la validité au fond de cette convention " si elle répond aux conditions que pose soit le droit choisi par les parties, soit le droit régissant l'objet du litige et notam-

(64) **SYNVET**, note sous Paris, 17 déc. 1991 (**GATOIL**), précité, Rev. Arb., 1993, p. 296.
(65) **ANCEL**, Travaux, précité, p. 116 ; **GAILLARD**, Traité, p. 251.

ment le droit applicable au contrat principal, soit encore le droit suisse ". Autre exemple cité par M. GAILLARD comme combinaison *in favorem* de règles de conflit et de règles matérielles : l'article 458 bis 1, alinéa 3 du Code de procédure civile algérien amendé par le décret législatif algérien du 25 avril 1993.

Ces exemples tirés du droit comparé pour illustrer la méthode des règles matérielles paraissent mal choisis et ne semblent en aucune manière plaider en faveur de cette méthode. En effet, les règles de la combinaison *in favorem* dans les textes suisse et algérien sont toutes des règles nationales. Aucune d'elles n'est une règle matérielle dégagée de l'ordre public international et différente d'une règle de droit national. Les règles des combinaisons suisse et algérienne s'inscrivent dans le droit profil de la méthode conflictuelle. Le texte suisse et le texte algérien invoqués ne sont que le type de la règle de conflit alternative. On en connaît bien d'autres dans la méthode des conflits de lois (l'article 9 de la Convention de Rome sur la forme du contrat international, par exemple). Ce n'est pas une combinaison de règles de conflit et de règles matérielles, c'est une règle de conflit alternative tout court.

88. - **f** - De toute manière, une telle règle alternative n'existe pas en droit français en matière d'existence et de validité de la convention d'arbitrage. Le professeur GAILLARD appelle quand même à une " combinaison *in favorem validitatis* de règles de conflit et de règles matérielles ". Rien n'empêcherait une telle combinaison en droit français, en dépit de l'absence de texte, selon M. GAILLARD. Le plus intéressant dans cette proposition, c'est l'aveu qu'elle comporte de l'insuffisance de la méthode des règles matérielles. C'est cette insuffisance qui justifierait la combinaison de la règle matérielle avec la règle de conflit.

A supposer que des " règles matérielles tirées de la conception française de l'ordre public international ", et régissant l'existence et la validité de la convention d'arbitrage international existent, ces règles constituent-elles un système auquel il est toujours possible de recourir lorsque la question de l'existence ou de la validité de la convention d'arbitrage international se pose ? Autrement dit, de telles règles sont-elles suffisantes ? Même les partisans de la méthode des règles matérielles ne le croient pas.

89. - Le Président ANCEL doute que de telles règles existent lorsqu'il s'agit de la question du pouvoir du signataire de la convention ou de la forme de cette convention, car " tout ce qui concerne la forme peut effectivement être considéré comme devant se rattacher obligatoirement à une réglementation ou à une législation précise " (66).

(66) Débats sur la communication du Président ANCEL, précité, p. 110.

Le professeur GAILLARD lui-même admet que ces règles matérielles peuvent s'avérer insuffisantes pour valider une convention d'arbitrage international. Lorsqu'une telle insuffisance est avérée, quelles règles faut-il alors appliquer ? Selon M. GAILLARD, il y aurait alors lieu à une combinaison *in favorem validitatis* de règles de conflit et de règles matérielles. Voici la thèse de la combinaison, telle qu'elle est exposée par l'auteur (67) :" Si les règles matérielles françaises applicables à la convention d'arbitrage international ne suffisaient pas à valider une convention, on pourrait, en théorie au moins, se demander si le juge français ne pourrait pas parvenir à un tel résultat en application d'un autre droit. La combinaison du droit commun français et des conventions internationales sur l'arbitrage applicables en France permettrait d'y répondre par l'affirmative lorsque la convention d'arbitrage est validée par la loi choisie par les parties ou, à défaut, par la loi du lieu du siège de l'arbitrage. En effet, même si les règles matérielles applicables selon la jurisprudence DALICO ne permettaient pas de conclure à la validité de la convention d'arbitrage ayant servi de fondement à une sentence dont la reconnaissance ou l'exécution est demandée en France, les juridictions françaises ne pourraient refuser d'accorder l'exequatur à la sentence dès lors que la convention d'arbitrage est conforme à la loi choisie par les parties ou, à défaut de choix, à la loi du pays où la sentence a été rendue. C'est là l'effet spécifique de l'article V, paragraphe 1, a, de la Convention de New York de 1958. Celle-ci peut naturellement être dépassée par le droit commun dans un sens plus libéral (art. VII), mais les juridictions françaises ne pourraient, sans violer la Convention, être plus restrictives " (68).

Ainsi, selon M. GAILLARD, le droit positif français pourrait aujourd'hui se lire comme reconnaissant la validité des conventions d'arbitrage conformes soit au droit choisi par par les parties, ou, à défaut de choix, au droit du siège de l'arbitrage, soit aux dispositions matérielles du droit français applicables à l'arbitrage international (69).

90. - On notera d'abord qu'il y a là l'aveu d'une insuffisance des règles dites matérielles pour régir la formation et la validité de la convention d'arbitrage international.

Mais on observera ensuite et surtout qu'une combinaison des règles matérielles, d'une part, et de la loi choisie par les parties ou, à défaut, de la loi désignée par une règle de conflit, d'autre part, est logiquement inconcevable selon la thèse du professeur GAILLARD lui-même. En effet, à partir

(67) Comparer avec la thèse de **GOLDMAN** à propos de la *lex mercatoria*, selon laquelle celle-ci est un système en voie de formation, donc incomplet, et qu'en cas d'insuffisance des règles de la *lex mercatoria* il y a lieu d'appliquer les règles de conflit.
(68) **GAILLARD,** Traité, n° 449, p. 257.
(69) *ibidem*

du moment où on admet que les règles matérielles sont dictées par " la conception française de l'ordre public internatinal ", ces règles font partie de l'ordre public international et doivent forcément, de ce fait, prévaloir à la fois sur la convention des parties et sur la loi désignée par la règle de conflit. De sorte que lorsqu'on admet l'existence de règles matérielles dictées par la conception française de l'ordre public international, de telles règles priment alors toutes les autres, et il n'est plus permis de parler de combinaison de ces règles avec d'autres (la convention des parties ou la loi du siège de l'arbitrage).

De fait, avec la thèse de la combinaison *in favorem validitatis* , les règles matérielles dictées par la conception française de l'ordre public international sont réduites à la subsidiarité, ou du moins à l'alternance avec d'autres pour atteindre un objectif déterminé à l'avance, à savoir la validation de la convention d'arbitrage international, ce qui est la négation de la primauté des règles matérielles considérées comme dictées par l'ordre public international, qui ne devraient laisser de place ni au choix du droit applicable à la convention d'arbitrage ni à une autre règle désignée par la méthode conflictuelle.

91. - Les contradictions de cette thèse de la combinaison ne s'arrêtent pas là. Pour le professeur GAILLARD, l'hypothèse où cette combinaison jouerait " devrait rester théorique ". Car, écrit-il, " pour qu'il en aille autrement, il faudrait que la convention d'arbitrage soit invalidée par le droit français (70), en dépit de son libéralisme, mais validée par un autre système juridique, par exemple le droit choisi par les parties . Si une telle situation peut se concevoir, il est beaucoup plus douteux en revanche que le libéralisme de ce dernier système juridique (71) n'apparaisse pas excessif au yeux du juge français et que celui-ci n'écarte pas alors la loi en cause au titre de l'ordre public d'éviction (72). Sans entrer dans les détails de l'argumentation, on peut alors se demander quelle est l'utilité d'envisager une telle hypothèse dès lors qu'elle devrait rester théorique.

92. - Mais ce qui est le plus discutable dans cette explication, c'est de poser la validation de la convention d'arbitrage international comme objectif à atteindre en tout état de cause, justifiant tous les procédés concevables pour atteindre cet objectif. D'où vient ce principe supérieur qui voudrait que la convention d'arbitrage international soit toujours validée, quel qu'en soit le moyen ?

On constate au bout du compte qu'avec cette thèse des règles matérielles

(70) C'est-à-dire par les règles matérielles dictées par la conception française de l'ordre public international.
(71) C'est-à-dire le droit choisi par les parties.
(72) **GAILLARD,** Traité, n° 450, p. 257.

dictées par la conception française de l'ordre public international et devant régir la convention d'arbitrage international, les contradictions sont telles qu'on y perd son latin.

93. - **g** - La méthode des règles matérielles apparaît comme un porte-à-faux, elle dissone dans le droit des contrats internationaux. Selon le principe fondamental de ce droit, tout contrat international est régi par une loi étatique, désignée soit par le choix des parties (qui est lui-même une règle de conflit) (73), soit, à défaut de choix, par une règle de conflit définie par la *lex fori* du juge étatique. Or, la convention d'arbitrage international est un contrat international et, dans la logique du droit des contrats internationaux, elle doit donc être, comme tout contrat international, régie par une loi étatique ainsi désignée.C'est donc une loi étatique qui dira si la convention d'arbitrage international existe et si elle est valide ou non, et cette loi étatique est celle désignée par le choix des parties ou, à défaut d'un tel choix, par la règle de conflit de la *lex fori* du juge étatique appelé à contrôler la sentence en vue de sa reconnaissance et de son exécution. C'est le jeu normal du droit international privé des contrats. Or, on nous dit que la convention d'arbitrage international fait exception à ce jeu et que, contrairement aux contrats internationaux, elle ne serait pas régie par une loi étatique, que la convention d'arbitrage jouit d'une autonomie en dehors de toute référence à un système de conflit de lois et à une loi étatique. On nous dit que son existence, sa validité et son efficacité doivent s'apprécier d'après la commune volonté des parties, sans qu'il soit nécessaire de se référer à une loi étatique. Mais on ne nous donne pas les raisons de cette entorse au droit international privé des contrats dont bénéficierait la seule convention d'arbitrage international, alors que cette convention, son existence et sa validité sont soumises au juge étatique du contrôle de la sentence, et que ce contrôle porte sur l'existence, la validité et l'efficacité de la convention d'arbitrage.

94. - La méthode des règles matérielles elle-même récuse le principe jurisprudentiel de la validité et de l'efficacité propres de la convention d'arbitrage international et le remplace par une autre explication : l'existence et la validité de la convention d'arbitrage international s'apprécieraient d'après des règles matérielles, mais ces règles matérielles sont à rechercher et à trouver dans la conception française de l'ordre public international, et elles seraient différentes de celles qui régissent les contrats en droit interne français.

95. - Mais cette méthode n'est pas moins énigmatique que le principe ju-

(73) Voir : KASSIS, Le nouveau droit..., *op. cit.*, nos 176 et s.

risprudentiel de validité et d'efficacité propres de la convention d'arbitrage international, à partir du moment où il s'avère que l'ordre public international ne comporte pas de règles matérielles qui régissent l'existence et la validité de la convention d'arbitrage international. Entendu dans le sens que lui donnent les protagonistes de la méthode, c'est-à-dire dans le sens des " conceptions matérielles que l'ordre juridique français retient des exigences fondamentales de justice applicables aux situations à caractère international ", ni un ordre public international ni la conception française d'un tel ordre ne prévoient les conditions d'existence et de validité d'une convention d'arbitrage international (capacité, existence du consentement, vices de consentement, pouvoir, forme).

On verra les difficultés qu'affronte M. GAILLARD et les impasses dans lesquelles il s'engage dans ses tentatives de solliciter de telles règles sur les diverses questions que posent l'existence et la validité de la convention d'arbitrage international.

96. - h - Au demeurant, s'il y a vraiment des règles matérielles issues d'un ordre public international qui régiraient l'existence et la validité de la convention d'arbitrage international, la juridiction française investie du contrôle de la sentence devrait appliquer ces règles matérielles dans tous les cas. Et si l'on adhère à cette conception, on devrait en déduire que les parties ne peuvent jamais soumettre la convention d'arbitrage international à une loi nationale de leur choix dès lors que celle-ci ne serait pas compatible avec de telles règles matérielles lesquelles, on le devine, ne peuvent être que des règles impératives, du fait même qu'elles feraient partie de l'ordre public international. La thèse de la méthode des règles matérielles aurait ainsi pour conséquence inéluctable d'exclure toute possibilité de choix par les parties d'un droit déterminé applicable à leur convention d'arbitrage. Les défensseurs de cette méthode ne se rendent pas compte de cette logique. Ainsi le professeur GAILLARD trouve que les règles matérielles d'une part et la loi choisie par les parties d'autre part sont alternatifs et peuvent " se combiner " pour la validation de la convention d'arbitrage ininternational (74). Or, cette thèse est inadmissible, à partir du moment où on considère de telles règles matérielles comme dictées par un ordre public international, donc nécessairement impératives et où un tel ordre public international, s'il existe, devrait couvrir tout le domaine de l'existence et de la validité de la convention d'arbitrage international et fournir une solution à tous les problèmes qu'elle pose.

97. - i - Mais il n'y a pas que cela. Car, tout bien considéré, pourquoi faute de pouvoir souscrire à la thèse jurisprudentielle qui appelle à apprécier

(74) GAILLARD, Traité, n° 449.

l'existence et l'efficacité de la convention d'arbitrage d'après la commune volonté des parties, des juristes français se sont-ils éreintés à vouloir construire sur du sable cette méthode des règles matérielles, méthode absolument impossible à mettre pratiquement en oeuvre et qui heurte de front le droit des contrats internationaux ? On a voulu, comme cela a été bien dit, émanciper la convention d'arbitrage international de la méthode des conflits de lois et des lois étatiques. Mais l'objectif lointain était de faire admettre la licéité de la convention, alors que des dispositions de droit interne la rendraient illicite. Ou bien l'objectif lointain était de faire admettre sa validité alors que des dispositions de droit international l'invalident.

Mais en raisonnant au cas par cas, on se rend compte qu'on arrive souvent à atteindre cet objectif, parfois peut-être d'une manière laborieuse, mais en évitant de recourir à une méthode énigmatique, dont la logique est insaisissable.

En effet, dans tous les arrêts où a été proclamée l'autonomie de la convention d'arbitrage international par rapport à tout droit étatique ou le principe de la validité et de l'efficacité propres de cette convention, ce qui était visé, c'était l'une de deux choses.

Ou bien on voulait prouver que la convention est licite malgré une disposition du droit interne qui la prohibe. Or, ainsi que l'a montré le professeur SYNVET dans sa note sous l'arrêt GATOIL, on aurait pu conclure à sa licéité par un raisonnement qui fait grâce de la disposition prohibitrice du droit interne, mais sans le recours à la " licéité de principe de la convention d'arbitrage hors de toute référence à un système de conflit de lois ".

Ou bien on voulait invoquer l'autonomie de la convention d'arbitrage international et le principe de validité et d'efficacité propres à cette convention pour en étendre les effets à des parties non signataires. C'est ce qu'on a appelé " l'effet mobilisateur " de l'autonomie. Il mérite une attention particulière.

SECTION III

LE PRINCIPE DIT DE L'EFFET MOBILISATEUR DE L'AUTONOMIE

A - LE PRINCIPE ET SES APPLICATIONS

98. - Ce principe de l'effet mobilisateur est présenté comme une règle matérielle, qui est elle-même le corollaire de la règle matérielle majeure qu'est l'autonomie de la convention d'arbitrage international par rapport à tout droit étatique, ou " principe de validité et d'efficacité propres " de la convention d'arbitrage international.

On trouve le meilleur exposé de cet effet mobilisateur sous la plume du Président ANCEL :" La règle d'autonomie est destinée - nous le savons - à assurer, notamment, l'efficacité de la clause compromissoire, en donnant aux arbitres compétence pour statuer. Cette clause, de plus, échappe aux catégories de droit interne, pour être soumise à des règles matérielles de droit international définies par l'arbitre et le juge chargé du contrôle des sentences. Il se confirme ainsi que, dans le droit de l'arbitrage international, la convention des parties est source de droit, hors de toute loi étatique. Cette analyse est à l'origine d'une autre règle matérielle, corollaire de l'autonomie, destinée à assurer la pleine efficacité de la clause compromissoire à l'égard de toutes les parties impliquées dans un litige soumis à l'arbitrage, même si ces parties n'étaient pas signataires de la convention stipulant la clause compromissoire. Pour cela, il faut, bien entendu, se référer au consentement, envisagé sous la forme d'un consentement présumé, puisque, par définition, il ne s'est pas exprimé formellement et que, cependant, il ne peut y avoir d'arbitrage que par la volonté des parties " (75).

99. - La règle matérielle de cet effet mobilisateur est énoncée de la manière suivante par la Cour d'appel dans l'arrêt COTUNAV précité de 1989 : " La clause compromissoire insérée dans un contrat international a une validité et une efficacité propres qui commandent d'en étendre l'application aux parties directement impliquées dans l'exécution du contrat et dans les litiges qui peuvent en résulter, dès lors qu'il est établi que leur situation contractuelle et leurs activités font présumer qu'elles ont accepté la clause d'arbitrage, dont elles connaissaient l'existence et la portée, bien qu'elles n'aient pas été signataires du contrat qui la stipulait " (76).

On trouve le même effet mobilisateur mais dans une formulation quelque peu nuancée dans un autre arrêt de la Cour de Paris du 15 mai 1990 (non

(75) ANCEL, Communication précitée, p. 99.

(76) Rev. Arb. 1990, p. 675.

publié) qui a décidé que la clause compromissoire stipulée dans les " confirmations de vente " adressées par le fournisseur turc à l'acheteur français était opposable au mandataire en France du fabricant turc, en relevant que ce mandataire avait, en cette qualité, connaissance de la convention d'arbitrage et en ajoutant " que l'efficacité commande que l'arbitre puisse être saisi de tous les aspects économiques et juridiques du litige concernant les parties qui y sont impliquées afin qu'il puisse appréhender les responsabilités de chacun dans le cadre de leurs relations réciproques " (77).

La Cour d'appel de Paris a fait application de cette règle matérielle de l'effet mobilisateur de l'autonomie dans plusieurs arrêts.

Dans l'arrêt Clark International du 20 avril 1988 (78), elle a fait application à cette société de la convention d'arbitrage insérée dans un contrat de concession, considérant que ladite convention d'arbitrage est opposable à la susdite société dans la mesure où celle-ci se prévaut, en qualité de cessionnaire de l'un des contractants, d'une créance née de l'exécution du contrat.

Dans l'arrêt KORSNAS MARMA du 30 novembre 1988 (79), elle a étendu la clause compromissoire convenue entre deux sociétés à la filiale de l'une d'elles, qui avait été désignée pour assurer l'exécution du contrat litigieux sur le territoire français.

Dans l'arrêt COTUNAV du 28 novembre 1989 (80), elle a appliqué la clause compromissoire à COTUNAV du fait que celle-ci avait accepté d'intervenir dans l'exécution d'un contrat en qualité de transporteur désigné par l'une des partie dans le cadre de ce contrat et qu'elle a ainsi nécessairement souscrit aux obligations définies par ce contrat à la charge du transporteur et en a accepté les modalités, parmi lesquelles la clause compromissoire.

Dans l'arrêt OFER du 14 février 1989 (81), la charte-partie comportant la clause compromissoire a été appliquée au transporteur figurant sur un connaissement intégrant cette charte-partie.

L'arrêt ORRI du 11 janvier 1990 (82), reprend les termes des autres arrêts sur l'effet mobilisateur de l'autonomie. Se fondant sur cet effet et sur la notion de groupe de sociétés, ainsi que sur le fait que c'est par un subterfuge que le véritable contractant (M. ORRI) s'est effacé pour laisser place à un comparse, la Cour considère que la clause compromissoire stipulée dans le contrat est opposable à M. ORRI, en tant que partie directement impliquée dans la convention, en sa qualité de dirigeant du groupe ORRI

(77) Cité par le Président ANCEL dans sa communication au Comité français de dr. i. priv., p. 99-100.
(78) Précité (Rev. Arb. 1988, p. 570).
(79) Précité (Rev. Arb. 1989, p. 691).
(80) Précité (Rev. Arb. 1990, p. 675).
(81) Précité (Rev. Arb. 1989, p.691).
(82) Précité, Rev. Arb. 1992, p. 95

dans ses relations d'affaires avec l'autre partie, laissant présumer une parfaite connaisance des conditions régissant leurs rapports commerciaux, y compris la clause d'arbitrage.

100. - Force est cependant d'observer que cette règle matérielle de l'effet mobilisateur de l'autonomie, qui étend les effets de la clause compromissoire à des tiers non signataires de cette clause mais impliqués dans l'exécution du contrat et dans les litiges qui peuvent en résulter, règle dont l'origine et le fondement seraient le principe de validité et d'efficacité propres de la clause compromissoire, est une règle énoncée par la Cour d'appel et n'a pas reçu l'aval de la Cour de cassation. Lorsque l'affaire ORRI est arrivée devant la Cour de cassation, celle-ci s'est nettement démarquée du motif théorique retenu par la Cour d'appel et tiré de la validité et de l'efficacité propres de la clause compromissoire visant à justifier l'extension des effets de la clause aux tiers. La Cour de cassation a préféré s'attacher au seul argument tiré du subterfige, constitutif de fraude, destiné à occulter le véritable contractant, pour justifier l'effet obligatoire de la convention d'arbitrage à l'égard d'une personne non signataire de celle-ci. La Cour de cassation n'a pas repris les références faites par l'arrêt de la Cour d'appel à la notion de groupe de sociétés et au caractère usuel de la clause d'arbitrage dans le commerce. (83). De même, dans l'affaire COTUNAV, la Cour de cassation, qui a rejeté le pourvoi, s'est gardée d'approuver le motif théorique retenu par la Cour d'Appel comme fondement de la solution. La Cour de cassation s'est contentée d'énoncer qu'en acceptant d'intervenir dans l'exécution de l'accord, COTUNAV a nécessairement souscrit aux obligations définies par celui-ci à la charge du transporteur et qu'en exécutant l'accord en connaissance de cause, elle l'avait ratifié y compris la clause d'arbitrage (84).

Non seulement la Cour de cassation n'a pas approuvé dans les arrêts COTUNAV et ORRI la Cour d'appel qui a retenu le principe de validité et d'efficacité propres de la clause compromissoire comme fondement de l'extension des effets de cette clause à des tiers non signataires de celle-ci, mais elle a, dans d'autres arrêts, refusé le principe même d'une telle extension, comme l'observe le Président ANCEL qui cite comme exemple l'arrêt de la Cour de cassation du 4 juin 1985 qui a refusé au bénéficiaire d'une stipulation pour autrui de se prévaloir de la clause compromissoire liant le

(83) Cass., 11 juin 1991, ORRI, Rev. Arb. 1992, p. 73, note COHEN. Le commentateur observe, à juste titre, selon nous, que les références de l'arrêt de la Cour d'appel à la notion de groupe de sociétés et au caractère usuel de la clause d'arbitrage dans le commerce international étaient inutiles et dangereuses.

(84) Cass. 25 juin 1991, COTUNAV, Rev. Arb. 1991, p. 453, note MAYER.

promettant et le stipulant (85). Un autre arrêt de la Cour de cassation, cité par le Président ANCEL, revêt une importance particulière à cet égard : c'est l'arrêt FRASER du 6 novembre 1990 (86) qui exclut l'application de la clause compromissoire stipulée entre certaines seulement des parties à une chaîne de contrats de vente internationaux, " faute de transmission contractuelle, ce qui est une application stricte de l'effet relatif des contrats en matière de clause compromissoire, allant en sens inverse des arrêts CLARK, KORSNAS, MARMA, OFER, COTUNAV et ORRI de la Cour d'appel.

101. - Toujours est-il que la jurisprudence tâtonne et tergiverse en cette matière d'effet mobilisateur de l'autonomie. Mais quelque indécise et hésitante que soit la jurisprudence à cet égard, que faut-il penser de cet effet mobilisateur en tant que corollaire de l'autonomie de la convention d'arbitrage international par rapport à tout droit étatique ?

B - APPRÉCIATION CRITIQUE DU PRINCIPE DE L'EFFET MOBILISATEUR DE L'AUTONOMIE

a - Les arrêts de la Cour d'appel et la controverse doctrinale

102. - La première question qui se pose à cet endroit est de savoir si ce qui est appelé " règle matérielle de l'effet mobilisateur de l'autonomie " de la convention d'arbitrage est compatible avec les principes fondamentaux du droit des contrats internationaux. Pour pouvoir souscrire à cette règle matérielle, il faut pouvoir souscrire à sa prémisse, qui est la règle matérielle d'autonomie elle-même. Car, comme l'écrit justement le président ANCEL, la règle matérielle de l'effet mobilisateur de l'autonomie est le " corollaire de l'autonomie, c'est-à-dire le corollaire de la règle matérielle qui dit que " dans le droit de l'arbitrage international, la convention des parties est source de droit, hors de toute loi étatique " , selon la propre formule du Président ANCEL. Peut-on dire que dans le droit de l'arbitrage international, la convention d'arbitrage des parties est source de droit, hors de toute loi étatique ? *That is the question*. Or, il s'en faut de beaucoup, à notre sens, que l'on puisse souscrire à cette prémisse. Il est permis de croire qu'une convention d'arbitrage international, comme tout contrat international, ne peut pas être source de drroit. Cette conception est aujourd'hui condamnée par une doctrine unanime qui n'admet que le contrat puisse être source d'obligation que si une règle de droit attribue cette conséquence à la rencontre des volontés. Ceci est aussi vrai pour les contrats internationaux

(85) Cass. 4 juin, BISUTTI, Rev. Arb. 1987, p. 139, cité par le Président **ANCEL**, communication précitée, p. 100.
(86) Cass. 6 nov. 1990, Rev. Arb. 1991, p. 73, chronique **DELEBECQUE**, p. 19.

que pour les contrats internes (article 1134 du Code civil, article 3 de la Convention de Rome) (87).

La convention d'arbitrage international n'est pas source de droit, et elle n'échappe pas à tout droit étatique, dans la mesure où son existence et sa validité sont sujettes au contrôle de la juridiction étatique d'exequatur de la sentence et que cette juridiction est liée dans ce contrôle par sa *lex fori* qui lui commande d'obéier à un droit étatique pour statuer sur l'existence et la validité de la convention d'arbitrage international.

En bref, la prémisse selon laquelle dans le droit de l'arbitrage international, la convention des parties est source de droit, hors de toute loi étatique, n'est admissible que si elle est conciliable avec la théorie générale du droit et intégrable dans cette théorie. Or, il s'en faut de beaucoup qu'elle le soit.

103. - A supposer même que la prémisse de l'autonomie soit admissible, encore faut-il se demander si elle entraîne comme conséquence logique, destinée à assurer la pleine efficacité à la clause compromissoire, l'extension des effets de cette clause à l'égard des parties " impliquées " dans un litige soumis à l'arbitrage mais qui n'étaient pas signataires de la convention stipulant la clause compromissoire, ce qui serait, quoi que l'on puisse dire, une entorse au principe de l'effet relatif des contrats. Or, " l'effet mobilisateur " de l'autonomie, c'est bien cela. Mais où décèle-t-on le lien logique entre, d'une part, l'autonomie de la convention d'arbitrage international par rapport à tout droit étatique, et d'autre part l'extension des effets de cette convention à des personnes " impliquées " dans le litige soumis à l'arbitrage, mais non signataires de ladite convention ? Ce lien logique, qui ferait que les effets de la clause s'étendent à des tiers, n'est pas évident. Il est sibyllin, c'est le moins qu'on puisse dire.

104. - Une autre interrogation s'impose à cet endroit. A-t-on vraiment besoin du principe d'autonomie de la clause compromissoire par rapport à tout droit étatique ou du principe de validité et d'efficacité propres de cette clause comme support à la règle de l'extension des effets de celle-ci aux parties impliquées dans l'exécution du contrat où la clause est stipulée et dans les litiges qui peuvent en résulter, bien qu'elles n'aient pas été signataires de ce contrat ?

Analysant les arrêts de la Cour d'appel, le professeur MAYER constate que la formule frappante qu'elle affectionne ne recouvre qu'une réalité des plus modestes. Si " les non-signataires " se voient étendre à eux l'application de la clause, ainsi que la charge des obligations substantielles ou le bénéfice des droits, c'est tout simplement parce que, de par leur propre volonté, pas toujours expresse, mais certaine, ils y sont devenus parties. Dans l'affaire

(87) Voir : KASSIS, Le nouveau droit..., n°s 162 et

COTUNAV, le contrat comportant la clause avait été conclu au nom des personnes non encore désignées qui l'exécuteraient : en l'exécutant en connaissance de cause, le transporteur et le livreur ont tout simplement ratifié le contrat - y compris la clause. Dans l'affaire KORSNAS MARMA, les deux signataires et la filiale étaient visiblement d'accord pour que cette dernière devienne une partie au contrat, avec des obligations limitées à la distribution sur le territoire français. L'arrêt CLARK repose sur l'idée que la créance est cédée avec ses modalités, parmi lesquelles figure la clause compromissoire. Enfin l'arrêt OFER ne mérite même pas vraiment d'être placé sous le signe de l' " extension " : les parties au connaissement ont exprimé leur accord pour être liées par une clause compromissoire ; simplement elles ont procédé par référence à la clause contenue dans la charte-partie. Lorsque la Cour d'appel énonce que " la situation contractuelle et les activités (des parties) font présumer qu'elles ont accepté la clause d'arbitrage ", il ne faut pas voir dans cette présomption une règle de fond déguisée, destinée à forcer la main à une partie qui n'aurait pas réellement consenti. Il s'agit d'une présomption du fait de l'homme, reposant dans toutes les décisions rendues sur une analyse tout à fait convaincante. Le recours à la notion mystérieuse de " validité et d'efficacité propres " n'est plus guère justifié, constate M. MAYER (88).

Selon cette analyse, il n'est même pas correct de parler d' " extension " des effets de la clause compromissoire à des non-signataires de cette clause Recourir au principe de validité et d'efficacité propres de la clause serait en quelque sorte chercher midi à quatorze heures, puisque la théorie générale des obligations et le droit des preuves permettraient en toute sécurité de retrouver les solutions sur lesquelles débouchent les arrêts.

105. - Le Président ANCEL ne partage pas cette analyse. Pour une raison majeure, explique-t-il, tirée de la nature même de toute règle matérielle et de son avantage essentiel, qui est de dispenser le juge de rechercher le droit applicable, et d'éviter ainsi le détour par le conflit de lois pour se prononcer sur la possibilité de retenir dans l'instance arbitrale un de ceux que l'on a pu appeler les " contractants médiats ", non-signataires du contrat, certes, mais pas non plus véritables tiers, car fortement impliqués dans le champ contractuel. C'est donc hors de toute référence à une loi étatique désignée par la règle de conflit que le juge appréciera la situation. Et il s'agit là d'un avantage important. " Mais aussi logique, ajoute le Président ANCEL, car la vérification de l'adhésion implicite du tiers non-signataire doit pouvoir être faite selon les mêmes modalités que le contrôle de l'existence et de la validité de la clause compromissoire entre les parties au contrat elles-mêmes " (89).

(88) **MAYER**, note sous COTUNAV et **DUCLER**, Rev. Arb. 1990, p. 689.
(89) **J. P. ANCEL**, Communication au Comité fr. de dr. in. priv., précitée, p. 100.

Il est permis d'avoir des doutes sur cette objection, car elle repose toujours sur la règle matérielle de la validité et de l'efficacité propres de la clause compromissoire. Mais encore faut-il dire quel est le fondement de cette règle et comment s'opère son intégration à la théorie du droit, et cette démonstration n'est pas faite, loin s'en faut. La susdite règle demeure une pétition de principe.

106 - Dans cet ordre d'idées, une question intrigue l'interprète. Dans les hypothèses des arrêts COTUNAV, KORSNAS MARMA, CLARK, OFER et ORRI, si les contrats étaient des contrats internes et l'arbitrage un arbitrage interne, les solutions n'auraient-elles pas été les mêmes que celles énoncées dans les arrêts sur le fondement de la règle matérielle de la validité et de l'efficacité propres de la clause compromissoire ? Et s'il en est ainsi, quel résultat concret aurait-on obtenu par le recours à la règle matérielle ? On voudrait bien que la vérification de l'adhésion implicite du tiers non-signataire se fasse selon les mêmes modalités que le contrôle de l'existence et de la validité de la clause compromissoire entre les parties au contrat international elles-mêmes, comme le propose le Président ANCEL. Mais quelles modalités particulières de vérification de l'adhésion implicite des tiers non-signataires donnerait cette règle matérielle ? Si, pour éviter le recours inopportun à la méthode conflictuelle, on devait aboutir à un vide juridique, ne serait-ce pas alors tomber de *Charybde en Scylla* ?

Il est évident que l'on n'avance pas d'un pas si on remplace la règle matérielle de la validité et de l'efficacité propres de la clause compromissoire par les règle matérielles dictées par les conceptions fondamentales retenues par le droit français en matière d'arbitrage international, visées sous les termes d'ordre public international, comme le propose le professeur GAILLARD (90). Quelles sont les règles matérielles de cet ordre public international qui indiqueraient les solutions en matière d'adhésion implicite du tiers non-signataire de la clause compromissoire à celle-ci ? Quelles sont les règles matérielles d'ordre public international qui seraient à même de dire quand la clause compromisssoire étend ses effets à un tiers nonsignataire ?

b - L'ambiguïté de la jurisprudence subséquente de la Cour de cassation en matière de clause compromissoire par référence et le passage d'une règle matérielle de validité à une règle matérielle de preuve du consentement

107. - L'arrêt BOMAR du 9 novembre 1993 (91) a mis fin à un litige qui a

(90) **GAILLARD,** Traité, n° 442.

(91) Cass. 9 nov. 1993, Rev. Arb., p. 109, note **KESSEDJIAN**.

duré plus de sept années. Il s'agissait d'un contrat de vente de pétrole brut qui se référait à un contrat standard. La Cour de cassation a jugé " qu'en matière d'arbitrage international, la clause compromissoire par référence écrite à un document qui la contient, par exemple des conditions générales ou un contrat-type, est valable, à défaut de mention dans la convention principale, lorsque la partie à laquelle la clause est opposée, a eu connaissance de la teneur de ce document au moment de la conclusion du contrat, et qu'elle a, fût-ce par son silence, accepté l'incorporation du document au contrat ". La Cour Suprême a rejeté le pourvoi au motif que la Cour d'appel " a souverainement relevé que la société BOMAR OIL avait accepté, sans la moindre réserve, les propositions de l'ETAP se référant formellement à son contrat-standard dont elle avait reçu antérieurement copie ". Cet arrêt a été interprété dans le sens qu'il a posé une règle matérielle de l'arbitrage international, consacrant la validité de la clause compromissoire par référence, acceptée tacitement et dont la portée serait plus large et déborderait les frontières du système juridique français. La Cour de cassation aurait voulu signifier que la solution énoncée a vocation à régir toutes les hypothèses similaires, indépendamment de tout droit étatique, faisant ainsi l'économie du raisonnement conflictualiste, à propos de la validité de la clause par référence tacitement acceptée (92). Cette lecture de l'arrêt est partagée par le professeur GAILLARD.

Cette interprétation de l'arrêt, qui conclut à la règle matérielle, se fonde sur le fait que l'attendu qui renferme la décision de la Cour commence par la phrase "...En matière d'arbitrage international...", formulation similaire, sinon identique, à celle adoptée par les grandes décisions de la Cour qui ont posé des règles matérielles de droit international privé (GALAKIS, HECHT) (93).

108. - Mme KESSEDJIAN observe que si l'on ressentait le moindre doute sur la volonté de la Cour de cassation de créer en cette matière une règle matérielle indépendante de tout raisonnement conflictualiste, ce doute serait définitivement levé à la lecture de l'arrêt DALICO de la même Cour du 20 décembre 1993. En effet, celle-ci y énonce en toutes lettres qu'il s'agit d'une règle matérielle du droit international de l'arbitrage selon laquelle la clause compromissoire est indépendante juridiquement du contrat principal qui la contient directement ou par référence et que son existence et son efficacité s'apprécient, sous réserve des règles impératives du droit français et de l'ordre public international, d'après la commune volonté des parties, sans qu'il soit nécessaire de se référer à une loi étatique. Mais quelle est la conséquence que tire la Cour de cassation de cette règle maté-

(92) Note **KESSEDJIAN** sous **BOMAR**, précité, p. 111.

(93) **KESSEDJIAN,** note précitée, p. 111.

rielle ? Elle a jugé que la Cour d'appel a légalement justifié sa décision en établissant l'existence de la clause d'arbitrage sans avoir égard à la loi libyenne et qu'elle a souverainement retenu " par l'analyse et l'interprétation des documents produits, que l'annexe invoquée avait notamment pour objet de substituer la clause d'arbitrage stipulée à l'origine à celle donnant compétence aux tribunaux libyens et que son intégration dans l'ensemble contractuel démontrait, bien que ce document ne fût pas signé, la commune intention des parties de se soumettre à la clause litigieuse " (94).

109. - Mais que s'est-il passé au juste avec les arrêts BOMAR et DALICO de la Cour de cassation ? Comme l'observe justement Mme KESSEDJIAN, il s'est réalisé, sous le couvert de la règle matérielle, un glissement progessif de la qualification. La question de droit posée par la clause par référence et son acceptation par la partie à qui elle est opposée, est passée insensiblement d'une qualification faisant prévaloir une question de validité formelle, pour mettre aujourd'hui l'accent sur l'accord de volonté, c'est-à-dire la réalité et les modalités de l'échange de consentement et leur preuve (95). Même constat chez le professeur GAILLARD : " C'est donc désormais exclusivement en termes d'interprétation de l'existence et de la portée du consentement de recourir à l'arbitrage que doit être jugée la question de la convention d'arbitrage par référence. Cette interprétation doit s'opérer au vu des principes d'interprétation des conventions d'arbitrage " (96). Mais s'il en est ainsi, s'il s'agit d'une simple banalité du droit des preuves, pourquoi mettre cette banalité sur le compte d'une règle matérielle de l'arbitrage international ? A-t-on besoin d'une telle règle matérielle spécifique, alors que cette banalité est commune au droit des preuves dans tous les pays ? N'est-ce pas faire beaucoup de bruit pour rien ? S'il s'agit, comme le reconnaît le professeur GAILLARD, d'une question de fait dont on comprend qu'elle n'ait pas été contrôlée par la Cour de cassation, on ne peut pas, en revanche, nier qu'il y a, dans les mêmes arrêts BOMAR et DALICO, une contradiction entre cette démarche et le fondement dont elle se prévaut, à savoir la règle matérielle d'autonomie. Car un raisonnement en termes de droit commun des preuves n'a guère besoin de cette autonomie ni d'un ordre public propre à l'arbitrage international.

110. - Mme KESSEDJIAN a très bien compris le problème, encore qu'elle essaie de l'atténuer. Tout en saluant l'oeuvre créée par une jurisprudence

(94) Cass. 20 déc. 1993, **DALICO**, précité, Rev. Arb. 1994, p. 116.

(95) Mme **KESSEDJIAN**, note précitée, p. 110

(96) **GAILLARD**, Traité, n° 496. Et selon le même auteur, c'est toujours une question d'interprétation et de lecture des volontés lorsqu'il s'agit de groupes de sociétés (Traité, n° 502).

qui, petit à petit, depuis près de trente années, marque les contours du principe d'autonomie de la clause compromissoire par une norme que la Cour qualifie de " droit international ", Mme KESSEDJIAN exprime un ". léger regret "., à savoir que " la Cour a placé la règle nouvelle sur les clauses compromissoires par référence dans la dépendance du principe del'autonomie de la clause compromissoire, alors que la corrélation des deux règles ne nous paraît pas indispensable et, en tout cas, insuffisante pour justifier à elle seule la nouvelle règle matérielle énoncée " (97). On ne peut que souscrire à la réflexion. Sauf qu'il y a lieu d'exprimer en la matière plus qu'un " léger regret ". Le lien logique fait absolument défaut entre le principe d'autonomie et la solution fondée sur les " principes généraux d'interprétation ".

Le " léger regret " est un euphémisme qui occulte l'aveu de l'interprète qu'il ne comprend pas, qu'il n'arrive pas à décrypter une énigme.

111. - Ce qui ajoute à l'ambigüité de la jurisprudence, c'est que d'autres arrêts de la Cour de cassation, en cette même matière de clause compromissoire par référence, évitent soigneusement toute évocation d'une règle matérielle d'autonomie, en se contentant d'une application pure et simple des principes généraux d'interprétation des contrats, et en s'en remettant au pouvoir souverain d'appréciation des juges du fond, comme s'il s'agissait d'un banal contrat de droit interne. Il en est ainsi de l'arrêt du 18 février 1992 dans l'affaire BIEGI (98), de l'arrêt du 3 mars 1992 dans l'affaire OFER (99) et de l'arrêt du même jour dans l'affaire SONETEX (100).

112. - Qui plus est, un arrêt de la Cour de cassation va à l'encontre de" l'effet mobilisateur de l'autonomie ". C'est l'arrêt FRASER du 6 novembre 1990 déjà cité (101) qui a exclu l'application de la clause compromissoire stipulée entre certaines seulement des parties à une chaîne de contrats de vente internationaux, " faute de transmission contractuelle ", ce qui paraît porter un coup très rude à la théorie des groupes de contrats. Le Président ANCEL critique vigoureusement cet arrêt au motif qu'il s'oriente vers une application classique de l'effet relatif des contrats, tel qu'il est défini par le droit interne français, alors que nous sommes en matière internationale et que cela est difficilement compatible avec la jurisprudence sur l'autonomie de la clause compromissoire par rapport à tout droit étatique, dès lors que l'arbitrage est international (102). Mais une interprétation différente est faite

(97) Mme **KESSEDJIAN**, note précitée, p. 112.
(98) Cass. 18 fév. 1992, **BIEGI**, Rev. Arb. 1993, p. 103.
(99) Cass. 3 mars 1992, **OFER**, Rev. Arb. 1992, p. 560.
(100) Cass. 3 mars 1992, **SONETEX,** Rev. Arb. 1993, p. 273.
(101) Cass. 6 nov. 1990, **FRASER**, Rev. Arb. 1991, p. 73, chronique **DELEBECQUE**, p. 19
(102) **ANCEL,** communication précitée, p. 101.

de l'autonomie par M. DELEBECQUE. Dans son commentaire de cet arrêt, il met la solution retenue sur le compte de l'autonomie de la clause compromissoire , en estimant que du fait même de son autonomie, cette clause résisterait à une transmission à un tiers, en tant que simple accessoire du contrat principal. Ce qui revient à dire que, puisque la clause compromissoire est autonome, elle ne peut pas, en même temps, être considérée comme un accessoire de la convention principale, transmis avec cette convention. Cette conception de l'autonomie, trop réductrice de celle-ci, est contestée par le Président ANCEL. Certes, pense-t-il, la clause compromissoire est indépendante du contrat principal, mais seulement sous l'angle de l'appréciation de sa validité et elle est détachée de toute référence à un droit interne et, à ce titre, elle doit pouvoir se libérer de la règle de l'effet relatif du contrat, conçu trop étroitement selon le droit français interne. Mais pour le reste, elle demeure intégrée dans l'ensemble contractuel et susceptible, comme telle, d'être transmise avec cet ensemble (103).

113 - Cette querelle n'est pas la seule que l'on rencontre dans la littérature juridique sur le sens précis de l'autonomie. Mais les controverses sur le sens et les limites de l'autonomie ne risquent-elles pas de ressembler à une querelle sur le sexe des anges ?

Décidément, l'interprète est déboussolé devant le désarroi de la jurisprudence et les batailles doctrinales autour de l'autonomie. Mais par-delà ces querelles et ce désarroi, c'est l'effet mobilisateur de l'autonomie lui-même qui doit être remis en cause. Sur l'ensemble des problèmes qui se posent en matière de clause compromissoire par référence ou de groupes de contrats ou de groupes de sociétés, le juriste qui cherche à comprendre et à se retrouver dans ce dédale, est hanté par une autre question " terre-à-terre ", d'une simplicité exaspérante, mais capitale à notre sens. Cette question est la suivante. Si tant est que, comme on nous le dit, il y ait eu passage par un glissement progressif d'une question de validité à une question de vérification et de preuve de l'échange de consentements, de lecture des volontés, d'interprétation de l'existence et de la portée du consentement, et que cette interprétation doive s'opérer au vu des principes généraux d'interprétation (104), pourquoi la clause compromissoire aurait-elle un " effet dynamique " qui lui serait propre lorsqu'il s'agit d'un arbitrage international, effet qu'elle n'aurait pas lorsqu'on est sur le plan du droit interne ? Qu'y a-t-il dans la " nature des choses " qui fait que l'interprétation et la lecture des volontés se fassent, lorsque la clause compromissoire par référence se trouve dans un ensemble contractuel international, d'une mamanière différente ou selon des règles différentes de l'interprétation et de

(103) **ANCEL**, communication précitée, p. 101.

(104) **GAILLARD**, Traité, n° 496 ; KESSEDJIAN, note précitée, p. 110.

la lecture des volontés lorsque la clause compromissoire se trouve dans un ensemble contractuel interne ? Il faut bien qu'il y ait une explication rationnelle d'une " spécificité " de la clause compromissoire par référence en matière internationale si l'on ne veut pas rester dans le mystère. La même question se pose à propos de la clause compromissoire lorsqu'on est en présence d'un groupe de contrats ou d'un groupe de sociéts tantôt en matière international, tantôt en matière interne.

114. - La clause compromissoire par référence est prévue par la loi en matière d'arbitrage interne. Aux termes de l'article 1443 du N.C.P.C.., " la clause compromissoire doit être stipulée par écrit dans la convention principale ou dans un document auquel elle se réfère " . Cette disposition sur la clause compromissoire par référence semble superfétatoire, une redondance. Le droit de l'arbitrage interne en France n'a pas attendu le décret de 1980 pour l'admettre. Elle était admise bien avant et sans texte, par interprétation de la volonté (105). La clause compromissoire se prouvait comme le marché commercial, son acceptation pouvait même n'être que tacite, par défaut de contestation. On pouvait en faire la preuve par témoignage et préomptions. La jurisprudence admettait avant 1980 la clause par référence à un contrat-type ou lorsque le contrat litigieux se révélait être le prolongement de contrats antérieurs comportant expressément la clause (106). Le principe de l'effet relatif du contrat n'a jamais empêché l'admission de la clause compromissoire par référence, laquelle n'a rien à voir avec l'effet relatif et qui ne pose qu'un problème de preuve du consentement. Enfin, quelque étroite que soit la conception de l'effet relatif du contrat selon le droit interne français, comme l'écrit le Président ANCEL (107), elle n'a jamais fait obstacle à la transmission de la clause compromissoire en cas de cession de créance ou de cession de contrat, en droit interne français (108). Par ailleurs, on ne saurait souscrire à l'observation de Mme KESSEDJIAN que si l'article 1443 du N.C.P.C. valide la clause compromissoire par référence écrite, il demeure silencieux sur les conditions de son acceptation tacite. (109) Bien avant le décret de 1980, la clause compromissoire se prouvait comme le contrat commercial, son acceptation pouvait n'être que tacite, par défaut de contestation, on pouvait en faire la preuve par témoins et présomptions (110).

(105) **ROBERT**, Arbitrage civil et commercial, Dalloz 1967, n° 141, et la jurisprudence citée.
(106) Voir la jurisprudence citée dans l'ouvrage de M. **DE BOISSÉSON**, Le droit français de l'arbitrage interne et international, GNL 1990, n°s 64-68.
(107) **ANCEL**, communication citée, p. 101.
(108) Voir la jurisprudence citée dans : **GOUTAL**, L'arbitrage et les tiers, Rev. Arb. 1988, p. 445 ; **M. DE BOISSÉSON**, Le droit français de l'arbitrage, **GLN-JOLY**, 1990, n° 132 d.
(109) **KESSEDJIAN**, note sous **BOMAR**, Rev. Arb. 1994, p; 112.
(110) **ROBERT**, Dalloz 1967, n° 141, précité et la jurisprudence citée.

En bref, tout bien considéré, s'il s'agit en tout cas d'une interprétation et d'une lecture de la volonté à travers des écrits, dans l'hypothèse d'une clause compromissoire par référence ou d'un groupe de contrats ou d'un groupe de sociétés, qu'est-ce qui justifie que cette interprétation et cette lecture obéissent en matière internationale à des normes différentes de celles qui sont observées en matière interne ? Tant qu'on n'a pas une réponse logique à cette question, on a du mal à admettre " l'effet mobilisateur de l'autonomie ".

Mais c'est l'autonomie elle-même, par-delà son effet mobilisateur, qui doit être remise en cause.

Chapitre II

LE PRINCIPE FONDATEUR DE L'AUTONOMIE DE LA CONVENTION D'ARBITRAGE INTERNATIONAL ET DE LA MÉTHODE DES RÈGLES MATÉRIELLES : LA PRÉTENDUE ABSENCE DE VOCATION DU DROIT INTERNE À S'APPLIQUER EN MATIÈRE INTERNATIONALE

115. - Le droit comparé ne connnaît, en matière de règles applicables à la convention d'arbitrage international, que la méthode des conflits de lois. Cette méthode est le droit commun de la convention d'arbitrage international comme de tout contrat international en général, et c'est un droit interne déterminé, celui désigné par une règle de conflit, qui régit, en dernière analyse, la convention d'arbitrage international

Il en a été ainsi dans le droit français de la convention d'arbitrage international jusqu'à l'irruption de la règle jurisprudentielle de l'autonomie de cette convention. A partir de là, le droit français fait cavalier seul, et l'on est fondé à parler d'anomalie française à cet égard. Les règles matérielles deviennent " la méthode " qui remplace la méthode conflictuelle.

L'interprète se doit d'examiner avec le plus grand soin le principe fondateur de cette anomalie du droit français de l'arbitrage commercial international.

A - L'ANOMALIE FRANÇAISE DE L'AUTONOMIE DE LA CONVENTION ET DE LA MÉTHODE DES RÈGLES MATÉRIELLES

a - Le droit commun de la convention d'arbitrage international : un droit interne désigné par une règle de conflit

116. - Le juge étatique qui contrôle la sentence arbitrale internationale et devant lequel est soulevé le grief d'inexistence, d'illicéité ou d'invalidité de la convention d'arbitrage international, doit répondre à ce grief en appliquant les règles de droit auxquelles il doit obéissance. Lorsque c'est la Convention de New York qui s'applique, le juge étatique appliquera les règles qui s'y trouvent en matière de droit applicable à la convention d'arbitrage international, et ces règles sont des règles étatiques désignées par la règle de conflit retenue par la Convention de New York (1). Lorsqu'il n'y a pas lieu à application de la Convention de New York (ou d'une autre convention internationale), le juge étatique appliquera à la convention d'arbitrage international la loi étatique désignée par la règle de conflit de son for, comme il le fait pour tout contrat international, la convention d'arbitrage international étant, à cet égard, un contrat international comme les autres.

Dans tous les pays qui ont adopté la méthode des conflits de lois en droit international privé, qui continuent de l'adopter, parce qu'on n'en a pas encore trouvé une autre, et qui s'enfoncent dans leur attachement à cette méthode en matière de contrats internationaux avec la Convention de Rome, pour savoir quelles règles il y a lieu d'appliquer lorsque se pose un problème d'existence, de capacité, de pouvoir, de vice du consentement, de forme, de validité ou de licéité de la convention d'arbitrage international, on s'adresse à la méthode conflictuelle et on applique au bout du compte la loi étatique désignée par la règle de conflit selon cette méthode, comme on le fait pour tout contrat international. Parfois la règle de conflit prend une allure originale, comme la règle de conflit alternative *in favorem validitatis* de l'article 178 alinéa 2 de la loi suisse sur le droit international privé (2). On ne parle de règle matérielle de droit international privé que dans de très rares exceptions, par exemple en ce qui concerne la règle particulière de forme de l'article 178 alinéa 1 de la même loi suisse (3), et on constate alors que cette règle matérielle est législative.

Tel a toujours été le principe et telle a toutjours été la méthode en France

(1) Article V.1 (a).

(2) CLAUDE RAYMOND, Le droit de l'arbitrage interne et international en Suisse, Payot 1989, p. 321.

(3) Art. 178 al. 1 suisse : " Quant à la forme , la convention d'arbitrage est valable si elle est passée par écrit, télégramme, télex, télécopie ou tout autre moyen de communication qui permet d'en établir la preuve par un texte ". CLAUDE RAYMOND, *ibidem*, p. 317.

en matière de droit applicable à la conventinon d'arbitrage international.

b. - L'application de règles matérielles exceptionnelles dans la jurisprudence française et la notion initiale de règle matérielle

117. - La doctrine avait bien décelé l'apparition dans la jurisprudence française de règles, qui, à l'encontre de celles que désigne le système classique des conflits de lois, sont d'abord conçues pour des relations internationales et apportent directement des solutions à des problèmes qui se posent dans une relation internationale.

Le professeur GOLDMAN a été, semble-t-il, le premier qui, en France, a utilisé l'expression " règle matérielle " en 1967, dans sa communication au Comité français de droit international privé sous le titre " Règles de conflit, règles d'application immédiate et règles matérielles dans l'arbitrage commercial international ". Et c'est lui le premier qui, pour autant qu'on le sache, en a donné la définition qui a fait florès par la suite. " Les règles matérielles, écrivait-il, sont les règles qui, à l'encontre de celles que désigne le système classique de conflit de lois et à l'encontre aussi des règles d'application immédiate, sont d'abord conçues pour les relations internationales, et qui apportent directement la solution des problèmes qui se posent dans une relation internationale "(4).

118. - Quelle est la raison d'être de ces règles dites matérielles ? C'est que, selon le professeur GOLDMAN, les besoins du commerce international commandent d'écarter les règles internes et de ne pas rechercher la loi interne applicable au contrat international et parfois même d'aller à l'encontre de dispositions d'ordre public du droit interne et cela pour appliquer des règles qui ont une vocation exclusive à gouverner les seules relations internationales, énonçant directement la solution.

119. - On sait qu'il n'y a rien d'anormal à ce qu'un droit étatique édicte des règles, qui sont donc des règles étatiques et qui apportent directement la solution à des problèmes qui se posent dans une relation internationale (5). Seulement il faut faire attention à ne pas voir une règle matérielle de droit international privé là où la règle n'en est pas une. Ainsi une partie de la doctrine en France a considéré, à tort selon nous, le principe d'autonomie en droit international privé comme une règle étatique matérielle de droit in-

(4) GOLDMAN, Travaux du Comité français de droit international privé (1966-1969, Dalloz, 1970, p. 121).

(5) Voir : DÉBY-GÉRARD, Le rôle de la règle de conflit dans le règlement des rapports internationaux, Dalloz, 1973, nos 125 à 209. L'exemple typique est la loi tchécoslovaque de 1963 sur les rapports juridiques dans les relations commerciales internationales.

ternational privé, alors qu'elle est en réalité une règle de conflit (6).

Ce qui intéresse notre propos, ce ne sont pas les règles matérielles de droit international privé en général, mais une catégorie seulement de ces règles, à savoir les règles matérielles de l'arbitrage international qui font que celuici bénéficie d'un " régime propre ".

120. - Faire bénéficier l'arbitrage international d'un régime propre, c'est pour le professeur FOUCHARD, appliquer à cet arbitrage des règles matérielles spécifiques, différentes des règles étatiques. Mais quelles sont ces règles matérielles spécifiques ? " Elles concernent, précise-t-il, les différents aspects de l'arbitrage (convention, procédure, fond du litige). Leur origine est très diverse. On en rencontre aussi bien dans le droit des États que dans les conventions internationales et dans les sources non étatiques (règlements d'arbitrage, sentences) " (7).

121. - Ce qui est discutable dans cette dernière affirmation, c'est qu'il puisse y avoir des sources non étatiques de règles matérielles. On peut avoir des doutes, en effet, sur ces sources non étatiques, plus précisément sur le fait que les règlements d'arbitrage et les sentences arbitrales puissent être des sources de règles matérielles. De fait, on ne voit pas comment des règlements d'arbitrage international peuvent devenir des sources de règles matérielles, et on n'en voit pas un seul exemple. On sait, en effet, qu'un règlement d'arbitrage n'a *in se* aucune valeur et qu'il n'a de valeur que parce qu'il s'incorpore à la convention d'arbitrage lorsque les parties l'ont adopté et devient alors partie intégrante de cette convention. Autant dire donc que la conventinon d'arbitrage elle-même est à l'origine des règles matérielles. Cela devient de la tautologie et la règle matérielle perd toute signifcation.

122. - Quant aux sentences arbitrales internationales, elles ne peuvent pas être elles-mêmes des sources de règles matérielles de l'arbitrage international, pour la bonne raison que, contrairement à ce qu'en pensent certains auteurs et surtout les partisans de la *lex mercatoria*, elles ne sont pas des sources de droit. La thèse selon laquelle il y aurait une " jurisprudence arbitrale internationale " source de droit est tout simplement un mythe " (8).

123. - Toujours est-il que le droit étatique, législatif ou jurisprudentiel, peut édicter des règles matérielles de l'arbitrage international. La question est de savoir si le droit étatique français a édicté de telles règles étatiques.

(6) Voir : KASSIS, Le nouveau droit européen..., précité, n°s 176 à 182 et n°s 323 à 327.

(7) FOUCHARD, Traité, n° 98.

(8) Voir : KASSIS, Théorie générale des usages du commerce, précité, n°s 782 à 806.

124. - Ce qui est indiscutable, c'est qu'à la veille du nouveau droit français de l'arbitrage international, c'est-à-dire à la veille du décret de 1981 et avant les arrêts HECHT de 1971 et MENICUCCI de 1975 qui ont posé le principe d'autonomie de la convention d'arbitrage international par rapport à tout droit étatique, il y avait bien quelques arrêts qui ont édicté des règles matérielles de l'arbitrage commercial international, mais ces règles matérielles d'origine jurisprudentielle n'ont jamais atteint le nombre des doigts d'une main. Plus exactement, ils étaient au nombre de quatre.

Parlant de cette jurisprudence antérieure au décret de 1981, le professeur FOUCHARD écrit en 1996 que cette jurisprudence conserve tout son intérêt et que ces quelques règles matérielles propres à la convention d'arbitrage et issues de la jurisprudence, qui n'ont pu être intégrées dans une codification de nature réglementaire restent applicables aux seuls arbitrages internationaux. Elles ont été rappelées dans le rapport qui présentait au Premier Ministre la réforme de 1981, dont il était dit qu'elle ne les remettrait pas en cause [9]. Quelles sont ces règles matérielles ?

125. - Il y a eu d'abord, comme on le sait, la règle de la licéité de la clause-or contenue dans les contrats internationaux : la prohibition de la clause-or dans les contrats internes a été jugée inapplicable aux paiements internationaux, selon la jurisprudence MATTER. On a parlé de règle matérielle de droit international privé, alors qu'une autre explication était concevable (auto-limitation d'une règle de droit interne). De toute manière, il ne s'agissait pas d'arbitrage international en l'occurrence [10]

126. - Il y a ensuite les arrêts MARDELÉ et DAMBRICOURT qui ont écarté la prohibition de la clause compromissoire dans une vente internationale [11]. Il s'agissait bien dans ce cas d'arbitrage international (licéité de la clause compromissoire).

On a parlé à propos de ces arrêts de 1930 et 1931 de règle matérielle. Mais le professeur GOLDMAN a judicieusement observé que, dans ces arrêts, la Cour de cassation, en admettant la validité de la clause compromissoire dans des marchés mettant en jeu les intérêts du commerce international, en dépit de la nullité de la clause compromissoire en droit français, n'a pas édicté une règle matérielle de l'arbitrage internationnal. Elle a tout simplement fait application du système classique de règlement des conflits de lois et a admis la validité de la clause compromissoire parce qu'elle a considéré que le contrat litigieux était soumis à une loi étrangère, en l'espèce la loi anglaise, qui admettait cette validité, à une époque où la

(9) **FOUCHARD**, Traité, n° 111.
(10) Arrêt **PÉLISSIER DU BESSET**, civ. 17 mai 1927, D. P. 1928.1.25, Concl. **MATTER**, note **CAPITANT**.
(11) Prohibition propre au droit français, critiquée en droit comparé.

clause compromissoire était encore nulle, même en matière commerciale, selon le droit français [(12)].

A supposer même que la règle des arrêts MARDELÉ et DAMBRICOURT puisse êtrre considérée comme une règle matérielle de l'arbitrage international, elle aura perdu en grande partie sa raison d'être après la loi du 31 décembre 1925 qui a modifié l'article 631 du Code de commerce en autorisant la clause compromissoire en matiière commerciale [(13)].

127. - L'arrêt GOSSET du 7 mai 1963 suivit les arrêts MARDELÉ et DAMBRICOURT et posa le principe de l'autonomie de la convention d'arbitrage international par rapport au contrat principal. Il s'agissait bien, en l'occurrence, d'arbitrage international. Mais, ainsi qu'on l'a vu ci-dessus, il semble difficile d'y voir une règle matérielle propre à l'arbitrage commercial international, dès lors que l'évolution ultérieure du droit français a considéré cette autonomie comme valable aussi dans l'arbitrage interne. Cette autonomie est admise aussi dans d'autres droits nationaux [(14)] (*separability*).

128. - Enfin, une doctrine française quasi unanime a considéré que l'arrêt GALAKIS du 2 mai 1966 a énoncé une règle matérielle de l'arbitrage commercial international. [(15)].

Le litige portait sur le point de savoir si la prohibition de compromettre faite aux personnes morales de droit public (article 2060 du Code civil) s'applique à une charte-partie conclue par une telle personne (le ministère français de la Marine marchande) avec le propriétaire d'un navire (GALAKIS) pour le transport de marchandises en provenance de l'ouest africain et contenant une clause qui prévoit que tout différend né du contrat sera soumis à un arbitrage à Londres.

La Cour de cassation décide que la prohibition en question ne s'applique pas en l'espèce, parce qu'il fallait seulemennt " se prononcer sur le point de savoir si cette règle (la prohibition), édictée pour les contrats internes, devait s'appliquer également à un contrat international passé pour les be-

(12) GOLDMAN, Règles de conflit..., précité, p. 125-126. Les arrêts MARDELÉ et DAMBICOURT concernent des contrats antérieurs à la loi du 31 décembre 1925 qui a modifié l'article 631 du Code de commerce en autorisant la clause compromissoire en matière commerciale.

(13) Encore que le problème de la validité de la clause compromissoire soit resté toujours posé dans un contrat mixte (DE BOISSÉSON, Le droit français de l'arbitrage interne et international, GLN éd., 1990, n°s 50 s.).

(14) L'arrêt GOSSET a été confirmé par l'arrêt Impex de la Cour de cassation du 18 mai 1971 (D. 1972.37 ; JDJ, 1972.62 ; Rev. Arb. 1972, p. 2 et s.

(15) Civ. 2 mai 1966, GALAKIS, Rev. crit. de dr. int. priv., 1967, p. 533.

soins et dans les conditions conformes aux usages du commerce maritime et que l'arrêt (de la Cour d'appel) attaqué décide justement que la prohibition susvisée n'est pas applicable à un tel contrat et que par suite, en déclarant valable la clause compromissoire souscrite ainsi par une personne morale de droit public, la Cour d'appel, abstraction faite de tous autres motifs qui peuvent être regardés comme surabondants, a légalement justifié sa décision ".

A la lecture du texte de l'arrêt on constate que la Cour de cassatrion n'emploie pas l'expression (contrat qui met en jeu des intérêts du commerce international) mais des termes différents (contrat international passé pour les besoins et dans les conditions conformes aux usages du commerce maritime). Mais les expressions sont équivalentes : il s'agit bien dans l'arrêt GALAKIS de commerce maritime international, donc de mise en jeu des intérêts du commerce international.

Ici aussi il s'agit d'arbitrage international. Et la règle jurisprudentielle semble, *prima facie*, une règle matérielle de l'arbitrage international.

Nous avions cependant formulé un doute à ce propos dans notre ouvrage sur la théorie générale des usages du commerce. L'arrêt écarte la prohibition de compromettre faite à l'État et aux personnes morales de droit public à l'article 2060 du Code civil, lorsqu'il s'agit d'un contrat international passé pour les besoins et dans les conditions conformes aux usages du commerce international. Il ne semble pas que l'arrêt énonce une règle conçue d'abord pour les relations internationales et apportant directement la solution d'un problème qui se pose dans une relation internationale. La règle qui interdit à l'État et aux collectivités publiques de compromettre est une règle impérative du droit national, une règle conçue d'abord pour les relations internes. Et selon la jurisprudence de l'arrêt GALAKIS, cette règle ne s'applique pas aux contrats internationaux qui mettent en jeu les intérêts du commerce international. Il y a donc au départ une règle impérative conçue pour les relations internes mais à l'emprise de laquelle échappent certains contrats internationaux, justement ceux de ces contrats internationaux qui mettent en jeu des intérêts du commerce international. Ce n'est pas un ordre public international qui évince l'ordre public national, c'est la règle impérative nationale qui s'arrête aux frontières des contrats économiques internationaux non pour laisser la place à d'autres règles spécifiques mais pour laisser la place à la liberté contractuelle. En somme, c'est une autolimitation d'une règle nationale.

Le professeur GOLDMAN semble avoir eu lui-même des doutes sur le bien-fondé de son analyse. Il écrivait, en effet : " J'entends bien qu'on pourrait présenter la prohibition de compromettre comme une règle limitant elle-même son champ d'application. Mais ce qui nous intéresse, ce n'est pas la prohibition, c'est la validité du compromis ; or, celle-ci ne me paraît pas pouvoir être considérée comme faite d'abord pour le droit interne " [16]. La réponse de GOLDMAN à l'objection ne semble pas probante. Car après tout, la validité du compromis n'est pas autre chose que l'absence de prohibition, et il n'est pas nécessaire qu'il y ait une règle spécifique pour proclamer la validité d'une convention : elle résulte du principe général de la liberté des conventions. Il y a problème seulement lorsqu'il existe une règle qui interdit. Or, c'est une telle règle qui existe au départ, elle se trouve dans le droit interne et elle est faite pour le droit interne. Cette règle limite elle-même son champ d'application au droit interne et s'arrête devant les contrats internationaux. Et c'est ainsi qu'on retrouve la validité de la convention d'arbitrage pour ces contrats, validité qui résulte de l'absence d'une règle qui interdit cette convention dans les contrats internationaux [17].

Ainsi, selon la lecture que l'on fera de l'arrêt GALAKIS on pourra dire que la règle jurisprudentielle édictée dans cet arrêt est une règle matérielle de l'arbitrage international ou qu'elle ne l'est pas, étant plutôt une autolimitation par le droit français d'une règle interne française, laissant la place à la licéité des conventions d'arbitrage en ce qui concerne les contrats économiques internationaux.

Serait-elle à tous égards une règle matérielle du droit de l'arbitrage international qu'elle serait de toute manière une singularité française, une règle matérielle due à un archaïsme du droit français, cet archaïsme étant précisément la prohibition faite à l'État et aux personnes morales de droit public de compromettre même dans des contrats commerciaux. Anomalie d'un autre temps. A l'heure où l'État et les collectivités publiques con-cluent des contrats commerciaux, on comprend mal aujourd'hui qu'il leur soit interdit de compromettre même dans ces contrats avec comme sanction la nullité de la convention d'arbitrage [18]. On sait que la doctrine stigmatise depuis longtemps cet anachronisme.

129. - Voilà donc les trois règles jurisprudentielles (arrêts MARDELET et DAMBRICOURT, arrêts GOSSET et IMPEX, arrêt GALAKIS) qui étaient considérés comme règles matérielles à la veille du nouveau droit de l'arbitrage international (décret de 1981), mais dont le caractère de règles matérielles de l'arbitrage commercial international était fortement discuté, comme on l'a vu.

Mais en admettant même l'analyse qui en fait des règles matérielles, il

(16) **GOLDMAN**, Règles de conflit..., *loc. cit.* p. 133.

(17) **KASSIS**, Théorie générale..., *op. cit.*, n° 781 ; du même auteur : Le nouveau droit européen..., *op. cit.*, n° 160.

(18) Article 2060 du Code civil. La loi n° 75-596 du 9 juillet 1975 ne fait exception que pour des catégories d'établissements publics à caractère industriel et commercial qui peuvent être autorisés par décret à compromettre.

est permis de dire que le domaine de ces règles matérielles est insignifiant, d'autant plus qu'elles sont toutes discutables ou dépassées. C'est pourquoi le professeur GOLDMAN pouvait conclure, en 1967, sa communication précitée au Comité français de droit international privé sur les règles matérielles en disant que ses conclusions paraissent un peu excessives, à partir de données qui auront pu sembler minces, qu'il ne faut pas perdre le sens des proportions et qu'il est certain que le règlement des conflits de lois reste le roc solide du droit international privé, mais qu'il espère que ce roc souffrira d'être battu par des vagues de peu d'importance, et insuffisantes pour l'effriter (19).

130. - Ces quelques règles matérielles propres à l'arbitrage commercial international s'inscrivent dans le cadre des règles matérielles du droit international privé. Les règles matérielles de droit international privé, qui sont toutes d'origine étatique, peuvent être jurisprudentielles, comme celles que l'on vient de voir. Elle peuvent être législatives, comme la loi tchécoslovaque de 1963 sur les rapports juridiques dans les relations commerciales internationales, dite " Code de commerce international ", ou les textes français relatifs aux relations financières avec l'étranger. Elles peuvent être de source internationale, lorsqu'elles se trouvent dans des conventions internationales relatives à des contrats internationaux et qu'elles sont de véritables règles matérielles et non des règles de conflit (20).

131. - Ces règles matérielles de droit international privé s'inscrivent dans le cadre d'une tendance de la règle de droit international privé à intégrer, par des voies diverses et sans recourir ouvertement au procédé de la règle matérielle, un certain degré de " substantialité ", ce qui situe la règle de droit international privé à mi-chemin d'un règlement direct (matériel) et d'un règlement indirect (conflictualiste) (21). Ce second procédé, différent de celui de la règle matérielle et plus diffus que ce dernier, consiste, comme l'a judicieusement observé le professeur OPPETIT, à introduire des préoccupations matérielles ou de " substantialité " dans l'utilisation de la règle de conflit. Ces préoccupations matérielles ou de substantialité se manifestent de diverses manières. Il en est ainsi lorsque la règle de conflit exprime ouvertement sa faveur pour une partie que l'on veut protéger ou pour

(19) GOLDMAN, *loc. cit.*, p. 136.

(20) Les règles matérielles d'un " droit spontané " de source internationale (OPPETIT, Le développement des règles matérielles, communication au Comité français de droit international privé, Journée du cinquantenaire, Travaux du Comité, Éditions du CNRS, 1989, 124) sont beaucoup plus discutables. Pour les admettre, il faut admettre les thèses de la *lex mercatoria*. Elles seront examinées plus loin.

(21) OPPETIT, précité, p. 123.

un résultat déterminé jugé souhaitable. Cet infléchissement de la règle de conflit se manifeste dans les règles de conflit spéciales en matière de contrats conclus avec les consommateurs et de contrats individuels de travail dans la Convention de Rome. Il en est de même dans la faculté de plus en plus reconnue au juge de modifier, en les " adaptant " les résutats auxquels conduirait l'application concrète des droits désignés par la règle de conflit, lorsque ces résultats ne correspondent pas aux exigences de la finalité poursuivie. Il en est ainsi enfin et surtout lorsque la règle de conflit laisse aux parties au contrat international la faculté de choisir le droit applicable à ce contrat, ce qu'on exprime par la " loi d'autonomie " (22).

132. - Il a été observé, à juste titre, que ce second procédé, différent de celui des règles matérielles, qui est celui d'une expansion insidieuse du règlement matériel dans l'utilisation même de la méthodologie des conflits de lois trouve aujourd'hui sa théorisation dans un courant de pensée qui s'est attaché à étudier la transformation de la fonction de la règle de conflit, une sorte de moyen terme, de compromis entre la théorie classique de la règle de conflit, à laquelle sont reprochés son abstraction et son dynamisme, et les excès de la " révolution américaine " qui a recours systématiquement à la téléologie et au réalisme. Ce courant de pensée préconise l'emploi de règles de conflit de généralité moyenne et la prise en considération des finalités qui leur sont sous-jacentes (23). Il a été observé aussi que le changement ainsi opéré dans la fonction de la règle de conflit entraîne évidemment une majoration considérable du rôle du juge dans la mise en oeuvre de cette règle. Ce qui ne veut pas dire pour autant, comme l'a noté le professeur OPPETIT (24), qu'il s'agit d'ériger en principe la méthode consistant à abandonner au pouvoir créateur du juge l'élaboration, au gré des espèces, de nouvelles règles matérielles, dont la perspective, en raison de l'insécurité ainsi créée, a soulevé de vives critiques, car cela aurait signifié l'abandon progressif de la méthode des conflits de lois au profit

(22) **OPPETIT**, *ibidem*, p. 130-132. Pour certains auteurs, comme **OPPETIT** (précité, page 131) et Mme **DEBY-GÉRARD** (Le rôle de la règle de conflit dans le règlement des rapports internationaux, Dalloz 1973, n°s 321-32), la loi d'autonomie est elle-même une authentique règle matérielle de droit international privé. Nous croyons, au contraire, qu'elle reste une règle de conflit, tout au plus affectée d'une certaine dose de substantialité (**KASSIS**, Le nouveau droit européen..., précité, n° 186). Notre analyse est approuvée par le professeur **JACQUET** (**JDI** 1995, p. 240).

(23) **B. AUDIT,** Le caractère fonctionnel de la règle de conflit (sur la " crise " des conflits de lois), Académie de dr. internat. , Recueil des cours, t. 186 (184-III) p. 366-367 ; **B. OPPETIT**, Le développement des règles matérielles, Trav. du comité français de dr. int. priv., Journée du cinquantenaire, Éditions du CNRS, 1989, p. 133.

(24) **OPPETIT**, précité, p. 133.

d'une généralisation du système américain (25).

133. - En ce qui concerne le procédé des règles matérielles proprement dites, le professeur OPPETIT observe que l'on ne saurait véritablement parler de " méthode " à son propos et que, selon une opinion très généralement partagée, le procédé des règles matérielles nationales demeurera toujours complémentaire et subsidiaire, car elles seront toujours limitées dans leur domaine (celui des relations commerciales internationales) et leur intensité (notamment sur le terrain du droit conventionnel). Il s'ensuit que les règles purement matérielles ne représentent pas véritablement un élément de crise dans la méthodologie du droit international privé moderne, alors que le défi vient du " fonctionnalisme " de la règle de conflit elle-même, de son évolution vers une extension profonde d'un droit international matériel " dérivé " en quelque sorte (26).

c - La dérive de la notion de règle matérielle et l'émergence d'une " méthode des règles matérielles ".

134. - A partir des arrêts HECHT et MENICUCCI et avec la " nouvelle vague " des arrêts DUCLER, GATOIL, DALICO, OFER, COTUNAV, ORRI, etc., la notion de règle matérielle en matière de convention d'arbitrage international marque un tournant décisif. On assiste à une véritable dérive de cette notion. Et la dérive nous paraît double. Il y a, d'une part, dérive quant au contenu de la notion, et d'autre part, dérive quant à sa portée.

Dérive, d'une part, quant au contenu de la notion. Car il s'est opéré une dénaturation, une sorte de détournement, de " déroutage " du contenu de la notion de règle matérielle. La doctrine a toujours défini la règle matérielle comme une norme propre aux rapports internationaux, qui énonce directement la solution d'un problème qui se pose à propos d'une relation internationale (27). Les règles énoncées dans la jurisprudence MATTER, comme dans les arrêts MARDELÉ et DAMBRICOURT, GALAKIS, GOSSET, pouvaient être considérées, selon l'interprétation qui en a été faite, comme des règles matérielles, parce qu'elles apportaient directement la solution à des problèmes posés (clause-or considérée comme licite, clause compromissoire considérée comme licite, clause compromissoire considérée comme indépendante du contrat principal). Mais quelle solution a-t-elle apportée au problème de l'existence ou de la validité de la convention d'arbitrage international, par la règle matérielle de l'autonomie de la convention d'arb-

(25) OVERBECK, Les règles de droit international privé matériel, Mélanges KOLLEWIJN et OFFERHAUS. LEYDE, 1963, p. 369.

(26) OPPETIT, précité, p. 125, 129 et 134.

(27) OPPETIT, précité, p. 123 ; GOLDMAN précité, p. 121.

trage international par rapport à tout droit étatique ou par le principe de la validité et de l'efficacité propres de cette convention, principe qui consiste tout simplement à énoncer que l'existence et la validité de la convention d'arbitrage international s'apprécient d'après la commune volonté des parties ? La solution au problème ne peut apparaître, si elle apparaît, qu'après lecture de cette volonté. Le principe, en lui-même, ne suffit pas pour la solution du problème qui consiste à se demander si la convention existe et si elle est valide. Une recherche et une analyse supplémentaires sont nécessaires à cet effet, et cette recherche et cette analyse ne peuvent être faites que par l'arbitre, puis en dernier lieu par le juge étatique, dans le cadre de son contrôle de la sentence aux fins de sa reconnaissance et de son exécution.

135. - De même que le principe d'autonomie ou de validité et d'efficacité propres de la convention d'arbitrage international, la méthode dite des règles matérielles, proposée par le professeur GAILLARD, comme succédané de ce principe, selon laquelle l'existence et la validité de la convention d'arbitrage doivent s'apprécier selon la conception française de l'ordre public international ou selon les conceptions fondamentales du droit français en matière d'arbitrage international, n'apporte en aucune manière une solution directe aux problèmes qui se posent en matière d'existence et de validité de la convention. Il faut une recherche et une analyse supplémentaires pour découvrir la solution. Autant dire que cette recherche et cette analyse seront laissées en dernier lieu au juge étatique du contrôle de la sentence, qui trouvera la solution du problème d'une manière souveraine sans obéir à des règles de droit qu'on aurait appelées règles matérielles dictées par l'ordre public international. C'est le juge lui-même qui dira quelles sont ces règles.

136. - Dérive, d'autre part, quant au nombre et à la portée des règles matérielles. A partir du moment où l'on admet que l'existence et la validité de la convention d'arbitrage doivent s'apprécier d'après la volonté des parties ou d'après les exigences fondamentales de l'ordre public international, le procédé des règles matérielles devient une " méthode " et s'applique d'une manière générale toutes les fois qu'il s'agit d'apprécier l'existence et la validité de la convention d'arbitrage. JEAN ROBERT écrivait déjà en 1983 que ce sera l'un des fondements sur lesquels s'est édifié le régime français de l'arbitrage en matière internationale que sa tendance à écarter le recours à la loi, au profit davantage de l'énoncé de règles matérielles [28]. On ne jure plus que par ce procédé en matière d'existence et de validité de

(28) **ROBERT** et **MOREAU,** L'arbitrage, droit interne, droit international privé, Dalloz 1983, n° 261.

la convention d'arbitrage international. Les règles matérielles ont vocation à envahir et à couvrir tout le champ du droit applicable à la convention d'arbitrage international. Le procédé prend l'appellation de " méthode " dans l'exposé des professeurs FOUCHARD et GAILLARD, alors que la doctrine y avait toujours vu un procédé exceptionnel. Procédé complémentaire et subsidiaire, qu'on ne saurait véritablement qualifier de méthode, insistait M. OPPETIT. Évoquant " l'effet mobilisateur " de l'autonomie, le professeur MAYER écrivait en 1990 que le principe de la validité et de l'effcacité propres de la clause compromissoire est une formule à la fois vague, ambitieuse et théoriquement contestable, même si elle est d'une élégance certaine, et que l'on peut craindre que sa beauté et son aspect " engagé " ne conduise un jour à en faire un usage excessif (29). Il semble bien qu'avec la " méthode " des règles matérielles, ce soit chose faite : l'usage de la formule devient non seulement excessif mais exclusif. Un pan entier du droit de l'arbitrage international, celui qui régit l'existence et la validité de la convention d'arbitrage, échapperait ainsi au droit des contrats internationaux, c'est-à-dire à la méthode des conflits de lois, et au bout du compte, à un droit étatique déterminé, pour obéir à des règles matérielles.

B - LE FONDEMENT THÉORIQUE DE L'AUTONOMIE ET DE LA MÉTHODE DES RÈGLES MATÉRIELLES

137. - L'apparition en droit français du principe d'autonomie de la convention d'arbitrage international par rapport à tout droit étatique et de la méthode des règles matérielles a une date précise : c'est la date de l'arrêt HECHT de la Cour de cassation du 4 juillet 1972 et la date de l'arrêt MENICUCCI de la même Cour du 13 décembre 1975.

On n'a pas manqué de souligner les raisons ou les " fondements " pratiques de cette autonomie. Il a été soutenu que cette norme d'origine jurisprudentielle est née des exigences de la pratique. Elle serait l'oeuvre de praticiens du droit de l'arbitrage, et il serait normal de rechercher d'abord son fondement dans des considérations de pragmatisme juridique, dans les exigences du commerce international. La clause compromissoire internationale traduirait une certaine fuite des contractants devant les incertitudes des lois de procédure et une recherche de sécurité, ce qui appelle une protection juridique particulière pour cette convention particulière, afin d'en assurer l'efficacité. Or, la règle d'autonomie répond à ces préoccupations, estime le Président ANCEL, en dégageant la clause compromissoire de la référence à un droit étatique désigné par un système de conflits de lois (30).

(29) **MAYER**, Rev. Arb. 1990, p. 690.

(30) **ANCEL**, communication précitée, p. 81.

138. - Que la règle de l'autonomie de la convention d'arbitrage par rapport à tout droit étatique réponde en particulier aux préoccupations de sécurité, nous verrons que cela peut prêter à discussion. Mais l'essentiel n'est pas là. Car on a beau parler de considérations d'ordre pratique, cela ne peut pas justifier une jurisprudence dépourvue de fondement juridique, voire en porte-à-faux avec son contexte normatif, qui heurte le système juridique.

La convention d'arbitrage international est un contrat international. Et les contrats internationaux sont régis en France depuis des lustres, comme tout le droit international privé d'ailleurs, par la méthode des conflits des lois, confirmée aujourd'hui par la Convention de Rome. Or, l'autonomie qui affranchit la clause compromissoire de tout droit étatique, est la négation même de la méthode conflictuelle qui débouche toujours sur un droit étatique. Il faut donc bien trouver un fondement théorique à l'autonomie pour que celle-ci soit défendable. il faut dire pourquoi le traitement de la convention d'arbitrage international est différent du traitement des autres contrats internationaux. Mais on ne trouve pas dans la littérature juridique française un examen frontal du fondement théorique de l'autonomie de la convention d'arbitrage international par rapport à tout droit étatique. Le Président ANCEL a entrepris ce travail dont il ne manque pas de reconnaître d'entrée la difficulté (31).

139. - L'analyse du Président ANCEL débouche sur une conclusion aussi claire que simple : " le droit interne français n'a pas vocation à s'appliquer en matière internationale ", qu'il s'agisse de la formation ou de la validité de la convention d'arbitrage ou de l'extension de ses effets à un " tiers ". Il n'y a donc pas lieu de se référer à une loi interne désignée par une règle de conflit (32).

Comment se justifie cette conclusion ? Elle se fonde, dans l'analyse du Président ANCEL, sur deux arguments : la nature spécifique de la convention d'arbitrage d'une part, et le besoin d'échapper au vide législatif d'autre part.

a - L'argument de la nature spécifique de la convention d'arbitrage

140. - L'éminent magistrat estime que la raison théorique de l'autonomie de la convention d'arbitrage international doit être recherchée " dans la nature spécifique de cette convention, qui est une convention de procédure, dont l'objet est fondamentalement distinct de celui du contrat principal, et ne l'intéresse en rien. Et cette convention de procédure possè-

(31) ANCEL, commnication précitée, p. 82. " La raison théorique de la règle d'autonomie est plus difficile à cerner que la raison pratique ".
(32) *ibidem*, p. 102.

de encore une qualité supplémentaire : elle traduit l'accord des contractants pour écarter la compétence des juridictions étatiques quelles qu'elles soient, et pour instituer une juridiction particulière, de caractère privé et confidentiel, jouissant de leur confiance commune pour résoudre les litiges qui pourraient survenir entre elles. L'autonomie de la volonté manifeste ici son effet le plus puissant, et c'est une raison particulièrement forte de faire échapper cette convention aux règles ordinaires (un droit étatique) pour lui permettre de se soumettre à sa propre loi - ce qui est bien la signification étymologique du mot " autonomie " : Voyons Littré, qui définit ainsi ce terme : " Droit de se gouverner par ses propres lois " (du grec *autos*, soi-même, et *nomos*, loi) " [(33)].

141. - Ainsi que nous l'avons vu, il semble plus adéquat de parler, à propos de la convention d'arbitrage, de convention de mise en place d'une juridiction particulière, privée, plutôt que de parler de " convention de procédure ", parce qu'il ne s'agit pas seulement de procédure *stricto sensu*. Que l'objet de la convention d'arbitrage soit de ce fait fondamentalement distinct de celui du contrat principal ne peut pas faire l'ombre d'un doute. Mais cela ne répond pas, à notre sens, à la question de savoir si cette convention est régie ou non par un droit étatique. La raison en est simple : quelque différent que soit son objet de celui du contrat principal, il n'en reste pas moins que la convention d'arbitrage international demeure un contrat international, tout comme le contrat principal, car elle répond à la définition du contrat international qui présente des liens avec plus d'un seul État. Et le juge étatique qui contrôle son existence et sa validité doit appliquer dans ce contrôle les mêmes règles qu'il applique au contrat principal, à savoir les règles du droit étatique désigné par une règle de conflit, sauf à nous dire pourquoi il devrait appliquer d'autres règles. Il nous semble donc qu'il ne sert à rien, dans le cadre de la question de savoir si l'existence et la validité de la convention d'arbitrage international sont ou non régies par un droit étatique, de mettre l'accent sur la différence entre son objet et celui du contrat principal. Cette différence d'objet peut expliquer que la nullité du contrat principal n'entraîne pas nécessairement la nullité de la convention d'arbitrage international. Elle peut expliquer que l'on puisse soumettre celle-ci à une loi différente de celle à laquelle est soumis celui-là. Elle n'explique pas que les règles qui régissent leur existence et leur validité soient différentes.

142. - S'il est vrai que, comme le suggère le Président ANCEL, du fait qu'elle traduit l'accord des parties d'instituer une juridiction particulière, de caractère privé et confidentiel, pour la solution des litiges, l'autonomie de

(33) *ibidem*, p. 82.

la volonté manifeste son effet le plus puissant, ce qui serait une raison particulièrement forte de faire échapper cette convention au droit étatique pour lui permettre de se soumettre à sa propre loi, l'argument devrait porter dans la même mesure lorsqu'il s'agit d'un arbitrage interne, car le seul support à l'argument, c'est le fait de mettre en place une juridiction privée. Il faudrait donc dire que dans l'hypothèse d'un arbitrage interne, la convention d'arbitrage devrait aussi bien échapper au droit étatique pour lui permettre de se soumettre à sa propre loi. Et le juge étatique qui, dans le cadre de son contrôle de la sentence rendue dans un arbitrage interne, contrôle l'exitence et la validité de la convention d'arbitrage, devrait appliquer dans ce contrôle la " propre loi " de cette convention et non un droit étatique.

Sans doute le terme " autonomie " est-il employé dans sa signification étymologique dans les arrêts HECHT et MENICUCCI (droit de se gouverner par ses propres lois). Mais tout le problème est justement de trouver une explication juridiquement logique à cette autonomie, et c'est là que le bât blesse.

143. - Le terme " autonomie " n'a d'ailleurs pas manqué d'alimenter la confusion. Le fait d'avoir parlé d'autonomie par rapport au contrat principal dans l'arrêt GOSSET, puis d'avoir parlé d'autonomie par rapport à tout droit étatique dans les arrêts HECHT et MENICUCCI, a entretenu l'illusion que l'autonomie par rapport à tout droit étatique n'est en quelque sorte que la suite logique de l'autonomie par rapport au contrat principal, que l'autonomie des arrêts HECHT et MENICUCCI est le prolongement de l'autonomie de l'arrêt GOSSET. Or, il n'y a aucun lien logique entre la jurisprudence HECHT-MENICUCCI et la jurisprudence GOSSET, une abysse les sépare. Les premiers commentateurs n'ont pas manqué de souligner d'emblée cette absence de lien logique. Que l'on se souvienne du commentaire du professeur OPPETIT que nous avons déjà cité, comme aussi de celui du professeur GOLDMAN qui a pris acte de la jurisprudence HECHT-MENICUCCI sans conviction et qui a continué à analyser les conditions de validité de la convention d'arbitrage international en termes de conflits de lois. Et il serait fastidieux de répéter que la " séparabilité " de la clause compromissoire du contrat principal est aujourd'hui reconnue en France dans l'arbitrage interne et qu'elle est devenue un lieu commun dans les autres droits nationaux, alors que l'autonomie des arrêts HECHT-MENICUCCI est un extrapolation sans fondement et une anomalie du droit français de l'arbitrage commercial international.

b - L'argument du " vide juridique "

144. - C'est l'autre argument avancé en faveur de l'autonomie et de la méthode des règles matérielles. Il consiste à dire que si la jurisprudence énonce des règles matérielles en matière d'existence et de validité de la convention d'arbitrage international, c'est parce qu'il y aurait sans cela un vide juridique à cet endroit. C'est l'autre volet de la thèse du Président ANCEL. " Nous sommes, écrit-il, dans un domaine de défaillance de la règle légale : pas de loi ; pas de droit conventionnel sur ce point précis. Il y a, en quelque sorte, délégation implicite au pouvoir du juge en tant que créateur de normes, sous la forme de règles matérielles - la chose n'a rien d'exceptionnel en droit international privé, où l'on a pu dire que s'affirmait une tendance des règles matérielles à supplanter la méthode des conflits de lois " (34) .

La pensée du Président ANCEL est claire : il n'y a pas en droit français de règles légales en matière d'existence et de validité de la convention d'arbitrage international, et c'est ce vide juridique qui explique et justifie la délégation implicite au pouvoir créateur du juge de créer des règles en cette matière sous la forme de règles matérielles.

145. - Un tel *vacuum juris* existe-t-il vraiment en droit français sur ce point ? Il est permis de ne pas partager cette opinion que nous allons examiner longuement.

Le Président ANCEL, qui pense qu'il y a un vide juridique en droit français en matière de droit applicable à la convention d'arbitrage international, concède qu'il n'y a pas de véritable " principe de validité " en cette matière, contrairement à ce que les arrêts ont proclamé (35). Mais l'autonomie ne veut-elle pas dire le privilège de " se gouverner par ses propres lois ? " Oui, répond le Président ANCEL, d'une certaine manière la clause compromissoire jouit de ce privilège, et c'est bien le sens de l'arrêt GOSSET renforcé par l'arrêt HECHT ; la clause compromissoire échappe à la norme étatique, mais elle n'échappe pas à toute norme, et si son autonomie lui permet de susciter des règles matérielles d'application directe, elle doit demeurer soumise à une règle supérieure. Le Président ANCEL considère qu'à cet égard les critiques formulées contre l'exonération de la clause d'arbitrage de toute espèce de règles sont fondées. Il n'y a pas, affirme-t-il, de véritable " principe de validité " au sens extrême, c'est-à-dire de validité proclamée et non susceptible d'être remise en cause, il y a un principe clair de licéité et une protection renforcée contre l'invalidité, ce qui ne signifie pas que l'invalidation soit impossible (36). Mais invalidation par rapport à quelle norme, se demande-t-il ? Et de répondre qu'en raison de la " défaillance de la règle légale ", il y aurait une délégation implicite au pouvoir du juge en

(34) ANCEL, communication précitée, p. 82.

(35) Par exemple l'arrêt CLARK précité du 20 avril 1988, Rev. Arb. 1988, p. 571.

(36) ANCEL, communication précitée, p. 82.

tant que créateur de normes d'énoncer les règles sous la forme de règles matérielles, l'invalidation devant se faire au vu de ces règles matérielles.

146. - Avant d'examiner cette thèse, force est de s'arrêter à ce " principe de licéité " de la clause compromissoire en matière internationale, qui serait, dans la pensée du Président ANCEL, consacré par le droit français en la matière. L'éminent magistrat considère que ce principe est une véritable règle matérielle de droit international privé énoncée par les articles 1493 et 1494 du N.C.P.C.

Il nous semble permis d'avoir des doutes sur cette lecture des deux articles. On ne voit pas bien, en effet, que les articles 1493 et 1494 aient énoncé une règle matérielle de droit international privé de licéité de la clause compromissoire en matière internationale, du seul fait que ces deux articles parlent de convention d'arbitrage sans parler ni de licéité ni de validité de cette convention. Il n'est question, en réalité dans ces deux articles ni de licéité ni de validité de la convention d'arbitrage. L'article 1493 concerne la constitution du tribunal arbitral et l'article 1494 concerne la procédure arbitrale. Lorsqu'une disposition législative prévoit les modalités de constitution du tribunal arbitral ou les modalités de la procédure arbitrale, elle ne prévoit ni les conditions de licéité ni les conditions de validité de la convention d'arbitrage. Elle ne veut pas dire que cette convention est toujours licite ou valide. Elle n'exclut pas qu'il y ait des conditions de licéité et de validité qu'il faut chercher ailleurs que dans ces deux articles. Il ne faut pas chercher la licéité ou la validité dans un texte qui vise autre chose que la licéité ou la validité de la clause compromissoire. Autre chose de dire comment se constitue un tribunal arbitral et quelle doit être la procédure arbitrale, autre chose de dire si la clause compromissoire est licite ou valide ou si elle ne l'est pas, ou quand elle l'est ou ne l'est pas.

147. - Cette lecture des articles 1493 et 1494 qui confirmerait l'édiction d'une règle matérielle de licéité de la convention d'arbitrage international, serait, pour le Président ANCEL, confortée par l'article 1496, alinéa 1er, aux termes duquel l'arbitre tranche le litige conformément aux règles de droit que les parties ont choisies, et à défaut d'un tel choix, conformément à celles qu'il estime appropriées. Parce que cet article laisse aux parties le choix des règles de droit qui régissent le fond du litige, cela lui semble être une référence implicite aux principes généraux et aux usages du commerce international. De même, parce qu'y est affirmée la liberté absolue des arbitres dans le choix des règles applicables au fond, cela lui semble consacrer le détachement de la convention d'arbitrage de tout système de droit étatique, si les parties en décident ainsi, et constituer une référence implicite, mais claire, à la *lex mercatoria*, considérée comme apte à remplacer, dans le commerce international, la loi applicable au sens du droit international privé classique.Le Président ANCEL en conclut que la réforme de 1981 a entendu donner à la doctrine de l'autonomie de la clause compromissoire une portée très étendue, sinon quasi-absolue, sous la réserve de l'ordre public international classique (37).

148. - Il est permis de penser que l'article 1496 doit se lire d'une manière différente. A notre sens, il ne consacre pas un détachement de la convention d'arbitrage international de tout système de droit étatique et ne constitue pas une référence à la *lex mercatoria* comme substitut à la loi applicable au sens de droit international privé. Nous verrons, dans l'étude du droit applicable au fond du litige par l'arbitre, que cet article ne fait que traduire une vérité du droit de l'arbitrage international, inhérente à sa nature, à savoir qu'en l'absence de choix des règles de droit par les parties, l'arbitre est affranchi non seulement de toute règle de droit étatique mais de toute règle de droit quelle qu'elle soit, droit national ou anational (*lex mercatoria*). Puisque l'arbitre " choisit " les règles de droit qu'il estime appropriées, il ne doit pas plus obéissance à une règle de droit d'une *lex mercatoria* qu'à une règle de droit étatique. Et la raison ne réside pas dans le fait qu'un texte de droit français le dit, mais dans la nature des choses, parce que l'arbitre n'a pas de *lex fori*, parce que le contrat international n'est pas ancré dans un ordre juridique de base, et parce que le droit appliqué au fond du litige par l'arbitre international échappe au contrôle du juge étatique dans la procédure d'exequatur ou dans l'action en annulation. Autrement dit, l'article 1496 ne fait que consacrer une solution inscrite dans la logique de l'arbitrage international, à savoir que dans l'arbitrage international le contrat international de base devient un contrat sans loi, c'est-à-dire un contrat soumis au droit de l'arbitre, tel que celui-ci le conçoit, lorsque les parties n'ont pas choisi elles-mêmes ce droit.

Mais il y a là une autre histoire, qui sera examinée par la suite dans la deuxième partie. Il s'agit de la loi appliquée au fond du litige, il ne s'agit pas des règles applicables à la convention d'arbitrage international, des règles qui régissent la licéité, l'existence et la validité de cette convention. Que les articles 1494 et 1496 réservent aux parties une priorité absolue dans le choix des règles de procédure et de fond, que ces mêmes articles affirment aussi la liberté absolue des arbitres dans le choix du droit applicable à la procédure et au fond, à défaut de choix par les parties elles-mêmes, comme l'écrit le Président ANCEL, tout cela est bien vrai. Qu'ils consacrent la " liberté contractuelle presque absolue dans les seules limites de l'ordre public international, tel qu'il est conçu en France ", comme l'écrivait MM. BELLET et MEZGER, cela n'est pas moins vrai. Mais tout cela ne concerne que le droit applicable à la procédure et au fond. Cela ne con-

(37) ANCEL, communication précitée, p. 79-80.

cerne en aucune manière les conditions d'existence, de licéité et de validité de la convention d'arbitrage elle-même. Et c'est là la distinction qu'il faut faire au départ. Pour que les parties et, subsidiairement, l'arbitre aient une liberté absolue dans le choix des règles applicables à la procédure et au fond, encore faut-il qu'au départ une convention d'arbitrage international existe, qu'elle soit licite et qu'elle soit valide. Une chose est de dire que le droit aplicable à la procédure et au fond est choisi par les parties et, à défaut de leur choix, par l'arbitre lui-même, et que ce droit se détache de tout système de droit étatique (et non-étatique), autre chose est de dire que la convention d'arbitrage elle-même, les conditions de sa licéité, de son existence et de sa validité se détachent de tout système de droit étatique [38]. Il n'y a pas de lien logique entre les deux propositions, loin s'en faut, parce qu'il s'agit de deux catégories différentes, de deux domaines différents (droit applicable à la procédure et au fond dans un arbitrage international dont la licéité et la validité de la convention sont déjà prouvées, d'une part, d'autre part droit applicable à la convention dont l'exitence, la licéité et la validité sont à prouver. Le détachement de la convention d'arbitrage international de tout système de droit étatique reste donc une pétition de principe.

149. - Si, comme l'écrit le Président ANCEl, il n'ya pas de véritable " principe de validité ", au sens extrême, c'est-à-dire de validité proclamée et non susceptible d'être remise en cause, s'il est vrai que l'invalidation de la convention d'arbitrage demeure toujours possible, encore faut-il connaître les normes au regard desquelles doit se faire cette invalidation.

Mais ce qui pose problème dans cette analyse, c'est précisément la prémisse de départ, à savoir la thèse d'absence de vocation du droit interne à s'appliquer en matière de validité de la convention d'arbitrage international, thèse qui constitue le fondement du détachement de cette conven-

(38) Que la détermination du droit applicable à la procédure et au fond soit laissée au choix des partties, et à défaut d'un choix de celles-ci, à l'arbitre, ne signifie pas pour autant une " référence implicite, mais claire à la *lex mercatoria*, considérée comme apte à remplacer, dans le commerce international, la loi applicable, au sens du droit international privé classique ", comme le pense le Président ANCEL (*ibidem*, p. 80). Il semble difficile d'adhérer à cette affirmation. Quand on dit qu'une règle de droit est laissée au choix des parties ou de l'arbitre, on entend par là-même que ni les parties ni l'arbitre ne doivent obéissance à aucune règle de droit déterminée, étatique ou anationale. Ce n'est pas à dire la substitution de règles de droit anationales à des règles de droit étatiques. Au demeurant, dans la conception de ses adhérents, la *lex mercatoria* est l'inverse d'un choix libre de règles de droit, c'est un système ou quasi-système de règles de droit anationales, qui relèvent d'une autre galaxie juridique que les règles étatiques, mais qui n'en restent pas moins des règles de droit. On a peine à comprendre l'article 1496 comme une adhésion du droit français à la théorie de la *lex mercatoria*.

tion de tout système de droit étatique et de la justification rationnelle des règles matérielles. Or, c'est précisément cette prémisse qui est, à notre sens, injustifiable.

150. - La thèse du Président ANCEL sur le vide juridique en matière de droit applicable à la validité de la convention d'arbitrage international se retrouve chez un autre auteur, Mme KESSEDJIAN. Celle-ci procède de la même affirmation, à savoir l'absence de règles sur les conditions de validité de la convention d'arbitrage international dans les articles 1493 à 1496 du N.C.P.C. Cette thèse du vide juridique, soutenue par le Président ANCEL et Mme KESSEDJIAN, constitue en réalité le seul support logique de la méthode des règles matérielles.

151. - Commentant le second arrêt BOMAR OIL de la Cour de cassation du 9 novembre 1993, Mme KESSEDJIAN revient aux arrêts GALAKIS du 2 mai 1966 et HECHT du 4 juillet 1972, où la Cour a posé les deux règles matérielles que nous avons déjà vues. Si la Cour avait très certainement le pouvoir de créer en 1966 ou en 1972 une règle matérielle de droit du commerce international, on peut s'interroger sur l'existence de ce pouvoir en 1993, écrit Mme KESSEDJIAN. Du point de vue de la hiérarchie des normes, observe-t-elle, entre l'arrêt HECHT de 1972 et l'arrêt BOMAR du 9 novembre 1993, est intervenu un texte de nature réglementaire qui, codifié au sein du nouveau Code de procédure civile, comporte des règles précises sur la validité de la convention d'arbitrage. La marge de liberté de création de règles nouvelles par la Cour de cassation se trouve donc considérablement limitée du fait de l'intervention de ce texte. C'est seulement si le droit d'origine réglementaire ne se prononce pas, ou se prononce de manière incomplète, que la Cour recouvre sa liberté d'action créative. Or, poursuit Mme KESSEDJIAN, les articles 1492 à 1507 du nouveau Code de procédure civile, applicables à l'arbitrage international, ne prévoient rien au sujet de la clause par référence ni sur son acceptation tacite. Mme KESSEDJIAN Ajoute que " c'est d'ailleurs, semble-t-il, par une volonté délibérée que le décret de 1981 a renoncé à intervenir sur la validité de la clause compromissoire en matière internationale " [(39)]. Et Mme KESSEDJIAN se réfère en cela aux observations du professeur FOUCHARD sur le décret de 1981 [(40)]. A ce point, l'analyse dépasse le cadre de la clause d'arbitrage par référence et de son acceptation tacite pour s'inscrire dans un cadre plus large, celui de la thèse du vide juridique en matière de validité de la convention d'arbitrage inter-

(39) Note de Mme **KESSEDJIAN** sous Cass. 9 nov. 1993, Société **BOMAR OIL**, Rev. Arb., 1994, p. 111-112.

(40) **FOUCHARD**, Introduction : spécificité de l'arbitrage international, Rev.Arb. 1981, p. 449 et s., surtout p. 459 et 460.

national, qui est la thèse du Président ANCEL et de Mme KESSEDJIAN. Cette thèse pose à notre sens deux questions. La première consiste à se demander si vraiment avant le décret de 1981 il y avait un vide juridique en la matière, comme le pense Mme KESSEDJIAN. L'autre question consiste à se demander si vraiment le décret de 1981 a renoncé à intervenir sur la validité de la clause compromissoire en matière internationale, comme le pensent le professeur FOUCHARD, le Président ANCEL et Mme KESSEDJIAN.

152. - Il est certain qu'il n'existait pas en France, avant le décret de 1981, un texte législatif visant expressément les conditions de validité de la convention d'arbitrage international. Mais peut-on déduire de ce silence législatif un vide juridique, c'est-à-dire l'absence de toute règle de droit en matière de validité de la convention d'arbitrage international ? L'affirmer, c'est, croyons-nous, adopter une vision étriquée de la règle de droit, qui réduit les règles de droit aux dispositions législatives. C'est oublier que la jurisprudence est une source de droit, là où la législation fait défaut. C'est oublier, *inter alia*, que tout le droit des contrats internationaux jusqu'à l'entrée en vigueur de la Convention de Rome était en France un droit jurisprudentiel. Et même aujourd'hui des pans entiers du droit international privé français en matière de conflits de lois, couvrant la majeure partie de ce droit, sans parler des contrats internationaux, ne sont régis que par des règles jurisprudentielles.

153. - Or, la convention d'arbitrage international est, ainsi qu'on l'a vu, un contrat international. Certes, son objet, qui est la mise en place d'une justice privée pour le règlement de certains litiges, se distingue de l'objet des autres contrats internationaux. Mais la convention d'arbitrage international n'en reste pas moins par sa nature un contrat international, et sa validité a toujours été régie par les règles des conflits de lois. Les règles des conflits de lois ont toujours régi les contrats internationaux, bien qu'elles n'aient jamais fait l'objet de dispositions législatives. Il leur a suffi, pour être considérées comme des règles de droit, qu'elles soient édictées par la jurisprudence. Et ces règles ont toujours régi la validité de la convention d'arbitrage international dans la même mesure où elles ont régi la validité des autres contrats internationaux. Il ne semble donc pas permis de parler de vide juridique à propos de la validité de la convention d'arbitrage international avant le décret de 1981, pas plus qu'à propos des autres contrats internationaux. Sans doute les règles des conflits de lois [41], qui étaient jurisprudentielles, ont été codifiées par la Convention de Rome, et la convention d'arbitrage international a été exclue de son champ d'application (article 1) en raison des particularités du droit de l'arbitrage international,

(41) En matière de contrats internationaux..

qui n'ont rien à voir d'ailleurs avec le problème de la validité de la convention d'arbitrage. Mais si le problème de la validité de la convention d'arbitrage international échappe à la Convention de Rome, parce que toute la matière de l'arbitrage international est en dehors de son champ, elle n'en reste pas moins régie par les règles jurisprudentielles des conflits de lois comme par le passé. Et ces règles étaient des règles de droit étatiques, cela va sans dire. La Convention de Rome, qui a laissé tout l'arbitrage international en dehors de son champ, n'a apporté aucune modification à cet égard.

E n conclusion, il ne nous semble donc pas permis d'affirmer que des règles juridiques étatiques n'existaient pas en matière de validité de la convention d'arbitrage international avant le décret de 1981.

154. - Cela étant, si des règles étatiques sur la validité de la convention d'arbitrage international existaient bien avant le décret de 1981, lesquelles n'étaient autres que les règles jurisprudentielles des conflits de lois, peut-on affirmer qu'elles ont disparu avec ce décret ? Pour l'affirmer, il faudrait prouver que ce décret les a abrogées. Mais où se trouvent dans le décret de 1981 les dispositions sur leur abrogation ? Aucune des dispositions du décret de 1981, incorporées dans le nouveau Code de procédure civile, ne vise le problème de la validité de la convention d'arbitrage international. Donc aucune disposition du décret de 1981 ne peut être interprétée comme une abrogation expresse ou tacite des règles des conflits de lois pour laisser libre cours à une " méthode de règles matérielles " en matière de validité de la convention d'arbitrage international, règles dont la détermination serait laissée au pouvoir créateur du juge.

C'est une certaine vision du décret de 1981, celle des tenants de la *lex mercatoria* et surtout du professeur FOUCHARD, que rien ne conforte dans les textes d'ailleurs, qui a entretenu la croyance que ce décret a voulu faire table rase de toutes " prescriptions " en matière d'arbitrage international, y compris donc de toutes règles en matière de validité de la convention d'arbtrage. Et il est significatif que Mme KESSEDJIAN se réfère à cette interprétation du professeur FOUCHARD. Les auteurs du décret de 1981 auraient voulu, selon cette thèse, que ce décret consacre " l'autonomie des praticiens " et le remplacement des règles préétablies par des règles matérielles créées, et il en serait en matière de validité de la convention d'arbitrage comme en toute autre matière qui concerne l'arbitrage international. Le vide juridique résulterait de la " volonté délibérée du décret de 1981 de ne pas intervenir sur la validité de la clause compromissoire en matière internationale ", comme l'écrit Mme KESSEDJIAN. Le seul silence sur les règles de droit signifierait qu'on aurait décrété la déréglementation totale.

155. - Le professeur FOUCHARD écrivait, en effet, au lendemain du décret de 1981, que ce décret a voulu " faire simple ", parce qu'il était inutile et même dangereux de multiplier les dispositions, ce qui explique l'absence, dans le texte, de règles de conflit, parce que leur énoncé eût été inévitablement complexe, en raison de la grande diversité des circonstances et des phases de chaque arbitrage et que leur intérêt était médiocre, " dès lors que l'objectif recherché était seulement de consacrer l'autonomie des praticiens et de fixer les limites de celles-ci lors du contrôle de l'arbitrage par un juge français ". " Pour atteindre ce double résultat, concluait-il, seules des règles matérielles étaient nécessaires, et elles étaient aussi suffisantes "(42).

156. - L'ennui, c'est que, pour qu'il y ait arbitrage, encore faut-il qu'il y ait avant tout une convention d'arbitrage valide, et ce ne sont pas les praticiens qui, en se prévalant de leur autonomie, décrètent qu'une convention d'arbitrage est valide ou ne l'est pas. Le professeur FOUCHARD reconnaît lui-même qu'il y a " des limites " et que ces limites sont fixées lors du contrôle de l'arbitrage par un juge français. Le contrôle de ce juge, qui ne porte pas sur le droit appliqué par l'arbitre au fond du litige, porte indiscutablement sur l'existence et la validité de la convention d'arbitrage, et cela en vertu des dispositions du décret de 1981 elles-mêmes (article 1502-1 et article 1504 du N.C.P.C.). L'invalidation de la convention d'arbitrage n'est donc pas impossible, comme le reconnaît le Président ANCEL. Mais encore faut-il savoir au regard de quelles normes se fera cette invalidation. Le Président ANCEL pense qu'il n'y a pas de loi ni de règle conventionnelle qui donne une indication sur ces normes. Mme KESSEDJIAN, se fondant sur les observations du professeur FOUCHARD, pense que le décret 1981 a renoncé par une volonté délibérée à intervenir sur la validité de la convention d'arbitrage international.

157. - Cette analyse est loin d'emporter la conviction.

Elle élude d'abord le fait que la qualification même de la convention d'arbitrage international dispense de déterminer par des dispositions particulières les règles qui régissent l'existence et la validité de cette convention. A partir du moment où elle est par sa nature un contrat international - cette nature n'étant pas affectée par son objet particulier - elle est traitée comme tout contrat international, elle est régie par les règles qui régissent les contrats internationaux en général, et ces règles ont toujours été en droit français des règles étatiques. Et il se trouve aussi que ces règles étatiques ont toujours été en droit français des règles jurisprudentielles et non législatives. L'absence de règles législatives ne signifie pas absence de règles étatiques. Tout vide législatif est comblé par des règles jurisprudentielles qui sont, elles aussi, des règles de droit étatiques. En matière de règles qui ré-

(42) FOUCHARD, précité, Rev. Arb. 1981, p. 460.

gissent l'existence et la validité de la convention d'arbitrage international, il n'y a donc jamais eu et il n'y aura jamais de *vacuum juris*.

158. - Le décret de 1981 n'a apporté aucune modification à cet état de choses. Si le décret de 1981 ne contient pas de dispositions sur la validité de la clause compromissoire internationale, il nous semble qu'il n'est pas permis d'en inférer que c'est par une volonté délibérée qu'il a renoncé à le faire. On voit mal comment on peut imputer une telle volonté au législateur, comme le fait Mme KESSEDJIAN, alors que de telles dispositions sont nécessaires. Ce serait faire oeuvre de divination. Une jurisprudence constante a toujours existé en matière d'existence et de validité des contrats internationaux, donc en matière de convention d'arbitrage international, et cette jurisprudence a invariablement adopté la méthode des conflits de lois. On ne peut pas dire que le décret de 1981 a délibérément voulu mettre fin à cette jurisprudence en matière de droit applicable à la convention d'arbitrage international. Le silence législatif qui n'est pas nouveau n'abroge pas des règles de droit jurisprudentielles, dès lors qu'on ne relève aucune incompatibilité entre les dispositions législatives nouvelles et cette jurisprudence constante. Au demeurant, rien n'autorise à croire que les nouvelles dispositions du décret de 1981 aient visé délibérément à écarter cette jurisprudence constante et à " faire le vide " en matière de règles sur la validité de la clause compromissoire internationale, pour la bonne raison que les dispositions du décret de 1981 ne concernent ni de près ni de loin la question de la validité de la clause et n'ont aucun lien si ténu soit-il avec cette question.

159. - La lecture que fait du décret de 1981 Mme KESSEDJIAN nous semble donc fortement discutable. On se demande même comment il est possible de concevoir que ce décret ait renoncé par une volonté délibérée à intervenir sur la validité de la convention d'arbitrage international. On aurait pu, à la rigueur, supposer une telle volonté si des dispositions législatives existaient avant le décret de 1981 et n'aient pas été reprises dans ce décret. Mais de telles dispositions n'ont jamais existé et tout était oeuvre de jurisprudence. Qui plus est, un législateur n'a pas à se soucier d'édicter des dispositions spécifiques sur la validite de la convention d'arbitrage international, pour la bonne raison qu'on n'a guère besoin de telles dispositions, le problème de la validité (capacité, existence, vices du consentement, pouvoir, etc.) étant résolu par les règles de droit commun. Lorsqu'on consulte les dispositions des autres droits nationaux en matière d'arbitrage international, on ne trouve pas de dispositions spécifiques sur la validité de la convention d'arbitrage international. Que l'on se reporte au droit italien ou au droit néerlandais ou à d'autres droits nationaux, on n'y trouve aucune disposition spécifique à cet égard (43). On n'en a jamais déduit que ces droits nationaux aient délibérément voulu faire le vide juridique en la matière mais qu'il faut plutôt consulter les règles qui régissent la validité des conventions en général. Si l'on devait suivre le raisonnement que nous contestons, on devrait dire par ailleurs que les dispositions du droit français en matière d'arbitrage interne (articles 1442 à 1491 du N.C.P.C.), elles aussi, n'ont délibérément pas prévu de règles sur la validité de la convention d'arbitrage. Il nous semble que personne n'a compris dans ce sens l'absence de règles sur la validité de la convention d'arbitrage interne. Au contraire, on ne peut en inférer que la nécessité d'appliquer les règles générales en matière d'existence et de validité des contrats. De même doit-on inférer de l'absence de règles spécifiques sur la validitié de la convention d'arbitrage internationale la nécessité de s'en remettre aux règles générales sur l'existence et la validité des contrats internationaux, lesquelles sont celles des conflits de lois. Comme on l'a déjà vu, c'est ainsi que le professeur GOLDMAN a compris l'absence de règles sur la validité de la convention d'arbitrage international dans le décret de 1981, lorsqu'il a mené en termes de conflits de lois - sauf quelques voeux pieux - son étude sur la formation de cette convention, le consentement, son interprétation et ses vices, la capacité et le pouvoir en matière d'arbitrage international (44).

160. - Mme KESSEDJIAN a donc tort, croyons-nous, de parler de volonté délibérée des auteurs du décret de 1981 de renoncer à intervenir sur la validité de la convention d'arbitrage international. Le professeur FOUCHARD n'a pas imputé aux auteurs de ce décret une telle volonté délibérée. Il a seulement soutenu que les six articles nouveaux introduits dans le N.C.P.C. par le décret de 1981 (articles 1492 à 1497) étaient des " règles matérielles nécessaires et aussi suffisantes ". Cette thèse de la suffisance de ces articles pour répondre à un argument soulevé sur l'invalidité de la convention d'arbitrage international était d'ailleurs inadmissible à notre sens, dès lors que les articles en question ne contiennent que des dispositions affirmant l'autonomie des parties et de l'arbitre sans aucune disposition au regard de laquelle on peut répondre à une contestation de la validité de la convention d'arbitrage. A preuve que le professeur GAILLARD, qui est avec le professeur FOUCHARD l'auteur du Traité de l'arbitrage commercial international de 1996, s'est échiné à vouloir découvrir les règles matérielles qui régissent la validité de la convention d'arbitrage international.

161. - Ce qu'il faut retenir des observations du Président ANCEL, c'est que,

(43) Sauf lorsqu'un législateur " veut " de telles dispositions et lorsqu'elles sont vraiment spécifiques (exemple : l'article 178 de la loi fédérale suisse de droit international privé).
(44) **GOLDMAN**, Arbitrage commercial international, Jurisclasseur de d. i. priv., fasc. 586.

plutôt que de parler de défaillance de règles légales, ce qui signifierait le vide juridique, il faudrait parler de défaillance de règles législatives, et qu'en l'absence de règles législatives, le juge en tant que créateur de normes a le pouvoir d'énoncer les règles de droit qui régissent la validité de la convention d'arbitrage international. Mais le juge a le pouvoir d'énoncer ces règles légales sous forme de jurisprudence du seul fait de l'absence de règles législatives et sans besoin que lui soit donnée une délégation implicite ou explicite, et sans que les règles qu'il va créer soient nécessairement des règles matérielles, car elles peuvent être aussi bien des règles étatiques désignées par une règle de conflit, c'est-à-dire les mêmes règles qui régissent la validité de la convention d'arbitrage interne.

c - La faillite de la méthode des règles matérielles

162. - Si le fondement théorique de la méthode des règles matérielles, à savoir la thèse de l'absence de vocation d'un droit interne à s'appliquer en matière internationale et la thèse du vide juridique, n'est pas défendable, le contenu positif de cette méthode est, lui, décevant. Sur quel résultat débouche-t-elle en effet ? La défaillance de la règle légale conduirait, ainsi qu'on l'a vu, à une " délégation implicite au pouvoir du juge en tant que créateur de normes, sous la forme de règles matérielles ". C'est ainsi que s'affirmerait " une tendance des règles matérielles à supplanter la méthode des conflits de lois " et que s'effectuerait le contrôle de la validité de la clause " au regard des normes prédéfinies et en quelque sorte supérieures ". Il ne subsiste alors, estime le Président ANCEL, qu'un " critère de contrôle, propre à assurer la vérification de la validité de la convention d'arbitrage international et son accomplissement dans la sécurité juridique ", et ce critère est l'ordre public international.

163. - De quoi est fait cet " ordre public international " ? Ce sont précisément les normes prédéfinies et supérieures au regard desquelles doit s'effectuer le contrôle de la validité de la convention d'arbitrage international. Mais quelles sont concrètement ces normes ? Le Président ANCEL en donne les précisions suivantes. C'est, explique-t-il, " le but ultime de la règle, sa finalité profonde, qui est de faire respecter, dans l'ordre international, la morale juridique. Car, en définitive, la règle d'autonomie, en protégeant la clause compromissoire contre les causes d'invalidité puisées dans les droits nationaux en concurrence, la protège également et surtout, contre les manoeuvres du contractant de mauvaise foi qui, *a posteriori*, refuse l'arbitrage auquel il a cependant librement consenti. La rège d'autonomie apparaît ainsi comme un instrument privilégié de respect de la morale dans les relations internationales de droit privé ; elle se rattache de cette façon à ce que l'on désigne généralement comme l'un des principes fondamentaux du droit : l'exigence de bonne foi dans l'exécution des contrats, le respect de l'engagement contractuel régulièrement conclu et, plus encore, de l'engagement tendant à la désignation d'un arbitre, c'est-à-dire d'un juge " [45].

164. - L'ennui avec cette explication, c'est qu'on a du mal à concilier l'idée que le contrôle de la clause compromissoire internationale s'effectue au regard de normes prédéfinies et supérieures qui ne sont autres que le respect de la morale dans les relations internationales de droit privé, de l'exigence de bonne foi dans l'exécution des contrats et des autres principes fondamentaux du droit, avec l'idée que ce contrôle s'effectue au regard de règles matérielles créées par le juge en vertu de son pouvoir créateur de normes par délégation implicite, en raison justement de la défaillance de la règle légale. Car de deux choses l'une : ou bien il existe des normes " prédéfinies et supérieures " qui constituent l'ordre public international et qui sont suffisantes pour contrôler la validité de la clause compromissoire internationale et, dans ce cas, il n'y a pas de place à une création de règles matérielles par le juge ; ou bien c'est le juge qui crée, en vertu de son pouvoir créateur de normes, les règles matérielles au regard desquelles s'effectuera le contrôle de la validité de la clause, ce qui veut dire que les normes prédéfinies et supérieures n'existent pas ou sont insuffisantes. Les deux idées nous semblent contradictoires.

A tout prendre, la thèse est la même que celle du professeur GAILLARD. Ce que le professeur GAILLARD appelle " conception française de l'ordre public international " ou " exigences fondamentales de justice " ou " règles minimales de l'arbitrage international ", le Président ANCEL l'appelle " normes prédéfinies et supérieures ". Mais comme les unes et les autres sont incapables d'indiquer concrètement les règles sur la formation et la validité de la convention d'arbitrage international, sur la capacité et le pouvoir, sur les vices du consentement et sur la forme de la convention, c'est bien le juge qui, au bout du compte, va créer toutes ces règles sous la forme de règles matérielles. Est-ce là la certitude et la sécurité du droit que l'on recherche pour échapper à l'insécurité de la méthode des conflits de lois ?

165. - En somme, toutes les fois qu'en matière d'existence et de validité de la convention d'arbitrage international, on veut faire l'économie d'un raisonnement en termes de conflits de lois qui débouche immanquablement sur un droit étatique, on appellera à son secours le pouvoir créateur du juge, et on dira qu'il a créé la règle que l'on peut mettre sur le compte de l'ordre public international. Et l'on finira par retrouver au bout du compte les mêmes règles d'un droit national revêtues de la robe de règles matérielles. La

(45) ANCEL, communication précitée, p. 82-83.

méthode des règles matérielles relève du voeu pieux de l'affranchissement de la méthode conflictuelle dans la recherche du droit qui régit la validité de la convention d'arbitrage international. La convention d'arbitrage international demeure régie par le droit des contrats internationaux, et ce droit demeure construit sur la méthode des conflits de lois. Pour s'en affranchir, il faut avoir trouvé le droit de remplacement, et l'on en est encore loin. Personne ne chante plus aujourd'hui les vertus de la méthode conflictuelle, mais il ne suffit pas de ne pas la porter dans son coeur. On a beau fustiger ce droit de vestibule, ce bricolage juridique (46) qu'est la méthode conflictuelle. Aussi longtemps qu'on n'a pas trouvé un autre droit pour régir les contrats internationaux et que la méthode conflictuelle demeure le roc solide du droit international privé des contrats, aussi longtemps que la convention d'arbitrage international demeure un contrat international et que son existence et sa validité demeurent contrôlées par le juge étatique de l'exequatur, nous croyons qu'il ne sert à rien de parler d'autonomie de la convention d'arbitrage international par rapport à tout droit étatique et de méthode des règles matérielles comme substitut à la méthode conflictuelle. Ces formules, pour belles et ambitieuses qu'elles soient, ne font que traduire une dérive de la notion de règle matérielle, et cette dérive est propre au droit français qui fait cavalier seul à cet égard.

166. - Au total, le droit français semble être le droit unique où sont proclamés le principe d'autonomie de la convention d'arbitrage international par rapport à tout droit étatique, appelé aussi principe de la validité et de l'efficacité propres de la convention d'arbitrage international, et la méthode des règles matérielles en tant que méthode générale de fixation par le juge étatique des règles censées régir la formation, la licéité et la validité de la convention d'arbitrage international. Nous croyons que l'affirmation de ces principes et de cette méthode en droit français ne repose sur aucun fondement rationnel tiré de la nature et de la logique de l'arbitrage international mais qu'il y a là des postulats qui relèvent d'un dogmatisme juridique et qui ne sont pas de nature à apporter des réponses aux questions concrètes qui se posent en matière de formation, de licéité et de validité de la convention d'arbitrage international.

d - Retour sur le principe selon lequel le droit français n'a pas vocation à s'appliquer en matière internationale

165 bis. - On voudrait faire un retour sur le principe évoqué par le Président ANCEL, principe selon lequel le droit français n'a pas vocation à s'appliquer

(46) Voir : KASSIS, Le nouveau droit..., précité, p. 559, n° 521.

en matière internationale, d'où il s'ensuivrait que, pour l'appréciation de la formation de la validité de la Convention d'arbitrage, il ne faut pas se référer à une loi interne désignée par une règle de conflit (voir supra, page 90, notre 32).

In se le principe est indiscutable, mais encore faut-il s'entendre sur le sens de l'expression " matière internationale ". Or, nous sommes de ceux qui croient qu'il y a un seul droit vraiment international, une seule matière vraiment internationale, à savoir le droit des relations interétatiques, relations que gouverne le droit international public. Nous souscrivons sans réserves aux propositions suivantes du professeur VIRALLY : " La conception du droit aujourd'hui dominante est marquée par un dualisme selon lequel existeraient deux séries d'ordres juridiques seulement : les droits nationaux ou étatiques, d'une part, et le droit international, ou interétatique, d'autre part. Encore cette dichotomie est-elle mise en doute par quelques auteurs, il est vrai, isolés. Nationaux ou international, tous les ordres juridiques sont des créations des États, et le droit international a vocation à gouverner exclusivement les relations entre États ; il appartient donc entièrement au droit public ". (47)

Quant au droit international privé, qui n'est pas un droit des relations interétatiques, mais un droit des relations entre personnes privées ou entre un État et une personne privée étrangère, relations qui comportent un élément d'extranéité, ce droit international privé n'a d'international que le nom, et il est toujours gouverné par la méthode des conflits de lois, selon laquelle une règle de conflit véhicule toujours un droit étattique. L'expression " droit international ", qui englobe le droit international public et le droit international privé, est une expression amphibologique. Pour adhérer aux thèses du Président ANCEL, il faut admettre avec les professeurs GOLDMAN et FOUCHARD, l'existence d'un tiers ordre juridique, d'un droit a-national qui ne serait ni un droit national, étatique, ni un droit international dans le sens du droit international public. Ce droit a-national serait la *lex mercatoria* à laquelle nous ne croyons pas.

(47) **MICHEL VIRALLY**, Un tiers droit ? Réflexions théoriques, in Mélanges Goldman, Litec, p. 373.

CHAPITRE III

LE TEST DU PRINCIPE D'AUTONOMIE ET DE SA VARIANTE, LA MÉTHODE DES RÈGLES MATÉRIELLES, DANS LEUR APPLICATION À LA RECHERCHE DES RÈGLES QUI RÉGISSENT LA FORMATION, L'INTERPRÉTATION, LA VALIDITÉ ET LA FORME DE LA CONVENTION D'ARBITRAGE INTERNATIONAL

167.- Pour savoir si le principe d'autonomie de la convention d'arbitrage international ou sa variante, la méthode des règles matérielles, sont des instruments adéquats, propres à être mis en oeuvre dans la recherche des règles qui régissent la formation, l'interprétation, la validité et la forme de la convention d'arbitrage international, force est de tester ce principe et cette méthode pour voir s'ils sont à même de conduire à des règles matérielles dans ces domaines, qui seraient différentes des règles de droit interne.

168.- La formation de la convention d'arbitrage international aussi bien que la validité de cette convention n'échappent pas au contrôle de la juridiction étatique chargée de se prononcer sur la reconnaissance ou sur l'exécution de la sentence arbitrale ou saisie d'un recours en annulation de cette sentence. La formation et la validité de cette convention sont soumises au contrôle de la juridiction étatique en vertu de l'article V. 1 (a) de la Convention de New York, lorsque celle-ci s'applique. Aux termes de cette disposition, la reconnaissance et l'exécution de la sentence seront refusées si la partie contre laquelle elle est invoquée fournit à l'autorité compétente du pays où la reconnaissance et l'exécution sont demandées la preuve que la convention n'est pas valable en vertu de la loi à laquelle les parties l'ont subordonnée ou, à défaut d'une indication à cet égard, en vertu de la loi du pays où la sentence est rendue.

C'est donc bien une loi étatique que la juridiction chargée du contrôle de la sentence applique.

169. - Dans les cas où la Convention de New York ne s'applique pas, c'est aussi la juridiction étatique investie du contrôle de la sentence qui contrôle l'existence et la validité de la convention d'arbitrage en vertu de la loi du pays où la reconnaissance et l'exécution sont demandées. Si elles sont demandées en France, la juridiction française exerce ce contrôle en vertu de l'article 1502 du N.C.P.C., si la sentence a été rendue à l'étranger, ou en vertu de l'article 1504 du N.C.P.C.., si elle a été rendue en France en matière d'arbitrage international. Et dans les deux cas, cette juridiction s'assure que l'arbitre n'a pas statué sans convention d'arbitrage et que la convention n'est pas nulle ou expirée.

La juridiction étatique du contrôle doit donc vérifier qu'une convention d'arbitrage international s'est bien formée, c'est-à-dire qu'il y a eu consentement des parties, que deux volontés se sont rencontrées tendant au règlement du litige par une voie d'arbitrage. Elle doit vérifier aussi que le consentement n'est pas vicié par l'un des vices du consentement. Elle doit vérifier enfin que la convention est valable en la forme.

170. - Quelle loi la juridiction étatique du contrôle de la sentence doit-elle appliquer ? Lorsque la Convention de New York n'est pas applicable, comme c'est le cas lorsque le juge étatique du contrôle de la sentence est le juge français (la Cour d'appel), les article 1502 et 1504 du N.C.P.C. ne disent pas quelle loi la Cour d'appel doit appliquer pour s'assurer qu'une convention d'arbitrage s'est formée et qu'elle n'est pas nulle. Mais comme la Cour d'appel doit vérifier l'existence et la validité de la convention d'arbitrage à la lumière d'une loi, et comme la juridiction étatique applique normalement à la formation et à la validité d'un contrat international la loi étatique désignée par sa règle de conflit et que la convention d'arbitrage international est un contrat international, il semble qu'il ne devrait pas faire l'ombre d'un doute que la Cour d'appel doit appliquer en la matière la règle de conflit désignée par la *lex fori* de cette Cour, c'est-à-dire par la loi française.

Ainsi,en tout état de cause, et bien que les article 1502 et 1504 du N.C.P.C. soient muets sur la loi à appliquer, c'est toujours, semble-t-il, une loi étatique désignée par une règle de conflit que doit appliquer la juridiction étatique du contrôle. Et il devrait en être de même nécessairement pour l'arbitre international qui ne pourrait pas appliquer, en matière de formation et de validité de la convention d'arbitrage, des règles autres que celles qui seront appliquées par la suite par la juridiction étatique de contrôle, sous peine d'exposer sa sentence à un refus de reconnaissance ou d'exécution.

171. - Et pourtant, bien que cela semble être l'évidence même, il a été soutenu que la juridiction étatique du contrôle et l'arbitre international devraient appliquer en la matière des règles différentes de celles de la loi nationale désignée par une règle de conflit. Les règles que devraient appliquer la juridiction étatique du contrôle et l'arbitre en matière de formation et de validité de la convention d'arbitrage international seraient, selon cette thèse, des règles matérielles dictées par les exigences de l'ordre public international. Ces règles matérielles supplanteraient la méthode conflictuelle.

Sans doute cette thèse se heurte-t-elle à la Convention de New York lorsqu'il y a lieu à l'application de cette Convention, parce que l'article V.1 (a) de celle-ci ne prévoit que l'application de lois étatiques selon la méthode conflictuelle. Mais peut-elle prospérer lorsque ce sont les articles 1502 et 1504 du N.C.P.C. qui s'appliquent ?

172. - On se posera donc la question de savoir si le principe de l'autonomie de la convention d'arbitrage international par rapport à tout droit étatique ou sa variante, la méthode des règles matérielles, est applicable et donne des résultats positifs dans sa mise en oeuvre dans la recherche des règles qui régissent la formation et la validité de la convention d'arbitrage international.

On examinera d'abord ce que donne la mise en oeuvre de la méthode des règles matérielles dans la recherche des règles relatives à l'existence, c'est-à-dire à la formation de la convention d'arbitrage international. Pour qu'une telle convention existe et soit formée, il faut que se réalise l'accord des volontés visant la mise en place d'un tribunal arbitral pour la solution du litige ou des litiges. Mais pour que cet accord se forme, il faut que les parties ne soient pas frappées d'une incapacité. Si l'une d'elles souscrit la convention au nom d'une autre personne, il faut qu'elle soit munie d'un pouvoir à cet effet. Il faut aussi que le consentement des parties soit valide, c'est-à-dire qu'il ne soit pas entaché d'un vice. Il faut enfin que la convention soit valable en la forme.

Il faudra donc procéder successivement à l'examen du test de la méthode des règles matérielles dans son application à la capacité, au pouvoir, à la formation et à l'interprétation de la convention d'arbitrage international, à la validité de cette convention et aux vices du consentement, enfin à sa validité en la forme. L'exercice a été effectué par le professeur GAILLARD tout au long du Traité de l'arbitrage commercial international de 1996. On verra si les résultats de cet exercice ont été positifs et s'ils ont été à la hauteur des ambitions de la méthode des règles matérielles.

SECTION I

LE TEST DE L'APPLICATION DE LA MÉTHODE DES RÈGLES MATÉRIELLES À LA CAPACITÉ

173. - La convention d'arbitrage international étant une convention, il est évident que les parties doivent avoir la capacité requise pour la conclure.

Si la question de la capacité échappait au contrôle de la juridiction étatique qui contrôle la sentence pour lui accorder la reconnaissance et l'exécution, ou dans un recours en annulation, il n'y aurait pas problème, et cette question serait tranchée souverainement par l'arbitre. L'ennui, c'est que la question de la capacité est soumise au contrôle de la juridiction étatique du contrôle de la sentence conformément à l'article V.1(a) de la Convention de New York ou selon les dispositions des différents droits étatiques lorsque cette Convention ne s'applique pas. En droit français, aux termes des articles 1502 et 1504 du N.C.P.C., la reconnaissance et l'exécution seront refusées à la sentence rendue à l'étranger, et la sentence rendue en France en matière d'arbitrage international s'expose à l'annulation, s'il n'y a pas de convention d'arbitrage ou si cette convention est nulle ou expirée. La question se pose donc pour la juridiction étatique du contrôle de la sentence aussi bien que pour l'arbitre de savoir quelles sont les règles applicables à la capacité pour conclure la convention d'arbitrage.

A - LES RÈGLES QUI RÉGISSENT LA CAPACITÉ AU NIVEAU DE LA JURIDICTION ÉTATIQUE DU CONTRÔLE

a - La méthode conflictuelle

174. - Lorsqu'il s'agit d'une sentence arbitrale rendue à l'étranger et dans les cas où la Convention de New York doit s'appliquer, ce sont ses dispositions qui s'imposent à la juridiction étatique du contrôle de la sentence.

Aux termes de l'article V.1 (a) de cette Convention, la reconnaissance et l'exécution de la sentence ne seront refusées, sur requête de la partie contre laquelle elle est invoquée, que si cette partie fournit à l'autorité compétente du pays où la reconnaissance et l'exécution sont demandées la preuve "que les parties à la convention d'arbitrage étaient, en vertu de la loi à elles applicable, frappées d'une incapacité ".

Il est clair que la Convention de New York n'indique pas à la juridiction étatique du contrôle une loi déterminée à appliquer en matière de capacité. Elle en laisse la désignation à la règle de conflit de cette juridiction. Comme l'écrit M. VAN DEN BERG, l'article V.1(a) n'édicte qu'une règle de conflit à mi-chemin (*half-way conflict rule*) (1). A vrai dire, c'est comme si le texte n'avait rien dit, car même si le texte avait gardé le silence, la juridiction étatique du contrôle doit se référer à la règle de conflit de son for. Cette règle peut désigner selon les droits étatiques soit la loi nationale (comme en droit français) soit la loi du domicile (comme en droit anglais) soit une autre loi (la loi qui régit le contrat ou la loi du lieu de conclusion) (2). Tout est laissé à la règle de conflit du for du juge étatique du contrôle saisi de la demande de reconnaissance ou d'exécution de la sentence.

175. - S'agissant d'une personne morale, c'est toujours cette même règle de conflit qui dira si c'est la loi du lieu d'incorporation de la personne morale ou du lieu du siège social réel ou une autre qui doit s'appliquer.

De même, c'est la loi désignée par la règle de conflit du for de la juridiction étatique du contrôle qui dira si l'aptitude à compromettre des personnes morales de droit public est une question de capacité ou une question d'arbitrabilité. On sait qu'en droit français, la jurisprudence considère que l'inaptitude des personnes morales à compromettre n'est pas une question d'incapacité personnelle mais une question d'arbitrabilité du litige (3). M. VAN DEN BERG écrit que la Convention de New York est généralement considérée comme s'appliquant aux contrats dans lesquels un État est partie contractante, si le contrat se rapporte à une opération commerciale dans le sens le plus large (4). Est invoqué l'argument de la distinction de plus en plus acceptée entre actes *jure imperii* et actes *jure gestionis*. Et aussi l'argument selon lequel la conclusion d'une convention d'arbitrage par un État est considérée comme comportant une renonciation à son immunité de juridiction.

La Convention de Genève de 1961 contient une disposition (article IX 1. a)

(1) **VAN DEN BERG**, *op. cit.*, p. 277.

(2) **GOLDMAN**, JCL de dr. in. priv. français, Fasc. 586-2, p. 19, n° 96.

(3) Voir la jurisprudence citée par le professeur **GOLDMAN** dans Jurisclasseur de dr. int. priv., *op. cit.*, p. 13, note 59.

(4) **VAN DEN BERG**, *op. cit.*, p. 279 et 280.

identique à celle de l'article V. 1 (a) de la Convention de New York. Le Protocole de Genève de 1923, la Convention de Genève de 1927 et la Convention de Washington de 1965 ne contiennent aucune disposition relative à la capacité.

176. - On sait par ailleurs que lorsque la demande de reconnaissance ou d'exécution d'une sentence arbitrale étrangère est présentée au juge étatique d'un pays qui a ratifié la Convention de New York, ce juge appliquera dans son contrôle de la sentence étrangère les règles de cette Convention parce que, s'agissant d'une convention internationale, celle-ci a la primauté sur son droit interne. Mais la partie qui demande la reconnaissance ou l'exécution peut, aux termes de l'article VII.1 de la Convention de New York, se prévaloir de la législation de l'État du juge. Celui-ci devra alors écarter les dispositions de la Convention de New York pour appliquer sa propre législation.

Dans une telle hypothèse, si la juridiction saisie est une juridiction française, elle appliquera les règles de son droit en matière de reconnaissance et d'exécution des sentences arbitrales rendues à l'étranger. Or, selon l'article 1502 du N.C.P.C. la demande de reconnaissance ou d'exécution de la sentence rendue à l'étranger sera rejetée " si l'arbitre a statué sans convention d'arbitrage ou sur convention nulle ou expirée ". Il en est ainsi notamment si la convention d'arbitrage a été conclue par une partie frappée d'une incapacité.

177. - La juridiction étatique française saisie devra donc examiner dans le cadre de son contrôle de la sentence la question de la capacité. Et comme les articles 1502 et 1504 ne lui disent pas quelle loi elle doit appliquer en la matière, elle mettra normalement en oeuvre la règle de conflit française en matière de capacité, c'est-à-dire qu'elle appliquera la loi nationale de la partie dont l'incapacité est alléguée. La solution de la juridiction étatique française sera la même que si la Convention de New York devait s'appliquer, faute par la partie qui demande la reconnaissance ou l'exécution d'invoquer le droit français au lieu de la Convention de New York.

178. - Si la reconnaissance ou l'exécution de la sentence est demandée devant un juge anglais, il mettra en oeuvre la règle de conflit anglaise, c'est-à-dire qu'il appliquera la loi du domicile de la partie dont l'incapacité est alléguée.

179. - La loi appliquée en matière de capacité par le juge étatique du contrôle de la sentence ne sera donc pas la même selon que la reconnaissance ou l'exécution est demandée devant une juridiction française ou une juridiction anglaise.

Comme la reconnaissance ou l'exécution peut être demandée dans tout pays, si elle est demandée dans deux pays dont les règles de conflit en matière de capacité sont différentes, le sort de la même sentence pourra être différent si les lois désignées par les règles de conflit différentes conduisent à des solutions différentes.

b - La méthode dite des règles matérielles

180. - Aucune solution résultant de l'application de la méthode conflictuelle ne s'impose avec suffisamment de force et n'offre une sécurité telle que l'on ne soit pas tenté de recourir, en cette matière également, à des règles matérielles, écrit le professeur **GAILLARD** qui ajoute que pour les juridictions étatiques chargées du contrôle de la sentence, cette méthode peut se prévaloir du fait qu'il s'agit seulement de déterminer les conditions auxquelles une convention d'arbitrage produira ses effets dans l'ordre juridique français, ce qui justifie l'application des conceptions matérielles du droit français adaptées à des situations à caractère international (5).

1) L'utilisation exclusive des règles matérielles

181. - Mais quelles sont donc ces " règles matérielles " en matière de capacité ? Ce sont, nous avait dit le professeur **GAILLARD**, les règles dictées par la " la conception française de l'ordre public international ", les " règles minimales qui, dans la conception française de l'arbitrage international, doivent être respectées pour que l'on puisse accepter de donner effet à une convention d'arbitrage " (6). On peut donc comprendre raisonnablement qu'elles sont censées être différentes des règles étatiques du droit interne français véhiculées par la méthode conflictuelle. Mais il fallait démontrer d'abord l'existence de telles règles matérielles différentes des règles étatiques du droit interne français sur la capacité, et l'on se serait raisonnablement attendu à une telle démonstration. Ce qui est en quelque sorte un défi, car, comme le souligne le professeur GAILLARD lui-même, la question est surtout délicate pour les personnes physiques, qu'il s'agisse de mineurs ou de majeurs protégés (7). Et c'est pourquoi, personne , y compris les auteurs les plus hostiles au conflictualisme comme le professeur GOLDMAN, ne s'était aventuré à tenter de relever un tel défi.

182 - Or, le professeur GAILLARD nous dit que la crainte exprimée par certains auteurs que le droit matériel de l'arbitrage international ait quelque

(5) **GAILLARD**, Traité, n° 463.

(6) Les formules sont celles de **M. GAILLARD**.

(7) **GAILLARD**, Traité, n° 466.

difficulté à se prononcer sur des questions aussi techniques que l'âge de la majorité ou les conditions dans lesquelles un majeur doit être considéré comme protégé dans le commerce international, ne constitue pas, en réalité, un obstacle insurmontable (8). Pourquoi ? Parce que, explique le professeur GAILLARD, d'abord, la question de la convention d'arbitrage international passée par un enfant ou un majeur protégé risque de demeurer encore longtemps une hypothèse d'école, et qu'ensuite la sanction des actes passés par les personnes qui, en droit interne français, sont considérées comme mineurs ou majeurs protégés est, le plus souvent, leur rescision dans le seul cas où ils présentent un caractère lésionnaire, démontrant que l'incapable n'était effectivement pas en mesure d'apprécier de manière saine ce que requérait son intérêt. Or, précise le professeur GAILLARD, cette règle de la rescision pour lésion des actes des personnes qui justifient d'un besoin de protection présente l'avantage de permettre au juge d'apprécier *in concreto* les risques réellement encourus par la personne qui se réclame d'un régime de protection. Et le professeur GAILLARD d'en conclure que cette règle mérite d'être transposée et, peut-être généralisée, à la matière internationale (9)

Ainsi donc on serait autorisé à transposer et à généraliser à la matière internationale des règles dictées par le droit interne français et à considérer ces règles d'un droit interne comme des règles matérielles de l'ordre public international. Mais le professeur GAILLARD ne se rend pas compte qu'il y a une faille dans le raisonnement et un maillon qu'on oublie lorsqu'on décrète l'identité des règles de droit interne français et de l'ordre public international en matière de capacité sans démonstration, comme si cela allait de soi. Et c'est là la pétition de principe, parce que c'est cette identité qu'il faut commencer par démontrer. En somme; on aura décrété sans démonstration que de tous les droits étatiques internes en matière de capacité, seul le droit interne français refléterait les exigences de l'ordre public international, à l'exclusion de tous les autres. Et l'on ne fait que reprendre intégralement et exclusivement toutes les règles du droit interne français en matière de capacité en leur donnant une autre appellation, en les baptisant règles matérielles dictées par les exigences de l'ordre public international. On croit avoir ainsi contourné le conflictualisme, mais l'on n'aura pas évité d'appliquer un droit étatique interne déterminé au lieu d'autres, alors qu'on visait à appliquer des règles d'ordre public international spécifiques. Ce qu'observait le professeur MAYER à propos des " règles matérielles " de l'ordre public international en matière de vices du consentement se vérifie à propos des règles matérielles de l'ordre public international en matière de capacité. Qu'est-ce qu'on va appliquer au nom de l'ordre public interna-

(8) **GAILLARD**, Traité, n° 466.

(9) *ibidem.*

tional, se demandait le professeur MAYER ? On va appliquer le droit français, on va énoncer de nouvelles règles qui vraisemblablement ressembleront énormément à celles que contient le Code civil sur l'erreur, le dol, la violence, etc. (10). Pourquoi parler d'ordre public international ? En fait, il s'agit d'appliquer des règles du droit français, ajoutait le professeur MAYER (11) ?

183. - A propos de l'article V.1 (a) de la Convention de New York, le professeur GAILLARD, tout en reconnaissant que cette disposition est généralement comprise comme supposant un raisonnement en termes de conflits de lois, suggère qu'elle pourrait être comprise autrement et que rien n'empêche en effet l'État du for de considérer que " la loi à elle applicable " est la loi du for, puisqu'il s'agit d'apprécier la capacité requise pour passer une convention d'arbitrage susceptible de produire des effets dans l'État du for (12). Cette opinion demeure isolée en doctrine. De plus, elle est difficilement justifiable. Certes, c'est la loi du for qui s'applique, mais c'est cette loi du for elle-même qui commande la mise en oeuvre de la méthode conflictuelle. Et si l'argument était valable, il devrait conduire à écarter le raisonnement en termes de conflits de lois lorsque le juge étatique est saisi d'un litige relatif à un contrat international en dehors de tout arbitrage, car le contrat international qui fait l'objet du litige soumis au juge étatique du for est susceptible dans tous les cas de produire ses effets dans l'État du for. Il n'y aurait plus de règles de conflit en matière de capacité, car tout État appliquerait alors sa loi nationale en matière de capacité et non sa règle de conflit, et l'impérialisme juridique remplacerait le conflictualisme. Quoi qu'il en soit, même si l'interprétation suggérée par le professeur GAILLARD était admissible, cela ne signifierait pas pour autant qu'il s'agit d'une règle dictée par les exigences de l'odre public international, parce que tout État considérerait ses règles de droit étatique interne en matière de capacité comme des règles d'ordre public international, et l'ordre public international serait banalisé et n'aurait plus de sens. L'interprétation du professeur GAILLARD semble ainsi loin de plaider en faveur de la thèse des règles matérielles.

184. - La question qui se pose, s'il était possible de recourir à la méthode des règles matérielles en matière de capacité, serait de savoir si ce recours est possible toutes les fois qu'un problème de capacité se pose. Or, le professeur GAILLARD nous dit que seulement " plusieurs règles matérielles

(10) Il faut ajouter : et aussi sur la capacité.

(11) Travaux du Comité français de droit international privé, années 1991-1992, 1992-1993, précité, p. 111.

(12) **GAILLARD,** Traité, n° 454.

pourraient être aisément dégagées des conceptions du droit français, appréciées, comme le suggère la jurisprudence DALICO, dans ce qu'elles ont d'essentiel" (13). Si seulement plusieurs règles matérielles pouvaient être mises en oeuvre, cela signifie, en termes plus clairs, que l'utilisation exclusive des règles matérielles n'est pas toujours possible. Autrement dit, toutes les fois que le recours à des règles matérielles s'avérerait impossible, il faut bien utiliser la méthode des conflits de lois et partant, au bout du compte, des règles étatiques internes en matière de capacité. L'utilisation des règles matérielles ne serait donc, de l'avis du professeur GAILLARD, jamais exclusive, mais occasionnelle et épisodique, et l'on serait ainsi en présence d'un amalgame de règles de conflit et de règles matérielles.

2) L'utilisation de règles matérielles à titre correctif

185. - Les méandres du raisonnement en termes de règles matérielles en matière de capacité nous entraînent encore plus loin dans l'aventure. Dans une autre approche en retrait, le professeur GAILLARD suggère que la méthode des règles matérielles peut être utilisée à titre correctif de la méthode conflictuelle.

L'exemple unique proposé de règle matérielle que la juridiction étatique française pourrait utiliser à titre de correctif de la méthode conflictuelle serait la règle qui interdit à une partie de se prévaloir de son incapacité lorsque cette incapacité a pu être légitimement ignorée par l'autre partie. La règle avait été dégagée par la Cour de cassation française dans l'arrêt LIZARDI de la Chambre des requêtes (14) et a été reprise par la Convention de Rome du 19 juin 1980 (article 11).

Reste toujours l'objection péremptoire : même s'il était admissible de se prévaloir de cette jurisprudence LIZARDI comme " correctif" de la méthode conflictuelle, est-il sûr qu'il y a là une règle dictée par les exigences de l'ordre public international pour que l'on puisse parler de règle matérielle corrigeant la méthode conflictuelle ? Des auteurs ont trouvé, à juste titre croyons-nous, qu'il sera douteux que soit reconnue l'erreur sur la capacité d'une partie étrangère, en l'absence d'un texte comme l'article 11 de la Convention de Rome qui n'est pas applicable en matière d'arbitrage, car l'un des premiers soins des participants à une convention d'arbitrage international, convention économique la plupart du temps, devra être de s'assurer, à l'instant de la conclusion du contrat, de la capacité de la contrepartie (15). Et même s'il était possible de parler à ce propos de règle matérielle dictée par les exigences de l'ordre public international, la moisson des règles matérielles serait bien maigre si l'on ne pouvait en citer qu'une.

(13) GAILLARD, Traité, n° 466.
(14) Req. 16 janv. 1861, S.1861.1.305.
(15) JEAN ROBERT, L'arbitrage, avec la collaboration de Moreau, 5ème éd., 1983, n° 268.

B - Les règles qui régissent la capacité au niveau de l'arbitre international

186. - Le professeur GOLDMAN estimait en 1981 que la question de la capacité ne pose pas un grand problème à l'arbitre international. Si elle se pose devant lui, la règle en France est qu'on jugera cette question d'après la loi nationale ; on consulte la loi nationale et on constate que la convention est valable ou non [16]. C'est vrai, mais seulement lorsque l'exequatur est demandé à un juge étatique français. Ce n'est plus vrai lorsque l'exequatur est demandé à un juge anglais ou à un autre juge étatique qui applique en matière de capacité la loi du domicile du contractant dont l'incapacité est alléguée ou une autre loi que la loi nationale de ce dernier. Le sort final d'une même sentence pourrait ainsi dépendre du pays où l'exequatur est demandé.

Et comme l'arbitre international ne sait pas lorsqu'il statue dans quel pays l'exécution de la sentence sera demandée, il ne peut savoir quelle règle de conflit en matière de capacité il doit appliquer. Et pourtant il ne peut pas résoudre la question soulevée devant lui sur la capacité sans l'application d'une règle de conflit, ainsi qu'on l'a vu. Quelle que soit la règle qu'il va adopter, sa sentence pourra connaître un sort variable selon le pays où l'exécution sera demandée. Il ne pourra jamais être certain d'avoir choisi la bonne règle de conflit. Il est appelé à résoudre un problème insoluble.

187. - L'Institut de droit international avait formulé le voeu que " la capacité de compromettre soit régie par la loi indiquée d'après les règles de rattachement en vigueur au lieu du siège du tribunal arbitral " [17]. La solution présenterait un avantage certain : seul, le droit international privé du pays du siège de l'arbitrage serait compétent pour déterminer la loi applicable à la capacité, et la règle de conflit s'imposerait à tous. Ce serait conforme à la logique de la résolution d'Amsterdam de l'Institut de droit international, selon laquelle la loi du lieu de l'arbitrage doit régir l'ensemble de l'arbitrage, c'est-à-dire le fond du litige et la procédure arbitrale. Mais, comme on le sait, la logique de la résolution d'Amsterdam n'a pas prévalu. La Convention de New York n'a pas suivi la recommandation de l'Institut de droit international en matière de capacité, encore qu'elle l'ait suivie - mais d'une manière subsidiaire, c'est-à-dire, à défaut de choix différent des parties - en d'autres matières (validité de la convention d'arbitrage, constitution du tribunal arbitral, procédure d'arbitrage), comme on le verra.

(16) GOLDMAN, Rev. Arb., 1981, p. 529.

(17) Article 4 de la Résolution d'Amsterdam, Annuaire, 1959, II, p. 374.

188. - Que l'arbitre international n'ait pas de règle de conflit sûre pour apprécier la capacité des parties à la convention d'arbitrage n'est pas fait pour réjouir, c'est le moins que l'on puisse dire. Et c'est pourquoi des auteurs ont donné libre cours à leurs spéculations dans la quête de " correctifs " qui apporteraient une solution à ces difficultés. Le professeur GOLDMAN passe en revue des " correctifs " concevables.

L'une des solutions serait l'émergence d'un principe général de l'arbitrage international, qui admettrait, sans recours à une loi étatique, que toute personne physique se livrant à titre professionnel à une activité économique est capable de conclure une convention d'arbitrage relative à cette activité, pourvu qu'elle soit saine d'esprit et ait atteint un âge considéré comme adulte par l'ensemble des législations étatiques (par exemple l'âge de la majorité le plus élevé). Mais le professeur GOLDMAN reconnaît que les droits positifs nationaux sont loin d'évoluer vers l'admission d'un tel principe et que sa mise en oeuvre serait difficile, faute d'une procédure uniforme, pratiquement inconcevable, pour constater l'insanité d'esprit, et en raison de l'inconvénient que présenterait la fixation de l'âge adulte selon la législation étatique la plus sévère.

Une autre solution serait l'émergence d'une " règle matérielle transnationale ", généralement admise à cet égard ; mais le professeur GOLDMAN reconnaît que l'on en est loin. Et encore faut-il avoir la foi en un droit transnational.

Une solution différente serait de modifier la qualification de la capacité de conclure une convention d'arbitrage, en la rattachant au contrat, et en la faisant ainsi régir par la loi du contrat. Le professeur **GOLDMAN** reconnaît qu'il s'agirait d'un changement profond de conceptions enracinées dans une tradition séculaire et que rien ne permet de supposer qu'un tel changement sera opéré dans un avenir prévisible (18).

En bref, on est encore loin, de l'aveu du professeur GOLDMAN, de l'avènement de règles matérielles en matière de capacité au niveau de l'arbitre international (19).

189. - De toute manière, il ne pourra y avoir de règles matérielles en matière de capacité au niveau de l'arbitre international que le jour où de telles règles prévaudront au niveau des juges étatiques du contrôle de la sentence. Car, ainsi qu'on l'a vu, l'arbitre ne saurait se prévaloir de règles matérielles si le juge étatique appelé par la suite à contrôler la sentence aux fins de sa reconnaissance ou de son exécution ne se détermine pas en fonction de telles règles.

(18) **GOLDMAN**, Jurisclasseur de dr. int. priv. français, Fasc. 582-2, n° 75.
(19) *ibidem*, n° 72.

190. - Ce scepticisme sur la possibilité de voir s'instaurer un jour un droit uniforme sur la capacité en matière d'arbitrage international, qui est aussi celui du professeur GOLDMAN, n'est cependant pas partagé par le professeur GAILLARD. Pour lui, le recours à la méthode des règles matérielles est tout à fait possible. Pour les juridictions étatiques chargées du contrôle de la sentence, observe-t-il, la méthode peut se prévaloir du fait qu'il s'agit seulement de déterminer les conditions auxquelles une convention d'arbitrage produira ses effets dans l'ordre juridique français, ce qui justifie l'application des conceptions matérielles du droit français adaptées à des situations de caractère international (20). Mais ce propos semble être sans portée, dès lors qu'il apparaît que ces conceptions matérielles censées être dictées par les exigences de l'ordre public international se trouvent être au bout du compte un simple décalque des règles de droit interne français en matière de capacité, affublées seulement d'une autre parure, celle de règles matérielles.

Pour les arbitres, le recours à la méthode des règles matérielles semble être particulièrement adapté, de l'avis du professeur GAILLARD, car la divergence des règles de conflit est dans ces domaines si grande qu'il serait artificiel, dans une relation mettant en cause des systèmes très différents, de faire prévaloir une conception sur l'autre. Aussi est-il sans doute plus conforme, selon lui, à la justice et à la prévisibilité des solutions de permettre aux arbitres de se conformer aux solutions de fond qui leur paraissent adaptées à la matière internationale, sans préjudice des considérations d'efficacité de leur sentence (21). Cela relève du voeu pieux, et l'on ne voit pas d'ailleurs quelle garantie on peut avoir que la solution de fond qui paraît adaptée à la matière internationale ne va pas changer d'un arbitre à l'autre.

191. - L'arbitre pouvant avoir des réticences à écarter complètement le jeu de la méthode conflictuelle, il serait alors bon qu'il les utilise du moins à titre de correctif de cette méthode, estime le professeur GAILLARD. L'utilisation de la méthode des règles matérielles à titre de correctif de la méthode conflictuelle, écrit-il, peut constituer, pour des arbitres qui ne souhaiteraient pas rompre de manière plus radicale avec cette méthode, un compromis suffisant à régler les difficultés dont ils sont susceptibles de connaître. Car, combinée à l'application de la loi personnelle de l'intéressé pour la capacité, cette méthode pourrait constituer, pour des arbitres soucieux d'entreprendre une démarche susceptible d'apparaître trop novatrice, une alternative utile à celle qui s'efforcerait de définir en termes exclusivement matériels les contours de la capacité pour conclure une convention d'arbitrage valable dans toutes les circonstances possibles (22).

(20) **GAILLARD**, Traité, n° 463.
(21) **GAILLARD**, Traité, n° 463.
(22) **GAILLARD**, Traité, n°s 469-470.

Sans parler du caractère inconsistant et irréaliste de cette méthode des règles matérielles, qu'elle soit utilisée à titre exclusif ou à titre correctif de la méthode conflictuelle, l'idée même de " combinaison " entre certaines règles de droit et d'autres est quelque peu singulière. Pour autant que l'on sache, l'application des règles de droit n'est pas au gré des préférences ou des réticences d'un juge ou d'un arbitre et n'est pas susceptible de combinaison. Si les règles matérielles existent, elles devraient avoir vocation à s'appliquer exclusivement et à couvrir intégralement le champ du droit de la convention d'arbitrage international, ne laissant aucune place à des règles de conflit.

SECTION II

LE TEST DE L'APPLICATION DE LA MÉTHODE DES RÈGLES MATÉRIELLES AU POUVOIR

192. - De même que la convention d'arbitrage international n'est pas valablement conclue si la personne qui l'a souscrite est frappée d'une incapacité, elle ne l'est pas non plus si elle a été souscrite par celui qui n'a pas pouvoir de s'engager au nom d'une autre personne physique ou morale. La juridiction étatique investie du contrôle de la sentence en vue de sa reconnaissance ou de son exécution est habilitée à vérifier l'existence du pouvoir, comme elle est habilitée à s'assurer de l'absence d'incapacité de celui qui l'a conclue, et ce en vertu de l'article V.1(a) de la Convention de New York ou, lorsque la Convention de New York ne s'applique pas, en vertu de la règle de conflit de la juridiction du contrôle saisie (en droit français, les articles 1502 et 1504 du N.C.P.C.).

193. - Lorsque la convention d'arbitrage est conclue au nom d'une personne physique, la première démarche de la juridiction étatique de contrôle est de rechercher la loi applicable pour définir les pouvoirs de celui qui a conclu la convention d'arbitrage. Et la juridiction étatique désignera naturellement cette loi en se référant à sa règle de conflit (23). En droit international privé français, le pouvoir est, en règle générale, soumis à la loi de sa source (24).

Lorsque la convention d'arbitrage est conclue au nom d'une personne

(23) GOLDMAN, Répertoire de dr. int. priv. français, fasc. 586-2, n° 83.
(24) GAILLARD, Traité, n° 461.

morale, selon le mécanisme conflictuel en droit international privé français, c'est la loi qui régit le fonctionnement de la personne morale, qui définit ses organes et régit leurs pouvoirs (25).

Toujours est-il que c'est la méthode des règles de conflit qui règne sans partage en ce qui concerne la loi applicable par le juge étatique du contrôle de la sentence au pouvoir de conclure une convention d'arbitrage international.

194. - La loi applicable par l'arbitre est-elle la même que celle qu'applique le juge étatique du contrôle ? Selon le professeur GOLDMAN, la règle de conflit française sera toujours appliquée par la juridiction française, mais point nécessairement par un tribunal arbitral, même siégeant en France (26). Il nous semble permis de s'inscrire en faux contre cette opinion. Ainsi que nous l'avons montré plus haut, l'arbitre ne doit pas appliquer une loi différente de celle qu'appliquera plus tard la juridiction étatique dans l'exercice de son contrôle de la sentence, qu'il s'agisse de la loi applicable en matière de capacité, ou en matière de pouvoir, ou, comme on le verra, en matière de formation de la convention d'arbitrage ou de vices du consentement. Et cela pour la raison que l'on a vue, à savoir que c'est la loi appliquée par la juridiction étatique du contrôle de la sentence qui déterminera le sort de celle-ci : c'est seulement si la convention d'arbitrage est considérée comme valide selon la loi appliquée par la juridiction étatique du contrôle que la sentence arbitrale sera reconnue et exécutée.

195. - Les auteurs constatent à juste raison (27) que, comme pour la capacité, l'application de la règle de conflit en matière de pouvoir présente des inconvénients, car elle peut aboutir, selon le for saisi, à des solutions différentes. Mais, ainsi que l'observe le professeur GOLDMAN, il est difficile de concevoir ici une règle matérielle commune, s'agissant d'institutions qui sont, pour la plupart, intégrées dans le droit des personnes et de la famille (28). En réalité, une règle matérielle commune est inconcevable même dans d'autres matières où il ne s'agit pas d'institutions intégrées dans le droit des personnes ou de la famille, comme en matière de formation de la convention d'arbitrage ou en matière de vices du consentement, ou en matière de la forme de la convention d'arbitrage, comme on le verra par la suite.

(25) Aux termes de l'article 1837 al. 1er du Code civil, " toute société dont le siège est situé sur le territoire français est soumise aux dispositions de la loi française ".

(26) **GOLDMAN,** *ibidem, n° 87.*

(27) **GOLDMAN,** *ibidem, n° 86 ;* **GAILLARD**, Traité, n° 462.

(28) **GOLDMAN,** *ibidem.*

196. - Sans doute des remèdes ont-ils été suggérés. Ainsi le professeur GOLDMAN préconise l'élaboration et la consécration d'une règle matérielle de l'arbitrage international, en vertu de laquelle les organes chargés de la gestion sociale seraient considérés comme ayant le pouvoir de conclure des conventions d'arbitrage opposables à la société, sans que des dispositions restrictives de leurs statuts ou de la loi les gouvernant puissent y faire obstacle (29). Mais ces remèdes préconisés demeurent des voeux pieux d'une *lex ferenda* lointaine. Aucun auteur ne s'est aventuré à parler de règles matérielles applicables de *lege late* en matière de pouvoir de conclure une convention d'arbitrage international. Même le Président ANCEL reconnaissait que la question de soustraire la loi applicable au pouvoir de souscrire une convention d'arbitrage international à la méthode conflictuelle est particulièrement délicate (30). Le professeur GAILLARD a cru pouvoir s'aventurer dans cette voie. Observant que les arbitres devant se prononcer sur la question du pouvoir (comme sur celle de la capacité) se trouveraient confrontés à des difficultés aggravées du fait qu'ils n'ont pas, à proprement parler, de for (31), le professeur GAILLARD trouve qu'aucune des solutions résultant de la méthode conflictuelle ne s'impose avec suffisamment de force et n'offre une sécurité telle que l'on ne soit pas tenté de recourir, en cette matière également, à des règles matérielles. Ainsi donc, le recours à la méthode des règles matérielles, jugé souhaitable, serait également possible en matière de pouvoir.

197. - D'abord, le professeur GAILLARD pense que des règles matérielles - c'est-à-dire dictées par l'ordre public en matière de commerce international - coexisteraient avec des règles de conflit, sur cette question de pouvoir. Selon lui, " le raisonnement consistant à apprécier les pouvoirs du signataire d'une convention d'arbitrage au regard de règles matérielles jugées adaptées au caractère international de la situation se rencontre dans la jurisprudence arbitrale internationale, parallèlement à une approche plus classique en termes de conflits de lois " (32).

Cette thèse appelle plusieurs observations.

198- D'abord, il s'agirait de règles matérielles appliquées par des arbitres.

(29) **GOLDMAN,** *ibidem, n° 89.*
(30) **ANCEL,** in Travaux du Comité français de dr. int. privé, précité, p. 110.
(31) En fait, il importe peu, dans ce contexte, que l'arbitre n'ait pas de for. Car il applique la méthode conflictuelle en matière de pouvoir (ou de capacité), non pas parce qu'il a un for, mais parce que la juridiction étatique du contrôle de la sentence applique elle-même cette méthode, dès lors que les règles appliquées par l'arbitre ne peuvent pas être différentes de celles de la juridiction étatique du contrôle, sous peine de voir la reconnaissance et l'exécution de la sentence refusées.
(32) **GAILLARD**, Traité, n° 468.

Or, ce ne sont pas ces règles qui importent. Ce qui importe, ce sont les règles appliquées par la juridiction étatique du contrôle de la sentence et non les règles appliquées par des arbitres. Car, encore une fois et on ne cessera de le répéter, l'existence et la validité de la convention d'arbitrage se déterminent et s'apprécient au regard des règles qu'applique à cet égard la juridiction étatique du contrôle de la sentence. Il ne servira à rien que l'arbitre applique telle ou telle règle en matière de capacité, de pouvoir, de formation ou de validité de la convention d'arbitrage, si la règle qu'il a appliquée est différente de celle qu'appliquera par la suite la juridiction étatique chargée du contrôle de la sentence. Celle-ci ne sera reconnue et exécutée que si la convention d'arbitrage est jugée valide selon la loi appliquée par la juridiction étatique du contrôle et non si elle est jugée valide selon la loi appliquée par l'arbitre. Le propos du professeur GAILLARD ne porte pas dès lors qu'il n'est pas démontré que la juridiction étatique du contrôle de la sentence applique elle-même des règles matérielles.

199. - Il ne sert à rien, ensuite, de se prévaloir d'une " jurisprudence arbitrale internationale ", c'est-à-dire de sentences arbitrales, parce que la " jurisprudence arbitrale internationale " n'est pas une source de droit pour les juridictions étatiques, loin s'en faut. On glosera en vain sur des règles matérielles consacrées par une telle jurisprudence arbitrale en matière de pouvoir, comme en d'autres matières, tant que l'on ne pourra pas invoquer une jurisprudence judiciaire, c'est-à-dire celle d'une juridiction étatique qui, elle seule, mérite cette appellation et qui irait dans le même sens.

200. - Quels sont les exemples de règles matérielles qu'on nous propose ? En voici un, qui est pratiquement l'exemple unique. " Ainsi, par exemple, un arbitre saisi du problème classique d'une personne morale existante contractant pour le compte d'une personne à créer ", a pu décider que " selon les principes généraux du droit commercial international et les usages et le principe de bonne foi... la personne morale existante est personnellement tenue ", tout en observant que telle est actuellement la solution en droit anglais et, plus généralement, en droit commnautaire " (33). Ainsi donc, au lieu de rechercher la solution dans le droit interne désigné par la règle de conflit appropriée, on érige en règle matérielle dictée par les exigences de l'ordre public international la vision d'un arbitre dans une sentence arbitrale, vision fondée sur un droit étatique déterminé qui n'est pas celui désigné selon la méthode conflictuelle (34).

(33) GAILLARD,Ttraité, n° 468.
(34) Deux autres solutions sont citées par le professeur GAILLARD comme résultant de l'application de règles matérielles, alors qu'il reconnaît lui-même qu'il ne s'agit pas de règles effectives mais seulement souhaitées.

SECTION III

LE TEST DE L'APPLICATION DE LA MÉTHODE DES RÈGLES MATÉRIELLES À LA FORMATION ET À L'INTERPRÉTATION DE LA CONVENTION D'ARBITRAGE INTERNATIONAL

201. - Il entre dans les attributions de la juridiction étatique saisie du contrôle de la sentence de s'assurer de l'existence de la convention d'arbitrage, c'est-à-dire de s'assurer que les volontés des parties se sont rencontrées et ont visé le règlement d'un litige (actuel ou éventuel) par voie d'arbitrage. Aux termes des articles 1502 et 1504 du N.C.P.C. l'appel de la décision qui accorde la reconnaissance et l'exécution en France de la sentence rendue à l'étranger est ouvert dans le cas où l'arbitre a statué sans convention d'arbitrage. Selon les mêmes textes, la sentence rendue en France en matière d'arbitrage international peut faire l'objet d'un recours en annulation devant la Cour d'appel dans le même cas.

A - LA FORMATION DE LA CONVENTION

202. - La formation de la convention d'arbitrage, c'est-à-dire l'existence et la rencontre des volontés, peut poser problème, et non seulement l'interprétation et la validité du consentement. La difficulté surgit surtout dans les contrats entre absents, conclus par lettres. A quel moment doit-on considérer que les deux manifestations de volonté se rencontrent, et, par conséquent, que le contrat s'est formé ? Des intérêts pratiques s'attachent à la détermination de ce moment à partir duquel la convention va devenir obligatoire. Y a-t-il un délai pendant lequel la rétractation de l'offre et celle de l'acceptation ne sont plus possibles ? On sait qu'il y a en la matière, en droit interne, deux grands systèmes : le système de l'émission ou de la déclaration et le système de l'information [35]. Le problème est résolu par les règles du droit interne en matière de contrats

(35) GHESTIN, Traité de droit civil, LGDJ, 1980, n°s 243 et s. ; CARBONNIER, Droit civil, 4 - Les obligations, p. 62.

203. - *Quid* du problème relatif à une convention d'arbitrage international ? On ne voit pas d'autres règles à appliquer que celles du droit étatique désigné par la règle de conflit (36). De même qu'en matière de capacité et de pouvoir, on a peine à concevoir qu'il existe des conceptions fondamentales ou des principes essentiels en matière internationale considérés comme d'ordre public international qui commanderaient une solution déterminée et non d'autres. La raison en est simple : ces conceptions fondamentales ou principes essentiels ne peuvent pas être concernés par de telles questions qui sont laissées aux différents droits étatiques. Il importe peu pour ces conceptions ou principes que la convention d'arbitrage se forme à la date où l'acception est émise ou au moment où elle parvient à la connaissance du pollicitant. De telles considérations se situent à un niveau nettement inférieur à celui des conceptions fondamentales et des principes essentiels en matière internationale.

204. - Comme on l'a vu, le professeur GOLDMAN, que réjouissait à l'évidence le principe, posé par la jurisprudence française, de l'autonomie de la convention d'arbitrage international par rapport à tout droit étatique, ne pouvait que reconnaître que ce principe " appelle des réserves " et que l'appréciation de ces réserves peut dépendre de sa portée au regard du fonctionnement " résiduel " des règles de conflits de lois. Ces réserves, soulignait-il, concernent les vices du consentement auxquels plus aucune sanction ne s'attacherait faute d'un système de référence, et concernent aussi la question de l'arbitrabilité du litige, à propos de laquelle les systèmes étatiques, et au premier chef le droit français, ne sont certainement pas disposés à renoncer à toute exigence.

Le professeur GOLDMAN soulignait ainsi le " caractère résiduel " des règles de conflit des lois au regard de l'autonomie de la convention d'arbitrage international par rapport à tout droit étatique. Mais on est en droit de se demander où se trouve la ligne qui marque la frontière entre le " résiduel " et le " principal ". Que le champ des règles de conflit au regard de cette autonomie soit résiduel ou ne le soit pas, toujours est-il que le professeur GOLDMAN reconnaissait la nécessité d'un " système de référence " sans lequel aucune sanction ne s'attacherait aux vices du consentement par exemple, ce système de référence ne pouvant être qu'étatique.

Le professeur GOLDMAN reconnaissait par ailleurs que l'élimination totale de la règle de conflit dans la construction de ce régime juridique peut manifestement se heurter à l'absence ou à l'insuffisance de règles matérielles transnationales concernant certaines conditions de validité de la convention d'arbitrage - communes - du reste, à cette convention

(36) La règle de conflit de l'article V.1 (a) de la Convention de New York, ou la règle de conflit française lorsque la Convention de New York n'est pas applicable.

et à tous autres contrats - comme notamment la capacité, le pouvoir, le consentement et son expression.

Sur ces divers points, écrivait en conclusion le professeur GOLDMAN, une place doit être laissée aux droits étatiques et partant à leur désignation par une règle de conflit (37).

205. - Effectivement, lorsqu'il en vient aux règles de droit régissant la formation de la convention d'arbitrage international, le professeur GOLDMAN n'envisage ces règles qu'en tant que règles étatiques désignées par des règes de conflit.

Constatant judicieusement que la convention d'arbitrage international, bien qu'elle ait pour objet l'institution d'une procédure, doit être considérée comme un contrat créateur d'obligations à l'égal de tout autre contrat, le professeur GOLDMAN conduit son étude comme tout juriste qui étudie le droit applicable à tout contrat international, en recherchant la loi étatique applicable à la formation de ce contrat. Et comme cette loi étatique est désignée par une règle de conflit, le professeur GOLDMAN fait une application exemplaire de la méthode des conflits de lois : il cherche la règle de conflit que commande cette application.

La loi qui régit la convention d'arbitrage selon la méthode des conflits de lois étant la loi choisie par les parties, c'est cette loi qui s'appliquera. Mais il y a difficulté lorsque les parties n'ont pas fait un tel choix, et dans ce cas, écrit le professeur GOLDMAN, l'arbitre (ou le juge) doit déterminer la loi applicable à partir des éléments ou des clauses de la convention d'arbitrage qui constituent à cet égard des " indices ", soit d'une volonté commune, mais implicite, des parties, soit, selon une conception théoriquement différente, mais dont les résultats sont pratiquement voisins, de sa " localisation objective ".

206. - Procédant de ce point de départ, qui correspond à l'enseignement pur et dur de la méthode des conflits de lois, le professeur GOLDMAN poursuit son étude du droit applicable à la formation de la convention d'arbitrage international et au consentement par l'exposé des indices généralement retenus ou qui pourraient l'être pour déterminer la loi applicable à la convention d'arbitrage : loi du pays de l'arbitrage choisi par les parties, loi du pays où la convention d'arbitrage a été conclue, loi du pays de la nationalité, de la résidence ou du siège social communs des parties, loi applicable au contrat principal (38) .Cette étude est menée par le professeur GOLDMAN comme si le principe jurisprudentiel de l'autonomie de la convention d'arbitrage par rapport au droit étatque n'existait pas.

(37) **GOLDMAN**, Jurisclasseur de dr. i. p., Arbitrage Commercial International, Fasc. 586-1, 1989, n° 18.
(38) *ibidem*, n°s 41 et s.

Le professeur GOLDMAN a donné la preuve qu'on a beau être un adversaire juré des droits étatiques et de la méthode des conflits de lois dans le droit de l'arbitrage international et qu'on a beau se réjouir du principe jurisprudentiel d'autonomie de la convention d'arbitrage international par rapport à tout droit étatique, lorsqu'on en arrive aux problèmes concrets on ne peut pas écrire le droit de la convention d'arbitrage international sans les lois étatiques et sans la méthode des conflits de lois.

207. - Bien que le nom du professeur GOLDMAN figure dans le Traité de l'arbitrage commercial international comme l'un des trois auteurs de ce Traité (avec les professeurs FOUCHARD eT GAILLARD), plus rien des développements qu'il avait consacrés au droit de la convention d'arbitrage international dans le Jurisclasseur de droit international et qui se basaient sur la méthode des conflits de lois ne réapparaît dans ledit Traité. Ils ont été remplacés par ceux du professeur GAILLARD qui a entendu réécrire le droit de la convention d'arbitrage international sur une base foncièrement différente, celle des règles matérielles, prenant le contre-pied de la méthode conflictuelle (39).

Mais alors qu'on pouvait avec les règles de conflit que le professeur GOLDMAN avait exposées aux paragraphes 41 et suivants du Jurisclasseur résoudre les problèmes de la formation de la convention d'arbitrage international (comme le problème de la convention conclue entre absents), on ne voit plus comment ces problèmes seraient résolus avec le nouvel exposé du professeur GAILLARD à base de règles matérielles, car les règles matérielles qui dicteraient la solution de ces problèmes demeurent un mystère.

Le professeur GOLDMAN qu'on a accusé d'être un visionnaire gardait au moins les pieds sur terre en restant attaché à la méthode des conflits de lois en matière de droit applicable à la convention d'arbitrage international (40). Peut-on en dire autant de ceux qui ont entendu rompre tout lien avec cette méthode, donc avec les lois étatiques, s'agissant du droit applicable à la convention d'arbitrage international ? De toute manière, on ne trouve dans le Traité de 1996 aucune indication sur une quelconque règle matérielle qui régirait la formation de la convention d'arbitrage international, plus particulièrement la formation de cette convention entre absents.

(39) Dès avant le Traité, les fascicules 586-1 et 586-2 de 1994 du professeur **GAILLARD** avaient déjà remplacé les fascicules 586-1 et 586-2 de 1989 du professeur **GOLDMAN** dans le Jurisclasseur.

(40) " On verra peut-être dans ces observations les fantasmes d'un visionnaire ; le visionnaire pense cependant qu'elles correspondent aux besoins et à l'esprit des relations économiques internationales, et font apparaître comment l'ordre juridique spécifique dont celles-ci forment la substance peut se compléter, s'il n'est pas déjà complet " (**GOLDMAN**, Nouvelles réflexions sur la *lex mercatoria*, Études Lalive, p. 249).

B - L'INTERPRÉTATION DE LA CONVENTION

208. - MM. BELLET et MEZGER observaient que l'absence d'une règle de conflit risque de créer des difficultés en matière d'interprétation, lesquelles ne sauraient être résolues sans référence à une loi, et que la thèse selon laquelle le sens commun suffit pour comprendre la portée juridique des termes d'une convention est un mythe. Les partisans du contrat international, indiquaient-ils, font état du milieu international et des règles coutumières qui s'y développent, mais ces règles sont parcellaires et, quant aux questions qu'elles envisagent, elle ne sont d'aucun secours dans les affaires auxquelles participe une personne qui ne les connaît pas et n'est pas non plus " censée les connaître " (41).

Il est vrai que les règles sur l'interprétation des conventions dans les différents droits nationaux sont le plus souvent similaires ou identiques. Que l'on songe, par exemple, aux règles des articles 1156 à 1164 du Code civil français, qui sont, plutôt que de véritables règles de droit, des maximes d'ordre intérieur, des conseils adressés au juge (42). Et c'est pourquoi il arrive souvent qu'un tribunal procède à l'interprétation d'une convention directement, sans faire référence à la loi qui régit l'interprétation et sans prendre appui sur cette loi. Est-ce à dire qu'il est toujours possible d'interpréter la convention en faisant l'impasse sur la loi qui régit l'interprétation ? Nous ne le pensons pas. Mais la question n'est pas là.

209. - S'agissant d'une convention d'arbitrage international, la question est de savoir s'il existe des règles matérielles particulières qui régissent son interprétation, qui seraient différentes des règles d'interprétation d'un droit interne et qui seraient dictées par l'ordre public international en tant qu'expression des conceptions fondamentales en matière internationale. Or, on n'a jamais pu citer une règle matérielle d'interprétation dans ce sens.

210. - Si l'on devait appliquer la méthode conflictuelle à l'interprétation de la convention d'arbitrage, on serait conduit à affirmer que les règles de droit régissant l'interprétation de cette convention sont celles qui régissent son existence et sa validité, écrit le professeur GAILLARD (43). C'est vrai, à n'en pas douter. Pourtant, le professeur GAILLARD estime que telle n'est pas la voie suivie par la jurisprudence.

211. - D'une part, indique-t-il, la jurisprudence arbitrale affirme souvent n'avoir à apprécier la portée de la convention d'arbitrage qu'au regard de

(41) MM. BELLET et MEZGER, L'arbitrage international dans le nouveau Code de procédure civile, Rev. crit. de dr. int. priv., 1982, p. 623.
(42) CARBONNIER, Droit civil. 4 - Les obligations, n° 66, p. 230. .
(43) GAILLARD, Traité, n° 475.

règles transnationales ou des usages du commerce (44). Le professeur GAILLARD se réfère à une sentence C.C.I. Mais force est d'observer, d'abord, que la référence à la " jurisprudence arbitrale " c'est-à-dire à des sentences arbitrales, n'est pas la bonne voie à suivre. On ne répétera pas assez que la jurisprudence arbitrale n'est pas une vraie jurisprudence source de droit, les sentences arbitrales n'ayant aucune autorité, contrairement aux décisions judiciaires étatiques. On observera ensuite - ce qui a d'ailleurs déjà été souligné - qu'il y a dans les propos du professeur GAILLARD une grave confusion. Les règles matérielles qui doivent régir la convention d'arbitrage (capacité, pouvoir, formation, interprétation, validité, forme) sont, dans sa conception qui se fonde sur le nouveau courant jurisprudentiel français, les règles dictées par l'ordre public international en tant qu'expression des conceptions fondamentales du droit français en matière internationale. Or, ce n'est pas du tout la même chose que des " règles transnationales ", c'est-à-dire anationales, ou des " usages du commerce ". S'il y a une jurisprudence qui mérite d'être invoquée à l'appui de la thèse du professeur GAILLARD, elle ne saurait être qu'une jurisprudence des tribunaux étatiques d'une part, et elle devrait refléter des conceptions fondamentales en matière internationale qui soient des conceptions françaises et non des " règles transnationales " ou des " usages du commerce ", d'autre part.

212. - Le professeur GAILLARD pense qu'une jurisprudence existe bien dans ce sens. Ce serait celle de l'arrêt DALICO du 20 décembre 1993. Nous avons déjà vu qu'il ressort des termes mêmes de cet arrêt qu'il s'agissait bien d'une question d'interprétation d'un ensemble contractuel et d'une recherche de la commune intention des parties. Mais est-il vrai que cet arrêt a consacré l'existence d'une règle matérielle d'interprétation de la convention d'arbitrage international dictée par l'ordre public international en tant qu'expression des conceptions françaises fondamentales en matière internationale et énonçant que l'interprétation doit se faire dans un sens déterminé ? On ne trouve rien de tel dans l'arrêt. Certes, on y lit que la Cour d'appel a justifié sa décision en établissant la convention d'arbitrage sans avoir égard à la loi lybienne du contrat. Mais ne pas avoir égard à la loi libyenne du contrat ne veut pas dire qu'il y a une règle matérielle de droit international privé commandée par l'ordre public international en tant qu'expression des conceptions fondamentales du droit français en matière internationale, qui voudrait que l'interprétation se fasse dans un sens déterminé et non dans un autre. C'est la lecture du professeur GAILLARD. Or, l'arrêt ne dit pas cela du tout. On conçoit mal d'ailleurs que l'ordre public international puisse être concerné par une question d'interprétation d'un

(44) *ibidem*

ensemble contractuel ou une question de recherche d'intention. Après avoir approuvé la Cour d'appel d'avoir légalement justifié sa décision en établissant l'existence de la clause d'arbitrage sans avoir égard à la loi libyenne du contrat, l'arrêt ne fait que constater que la Cour d'appel a " souverainement " analysé et interprété l'ensemble contractuel. La Cour de cassation dit tout simplement qu'il n'y a pas lieu de se référer à une loi étatique pour savoir s'il y a ou non une clause d'arbitrage. Elle ne dit pas qu'il y a lieu de se référer à cette fin à une règle matérielle dictée par l'ordre public international. L'interprétation de l'ensemble contractuel et la recherche de la commune intention des parties visant à établir l'existence de la convention sont faites " souverainement " par la juridiction du fond. Il n'y aura pas de recours à la loi étatique du contrat, mais il n'y aura pas non plus recours à une règle matérielle de l'ordre public international, il y aura tout simplement interprétation souveraine de l'ensemble contractuel par la juridiction du fond. A la loi étatique ne se substitue pas une règle matérielle de l'ordre public international, mais l'absence totale de règles et la liberté souveraine d'interprétation du juge du fond. Or, liberté totale du juge du fond et soumission de celui-ci à des règles matérielles d'interprétation ne sont pas du tout la même chose. Il s'agit tout simplement de la mise en oeuvre du principe selon lequel le juge du fond apprécie souverainement les preuves. La lecture que fait le professeur GAILLARD de l'arrêt DALICO, croyant y déceler la formulation d'une " méthode des règles matérielles " en matière d'interprétation ne peut pas se réclamer de l'arrêt lui-même. On peut dire ce qu'on veut de l'arrêt DALICO, on ne peut pas soutenir qu'il contient la mise en oeuvre de règles matérielles, dans le sens que lui donne le professeur GAILLARD, en ce qui concerne l'interprétation de la convention d'arbitrage international.

213. - Le professeur GAILLARD pense que ce n'est pas à partir de l'arrêt DALICO que la jurisprudence française a commencé à suivre la méthode des règles matérielles en matière d'interprétation de la convention d'arbitrage international, mais dès avant cet arrêt. Or, à la suite du professeur GOLDMAN, il n'a pu trouver qu'un arrêt isolé qui irait dans ce sens, mais au prix d'une lecture embarrassée et hautement discutable. Il s'agit de l'arrêt de la Cour de cassation du 14 décembre 1983 (45). Dans cet arrêt, la Cour a rejeté le moyen selon lequel "en matière d'arbitrage international, l'interprétation d'une clause compromissoire doit se faire par application de la loi du contrat, suivant la règle française de conflit de lois et que, faute d'avoir procédé à cette recherche, la décision attaquée est privée de base légale ". Pour fonder sa décision, la Cour de cassation énonce qu'en matière d'arbitrage international la clause compromissoire présente une complète autonomie par rapport au contrat et qu'en l'espèce, les juges du

(45) Cass. civ. 14 déc. 1983, Rev. Arb. 1984, p. 482.

fond ont légalement justifié leur décision en interprétant sans la dénaturer la clause attribuant compétence à la " Chambre de commerce de Belgrade " comme désignant la Cour d'arbitrage du commerce extérieur de Yougoslavie. Mais on a du mal à comprendre le raisonnement qui sous-tend l'arrêt. Car on ne voit pas qu'il puisse y avoir relation de cause à effet entre le principe d'autonomie de la convention d'arbitrage par rapport au contrat principal et l'interprétation de ladite convention par la seule référence à la volonté des parties. La logique de la Cour de cassation n'est pas évidente. Le professeur GOLDMAN (46) et le professeur GAILLARD (47) ont cru pouvoir lever le mystère en pensant que la Cour de cassation a voulu aller plus loin en voulant éviter le recours à une loi étatique pour justifier l'interprétation retenue par l'arrêt : en se référant au principe de l'autonomie de la clause compromissoire par rapport au contrat principal, elle aurait voulu, en réalité, se référer au principe de l'autonomie de la clause par rapport à toute loi étatique.

214. - Cette lecture de l'arrêt CONVERT lui fait dire ce qu'il ne dit pas. Et à supposer que ce qui est visé dans cet arrêt, c'est l'autonomie de la convention d'arbitrage par rapport à toute loi étatique et non son autonomie par rapport au contrat principal, toujours est-il que le mystère n'est pas levé pour autant. Car l'autonomie de la convention d'arbitrage par rapport à toute loi étatique n'implique pas que l'interprétation de ladite convention se fasse par référence à des règles matérielles commandées par l'ordre public international, et l'arrêt ne nous dit pas quelles sont ces règles, car il n'existe pas un principe général d'interprétation identifié et précis qui serait défini par des règles matérielles de l'ordre public international.

La thèse des règles matérielles d'interprétation de la convention d'arbitrage international est d'autant moins compréhensible que le professeur GAILLARD estime que d'une manière générale les principes d'interprétation appliqués à la convention d'arbitrage international (48) ne sont pas différents de ceux qui sont souvent retenus, au titre de principes généraux, pour interpréter la convention de fond qui fait l'objet de l'arbitrage. Or, de l'aveu du professeur GAILLARD lui-même " ces principes sont assez proches des articles 1156 et suivants du Code civil français (49). De fait, ils n'en sont pas seulement "assez proches " ; ils leur sont identiques " (50).

(46) **GOLDMAN**, **JCL**, précité, n° 41.
(47) **GAILLARD**, Traité, n° 475.
(48) Principe d'interprétation de bonne foi, principe de l' " effet utile ", principe d'interprétation *contra proferentem*, principe de cohérence.
(49) **GAILLARD**, Traité, n° 1469.
(50) Toutes les questions relatives aux clauses combinées, aux clauses compromissoires par référence, à la portée du consentement dans l'hypothèse de groupe de sociétés sont des questions d'interprétation de la commune volonté des parties. Et l'on ne voit pas en quoi les règles qui les régissent seraient différentes selon qu'il s'agit d'un contrat international et d'un contrat interne

SECTION IV

LE TEST DE L'APPLICATION DE LA MÉTHODE DES RÈGLES MATÉRIELLES À LA VALIDITÉ DE LA CONVENTION D'ARBITRAGE INTERNATIONAL ET AUX VICES DU CONSENTEMENT

215. - Comme le consentement relatif à tout contrat international, le consentement à une convention d'arbitrage international peut être entaché de vices (erreur, dol, violence) sanctionnés par la nullité de la convention. La question est alors de savoir si l'existence d'un tel vice peut s'apprécier par la juridiction étatique saisie du contrôle de la sentence au regard de règles matérielles.

Il y a lieu de distinguer selon que la Convention de New York s'applique ou non.

A - HYPOTHÈSE DE L'APPLICATION DE LA CONVENTION DE NEW YORK

216. - Aux termes de l'article V.1(a) de la Convention de New York, la reconnaissance et l'exécution de la sentence arbitrale seront refusées s'il est établi que la convention d'arbitrage n'est pas valable en vertu de la loi à laquelle les parties l'ont subordonnée ou, à défaut d'une indication à cet égard, en vertu de la loi du pays où la sentence a été rendue.

Ainsi donc, en matière d'invalidité de la convention d'arbitrage, pour vices de consentement, comme en matière d'existence de cette convention, la Convention de New York édicte deux règles de conflit, une règle de conflit principale et une règle de conflit subsidiaire.

La règle de conflit principale désigne la loi choisie par les parties. C'est le principe d'autonomie applicable d'une manière principale à la convention d'arbitrage international comme à tout contrat international. La loi choisie par les parties pour s'appliquer à la convention d'arbitrage international est une loi qui " régit " cette convention, dans le sens de l'article 3 aliné (1) de la Convention de Rome sur la loi applicable aux obligations contractuelles. Sans doute la Convention de Rome ne s'applique-t-elle pas aux conventions d'arbitrage. Mais le sens du terme " subordonnée " dans l'article V.1(a) de la Convention de New York est le même que celui du terme " régie " dans l'article 3 de la Convention de Rome. Autrement dit, il ne s'agit pas d'une simple incorporation de la loi choisie dans la convention d'arbitrage international (ou d'une " contractualisation "), et la règle de l'article V.1(a) de la Convention de New York est une règle de conflit à l'image de celle de l'article 3.1 de la Convention de Rome, comportant une primauté de la loi sur l'accord de volonté qui désigne la loi applicable, avec toutes les conséquences de droit qui s'ensuivent (51).

De plus, rédigé en termes inconditionnels, l'article V.1(a) autorise pour régir la convention d'arbitrage international une loi choisie sans lien avec cette convention, tout comme l'article 3.1 de la Convention de Rome autorise pour régir le contrat international une loi choisie sans lien avec ce contrat (52).

217. - A défaut de choix par les parties de la loi applicable à la convention d'arbitrage international, c'est la loi du pays où la sentence a été rendue qui régit cette convention. C'est la règle de conflit subsidiaire.

Pourquoi cette règle de conflit subsidiaire ? La loi du pays du siège de l'arbitrage n'a elle-même aucun titre propre à s'appliquer. Les critiques qui ont fusé de toutes parts contre le système de l'Institut de droit international l'on suffisamment prouvé. Si la Convention de New York a quand même retenu subsidiairement le pays du siège de l'arbitrage comme indice de rattachement, c'est parce que cette solution a été jugée alors théoriquement et pratiquement satisfaisante (53).

B - HYPOTHÈSE DE L'APPLICATION DU N.C.P.C. - UNANIMITÉ DE LA DOCTRINE FRANÇAISE AU LENDEMAIN DU DÉCRET DE 1981 SUR L'APPLICATION DE LA MÉTHODE CONFLICTUELLE À LA VALIDITÉ DE LA CONVENTION D'ARBITRAGE INTERNATIONAL

218. - Lorsque la sentence arbitrale a été rendue en France en matière d'arbitrage international, ou lorsque la partie qui a demandé devant la juridiction française la reconnaissance ou l'exécution de la sentence arbitrale rendue à l'étranger demande à se prévaloir de la législation française au lieu de la Convention de New York, en se prévalant de l'article VII de celle-ci, les dispositions de la Convention de New York seront écartées par la juridiction française qui appliquera alors les dispositions des articles 1504 ou 1502 du N.C.P.C. selon le cas.

(51) Voir : KASSIS Le nouveau droit européen..., précité, n°s 323 à 327.
(52) *ibidem*, n° 329.
(53) Voir FOUCHARD, L'arbitrage commercial international, Dalloz, 1965, n°s 124-127.

Or, selon ces dernières dispositions, la sentence se verra refuser la reconnaissance ou l'exécution si le tribunal arbitral a statué sur convention nulle. Il en sera ainsi s'il est établi que la convention est entachée d'un vice du consentement (erreur, dol, violence). Mais quelle loi appliquera la juridiction française du contrôle de la sentence pour savoir si un tel vice existe ? A la différence de la Convention de New York, les articles 1502 et 1504 sont muets sur la question. On devrait en déduire raisonnablement que la juridiction française du contrôle doit se référer au droit commun français en matière de loi applicable à l'existence et aux vices du consentement dans les contrats internationaux.

219. - La règle de conflit principale en la matière, selon le droit commun des contrats internationaux est, comme on le sait, le principe ou loi d'autonomie : les parties sont libres de choisir la loi qui régit leur convention d'arbitrage international, comme celle qui régit tout contrat international, et la juridiction française qui contrôle la sentence lorsqu'elle est saisie d'un recours en annulation ou d'un appel contre l'ordonnance qui accorde la reconnaissance ou l'exécution doit respecter la loi choisie par les parties.

Lorsque les parties n'ont pas choisi la loi applicable à la convention d'arbitrage international, l'application d'une règle de conflit s'impose selon le droit international privé français pour savoir quelle loi il y a lieu d'appliquer à l'existence et à la validité du consentement. La Convention de New York a pris soin de déterminer cette règle de conflit subsidiaire à l'article V.1(a) : c'est la loi du pays où la sentence a été rendue. Mais c'est ce que n'ont pas fait les articles 1502 et 1504 du N.C.P.C. qui ne disent pas quelle loi la juridiction française doit appliquer pour statuer sur le litige relatif à l'existence ou à la validité du consentement. La juridiction française appliquera alors la règle de conflit qui s'applique en général en matière de contrats internationaux : elle retiendra l'indice idoine de la localisation objective de la convention d'arbitrage. L'exercice n'est pas facile, on le sait, car il n'y a pas un indice privilégié, et on ne peut donc pas dire avec certitude quel indice sera considéré comme tel par la juridiction française saisie, ce qui n'est pas de nature à garantir une sécurité juridique suffisante. Dans le silence des articles 1502 et 1504 du N.C.P.C., on est confronté à la problématique générale de la méthode conflictuelle en matière de contrats internationaux.

220. - Au lendemain du décret de 1981, il y avait unanimité chez les auteurs français sur le fait qu'il n'y a pas d'autre méthode à appliquer à la validité de la convention d'arbitrage international que la méthode conflictuelle qui désigne, pour régir cette validité une règle étatique elle-même désignée par une règle de conflit de lois.

Le professeur GOLDMAN, qui, on le sait, ne portait pas la méthode conflictuelle dans son coeur, reconnaissait que cette méthode est la seule à appliquer à la validité de la convention d'arbitrage international. Dans les débats du Colloque organisé à Paris le 23 septembre 1981 sur la réforme de l'arbitrage international en France par le décret du 12 mai 1981, il déclarait : " J'ai en tout cas dit qu'on ne passe pas par les règles de conflit pour déterminer la procédure arbitrale, et la règle de droit applicable au fond. Mais la question de savoir si la convention d'arbitrage est ou n'est pas valable, est une question qui doit s'apprécier d'après une loi déterminée, et cette loi se détermine d'après la méthode conflictuelle habituelle " (54).

221. - Le professeur FOUCHARD, pourtant adversaire de la méthode conflictuelle, reconnaissait lui-même qu'il n'y a pas d'autre méthode à mettre en oeuvre pour apprécier la validité de la convention d'arbitrage international. Il écrivait en 1982 : " De plus, et surtout, le juge français devra déterminer la loi applicable à la convention d'arbitrage lorsque, pour s'opposer devant lui à l'exécution en France de la sentence, une partie prétendra que " l'arbitre a statué sans convention d'arbitrage, ou sur convention nulle ou expirée" (art. 1502, 1°). Il devra bien alors - et l'on s'étonne qu'un doute ait pu surgir à propos de ce texte - dire selon quelle loi, en l'espèce, il convient d'apprécier la validité de la convention d'arbitrage contestée. Cette loi, selon une jurisprudence constante, est la loi d'autonomie ; la règle est évidemment en accord avec les principes les mieux établis dans le droit international privé des contrats, car la qualification contractuelle de la convention d'arbitrage n'est pas douteuse. A défaut de choix exprès, il appartient au juge de localiser cette convention, en se référant à différents indices qui témoignent en même temps de la volonté implicite des parties à cet égard ; le lieu du siège de l'arbitrage, s'il a été fixé par la convention, est un de ces indices, parmi les plus significatifs, mais il ne joue pas le rôle d'un rattachement subsidiaire automatique " (55).

C - LA MÉTHODE DES RÈGLES MATÉRIELLES. REVIREMENT DES AUTEURS FRANÇAIS EN 1996 ET APPEL À SUBSTITUER LA MÉTHODE DES RÈGLES MATÉRIELLES À LA MÉTHODE CONFLICTUELLE

222. - Revirement et changement de cap total dans le Traité d'arbitrage commercial international des professeurs FOUCHARD, GAILLARD et GOLDMAN de 1996. L'application de la méthode des conflits de lois à la validité de la

(54) La Réforme de l'arbitrage international en France, Colloque du 23 septembre 1981, Rev. Arb., 1981, p. 529.

(55) FOUCHARD, L'arbitrage international en France après le décret du 12 mai 1981, JDI, 1982, p. 383.

convention d'arbitrage international est chargée de tous les défauts et l'appel est lancé pour lui substituer la méthode des règles matérielles.

Le raisonnement en termes de conflits de lois préconisé par certains auteurs, écrit le professeur GAILLARD, conduirait à faire régir la question de la validité et des vices du consentement par la loi choisie par les parties ou, à défaut de choix, par la loi présentant avec la convention d'arbitrage les liens les plus étroits. Mais cette méthode, observe-t-il, n'est pas de nature à conduire à des résultats d'une prévisibilité telle qu'il y ait lieu de la préférer à celle qui consiste à raisonner, pour un arbitre, au regard des principes généralement acceptés et, pour un juge étatique, au regard des conceptions que son propre droit retient des conditions de validité d'une convention d'arbitrage international (56). Le professeur GAILLARD estime, en effet, qu'il apparaît du reste assez facile pour des arbitres de dégager des principes généraux, la convergence des droits étant ici très forte, car on ne constate guère de différences fondamentales entre les systèmes juridiques quant à la définition du dol, de l'erreur ou de la violence pouvant vicier le consentement, ce qui diminue d'autant l'enjeu de la question du choix entre la méthode des conflits de lois et celle des règles matérielles. De fait, conclut le professeur GAILLARD, les tribunaux arbitraux et les juridictions étatiques qui ont eu à connaître de ces questions n'ont guère éprouvé le besoin de recourir aux notions d'un droit déterminé pour les trancher (57).

223. - On observe d'emblée qu'une différence de méthode et de raisonnement en la matière entre l'arbitre et la juridiction étatique est inconcevable. Car, ainsi qu'on l'a vu, les règles qu'applique l'arbitre ne peuvent être différentes de celles qu'appliquera par la suite la juridiction étatique du contrôle de la sentence, et ce sont les règles qui seront appliquées par cette juridiction qui prévaudront, parce que si les règles appliquées par l'arbitre ne sont pas les mêmes, sa sentence s'expose à un refus de reconnaissance et d'exécution.

Ainsi donc, si la juridiction étatique doit raisonner en matière de validité et de vices du consentement selon la méthode des règles matérielles, l'arbitre est condamné à en faire de même. Reste à savoir s'il y a, en matière de validité de la convention d'arbitrage international et de vices du consentement " des principes généralement acceptés " ou des règles matérielles dictées par l'ordre public international et si ces règles suffisent à résoudre les problèmes qui se posent lorsqu'on est confronté à la question de savoir si le consentement est vicié.

(56) **M. GAILLARD** se réfère expressément à la méthode des règles matérielles qu'il a déjà développée (Traité, n° 527, note 250).
(57) **GAILLARD**, Traité, n° 527.

224. - De fait, il y a dans les propos des protagonistes de la méthode des règles matérielles deux discours différents et il s'opère insensiblement un glissement de l'un à l'autre.

On nous dit d'une part qu'en matière de validité de la convention d'arbitrage et de vices du consentement, la convergence des droits étatiques est très forte, qu'il n'ya guère de différences fondamentales entre les systèmes juridiques nationaux et qu'il se dégage de ces systèmes des principes généraux. Mais si cela est vrai, on ne peut pas en conclure, comme le fait le professeur GAILLARD, que cela diminue l'enjeu de la question du choix entre la méthode des conflits de lois et celle des règles matérielles. Il faudrait en conclure plutôt qu'il y a convergence des systèmes nationaux. On ne peut plus parler alors de méthode des règles matérielles ou de choix entre cette méthode et la méthode des conflits de lois. Ce sont des lois étatiques qu'on applique mais elles ne sont pas en conflit.

Du reste, la seule idée de choix entre la méthode conflictuelle et la méthode des règles matérielles est difficilement concevable. Ainsi qu'on l'a vu, l'idée même d'une méthode de règles matérielles à appliquer en la matière exclut systématiquement le recours à la méthode conflictuelle. S'il est vrai, comme le dit la Cour de cassation, que l'existence et l'efficacité de la clause compromissoire s'apprécient d'après la commune volonté des parties et sans qu'il soit nécessaire de se référer à une loi étatique, la référence à une loi étatique est exclue. Et, par voie de conséquence, est exclue la méthode des conflits de lois, laquelle vise à désigner une loi étatique. Et du coup est exclu tout choix entre méthode conflictuelle et méthode des règles matérielles.

225. - De surcroît, il ne sert à rien de dire qu'il n'y a pas de différences fondamentales entre les systèmes juridiques étatiques quant à la définition du dol, de l'erreur ou de la violence. Que des différences fondamentales n'existent pas ne veut pas dire pour autant que toutes les différences ont disparu. Si l'on ouvre n'importe quel traité de droit civil, on y trouve des dizaines de pages sur le dol, par exemple, avec des questions très techniques, et ces pages ne sont pas les mêmes selon que le traité est français, ou anglais, ou allemand, comme le disait M. BISCHOFF. On aura besoin de la méthode conflictuelle en matière de validité et de vices du consentement jusqu'au jour où les systèmes étatiques seront unifiés en cette matière.

De toute manière, l'absence de différences fondamentales entre les divers systèmes étatiques n'est pas une justification rationnelle de l'argument selon lequel l'existence et la validité du consentement (donc l'existence ou non de vices du consentement) s'apprécient en dehors de toute référence à une loi étatique, et seulement en référence à des règles matérielles, ellesmêmes dictées par l'ordre public international.

La méthode des règles matérielles procède d'un raisonnement très simple qui ferait l'économie des différences entre les divers systèmes étatiques sur les vices du consentement. Lorsqu'il s'agit d'une convention d'arbitrage international, on n'aurait pas besoin de se référer, par exemple, à la notion de dol en droit anglais, ou français, ou allemand. La considération de l'ordre public international qui interdit qu'une convention d'arbitrage international soit obtenue par une tromperie suffirait en tant que règle matérielle et donnerait au juge les moyens de décider si oui ou non la clause a été obtenue par tromperie, sans préciser l'origine de la règle et sans solliciter des catégories précises de droit interne. Mais, comme l'observait M. BISCHOFF, s'il n'est pas besoin de se référer à un droit étatique pour dire qu'une tromperie ne doit pas être admise, à un certain niveau d'approfondissement on ne peut plus se contenter de dire que la tromperie n'est pas admissible (58). Il faut examiner s'il y a eu des manoeuvres dolosives, si les moyens employés doivent ou non être qualifiées de manoeuvres dolosives, s'ils ont déterminé le consentement en provoquant une erreur, s'il y a eu simple silence et si le silence volontaire a provoqué ou permis une erreur déterminante. Et tout cela n'est pas simple et ne peut être établi par référence à l'ordre public international, mais au regard des règles qu'on ne trouve que dans un droit étatique. Sans parler d'autres règles auxquelles on ne peut éviter de se référer, par exemple le délai de prescription de la nullité de la convention d'arbitrage pour vice de consentement, ce que l'on ne résout pas en consultant l'ordre public international.

SECTION V

LE TEST DE L'APPLICATION DE LA MÉTHODE DES RÈGLES MATÉRIELLES À LA VALIDITÉ EN LA FORME DE LA CONVENTION D'ARBITRAGE INTERNATIONAL

226. - Quelle est la loi applicable à la forme de la convention d'arbitrage international par la juridiction étatique investie du contrôle de la sentence arbitrale et aussi par l'arbitre qui, paradoxalement, ne peut appliquer que la loi qui sera appliquée par la suite par la juridiction étatique du contrôle de la sentence ? Il faut, ici aussi, distinguer entre l'hypothèse où il y a lieu d'appliquer la Convention de New York et l'hypothèse où elle n'est pas applicable.

(58) Travaux du Comité fr. dr. int. privé, années 1991-1992, 1992-1993, Pédone, p. 113-114.

A - HYPOTHÈSE DE L'APPLICATION DE LA CONVENTION DE NEW YORK

227. - Aux termes du premier paragraphe de l'article II de la Convention de New York, chacun des États contractants reconnaît " la convention écrite " par laquelle les parties s'obligent à soumettre à un arbitrage tous les différends ou certains des différends qui se sont élevés ou pourraient s'élever entre elles au sujet d'un rapport de droit déterminé, contractuel ou non contractuel, portant sur une question susceptible d'être réglée par voie d'arbitrage.

Le deuxième paragraphe de l'article II dispose qu'on entend par " convention écrite " une clause compromissoire insérée dans un contrat, ou un compromis, signés par les parties ou contenus dans un échange de lettres ou de télégrammes.

En 1958, le telex et la télécopie étaient inconnus, et la question se pose de savoir s'ils peuvent être assimilés au télégramme. La jurisprudence l'a admis pour le telex dans certains pays (59).

228. - On s'est aussi demandé si une partie peut bénéficier de la Convention de New York tout en se prévalant, sur certains points, des dispositions de la législation du pays où est demandée la reconnaissance ou l'exécution de la sentence, si ces dispositions sont plus favorables.

S'agissant particulièrement de la combinaison de la Convention de New York avec une loi nationale qui ne soumet la convention d'arbitrage à aucune forme, M. **VAN DEN BERG** a montré qu'une telle combinaison n'est pas soutenable, en s'appuyant sur le texte même de la Convention et sur les travaux préparatoires (60). Il semble bien, en effet, qu'une telle combinaison soit exclue dès lors que l'article II définit d'une manière claire la convention d'arbitrage à laquelle s'applique la Convention de New York, celle-ci ne pouvant s'appliquer à ce qui ne répond pas à la définition retenue.

Le professeur GAILLARD rappelle la thèse contraire du professeur FOUCHARD qui est favorable à une telle combinaison (61).

B - HYPOTHÈSE DE L'APPLICATION DE LA LÉGISLATION DU PAYS OÙ EST DEMANDÉE LA RECONNAISSANCE OU L'EXÉCUTION DE LA SENTENCE

229.. - C'est l'hypothèse où la Convention de New York ne s'applique pas et où s'applique, par exemple, l'article 1502 ou l'article 1504 du N.C.P.C. selon le cas.

(59) Voir les références dans **GAILLARD**, Traité, p. 391, note 543.

(60) **VAND DEN BERG**, *op. cit.*, p. 179-180.

(61) **GAILLARD**, Traité, n° 615.

a) Règles matérielles législatives et méthode des règles matérielles

230. - Le professeur GAILLARD observe qu'il est peu adéquat de soumettre les questions de forme de la convention d'arbitrage à la méthode des conflits de lois, car ses résultats paraîtront souvent artificiels, spécialement en l'absence de choix exprès des parties. Plus que dans tout autre domaine, explique-t-il, l'idée s'impose que, lorsqu'un juge est saisi du contrôle d'une sentence dont on se demande si elle peut être intégrée dans son ordre juridique, c'est au regard de ses propres règles matérielles qu'il lui appartient de juger s'il convient d'opter pour le consensualisme ou pour le formalisme en matière de convention d'arbitrage international. Il n'y aurait donc, en matière de droit applicable à la forme de la convention d'arbitrage international, que la méthode des règles matérielles.

231. - La meilleure preuve, indique-t-il, c'est qu'en la matière, les lois récentes sur l'arbitrage international optent toutes pour la méthode des règles matérielles, tout en ne s'accordant pas sur la solution matérielle qu'il y a lieu de retenir (62).

Le professeur GAILLARD cite comme exemple le nouvel article 458 bis 1 du Code de procédure civile algérien (décret législatif du 25 avril 1993) qui dispose que la convention d'arbitrage doit, à peine de nullité, être passée par écrit. Il cite comme autre exemple l'article 12 de la loi égyptienne du 21 avril 1994 sur l'arbitrage en matière civile et commerciale, aux termes duquel la convention d'arbitrage doit être écrite à peine de nullité. Il cite aussi l'article 1021 du Code de procédure néerlandais et l'article 178 al. 1 de la loi suisse sur le droit international privé, où l'écrit est exigé *ad probationem* et non *ad validitatem*.

232. - Nous croyons qu'il est difficile de suivre cette analyse du professeur GAILLARD. Il nous semble, en effet, que les dispositions qu'il cite à l'appui de son analyse infirment celle-ci plutôt que de la corroborer. Est-il vrai, comme il le suggère que les articles algérien, égyptien, néerlandais et suisse ont opté pour la méthode des règles matérielles ? Si l'on se souvient de cette méthode, telle qu'il l'a exposée, il faut que trois conditions soient réunies pour que l'on puisse parler de règles matérielles. Il faut d'abord que la règle matérielle ne soit pas dictée par une règle de conflit. Les articles qu'il cite répondent tous indiscutablement à cette condition. Mais il faut aussi que la règle matérielle soit autonome par rapport au droit étatique. On doit comprendre de cela que la règle matérielle soit destinée à s'appliquer directement à une relation internationale, et surtout qu'elle ne soit pas une règle édictée par le législateur étatique mais tirée par la jurisprudence de la

(62) **GAILLARD**, Traité, n° 605.

seule conception étatique de l'ordre public international, c'est-à-dire des règles minimales qui, dans la conception étatique de l'arbitrage international, doivent être respectées pour que l'on puisse accepter de donner effet à une convention d'arbitrage international, en faisant échapper cette convention aux particularisme locaux (63).

Or, lorsqu'on observe les quatre dispositions législatives citées par le professeur GAILLARD à l'appui de sa thèse, qu'est-ce qu'on trouve ? Les articles égyptien et néerlandais sont communs à l'arbitrage interne et à l'arbitrage international. Ils ne sont pas destinés à s'appliquer uniquement à l'arbitrage international. On ne peut pas dire qu'ils font échapper la convention d'arbitrage international aux particularismes locaux. Ensuite, les quatre articles (algérien, égyptien, néerlandais et suisse) sont tous édictés par un législateur national, et non par une jurisprudence tirée de la conception du pays considéré de l'ordre public international. Enfin, le professeur GAILLARD reconnaît que les législateurs des pays considérés ne s'accordent pas sur la solution matérielle retenue, certains exigeant l'écriture *ad validitatem*, les autres l'exigeant *ad probationem*. C'est la preuve qu'il n'y a pas de conception fondamentale de l'ordre public international uniforme précisant que l'écrit est exigé *ad validitatem* ou *ad probationem*. Si la conception de l'ordre public international dans certains pays va être différente de celle valable dans d'autres pays, on n'aura pas échappé aux particularismes nationaux, et il n'aura servi à rien de recourir à la conception de l'ordre public international.

233. - La règle édictée par les législateurs algérien, égyptien, néerlandais et suisse ne s'inscrit donc pas dans le cadre de la méthode des règles matérielles, dans le sens que lui ont donné les professeurs FOUCHARD et GAILLARD. Qu'un législateur édicte une règle sur la forme de la convention d'arbitrage commercial international ne veut pas dire que ce législateur a adopté le principe de l'autonomie de cette convention par rapport à toute loi étatique, cela veut dire exactement le contraire. Cela ne veut pas dire non plus que ce législateur a adhéré à l'idée que c'est l'ordre public international qui commande que la convention soit écrite à peine de nullité ou que l'écrit soit requis pour la preuve, ou que la convention d'arbitrage puisse être prouvée par tous les moyens de preuve. Aucune conception fondamentale en matière internationale ne commande que la forme de la convention d'arbitrage international soit conforme à telle règle ou à telle autre. La meilleure preuve, c'est que les droits étatiques à cet égard sont très différents. Lorsqu'un législateur veut que la convention n'obéisse à aucune forme ou qu'un écrit soit requis à peine de nullité ou comme mode de preuve, c'est tout simplement un choix de législateur et rien de plus. Ce n'est

(63) Voir *supra*, n°s 73-74.

pas un argument qui plaide pour la systématisation des règles matérielles, comme le pense le professeur GAILLARD. Même le Président ANCEL, qui admet que le litige en matière de convention d'arbitrage international peut d'une manière générale être tranché sans se référer à une loi étatique quelconque, concède que tout ce qui concerne la forme peut effectivement être considéré comme devant se rattacher obligatoirement à une réglementation ou à une législation précise, ainsi qu'on l'a vu (64).

b) La forme de la convention d'arbitrage international en droit français

234. - En matière d'arbitrage interne, le droit français requiert que la convention d'arbitrage fasse l'objet d'un écrit. L'écrit est exigé *ad validitatem* s'il s'agit d'une clause compromissoire (article 1443 du N.C.P.C.). Il est exigé *ad probationem* s'il s'agit d'un compromis (article 1449 du même code).

En revanche, le nouveau Code de procédure civile ne comporte aucune disposition sur la forme en ce qui concerne l'arbitrage international. Seul l'article 1499 aborde indirectement la question de la forme en disposant, à propos de la reconnaissance et de l'exécution de la sentence, que l'existence d'une sentence arbitrale soit établie par la production de l'original accompagné de la convention d'arbitrage. Ce texte a été interprété comme exigeant " un minimum d'écrit " à titre de preuve, quand l'exécution est demandée (65) Mais la plupart des commentateurs du décret du 12 mai 1981 en ont déduit qu'il ne prévoit pas d'exigence de forme : il ne ferait qu'exiger que le requérant mette le juge de l'exequatur en mesure de constater *prima facie* l'existence d'une convention d'arbitrage (66). Il y aurait ainsi en droit français, pour ce qui concerne la forme de la convention d'arbitrage international, une règle matérielle qui s'en tient au principe du consensualisme qui n'exige pas un écrit, même *ad probationem*. Telle est l'analyse du professeur GAILLARD.

235. - Cette conception est-elle celle de la jurisprudence française ? C'est exactement la conception opposée que l'on trouve dans l'arrêt CASSIA de la Cour de cassation du 10 juillet 1990. En effet, la Cour de Cassation affirme dans cet arrêt qu' " en matière d'arbitrage international, l'autonomie de la clause compromissoire trouve sa limite dans l'existence, en la forme, de la convention principale qui contiendrait la clause invoquée ; que cette existence doit nécessairement s'apprécier d'après la loi qui, selon les

(64) Trav. du Comité français de dr. internat. privé, années 1991 - 1992, 1992-1993, précité, p. 110.
(65) **P. SANDERS**, Rev. Arb. 1981, p. 521.
(66) **GAILLARD**, Traité, n° 608, citant les commentaires dans ce sens.

principes du droit international privé, régit la forme de la convention ; que l'arrêt attaqué, après avoir rappelé le principe d'autonomie, a légitimement apprécié l'existence de la clause compromissoire en fonction d'une loi étatique désignée par la règle de conflit sans encourir les griefs du moyen (selon lequel les conditions de formation de la convention d'arbitrage devaient s'apprécier abstraction faite de celles du contrat principal et par référence aux seuls usages du commerce international) " [(67)].

236. - L'arrêt CASSIA est fortement critiqué par le professeur GAILLARD au motif qu'il prive partiellement d'efficacité le principe d'autonomie de la convention d'arbitrage en cas d'inexistence du contrat de fond [(68)].

Le professeur GAILLARD pense cependant que l'arrêt CASSIA ne reflète plus l'état du droit positif français, parce que d'autres décisions intervenues par la suite auraient raisonné d'une manière différente. Ces décisions seraient au nombre de trois.

Il en serait ainsi d'abord de l'arrêt du 3 mars 1992 de la Cour de cassation dans l'affaire SONETEX. Le professeur GAILLARD se fonde sur le motif suivant de cet arrêt pour en déduire que le raisonnement de la Cour de cassation est différent de celui de la même Cour dans l'arrêt CASSIA : " Mais attendu que la Cour d'appel a, dans l'exercice de son pouvoir souverain d'appréciation, retenu que le texte des clauses compromissoires avait été annexé aux bons de confirmation des 19 mai et 15 juin 1987 adressés par la société TOPKAPI et acceptés par la société SONETEX ; qu'il en résulte que l'acceptation des clauses compromissoires est ainsi intervenue en même temps que l'accord des parties sur le contrat principal ; que s'agissant, en toute hypothèse, d'établir le fait de l'acceptation par la société SONETEX des clauses compromissoires qui était seul contesté, la Cour d'appel n'avait pas à statuer, quant à la forme et la preuve de ces clauses, en fonction d'une loi qui, en raison de leur autonomie en cas d'arbitrage international pouvait, d'ailleurs, ne pas leur être applicable " [(69)].

Selon le professeur GAILLARD, cet arrêt aurait approuvé la Cour d'appel d'avoir admis l'existence et la validité de la clause compromissoire par référence sans se prononcer sur la loi applicable au contrat quant à la forme et à la preuve de la clause invoquée, ce qui traduirait la soustraction des questions de forme et de preuve de la clause compromissoire internationale à toute loi étatique en vertu du principe d'autonomie de cette clause [(70)]. Mais est-ce vraiment ce qu'a voulu dire l'arrêt ? Comme l'écrit le professeur MAYER dans sa note sous l'arrêt, " une lecture rapide de l'arrêt

(67) Cass. 10 juillet 1990, Rev.Arb. 1990, p. 859.

(68) **GAILLARD**, Traité, n° 595.

(69) Cass., 3 mars 1992, Rev. Arb. 1993, p. 273, note **MAYER.**

(70) **GAILLARD**, Traité, n° 595.

rapporté pourrait donner à penser que la Cour de cassation adopte une conception extensive de l'autonomie de la clause compromissoire en matière internationale : elle soustrairait à toute loi les questions de forme et de preuve de la clause ". Or, il y a une autre lecture de l'arrêt SONETEX, qui semble plus conforme à son contenu. " La Cour de cassation, observe le professeur MAYER dans sa même note, ne veut pas dire que la forme et la preuve des conventions d'arbitrage sont soustraites à toute loi en matière internationale. Elle veut dire qu'aucune question de forme ou de preuve - tenant notamment à l'exigence de l'écrit - ne se posait en l'espèce, le seul point contesté étant le fait de l'acceptation. On pourrait dire, en termes légèrement différents, que ce n'était pas l'exigence, mais l'existence de l'écrit, qui était contestée. C'est là, en effet, un point de fait, que les juges peuvent apprécier sans l'aide d'une règle de droit, et donc sans qu'il soit nécessaire de déterminer la loi applicable à la clause compromissoire " (71).

237. - Il y aurait aussi selon le professeur GAILLARD, un revirement de jurisprudence avec l'arrêt DALICO de la Cour de cassation du 20 décembre 1993 (72). Mais la question se pose de savoir si cet arrêt pose vraiment des règles relatives au droit applicable à la forme de la convention d'arbitrage international. L'arrêt **DALICO** a pour objet, comme on le sait, la clause compromissoire par référence. Il édicte la règle générale, considérée comme règle matérielle, selon laquelle l'existence et l'efficacité de la clause compromissoire s'apprécient, sous réserve des règles impératives du droit français et de l'ordre public international, d'après la commune volonté des parties et sans qu'il soit nécessaire de se référer à une loi étatique. Mais il ne semble pas concerner directement le droit applicable à la forme de la clause compromissoire internationale. Certains ont cru y voir une règle matérielle relative à l'interprétation de la clause compromissoire (concernant plus particulièrement l'interprétation de l'ensemble contractuel qu'implique la clause compromissoire par référence). Mais nous avons pu constater qu'il n'édicte aucune règle matérielle en matière d'interprétation, qu'il est permis d'en déduire l'absence de toute règle précise d'interprétation et que l'interprétation appartient souverainement au juge du fond. L'arrêt DALICO contient-il une règle matérielle relative à la forme de la clause compromissoire internationale, l'interprétation étant une catégorie juridique distincte de la forme ? En fait, la Cour de cassation répondait à deux moyens. Par le premier, il était fait grief à la Cour d'appel d'avoir écarté la loi lybienne sans rechercher quelle norme régissait, selon les principes du droit international privé, l'existence et la validité en la forme

(71) **MAYER**, Rev. Arb. 1993, p. 274-275. Dans le même sens, Mme **GAUDEMET-TALLON**, note sous l'arrêt **DALICO** (Rev. Arb. 1994, p. 123).
(72) Cass. 20 déc. 1993, Rev. Arb. 1994, p. 116.

de la clause compromissoire. Dans le second moyen, il était reproché à la Cour d'appel d'avoir, d'une part, déclaré adoptée la clause compromissoire figurant sur un document non signé parce qu'un autre document, qui n'était pas davantage signé, mais auquel renvoyait le contrat de base signé des parties, y faisait référence et, d'autre part, d'avoir fait prévaloir une telle clause sur la clause attributive de juridiction insérée dans les conditions-type signées. La Cour de cassation a rejeté les deux moyens au motif notamment que la Cour d'appel a légalement justifié sa décision en établissant l'existence de la clause compromissoire sans avoir égard à la loi libyenne du contrat..

Mais on ne voit pas où se trouve dans l'arrêt DALICO la règle en matière de forme de la clause compromissoire. La clause compromissoire par référence doit-elle être écrite ou non ? La référence à cette même clause doit-elle l'être ou non ? On ne trouve dans l'arrêt rien d'autre que l'exclusion du recours à une loi étatique et le recours exclusif à la volonté commune des parties. Or, cela n'est pas une règle de forme. Dans l'espèce envisagée, il y avait bien un écrit, mais il n'était pas signé. Est-ce à dire que la règle matérielle de forme comporte l'exigence d'un écrit, même non signé ? Est-ce à dire plutôt qu'une convention d'arbitrage orale mais prouvée (par témoins par exemple) suffit ? L'arrêt ne contient aucune indication à cet égard. Le professeur GAILLARD nous dit que la règle matérielle de forme n'est rien d'autre que le " principe du consensualisme " (73). Mais le principe du consensualisme n'est pas une règle de forme. Et à supposer qu'il le fût, l'ordre public international en tant qu'expression minimale des conceptions fondamentales en matière internationale commande-t-il que la convention d'arbitrage international puisse être orale ? Et si telle est l'exigence de l'ordre public international, n'est-ce pas à dire que les dispositions des divers droits nationaux (néerlandais, belge, suisse, égyptien, algérien, etc.) qui imposent que la convention d'arbitrage international fasse l'objet d'un écrit, l'écrit fût-il exigé *ad validitatem* ou *ad probationem*, seraient des dispositions qui heurtent l'ordre public international ? On ne mettra jamais trop l'accent sur l'ambiguïté de l'arrêt DALICO.

238. - Le troisième arrêt qui marquerait un revirement de la jurisprudence française par rapport à l'arrêt CASSIA serait l'arrêt BOMAR II de la Cour de cassation du 9 novembre 1993 (74). La Cour de cassation y énonce qu'en matière d'arbitrage international, la clause compromissoire par référence écrite à un document qui la contient est valable, à défaut de mention dans la convention principale, lorsque la partie à laquelle la clause est opposée a eu connaissance de ce document au moment de la conclusion du contrat,

(73) GAILLARD, Traité, n°s 609 et 610.

(74) Cass. 9 nov. 1993, Rev. Arb. 1994, p. 108 et note Mme KESSEDJIAN.

et qu'elle a, fût-ce par son silence, accepté l'incorporation du document au contrat.

Ce qui est énoncé par la Cour de cassation est-il une règle matérielle relative à la forme de la convention d'arbitrage international ? Les commentateurs s'accordent à dire qu'il s'agit bien d'une règle matérielle, encore qu'elle ne soit pas expressément qualifiée comme telle dans l'arrêt, au motif que la Cour de cassation l'édicte sans une référence quelconque à une loi étatique [(75)]. Mais est-ce une règle matérielle relative à la forme de la convention d'arbitrage international, et quel est le contenu de cette règle ? Pour le professeur GAILLARD, c'est bien une règle matérielle relative à la forme de cette convention, et elle consacre le principe du consensualisme [(76)].

239. - Mais cette lecture de l'arrêt BOMAR II qui est faite par le professeur GAILLARD n'est pas du tout partagée par d'autres auteurs. Par exemple, la lecture qu'en fait Mme KESSEDJIAN est tout à fait différente. Dans sa note, elle trouve que dans l'arrêt en question l'exigence d'un écrit est un " des éléments constitutifs de la règle matérielle ", et que l'écrit est exigé aussi bien pour la clause que pour la référence [(77)].

240. - Décidément, cette jurisprudence ambiguë, en dents de scie, qui se prête à des lectures différentes, n'en finit pas de déboussoler l'interprète. Mais la vrai question qui se pose est de savoir pourquoi l'exigence d'un écrit pour la clause et pour la référence constituerait une règle matérielle de l'arbitrage international.

Rien ne prouve mieux l'absence de spécificité du problème de la clause compromissoire par référence dans l'arbitrage international, rien ne prouve mieux que le problème a été créé de toutes pièces par les juristes que le fait que l'on retrouve le même débat en matière d'arbitrage interne. L'analyse du professeur OPPETIT l'a bien montré.

Constatant que l'article 1443 du N.C.P.C. admet aujourd'hui incontestablement la validité de la clause compromissoire par référence dans l'arbitrage interne en imposant seulement que l'écrit qui constate l'accord d'arbitrage figure soit dans la convention principale soit dans un document auquel celle-ci se réfère, ne condamnant ainsi que les clauses compromissoires purement verbales, le professeur OPPETIT observe que les auteurs et les tribunaux sont partagés sur l'appréciation et la portée de ce texte.

Selon une tendance restrictive de la doctrine, seul un document écrit qui exprime l'accord des parties de régler leur litige éventuel par la voie de

(75) **KESSEDJIAN**, note sous l'arrêt **BOMAR** II, Rev. Arb. 1994, p. 112.

(76) **GAILLARD**, Traité, n° 609.

(77) **KESSEDJIAN**, note sous l'arrêt **BOMAR II**, Rev. Arb. 1994, p. 113.

l'arbitrage répond aux exigences de forme, ce qui implique, pour le moins, que la stipulation de référence soit elle-même écrite et ne résulte pas simplement d'une acceptation tacite, voire, pour d'autres auteurs, qu'elle mentionne en outre expressément l'existence de la clause compromissoire dans le document auquel elle renvoie. Un autre courant plus libéral répudie ces exigences comme excédant la lettre et l'esprit du texte : il suffit que la clause compromissoire, elle-même insérée dans un écrit, quel qu'il soit, ait été intégrée dans le champ contractuel d'une manière ou d'une autre.

Dans l'ensemble, la jurisprudence se satisfait d'une stipulation de référence générale au document annexe contenant la clause compromissoire, même si celui-ci n'est pas signé, comme suffisante pour incorporer la clause compromissoire dans l'accord de volonté.

241. - Ce débat sur la clause compromissoire par référence en matière d'arbitrage interne se prolonge dans les mêmes termes en matière d'arbitrage international. Il n'y a ni une spécificité du problème de la clause compromissoire par référence ni une règle matérielle en ce qui concerne l'arbitrage international. On peut conclure avec le professeur OPPETIT qu'il n'existe aucune incompatibilité fondamentale entre la clause arbitrale par référence et l'ordre juridique : dès lors que les impératifs de la loyauté contractuelle et de la sécurité juridique sont respectés, seul un pointillisme excessif peut conduire à écarter des clauses qui répondent pourtant parfaitement aux besoins de la vie des affaires et aux fondements du droit contractuel [(78)]. Le professeur OPPETIT observait d'ailleurs en 1990 que le droit français de l'arbitrage international ne contient pas de règle matérielle apte à fonder directement la validité de la clause arbitrale par référence en matière internationale, ni dans les textes, ni dans la jurisprudence, sauf à déduire du principe de l'autonomie de la clause une totale indépendance de cette clause à l'égard du droit étatique et, par voie de conséquence, à affirmer comme règle usuelle du commerce international la validité d'une clause arbitrale par référence indépendamment de toute condamnation proférée à son encontre par un ordre juridique quelconque, ce que le professeur OPPETIT trouvait quelque peu hasardeux [(79)]. O a vu qu'une certaine jurisprudence a depuis lors effectivement déduit du principe d'autonomie en question une règle matérielle de validité de la clause compromissoire par référence en matière internationale. Mais on a vu aussi que cette jurisprudence s'est exposée à une critique doctrinale nourrie, et pleinement justifiée selon nous.

(78) **OPPETIT,** La clause arbitrale par référence, Rev.Arb. 1990, p. 551 et s., spécialement p. 565 à 569, et les auteurs et la jurisprudence cités.

(79) **OPPETIT**, *loc. cit.*, p. 564.

CHAPITRE IV

LE TEST DU PRINCIPE D'AUTONOMIE ET DE SA VARIANTE, LA MÉTHODE DES RÈGLES MATÉRIELLES, DANS LEUR APPLICATION À LA RECHERCHE DES RÈGLES QUI RÉGISSENT LA LICÉITÉ DE LA CONVENTION D'ARBITRAGE INTERNATIONAL (OU L'ARBITRABILITÉ)

242. - Il est compréhensible que, dans toute société, le législateur estime que les litiges relatifs à certaines matières jugées sensibles, eu égard à leur objet ou en considération d'une partie au litige, soient soustraits à l'arbitrage pour être toujours du ressort des juridictions publiques étatiques. Cela s'explique par la plus grande confiance qu'a l'État en sa justice à lui, alors que l'arbitrage est une justice privée conventionnelle et occasionnelle, qui n'est pas au même niveau, ce qui se traduit par le contrôle exercé par les juridictions étatiques sur les sentences des juridictions arbitrales et par la nécessité pour ces sentences d'obtenir la sanction légale de la justice étatique (exequatur).

Les exemples se trouvent dans la législation des différents pays. Tel est le cas en France de l'article 2059 du Code civil aux termes duquel ne sont pas arbitrables les litiges sur les droits dont on n'a pas la libre disposition. C'est aussi le cas de l'article 2060 qui dispose qu'on ne peut pas compromettre sur les questions d'état et de capacité des personnes, sur celles relatives au divorce et à la séparation de corps ou sur les contestations intéressant les collectivités publiques et les établissements publics et plus généralement dans toutes les matières qui intéressent l'ordre public.

243. - La non-arbitrabilité de certains litiges n'a pas posé au juriste de grands problèmes et n'a pas soulevé de grandes controverses, lorsqu'il s'agit d'un arbitrage interne. Lorsqu'une disposition législative dit qu'un litige n'est pas arbitrable, le tribunal arbitral saisi d'une demande d'arbitrage doit se dessaisir. On peut signaler tout au plus, à cet endroit, l'évolution de la jurisprudence en France sur la question de l'étendue de la non-arbitrabilité des matières qui intéressent l'ordre public, excluant de l'arbitrage dans un premier temps tout litige qui touche à l'ordre public (1) et limitant dans un deuxième temps l'exclusion aux matières où l'ordre public a été effectivement violé (2).

Le souci de soustraire certaines matières à l'arbitrage est légitime, même en matière internationale. On comprend qu'un arbitre international ne puisse pas prononcer un divorce ou une séparation de corps ou statuer sur une question de filiation. Si l'arbitrabilité n'a jamais posé un problème sérieux dans l'arbitrage interne, il en va tout autrement de l'arbitrage international. Quels sont ces problèmes ?

244. - Alors que l'arbitrabilité en matière interne fait l'objet de deux articles du Code civil, lorsqu'on lit les articles 1492 à 1507 du Nouveau Code de procédure civile où il est question d'arbitrage international, on constate qu'aucune disposition de ces textes ne fait allusion à l'arbitrabilité. Est-ce à dire que l'arbitrabilité ne pose pas problème dans l'arbitrage international et que tout litige est arbitrable en matière internationale ?

Lorsqu'on lit la Convention de New York de 1958, on observe qu'il est question d'arbitrabilité à l'article V. 2 (a) où on lit que la reconnaissance et l'exécution de la sentence rendue à l'étranger pourront être refusées si l'autorité compétente du pays où la reconnaissance et l'exécution sont requises constate que, d'après la loi de ce pays, l'objet du différend n'est pas susceptible d'être réglé par voie d'arbitrage. Est-ce à dire que l'arbitrabilité est seulement une condition de reconnaissance et d'exécution de la sentence ?

En réalité, l'arbitrabilité pose un grand problème et un problème d'une grande complexité dans l'arbitrage international et sa complexité n'est pas toujours suffisamment mise en évidence.

245. - Il est d'usage de traiter l'arbitrabilité sous l'angle d'une distinction majeure entre arbitrabilité subjective et arbitrabilité objective. En fait, la notion d'arbitrabilité subjective a été fortement critiquée et à juste titre, parce que toute arbitrabilité ou plutôt toute non-arbitrabilité est objective, comme on le verra.

Le problème majeur de l'arbitrabilité et probablement le seul problème

(1) Cass., 9 janv. 1854, D. 1854.169.

(2) Cass. 29 nov. 1950, D. 1952.170 ; Paris, 15 juin 1956, D. 1957.587.

sérieux qu'elle pose est le problème de la loi qui la régit. C'est à ce problème que nous consacrerons nos développements, pour examiner ensuite de faux problèmes qui se posent en matière d'arbitrabilité.

Mais une grande confusion est née du fait que la loi applicable à l'arbitrabilité n'a pas été envisagée distinctement aux deux niveaux différents auxquels elle se pose : le niveau du juge étatique du contrôle de la sentence, et le niveau de l'arbitre lui-même.

SECTION I

LA LOI APPLICABLE À L'ARBITRABILITÉ PAR LE JUGE ÉTATIQUE DU CONTRÔLE DE LA SENTENCE

246. - La question se pose au juge étatique du contrôle de la sentence de savoir quelle est la loi applicable à l'arbitrabilité sous l'un et l'autre de deux aspects : en tant que condition de validité de la convention d'arbitrage international, et en tant que condition de reconnaissance et d'exécution de la sentence arbitrale. Nous verrons que, même pour le juge étatique du contrôle de la sentence, la loi qui régit l'un des aspects de l'arbitrabilité ne sera pas nécessairement la même que celle qui régit l'autre aspect.

Le professeur FOUCHARD est le premier auteur qui a aperçu le vrai problème de qualification que pose l'arbitrabilité et qui a exposé ce problème dans les meilleurs termes. Dans son ouvrage sur l'arbitrage commercial international, il écrivait déjà en 1965 que " la difficulté de qualification est ailleurs : l'arbitrabilité du litige peut être en effet considérée : - soit comme une condition de validité de la convention arbitrale... soit comme une condition de reconnaissance et d'exécution de la sentence ultérieurement rendue ". L'auteur se demandait ensuite si la règle de conflit sera identique et fonctionnera de la même manière, selon que l'on se place à l'un ou à l'autre de ces points de vues (3).

247. - Sous son premier aspect, en tant que condition de validité de la convention d'arbitrage international, l'arbitrabilité du litige est, observe le professeur FOUCHARD, une question que l'on peut aisément rattacher à une loi déterminée : Elle coïncide avec le problème plus général de savoir si l'objet de cette convention est licite et quelle loi sera compétente pour en décider. Or, on sait que la licéité de l'objet d'une convention relève de la loi qui régit cette convention, donc de la loi d'autonomie ou de ce que le professeur FOUCHARD appelle son substitut, c'est-à-dire la loi applicable à

(3) **FOUCHARD**, L'arbitrage commercial international, précité, n° 185.

la convention d'arbitrage en l'absence de clause d'*electio juris* par les parties.

Mais il y a aussi le second aspect de l'arbitrabilité, où elle est envisagée comme condition de reconnaissance et d'exécution de la sentence rendue. L'article V. 2 (a) de la Convention de New York dispose, en effet et comme on vient de le voir, que la reconnaissance et l'exécution d'une sentence pourront être refusées si l'autorité compétente du pays où la reconnaissance et l'exécution sont requises constate que, d'après la loi de ce pays, l'objet du différend n'est pas susceptible d'être réglé par voie d'arbitrage (l'article VI. 2 de la Convention européenne de 1961 dispose de même que le juge saisi pourra ne pas reconnaître la convention d'arbitrage si, selon la loi du for, le litige n'est pas susceptible d'arbitrage). L'arbitrabilité du litige relève donc aussi de la loi du for du juge étatique du contrôle de la sentence.

En conséquence, le professeur FOUCHARD conclut justement que l'arbitrabilité du litige relève cumulativement de deux lois différentes : la loi d'autonomie (ou son substitut), en tant que condition de validité de la convention d'arbitrage ; la *lex fori* du juge étatique du contrôle de la sentence, en tant que condition de reconnaissance et d'exécution de celle-ci.

248. - Le professeur FOUCHARD écrivait à un moment où le décret de 1981 n'existait pas encore. Or, les choses se compliquent encore davantage avec ce décret (articles 1492 à 1507 du N.C.P.C.), ce qui appelle une explication encore plus circonstanciée.

C'est cette application cumulative de deux lois différentes à l'arbitrabilité qui est aujourd'hui occultée dans une certaine mesure par la distinction factice entre arbitrabilité subjective et arbitrabilité objective.

Il nous faut donc examiner successivement la loi applicable à l'arbitrabilité comme condition de validité de la convention d'arbitrage international et la loi applicable à l'arbitrabilité comme condition de reconnaissance et d'exécution de la sentence.

A - LA LOI APPLICABLE À L'ARBITRABILITÉ EN TANT QUE CONDITION DE VALIDITÉ DE LA CONVENTION D'ARBITRAGE INTERNATIONAL : LA LOI QUI RÉGIT CETTE CONVENTION

249. - La licéité de l'objet de la convention d'arbitrage international (c'est-à-dire l'arbitrabilité du litige) est une des conditions de la validité de cette convention, et doit donc, à première vue, dépendre de la loi qui régit celle-ci. La détermination de cette loi ne semble pas devoir soulever des difficultés ; c'est la loi d'autonomie (la loi choisie par les parties) et, à défaut d'un tel choix, la loi désignée par la règle de conflit du for. Ceci n'est vrai qu'en apparence. A y regarder de plus près, les difficultés apparaissent d'emblée et appellent des distinctions.

Si, à défaut de choix par les parties, la loi qui gouverne la convention et, par voie de conséquence, l'arbitrabilité du litige, est la loi désignée par la règle de conflit du for, encore faut-il se demander de quel for il s'agit. Et la réponse à cette question est différente selon le droit positif qu'on applique. Force est d'ajouter que, selon le dernier état de la jurisprudence et d'une certaine doctrine française, ce n'est pas la règle de conflit du for, ni une quelconque règle de conflit, ni même un droit étatique quel qu'il soit qui est appelé à désigner le droit applicable à la convention d'arbitrage international. Des distinctions entre diverses situations sont inévitables, si l'on veut éviter de gloser dans l'abstrait. Nous envisagerons ces distinctions dans le cadre du droit positif français.

Une distinction principale s'impose au niveau du juge étatique du contrôle de la sentence entre deux hypothèses.

En supposant que le juge étatique du contrôle de la sentence arbitrale soit français (la Cour d'appel), deux situations différentes doivent être envisagées lorsqu'on se trouve dans cette hypothèse.

a) Le juge français du contrôle de la sentence applique la Convention de New York

250. - Dans cette hypothèse, la sentence arbitrale a été rendue à l'étranger et sa reconnaissance et son exécution étant demandées en France, c'est la Convention de New York qui s'applique parce que la partie intéressée ne s'est pas prévalue de l'article VII de cette Convention pour que la Cour d'appel applique le droit français. Or, la règle de conflit de la Convention de New York est claire.

Aux termes de l'article V. 1 (a) de la Convention de New York, la loi qui régit la convention d'arbitrage et l'arbitrabilité est la loi choisie par les parties, et, à défaut de choix, la loi du pays où la sentecne a été rendue. C'est donc cette loi qu'il faut consulter pour savoir si le litige est arbitrable.

b) Le juge français du contrôle de la sentence n'applique pas la Convention de New York

251. - Il en est ainsi si la sentence a été rendue à l'étranger et si la partie intéressée demande, en vertu de l'article VII de la Convention de New York, à écarter cette Convention et à appliquer le droit français en matière de reconnaissance et d'exécution de la sentence.

Il en est de même si la sentence a été rendue en France. La Convention de New York n'a alors aucun titre à s'appliquer, la sentence n'ayant pas été rendue à l'étranger. C'est le droit français qui s'applique nécessairement dans ce cas à la reconnaissance et à l'exécution de la sentence par la Cour d'appel saisie d'un recours en annulation de celle-ci en vertu de l'article 1504 du N.C.P.C. L'article 1504 renvoyant à l'article 1502, un des cas d'annulation de la sentence est celui où l'arbitre a statué sans convention d'arbitrage ou sur convention nulle ou expirée. Or, si le litige n'est pas arbitrable, la convention d'arbitrage est nulle pour illicéité de son objet, et c'est un cas d'invalidité de cette convention pour la même raison. C'est alors la loi française qui régit la convention et sa validité, donc l'arbitrabilité du litige.

252. - Mais quelle est la loi qui régit la convention d'arbitrage international en droit français et qui régit donc l'arbitrabilité ? Ni l'article 1504 ni l'article 1502 du N.CP.C. ne le disent. On a cru pendant longtemps qu'il y a lieu à cet endroit d'appliquer la méthode des conflits de lois. Or, s'agissant d'une convention, la loi qui régit la convention d'arbitrage selon la méthode des conflits de lois est celle que les parties ont choisie et, à défaut de choix, celle que désigne la localisation objective de cette convention. Le lieu de l'arbitrage peut sans doute jouer un rôle important comme facteur de localisation, mais ce rôle n'est pas nécessairement déterminant pour conduire à la désignation de la loi du pays où il est situé, parce qu'il y a d'autres facteurs de localisation qui peuvent aussi jouer ce rôle (le pays de conclusion de la convention d'arbitrage international, celui de la résidence commune des parties, le pays de la loi applicable au contrat principal). Il s'ensuit, comme on le sait, une cause d'incertitude sur la localisation objective de la convention d'arbitrage et sur la loi qui la régit. C'est pourquoi la solution de la Convention de New York qui a désigné le lieu de l'arbitrage comme indice privilégié de la localisation objective subsidiaire (en l'absence de choix du droit par les parties) avait été accueillie favorablement par la doctrine, comme on l'a vu.

253. - Mais l'eau a coulé depuis sous les ponts, et voilà que la dernière jurisprudence française, approuvée par une certaine doctrine euphorique, nous enseigne qu'il faut jeter par-dessus bord la méthode conflictuelle en matière de droit applicable à la convention d'arbitrage international, qu'en cette matière la convention d'arbitrage international est autonome par rapport à tout droit étatique, que cette convention a une validité et une licéité de principe. Mais si cela est vrai, qu'est-ce qui nous dira, en matière d'arbitrage international, ce qui est arbitrable et ce qui ne l'est pas ? Ce sont, nous dit-on, des règles matérielles. Mais quelles sont-elles et d'où procèdent-elles ? Le professeur GAILLARD répond que ces règles matérielles sont dictées par la conception française de l'ordre public international et que, dans cette approche, cet ordre public n'est pas forcément un ordre public d'éviction. Ces règles matérielles qui définissent les matières arbitrables et les matières non arbitrables dans l'arbitrage international seraient donc différentes de celles qui définissent les mêmes matières dans l'arbitrage interne français. Mais à partir du moment où ces règles matérielles seraient dictées par une conception de l'ordre public international qui est elle-même française, comment va-t-on pouvoir faire la distinction entre ce qui est arbitrable et ce qui ne l'est pas selon ces règles matérielles françaises dans un arbitrage international, règles différentes de celles qui définissent ce qui est arbirable et ce qui ne l'est pas selon le droit français de l'arbitrage interne ? Le divorce, la filiation, la capacité, qui ne sont pas des matières arbitrables selon le droit étatique français de l'arbitrage interne le sont-elles ou non selon les règles matérielles françaises de l'arbitrage international ? Et où doit-on chercher et trouver les règles matérielles qui répondent à cette question ? On nous dit qu'il faut les chercher dans la conception française de l'ordre public international. Mais que dit cette conception au juste en matière d'arbitrabilité ? C'est particulièrement en matière d'arbitrabilité que le bât blesse lorsqu'on invoque le principe d'autonomie de la convention d'arbitrage international par rapport à tout droit étatique, le principe de validité et de licéité propres de la convention d'arbitrage international et la méthode dite des règles matérielles. En matière d'arbitrabilité, c'est l'impasse. Le juriste est dans l'obscurité totale..

B - LA LOI APPLICABLE À L'ARBITRABILITÉ EN TANT QUE CONDITION DE RECONNAISSANCE ET D'EXÉCUTION DE LA SENTENCE ARBITRALE

254. - L'arbitrabilité n'est pas seulement une condition de validité de la convention d'arbitrage international, elle est aussi une condition de reconnaissance et d'exécution de la sentence arbitrale, ce qui n'est pas la même chose, et la loi applicable n'est pas nécessairement la même.

Ici aussi, il faut faire la distinction entre le cas où le juge étatique du contrôle de la sentence applique la Convention de New York et le cas où il ne l'applique pas.

255. - Lorsque la Cour d'appel française saisie de l'appel de l'ordonnance d'exequatur d'une sentence rendue à l'étranger applique la Convention de New York, elle est tenue d'appliquer l'article V. 2 (a) de cette Convention, qui dispose que la reconnaissance et l'exécution de la sentence étrangère pourront être refusées si l'autorité compétente du pays où elles sont requises constate que, d'après la loi de ce pays, l'objet du différend n'est pas susceptible d'être réglé par voie d'arbitrage.

On observera que, malgré la tournure apparemment potestative du paragraphe 2 de l'article V (la reconnaissance et l'exécution d'une sentence arbitrale " pourront " aussi être refusées), il ne peut pas s'agir d'un pouvoir discrétionnaire du juge étatique du contrôle de la sentence. D'autant que le refus de reconnaissance et d'exécution n'est pas conditionné par l'invocation de l'un des deux griefs de ce paragraphe par la partie contre laquelle la reconnaissance et l'exécution sont demandées, le juge pouvant dès lors relever d'office ces deux griefs, alors que les griefs du premier paragraphe de l'article V doivent être invoqués et prouvés pour pouvoir conduire à un refus de reconnaissance et d'exécution. On observera aussi avec le professeur FOUCHARD que la compétence de la loi du juge de l'exequatur est édictée en matière d'arbitrabilité (à l'alinéa a du paragraphe 2 de l'article V) sans que cela soit le résultat du jeu de l'exception d'ordre public (alinéa b du même paragraphe 2), et qu'il serait donc vain de chercher à invoquer un " ordre public international ", moins exigeant que l'ordre public interne. Comme le relève le professeur FOUCHARD, c'est la loi du juge de l'exequatur qui est directement applicable à l'arbitrabilité, et qui l'est, en principe, dans ses dispositions internes, comme s'il s'agissait d'un arbitrage interne (4).

La loi applicable à l'arbitrabilité en tant que condition de reconnaissance et d'exécution de la sentence étrangère étant ainsi la loi de l'arbitrage interne français, alors que la loi applicable à l'arbitrabilité en tant que condition de validité de la convention est la loi choisie par les parties et, à défaut de ce choix, la loi désignée par la règle de conflit française, il est possible et il arrive que ces deux lois soient différentes. Dans ce cas, le juge de l'exequatur doit les appliquer cumulativement.

256. - Mais il se peut que le juge français du contrôle de la sentence n'applique pas la Convention de New York. Cela arrive dans les deux cas que l'on connaît. Le premier est le cas où la Cour d'appel est saisie de l'appel d'une ordonnance qui accorde la reconnaissance et l'exécution à une sentence rendue à l'étranger et où la partie intéressée se prévaut de cette sentence selon le droit français (article 1502 du N.C.P.C.) et non selon la convention de New York, en se basant sur la faculté que lui donne l'article VII de cette Convention. Le second est le cas où la Cour d'appel française est saisie d'un recours en annulation d'une sentence rendue en France en matière d'arbitrage international (article 1504 du N.C.P.C.). Dans ces deux cas, les règles applicables à l'arbitrabilité en tant que condition de reconnaissance et d'exécution de la sentence sont alors les règles du droit français. Quelles sont-elles ?

257. - Sans doute, comme la Convention de New York, les articles 1502 et 1504 du N.C.P.C. prévoient l'arbitrabilité comme condition de validité de la convention d'arbitrage (premier cas de l'article 1502, la non-arbitrabilité étant un cas de nullité de cette convention). Mais contrairement à la

(4) FOUCHARD, Les conflits de lois en matière d'arbitrabilité des litiges de propriété industrielle, Rev. Arb. 1977, p. 67.

Convention de New York, les articles 1502 et 1504 ne prévoient pas expressément l'arbitrabilité comme condition de reconnaissance et d'exécution de la sentence. Est-ce à dire que pour cette raison la sentence rendue à l'étranger, lorsque la Convention de New York n'est pas applicable, et la sentence rendue en France en matière d'arbitrage international sont susceptibles de reconnaissance et d'exécution, même si le litige n'est pas arbitrable ? Il ne peut pas en être ainsi, parce que si les articles 1502 et 1504 ne prévoient pas l'arbitrabilité comme condition expresse de reconnaissance et d'exécution de la sentence, ils prévoient la contrariété à l'ordre public international comme faisant obstacle à sa reconnaissance et à son exécution. Or, la non-arbitrabilité est un cas de contrariété à l'ordre public. M. VAN DEN BERG observe qu'il était superflu de faire, sous l'alinéa (a) du second paragraphe de l'article V de la Convention de New York, de la non-arbitrabilité un chef distinct de refus de reconnaissance et d'exéution de la sentence, et qu'on aurait pu faire l'économie de cet alinéa (a), parce que la non-arbitrabilité fait partie du concept général de contrariété à l'ordre public, cette contrariété faisant l'objet de l'alinéa (b) (5). C'est pour des raisons historiques qu'on a fait de la non-arbitrabilité un grief distinct de la contrariété à l'ordre public, ajoute M. **VAN DEN BERG** (6).

C - LE RÉSULTAT DE L'APPLICATION CUMULATIVE DES DEUX LOIS À L'ARBITRABILITÉ

258. - Le professeur **FOUCHARD** observe que, du fait que l'arbitrabilité du litige relève cumulativement de deux lois (la loi qui régit la convention d'arbitrage, qui est aussi celle qui régit la validité de cette convention, et la loi applicable à la reconnaissance et à l'exécution de la sentence) le juge étatique va appliquer cette dernière qui est sa propre loi, ainsi que la loi applicable à la convention d'arbitrage pour vérifier si le litige est également, selon elle, arbitrable (7).

Cette application cumulative, comme le souligne aussi le professeur **FOUCHARD**, conduit comme dans tous les cas d'application cumulative de plus d'une loi, à faire prévaloir, en pratique, la loi dont les dispositions sur l'arbitrabilité sont les plus restrictives (8). C'est-à-dire que le juge étatique

(5) **VAN DEN BERG**, *op. cit.*, p. 368.

(6) Les deux griefs étant distincts dans la Convention de Genève de 1927 (abrogée par l'article VII. 2 de la Convention de New York), dans le projet de la CCI de 1953 et dans le projet du Conseil Économique et Social des N.U., la distinction fut maintenue sans discussion.

(7) **FOUCHARD**, L'arbitrage commercial international, **LGDJ**, 1965,, n° 197.

(8) **FOUCHARD**, Les conflits de lois en matière d'arbitrabilité des litiges de propriété industrielle, Rev. Arb., 1977, p. 67.

décidera que le litige n'est pas arbitrable s'il ne l'est pas selon l'une des lois appliquées cumulativement, même s'il l'est selon l'autre loi. Cette analyse du professeur FOUCHARD est d'une grande pertinence.

D - CRITIQUE PAR LE PROFESSEUR FOUCHARD DE L'APPLICATION CUMULATIVE DES DEUX LOIS À L'ARBITRABILITÉ DANS LE SYSTÈME DE LA CONVENTION DE NEW YORK

259. - Écrivant en 1965, c'est-à-dire après la Convention de New York mais avant le décret de 1981, le professeur FOUCHARD critiquait le système de l'application cumulative des deux lois à l'arbitrabilité. N'eût-il pas été préférable de s'orienter vers un autre système, admettant la seule compétence de la loi d'autonomie, se demande-t-il ? Cela aurait impliqué de faire l'impasse sur l'alinéa (a) du paragraphe (2) de l'article V de la Convention de New York, commandant l'application de la *lex fori* du juge étatique du contrôle en matière d'arbitrabilité. Mais on avait argué, contre cette opinion, de ce que l'application de la *lex fori* de ce juge à l'arbitrabilité n'est que la mise en oeuvre de l'irréductible réserve de l'ordre public. Le professeur FOUCHARD observe qu'en fin de compte, c'est bien là le noeud de la question : si l'autonomie est refusée sur ce point aux parties, c'est parce qu'il semble légitime de permettre à un juge de dire si, en vertu de ses conceptions propres, le litige pouvait être tranché par la voie de l'arbitrage, et de refuser son exequatur à une sentence qui tranche un litige non-arbitrable. L'arbitrabilité du litige est donc un élément de cet " ordre public " toujours contrôlé par le juge étatique.

260. - Mais s'il en est ainsi, pourquoi alors, se demande le professeur FOUCHARD, envisager l'arbitrabilité spécialement ? Les conventions internationales, et notamment celle de New York, indique-t-il, " prévoient le cas où " la reconnaissance ou l'exécution de la sentence serait contraire à l'ordre public " (article V, § 2, b) ; certes, il s'agit ici de l'ordre public " international " - tel que l'entendent par exemple la doctrine et la jurisprudence françaises, c'est-à-dire ces conceptions fondamentales de chaque civilisation juridique qui entraînent, lorsque la loi étrangère normalement compétente les heurte directement, son éviction ; cette notion de l'ordre public international est plus étroite que celle de l'ordre public interne : or, précisément, c'est cet ordre public interne qui est visé en matière d'arbitrabilité : les règles impératives du droit interne du for sont déclarées directement applicables à la question de savoir si le litige pouvait être soumis à l'arbitrage ".

Poursuivant son propos sur ce point, le professeur FOUCHARD estime que " le jeu - exceptionnel - de l'ordre public international aurait dû suffire pour rejeter les sentences qui - du point de vue de l'arbitrabilité du litige - violent les principes essentiels du droit du pays de leur importation. Leur stabilité en serait renforcée, car l'hypothèse serait rarissime : en France, par exemple, il s'agirait essentiellement des matières d'état des personnes (litige touchant à un divorce, etc.) ; en revanche une sentence portant sur des questions de brevets, de licences d'importation ou d'exportation ne serait pas, semble-t-il, considérée comme contraire à notre ordre public international, pas plus que ne l'a été la participation de l'État à un arbitrage commercial international " [9].

Le professeur FOUCHARD se demande encore une fois s'il n'était pas possible, dans une convention internationale, de décider que tous les litiges du commerce international sont arbitrables en principe, sous réserve de l'ordre public international de chaque pays. Et de conclure que la solution de la Convention de New York est regrettable, parce qu'elle va à l'encontre de toute l'évolution récente en matière d'arbitrage commercial international, du fait que les divergences entre les lois nationales sur l'arbitrage et surtout, le décalage, très net en France, entre des textes très anciens et restrictifs et une jurisprudence récente favorable à l'arbitrage international, et décidée à écarter les sévérités internes par la notion très souple de " contrariété à l'ordre public international " risquent de conduire assez souvent le juge, lié par l'article V. .2 (a) de la Convention de New York, à refuser de reconnaître une convention arbitrale ou une sentence par application de sa loi interne à la question de l'arbitrabilité [10].

261. - En somme, la critique du professeur FOUCHARD de la solution du système de la Convention de New York sur la question de l'arbitrabilité se résume en ce que cette Convention a envisagé l'arbitrabilité spécialement à l'article V. 2 (a), appliquant à la question de l'arbitrabilité la notion d'ordre public interne, alors qu'en l'envisageant sous l'angle de la notion plus étroite d'ordre public international (article V. 2 (b), on aurait évité les sévérités des règles impératives du droit interne du for en matière d'arbitrabilité. Le professeur FOUCHARD invoque à l'appui de son opinion d'éminents spécialistes français du droit international privé comme BATIFFOL, MAURY, LEREBOURS-PIGEONNIÈRE, LOUSSOUARN et LAGARDE.

262. - Il faut dire tout d'abord, pour être précis, que lorsque l'article V. 2 (b) de la Convention de New York envisage l'ordre public, il évoque " l'ordre public de ce pays ". Il s'agit donc, littéralement de l'ordre public interne du pays où sont demandées la reconnaissance et l'exécution, comme il s'agit, à l'alinéa (a) du même paragraphe, de l'arbitrabilité selon le droit interne du même pays. Et certains auteurs ont compris l'ordre public de

(9) **FOUCHARD,** L'arbitrage commercial international, précité, n°s 200 et 201.
(10) **FOUCHARD**, *op. cit.*, n° 201.

l'article V. 2 (b) dans ce sens littéral. Mais le texte a été généralement interprété comme visant l'ordre public international, notion distincte de celle d'ordre public interne et plus étroite que celle-ci. L'histoire législative de l'article V corrobore cette interprétation, comme le note M. VAN DEN BERG (11).

263. - Mais même en tenant pour acquise cette interprétation de l'article V. 2 (b) dans le sens de l'ordre public international et non interne, la question demeure inchangée : si l'alinéa (a) de l'article V. 2 n'existait pas, et si la question de l'arbitrabilité devait être considérée dans l'arbitrage international comme relevant de l'ordre public international et non de l'ordre public interne, les cas de non-arbitrabilité dans un arbitrage international vont-ils être différents des cas de non-arbitrabilité dans un arbitrage interne ? La question peut être posée en d'autres termes : un litige est-il arbitrable dans un arbitrage international sans heurter l'ordre public international, alors qu'il ne serait pas arbitrable dans un arbitrage interne, parce qu'il heurterait l'ordre public interne ?

264. - La question peut être posée d'une manière plus simple, dans les deux cas où la Convention de New York n'est pas applicable. La notion d'ordre public international a été introduite expressément en France en matière d'arbitrage international par le décret de 1981. L'article 1502 du N.C.P.C. dispose que l'appel de la décision qui accorde la reconnaissance ou l'exécution à la sentence rendue à l'étranger est ouvert dans le cas où cette reconnaissance ou cette exécution est contraire à l'ordre public international. L'article 1504 du même Code dispose que la sentence rendue en France en matière d'arbitrage international peut faire l'objet d'un recours en annulation dans le même cas. Supposons que l'on se trouve dans l'une de ces deux situations où il est hors de question d'appliquer la Convention de New York et où il y a lieu d'envisager l'arbitrabilité comme condition de reconnaissance et d'exécution de la sentence sous l'angle de cet ordre public international. Est-ce à dire que l'arbitrabilité sous cet angle n'est pas la même que sous l'angle de l'ordre public interne, comme le pense le professeur FOUCHARD ? Quels seraient les cas de non-arbitrabilité sous l'angle de l'ordre public international ?

265. - Le professeur FOUCHARD croyait en 1965 que la notion d'ordre public international comme ordre public d'éviction de la sentence arbitrale dans l'arbitrage international est la même que la notion d'ordre public international comme ordre public d'éviction de la loi étrangère en droit international privé, s'agissant dans cette dernière notion des conceptions fonda-

(11) VAN DEN BERG, *op. cit.*, p. 361.

mentales de chaque civilisation juridique qui entraînent, lorsque la loi étrangère normalement compétente les heurte directement, l'éviction de cette dernière. C'est pourquoi le professeur FOUCHARD invoquait à cet égard les écrits de BATIFFOL, MAURY, LEREBOURS-PIGEONNIÈRE, LOUSSOUARN et LAGARDE qui visaient tous cette dernière notion. Or, la jurisprudence française n'a pas entériné cette assimilation. A preuve que la jurisprudence française considère comme contraires à l'ordre public international la sentence arbitrale internationale rendue en violation de la réglementation française des changes (12), ainsi que la sentence internationale rendue en violation des règles relatives au contrôle des investissements étrangers (13). La Cour de cassation a considéré comme contraire à l'ordre public international la sentence arbitrale internationale rendue en violation des règles de l'arrêt des poursuites individuelles des créanciers, de dessaisissement du débiteur et d'interruption de l'instance en cas de faillite (14). Dans ces trois cas, il était exclu d'affirmer qu'il s'agissait de " conceptions fondamentales d'une civilisation juridique ". Les frontières s'estompent donc entre ordre public international et ordre public interne en matière de reconnaissance et d'exécution des sentences arbitrales.

Le professeur FOUCHARD était donc, semble-t-il, mal fondé à penser en 1965 qu'une sentence internationale portant sur des questions de brevets, de licences d'importation ou d'exportation (15) ne serait pas considérée comme contraire à l'ordre public international français (16).

266. - En 1977, le professeur FOUCHARD revient à la charge en reprochant au système de la Convention de New York le fait que la compétence de la loi du juge du contrôle judiciaire de la sentence internationale y est édictée à titre de règle, et n'est pas le résultat du jeu de l'exception d'ordre public, qui aurait évincé la loi normalement applicable, qu'il serait donc vain de chercher à invoquer dans ce système un " ordre public international ", moins exigeant que l'ordre public interne et que c'est la loi du juge du contrôle de la sentence qui est directement applicable à l'arbitrabilité, et qui l'est, en principe, dans ses dispositions internes, comme s'il s'agissait d'un arbitrage interne (17). Mais les choses sont-elles différentes, lorsque ce n'est

(12) Paris, 6 mai 1988, Rev. Arb. 1989, p. 83, note **LOQUIN**..

(13) Paris, 5 avr. 1990, Rev. crit. de dr. int. priv. 1980, p. 580, note **KESSEDJIAN**.

(14) Cass. 5 fév. 1991, Rev. Arb. 1991, p. 625, note **IDOT** ; Cass., 8 mars 1988, Rev. Arb. 1989, p. 473, note **ROBERT**.

(15) Et en général sur toute question d'ordre public économique.

(16) L'admission par la jurisprudence française de la participation de l'État à un arbitrage commercial international, par le seul jeu de l'ordre public international relève d'une analyse différente, comme on l'a vu et comme on le verra.

(17) **FOUCHARD**, Les conflits de lois en matière d'arbitrabilité des litiges de propriété industrielle, Rev. Arb. 1977, p. 67.

pas l'article V. 2 (a) de la Convention de New York qui est applicable, mais les articles 1502 et 1504 du N.C.P.C. où la compétence de la loi du juge du contrôle en matière d'arbitrabilité est le résultat de la mise en oeuvre de l'exception d'ordre public international, qui serait moins exigeant en principe que l'ordre public interne ? Quel litige serait arbitrable dans un arbitrage international et ne serait pas visé par une règle de non-arbitrabilité fondée sur l'ordre public international alors qu'il serait non-arbitrable dans un arbitrage interne au titre de l'ordre public interne ?

267. - Si l'article V. 2 s'était limité à l'alinéa (b), il n'y aurait eu, nous dit le professeur FOUCHARD, que les litiges sur des matières d'état des personnes qui ne seraient pas arbitrables dans un arbitrage international, selon la notion d'ordre public international (18). Mais quelles considérations fondées sur les conceptions fondamentales d'une civilisation juridique font-elles que ces litiges ne soient pas arbitrables dans un arbitrage international ? Or, il se trouve que toutes ces matières d'état des personnes physiques sont aussi bien non-arbitrables dans un arbitrage interne que dans un arbitrage international, parce que ce sont des matières extrapatrimoniales. Et s'il en est ainsi, comment faire la différence à propos de ces matières entre arbitrabilité dans un arbitrage international et arbitrabilité dans un arbitrage interne en considération des conceptions fondamentales d'une civilisation juridique ? Pourquoi ne pas reconnaître plus simplement qu'elles sont non-arbitrables en raison de leur nature extrapatrimoniale, dans un arbitrage interne comme dans un arbitrage international ?

A propos de quelles autres questions que les questions d'état des personnes la distinction se justifie-t-elle en matière d'arbitrabilité, sans parler de la participation de l'État à un arbitrage, sur laquelle nous reviendrons ? La question s'est posée au sujet de l'arbitrabilité des litiges de propriété industrielle : les arbitres peuvent-ils se saisir d'un litige dans lequel se pose une question de propriété industrielle ? C'est à ce niveau que l'on rencontre, dans les droits étatiques déclarés applicables, les règles de compétence exclusive en faveur de certaines autorités nationales, assez inopportunes lorsqu'interprétées largement, on les applique à l'encontre des arbitres du commerce international, observe le professeur FOUCHARD qui estime parfaitement concevable de considérer que ces règles ne concernent pas de tels arbitres, en raison de la spécificité de l'arbitrage international. Il croit même pouvoir affirmer que le raisonnement a déjà été souvent utilisé, notamment par les tribunaux de certains États, pour écarter l'application de certaines dispositions de leur droit interne, pourtant compétent, en matière d'arbitrage international. Selon lui, la jurisprudence française aurait même multiplié ces cas, dans lesquels elle posait, en faveur de l'arbitrage interna-

(18) FOUCHARD, L'arbitrage commercial international, précité, n° 200.

tional, des règles matérielles spécifiques. Mais quelles sont ces règles matérielles spécifiques ? Hormis la capacité de l'État et des personnes publiques de se soumettre à l'arbitrage, sur laquelle nous reviendrons et qui n'est d'ailleurs pas une règle matérielle, le professeur FOUCHARD cite l'autonomie de la clause compromissoire et la validité de la clause compromissoire internationale en matière mixte (19). Mais de quelle autonomie est-il question ? S'il s'agit de l'autonomie de la clause compromissoire par rapport au contrat principal, nous avons déjà vu qu'elle n'est pas une règle matérielle et qu'elle n'est pas non plus une règle propre à l'arbitrage international. Le serait-elle qu'on ne voit pas quel rapport elle peut avoir avec l'arbitrabilité. S'agit-il de l'autonomie de la clause compromissoire par rapport à tout droit étatique ? Nous avons vu aussi l'aventure juridique à laquelle conduit l'affirmation de l'existence d'une telle autonomie. Et l'on ne voit pas non plus quel rapport elle peut avoir avec l'arbitrabilité. Et l'on peut se poser la même question au sujet de la validité de la clause compromissoire internationale en matière mixte.

268. - En somme, toute la critique du professeur FOUCHARD en 1965 et en 1977 à l'adresse de l'application cumulative des deux lois à l'arbitrabilité se réduisait à une critique de l'article V. 2 (a) de la Convention de New York. S'il n'y avait pas cet alinéa (a) relatif à l'arbitrabilité et si l'article V .2 se limitait à l'alinéa (b) relatif à la contrariété à l'ordre public, le jeu exceptionnel de l'ordre public international aurait dû suffire pour rejeter les sentences qui, du point de vue de l'arbitrabilité du litige, violent les principes essentiels du droit du pays de leur importation. Leur stabilité en serait renforcée, car l'hypothèse serait rarissime : en France, par exemple, il s'agirait essentiellement des matières d'état des personnes (litige touchant à un divorce, etc.) ; en revanche, une sentence portant sur des questions de brevets, de licences d'importation ou d'exportation ne serait pas, semble-t-il, considérée comme contraire à notre ordre public international (20). Tel était le voeu exprimé par le professeur FOUCHARD en 1965 et en 1977. Or, ce voeu s'est réalisé en 1981. Les auteurs du décret de 1981 ont suivi sa suggestion, et le nouvel article 1502 du N.C.P.C., introduit par le décret de 1981, a remplacé l'article V. 2 de la Convention de New York. Cet article 1502 a retenu la contrariété à l'ordre public international comme cas d'appel de la décision qui accorde l'exequatur à la sentence étrangère (et comme cas du recours en annulation de la sentence rendue en France en matière d'arbitrage international selon l'article 1504). Les auteurs du décret de 1981 ont fait l'impasse sur l'alinéa (a) de l'article V. 2 de la Con-

(19) FOUCHARD, Les conflits de lois en matière d'arbitrabilité des litiges de propriété industrielle, Rev. Arb. 1977, p. 68-69.

(20) FOUCHARD, L'arbitrage commercial international, précitée, n° 200.

vention de New York, relatif à la non-arbitrabilité. Le voeu du professeur FOUCHARD s'est donc réalisé et sa suggestion a été suivie par le décret de 1981 sur ce point.

Or, il aurait dû résulter de cette nouvelle législation française, selon l'analyse du professeur FOUCHARD, que le champ des sentences qui seraient rejetées pour non-arbitrabilité due au jeu exceptionnel de l'ordre public international devrait se rétrécir comme une peau de chagrin. Il ne devrait plus y avoir selon lui que les matières d'état des personnes (litige sur divorce, etc.) qui seraient non-arbitrables, alors que les litiges sur des questions de brevets, de licences d'importation ou d'exportation deviendraient arbitrables pour non contrariété à l'ordre public international.

269. - Mais le changement de législation que le professeur FOUCHARD appelait de ses voeux n'a pas donné le résultat auquel il s'attendait. Cela est dû au fait que si le législateur français a suivi le professeur FOUCHARD, c'est la jurisprudence française qui ne l'a pas suivi. Même après le décret de 1981, la jurisprudence française a continué à considérer les litiges sur les questions de brevets, de licences d'importation ou d'exportation comme non-arbitrables, bien que leur arbitrabilité ne soit pas contraire à l'ordre public international. D'autres litiges ont été considérés par la jurisprudence française après 1981 comme non arbitrables, comme les sentences rendues en violation de la réglementation française des changes, ou en violation des règles relatives au contrôle des investissements étrangers, ou en violation des règles sur l'arrêt des poursuites individuelles des créanciers, du dessaisissement du débiteur et de l'interruption de l'instance en cas de faillite (21).

La jurisprudence française a considéré, après le décret de 1981, les sentences portant sur ces questions comme violant l'ordre public international du point de vue de l'arbitrabilité des litiges, bien que leur arbitrabilité ne heurte pas directement les conceptions fondamentales de la civilisation juridique française. La raison en est que, contrairement au professeur FOUCHARD, la jurisprudence française a considéré que la notion d'ordre public international comme ordre public d'éviction de la sentence arbitrale internationale n'est pas la même que la notion d'ordre public international comme ordre public d'éviction de la loi étrangère en droit international privé. Si bien que l'on ne voit plus, en définitive, ce qui distingue, dans le droit de l'arbitrage commercial international, l'ordre public international de l'ordre public interne (22).

(21)Voir ci-dessus n° 265.

(22) Voir la jurisprudence citée au n° 265 ci-dessus.

SECTION II

LA LOI APPLICABLE À L'ARBITRABILITÉ

PAR L'ARBITRE INTERNATIONAL

270. - Nous venons de voir que le juge étatique du contrôle de la sentence (la Cour d'appel en France) doit, en matière d'arbitrabilité du litige, appliquer cumulativement deux lois : l'une est la loi qui régit la convention d'arbitrage international, qui est aussi celle qui régit la licéité de cette convention, et partant sa validité, l'autre est la loi du for du juge étatique, loi qui régit la reconnaissance et l'exécution de la sentence, la non-arbitrabilité conduisant directement à l'éviction de la sentence (selon la Convention de New York) ou conduisant à son éviction par le jeu de l'ordre public international (selon le N.C.P.C.). *Quid* de l'arbitre ? Confronté à un problème d'arbitrabilité, quelle loi doit-il appliquer ?

On a vu que le professeur FOUCHARD, après avoir souligné en 1965 que l'arbitrabilité du litige relève cumulativement de ces deux lois qui peuvent être différentes, estimait que la solution, certaine après la Convention de New York, est regrettable, parce que le juge étatique devra appliquer sa propre loi, mais également, si elle est invoquée, la loi applicable à la convention d'arbitrage pour vérifier si le litige était également, selon elle, arbitrable. Quant à l'arbitre, qui doit vérifier si le litige est arbitrable, il ne pourra évidemment appliquer que la seconde, ignorant quel pays connaîtra de l'exécution de sa sentence. La décision de l'arbitre et celle du juge peuvent s'opposer en raison du contenu différent des lois respectivement applicables. Ce risque de voir le juge refuser de reconnaître une sentence par application de la loi de son for à la question de l'arbitrabilité sera d'autant plus grand que ni les parties, ni les arbitres ne pourront prévoir quel juge ni quelle loi seront éventuellement compétents.

271. - On ne peut que souscrire à ces remarques du professeur FOUCHARD. Mais il y a encore plus grave que ce qu'il signale. Non seulement l'arbitre ne pourra pas appliquer la loi du for du juge étatique du contrôle de la sentence, en tant que loi qui régit l'arbitrabilité comme condition de reconnaissance et d'exécution de la sentence, dès lors que ce juge et l'État dont il dépend sont encore inconnus au moment où l'arbitre rend sa sentence, mais, contrairement à ce que croit le professeur FOUCHARD, l'arbitre ne peut même pas appliquer la loi qui régit la convention d'arbitrage et qui conditionne aussi l'arbitrabilité, parce que cette loi, elle aussi, lui est encore inconnue au moment où il rend sa sentence. Car l'arbitre doit appliquer la même loi qui régit la convention d'arbitrage que celle qu'applique le juge étatique dans son contrôle de la sentence, et cette dernière loi ne sera connue qu'à la date de la demande de reconnaissance et d'exécution de la sentence. En effet, de deux choses l'une. Ou bien le juge qui va connaître de cette demande appliquera à la convention d'arbitrage (et à l'arbitrabilité) la loi désignée par la règle de conflit de la Convention de New York (la loi choisie par les parties ou, à défaut, la loi du pays où la sentence a été rendue), lorsque c'est la Convention de New York qui s'applique. Ou bien, lorsqu'elle ne s'applique pas, le juge saisi de la demande de reconnaissance et d'exécution appliquera à la convention d'arbitrage (et à l'arbitrabilité) la loi désignée par la règle de conflit de son for, et cette loi diffère d'un État à l'autre. On sait en premier lieu que la loi d'autonomie n'est pas reconnue dans tous les pays comme règle de conflit principale (23) et que les parties peuvent n'avoir pas fait un choix de la loi applicable à leur convention d'arbitrage. On sait aussi que la règle de conflit subsidiaire ne retient pas dans tous les pays le même facteur de localisation objective (loi du siège de l'arbitrage, loi qui régit le contrat principal, loi du domicile commun des parties, etc.). Le droit du for du juge français du contrôle de la sentence (articles 1502 et 1504) ne privilégie lui-même pas un facteur de localisation objective déterminé. Et en droit français, on atteint le comble du désarroi et l'arbitre est complètement déboussolé, lorsqu'on souscrit au principe d'autonomie de la convention d'arbitrage international par rapport à tout droit étatique, ou lorsqu'on adopte la méthode des règles matérielles en matière de loi applicable à la convention d'arbitrage international, règles qu'on a beau chercher mais qu'on ne trouve pas.

Lorsqu'il rend sa sentence, l'arbitre ne connaît donc pas encore ni l'une ni l'autre des deux lois qu'il doit appliquer en matière d'arbitrabilité du litige, lesquelles ne seront connues que lorsque la reconnaissance et l'exécution de la sentence seront requises devant un juge étatique. Non seulement l'arbitre ne connaît pas la loi du for du juge étatique du contrôle de la sentence, loi qui régit l'arbitrabilité comme condition de reconnaissance et d'exécution de la sentence, mais il ne connaît pas non plus la loi applicable à la convention d'arbitrage, cette dernière loi étant elle-même tributaire de la loi du for du juge étatique du contrôle.

On voit aussi que l'infirmité ne résulte pas seulement du système de la Convention de New York, mais qu'on trouve la même infirmité lorsque ce n'est pas la Convention de New York qu'on applique mais le droit français (les articles 1502 et 1504). En aucun cas, l'arbitre ne pourra savoir lorsqu'il rend sa sentence, quelle loi il doit appliquer en matière d'arbitrabilité.

272. - Comment l'arbitre international va-t-il donc résoudre ce problème

(23) Voir : KASSIS, Le nouveau droit des contrats internationaux, précité, n° 164.

de l'arbitrabilité du litige, qui ne peut être résolu, au bout du compte, que par l'application cumulative de deux lois qui toutes les deux ne peuvent être connues que plus tard lorsqu'un juge étatique sera saisi d'une demande de reconnaissance ou d'exécution de la sentence et qui ne sont pas encore connues par l'arbitre au moment de rendre sa sentence, sauf à être doté du pouvoir extralucide d'un devin ?

Des arbitres ont cru résoudre le problème en l'écartant d'un trait de plume. Ce n'est pas l'affaire de l'arbitre, ont-ils affirmé, de se préoccuper des particularités du droit de chacun des pays où l'on pourra envisager de faire exécuter la sentence. Dans une affaire CCI (24), l'arbitre avait affirmé dans sa sentence que la question de l'exécution postérieure de la sentence n'est aucunement liée à celle de la compétence du tribunal arbitral et que la question de la force exécutoire de la sentence ne relève pas de la compétence du tribunal arbitral qui, de ce fait, ne peut en connaître. Des arbitres le croient sans le dire expressément, en pensant résoudre le problème de l'arbitrabilité selon des règles qu'ils croient applicables à l'arbitrabilité, indépendamment de ce qui sera décidé ultérieurement par le juge étatique du contrôle de la sentence.

Le professeur FOUCHARD qui s'insurge à juste titre contre cette attitude d'arbitres qui appliquent la devise " après moi, le déluge ", estime judicieusement que cet apparent désintérêt concernant le sort de la sentence procède d'une déontologie curieuse, et, à la limite, pourrait engager la responsabilité de l'arbitre (25).

Toujours est-il que le juriste reste sur sa faim. L'arbitre saisi d'un problème d'arbitrabilité ne sait pas comment il va résoudre ce problème, puisqu'il ne sait pas selon quelle loi il doit le résoudre.

273. - S'il n'élude pas le problème, le professeur GOLDMAN passe à côté de sa solution. Constatant que l'arbitre international devrait être naturellement conduit, dans une première démarche, à apprécier l'arbitrabilité objective du litige selon la loi applicable à la convention d'arbitrage, mais constatant aussi que l'arbitrabilité du litige étant, selon le droit interne de divers pays, et surtout selon la Convention de New York et celle de Genève de 1961, une condition de l'exécution de la sentence, la non-arbitrabilité étant un cas d'ouverture du recours en annulation, l'arbitre devrait tenir compte aussi, pour apprécier l'arbitrabilité, de la loi du pays où l'on peut prévoir que sa sentence sera soumise, par une de ces deux voies, à un contrôle judiciaire, le professeur GOLDMAN estime que cette " directive " appelle de sérieuses réserves, ne fût-ce que parce que souvent l'arbitre in-

(24) Citée et commentée par **M. DERAINS** (L'expérience de la Cour d'arbitrage de la Chambre de Commerce Internationale en matière de propriété industrielle, Rev. Arb. 1977, p. 46.

(25) **FOUCHARD**, *loc. cit.*, Rev. Arb., 1977, p. 66.

ternational ne peut pas prévoir dans quel pays un contrôle judiciaire de la sentence sera exercé [26]. Que veulent dire ces " sérieuses réserves " ? Que l'arbitre ne fasse pas une application cumulative des deux lois, parce qu'il ne peut pas prévoir dans quel pays le contrôle judiciaire de sa sentence sera exercé ? Quelle loi doit-il alors appliquer en matière d'arbitrabilité ?

274. - Les réflexions suivantes du professeur GOLDMAN sont encore plus étonnantes. " Si l'arbitrabilité se heurtait à une indisponibilité fondamentale des droits litigieux, ou à un obstacle d'ordre public véritablement international, l'arbitre ne devrait pas l'admettre, indique-t-il, mais ce faisant, il prendra une décision très probablement conforme à la loi du pays d'exécution (ou du pays où un recours en annulation pourrait être exercé) ; mais ce sera en se référant, non pas à cette loi, mais à l'ordre public de la collectivité internationale " [27]. Ce qu'on ne comprend pas dans ces propos du professeur GOLDMAN, c'est qu'il dise que dans les hypothèses envisagées l'arbitre doit prendre une décision conforme à la loi du pays d'exécution et qu'il dise dans le même temps et dans la même phrase que l'arbitre doit se référer non pas à la loi du pays d'exécution, mais à l'ordre public de la collectivité internationale. Qui plus est, on ne comprend pas comment l'arbitre devrait prendre une décision très probablement conforme à la loi du pays d'exécution, alors qu'il ne peut pas prévoir ce pays, ce qui est d'ailleurs la cause des " réserves sérieuses " du professeur GOLDMAN. Quant au concept d' " ordre public de la collectivité interntionale ", on en reparlera plus loin dans le présent ouvrage, mais on peut se demander déjà comment l'ordre public de la communauté internationale et non un ordre public étatique déterminé peut heurter l'arbitrabilité.

275. - Tout bien considéré, on est autorisé, semble-t-il, à dire que, les règles de droit qui régissent l'arbitrabilité du litige étant tributaires du droit qui sera appliqué ultérieurement par le juge étatique du contrôle de la sentence, et n'étant donc pas connues au moment où l'arbitre international rend cette sentence, celui-ci est dans l'impossibilité de statuer sur l'arbitrabilité du litige conformément à des règles de droit sans faire des supputations ou plutôt un pari sur le:pays où seront demandées la reconnaissance et l'exécution de la sentence. On verra dans la troisième partie de ce travail que l'arbitre international soucieux de ne pas appliquer la devise " après moi le déluge ", donc soucieux de ne pas exposer sa sentence à une annulation ou à un refus de reconnaissance ou d'exécution par le juge étatique du contrôle de cette sentence, doit nécessairement appliquer à l'arbitrabilité cumulativement deux lois. D'abord, la loi du juge étatique du

(26) GOLDMAN, Jurisclasseur de droit international, Fasc. 586-3, p. 17, n° 75.
(27) GOLDMAN, *ibidem*

contrôle de cette sentence dans le pays du siège de de l'arbitrage. Ensuite la loi du juge étatique du pays où sera demandée la reconnaissance ou l'exécution de la sentence. Et c'est à propos de ce pays que l'arbitre doit faire un vrai pari : l'arbitre international doit appliquer à l'arbitrabilité la loi du pays du lieu d'exécution de la sentence le plus probable.

SECTION III

L'INTERDICTION FAITE A L'ÉTAT ET AUX PERSONNES MORALES DE DROIT PUBLIC DE COMPROMETTRE

276. - La doctrine en France s'est posé d'autres problèmes en matière d'arbitrabilité, entraînant parfois la jurisprudence dans son sillage. Nous croyons que ces problèmes sont de faux problèmes, créés de toutes pièces par la thèse de l'autonomie de la clause compromissoire par rapport à tout droit étatique ou par sa variante, la méthode des règles matérielles, en matière de convention d'arbitrage international.

LA DISTINCTION ENTRE ARBITRABILITÉ SUBJECTIVE ET ARBITRABILITÉ OBJECTIVE ET L'INTERDICTION À L'ÉTAT ET AUX PERSONNES MORALES DE DROIT PUBLIC DE COMPROMETTRE

a) Arbitrabilité subjective et arbitrabilité objective

277. - Il est d'usage en France de distinguer entre arbitrabilité subjective et arbitrabilité objective.

On enseigne que l'arbitrabilité d'un litige peut être mise en doute dans deux hypothèses. La première est celle où, en raison de leur nature ou de leur mission, certaines personnes ne peuvent pas se soumettre à une juridiction arbitrale. L'hypothèse concerne en réalité l'État, les collectivités publiques et les organismes ou établissements publics. On parle alors de non-arbitrabilité subjective (ou *ratione personae)*, dépendant de la qualité de l'un des sujets au débat arbitral. L'autre hypothèse où se pose l'arbitrabilité du litige est celle où la matière qui fait l'objet de ce litige est impérativement soustraite par le droit à l'arbitrage. On parle alors de non-arbitrabilité objective (ou *ratione materiae*). Et l'on dit que la notion d'arbitrabilité subjective, encore qu'elle soit critiquée, est adoptée par la doctrine récente la plus autorisée [(28)].

(28) GOLDMAN, Jurisclasseur de droit international, Fasc. 586-3, p. 3, n° 8 ; GAILLARD, Traité, n° 533.

278. - Nous croyons que l'expression " arbitrabilité subjective " est un non-sens. A partir du moment où on entend par non-arbitrabilité subjective une non-arbitrabilité *ratione personae*, due à la qualité d'une partie au litige que l'on entend soumettre à l'arbitrage, la non-arbitrabilité n'implique aucun facteur subjectif, elle n'est pas moins objective que la non-arbitrabilité due à la matière du litige soumis à l'arbitrage. Dans les deux cas, les partisans de la méthode des règles matérielles entendent appliquer à l'arbitrabilité des règles matérielles, et dans les deux cas nous croyons que les règles applicables ne sont pas des règles matérielles.

b) L'interdiction faite à l'État et aux personnes morales de droit public de compromettre

279. - De fait, lorsqu'on parle d'arbitrabilité subjective, on entend uniquement poser le problème de l'interdiction faite à l'État et aux personnes morales de droit public de compromettre. Les droits nationaux de certains pays interdisent, en effet, à l'État et aux personnes morales de droit public de compromettre (29). Dans d'autres droits nationaux, la validité des conventions d'arbitrage conclues par l'État ou certaines personnes de droit public est subordonnée à l'obtention de certaines autorisations préalables. Tel est le cas en Iran (article 139 de la Constitution de 1979).

En France, l'interdiction faite à l'État et aux personnes morales de droit public de compromettre résultait de la combinaison des articles 1004 et 83 de l'ancien Code de procédure civile, mais elle a été reprise par l'article 2060 du nouveau Code civil issu de la loi du 5 juillet 1972 aux termes duquel " on ne peut compromettre (...) sur les contestations intéressant les collectivités publiques et les établissements publics ". La prohibition étant édictée en matière d'arbitrage interne et concernant aussi bien la clause compromissoire que le compromis, la question s'est posée en France de savoir si elle s'étend aussi à l'arbitrage international : l'État (ou la personne morale de droit public) qui a signé une convention d'arbitrage international peut-il se prévaloir de cette disposition pour refuser de se soumettre à l'arbitrage ?

280. - Pour répondre à la question, force est de se demander quelle loi il faut appliquer en la matière, et la réponse se présente d'emblée à l'esprit : c'est la loi qui régit l'arbitrabilité et qui n'est autre que la loi désignée par l'application cumulative de la loi qui régit la convention d'arbitrage international et de la loi qui régit la reconnaissance et l'exécution de la sentence.

(29) Pour des exemples, voir : FOUCHARD, GAILLARD, GOLDMAN, Traité de l'arbitrage international, n° 549.

Y a-t-il un obstacle de droit à la mise en oeuvre de ces données lorsqu'il s'agit de l'interdiction faite à l'État et aux personnes morales de droit public de compromettre ?

Selon le professeur GAILLARD, le sort réservé à l'argumentation fondée sur le raisonnement en termes de conflits de lois classiques pour résoudre les litiges relatifs aux contrats d'État dans lesquels une partie - généralement la partie étatique, mais parfois la partie privée - invoque la loi de l'État en cause pour contester la validité de la convention d'arbitrage, comme peuvent être tentés de le faire encore certains tribunaux arbitraux, ou en termes de règles matérielles, comme le font le droit français et, en la matière, la plupart des autres sources du droit international, ne devraient pas être différentes pour résoudre le problème de l'interdiction faite à l'État et aux personnes morales publiques de compromettre (30). Mais si, comme le pense le professeur GAILLARD, le sort du raisonnement en termes de conflits de lois ne devrait pas être différent de celui du raisonnement en termes de règles matérielles, pourquoi alors recourir à ce dernier raisonnement ?

Le professeur GAILLARD croit cependant que le raisonnement en termes conflictuels classiques présente quelques difficultés supplémentaires. Quelles sont-elles ?

c) Le problème préalable de qualification

281. - La question de savoir quel raisonnement il faut suivre pour savoir s'il faut ou non retenir dans un arbitrage international une objection fondée sur un droit étatique qui interdit à l'État et aux personnes morales de droit public de compromettre ou qui commande d'obtenir une autorisation préalable du genre exigé par l'article 139 de la Constitution iranienne de 1979 pose d'emblée un problème préalable de qualification de la règle édictée dans le droit étatique en question. Est-ce une question de capacité, ou une question de pouvoir, ou une question d'arbitrabilité ?

282. - Selon une première opinion, il s'agit d'une question de capacité. Le problème est souvent posé comme un problème de " capacité de compromettre de l'État et des personnes morales de droit public ". Il est ainsi envisagé à l'article II, paragraphe Ier de la Convention de Genève de 1961 (qui dispose que les personnes morales de droit public " ont la faculté de conclure valablement des conventions d'arbitrage "), cet article étant d'ailleurs intitulé " capacité des personnes publiques de se soumettre à l'arbitrage ".

Plusieurs auteurs ont retenu cette qualification. C'était l'opinion défendue par MOTULSKY dans son commentaire de l'arrêt MYRTOON STEAMSHIP de la

(30) **GAILLARD**, Traité, n° 535.

Cour d'appel de Paris du 10 avril 1957 (31), et par le professeur FOUCHARD dans son ouvrage sur l'arbitrage commercial international (32). C'est aussi l'opinion de certains auteurs anglo-saxons (33).

Si l'on adopte cette qualification en termes de capacité, on retiendra, comme pour toute règle de conflit en matière de capacité, la loi nationale de l'État ou de l'entité concernée, donnant ainsi effet à la prohibition invoquée.

283 .- Selon une deuxième opinion, lorsque le recours à l'arbitrage n'est pas interdit mais sujet à une autorisation, comme en droit iranien, on retiendra la qualification de pouvoir, et le raisonnement conflictuel classique conduira alors à l'application de la loi d'organisation de l'État ou de la personne de droit public concernée.

284. - Selon le professeur GAILLARD, il ne s'agit ni d'une question de capacité ni d'une question de pouvoir, mais d'une banale question d'arbitrabilité, à résoudre comme lorsque se pose n'importe quelle question d'arbitrabilité. L'interdiction faite à l'État et aux personnes publiques de compromettre ne peut pas, en effet, s'expliquer par une inaptitude personnelle à apprécier ce que requiert leur propre intérêt. Comme l'écrit le professeur GAILLARD, s'agissant en particulier de l'État, on ne voit pas comment la plénitude de ses pouvoirs de gestion de ses droits et intérêts économiques nationaux pourrait se concilier avec cette sorte de *capitis diminutio*. L'interdiction repose en réalité sur des considérations d'intérêt général étrangères au souci de protection personnelle de la personne présumée impuissante à défendre ses intérêts qui domine le droit des incapacités. Le fait que l'État ou les personnes morales de droit public ne puissent pas valablement se soumettre à l'arbitrage constitue un véritable cas de non-arbitrabilité du litige procédant de considérations d'ordre public. Dans l'hypothèse où c'est une autorisation préalable du type de celle requise en droit iranien qui est exigée, poursuit le professeur GAILLARD, on peut exclure la qualification de capacité, définie comme l'aptitude à agir dans son propre intérêt, et on peut également exclure la qualification de pouvoir lorsque la rétention de la partie qui conteste la validité de la convention d'arbitrage repose sur des restrictions qui ne sont pas tirées de l'inaptitude de certains organes à engager l'État en général, mais qui affectent spécifiquement la possibilité de conclure une convention d'arbitrage valable. La restriction (autorisation préalable, ratification, soumission au parlement...) participe

(31) **MOTULSKY**, Ecrits, t. 2, Dalloz, p. 366 et s., suggérant d'appliquer la jurisprudence **LIZARDI.**

(32) **FOUCHARD,** L'arbitrage commercial international, précité, n°s 167 et 173.

(33) **MUSTILL** and **BOYD**, précité, p. 151 ; **REDFERN** et **HUNTER**, traduction Robine, p. 61.

alors d'une hostilité spécifique à la convention d'arbitrage et n'est qu'un diminutif, fondé sur des considérations d'ordre public, de l'interdiction de compromettre.

La conclusion de cette analyse du professeur GAILLARD est que la qualification de l'interdiction ou de la restriction qu'il faut retenir est la qualification en termes d'arbitrabilité.

285. - Mais que fait-on lorsqu'on retient cette qualification ? On procède, comme on l'a vu, à une application cumulative de deux lois : la loi qui régit la convention d'arbitrage et la loi du for du juge étatique du contrôle de la sentence, loi qui régit la reconnaissance et l'exécution de la sentence, et on conclut logiquement à la non-arbitrabilité lorsque c'est à une telle non-arbitrabilité que conduit l'application de l'une ou de l'autre de ces deux lois. Or, ce n'est pas cette conclusion que tire le professeur GAILLARD de son raisonnement, mais une autre qui n'en est pas l'aboutissement logique à notre sens. " C'est donc bien d'une question d'arbitrabilité qu'il s'agit, soumise dès lors, pour un juge étatique, à la conception que son droit se fait de l'arbitrabilité en matière internationale et, pour un arbitre, à sa conception des exigences de justice universelle, indique le professeur GAILLARD " (34). Qu'il s'agisse d'une question d'arbitrabilité, comme le reconnaît le professeur GAILLARD, c'est bien vrai. Mais de là à affirmer que cette arbitrabilité est soumise, pour un juge étatique, à la conception que son droit se fait de l'arbitrabilité en matière internationale, cela paraît trop court. Car, ainsi que l'on a vu, si, au niveau du juge du contrôle judiciaire de la sentence, l'arbitrabilité est, pour ce juge, soumise à la conception que son droit se fait de l'arbitrabilité en matière internationale, c'est-à-dire à la loi du for de ce juge en matière de reconnaissance et d'exécution de la sentence, elle est aussi soumise à la loi qu'applique ce même juge à la convention d'arbitrage (article 1502-1° du N.C.P.C.). Quant à affirmer que l'arbitrabilité est soumise, pour l'arbitre international, à sa conception des exigences de justice universelle, nous avons vu que cette affirmation est récusable, l'arbitrabilité étant soumise en fin de compte à l'application cumulative des deux lois en question au niveau du juge étatique du contrôle de la sentence aussi bien qu'au niveau de l'arbitre qui doit adopter la position qu'adoptera par la suite le juge étatique du contrôle de la sentence. L'ennui pour l'arbitre c'est qu'il lui est impossible de connaître la loi qu'appliquera le juge étatique du contrôle de la sentence et qu'il doit, par conséquent, bâtir sa sentence, en matière d'arbitrabilité, sur un pari. Sa " conception des exigences de justice universelle " n'a donc rien à faire dans ce contexte. Au demeurant, qui pourra apporter un éclairage quelconque sur ces " exigences de justice universelle " en matière d'arbitrabilité ?

(34) GAILLARD, Traité, n° 540.

286. - La qualification de l'interdiction faite à l'État et aux personnes publiques de compromettre en une question de capacité (thèse du professeur FOUCHARD) a été récusée par la Cour de cassation dans l'arrêt SAN CARLO du 14 avril 1964. La Cour y énonçait que cette interdiction ne soulève pas un problème de capacité, mais une question qui relève de la loi du contrat et non de la loi personnelle des parties contractantes (35).

La solution de l'arrêt SAN CARLO a été critiquée au motif qu'elle avait l'inconvénient de conduire à des résultats variables en fonction des espèces (36) En effet, la clause compromissoire a été validée dans l'arrêt SAN CARLO par application de la loi anglaise qui régissait le contrat. C'était une solution fâcheuse, observait le professeur GOLDMAN, dans la mesure où elle laissait prévoir que si un autre contrat international, d'objet exactement identique, s'était trouvé soumis à la loi belge, par exemple, qui, comme la loi française, interdit à l'État de compromettre, on aurait eu une solution différente (37).

287. - De fait, la qualification en termes de capacité une fois écartée, il ne reste que la qualification en termes d'arbitrabilité, selon les commentaires du professeur GAILLARD, à savoir que l'interdiction de compromettre faite à l'État et aux personnes publiques constitue une hypothèse de non-arbitrabilité procédant de considérations d'ordre public. Mais si telle est la qualification correcte de l'interdiction en question, il faut exclure la soumission de l'ensemble de la matière de l'existence et de la validité de la convention d'arbitrage à des règles matérielles (38).

Or, la qualification en termes d'arbitrabilité conduit à l'application cumulative de la loi applicable à la convention d'arbitrage et de la *lex fori* du juge de l'exequatur selon l'analyse du professeur FOUCHARD (voir *supra*, n° 248).

Il y aura un cas de non-arbitrabilité si l'application de l'une ou de l'autre de ces deux lois conduit à un cas de non-arbitrabilité.

d) La solution dans la jurisprudence française du problème de l'interdiction de compromettre faite en droit français à l'État et aux personnes publiques : l'arrêt GALAKIS

(35) Cass., 14 avr. 1964, **JDI** 1965.546, note **GOLDMAN** ; D.1964.637, note **ROBERT**.

(36) **GAILLARD**, Traité, n° 543.

(37) **GOLDMAN**, Règles de conflit, règles d'application immédiate et règles matérielles dans l'arbitrage commercial international, Trav. du Comité fr. de dr. int. priv., Dalloz 1970, p. 132.

(38) **GAILLARD,** Traité, n° 539. L'interdiction " constitue une véritable hypothèse de non-arbitrabilité procédant de considérations d'ordre public, et il ne faut pas perdre de vue son fondement, même si l'on n'accepte pas de soumettre l'ensemble de la matière, de l'existence et de la validité de la convention d'arbitrage à des règles matérielles".

288. - L'arrêt SAN CARLO a été suivi en la matière par l'arrêt GALAKIS de la Cour de cassation du 2 mai 1966. L'arrêt SAN CARLO avait écarté la qualification de l'interdiction faite à l'État et aux personnes publiques en une question de capacité. Ce qui est exact. Mais l'arrêt SAN CARLO a retenu que cette interdiction relève de la loi du contrat. Or, cela laisse alors le sort du contrat international à la merci de la loi de ce contrat. Mais si dans une autre affaire le contrat international se trouve soumis à une autre loi que la loi anglaise, à la loi belge par exemple, qui, comme la loi française interdit à l'État de compromettre, on serait confronté à la même difficulté.

Dans l'ARRÊT GALAKIS, la Cour de cassation ne revient plus au problème de qualification. Elle ne fait même plus une analyse en termes de conflits de lois. Mais elle ne procède pas non plus à une autre analyse pour une justification théorique de la solution qu'elle retient.

Tout en approuvant la Cour d'appel d'avoir décidé que la prohibition n'était pas applicable " à un contrat international passé pour les besoins et dans les conditions conformes aux usages du commerce maritime ", la Cour de cassation conclut que " par suite, en déclarant valable la clause compromissoire souscrite ainsi par une personne morale de droit public, la Cour d'appel a légalement justifié sa décision " [39].

289. - De ce que l'arrêt GALAKIS ne fait plus appel à une règle de conflit, le professeur GOLDMAN déduit que la validité de la clause compromissoire dans un contrat international conclu par l'État, fondée sur les besoins et les usages du commerce maritime international, est érigée par la jurisprudence en règle matérielle du droit de l'arbitrage international [40].

Le professeur GOLDMAN va même jusqu'à se demander si la règle matérielle que consacre l'arrêt GALAKIS appartient au seul droit français, ou si elle incorpore dans le droit français un principe général du droit transnational de l'arbitrage[41]. Le professeur GAILLARD se pose la même question [42].

290. - Mais force est de se demander s'il s'agit bien d'une règle matérielle et si cette lecture de l'arrêt GALAKIS est la bonne lecture . Le recours à la notion de règle matérielle est-elle la seule voie possible pour échapper à la prohibition de l'article 2060 du Code civil dans le contexte de l'arrêt GALAKIS ? Nous ne le pensons pas. L'idée de règle matérielle du droit de l'arbitrage international n'est pas évoquée comme explication dans l'arrêt

(39) Cass., 2 mai 1966, Rev. crit. d. I. pr., 1967.553.

(40) **GOLDMAN**, Jurisclasseur de d. i. p., Arbitrage commercial international, Fasc. 586-3, p. 5, n° 17 ; Règles de conflit... etc., précité, p. 134 ; **GAILLARD**, Traité, n° 543.

(41) **GOLDMAn**, Jurisclasseur précité, Fasc. 586-3, p. 5, n° 18.

(42) **GAILLARD**, Traité, n° 546.

GALAKIS. L'auteur du présent travail observait en 1993 qu'il est discutable d'interpréter l'arrêt GALAKIS comme énonçant une règle matérielle conçue d'abord, selon la définition du professeur GOLDMAN, pour les relations internationales et apportant directement la solution d'un problème qui se pose dans une relation internationale (43). La règle de l'article 2060 du Code civil français qui interdit à l'État et aux collectivités publiques de compromettre est une règle impérative du droit national, une règle conçue pour les relations internes. Et selon la jurisprudence de l'arrêt GALAKIS, cette règle ne s'applique pas aux contrats internationaux passés pour les besoins et dans les conditions conformes aux usages du commerce international. Il y a donc au départ une règle impérative conçue pour les relations internes mais à l'emprise de laquelle échappent les contrats internationaux qui mettent en jeu des intérêts du commerce international. L'appliquer par extension à ces contrats serait une extrapolation injustifiable. On observera du reste que le professeur GOLDMAN semble avoir lui-même des doutes sur son analyse lorsqu'il écrit : " J'entends bien qu'on pourrait présenter la prohibition de compromettre comme une règle limitant elle-même son champ d'application. Mais ce qui nous intéresse, ce n'est pas la prohibition, c'est la validité du compromis ; or, celle-ci ne me paraît pas pouvoir être considérée comme faite d'abord pour le droit interne " (44). La réponse du professeur GOLDMAN à l'objection ne semble pas probante. Car si c'est la validité du compromis et non la prohibition qui importe, la validité du compromis dans un contrat international passé pour les besoins et dans les conditions conformes aux usages du commerce international n'est pas autre chose que l'absence de prohibition. La validité du compromis dans un tel contrat international résulte directement de la limitation du champ d'application de la prohibition aux contrats internes, et il n'est pas nécessaire qu'il y ait une règle spécifique qui proclame la licéité du contrat international en question. Quand il n'y a pas de prohibition, il y a naturellement licéité, cette licéité résulte du principe général de la liberté des conventions. Il y a problème seulement lorsqu'il existe une règle qui interdit. Or, c'est une telle règle qui existe et elle se trouve limitée au droit interne et elle est faite pour le droit interne. Cette règle limite elle-même son champ d'application en s'arrêtant à la frontière des contrats internationaux passés pour les besoins et dans les conditions conformes aux usages du commerce international. Et c'est ainsi qu'on trouve la licéité de la convention d'arbitrage pour ces contrats, licéité qui n'est pas elle-même une règle, mais résulte de l'absence de règle qui prohibe (45)

(43) **GOLDMAN**, Règles de conflit. etc., précité, p. 121.

(44) **GOLDMAN**, *ibidem,* p. 133.

(45) **KASSIS**, Le nouveau droit européen des contrats internationaux, **LGDJ**, 1993, n° 160.

291. - La lecture des professeurs GOLDMAN et GAILLARD ne semble donc pas la seule ni la bonne lecture que l'on puisse faire de l'arrêt GALAKIS : plutôt que de le lire comme édictant une règle matérielle du droit de l'arbitrage international, la bonne lecture serait, à notre sens, d'y voir le résultat d'une règle (l'interdiction faite aux personnes publiques de compromettre) limitant elle-même son champ d'application aux contrats internes, ce qui rend arbitrable un litige sur un contrat commercial international conclu par une telle personne.

292. - L'application cumulative de la loi applicable à la convention d'arbitrage et de la *lex fori* du juge de l'exequatur (46) conduit bien à l'arbitrabilité du litige. En effet, selon l'article V. 1 (a) de la Convention de New York, la loi applicable à la convention d'arbitrage est la loi française, loi du siège de l'arbitrage qui s'est déroulé en France, les parties n'ayant pas choisi le droit applicable à leur convention d'arbitrage. La *lex fori* du juge de l'exequatur est aussi la loi française. Or, cette loi considère comme arbitrable le litige relatif à un contrat commercial international.

e) La solution dans la jurisprudence française du problème de l'interdiction de compromettre faite à l'État et aux personnes publiques par un droit étranger : l'arrêt GATOIL

293. - La jurisprudence GALAKIS est une jurisprudence française concernant une prohibition de compromettre en droit français. S'applique-t-elle lorsqu'est invoquée en France une prohibition similaire d'un droit étranger ? La réponse est venue un quart de siècle plus tard avec l'arrêt rendu le 17 décembre 1991 par la Cour d'appel de Paris dans l'affaire GATOIL.

Il a été précédemment indiqué que dans cet arrêt, la société de droit panaméen contestait la validité de la clause compromissoire contenue dans un contrat conclu avec une société de l'État iranien au motif que cette société n'avait pas obtenu les autorisations parlementaires exigées par la Constitution iranienne. L'arrêt se fonde expressément sur " l'autonomie de la clause compromissoire, en tant que règle matérielle internationale consacrant la licéité de la convention d'arbitrage, hors de toute référence à un système de loi ", pour rejeter la contestation de la capacité et des pouvoirs de la société de droit iranien, contestation que GATOIL fondait sur les dispositions du droit iranien (47).

294. - Selon le professeur GAILLARD, c'est la jurisprudence GALAKIIS, fon-

(46) Selon l'analyse du professeur **FOUCHARD,** voir *supra* n° 248.
(47) La solution de l'arrêt **GATOIL** a été confirmée par l'arrêt du 24 février 1994 rendu par la Cour d'appel de Paris dans l'affaire **BEC FRÈRES** (Rev. Arb., 1995.275).

dée sur l'idée d'autonomie en tant que règle matérielle, qui perdure et se prolonge dans l'arrêt GATOIL, lequel n'est que la suite nécessaire de la jurisprudence GALAKIS laquelle a une portée générale, s'appliquant à toutes les personnes morales de droit public, françaises ou étrangères. C'est d'ailleurs la formulation de l'arrêt GATOIL. En réalité, comme l'a montré le professeur SYNVET, la jurisprudence GALAKIS doit être interprétée comme apportant, en matière d'arbitrage international (dans le sens du droit international privé), une exception à l'interdiction de compromettre, qui ne concernait que les personnes publiques françaises. Point n'était donc besoin de recourir au principe d'autonomie ni à l'idée d'une règle matérielle.

Mais la question encore plus importante qui se pose est de savoir si la jurisprudence GALAKIS s'applique lorsque la convention d'arbitrage international est conclue par une personne morale de droit public étranger, comme l'a affirmé l'arrêt GATOIL lui-même. Déjà avant l'arrêt GATOIL, le professeur LOQUIN le contestait, au motif que la jurisprudence GALAKIS ne pourrait avoir pour destinataire que l'État français et qu'il n'appartiendrait pas à l'ordre juridique français de s'immiscer dans l'organisation d'un ordre juridique étranger (48). Commentant l'arrêt GATOIL, le professeur GAILLARD estime que l'argument du professeur LOQUIN ne convainc pas, parce que chaque État a compétence pour apprécier les effets, dans son propre ordre juridique, d'actes prétendant limiter la portée d'engagements internationaux librement acceptés par un autre État (49). Décidément, il s'agit, de l'aveu du professeur GAILLARD, d'un problème d'engagements internationaux d'un État, dépassant le cadre du droit international privé, qui doit être résolu sur le plan du droit international public. Il faut donc aller au-delà d'une motivation en termes d'autonomie de la convention d'arbitrage et de règles matérielles, décidément inacceptable sur le plan du droit international public.

295. - Nous croyons que le meilleur raisonnement qui est de nature à étayer la solution de l'arrêt GATOIL est celui que propose le professeur SYNVET qui observe justement que la logique de l'arrêt GATOIL doit être différente de celle de l'arrêt GALAKIS. L'arrêt GALAKIS pouvait être interprété comme apportant, en matière d'arbitrage international, une exception aux articles 83 et 1004 du Code de procédure civile (devenus l'article 2060 du Code civil) qui ne concernaient que les personnes publiques françaises, et il était raisonnable de soutenir que la loi de chaque État est la mieux placée pour déterminer l'aptitude de ses entités publiques à se lier par une convention d'arbitrage, la question relevant de la compétence de cet État pour des motifs de droit international public. S'il s'agit de l'État étranger lui-même,

(48) **LOQUIN**, note sous Paris, 20 janv 1987, **BOMAR OIL**, **JDI**, 1987.937.

(49) **GAILLARD**, Traité, p. 336, note 301.

le simple fait pour cet État de donner son consentement, par un organe compétent pour l'exprimer, à une convention d'arbitrage, révèle son aptitude à compromettre. Dans ses relations avec des sujets de droit extérieurs à son ordre juridique, l'État peut *a priori* librement s'engager. L'interdiction de compromettre n'est qu'une auto-limitation qu'il s'impose. S'il ne la respecte pas, des conséquences sont peut-être à tirer sur le plan interne. Mais la souscription de la clause démontre que, dans le cas particulier, l'État est revenu sur cette auto-limitation. Si c'est un organisme public de l'État étranger qui a méconnu la prohibition ou a omis de solliciter l'autorisation requise, la solution de l'arrêt GATOIL se justifie alors autrement. Vu de l'extérieur, l'État a la charge de faire respecter, par les collectivités se rattachant à lui, les disciplines qu'il prétend leur imposer. Que la convention d'arbitrage ait été conclue manifeste que ce contrôle n'a pas été correctement exercé. Cette faute de l'État fait obstacle à ce que ses règles prohibitrices puissent être opposées à un cocontractant étranger (50).

296. - Du reste, l'application cumulative de la loi applicable à la convention d'arbitrage et de la *lex fori* du juge de l'exequatur conduit à la loi française qui considère comme arbitrable le litige relatif à un contrat commercial international conclu par un État, la non-arbitrabilité étant limitée aux contrats internes selon l'arrêt GALAKIS (51).

f) Les prétendues règles matérielles sur l'arbitrabilité subjective dans les autres sources du droit international de l'arbitrage

297. - Selon le professeur GAILLARD, en ce qui cncerne l'interdiction de de compromettre faite à l'État et aux personnes publiques, on trouve le raisonnement en termes de règles matérielles non seulement en droit français, mais dans les conventions internationales et aussi en droit comparé (52).

Le professeur GAILLARD invoque d'abord l'article II, paragraphe 1er de la Convention de Genève du 21 avril 1961 qui dispose que les personnes morales de droit public ont la faculté de conclure valablement des conventions d'arbitrage. L'auteur estime que ce texte pose une règle matérielle édictant l'arbitrabilité subjective des litiges concernant ces personnes. Est-

(50) Note sous l'arrêt **GATOIL**, précitée, Rev. Arb., 1993, p. 292-293.

(51) L'explication en termes de règles matérielles conduit le juriste à se perdre en conjectures. Ainsi le professeur **GAILLARD** observe que les arrêts **GALAKIS, GATOIL** et **BEC FRÈRES** ne se sont pas prononcés sur la question de savoir si la règle matérielle qu'ils consacrent appartient au seul droit français ou si elle incorpore dans le droit français un principe général du droit transnational de l'arbitrage international (**GAILLARD**, Traité, n° 546). On voudrait ainsi que la règle matérielle soit une ouverture du droit français sur la *lex mercatoria*.

(52) **GAILLARD**, Traité, n° 535.

ce à dire que la Convention de Genève a pris parti contre la méthode des conflits de lois et en faveur de la méthode des règles matérielles ? Nous croyons qu'il y a là le résultat d'une certaine confusion. La Convention de Genève s'applique en tant que convention internationale que doivent appliquer les juges des États qui y ont adhéré. Ses règles s'appliquent en tant que telles. Ce sont des règles matérielles si l'on veut qualifier de règle matérielle toute disposition d'une convention internationale et toute loi étatique. Mais dans notre contexte qui est celui de règles à tirer de la conception française de l'ordre public international, on parle de méthode de règles matérielles en tant que méthode globale alternative à la méthode des conflits de lois, en tant que variante du principe d'autonomie de la convention d'arbitrage international par rapport à tout droit étatique, visant à échapper à l'application d'une loi interne désignée selon la méthode conflictuelle et édictant la non-arbitrabilité des litiges où l'une des parties est une personne morale de droit public. Les règles d'une convention internationale ne s'inscrivent pas dans ce débat de caractère général. Le texte de la Convention de Genève se prononce directement en faveur de l'arbitrabilité et coupe court à tout débat pour ou contre le conflictualisme.

298. - Ce que nous venons de dire à propos de la Convention de Genève de 1961 comme tentative de conforter la prétendue méthode des règles matérielles peut être dit aussi bien à propos des dispositions législatives de certains États en faveur de l'arbitrabilité des litiges où l'une des parties est une personne publique dans un arbitrage international (Grèce, Tunisie, Algérie, Suisse) (53). Il s'agit en l'occurrence de règles législatives qui ne s'inscrivent pas dans le cadre d'une " méthode " de nature à se constituer en tant que telle comme une alternative à la méthode des conflis de lois et à avoir vocation à se substituer à elle. On se souvient des propos du professeur OPPETIT qui mettait en garde contre l'idée de parler de méthode à propos de quelques règles matérielles que la doctrine avait pu déceler çà et là et qui étaient directement applicables en matière internationale, règles qui étaient elles-mêmes discutables en tant que règles matérielles, comme on le sait (54). Les dispositions des droits grec, tunisien, algérien et suisse invoquées sont autre chose que les " règles matérielles " érigées par les professeurs FOUCHARD et GAILLARD en méthode devant se substituer à la méthode conflictuelle en matière de droit applicable à la convention d'arbitrage international et qui sont susceptibles d'être tirées d'une conception française de l'ordre public international, selon l'explication du professeur GAILLARD qu'on a vue.

(53) GAILLARD, Traité, n° 549.

(54) OPPETIT, Le développement des règles matérielles, Travaux du Comité français de droit itnternational privé, Éditions du CNRS, 1989, précité, p. 123.

299 - Quant à l'invocation de ce que le professeur GAILLARD appelle " jurisprudence arbitrale internationale ", il serait fastidieux de rappeler que la jurisprudence arbitrale internationale, en tant que source du droit international de l'arbitrage, qui serait à l'image de la jurisprudence des tribunaux étatiques, est un mythe (55). De toute manière, rien dans les sentences arbitrales citées ne dit ni n'indique que ces sentences ont adopté la " méthode des règles matérielles ". Elles disent tout simplement que l'ordre public internationnal s'opposerait à ce qu'un organe étatique, traitant avec des personnes étrangères, puisse passer une clause d'arbitrage qui met en confiance le cocontractant pour se prévaloir ensuite de la nullité de sa propre parole, ou bien elles le disent dans des phrases équivalentes. Ce qui ne signifie pas pour autant l'adoption de l'explication par la thèse de la méthode des règles matérielles, l'affirmation pouvant avoir, ainsi qu'on l'a vu, un autre fondement. La même observation vaut en ce qui concerne la résolution de l'Institut de droit international, adoptée à l'issue de sa session du 5 au 13 septembre 1988 (56).

SECTION IV

LES AUTRES CAS DE NON-ARBITRABILITÉ OBJECTIVE

300. - Sans parler de la non-arbitrabilité du fait de la prohibition visant l'État et les personnes morales de droit public, qui est, elle aussi, ainsi qu'on l'a vu, une non-arbitrabilité objective, quelles règles de droit faut-il appliquer aux autres cas de non-arbitrabilité objective ? A l'évidence, il faut distinguer selon que la question se pose au juge étatique du contrôle de la sentence ou à l'arbitre international.

A - La question de l'arbitrabilité se pose au niveau du juge étatique

301. - Si c'est le juge étatique du contrôle de la sentence qui est confronté à un problème d'arbitrabilité, la réponse ne devrait pas faire de doute : selon l'analyse qui s'impose, telle que nous l'avons vue, ce juge étatique doit normalement procéder à l'application cumulative de la loi qui régit la convention d'arbitrage international et de la loi de son for en matière d'arbitrabilité.

302. - Telle n'est cependant pa s l'opinion du professeur GAILLARD. " Lorsqu'il apprécie l'arbitrabilité objective d'un litige à caractère international, le juge français se réfère nécessairement à la conception française de l'or-

(55) KASSIS, Théorie générale des usages du commerce, LGDJ, 1984, nos 782 et s.
(56) GAILLARD, Traité, nos 550 à 558.

dre public international (57) ". Mais alors surgit comme toujours la même question : cette arbitrabilité selon la conception française de l'ordre public international est-elle différente de l'arbitrabilité dans le droit de l'arbitrage interne français ? Autrement dit, y a-t-il des litiges non-arbitrables dans un arbitrage interne français mais qui seraient arbitrables dans un arbitrage international selon la conception française de l'ordre public international ?

Au titre de l'arbitrabilité dans un arbitrage international selon la conception française de l'ordre public international, le profsseur GAILLARD passe en revue les cas de non-arbitrabilité. Mais en les examinant un à un, on constate qu'ils sont tous sans exception aussi bien des cas de non arbitrabilité dans un arbitrage interne. Pourquoi alors faire la distinction, si en matière d'arbitrabilité les solutions sont les mêmes dans un arbitrage interne et dans un arbitrage international, et pourquoi parler de règles matérielles de l'arbitrage international en matière d'arbitrabilité si elles sont identiques point pour point aux règles internes françaises sur l'arbitrabilité ?

303. - Le professeur GAILLARD décrit l'évolution de la jurisprudence française sur la non-arbitrabilité des " matières qui intéressent l'ordre public ", énoncée à l'article 2060 du Code civil français (58). Cette évolution a été amorcée en matière d'arbitrage interne où la jurisprudence est passée par deux étapes : une première étape où elle considérait que tout litige qui " touche à l'ordre public " doit être exclu de l'arbitrage (59) ; une deuxième étape où elle a considéré que seule l'illicéité du contrat faisant l'objet de l'arbitrage peut justifier la non-abitrabilité (60). On constate la même évolution en matière d'arbitrage international : dans une première étape, la jurisprudence considérait que le litige concerne l'ordre public et que le compromis est nul chaque fois que la solution de l'arbitrage suppose l'interprétation et l'application d'une règle d'ordre public (61) ; dans une deuxième éape, la Cour de cassation s'est prononcée en faveur de l'arbitrabilité du litige lorsque le différend soumis à l'arbitrage , même s'il intéresse l'ordre public, ne porte pas sur la licéité ou l'illicéité de l'acte (62).

304. - Mais la jurisprudence a franchi une troisième étape en matière d'arbitrabilité dans un arbitrag international. Dans l'arrêt GANZ du 29 mars 1991, la Cour d'appel de Paris déclare qu' " en matière internationale, l'arbitre a compétence pour apprécier sa propre compétence quant à l'arbitra-

(57) GAILLARD, Traité, n° 559.
(58) GAILLARD, Traité, n°s 563 à 570.
(59) Cass. civ. 9 janv. 1854, D. 1854.1.69.
(60) Arrêts du 15 juin 1956, D. 1957.587.
(61) Orléans, 15 mai 1961, Rev. crit. de d. i. pr., 1961.778.
(62) Cass. 18 mai 1971, Impex, Rev. Arb., 1972.2.

bilité du litige au regard de l'ordre public international et dispose du pouvoir d'appliquer les principes et règles relevant de cet ordre public, ainsi que de sanctionner leur méconnaisance éventuelle, sous le contrôle du juge de l'annulation ". La Cour ajoute que, " hors les cas où la non-arbitrabilité relève de la matière - en ce qu'elle intéresse au plus près l'ordre public international et exclut de manière absolue la compétence arbitrale du fait de la nullité de la convention d'arbitrage - l'arbitre international, dont la mission consiste aussi à assurer le respect de l'ordre public international, a le pouvoir de sanctionner les comportements contraires à la bonne foi qui doit présider aux relations entre partenaires du commerce international " (63). Les mêmes principes ont été appliqués par la Cour d'appel de Paris dans l'affaire LABINAL .

305. - L'arrêt GANZ a été le premier à affirmer en termes généraux la mission de l'arbitre international d'assurer le respect de l'ordre public international, ce qui comporte le pouvoir de l'arbitre de sanctionner la méconnaissanc des règles d'ordre public international. Mas cet arrêt n'autorise dans sa conclusion l'arbitre international qu'à sanctionner les comportements contraires à la bonne foi qui doit présider aux relations entre partenaires du commerce international. Or, la sanction de la méconnaissance du principe de bonne foi n'est pas clairement la sanction d'une violation de l'ordre public et n'emporte pas la reconnaissance expresse du pouvoir de l'arbitre d'annuler le contrat contraire à l'ordre public.

C'est l'arrêt LABINAL de la Cour d'appel de Paris du 19 mai 1993 qui, après avoir repris la motivation de l'arrêt GANZ, affirme " qu'en matière internationale, l'arbitre apprécie sa propre compétence quant à l'arbitrailité du litige au regard de l'ordre public international et dispose du pouvoir d'appliquer les principes et les règles qui en relèvent ainsi que d'en sanctionner la méconnaissance éventuelle sous le contrôle du juge de l'annulation " (64).

306. - L'arrêt GANZ qui a franchi la troisième étape en matière d'arbitrabilité des litiges intéressant l'ordre public - étape décisive, écrit le professeur GAILLARD - concerne, selon son énoncé, l'ordre public international et l'arbitrage international. Voilà donc, dira-t-on, un point sur lequel l'arbitrabilité n'est pas la même dans un arbitrage interne et dans un arbitrage international. Trois auteurs (M. LEVEL, M. JARROSSON et Mme. IDOT) se sont demandé cependant pourquoi l'arbitre interne aurait sur ce point moins de pouvoirs que l'arbitre international. On ne voit pas, en effet, rationnellement, pourquoi il faudrait raisonner différemment en matière interne. Si,

(63) Paris, 29 mars 1991, **GANZ**, Rev. Arb., 1991, p. 480.
(64) Paris, 19 mai 1993, **LABINAL**, Rev. Arb., 1993.645, note **JARROSSON**.

dans les arrêts GANZ et LABINAL, leur " considérant " vise la matière internationale, c'est parce que ces deux affaires étaient effectivement internationales, mais il n'y a pas de raison d'en limiter la portée à l'arbitrage international. La même observation est faite par M. JEAN-BAPTISTE RACINE (65).

On voit donc qu'en ce qui concerne la non-arbitrabilité des matières qui intéressent l'ordre public visées à l'article 2060 du Code civil, la question se pose dans les mêmes termes pour l'arbitrage international et pour l'arbitrage interne, et l'on perçoit mal sur ce point les règles matérielles qui viseraient exclusivement l'arbitrage international.

307. - S'agissant de la non-arbitrabilité des matières extrapatrimoniales, l'article 2060 du Code civil vise spécifiquement les questions d'état et de capacité des personnes et celles relatives au divorce ou à la séparation de corps. C'est ce que l'arrêt GANZ a appelé " les cas où la non-arbitrabilité relève de la matière " et ce que Mme IDOT a suggéré de qualifier d' " inarbitrabilité *per se* " (66). Il est admis, comme l'écrit le professeur GAILLARD, que même en matière internationale, il n'est pas concevable de faire trancher par des arbitres de telles matières extrapatrimoniales.

Toutefois, le professeur GAILLARD se ravise pour écrire tout de suite après, dans le même paragraphe, que " même si on ne l'estime pas (l'article 2060 du Code civil) directement applicable en matière internationale, ce texte marque l'importance attachée par le législateur français à ces sujets " (67). On a du mal à comprendre ce que veut dire ce dernier propos du professeur GAILLARD. Est-ce que les matières extrapatrimoniales sont non-arbitrables dans un arbitrage international non point parcce que l'article 2060 est directement applicable en matière internationale, mais parce que le législateur français leur attache une importance marquée par ce même article ? Est-ce à dire que le fondement de leur non-arbitrabilité dans un arbitrage international est différent de leur non-arbitrabilité dans un arbitrage interne ? Mais quelle est cette différence, dès lors que l'importance que leur attache le législateur français en matière internationale est marquée par l'article 2060 qui est un article de droit interne ? Et puis qu'entend le professeur GAILLARD en disant que l'article 2060 ne serait pas " directement " applicable en matière internationale ?

308. -S'il s'agit de matières qui, sans être extrapatrimoniales, sont toutefois

(65) **LEVEL**, L'arbitrabilité, Rev.Arb., 1992, p. 237, n° 26 ; **IDOt**, note sous l'arrêt **GANZ**, Rev. Arb., 1991, p. 485 ; **JARROSSON**, note sous l'arrêt **LABINAL**, Rev. Arb., 1993, p. 658, n° 23 ; **JEAN-BAPTISTE RACINE**, L'arbitrage commercial international et l'ordre public, **LGDJ**, 1999, n° 219.

(66) **L. IDOT**, note sous Paris, 20 janv. 1989, Rev. Arb. 1989, p. 299, n° 10.

(67) **GAILLARD**, Traité, n° 572.

considérées comme relatives à d'autres droits considérés comme " indisponibles " en droit interne, comme les questions de baux commerciaux, ou de baux ruraux, ou les conflits de travail (68), ou s'il s'agit de ce que le professeur GAILLARD appelle " matières patrimoniales sensibles " (69), on ne voit pas, à propos de l'arbitrabilité des litiges évoqués par l'auteur à cet égard, de solutions qui seraient dans un arbitrage international différentes de celles d'un arbitrage interne, solutions fondées d'une part sur la conception française de l'ordre puiblic international, et d'autre part, sur le droit interne. Le professeur GAILLARD cite comme exemples de " matières patrimoniales sensibles " le droit de la concurrence, le droit des brevets et des marques, le droit des procédures collectives et le droit des sociétés. L'auteur indique qu'il semble aujourd'hui résulter de la jurisprudence française que des arbitres peuvent faire application de règles tirées du droit relatif à ces matières, en dépit de leur caractère sensible à l'ordre public (70). Mais de quel ordre public s'agit-il ? Et qu'est-ce qu' " un caractère sensible à l'ordre public " ?

309. - Pour ce qui est du droit de la concurrence " interne ou communautaire ", le professeur GAILLARD observe (71) que l'arbitrabilité a été admise expressément par l'arrêt LABINAL et aussi par l'arrêt VELCRO (72). Mais M. JARROSSON observait dans sa note sous l'arrêt LABINAL qu'on ne voit pas, rationnellement, pourquoi il faudrait raisonner différemment en matière interne.

310. - S'agissant du droit des brevets et des marques, le professeur GAILLARD est d'avis (73) que rien ne s'oppose, dans la logique de la jurisprudence GANZ, à ce que des arbitres soient saisis de la validité d'une cession ou de l'exécution ou de la résiliation d'un contrat de licence de tels droits (74). Mais MM. LEVEL et JARROSSON ainsi que Mme IDOT ont relevé, comme on l'a vu, qu'il n'y a pas de raison de limiter la portée de l'arrêt GANZ à l'arbitrage international et de ne pas l'appliquer à l'arbitrage interne (75).

(68) **GAILLARD**, Traité, n° 573.
(69) **GAILLARD**, Traité, n^os^574 à 579.
(70) **GAILLARD**, Traité, n° 574.
(71) **GAILLARD**, Traité, n° 575.
(72) Paris, 14 oct. 1993, Rev. Arb., 1994.164.
(73) **GAILLARD**, Traité, n° 576.GAILLARD
(74) Ou d'un litige sur contrat relatif à l'exploration d'un brevet (Paris, 24 mars 1994, **DEKO**, Rev. Arb., 1994.515.).
(75) Voir supra.

311. - En matière de droit français des faillites, les arrêts que le professeur GAILLARD cite énoncent eux-mêmes expressément que les règles de ce droit sont d'ordre public interne et international et que ce n'est que si les arbitres méconnaissent ces règles que leur sentence est annulée (76). Il en est donc ainsi, à l'évidence, que l'arbitrage soit interne ou international.

312. - Il semble donc que l'analyse du professeur GAILLARD apporte elle-même un désaveu à la thèse qu'il défend et montre qu'au niveau du juge étatique du contrôle de la sentence, les règles sur l'arbitrabilité des litiges sont les mêmes dans l'arbitrage interne et dans l'arbitrrage international et que l'ordre public interne et la conception française de l'ordre public international en matière d'arbitrabilité ne se distinguent pas. On aurait ainsi baptisé du nom de conception française de l'ordre public international ce qui n'est que le droit interne en matière d'arbitrabilité.

B - La question de l'arbitrabilité se pose au niveau de l'arbitre international

313. - *Quid* de l'arbitre international confronté à un problème d'arbitrabilité ? " Lorsqu'ils sont saisis de la même question (de l'arbitrabilité), les arbitres, qui peuvent voir leur sentence reconnue par une pluralité d'ordres juridiques (77), ne peuvent se placer que du point de vue des exigences d'un ordre public réellement international, sous réserve de considérations d'efficacité de la sentence ", indique le professeur GAILLARD (78).

314. - On se demande d'abord s'il ne serait pas plus prudent et plus sage pour les arbitres de se placer plutôt du point de vue des exigences de la conception de l'ordre public international du juge étatique du contrôle de la sentence que du point de vue d'un ordre public réellement international,en supposant qu'il y ait une différence entre les deux et que le dernier existe. Cela paraît évident à partir du moment où l'arbitrabilité va dépendre au bout du compte des exigences de la conception de l'ordre public international dont tient compte le juge du contrôle de la sentence. Comme c'est ce juge qui aura le dernier mot, c'est cette conception qui doit prévaloir en effet aux fins de la reconnaissance et de l'exécution de la sentence, et non les exigences d'un ordre public réellement international hypothétique. Ceci est d'autant plus vrai que le professeur GAILLARD admet lui-même

(76) **GAILLARD**, Traité, n° 577.
(77) Ils peuvent aussi bien en voir la reconnaissance refusée par une pluralité d'ordres juridiques.
(78) **GAILLARD**, Traité, n° 559.

que l'arbitre international doit se placer du point de vue des exigences d'un ordre public réellement international " sous réserve de considérations d'efficacité de la sentence ". Or, ces considérations ne sont autres que les exigences de la conception de l'ordre public international que fera prévaloir le juge étatique du contrôle de la sentence. Mais le passage par de telles sinuosités ne fait-il pas un peu trop compliqué ? N'est-il pas plus simple de dire que l'arbitre doit se placer en tout état de cause du même point de vue que celui du juge étatique du contrôle de la sentence ?

315. - Mais, tout compte fait, qu'est-ce que cet ordre public réellement international, et quelles différences présente-t-il par rapport à la conception française de l'ordre public international ? En réalité c'est une pure création de l'esprit de ceux qui y croient et il n'existe que dans leur imagination.

Et, après tout, comment reconnaîtra-t-on les contours de cet ordre public réellement international sous l'angle duquel, nous dit-on, devrait se placer l'arbitre en matière d'arbitrabilité ? On le reconnaîtra à travers les solutions de la jurisprudence arbitrale qui l'ont retenu, indique le professeur GAILLARD qui ne fait d'ailleurs que reprendre la formulation et les exemples déjà donnés par le professeur GOLDMAN. Encore une fois, nous retrouvons le mythe de la jurisprudence arbitrale internationale. Quels sont ces exemples (79) ?

a) Le droit de la concurrence

316. - Examinons l'exemple donné par les deux auteurs de la solution de la " jurisprudence arbitrale internationale " où l'arbitrabilité serait appréciée au regard de l'ordre public réellement international en matière de droit de la concurrence. Aucune des sentences citées n'évoque des exigences tirées d'un tel ordre public réellement international (80). La sentence CCI de l'affaire 1397 rendue en 1966 admet l'arbitrabilité du fait que le contrat de licence exclusive de savoir-faire n'est pas contraire à l'article 85 du Traité

(79) Force est d'observer que les analyses du professeur **GOLDMAN** et du professeur **GAILLARD** ne sont pas forcément concordantes. Pour le professeur **GAILLARD**, dans les exemples qu'il cite, l'arbitre se serait placé, en matière d'arbitrabilité, du point de vue des exigences d'un ordre public réellement international (Traité, n°s 559 et 580). Pour le professeur **GOLDMAN**, dans les mêmes exemples, l'arbitre aurait appliqué, en matière d'arbitrabilité, " une règle matérielle exprimant l'ordre public international ". (**GOLDMAN**, Jurisclasseur de droit international privé français , Fasc. 586-3, p. 18, n° 77). On comprend qu'il s'agit là d'une règle matérielle française qu'exprime la conception française de l'ordre public international, ce qui n'est pas, à l'évidence, la même chose que la règle d'un ordre public réellement international.

(80) **GAILLARD**, Traité, n° 581 ; **GOLDMAN**, Juriscl. de d. i. p. français, Fasc. 586-3, n°s 78 à 82.

de Rome. Un arbitre aurait-il décidé autrement dans un arbitrage interne ? Dans toutes les autres sentences citées par les deux auteurs à propos de l'arbitrabilité en matière de droit de la concurrence, la solution n'aurait pas été différente dans un arbitrage interne. Il s'agit dans tous les cas cités de questions liées à l'application du droit étatique ou communautaire de la concurrence, et ces questions se posent dans les mêmes termes dans un arbitrage interne et dans un arbitrage international. On ne voit pas en quoi cela donne lieu à la sollicitation d'un ordre public réellement international.

b) La propriété industrielle

317. - A propos de l'arbitrabilité en matière de propriété industrielle, les professeurs GOLDMAN et GAILLARD notent que certaines sentences font une distinction claire entre les litiges relatifs à l'existence ou à la validité du titre de propriété industrielle, qui ne sont pas arbitrables et ceux qui concernent l'exécution des contrats, notamment de licences, portant sur les droits de brevets ou de marques, ou la responsabilité contractuelle découlant de l'inexécution des obligations des parties, qui sont arbitrables. Les mêmes auteurs font observer que doivent aussi être réputés arbitrables les litiges relatifs à la validité, à l'exécution ou à l'extinction des contrats portant sur des droits de propriété industrielle qui concernent les tiers, dès lors que l'existence ou la validité du titre de propriété industrielle n'est pas elle-même en cause. Ils ajoutent que dans la mesure où le titre est conféré par un acte de l'autorité publique, ou est consacré par un dépôt auprès d'un service public, un litige mettant en cause son existence ou sa validité pourrait être considéré comme non arbitrable dans la mesre où le tribunal arbitral saisi d'un tel litige ne pourrait rendre des décisions opposables aux tiers (81). Tout cela est exact, mais il l'est aussi bien dans un arbitrage interne. Il ne s'agit en aucune manière d'une particularité de l'arbitrage international, ni d'un ordre public réellement international.

c) Les procédures collectives

318. - Quant à l'exemple donné par le professeur GAILLARD d'une solution relative au droit de la faillite et des procédures collectives, où l'on se serait placé du point de vue des exigences de l'ordre public international (82), on réalise sans peine dans quelle mesure on en est loin dans cet exemple, tant il est vrai que le droit de la faillite et des procédures collectives est un droit

(81) GAILLARD, Traité, n° 583 ; GOLDMAN, Jurisc1. de d. i. p. français, Fasc. 586-3, n°s 83 à 85.
(82) GAILLARD, Traité, n° 587

typiquement interne et n'a rien à voir avec un ordre public réellement international.

d) L'arbitrabilité des litiges relatifs aux contrats qui couvrent des actes de corruption ou un trafic d'influence

319. - Le professeur GAILLARD cite parmi les exemples de litiges dont l'arbitrabilité est appréciée par l'arbitre international au regard de ce qu'il considère comme des exigences d'un ordre public réellement international les litiges relatifs aux contrats qui couvrent des actes de corruption ou un trafic d'influence.

Comme pour les autres exemples que nous venons de voir et au sujet desquels le professeur GAILLARD soutient la même thèse, notre analyse est opposée. Nous croyons que le problème de l'arbitrabilité en matière de contrats de corruption et de trafic d'influence se pose dans les mêmes termes au regard de la conception française de l'ordre public international et de l'ordre prublic interne et que si la question se posait au sujet du même contrat au juge étatique du contrôle judiciaire de la sentence ou à un arbitre dans un arbitrage interne, la solution serait la même. Il n'y a donc pas lieu de faire la distinction entre l'arbitrabilité des litiges sur les contrats de corruption et de trafic d'influence au regard de l'ordre public interne, l'arbitrabilité des mêmes litiges au regard de l'ordre public international de source française, et enfin leur arbitrabilité au regard d'un ordre public véritablement international, c'est-à-dire international par sa source, selon l'expression du professeur GOLDMAN.

En effet, depuis le jour où la jurisprudence française a admis dans les arrêts GANZ et LABINAL qu'il appartient à l'arbitre de sanctionner la méconnaissance de l'ordre public malgré l'interdiction énoncée à l'article 2060 du Code civil français, il n'y a plus de distinction à faire entre ordre public interne et ordre public international, l'arbitre interne et l'arbitre international sont habilités à sanctionner toute violation de l'ordre public.

L'examen des divers concepts d'ordre public dépasse le cadre du présent travail. Toujours est-il que dans le dernier état des conventions internationales en matière de condamnation de la corruption, on ne peut plus faire de distinction entre arbitrage interne et arbitrage international.

320 - La conclusion qui se dégage de ce qui précède est que l'arbitrabilité selon les exigences d'un ordre public réellement international, à laquelle devrait se référer l'arbitre international dans l'analyse que l'on vient de voir, ressemble à s'y méprendre à l'arbitrabilité selon les exigences de la conception française de l'ordre public international, à laquelle doit se référer le juge étatique du contrôle de la sentence, ces deux arbitrabilités ressemblant elles-mêmes à s'y méprendre à l'arbitrabilité dans l'arbitrage interne.

CHAPITRE V

L'APPROCHE ERRONÉE DE L'AUTONOMIE

ET LE *VACUUM JURIS*

EN MATIÈRE DE CONSTITUTION DU

TRIBUNAL ARBTRAL

321. - Le nouveau droit né de la réforme de 1981 contient un article unique sur la constitution du tribunal arbitral. Le premer alinéa de cet article consacre l'autonomie des parties dans la constitution du tribunal arbitral et dans la désignation des arbitres.

Dans le droit comparé de l'arbitrage commercial international en matière de constitution du tribunal arbitral, le droit français est d'une singularité notoire. Alors que toutes les législations contiennent des règles supplétives détaillées, énoncées en un certain nombre d'articles, sur la mise en place du tribunal arbitral et sur le mode de solution des difficultés que peut rencontrer cette mise en place à différentes étapes, le droit français ne consacre à la constitution du tribunal arbitral qu'un article unique.

A cette singularité qui débouche sur des impasses, il y a une explication. On examinera successivement cette singularité, son explication et les impasses sur lesquelles elle débouche.

En raison de cette conception erronée de l'autonomie, le juge français de l'exequatur saisi d'une contestation de la régularité de constitution du tribunal arbitral ou de la régularité de désignation de l'arbitre unique, et devant statuer sur cette régularité, est incapable de le faire. La raison en est, d'une part, le caractère lacunaire de l'article 1493, et, d'autre part, l'absence de renvois à des règles déterminées dans l'article 1502, 2° qui a remplacé l'article V. 1 (d) de la Convention de New York, lequel contenait un renvoi à la convention des parties, et, en l'absence de convention, à la loi du pays du siège de l'arbitrage.

C'est là une anomalie du droit français de l'arbitrage commercial international qui fait cavalier seul sur ce point.

A défaut de renvois dans l'article 1502, 2° à des règles déterminées, le juge français de l'exequatur ne peut qu'appliquer l'article V. 1 (d) de la Convention de New York sous peine de *vacuum juris*.

A - LA SINGULARITÉ FRANÇAISE : UN ARTICLE UNIQUE SUR LA FORMATION DU TRIBUNAL ARBITRAL EN MATIÈRE INTERNATIONALE

322. - Le décret de 1981 a introduit dans le nouveau Code de procédure civile six articles sur l'arbitrage international sous le titre V. De ces six articles considérés par la doctrine comme des règles matérielles un seul est consacré à la constitution du tribunal arbitral. C'est l'article 1493 qui se compose de deux alinéas. Aux termes du premier alinéa, " directement ou par référence à un règlement d'arbitrage, la convention d'arbitrage peut désigner le ou les arbitres ou prévoir les modalités de leur désignation ". Aux termes du second alinéa, " si pour les arbitrages se déroulant en France ou pour ceux à l'égard desquels les parties ont prévu l'application de la loi de procédure française, la constitution du tribunal arbitral se heurte à une difficulté, la partie la plus diligente peut, sauf clause contraire, saisir le président du tribunal de grande instance de Paris selon les modalités de l'article 1457 ".

L'article 1493 du N.C.P.C.paraît bien singulier d'une part en regard des autres droits étatiques, d'autre part en regard du droit français de l'arbitrage interne.

a) Singularité de l'article 1493 en regard des autres droits étatiques

323. - Alors que le droit législatif français consacre un article unique à la constitution du tribunal arbitral dans un arbitrage international, on trouve dans le droit législatif des autres États un nombre bien plus grand d'articles sur la désignation des arbitres et sur la solution des diverses difficultés que peut rencontrer la mise en place du tribunal arbitral (déport des arbitres, leur récusation, leur révocation, leur remplacement).

Dans toutes les législations modernes sur l'arbitrage commercial international, on trouve d'abord une disposition identique à celle du premier alinéa de l'article 1493, qui dispose que l'arbitre ou les arbitres sont désignés par les parties qui peuvent soit les désigner directement soit prévoir les modalités de leur désignation (par un tiers préconstitué ou par une institution d'arbitrage ou selon les modalités d'un règlement d'arbitrage).

Certaines de ces législations nationales prévoient des dispositions communes à l'arbitrage interne et à l'arbitrage international. C'est le cas du droit anglais (Arbitration Act 1996), du droit allemand (loi du 22 décembre 1997), du droit belge (loi du 4 juillet 1972), du droit néerlandais (Netherlands Arbitration Act de 1986), du droit égyptien (loi du 21 avril 1994). Toutes ces législations nationales contiennent des dispositions détaillées communes à l'arbitrage interne et à l'arbitrage international en matière de désignation des arbitres, de leur déport, de leur récusation, de leur révocation et de leur remplacement.

D'autres législations nationales, comme par exemple la législation italienne, la législation suisse, la législation algérienne, la législation tunisienne, consacrent en matière de constitution du tribunal arbitral des dispositions spécifiques pour l'arbitrage international, distinctes des dispositions propres à l'arbitrage interne, mais toutes prévoient des dispositions propres à la constitution du tribunal arbitral international et susceptibles d'apporter des solutions aux difficultés auxquelles peut se heurter cette constitution.

La loi italienne du 5 janvier 1994 a modifié les articles du Code italien de procédure civile. Dans les textes modifiés, les articles 806 à 831 concernent l'arbitrage interne; dont les articles 810 à 814 qui contiennent des dispositions relatives à la nomination des arbitres, à leur remplacement et à leur récusion. Aux termes de l'article 832 relatif à l'arbitrage international, ces dispositions s'appliquent à l'arbitrage international.

L'article 179 de la loi fédérale sur le droit international privé en Suisse dispose que les arbitres sont nommés, révoqués ou remplacés conformément à la convention des parties, qu'à défaut d'une telle convention, le juge du siège du tribunal arbitral peut être saisi, que ce juge applique par analogie les dispositions du droit cantonal sur la nomination,la révocation ou le remplacement des arbitres, et que lorsqu'un juge est appelé à nommer un arbitre, il donne suite à la demande de nomination qui lui est adressée, à moins qu'un examen sommaire ne démontre qu'il n'existe entre les parties aucune convention d'arbitrage.

Le décret législatif algérien de 1993 édicte des dispositions supplétives sur la désignation, la révocation ou le remplacement des arbitres, ainsi que des règles sur leur récusation dans un arbitrage international. Il en est de même en droit tunisien (loi de 1993).

La loi-type de la CNUDCI sur l'arbitrage commercial international qui a été adoptée par un certain nombre d'États contient elle aussi de nombreuses dispositions sur la nomination des arbitres, leur récusation, leur déport, leur révocation, leur remplacement.

Toutes ces dispositions législatives sont appelées à s'appliquer lorsque la constitution du tribunal arbitral se heurte à des difficultés sauf convention contraire des parties.

La limitation des dispositions sur la constitution du tribunal arbitral à un seul article en droit français est un cas unique dans le droit comparé de l'arbitrage commercial international.

b) Singularité de l'article 1493 en regard des dispositions du droit français sur l'arbitrage interne

324. - La singularité de l'article 1493 est aussi manifeste lorsqu'on le compare aux nombreuses dispositions du même droit français en matière d'arbitrage interne. Lorsqu'on constate que l'article 1493 sur l'arbitrage international énonce dans un premier alinéa le principe de l'autonomie des parties dans la désignation des arbitres ou dans la prévision des modalités de leur désignation, principe du consensualisme qui est le dénominateur commun de tout arbitrage interne ou international, et dans un second alinéa l'intervention du juge étatique pour résoudre les difficultés de constitution du tribunal arbitral, et lorsqu'on constate, d'autre part, que les articles 1442 à 1468 énoncent,en matière d'arbitrage interne, non seulement le principe de l'autonomie des parties dans la désignation des arbitres ou dans la prévision des modalités de leur désignation, mais contiennent des règles précises sur l'acceptation par les arbitres de leur mission, sur leur déport, leur récusation, leur révocation, leur remplacement, sur le délai de leur mission, on se rend compte de l'insuffisance de l'article 1493 pour la solution des difficultés qui se posent en matière de constitution du tribunal arbitral dans un arbitrage international.

B - EXPLICATION DE L'ANOMALIE FRANÇAISE : L'ALLERGIE À L'INTERVENTION DU DROIT ÉTATIQUE DANS L'ARBITRAGE COMMERCIAL INTERNATIONAL

325. - L'explication était connue au lendemain de l'entrée en vigueur du décret de 1981. Les promoteurs du nouveau droit ont pris soin de l'exposer en des termes d'une grande clarté. Le professeur GOLDMAN écrivait en 1981 que " le principe essentiel et de base du nouveau texte légal est celui de l'autonomie de la volonté poussée à ses plus extrêmes limites, et ce qui est vrai de la procédure au sens strict l'est aussi de la désignation des arbitres " (1). Comme le disait clairement le professeur FOUCHARD, il y a dans le texte de 1981 un " parti pris " : ce texte reconnaît aux parties et aux institutions permanentes d'arbitrage la plus grande liberté pour organiser l'arbitrage, et consacre, par des règles matérielles et non par des règles de conflit, les notions de procédure et de sentence véritablement internationales. Pour plus de précision, le professeur FOUCHARD soulignait que la préoccupation des auteurs du nouveau texte était de " faire simple ", qu'il était inutile et même dangereux de multiplier les prescriptions, ce qui explique l'absence dans le texte de règles de conflit, l'objectif recherché étant seulement de consacrer l'autonomie des praticiens et de fixer les limites de cette autonomie lors du contrôle de l'arbitrage par un juge français. Or, pour atteindre cet objectif, " seules des règles matérielles étaient nécessaires, et elles étaient aussi suffisantes ", concluait le professeur FOUCHARD (2).

Mais il n'y a pas que l'autonomie des parties, il y a aussi et surtout " la

(1) GOLDMAN, La volonté des parties et le rôle de l'arbitre dans l'arbitrage international. (Colloque du 23 septembre 1981, Rev. Arb., 1981, p. 471).
(2) FOUCHARD, Introduction : spécificité de l'arbitrage international, même Colloque, Rev. Arb. 1981, p. 460.

reconnaissance de la plus large autonomie de l'arbitrage par rapport aux lois étatiques " (3).

On comprend donc qu'il n'y ait dans le nouveau droit de l'arbitrage interntional qu'un petit nombre de règles matérielles, parmi lesquelles une seule double règle sur la constitution du tribunal arbitral, à savoir l'article 1493.

326 - Dans le Traité de 1996, le professeur FOUCHARD confirme cette explication au chapitre 1 : les besoins spécifiques de l'arbitrage international justifient un maximum d'autonomie des praticiens du commerce international et une grande liberté par rapport aux cadres juridiques et judiciaires des États. Cette explication est précisée dans les termes suivants :" Si l'arbitrage international doit être soumis à des règles spécifiques, plus libérales, assurant aux praticiens du commerce international un maximum d'autonomie, c'est parce que cette liberté par rapport aux cadres juridiques et judiciaires des États est nécessaire pour favoriser le règlement des litiges du commerce international, et cette justification d'un régime spécifique de l'arbitrage international tient à l'existence de besoins spécifiques, qui ne découlent eux-mêmes que du caractère international de la relation économique en cause " (4).

Dès lors que l'édiction de règles étatiques par un législateur national en matière de constitution du tribunal arbitral dans un arbitrage international constitue une immixtion injustifiée de ce législateur dans une relation internationale qui n'est pas du ressort de ce législateur, on doit donc dans cette optique écarter toute règle législative et se contenter de la règle matérielle très générale du premier alinéa de l'article 1493 qui n'est que la traduction du principe du consensualisme.

C - L'ERREUR D'ANALYSE QUI SOUS-TEND LA LOGIQUE DU DROIT FRANÇAIS EN MATIÈRE DE CONSTITUTION DU TRIBUNAL ARBITRAL DANS UN ARBITRAGE INTERNATIONAL : UN PRÉJUGÉ DOGMATIQUE CONTRE DES RÈGLES LÉGISLATIVES MÊME SUPPLÉTIVES

327. - Se contenter de la règle matérielle du premier alinéa de l'article 1493 et s'écarter des règles législatives pour résoudre les difficultés de constitution du tribunal arbitral sous prétexte d'éviter l'immixtion de règles étatiques dans l'arbitrage international aux fins de sauvegarder l'autonomie de ce dernier, n'empêche pas que des difficultés puissent surgir en fait dans la constitution du tribunal arbitral et qu'il faille résoudre ces difficultés.

(3) FOUCHARD, L'arbitrage international en France après le décret du 12 mai 1981, JDI, 1982, p. 376.

(4) FOUCHARD, Traité, 1996, précité, n° 117.

328. - Les auteurs du décret de 1981 ont voulu " faire simple ", comme l'écrivait le professeur FOUCHARD au lendemain de ce décret (5). Or, à trop vouloir faire simple, on risque de " faire simpliste ", et c'est ce qui s'est produit. Comment va-t-on résoudre les difficultés de constitution du tribunal arbitral (déport d'arbitre, récusation, révocation, remplacement, etc.) ? Qu'à cela ne tienne, répondent les protagonistes du décret de 1981, car on oublie qu'il y a le second alinéa de l'article 1493 qui prévoit le recours au juge étatique (le président du tribunal de grande instance de Paris) qui résoudra toute difficulté à laquelle peut se heurter la constitution du tribunal arbitral.

Mais il est permis de penser d'emblée que cela pose problème. Car, après tout, le président du tribunal de grande instance est un juge étatique. Son intervention ne constitue-t-elle pas une immixtion de l'État dans l'arbitrage international ? On aurait évité les règles législatives de l'État pour retomber sur un juge étatique qui est, après tout, un organe de l'État. On aurait chassé l'État par la porte pour le laisser entrer par la fenêtre.

329. - L'objection est écartée par le professeur FOUCHARD d'un trait de plume. La réponse du professeur FOUCHARD à l'objection est la suivante : " L'intervention du juge étatique lors de la constitution du tribunal arbitral n'en reste pas moins un phénomène relativement récent, qui a pris une grande ampleur en France dans les toutes dernières années, pour les arbitrages internes comme pour les arbitrages internationaux. Loin d'apparaître comme une immixtion inacceptable de la justice publique dans le fonctionnement de la justice privée, ou une mise en tutelle de cette dernière, elle s'analyse plutôt en une assistance, requise et accordée lorsqu'elle est nécessaire pour que la convention d'arbitrage puisse produire ses pleins effets. La rédaction relativement large de l'article 1493, alinéa 2, a permis de développer cette coopération judiciaire, spécialement en matière internationale, sans que l'autonomie de l'arbitrage face aux cadres étatiques s'en trouve amoindrie " (6).

330. - Or, c'est là que le bât blesse. Car si l'intervention du juge étatique en application du second alinéa de l'article 1493 n'est pas une immixtion de la justice publique dans le fonctionnement de la justice privée ou une mise en tutelle de cette dernière, mais une simple assistance , requise et accordée lorsqu'elle est nécessaire pour que la convention d'arbitrage incomplète puisse produire ses pleins effets, il en est absolument de même pour les règles législatives qui prévoient des solutions aux difficultés de constitution du tribunal arbitral, lorsque de telles difficultés se présentent, assistance nécessaire pour que la convention d'arbitrage incomplète puisse produire ses

(5) **FOUCHARD**, Colloque du 23 septembre 1981, précité, Rev. Arb., 1981, p. 460.
(6) **FOUCHARD**, Traité, précité, n° 834.

pleins effets. L'intervention du législateur en édictant des règles législatives pour la solution des difficultés de constitution du tribunal arbitral ne fait autre chose qu'assister les parties pour que la convention d'arbitrage produise ses pleins effets, loin de s'immiscer dans la constitution du tribunal, dès lors que ces règles ne jouent que faute de convention contraire des parties, c'est-à-dire dès lors qu'elles ne sont que des règles supplétives.

D - LA DOUBLE NÉCESSITÉ DE RÈGLES LÉGISLATIVES SUPPLÉTIVES ET DE L'INTERVENTION D'UN JUGE ÉTATIQUE D'APPOINT LORSQU'IL EXISTE BIEN UNE CONVENTION D'ARBITRAGE INTERNATIONAL MAIS QUE CETTE CONVENTION N'A PAS PRÉVU TOUTES LES DIFFICULTÉS DE CONSTITUTION DU TRIBUNAL ARBITRAL NI LEUR SOLUTION

331. - Il est regrettable que les auteurs du décret de 1981 et ses laudateurs inconditionnels aient vu la nécessité de l'intervention d'un juge étatique pour résoudre les difficultés de constitution du tribunal arbitral lorsque la convention d'arbitrage international n'a pas prévu ces difficultés et leur solution et qu'ils n'aient pas vu que cette intervention d'un juge étatique d'appoint à elle seule est insuffisante à cette fin, mais que des règles législatives supplétives étaient aussi nécessaires qui indiquent au juge la teneur de ces solutions, sans quoi le juge requis pour intervenir afin de donner plein effet à la convention d'arbitrage incomplète serait obligé de créer lui-même les solutions, ce qui est pour lui une cause d'embarras et de difficultés parfois insurmontables. S'ils n'ont pas vu la nécessité de telles règles législatives supplétives alors qu'ils ont bien vu la nécessité d'intervention d'un juge étatique d'appoint, c'est parce que les auteurs du décret de 1981 ont cru à tort que de telles règles seraient une immixtion inacceptable de l'État dans l'arbitrage international qui est une justice privée, alors que l'intervention du juge étatique ne serait qu'une assistance. Or, si l'intervention du juge étatique est une assistance et non une immixtion, des règles législatives sont elles aussi une assistance et non une immixtion dans la mesure où elles sont supplétives, où elles complètent une convention d'arbitrage incomplète, ce qui est le rôle de toute règle supplétive. Si le juge étatique est un juge d'appoint, des règles étatiques supplétives qu'il appliquera dans son intervention sont, elles aussi, des règles d'appoint.

332. - Si cette vérité a échappé aux auteurs du décret de 1981, c'est en raison d'un attachement dogmatique à l'autonomie de la convention d'arbitrage international, d'une hantise de l'intervention de l'État dans l'arbitrage international qui s'est traduite par une hostilité dogmatique à toute intervention de l'État, même si cette intervention n'est que subsidiaire, c'est-à-dire même si elle respecte la convention d'arbitrage international et parce qu'elle la respecte, elle lui fait produire son plein effet par des règles législatives qui seront appliquées par un juge étatique d'appoint. Le scrupule, le préjugé dogmatique ont fait perdre de vue la vraie nature des règles législatives nécessaires au juge étatique investi du pouvoir d'assister les parties, à savoir qu'elles ne sont que des règles supplétives. L'horreur du conflictualisme et de l'intervention de l'État a conduit à l'horreur de toute règle législative même supplétive en matière d'arbitrage international.

Quelle différence y a-t-il entre la manière effective selon laquelle le législateur français a procédé à l'article 1493 et la manière selon laquelle il aurait procédé si, après avoir proclamé au premer alinéa de l'article 1493 la liberté totale des parties dans la désignation des arbitres, et après avoir prévu au second alinéa du même article la compétence du président du tribunal de grande instance de Paris à intervenir pour la solution des difficultés de constitution du tribunal arbitral, le législateur français avait prévu dans d'autres articles les solutions que le président doit appliquer pour résoudre les susdites difficultés sauf convention contraire des parties ? Cela aurait été du pareil au même, il y aurait eu aussi assistance et non immixtion, sauf que les solutions auraient été connues par le président et qu'il n'aurait pas été dans l'embarras de les chercher au risque de ne pas les trouver.

333. - C'est une curieuse anomalie du droit français qu'y soit prévue l'intervention du juge étatique français pour résoudre les difficultés de constitution du tribunal arbitral dans un arbitrage international sans que soient donnés au même juge les moyens de son intervention, en omettant d'éclairer sa lanterne, en faisant l'impasse sur les règles qu'il doit appliquer dans cette intervention.

Les concepteurs du décret de 1981 ont cru à tort qu'il suffit de proclamer que la constitution du tribunal arbitral est l'affaire des parties et que la convention d'arbitrage peut désigner les arbitres ou prévoir les modalités de leur désignation (article 1493 al. 1) pour que tous les problèmes que peut poser la constitution du tribunal arbitral soient réglés et que toute autre disposition soit une atteinte à l'autonomie des parties. C'était un peu court. Les concepteurs du décret de 1981 dans leur allergie au droit étatique n'ont pas vu que les parties peuvent avoir omis dans leur convention d'arbitrage de prévoir les modalités de désignation des arbitres (comme dans la clause blanche) ou de récusation ou de remplacement des arbitres ou de prévoir ces modalités d'une manière suffisante et qu'il n'y aurait aucune atteinte à la volonté des parties et à leur autonomie si des dispositions législatives prévoient les règles nécessaires pour combler les lacunes de la convention d'arbitrage international, à condition bien entendu que ces règles soient supplétives. Et c'est à tort, selon nous, que le professeur FOUCHARD a jugé que les quelques règles qualifiées de matérielles sur l'arbitrage international du décret de 1981 étaient suffisantes (7). C'est parce que le législateur n'a pas parlé, alors qu'il aurait dû le faire, qu'on assiste aux tentatives visant à violenter les textes dans un sens ou dans l'autre, pour faire parler le silence, ou pour faire dire à ces textes ce qu'ils ne disent pas, ainsi qu'aux solutions contradictoires des ordonnances du président du tribunal de grande instance et aux hésitations des commentateurs lorsque la clause compromissoire est nulle ou insuffisante, sans parler des autres impasses dues au silence du législateur français en matière de constitution du tribunal arbitral.

334. - Le professeur FOUCHARD fait une étude de droit comparé en matière de coopération du juge étatique dans la mise en place du tribunal arbitral. Il observe d'abord qu'il est communément admis et qu'il n'est pas vraiment nouveau que les parties peuvent convenir librement des modalités de règlement des difficultés de constitution ou de reconstitution du tribunal arbitral. Il donne la loi-type de la CNUDCI et les législations qui l'ont adoptée ou adaptée en exemples de la tendance générale en faveur de l'autonomie de la volonté des parties qui conviennent librement par exemple de la procédure de récusation ou qui peuvent mettre fin d'un commun accord à la mission de l'arbitre en cas de carence, ce qui est abslument indiscutable.

335. - Le professeur FOUCHARD constate ensuite que le droit comparé révèle que le mouvement en faveur de la coopération judiciaire est absolument général. Dans cet ordre d'idées, il observe que " loin de considérer avec méfiance ce concurrent de la justice étatique, le législateur contemporain souhaite au contraire que le juge public lui apporte - si besoin est - son assistance, en début et en cours de procédure, de sorte que la volonté des parties soit pleinement respectée. La tâche des juridictions étatiques n'est donc plus seulement de contrôler et d'ordonner l'exécution des sentences arbitrales ; elle consiste aussi à renforcer la pleine efficacité de la convention d'arbitrage et spécialement à favoriser la mise en place du tribunal arbitral ". Le professeur FOUCHARD donne en exemples de cette coopération du juge étatique dans la constitution ou la reconstitution du tribunal arbitral les lois belge, néerlandaise, suisse, italienne, allemande, autrichienne, égyptienne ainsi que la loi-type de la CNUDCI (8).

336. - Tout cela est bien vrai, mais ce que le professeur FOUCHARD omet de signaler - et ce n'est pas moins important - c'est que, lorsqu'on consulte toutes ces lois citées en référence, on constate non seulement qu'elles prévoient toutes la coopération du juge étatique - toujours subsidiaire - dans

(7) Colloque du 23 septembre 1981, précité, Rev. Arb., 1981, p. 460.
(8) **FOUCHARD**,Traité de 1996, précité, nos 911 à 919

la solution des difficultés de constitution du tribunal arbitral, mais qu'elles contiennent aussi toutes des solutions législatives précises à ces difficultés (par exemple en cas de déport, de récusation, de révocation, de remplacement). Le plus souvent elles renvoient le juge étatique aux dispositions équivalentes en matière d'arbitrage interne (comme la loi fédérale suisse et la loi italienne), ou bien les textes sont communs à l'arbitrage interne et à l'arbitrage international (lois belge, néerlandaise, égyptienne), ou bien la solution est édictée directement pour l'arbitrage international (lois algérienne et tunisienne). Contrairement à la loi française, les autres lois nationales qui prévoient la coopération du juge étatique dans la solution des difficultés de constitution du tribunal arbitral ne laissent pas le juge étatique sans directives tenter, à partir de raisonnements laborieux et souvent discutables, de créer des solutions qu'il aurait dû trouver dans la loi elle-même.

E - LES DIFFICULTÉS ET LES IMPASSES DU JUGE ÉTATIQUE D'APPOINT DUES À L'ABSENCE DE RÈGLES LÉGISLATIVES SUPPLÉTIVES

337. - Appelé à résoudre des difficultés auxquelles s'est heurtée la constitution du tribunal arbitral, le juge étatique d'appoint (le président du tribunal de grande instance de Paris) est parfois confronté à des dilemmes dont il est difficile, voir quasiment impossible de sortir, à des situations qui sont de véritables impasses, pour lesquelles toute solution semble juridiquement discutable, où aucune solution ne s'avère rationnellement sûre, et tout cela est dû à l'absence de dispositions législatives supplétives, ce qui met en évidence une infirmité du droit français de l'arbitrage commercial international.

a) La clause blanche

338. - La clause blanche est la clause compromissoire qui ne désigne pas l'arbitre ou les arbitres et qui ne prévoit pas non plus les modalités de leur désignation. Dans un arbitrage interne, elle est nulle. L'article 1443 alinéa 2 dispose, en effet, qu'à peine de nullité, la clause compromissoire doit, soit désigner le ou les arbitres, soit prévoir les modalités de leur désignation. Par exemple, une clause qui prévoit seulement que tout litige né à l'occasion du contrat sera réglé par un " arbitrage à Paris ". On considère en droit français que cette clause, nulle dans un arbitrage interne, ne l'est pas dans un arbitrage international. La raison en est que l'article 1493 qui concerne l'arbitrage international ne prévoit pas une telle nullité et que les règles sur l'arbitrage interne sont, ainsi qu'on l'a vu, sans application en matière d'arbitrage international. Selon le professeur FOUCHARD, dans un tel cas le président du tribunal de grande instance aura le pouvoir de fixer le nombre des arbitres et les modalités de leur désignation par les parties, et même de désigner lui-même et directement le ou les arbitres nécessaires [9].

Ainsi, le président du tribunal de grande instance déciderait à sa guise du nombre d'arbitres, voire même qu'ils seront en nombre pair - l'imparité n'étant pas de règle en matière d'arbitrage international dans la conception française -, il pourrait inviter les parties à désigner leurs arbitres ou les désigner lui-même. On ne voit pas pourquoi, il ne pourrait pas aussi désigner un tiers préconstitué à cet effet. On a peine à imaginer que les concepteurs du décret de 1981 aient pu envisager un pouvoir discrétionnaire aussi étendu du président du tribunal de grande instance français qui serait un créateur absolu de règles en matière de constitution du tribunal arbitral dans un arbitrage international.

Si l'opinion du professeur FOUCHARD devait être suivie, on aurait là une curiosité juridique qui n'a pas de pareille ailleurs qu'en France, justement en raison de l'absence de règle législative supplétive sur le nombre d'arbitres et leur mode de désignation.

b) Dans l'application de l'article 1493 alinéa 2, le juge français peut-il refuser d'intervenir au motif que la clause compromissoire est nulle ou insuffisante ?

339. - S'il s'agit d'un arbitrage interne, le juge (le président du tribunal), saisi d'une demande de désignation d'un arbitre, lorsque la constitution du tribunal arbitral se heurte à une difficulté, refuse la désignation demandée si la clause compromissoire est, soit manifestement nulle, soit insuffisante pour permettre de constituer le tribunal arbitral. C'est ce que prévoit l'article 1444 du N.C.P.C. Le président du tribunal de grande instance de Paris devrait-il avoir le même comportement lorsqu'il est saisi conformément à l'article 1493 alinéa 2, s'agissant d'un arbitrage international ?

Il semble qu'en droit français la réponse négative ne doive pas faire l'ombre d'un doute, dès lors que les règles sur l'arbitrage interne sont sans application dans l'arbitrage international et que l'article 1493 alinéa 2 ne prévoit nullement que le président doit s'abstenir d'intervenir lorsque la clause est nulle ou insuffisante. " L'opinion la plus simple, et la plus radicale, indique le professeur FOUCHARD, consisterait à dire que cette condition n'étant pas posée, elle ne jouera pas en matière internationale. En sa faveur, on dira que les rédacteurs du texte, ayant sous les yeux la rédaction du droit interne, n'ont pu s'en écarter que délibérément, dans le souci de faciliter la constitution du tribunal arbitral en matière internationale, et de limiter la discussion devant le juge appelé à y prêter son assistance. En outre, l'article 1495 réserve expressément, même lorsque le droit interne

(9) FOUCHARD, Traité, n° 859.

est applicable, l'application de la règle plus libérale de l'article 1493 " (10).

340. - De fait, l'article 1495 dispose que " lorsque l'arbitrage international est soumis à la loi française, les dispositions des titres Ier, II et III du présent livre ne s'appliquent qu'à défaut de convention particulière et sous réserve des articles 1493 et 1494 ". Ce qui veut dire en clair que toutes les dispositions des trois titres ne s'appliqueront qu'en l'absence de convention particulière des parties excluant l'une ou l'autre de ces dispositions, l'arbitrage international étant soumis à la loi française. Or, parmi ces dispositions des trois titres figurent au titre Ier l'article 1444 et les article 1451 à 1456 sur la constitution du tribunal arbitral. Ces articles devraient en principe recevoir application lorsque les parties ont soumis leur arbitrage international à la loi française. Mais le texte de l'article 1495 ajoute :" sous réserve des articles 1493 et 1494 ". Et comme l'article 1493 concerne la constitution du tribunal arbitral dans l'arbitrage international, la réserve signifie que l'article 1493 évince l'application des articles sur la constitution du tribunal arbitral dans un arbitrage interne, y compris bien entendu l'application de l'article 1444.

Il s'ensuit que le président saisi conformément à l'article 1493 désignera l'arbitre même si la clause compromissoire est manifestement nulle ou insuffisante, l'article 1444 étant écarté par la réserve de l'article 1495, l'article 1493 ne reprenant pas dans son texte la condition de l'article 1444. C'est la seule conséquence qui semble découler logiquement des textes.

341. - Mais cette solution, conforme à la logique formelle du texte, heurte de front la rationalité juridique. Car on a peine à imaginer qu'une clause manifestement nulle puisse produire les mêmes effets que si elle ne l'était pas.

D'autres solutions ont été suggérées, et elles ont été adoptées tour à tour, y compris celle que l'on vient de voir, par la jurisprudence du tribunal de grande instance (11), ce qui traduit le désarroi de la jurisprudence devant les textes législatifs déroutants parce qu'ils sont incomplets.. Du reste, le professeur FOUCHARD qui énumère toutes ces solutions ne se prononce pas en faveur de l'une ou l'autre d'entre elles.

Parmi les autres solutions suggérées, il a été soutenu que les deux conditions requises en matière d'arbitrage interne (que la clause compromissoire ne soit pas manifestement nulle et qu'elle ne soit pas insuffisante) devraient s'appliquer aussi en matière internationale. La raison en serait que le renvoi de l'article 1493 alinéa 2 à l'article 1457 ne suffirait pas, car

(10) FOUCHARD, Traité, n° 852.

(11) Voir les ordonnances du Tribunal de grande instance de Paris citées par le professeur FOUCHARD dans le Traité, sous n°s 852 à 855.

ce texte ne concerne que la procédure d'intervention du juge, et qu'il devrait être complété par l'extension, en matière internationale, de conditions de fond prévues par l'article 1444 (12). Cette opinion se heurte à une objection péremptoire fondée elle-même sur la logique du texte. Compléter un texte législatif, c'est y ajouter. Or, on ne peut ajouter à un texte sous prétexte de l'interpréter, car il n'y a pas lieu à interprétation lorsque le texte est clair.

342. - Une troisième opinion, qualifiée par le professeur FOUCHARD d'intermédiaire, serait favorable au seul contrôle de l'absence de nullité manifeste, car il serait déraisonnable d'imposer au juge la désignation d'un arbitre en l'absence de toute apparence de clause compromissoire : un juge ne saurait être un " distributeur automatique " de désignation d'arbitres, même dans les cas où l'arbitrage n'a manifestement aucun fondement conventionel ni aucune chance d'être un jour reconnu dans un pays quelconque. En revanche, la condition selon laquelle la clause compromissoire devrait être " suffisante pour permettre de constituer le tribunal arbitral " ne saurait être exigée pour l'intervention du juge en matière internationale, car ce serait y étendre la prohibition interne de la " clause blanche " (art. 1443, al. 2), qui ne s'y applique manifestement pas, en raison de la formule très libérale de l'article 1493 alinéa 1 (13).

Cette opinion semble inadmissible. Qu'il soit déraisonnable pour le juge de désigner un arbitre en cas de nullité manifeste de la clause compromissoire, c'est bien vrai. Mais ce serait pour le juge aller à l'encontre de l'article 1493 aliné 2 que de ne pas désigner l'arbitre au cas où la constitution du tribunal arbitral se heurte à une difficulté, même si la clause compromissoire est manifestement nulle. Curieux dilemme pour le juge : s'il adopte la solution raisonnable en refusant de désigner l'arbitre lorsqu'il trouve que la clause compromissoire est nulle, il n'aura pas respecté le texte de l'article 1493 alinéa 2 ; s'il respecte ce texte et désigne l'arbitre, il aura adopté une solution irrationnelle. Par ailleurs, il serait aberrant d'affirmer que la condition selon la laquelle la clause compromissoire devrait être suffisante pour permettre de constituer le tribunal arbitral ne s'impose pas au juge pour intervenir, car cette condition s'impose à lui par la nature des choses : si la clause compromissoire est insuffisante pour permettre au juge de désigner l'arbitre, comment peut-il le désigner ?

343. - Une dernière opinion a été avancée. Le professeur FOUCHARD l'expose sans se prononcer sur sa valeur. On a également suggéré, explique-t-il, de distinguer selon le chef de compétence du juge français. S'il l'est

(12) FOUCHARD, Traité, n° 853.

(13) FOUCHARD, Traité, n° 854

parce que l'arbitrage en cause a été soumis à la loi de procédure française, l'article 1444 deviendrait applicable, sauf à faire prévaloir sur ses exigences les règles matérielles plus favorables édictées soit par la jurisprudence française en matière d'arbitrage international soit par la loi étrangère qui serait applicable à la clause compromissoire. Si, en revanche, le président du tribunal de grande instance de Paris a été saisi parce que l'arbitrage doit se dérouler en France, l'article 1444 n'a aucun titre à s'appliquer, et " l'appréciation du caractère manifestement nul ou insuffisant de la clause d'arbitrage " ne relève pas de sa compétence , mais de celle de l'arbitre, sous réserve d'un recours en annulation contre sa sentence (14).

344. - Cette dernière opinion ne semble pas plus heureuse que les autres. D'abord, si l'article 1444 devient applicable parce que l'arbitrage international a été soumis à la loi de procédure française, à quel titre devrait-on faire prévaloir sur celle-ci les règles matérielles plus favorables édictées soit par la jurisprudence française en matière d'arbitrage international soit par la loi étrangère qui serait applicable à la clause compromissoire ? Ne nous est-il pas dit que tout est supplétif par rapport à la volonté des parties ? Si cette volonté a choisi la loi de procédure française, rien ne devrait prévaloir sur celle-ci. Et puis, quelles sont les règles matérielles édictées par la jurisprudence française en matière d'arbitrage international qui devraient prévaloir sur la loi de procédure française choisie par les parties ? Et quelles sont les règles matérielles plus favorables édictées par la loi étrangère applicable à la clause compromissoire qui devraient prévaloir sur la loi de procédure française choisie ? Et comment peut-il y avoir une loi étrangère qui serait applicable à la clause compromissoire, alors que les parties ont choisi la loi de procédure française ? Il nous a été dit et répété, que l'on sache, que la clause compromissoire est autonome par rapport à une loi étatique, qu'elle a une validité et une efficacité propres, qu'elle est régie par des " règles matérielles " et non par un droit étatique et que l'on est en dehors des conflits de lois. Et voilà qu'on nous parle maintenant de loi étrangère applicable à la clause compromissoire.

Par ailleurs, il nous est dit que si le président du tribunal de grande instance a été saisi parce que l'arbitrage international doit se dérouler en France, l'article 1444 n'aurait aucun titre à s'appliquer, et l'appréciation du caractère manifestement nul ou insuffisant de la clause d'arbitrage ne relèverait pas de sa compétence, mais de celle de l'arbitre. Mais il nous a été dit qu'il serait déraisonnable que le président désigne un arbitre si la clause d'arbitrage est manifestement nulle ou insuffisante. Donc, selon l'opinion en question, le président devrait désigner l'arbitre, même si cela est dérai-

(14) FOUCHARD, Traité, n° 855.

sonnable du fait de la nullité manifeste ou de l'insuffisance de la clause compromissoire, parce qu'il ne serait pas de sa compétence de refuser la désignation et parce qu'il appartiendrait à l'arbitre désigné de décider qu'il n'aurait pas dû l'être. Cette jurisprudence erratique du tribunal de grande instance illustre de la meilleure manière les impasses sur lesquelles débouche le préjugé du droit français de l'arbitrage international hostile par principe à toute législation supplétive en matière de constitution du tribunal arbitral.

c) Prorogation de la durée des fonctions du tribunal arbitral

345. - La convention d'arbitrage ayant fixé un délai pour la mission du tribunal arbitral dans un arbitrage international [15], le président du tribunal de grande instance peut-il proroger ce délai ? L'article 1456 alinéa 2 du N.C.P.C.l'autorise à le faire dans l'arbitrage interne à la demande de l'une des parties ou du tribunal arbitral lui-même. Mais l'on a vu que les règles françaises sur l'arbitrage interne ne s'étendent pas à l'arbitrage international, si les parties n'ont pas expressément soumis l'arbitrage international à la loi française. Le professeur FOUCHARD reconnaît qu'aucun texte équivalent à l'article 1456, alinéa 2 ne confère un tel pouvoir au président dans un arbitrage international [16]. Or, de nombreuses ordonnances ont reconnu au président du tribunal de grande instance un tel pouvoir. Tout en reconnaissant que l'extension de ce pouvoir à l'arbitrage international ne repose sur aucun texte, le professeur FOUCHARD considère cette extension légitime et opportune. Mais comment peut-elle être légitime si aucun texte ne l'autorise, et d'où peut-elle tirer sa légitimité ? Dire par ailleurs que cette extension est opportune ne justifie pas sa légitimité, car l'opportunité d'une solution ne saurait fonder à elle seule sa légitimité.

d) Intervention en cas de récusation ou de remplacement d'un arbitre

346. - Aux termes de l'article 1463 du N.C.P.C. en matière d'arbitrage interne, un arbitre ne peut s'abstenir ni être récusé que pour une cause de récusation qui se serait révélée ou serait survenue depuis sa désignation, et les difficultés relatives à l'application de cet article sont portées devant le président du tribunal compétent. Comme l'observe le professeur FOUCHARD, le règlement de telles difficultés ne figure pas expressément, en matière internationale, parmi les attributions du président du tribunal de grande instance, à la différence de l'arbitrage interne, faute de texte [17]. On

(15) On verra qu'en droit français il n'y a pas de délai légal pour l'arbitrage international.

(16) **FOUCHARD**, Traité, n° 866.

(17) **FOUCHARD**, Traité, n° 872.

devrait en conclure logiquement que le président n'a aucune compétence pour connaître d'une demande de récusation lorsqu'il s'agit d'un arbitrage international. Pourtant l'application du texte de l'article 1463 a été étendue par certaines ordonnances à l'arbitrage international en matière de récusation : le magistrat parisien s'est déclaré compétent pour statuer sur une demande de récusation, à condition qu'aucune autre autorité n'ait été prévue par les parties pour trancher cet incident. Que le président du tribunal de grande instance l'ait fait ne veut pas dire pour autant qu'il soit habilité à le faire, dès lors qu'aucun texte ne l'y autorise. On observera en revanche que si le juge suisse statue sur une demande de récusation en matière d'arbitrage international, c'est parce qu'un texte de loi lui en donne compétence (article 180 de la loi fédérale sur le droit international privé).

L'intervention du président du tribunal de grande instance en matière de récusation dans un arbitrage international ne trouve donc aucun fondement dans les textes français en vigueur.

347. - Que dire d'autres cas que celui de la récusation, lorsque le remplacement de l'arbitre s'avère nécessaire, par exemple à la suite de son abstention ou de sa démission, qui peuvent résulter d'un véritable empêchement ou d'une volonté délibérée d'obstruction, de sa révocation par la volonté commune des parties, ou enfin de son décès, qui sont autant d'événements qui, après la constitution initiale du tribunal arbitral, affectent l'existence ou la régularité de sa composition ? Il est évident que dans tous ces cas, la " reconstitution " du tribunal arbitral s'avère nécessaire.

Si l'intervention du magistrat parisien sans texte est légitime sur une demande de récusation, il semble qu'il devrait en être de même dans les autres cas que l'on vient de voir, où le remplacement de l'arbitre s'avère nécessaire. Et pourtant on constate avec le professeur FOUCHARD que ces difficultés sont réglées par les textes de droit interne et ne le sont pas en droit international.

348. - Ainsi, les textes prévoient en matière d'arbitrage interne que tout arbitre doit poursuivre sa mission jusqu'à son terme (article 1462) et qu'il ne peut s'abstenir que pour une cause de récusation postérieure à sa désignation. En l'absence de dispositions conventionnelles ou réglementaires contraires, le magistrat parisien peut-il, sur le fondement de ce texte qu'il étendrait à l'arbitrage international, faire défense à un arbitre de s'abstenir ? Or, le président du tribunal de grande instance a refusé de se prononcer sur la démission d'un arbitre dont la légitimité était critiquée devant lui (18), alors qu'il a accepté d'intervenir sur une demande de récusation, comme l'on a vu. La jurisprudence ne semble donc pas cohérente.

(18) Voir la jurisprudence citée par le professeur FOUCHARD, Traité, n° 882.

349. - Un autre exemple est révélateur des difficultés et de l'embarras du magistrat français en matière d'intervention dans la constitution du tribunal arbitral dans un arbitrage international sur la base de l'article 1493 alinéa 2 du N.C.P.C. Le professeur FOUCHARD observe judicieusement que l'article 1464 du N.C.P.C., en décidant que l'instance arbitrale prend fin par la révocation, le décès, l'empêchement, l'abstention ou la récusation d'un arbitre, n'est pas très heureux, car lorsqu'il n'est pas une incitation à l'obstruction, il est au moins la cause d'un allongement considérable de la procédure, puisqu'il impose de la recommencer dès le début, à partir de la seule clause compromissoire (19)

.Mais ce texte ne s'applique qu'à l'arbitrage interne. Le président du tribunal de grande instance peut-il dans un arbitrage international *ad hoc* de trois arbitres désigner un arbitre pour remplacer l'arbitre décédé ? Dans l'affaire de la société LA BELLE CRÉOLE, l'arbitre désigné par celle-ci étant décédé en cours d'instance, elle avait procédé à son remplacement, ce que contestait l'autre partie qui prétendait que, selon l'article 1464, l'instance arbitrale avait pris fin avec le décès de l'arbitre. La société LA BELLE CRÉOLE saisit le président du tribunal de grande instance de Paris et lui demande de juger qu'elle a pu régulièrement nommer un nouvel arbitre et que ce remplacement prenait effet du jour du décès de son prédécesseur. Le président du tribunal de grande instance décide que, l'arbitrage international se déroulant en France, mais les parties ne l'ayant pas soumis à la loi de procédure française, les dispositions du N.C.P.C. sur l'arbitrage interne ne sont pas applicables. Mais se plaçant alors sur le terrain de la commune volonté des parties, le président constate que le remplacement de l'arbitre décédé et la continuation de l'instance n'ont pas été acceptés par une des parties. Il en déduit que l'instance arbitrale a bien pris fin au jour du décès de l'arbitre. Cependant, il constate que les parties restent liées par leur clause compromissoire et les renvoie à la constitution d'un nouveau tribunal arbitral ; plus précisément, il les invite à désigner chacune un arbitre dans les meilleurs délais, et fixe une nouvelle audience pour qu'il lui en soit référé, en cas de difficulté (20).

350. - Commentant l'ordonnance en question, le professeur FOUCHARD observe que l'initiative du président s'est révélée en l'espèce opportune, mais qu'elle ne suffit pas à corriger tous les inconvénients qui résultent, actuellement, d'un système lacunaire. Car le juge d'appui devrait, précise le professeur FOUCHARD, se voir reconnaître, lorsqu'il est nécessaire de remplacer un arbitre, le pouvoir complémentaire de dire si l'instance arbitrale n'a été que suspendue, et de quelle manière (concrète) elle va alors se

(19) FOUCHARD, Traité, n° 883.
(20) Ordonnance dans l'affaire de la BELLE CRÉOLE, Rev. Arb. 1990.176 ; FOUCHARD, Traité, n° 884.

poursuivre avec le nouvel arbitre (21).

Ainsi le professeur FOUCHARD finit-il par reconnaître le caractère gravement lacunaire du texte de l'article 1493 alinéa 2 du N.C.P.C. Mais comment combler les lacunes, si ce n'est en se référant aux règles détaillées relatives à la constitution du tribunal arbitral dans l'arbitrage interne ? Des rafistolages paraissent vains, et le caractère lacunaire semble imparable tant qu'on ne se réfère pas subsidiairement aux règles relatives à l'arbitrage interne ou à des règles législatives spécifiques pour l'arbitrage international, tant que l'on se contente du principe de l'indépendance de la convention d'arbitrage international par rapport à tout droit étatique. On a beau appeler de ses voeux le détachement total de la convention d'arbitrage international de tout droit étatique. Aussi longtemps que le contrat international et la convention d'arbitrage international continuent de baigner dans un environnement de conflictualisme et de droits étatiques, et aussi longtemps que les juges étatiques exerceront un contrôle sur la convention d'arbitrage international et sur la régularité de constitution du tribunal arbitral et qu'ils appliqueront dans ce contrôle un droit étatique, il est vain de tenter de couper le lien ombilical entre la convention d'un arbitrage international et les lois étatiques. L'alternative au maintien de ce lien ombilical ne peut être que le *vacuum juris* et partant, l'incertitude du droit. Ne pas voir cette vérité, c'est faire l'autruche, c'est s'obstiner à ignorer la réalité pour s'attacher à des mythes. C'est le bourbier dans lequel s'est empêtré le droit français de l'arbitrage international.

F - L'absence de règles qui guident la Cour d'appel qui contrôle la sentence lorsqu'est soulevée devant elle pour la première fois l'irrégularité de désignation de l'arbitre unique ou de constitution du tribunal arbitral

351. - Les défaillances, lacunes et impasses n'apparaissent que dans un arbitrage *ad hoc* et seulement lorsque les parties n'ont pas fait des prévisions suffisantes sur la constitution du tribunal arbitral ou sur les modalités de sa constitution. D'une manière générale, les difficultés de constitution du tribunal arbitral et la solution de ces difficultés sont prévues dans un arbitrage institutionnel ainsi que dans un arbitrage *ad hoc* semi-organisé, comme l'arbitrage selon le règlement de la CNUDCI, grâce à l'institution qui encadre l'arbitrage institutionnel ou grâce au tiers préconstitué désigné dans le règlement de l'arbitrage *ad hoc* semi-organisé.

352. - Les problèmes relatifs à la constitution du tribunal arbitral dans un arbitrage international se posent à deux niveaux différents. Ils se posent

(21) FOUCHARD, Traité, n° 884

d'une part au niveau de la vérification de la régularité de cette constitution par le juge étatique du contrôle de la sentence arbitrale (la Cour d'appel) en vue de sa reconnaissance ou de son exécution et dans l'exercice de la voie de recours contre cette sentence. Ils se posent d'autre part au niveau de l'intervention directe du juge étatique (le président du tribunal de grande instance) dans la constitution du tribunal arbitral.

C'est donc à ces deux niveaux que doivent être examinées les règles relatives à la constitution d'un tribunal arbitral et les problèmes que pose cette constitution.Or, le droit français n'a envisagé les règles relatives à la constitution du tribunal arbitral dans l'arbitrage international qu'à travers l'article 1493 alinéa 2, c'est-à-dire dans la phase de constitution ou de reconstitution du tribunal arbitral, lorsque l'intervention du président du tribunal de grande instance de Paris est sollicitée pour cette constitution ou reconstitution. Mais les problèmes relatifs à la constitution du tribunal arbitral peuvent ne pas se poser à cette étape. Ils peuvent se poser pour la première fois bien plus tard, c'est-à-dire après le prononcé de la sentence.

On sait, en effet, que selon l'article 1502 du N.C.P.C. la décision qui accorde la reconnaissance ou l'exécution de la sentence rendue à l'étranger est susceptible d'appel, et que, selon l'article 1504, la sentence rendue en France en matière d'arbitrage international peut faire l'objet d'un recours en annulation. Parmi les cas dans lesquels l'appel ou le recours en annulation est ouvert figure le cas où " le tribunal arbitral a été irrégulièrement composé ou l'arbitre unique irrégulièrement désigné ".

353. - Or, la question va poser de savoir au vu de quelles règles la Cour d'appel, saisie de l'appel ou du recours en annulation, doit décider si le tribunal arbitral a été irrégulièrement composé ou si l'arbitre unique a été irrégulièrement désigné. Le texte de l'article 1502 est absolument muet sur la question. La Cour saisie du grief d'irrégularité de composition du tribunal arbitral ou du grief d'irrégularité de désignation de l'arbitre unique doit se prononcer sur ce grief invoqué devant elle, mais le texte ne prévoit pas les repères, les règles auxquelles elle doit se référer pour le faire, parce que le législateur ne lui indique pas ces règles. Ce mutisme ne laisse pas d'étonner. Le législateur impose un devoir au juge, mais ne lui donne pas les indications suffisantes pour s'en acquitter. Il est curieux que cette lacune législative n'ait pas éveillé l'attention des commentateurs.

La lacune exite, à n'en pas douter. Comment le juge (la Cour d'appel) va-t-il la combler ? Quelles sont les règles de droit sur la constitution du tribunal arbitral qu'il doit appliquer pour répondre au grief et décider si cette constitution est régulière ou non ?

354. - La Convention de New York de 1958 avait échappé à ce vide juridique. Aux termes de l'article V. 1 (d) de cette Convention, la reconnaisance et l'exécution de la sentence ne seront refusées, sur requête de la partie contre laquelle elle est invoquée, que si cette partie fournit à l'autorité compétente du pays où la reconnaissance et l'exécution sont demandées la preuve " que la constitution du tribunal arbitral n'a pas été conforme à la convention des parties, ou, à défaut de convention, qu'elle n'a pas été conforme à la loi du pays où l'arbitrage a eu lieu ".

Lorsque la Convention de New York s'applique dans ces conditions, aucun problème ne se pose au juge étatique appelé à contrôler la sentence. La Cour d'appel saisie du grief d'irrégularité de constitution du tribunal arbitral infirmera la décision qui a accordé la reconnaissance ou l'exécution à la sentence si elle constate que la susdite constitution n'est pas conforme à la convention des parties. Si la convention des parties est muette à cet égard, la Cour d'appel infirmera la décision qui a accordé la reconnaissance ou l'exécution à la sentence rendue à l'étranger, si elle constate que la constitution du tribunal arbitral n'est pas conforme à la loi du pays où l'arbitrage a eu lieu.

355. - La Convention de New York ne s'applique pas lorsque la sentence en matière d'arbitrage international a été rendue en France et que sa reconnaissance ou son exécution est demandée en France. Même si la sentence a été rendue à l'étranger, la Convention de New York ne s'applique pas si, sur la base de la faculté qui lui est donnée par l'article VII de cette Convention, la partie qui a demandé la reconnaissance ou l'exécution se prévaut des textes français en la matière et demande donc à écarter les dispositions de la Convention de New York et à appliquer ces textes. Dans ces cas, c'est alors l'article 1504 ou l'article 1502 qui s'appliquera selon le cas.

Le législateur français qui, contrairement à la Convention de New York, n'a fait, à l'article 1502.2°, aucune référence subsidiaire à la loi du pays où l'arbitrage a eu lieu, a voulu que le juge français du contrôle de la sentence ne se réfère pas à la loi de ce pays. La raison en est que le législateur français a voulu se départir complètement du conflictualisme en matière de constitution du tribunal arbitral. Comme l'indique le professeur FOUCHARD, l'article 1493 alinéa 1 se borne à laisser à la convention des parties le soin de la désignation des arbitres, il ne fait aucune référence à d'autres règles. Et ce silence s'explique aisément, ajoute-t-il : " ni le droit français de l'arbitrage international édicté en 1981, ni la jurisprudence antérieure ou postérieure, ne reposent sur la méthode conflictualiste, mais sur l'édiction de règles matérielles spécifiques et la reconnaissance de la plus large liberté des parties " (22).

356. - Soit. Mais en cas de silence total ou partiel de la convention des par-

(22) FOUCHARD, Traité, n° 795.

ties sur la constitution du tribunal arbitral, quelles sont ces " règles matérielles " relatives à la constitution du tribunal arbitral ? Lorsqu'est invoquée l'irrégularité de la constitution du tribunal arbitral devant la Cour d'appel, saisie par un appel de la décision qui a accordé la reconnaissance ou l'exécution de la sentence rendue à l'étranger, ou par un recours en annulation d'une sentence rendue en France en matière d'arbitrage international, où la Cour d'appel doit-elle chercher et trouver les " règles matérielles " qui lui diront si le tribunal arbitral a été régulièrement constitué ? On serait tenté de répondre avec le professeur GAILLARD que la Cour cherchera ces règles dans " les conceptions fondamentales du droit français ", ou " dans les règles matérielles minimales qui, dans la conception française de l'arbitrage international, doivent être respectées pour que l'on puisse accepter de donner effet à une convention d'arbitrage " ou " dans les principes que l'ordre juridique français estime essentiels en matière internationale ", l'ordre public international étant l'expression de ces règles et conceptions. Mais le juge ou le juriste aura beau chercher dans ces principes essentiels ou fondamentaux ou dans ces exigences de l'ordre public international, il n'y trouvera aucune règle matérielle sur la constitution du tribunal arbitral. Ces règles matérielles dont parlent le professeur FOUCHARD et le professeur GAILLARD sont inexistantes. Il faut bien, au bout du compte, se rendre à l'évidence et reconnaître que l'on ne trouve des règles sur la constitution du tribunal arbitral que dans les droits positifs nationaux, en cas de silence ou d'insuffisance de la convention des parties. On se rend compte ainsi qu'en matière de règles sur la constitution du tribunal arbitral, il est impossible de s'en remettre en tout état de cause à la convention des parties. Certes, cette convention doit avoir la primauté en la matière. Mais en cas de silence ou d'insuffisance de la convention d'arbitrage, le recours à un droit étatique est inévitable pour la vérification de la régularité de constitution du tribunal arbitral dans l'arbitrage international. L'expérience française du Nouveau Code de procédure civile est riche d'enseignements à cet égard. C'est pour avoir voulu rompre totalement avec le conflictualisme et les droits étatiques, pour avoir ignoré que la convention des parties peut n'avoir pas tout réglé en matière de constitution du tribunal arbitral, que le législateur français conduit le juge du contrôle de la sentence à l'impasse juridique, au *vacuum juris*, tout en lui commandant de vérifier la régularité de cette constitution et de se prononcer sur cette régularité lorsqu'elle est contestée.

357. - Tel étant l'état des textes, force est de se demander comment la juridiction étatique qui contrôle la sentence en vue de sa reconnaissance ou de son exécution doit se déterminer sur la question de la régularité de constitution du tribunal arbitral lorsqu'elle est requise d'appliquer l'article 1502 ou l'article 1504 du N.C.P.C. Dès lors qu'elle ne peut éviter de se référer à des règles pour trancher la question et qu'il n'existe pas en matière de constitution du tribunal arbitral de " règles matérielles " dans le sens que leur donnent les professeurs FOUCHARD et GAILLARD, la juridiction étatique du contrôle, confrontée à la difficulté, ne saurait, à notre sens, éviter un raisonnement conflictuel. Et, dans la mise en oeuvre d'un tel raisonnement, le juge étatique du contrôle ne saurait éviter d'appliquer, dans sa vérification de la régularité de constitution du tribunal arbitral, une loi étatique. Le plus normal serait qu'il applique la loi du pays où l'arbitrage a eu lieu. Le résultat sera le même que si l'on avait appliqué la Convention de New York. Sans doute le lieu de l'arbitrage ne sera-t-il pas alors considéré comme un facteur de rattachement impératif, sans doute le siège de l'arbitrage ne sera-t-il pas pris pour sa valeur localisatrice mais comme un indice du choix implicite des parties, et d'une manière subsidiaire, lorsqu'il n'y a pas eu un choix explicite de loi en matière de constitution du tribunal arbitral. Comme l'écrit le professeur GOLDMAN, le lieu de l'arbitrage puise une force localisatrice du fait qu'il est le lieu d'exécution de la convention d'arbitrage (23).

Le législateur français a voulu aller au-delà du conflictualisme et de la Convention de New York en matière de règles sur la constitution du tribunal arbitral. Il n'a pas réalisé qu'un attachement dogmatique au libéralisme conduit au vide juridique dans un domaine où le juge étatique du contrôle de la sentence ne saurait se passer de référence à des règles sur la constitution du tribunal arbitral en l'absence de convention entre les parties et qu'il ne peut les trouver que dans un droit étatique.

G - L'autorité de l'ordonnance prise par le président du tribunal de grande instance au titre de l'article 1493 al. 2 au regard du juge étatique exerçant son contrôle *a posteriori* de la sentence dans la procédure d'exequatur ou dans un recours en annulation

358. - Au lieu d'envisager d'abord l'hypothèse où le problème des règles sur la constitution du tribunal arbitral se pose pour la première fois devant la juridiction étatique du contrôle de la sentence (la Cour d'appel), le président du tribunal de grande instance de Paris n'ayant pas été sollicité pour intervenir dans la phase préalable de constitution du tribunal arbitral, pour se demander quelles règles sur la constitution du tribunal arbitral la Cour d'appel aurait dû appliquer, le professeur FOUCHARD envisage une autre hypothèse, à savoir si le président du tribunal de grande instance a été sollicité pour intervenir et a rendu une ordonnance. Le professeur FOUCHARD se demande quelle autorité peut avoir son ordonnance au regard de la Courd'appel qui exerce par la suite son contrôle de la sentence arbitrale.

(23) GOLDMAN, JCL de droit international privé français, Fasc. 586-1, n° 47.

359. - L'ordonnance du président, rendue en application de l'article 1493 alinéa 2 du N.C.P.C., statue au fond et définitivement, bien que le président soit saisi " comme en matière de référé " et bien que l'ordonnance de référé soit dépourvue de l'autorité de la chose jugée. L'assimilation à la procédure de référé ne porte que sur le mode de saisine du président qui ne rend pas, en matière de constitution du tribunal arbitral, une décision provisoire, comme l'est l'ordonnance de référé, mais statue au fond, et définitivement (24).

360. - La Cour d'appel, saisie d'un appel contre l'ordonnance d'exequatur d'une sentence rendue à l'étranger ou d'un recours en annulation d'une sentence internationale rendue en France, peut-elle revenir sur ce qui a été décidé dans l'ordonnance du président ou bien est-elle liée par celle-ci ? Dans un arrêt du 6 avril 1990, la Cour d'appel de Paris, qui était saisie d'un recours en annulation contre les sentences arbitrales rendues après les ordonnances du président qui avaient rejeté les demandes de récusation d'arbitres, répond au grief de constitution irrégulière des tribunaux arbitraux que " les décisions intervenues pour rejeter les demandes de récusation visant tous les arbitres ayant été ensuite appelées à statuer, insusceptibles de recours, ont irrévocablement statué sur l'indépendance des arbitres visés par ces procédures, question qui ne peut plus être rejugée par le moyen du recours en annulation dès lors que : - l'objet de la contestation (le contrôle qualitatif des arbitres) est identique quant à l'appréciation des causes de récusation ou du moyen d'annulation, également fondés sur le défaut d'indépendance des arbitres, déduit des mêmes circonstances ; - l'intervention du juge étatique dans le processus de constitution du tribunal arbitral a eu pour effet, en réglant, sans recours possible, les contestations portant sur la qualité des arbitres, d'assurer et de consacrer la régularité de la constitution à cet égard ".

La Cour d'appel en déduit qu' " une nouvelle contestation de cette régularité ne pourrait être fondée que sur la révélation ultérieure d'un vice affectant la composition du tribunal arbitral " (25).

361. - Cet arrêt est fortement critiqué en doctrine. Comme l'observe le professeur DE BOISSÉSON dans sa note sous l'arrêt en question, la Cour d'appel est saisie dans le recours en annulation d'une question qui va au-delà du simple aménagement du processus de constitution du tribunal arbitral, elle vérifie, au regard de l'ensemble de la procédure et de la formulation de la sentence si la formation du tribunal et l'exercice de son pouvoir juri-

(24) FOUCHARD, Traité, n° 907 ; GUINCHARD, Rev. Arb. 1990, p. 149 ; DE BOISSÉSON, *op. cit.*, n° 648.

(25) Paris, 6 avril 1990, PHILIPP BROTHERS, Rev. Arb. 1990, p. 880.

dictionnel ont respecté les règles fondamentales de procédure et si les parties ont pu avoir le sentiment légitime que leur étaient accordées des garanties d'équité et d'indépendance (26). Le professeur FOUCHARD lui-même ne manque pas de noter que l'intervention du président du tribunal de grande instance dans le cadre de la mission d'assistance à l'arbitrage international que lui confie l'article 1493, alinéa 2 n'est qu'une intervention ponctuelle, supplétive, destinée à éviter la paralysie de l'arbitrage et à faciliter la constitution du tribunal arbitral, et non pas à statuer sur la validité de la constitution du tribunal arbitral. Elle doit donc seulement régler une difficulté de constitution et permettre la mise en place des collèges arbitraux lorsque la nécessaire coopération des parties vient à faire défaut et qu'apparaît une situation de blocage de l'arbitrage. Le seul véritable contrôle judiciaire de l'arbitrage international s'exerce *a posteriori*. D'ordre public, il ne saurait être ni amputé, ni anticipé, par l'intervention préalable éventuelle du juge d'appui, et il devrait s'exercer pleinement, " en fait et en droit ", comme le commande la Cour de cassation. Dès lors, ce qu'a pu dire le président du tribunal à propos de l'indépendance et de l'impartialité de tel ou tel arbitre ne constituerait qu'une appréciation opérée dans un contexte bien particulier ; elle peut intéresser la Cour d'appel, mais ne saurait la lier. En d'autres termes, il n'y aurait pas, au sens de l'article 1351 du Code civil, autorité de la chose jugée, car " la chose demandée " devant chaque juridiction n'est pas la même. Devant le président du tribunal, on demande la récusation d'un arbitre ; à la Cour d'appel, on demande d'annuler des sentences. Le premier est chargé de constituer, en début de procédure, le tribunal arbitral, la seconde doit contrôler, après l'arbitrage, l'ensemble des conditions de validité de la sentence - et elle est seule habilitée à le faire - en examinant les griefs que l'article 1502 déclare recevables (27).

362. - Ces observations du professeur FOUCHARD sont pertinentes. Pourtant, sa conclusion semble en retrait, et ne semble pas tout à fait cohérente avec ses prémisses. " Hors le cas un peu particulier du refus de récusation d'un arbitre, écrit-il commentant l'arrêt PHILIPP BROTHERS, la décision du juge d'appui n'aura cependant pas pour effet, le plus souvent, de limiter les pouvoirs de contrôle de la Cour d'appel saisie d'un grief d'annulation visant directement la sentence. Ainsi, le fait que le président du tribunal de grande instance ait prorogé la mission des arbitres n'empêche pas la Cour d'appel de vérifier, en toute souveraineté, si la convention d'arbitrage n'était pas expirée au moment de l'intervention de ce juge. Un contrôle judiciaire sur les aspects essentiels de la régularité de la sentence est toujours nécessaire, mais un seul suffit. C'est un souci constant du droit

(26) Note sous l'arrêt, Rev. Arb. 1990, p. 890.

(27) **FOUCHARD**, Traité, n°s 907-909.

français de ne pas multiplier les recours en matière d'arbitrage " (28).

363. - On est fondé à se demander pourquoi la Cour d'appel, saisie d'un recours en annulation de la sentence, n'est pas liée par l'ordonnance du président du tribunal de grande instance qui a prorogé la mission des arbitres, alors qu'elle serait liée par l'ordonnance qui a rejeté la demande de récusation d'un arbitre, même si la Cour trouve que l'arbitre dont la demande de récusation a été rejetée n'avait pas l'indépendance et l'impartialité requises. Pourquoi le refus de récusation d'un arbitre serait-il un cas " un peu particulier " qui mériterait un traitement différent des autres cas ? D'autant plus que le professeur FOUCHARD lui-même admet que le seul véritable contrôle judiciaire de l'arbitrage international s'exerce *a posteriori*, c'est-à-dire après le prononcé de la sentence et que l'ordonnance du président du tribunal de grande instance n'a pas autorité de la chose jugée au sens de l'article 1351 du Code civil, du fait que " la chose demandée " n'est pas la même devant le président du tribunal et devant la Cour d'appel, le premier étant chargé de résoudre les difficultés de constitution du tribunal arbitral en début de procédure, alors que la Cour doit contrôler, après la sentence, l'ensemble des conditions de sa validité et qu'elle est seule habilitée à le faire. On ne comprend pas non plus pourquoi la décision du juge d'appui n'aurait pas pour effet " le plus souvent " de limiter les pouvoirs de contrôle de la Cour d'appel saisie du grief d'annulation visant la sentence. Si c'est le plus souvent qu'elle n'a pas cet effet, quand l'a-t-elle ? Seulement lorsqu'il s'agit de récusation d'arbitre ou dans d'autres cas aussi, et lesquels ? Et pourquoi n'aurait-elle pas cet effet en cas de récusation d'arbitre ?

364. - On comprend mal enfin ce que veut dire le professeur FOUCHARD en écrivant qu'un contrôle judiciaire sur les aspects essentiels de la régularité de la sentence est toujours nécessaire, mais qu'un seul suffit et que c'est un souci constant du droit français de ne pas multiplier les recours en matière d'arbitrage. Le recours en annulation de la sentence rendue en France en matière d'arbitrage international ou l'appel de l'ordonnance d'exequatur de la sentence rendue à l'étranger ne donne-t-il pas lieu, selon le cas, au seul contrôle judiciaire sur les aspects essentiels de la régularité de la sentence ? Est-il possible de considérer l'ordonnance du tribunal de grande instance comme un premier contrôle judiciaire sur les aspects essentiels d'une sentence qui n'est pas encore rendue ? Peut-on considérer comme une multiplicité de recours en matière d'arbitrage le fait que le président du tribunal de grande instance intervienne, en début de procédure, pour la mise en place du tribunal arbitral, lorsqu'apparaît une situation de blocage

(28) FOUCHARD, Traité, n° 910

empêchant que la procédure suive son cours et qu'après le prononcé de la sentence, une Cour d'appel soit saisie du contrôle de cette sentence ? Et quelle logique autoriserait à considérer dans certains cas comme un contrôle judiciaire des aspects essentiels de l'arbitrage l'ordonnance d'un juge unique au niveau du premier degré de juridiciton statuant souverainement et sans voie de recours, alors que législateur a institué d'une manière générale le contrôle judiciaire de la sentence au niveau du second degré de juridicition avec le pourvoi en cassation comme voie de recours contre l'arrêt de la Cour d'appel ?

365. - Lorsqu'on observe les atermoiements et le désarroi de la jurisprudence et de la doctrine face aux problèmes concrets qui se posent en matière de constitution du tribunal arbitral, lorsqu'on voit d'éminents spécialistes de l'arbitrage commercial international confrontés à de tels problèmes passer en revue diverses solutions proposées et reconnaître la difficulté insurmontable de choisir la solution juridique adéquate, on se rend compte que quelque chose ne va pas dans les textes eux-mêmes. On se demande pourquoi on n'est pas confronté à de pareilles difficultés ailleurs qu'en France, et l'on se rend compte que cela est dû à une exception française, tributaire elle-même d'un attachement fétichiste à l'autonomie de l'arbitrage international, d'un préjugé dogmatique hostile à l'intervention de l'État dans cet arbitrage, allant jusqu'à récuser des dispositions législatives même supplétives. Préjugé paradoxal, puisque l'intervention de l'État à travers des dispositions législatives supplétives est remplacée par l'intervention de l'État à travers un magistrat étatique.

SCOLIE

SUR LE SECOND CHEF DE COMPÉTENCE

DE L'ARTICLE 1493 ALINÉA 2

366. - Aux termes de l'alinéa 2 de l'article 1493, le président du tribunal de grande instance de Paris intervient pour résoudre les difficultés de constitution du tribunal arbitral dans deux hypothèses : la première est celle des arbitrages internationaux qui se déroulent en France, la seconde est celle des arbitrages internationaux à l'égard desquels les parties ont prévu l'application de la loi de procédure française. Alors que pour la première catégorie la disposition a son équivalent dans les autres législations nationales, la seconde est un cas unique qui n'a pas d'équivalent ailleurs qu'en France (29).

La compétence du magistrat français dans cette dernière hypothèse apparaît d'emblée injustifiable. Le professeur FOUCHARD observe lui-même d'ailleurs qu'elle surprend, car, de manière générale, le droit français de l'arbitrage international ne fait guère appel à la recherche puis à l'application d'une loi étatique (30). Et pourtantr le professeur FOUCHARD trouve à cette compétence une double justification. D'abord, explique-t-il, il arrive que les parties choisissent une loi de procédure arbitrale (et spécialement la loi française, en raison de son libéralisme). Permettre alors au juge français d'intervenir, c'est donc donner effet à la volonté des parties, qui ont voulu soumettre leur arbitrage à l'ordre juridique français, et il est légitime de respecter cette volonté.

367. - Autre justification invoquée par le professeur FOUCHARD : c'est également admettre, - à juste titre selon lui - que " la constitution du tribunal arbitral est une question de procédure arbitrale " (31).

368. - Contrairement à l'opinion du professeur FOUCHARD, nous croyons que l'intervention du juge français dans la constitution du tribunal arbitral en cas de choix de la loi de procédure française par les parties pour un arbitrage international qui ne se déroule pas en France est absolument dépourvue de fondement, qu'elle est donc indéfendable et que les arguments avancés par le professeur FOUCHARD sont loin de la justifier.

369. - Reprenons le premier argument du professeur FOUCHARD. Peut-on vraiment affirmer qu'en choisissant la loi de procédure française, les parties ont exprimé la volonté de soumettre leur arbitrage à l'ordre juridi-

(29) La seule autre législation qui admet la compétence du juge national pour intervenir aux fins de résoudre les difficultés de constitution du tribunal arbitral, en dehors du cas où le lieu de l'arbitrage est situé sur le territoire de ce juge, est le droit néerlandais.Aux termes de l'article 1073, al. 2 du Code de procédure civile des Pays-Bas, " si les parties ne sont pas convenues du lieu de l'arbitrage, la désignation ou la récusation de l'arbitre ou des arbitres ou du secrétaire joint au tribunal arbitral peut avoir lieu conformément aux dispositions du chapitre premier du présent Titre si au moins l'une des parties est domiciliée ou a sa résidence de fait aux Pays-bas ". Le professeur **FOUCHARD** observe d'ailleurs que ce texte peut soulever quelques difficultés si la partie totalement étrangère aux Pays-Bas conteste, dans les autres États, la compétence du juge néerlandais fondée sur le seul fait que son adversaire est établi, lui, dans ce pays (**FOUCHARD**, Traité, n° 916). Que dire alors des difficultés que soulève la seconde hypothèse de l'article 1493 ?

(30) **FOUCHARD**, Traité, n° 841.

(31) *ibidem*, n° 841.

que français ? S'il est vrai que par le choix de la loi de procédure française les parties ont voulu que leur arbitrage soit soumis à l'ordre juridique français, cela ne devrait pas s'arrêter à la compétence du juge français pour intervenir en cas de difficulté de constitution du tribunal arbitral, mais cela voudrait dire qu'on devra appliquer les règles françaises à la constitution du tribunal arbitral et aussi au fond et à la convention d'arbitrage. Or, le choix par les parties de la loi de procédure arbitrale d'un pays dans un arbitrage international n'a jamais été interprété dans un tel sens, et nous croyons qu'une telle interprétation fait violence à la volonté des parties auxquelles on ne saurait raisonnablement imputer d'avoir voulu autre chose que l'adoption des règles de procédure *stricto sensu*. La présomption du choix de l'ordre juridique d'un pays par le choix des règles de sa procédure arbitrale est une extrapolation sans fondement.

370. - Mais c'est le second argument du professeur FOUCHARD qui semble le plus étonnant. Nous croyons qu'il faut s'inscrire en faux contre la proposition selon laquelle " la constitution du tribunal arbitral est une question de procédure ". En matière de justice étatique, la procédure se distingue de l'organisation judiciaire. La procédure désigne l'ensemble des formalités par lesquelles une difficulté d'ordre juridique peut être soumise à un tribunal (32). Mais il faut que le tribunal soit déjà constitué. Les règles qui régissent sa constitution sont les règles relatives à l'organisation judiciaire.Elles sont autre chose que les règles relatives à la procédure à suivre dans un procès devant un tribunal constitué. Il en est de même en matière d'arbitrage.

371. - Le caractère catégorique de l'affirmation du professeur FOUCHARD visant à justifier le second chef de compétence du juge français est d'autant plus étonnant que l'auteur lui-même soulignait en 1965 que l'expression " procédure arbitrale " est équivoque. " Elle peut, expliquait-il, désigner en réalité l'ensemble du déroulement de l'arbitrage, de la convention arbitrale initiale à l'exécution judiciaire de la sentence, en passant par la désignation des arbitres, l'échange des mémoires ou l'audition des parties, et plus généralement l'instruction de l'affaire, l'audience, la sentence et les voies de recours ".

Le professeur FOUCHARD critiquait avec vigueur cette définition de la procédure arbitrale. Il trouvait que " ce point de vue, beaucoup trop approximatif, résulte généralement d'une confusion qu'on peut relever dans la terminologie des conflits de lois en matière d'arbitrage : souvent, en effet, on parle de " loi applicable à l'arbitrage ", en jurisprudence, en doctrine, et même dans les conventions internationales, sans préciser davantage la

(32) VINCENT et GUINCHARD, Procédure civile, Dalloz, 21ème éd., ,n° 1.

phase, ou l'aspect précis de l'arbitrage qui est en question ; or, il s'agit dans la plupart des cas de la loi applicable à la procédure arbitrale dans un sens plus restrictif. Même dans la doctrine qui se veut plus favorable à l'application d'une loi unique pour l'ensemble de l'arbitrage, force est bien de reconnaître qu'au moins certains éléments (capacité de compromettre, arbitrabilité du litige, droit applicable au fond, exequatur et voies de recours judiciaires contre la sentence...) lui échappent. Mieux vaut donc,au risque de " dépecer " l'arbitrage, envisager tour à tour ses différentes phases, que la pratique distingue d'ailleurs beaucoup plus nettement ".

372. - Critiquant la susdite définition, le professeur FOUCHARD estimait qu'une autre définition est beaucoup plus précise et plus logique : c'est la définition par laquelle on entend par procédure arbitrale " la phase qui débute après la constitution du tribunal arbitral et s'achève au prononcé de la sentence ". Il pensait néanmoins que cette conception soulève quelques difficultés lorsqu'il s'agit de délimiter ses frontières exactes, du fait que " dans les législations nationales ou les conventions internationales, la désignation des arbitres (qui peut d'ailleurs intervenir après l'introduction et l'instance arbitrale), forme naturellement partie de la procédure arbitrale, et sous l'angle des conflits de lois, relève du droit applicable à cette procédure ".

373. - Les difficultés que, selon le professeur FOUCHARD, soulèverait la définition de la procédure arbitrale, comme étant la phase qui débute après la constitution du tribunal arbitral, lorsqu'il s'agit de délimiter ses frontières exactes par rapport à la constitution de ce tribunal, sont, à notre sens, fictives. Il ne nous semble pas du tout vrai que, dans les législations nationales ou les conventions internationales, la désignation des arbitres fasse naturellement partie de la procédure arbitrale, ni que sous l'angle des conlits de lois, la désignation des arbitres relève du droit applicable à la procédure arbitrale. Bien que la Convention de New York les soumette à la même règle de conflit, elle n'en fait pas moins nettement la distinction entre la constitution du tribunal arbitral et la procédure d'arbitrage (article V. 1 (d)). Le nouveau Code de procédure civile fait de même nettement cette distinction. En matière d'arbitrage interne, les règles sur la constitution du tribunal arbitral sont édictées aux articles 1451 à 1459, les règles de procédure arbitrale se trouvent aux articles 1460 et suivants. Le fait que les règles sur l'arbitrage se trouvent toutes dans le Nouveau Code de procédure civile ne veut pas dire pour autant que toutes ces règles soient des règles de procédure : certaines le sont, d'autres sont objectivement des règles sur la constitution du tribunal arbitral, d'autres enfin relèvent du droit qui régit le fond (l'article 1474 en matière d'arbitrage interne, les articles

1496 et 1497 en matière d'arbitrage international) (33). Rien n'autorise donc à dire que dans les législations nationales ou les conventions internationales, la désignation des arbitres fait naturellement partie de la procédure arbitrale ou que sous l'angle des conflits de lois elle relève du droit applicable à la procédure arbitrale (34). Selon le professeur FOUCHARD, si l'on envisage isolément le problème de la constitution du tribunal arbitral, c'est qu'en pratique il se pose en réalité non pas sous l'aspect d'un conflit de lois mais d'un désaccord des parties auxquelles différentes autorités, arbitrales, corporatives, publiques viennent prêter main-forte, si bien que déterminer la loi compétente pour la désignation des arbitres ne résoudrait probablement rien. Et l'auteur en conclut que l'on peut inclure - d'une façon théorique - la constitution du tribunal arbitral dans le domaine plus large de la loi applicable à la procédure (35).

374. - On a du mal à suivre ce raisonnement. Sans doute, lorsque l'arbitrage est institutionnel, les problèmes relatifs à la constitution du tribunal arbitral sont résolus selon le règlement de l'institution, ce règlement prévoyant des solutions pour tous les problèmes nés du silence ou de l'insuffisance de la convention d'arbitrage. Mais c'est lorsque l'arbitrage international est un arbitrage *ad hoc* que surgit la difficulté née de l'insuffisance de la convention d'arbitrage sur la constitution du tribunal arbitral. Lorsqu'il en est ainsi, aucune autorité, quelle qu'elle soit, ne peut trancher le désaccord entre les parties sur la constitution du tribunal arbitral sans se référer à des règles. Le professeur FOUCHARD fonde son raisonnement sur l'hypothèse où la convention d'arbitrage a tout prévu en matière de constitution du tribunal. Lorsque tel n'est pas le cas, rien ne peut être résolu sans la référence à une loi.

375. - Le professeur FOUCHARD soutient aujourd'hui que les règles relatives à la constitution du tribunal arbitral ne se trouvent que partiellement dans les lois étatiques, et que, corrélativement, le rôle de la règle de conflit de lois en la matière est assez limité (36). Nous croyons qu'à observer les règles du N.C.P.C. français en matière d'arbitrage international, on devrait hésiter à avancer une pareille affirmation. On voit mal une difficulté en matière d'arbitrage interne, et surtout une difficulté relative à la constitution du tribunal arbitral, qui ne trouve pas sa solution dans les titres I, II et III du livre IV du N.C.P.C. français. Et les règles des autres droits nationaux en matière d'arbitrage interne ne semblent pas moins compréhensives. Il est

(33) La distinction entrre la constitution du tribunal arbitral et la procédure arbitrale est faite d'ailleurs dans les divers règlements d'arbitrage international.

(34) FOUCHARD, L'arbitrage commercial international, Dalloz 1965, n°s 467 à 469.

(35) FOUCHARD, *op. cit.*, n° 468.

(36) JCL, d. i. pr., Fasc. 586-7-1, 1991, n° 4(36) JCL, d. i. pr., Fasc. 586-7-1, 1991, n° 4

vrai que, comme le note le professeur FOUCHARD [37], le droit français de l'arbitrage international ne règle pas en détail toutes les questions de constitution du tribunal arbitral. A vrai dire, il n'en règle aucune. Le titre V sur l'arbitrage international ne contient qu'une seule règle spécifique sur la constitution du tribunal arbitral : le premier alinéa de l'article 1493 [38] aux termes duquel le tribunal arbitral est désigné par la convention d'arbitrage. Mais ce texte n'exprime qu'une vérité d'évidence. Le problème surgit lorsque la convention d'arbitrage est muette sur la constitution du tribunal arbitral (clause blanche) ou lorsqu'elle n'est pas suffisante pour résoudre toutes les difficultés relatives à sa constitution (récusation, remplacement d'arbitre, etc). Dans de tels cas, il faut bien recourir à une loi étatique pour suppléer le silence des parties et combler les lacunes de la convention d'arbitrage international. Sinon, c'est le *vacuum juris*.

376. - Certes, comme l'indique le professeur FOUCHARD, pour autant que le recours à une loi étatique est nécessaire ou simplement utile, la loi choisie par les parties sera évidemment compétente, comme elle l'est pour régir aussi bien les effets de la convention d'arbitrage que l'instance arbitrale elle-même [39]. Mais c'est là une redondance qui ne résout pas le problème. Car il y a problème lorsque l'arbitrage est un arbitrage *ad hoc* et que la convention d'arbitrage n'est pas suffisante pour régler toutes les difficultés de constitution du tribunal arbitral, et c'est alors que l'on a besoin d'une loi étatique supplétive. C'est lorsque l'arbitrage est institutionnel que le professeur FOUCHARD peut dire que c'est la pratique arbitrale internationale qui règle, au quotidien, les mécanismes de constitution du tribunal [40]. Mais cela n'est plus vrai dans l'arbitrage international *ad hoc*. Sans doute, comme l'écrit le professeur FOUCHARD, l'arbitrage *ad hoc* étant organisé par les parties elles-mêmes, et pour un cas déterminé seulement [41], ce sont elles et elles seules qui choisissent librement, pour le règlement de ce litige particulier le ou les arbitres. Sans doute la convention d'arbitrage prime-t-elle tout. Mais c'est oublier qu'elle peut être incomplète et peut ne pas prévoir toutes les difficultés de la mise en place du tribunal arbitral. Dans un tel cas, si l'on doit s'en tenir exclusivement à ce que les parties ont prévu dans leur convention, on resterait paralysé lorsqu'une difficulté surgit qui n'y a pas été prévue et résolue, et la volonté des parties de voir

(37) *ibidem*, n° 6.

(38) Le second alinéa étant une règle qui concerne la compétence internationale du juge français pour intervenir dans la constitution du tribunal arbitral.

(39) **FOUCHARD, JCL**, précité, n° 4.

(40) *ibidem*.

(41) D'ailleurs, un arbitrage *ad hoc* n'est pas toujours organisé pour un cas déterminé seulement. Rien n'interdit aux parties de conclure une clause compromissoire *ad hoc*.

trancher leur litige par l'arbitrage ne serait pas alors respectée. Seul alors le recours à une loi étatique comblera la lacune de la convention d'arbitrage et donnera à celle-ci tous ses effets.

377. - Curieusement, c'est le professeur GOLDMAN qui prend le contre-pied de la thèse du professeur FOUCHARD selon laquelle la constitution du tribunal arbitral est une question de procédure arbitrale. Voici ce qu'il écrit à ce sujet : " La qualification des questions relatives à la convention d'arbitrage - indispensable pour déterminer la loi ou la règle de droit applicable pour les résoudre - soulève une difficulté spécifique : s'agit-il de questions de procédure, ou bien de questions relatives au contrat instituant l'arbitrage, envisagé en soi, indépendamment de la procédure dont il est la source et le fondement ? Avec la première qualification, la loi qui gouverne la procédure devrait régir également la convention ; avec la seconde, la loi applicable doit être choisie selon les principes et les règles qui déterminent, quant au fond, le rattachement de tout contrat international. A notre sens, la convention d'arbitrage, bien qu'elle ait pour objectif l'institution d'une procédure, doit être considérée comme un contrat créateur d'obligations, à l'égal de tout autre contrat : elle précède, en effet, la procédure, et ne constitue pas une phase de son déroulement " (42).

Il apparaît donc en dernière analyse que l'affirmation selon laquelle la constitution du tribunal arbitral est une question de procédure arbitrale ne repose sur aucun fondement juridique, d'où il s'ensuit que le second chef de compétence du juge français, tel qu'il est énoncé à l'article 1493 alinéa 2, ne se justifie pas en droit.

378. - Ce second chef de compétence du juge français risque fort d'ailleurs de ne pas être admis à l'étranger et de susciter de graves conflits de compétence juridictionnelle, des nominations parallèles d'arbitres risquant d'intervenir, paralysant pratiquement l'arbitrage international. Que l'on songe à l'hypothèse suivante : le président du tribunal de grande instance français est saisi d'une demande de désignation d'arbitre dans un arbitrage international qui ne se déroule pas en France, au motif que les parties ont choisi la loi de procédure française, et un juge étranger est saisi d'une demande de désignation d'arbitre au motif que le siège de l'arbitrage se trouve dans le pays de ce juge (43). Ou bien à cette autre hypothèse : un arbitre a été désigné par le juge français au motif que les parties ont choisi la loi de procédure française, et l'exécution de la sentence ayant été demandée dans

(42) GOLDMAN, JCL, d. i. p., Fasc. 586-1.

(43) Cette hypothèse de nominations contradictoires a été mise en évidence par le professeur POUDRET. (J. F. POUDRET, Quelle solution pour en finir avec l'affaire HILMARTON, Réponse à PHILIPPE FOUCHARD, Rev. Arb. 1998, p. 15-16).

un autre pays, le juge de ce pays qui contrôle la sentence rendue dans ce même pays décide que le choix de la loi française de procédure ne justifie pas la compétence du juge français pour intervenir dans la constitution du tribunal arbitral.

CAPITRE VI

L'APPROCHE ERRONÉE DE L'AUTONOMIE ET LE *VACUUM JURIS* EN MATIÈRE DE PROCÉDURE ARBITRALE

379. - A la différence des problèmes relatifs à la constitution du tribunal arbitral qui peuvent se poser à la juridiction étatique au niveau de l'exequatur, mais qui peuvent aussi se poser en début ou en cours d'arbitrage, les problèmes relatifs à la procédure arbitrale ne se posent à la juridiction étatique que dans la phase post-arbitrale, dans le cadre de la vérification de la régularité de la procédure appliquée. Car la juridiction étatique, qui peut intervenir en début ou en cours d'arbitrage comme " juridiction d'appoint " pour résoudre les difficultés de constitution du tribunal arbitral et éviter le blocage, n'est pas habilitée à intervenir avant la sentence pour donner aux arbitres des ordres ou des directives en matière de procédure arbitrale.

Or, le nouveau droit mis en place par la réforme de 1981 ne contient qu'un article unique en matière de procédure arbitrale, consacrant l'autonomie des parties dans le réglement de cette procédure, sans aucune règle législative supplétive (article 1494 du N. C. P. C.). En raison de cette conception erronée de l'autonomie et du désintérêt législatif de la procédure, même au niveau de l'exequatur, sauf l'exigence du respect du princpe de la contradiction, on débouche sur le *vacuum juris*, des règles indispensables de procédure faisant défaut.

380. - La question qui peut se poser en ce qui concerne la procédure arbitrale à la Cour d'appel saisie d'un appel de la décision qui accorde la reconnaissance ou l'exécution d'une sentence rendue à l'étranger ou d'un recours en annulation contre une sentence rendue en France dans un arbitrage international consiste à se demander si le tribunal arbitral a appliqué les règles de procédure qu'il devait appliquer, et, au cas où il ne l'a pas fait, si la reconnaissance ou l'exécution de la sentence doit être refusée. Mais encore faut-il se demander si la Cour d'appel est habilitée à exercer ce contrôle sur la procédure arbitrale et à infirmer la décision qui ordonne la reconnaissance ou l'exécution de la sentence rendue à l'étranger ou à annuler la sentence rendue en France en matière d'arbitrage international lorsque les règles de la procédure arbitrale n'ont pas été respectées.

La réponse est différente selon que la sentence dont la reconnaissance et l'exécution sont demandées en France a été rendue à l'étranger ou en France.

381. - Si la sentence a été rendue à l'étranger, il faut distinguer selon que la Convention de New York s'applique ou non. Si elle s'applique, la Cour d'appel est habilitée à contrôler la procédure suivie par le tribunal arbitral et à vérifier si les règles applicables à la procédure ont été respectées. Si elles ne l'ont pas été, la Cour doit infirmer l'ordonnance qui a accordé la reconnaissance ou l'exécution. Mais on sait que selon l'article VII de la Convention de New York les dispositions de cette Convention seront écartées si la partie intéressée demande l'application de la loi française. Or, le système du droit français en matière de contrôle de la sentence arbitrale, pour ce qui a trait à la procédure arbitrale, est foncièrmeent différent de celui de la Convention de New York.

S'il s'agit d'une sentence arbitrale rendue en France en matière d'arbitrage international, l'application de la Convention de New York est exclue dès lors qu'il ne s'agit pas d'une sentence arbitrale étrangère, et c'est alors le droit français qui s'applique.

Il y a donc deux philosophies différentes en matière de contrôle de la sentence arbitrale pour ce qui a trait à la procédure arbitrale, lorsqu'il s'agit d'un arbitrage international.

A - LES RÈGLES APPLICABLES À LA PROCÉDURE ARBITRALE SELON LA CONVENTION DE NEW YORK

a) La règle

382. - Aux termes de l'article V. 1 (d) de la Convention de New York, la reconnaissance et l'exécution de la sentence rendue à l'étranger seront réfusées, sur requête de la partie contre laquelle elle est invoquée, si cette partie fournit à l'autorité compétente du pays où la reconnaissance et l'exécution sont demandées la preuve que la procédure d'arbitrage n'a pas été conforme à la convention des parties, ou, à défaut de convention, qu'elle n'a pas été conforme à la loi du pays où l'arbitrage a eu lieu.

Ainsi donc la juridiction française du contrôle de la sentence étrangère refusera la reconnaissance et l'exécution de cette sentence si la procédure suivie dans l'arbitrage n'est pas conforme à la procédure réglée par les parties dans leur convention. Elle refusera aussi la reconnaissance et l'exécution de la sentence étrangère si, en cas de silence de la convention des parties, la procédure suivie dans l'arbitrage n'est pas conforme à la loi de procédure arbitrale du pays où l'arbitrage a eu lieu.

b) Conformité de la règle de la Convention de New York au droit des contrats internationaux

383. - La convention d'arbitrage international est un contrat international que le juge étatique est appelé à contrôler aux fins de la reconnaissance et de l'exécution de la sentence arbitrale. De même qu'il contrôle l'existence du consentement, sa validité (vices du consentement, etc.), la licéité de la convention, la régularité de la constitution du tribunal arbitral, il contrôle aussi dans le système de la Convention de New York la conformité de la procédure suivie à la procédure réglée par les parties dans leur convention, ou, dans le silence de cette convention, la conformité de la procédure suivie à la loi de procédure du pays du siège de l'arbitrage. Selon le résultat de son contrôle il accordera ou refusera la reconnaissance et l'exécution.

384. - La convention d'arbitrage international étant un contrat international et le juge étatique du contrôle de la sentence ayant une *lex fori*, ce juge applique à cette convention les règles qu'il applique à tout contrat international, à savoir le principe ou loi d'autonomie, c'est-à-dire le droit choisi par les parties, et, à défaut de choix, le droit national désigné par la règle de conflit. Or, selon la règle de conflit adoptée par la Convention de New York, la loi applicable à la convention d'arbitrage international est la loi choisie par les parties, et, à défaut d'un tel choix, la loi du pays du siège de l'arbitrage.

La Convention de New York applique cette règle à la convention d'arbitrage à tous égards, qu'il s'agisse de la validité de la convention d'arbitrage (article V. 1 a), de la constitution du tribunal arbitral ou de la procédure arbitrale (article V. 1. d).

La constitution du tribunal arbitral est, en effet, une matière qui relève de la convention d'arbitrage et qui en fait naturellement partie. Les règles qui concernent cette constitution sont les mêmes que celles qui régissent toutes les autres matières qui se rapportent à la convention d'arbitrage (existence du consentement, vices du consentement, etc). Selon le principe d'autonomie, c'est la convention des parties qui régira la constitution du tribunal arbitral, et, dans le cas de silence ou de lacunes de la convention d'arbitrage, c'est le droit désigné par la règle de conflit. Rien dans le droit des contrats internationaux ne justifie l'existence d'un principe différent, à savoir un principe d'indépendance par rapport à tout droit étatique, lorsqu'il s'agit d'une convention d'arbitrage international, tant en ce qui concerne la constitution du tribunal arbitral qu'en ce qui concerne l'existence ou la validité du consentement.

Il en va de même en ce qui concerne la procédure arbitrale. Les parties sont censées inclure dans leur convention d'arbitrage international les règles de procédure qu'elles veulent voir s'appliquer dans cet arbitrage. Si elles ne l'ont pas fait ou s'il y a des lacunes dans leur choix de la procédure, s'appliquera alors à cette procédure ce qui s'applique à tous les autres aspects de leur convention, c'est-à-dire la loi désignée par une règle de conflit. Le principe d'autonomie ou d'indépendance de la convention d'arbitrage international par rapport à tout droit étatique ne se justifie pas plus en matière de procédure arbitrale qu'en matière de constitution du tribunal arbitral ou qu'en matière de validité de la convention d'arbitrage.

385. - Or, cette loi se trouve être, dans la Convention de New York, en cas de silence ou de lacune de la convention d'arbitrage, la loi du pays du siège de l'arbitrage. Lorsqu'elle a été adoptée par la Convention de New York, cette règle a été trouvée très heureuse. Même le professeur FOUCHARD était de cet avis. Il écrivait en 1965 que la loi du siège arbitral comme point de rattachement peut être retenue essentiellement de deux manières, soit à titre d'indice permettant de dégager la volonté des parties quant à la loi qu'elles ont entendu adopter, soit pour rendre applicable directement la loi du pays où se déroule l'arbitrage, à défaut de choix des parties. A titre d'indice de détermination de la volonté des parties, ce lieu peut être combattu par d'autres indices, observait-il, et l'on retrouve alors les incertitudes inhérentes au fonctionnement même de la loi d'autonomie, et les divergences d'interprétation de cette " volonté tacite " ou plutôt présumée, qui se font jour non seulement entre les différents systèmes nationaux, mais au sein même de chacun d'eux. C'est pour éviter ces difficultés, souligne le même auteur, que la Convention de New York a préféré adopter une solution plus nette au sujet du rôle d'ores et déjà déclaré par elle secondaire, de la loi du pays où l'arbitrage a lieu. Et le professeur FOUCHARD de conclure : " C'est donc subsidiairement, lorsque les parties n'ont pas fait usage de l'autonomie qu'elle leur reconnaît, que la Convention de New York donne compétence à la loi du siège arbitral. La hiérarchie est ainsi bien nette, et la loi territoriale n'interviendra qu'à défaut de volonté commune sur les règles à appliquer à la procédure, pour couper court à toute difficulté. Théoriquement et pratiquement, la solution est satisfasante, et correspond aux aspirations des milieux de l'arbitrage international " (1).

c) Critique de la règle de la Convention de New York par le professeur GAILLARD

386. - Trente ans plus tard, dans le Traité de 1996, le professeur GAILLARD n'est pas du tout du même avis. Il estime que la solution de l'article V. 1 (d) de la Convention de New York est contestable. Voici sa démonstration : " L'article V, paragraphe 1, e, de la Convention (de New York) permet déjà de refuser l'exequatur à une sentence annulée au lieu du siège et l'article VI de surseoir à statuer sur l'exécution de la sentence en cas de procédure d'annulation pendante au lieu du siège. Si la violation des règles de procédure du siège de l'arbitrage est suffisamment grave, on peut penser qu'elle aura donné lieu à un recours devant les juridictions locales et que cela suffira à faire échec à l'exequatur en application des articles V, paragraphe 1, e, et VI. Si, au contraire, la violation de la règle de procédure du " for arbitral" , n'est pas sanctionnée par la possibilité de faire annuler la sentence par les juridictions de ce " for " on peut considérer comme inopportun d'en faire une cause de refus d'exequatur ailleurs" (2).

Mais le professeur GAILLARD se reprend pour constater que la règle de l'article V, paragraphe 1, d, présente l'avantage de dispenser la partie qui souhaite faire obstacle à l'exécution de la sentence d'introduire un recours devant les juridictions du siège pour tirer des effets dans d'autres ordres juridiques de la violation des dispositions de procédure du siège. Or, c'est précisément en cela que la solution retenue par la Convention de New York est critiquable à son avis. " Si, en effet, écrit-il, la violation de la règle de procédure du " for arbitral " ouvre un recours en annulation devant les juridictions locales et qu'un tel recours n'a pas été exercé, il peut sembler excessif de laisser à d'autres juridictions le soin d'en assurer la sanction, sans imposer à la partie qui se prévaut de la violation la charge de la faire valoir devant les juridictions de l'État dont la règle est violée qui sont les mieux placées pour en connaître. Par hypothèse, les juridictions de l'État dans lequel la reconnaissance ou l'exécution est demandée ne posent pas la même exigence ; en effet, si elles connaissaient cette exigence, la sentence pourrait être écartée par la seule application de l'article V, paragraphe 2, sur le fondement de la contrariété à l'ordre public local et la question du respect des règles de l'État du siège ne se poserait pas " (3).

(1) **FOUCHARD,** L'arbitrage commercial international, Dalloz 1965, nos 504 à 506.

(2) **GAILLARD**, Traité, n° 1183.

(3) **GAILLARD**, Traité, n° 1183.

387. - C'est cette conclusion qui semble plutôt discutable. Les auteurs de la Convention de New York ont tout simplement voulu que, dans le cas d'une demande de reconnaissance ou d'exécution d'une sentence rendue à l'étranger, il ne soit pas reproché à la partie contre laquelle la sentence est invoquée de n'en avoir pas demandé l'annulation devant les tribunaux du pays où elle a été rendue et que ses griefs ne soient pas rejetés de ce seul fait. Une telle pénalisation serait injustifiée. Contrairement à l'opinion du professeur GAILLARD, la disposition de la Convention de New York se justifie pleinement.

Au demeurant, si l'argument du professeur GAILLARD était soutenable, il aurait été possible de s'en prévaloir contre tous les autres griefs de l'article V. 1 de la Convention de New York et non seulement contre le grief d'irrégularité de la procédure. De plus, la violation d'une règle de procédure n'implique pas nécessairement une contrariété à l'ordre public pour que puisse s'appliquer le paragraphe V. 2 de la Convention de New York. Enfin,l'annulation d'une sentence dans son pays d'origine n'entraîne pas forcément un refus d'exequatur dans tous les autres. A preuve le droit français où le cas de l'alinéa (e) de l'article V. 1 de la Convention de New York n'est pas repris à l'article 1502 du N.C.P.C.

388. - Le professeur GAILLARD avance une autre critique qui est la suivante : " L'existence, dans le droit contemporain de l'arbitrage, de droits qui refusent tout recours en annulation au lieu du siège souligne le caractère paradoxal du souci des rédacteurs de la Convention de New York de faire respecter les règles de procédure du siège de l'arbitrage par les juridictions de l'État tiers dans lequel l'exequatur est sollicité. On songe par exemple au cas de la sentence rendue en Belgique dans une situation où l'article 1717, alinéa 4, du Code judiciaire belge exclut tout recours en annulation devant les juridictions locales, faute pour l'une au moins des parties au différend d'avoir la qualité de national ou de résident belge. Si les parties n'ont pas spécifié la loi applicable à la procédure, directement ou par référence à un règlement d'arbitrage, la Convention de New York permet au juge saisi d'une demande d'exécution de la sentence de refuser d'y faire droit au motif pris de la violation d'une règle belge de procédure. Le paradoxe est évident puisque, par définition, l'ordre juridique belge déclare ne pas avoir qualité pour imposer ses vues sur la manière dont l'arbitrage se déroule en Belgique " (4).

389. - Cet argument ne porte pas, à notre sens. Il nous semble que rien n'autorise à dire qu'en excluant tout recours en annulation d'une sentence arbitrale devant les juridictions belges, faute pour au moins une des parties

(4) GAILLARD, *ibidem*.

au différend d'avoir la qualité de national ou de résident belge, le législateur belge déclare ne pas avoir qualité pour imposer ses vues sur la manière dont l'arbitrage se déroule en Belgique. Le législateur belge a tout simplement voulu dire qu'il ne veut pas d'un recours en Belgique dans un tel cas, ni plus ni moins. De sorte que toutes les contestations relatives à la sentence devraient être soulevées dans le pays où est demandée la reconnaissance ou l'exécution de cette sentence. Le législateur belge n'en a pas dit plus et n'a pas voulu en dire plus. Cette disposition particulière au droit belge a été édictée par la loi du 27 mars 1985, et elle exclut les demandes en annulation non seulement pour violation d'une règle de procédure mais pour tout motif. Commentant cette loi, le professeur VAN HOUTTE écrit : " Le législateur belge n'a pas voulu libérer l'arbitrage de tout contrôle judiciaire. Il voulut simplement déplacer ce contrôle du siège de l'arbitrage vers le pays de l'exécution. Il lui sembla logique " que les objections éventuelles à la sentence soient formulées à l'étranger et à l'occasion de la demande d'exequatur " (5). Il nous semble donc que l'invocation du droit belge plaide contre l'argument du professeur GAILLARD.

390. - La critique de la Convention de New York que fait le professeur GAILLARD dans les termes que l'on vient de voir le conduit à suggérer que le juge de l'exequatur refuse tout simplement d'appliquer cette disposition. " Cette constatation, écrit-il, devrait conduire le juge de l'exequatur à user de la discrétion que lui laisse l'article V de la Convention de New York pour ne pas refuser de donner effet à une sentence au seul motif de la violation d'une règle procédurale de la loi du siège de l'arbitrage. Le juge saisi d'une demande de reconnaissance ou d'exécution de la sentence n'est en effet nullement tenu d'y faire droit à ce titre et peut choisir d'ignorer la méconnaissance des prescriptions de la loi du siège de l'arbitrage " (6).

391. - Cette suggestion du professeur GAILLARD nous semble inadmissible. Non seulement parce qu'elle procède d'une constatation fortement discutable, à savoir sa critique de l'article V. 1 (d) de la Convention de New York, mais aussi et surtout parce que, contrairement à l'opinion du professeur GAILLARD, l'article V de la Convention de New York n'a pas un caractère discrétionnaire mais impératif. La thèse du caractère discrétionnaire de l'article V, qui a été adoptée par un tribunal américain (la *US Federal Court of the District of Columbia* dans son jugement dans l'affaire *Chromalloy Aeroservices* contre l'Egypte rendu en 1996) et par M. PAULSSON (7) a été

(5) **VAN HOUTTE**, La loi belge du 27 mars 1985 sur l'arbitrage international, Rev. Arb. 1986, p. 33.
(6) **GAILLARD,** Traité, n° 1183.
(7) **PAULSSON**, Rediscovering the N.Y. Convention : Further Reflections on Chromalloy, Mealey's International Arbitration Report, April 1997, p. 22.

fortement critiquée et est insoutenable à notre sens. Elle est contredite par la version française de la Convention de New York, et il n'a jamais été admis en France que le juge avait la faculté d'accorder l'exequatur alors même que l'un des griefs de l'article V. (1) est établi [(8)]. De toute manière, la controverse autour de cette thèse sera évoquée plus loin.

B - LES RÈGLES APPLICABLES À LA PROCÉDURE ARBITRALE SELON LE NOUVEAU CODE DE PROCÉDURE CIVILE FRANÇAIS

392. - Comme on le sait, il n'y a pas lieu à application de la Convention de New York dans l'hypothèse où la sentence a été rendue en France en matière d'arbitrage international, mais la Cour d'appel saisie d'une demande d'annulation de cette sentence doit appliquer les règles du droit français.

Si la sentence a été rendue à l'étranger, la partie qui en demande la reconnaissance ou l'exécution peut, en vertu de la faculté qui lui est accordée par l'article VII de la Convention de New York, demander que les règles de cette Convention soient écartées et que soient appliquées les règles du droit français.

393. - Mais quelles sont alors les règles françaises de procédure arbitrale que doit retenir la juridiction française du contrôle de la sentence pour décider s'il y a lieu ou non d'accorder la reconnaissance ou l'exécution de la sentence, ou d'accueillir ou de rejeter le recours en annulation ?

Pour plus de simplicité nous nous placerons dans l'hypothèse de la sentence rendue en France en matière d'arbitrage international et qui a fait l'objet d'un recours en annulation en France.

Quelles sont alors les règles françaises applicables à la procédure dans un arbitrage international ?

a) Les textes

394. - L'article 1494 du N.C.P.C. contient deux dispositions.

Dans son alinéa 1, il dispose que " la convention d'arbitrage peut, directement ou par référence à un règlement d'arbitrage, régler la procédure à suivre dans l'instance arbitrale ".

Dans son alinéa 2, il dispose que " dans le silence de la convention, l'arbitre règle la procédure, autant qu'il est besoin, soit directement, soit par référence à une loi ou à un règlement d'arbitrage ".

Comme en matière de constitution du tribunal arbitral, ici aussi on a vou-

(8) FOUCHARD, La portée internationale de l'annulation de la sentence arbitrale dans son pays d'origine (Rev. Arb. 1997, p; 329, n° 27

lu " faire simple ". Il n'y a que ces deux règles, et elles ont été jugées suffisantes.

395. - On observera que la diférence entre l'article 1494 du N.C.P.C. et l'article V. 1 (d) de la Convention de New York est évidente et considérable. Certes, selon les deux textes la procédure arbitrale doit être conforme à la convention des parties. Mais c'est dans l'hypothèse d'absence de convention entre les parties que les textes divergent, et fortement : alors que la Convention de New York exige que la procédure arbitrale soit conforme à la loi du pays du siège de l'arbitrage, le Nouveau Code de procédure civile laisse au tribunal arbitral la mission de régler la procédure dans l'arbitrage international.

396. - Mais ce n'est pas la seule différence. Il y en a une autre et qui est de taille. Selon la Convention de New York, la procédure arbitrale est soumise au contrôle de la juridiction étatique saisie de la demande de reconnaissance ou d'exécution de la sentence arbitrale rendue à l'étranger et cette juridiction peut refuser cette demande si elle constate que la procédure arbitrale n'a pas été conforme à la convention des parties ou, à défaut de convention, qu'elle n'a pas été conforme à la loi du pays du siège de l'arbitrage. En revanche, selon le N.C.P.C., la procédure arbitrale échappe complètement au contrôle de la Cour d'appel saisie de l'appel de la décision qui accorde la reconnaissance et l'exécution de la sentence rendue à l'étranger. De même, elle échappe au contrôle de la Cour d'appel saisie d'un recours en annulation de la sentence rendue en France en matière d'arbitrage international. En effet, l'irrégularité de la procédure ne figure pas parmi les cas d'ouverture de l'appel de l'article 1502, ni parmi les cas d'ouverture du recours en annulation de l'article 1504. Aucun de ces cas n'a trait à un problème de procédure, sauf un seul, le quatrième qui prévoit l'appel (ou le recours en annulation) " lorsque le principe de la contradiction n'a pas été respecté ". Il s'ensuit que, selon le N.C.P.C., la reconnaissance et l'exécution ne pourraient être refusées, pour une question de procédure, à la sentence étrangère ou à la sentence rendue en France en matière d'arbitrage international, que lorsque le principe de la contradiction n'a pas été respecté. Le contrôle de la procédure arbitrale par la juridiction étatique est ainsi réduit à un seul cas d'irrégularité dans le Nouveau Code de procédure civile, celui de la violation du principe de la contradiction, alors qu'il embrasse toutes les irrégularités de procédure dans le système de la Convention de New York.

b) La logique qui sous-tend l'article 1494 alinéa 2

397. - A l'évidence, le premier alinéa de l'article 1494 ne soulève aucune difficulté. Que les règles de procédure arbitrale dans un arbitrage international soient fixées par les parties dans leur convention, comme tout ce qui a trait à cette convention, est en pleine conformité avec le droit du contrat international [9].

Mais que, dans le silence de la convention des parties, l'arbitre règle la procédure, toute la procédure, c'est-à-dire qu'il n'y ait aucune règle de procédure supplétive préétablie, c'est cela qui pose problème.

398. - Au Colloque organisé par le Comité français de l'arbitrage au lendemain du décret de 1981, le Président BELLET critiquait l'article 1494 non pas pour le fait de proclamer la liberté des parties en matière de procédure arbitrale, mais parce qu'il exclut le rattachement de la procédure à la loi du lieu de l'arbitrage à titre supplétif, en cas de silence ou de lacune de la convention des parties en la matière. Il constatait une tendance fâcheuse dans certains arbitrages qui consiste pour les parties à ne pas prévoir de procédure, parce que les grands industriels n'en voient pas beucoup l'intérêt, les parties reculant ainsi le plus possible le moment de fixer les règles de procédure, le moment où on les édictera et où on les précisera, si bien qu'il y a des cas où on va faire le choix d'une règle de procédure, alors que le litige est presque réglé, la question étant de savoir si oui ou non, ce choix est valable. Poursuivant sa critique de l'article 1494, le Président BELLET faisait observer qu'il est fâcheux de laisser aux arbitres le soin de régler

(9) Nous croyons que les auteurs du décret de 1981 ont commis une erreur de rédaction dans l'alinéa 1 de l'article 1494. L'énoncé de cet alinéa est le suivant : " La convention d'arbitrage peut, directement ou par référence à un règlement d'arbitrage, régler la procédure à suivre dans l'instance arbitrale ". Dans cet énoncé l'expression " dans l'instance arbitrale " est de trop, mal venue et doit être rayée du texte. Il faut lire l'alinéa 1 de l'article 1494 comme si cette expression ne s'y trouve pas . En effet, si l'on s'en tient à la lettre de cet alinéa, on devrait en comprendre que la convention d'arbitrage règle la procédure à suivre dans l'instance arbitrale seulement et ne règle pas la procédure au-delà de l'instance arbitrale elle-même, c'est-à-dire qu'elle ne règle pas ce qui a trait à la sentence arbitrale, au processus de décision des arbitres (sentence à la majorité dans tous les cas, ou sentence du président du tribunal arbitral seul à défaut de majorité) et ne règle pas non plus les mentionss qui doivent figurer dans la sentence. En effet, il faut bien admettre que ce qui concerne la sentence ne fait pas partie de " l'instance arbitrale " . La meilleure preuve, c'est qu'en matière d'arbitrage interne, dans le même livre IV du Code de procédure civile, les dispositions relatives à l'instance arbitrale (titre II) sont distinctes des dispositions relatives à la sentence arbitrale (titre III). Il est certain que ce n'est pas ce qu'a voulu le législateur. Celui-ci a voulu que la convention d'arbitrage international règle tout dans la phase arbitrale (la procédure dans l'instance et aussi la sentence). Mais le législateur s'est mal exprimé. L'erreur est regrettable, encore qu'elle ne devrait pas prêter à conséquence.

la procédure, car il peut y avoir un désaccord entre les arbitres, et s'il n'y a pas de règles supplétives pour s'imposer, comment procédera-t-on, après coup, dans un incident difficile, pour trouver la solution ? Souvent, ajoutait-il, les difficultés de fond sur les grands litiges disparaissent au profit d'incidents de procédure. Et de conclure qu'il serait bon d'avoir une règle supplétive et qu'elle fût obligatoire dans le cas où personne n'aurait pris de décision. Car " c'est au moment du contrôle judiciaire de la régularité de la procédure (art. 1502) que la Cour d'appel va peut-être avoir des difficultés à déterminer quelle était la loi applicable. Si rien n'a été décidé, c'est la loi du lieu de l'arbitrage qui devrait l'emporter. Je suis partisan de l'ancien règlement. Je n'en ai aucune honte. C'est là le principe " (10).

399. - Le professeur GOLDMAN répond aux observations du Président BELLET par une esquive. Tout en reconnaissant qu'il est dangereux de régler les questions de procédure une fois qu'un incident a surgi, que l'absence de toute référence subsidiaire à une loi étatique peut conduire à ce résultat et qu'il y a donc danger d'être fort embarrassé lorsque surgit un incident de procédure sans que l'on ait déterminé au préalable une règle, le professeur GOLDMAN minimise l'importance d'un désaccord entre les arbitres sur un règlement de la procédure, trouvant quelque peu pessimiste la crainte que les arbitres ne parviennent pas à un accord, au moins majoritaire, sur la procédure, l'arbitre n'ayant pas toujours tendance à épouser la thèse de la partie qui l'a désigné (11).

400. - L'objection soulevée par le Président BELLET contre l'article 1494 est trop sérieuse pour qu'on puisse l'éluder au motif qu'elle serait " pessimiste " ou que l'arbitre n'a pas toujours tendance à épouser la thèse de la partie qui l'a désigné. Les arbitres peuvent ne pas arriver à un accord sur des règles de procédure arbitrale tout en étant de très bonne foi. Il est possible que chacun des arbitres opte pour une certaine règle de procédure sans qu'une majorité puisse se dégager. Il est possible que l'un des arbitres fasse obstruction à l'établissement de règles de procédure en refusant de participer aux réunions à cet effet. Il y a alors blocage de l'arbitrage, et l'on se demande quelle en serait l'issue dès lors qu'il n'y a aucune règle de procédure préétablie.

401. - La réponse du professeur GOLDMAN à l'objection était trop courte. C'est le professeur GAILLARD qui s'est chargé d'exposer la justification théorique de la règle dans le Traité de 1996.

(10) Colloque du 23 septembre 1981 sur le décret de 1981, Rev. Arb. 1981, p. 488.
(11) *Ibidem*, p. 497.

Il constate d'abord que l'alinéa 1 de l'article 1494 est souvent présenté comme une règle matérielle du droit français de l'arbitrage, mais qu'on peut également y voir une règle de conflit dont la nature est, il est vrai, hybride, comme celle du principe d'autonomie applicable aux contrats en général (12). On observera que cette dernière affirmation n'est pas exacte, selon nous, mais que le principe d'autonomie applicable en général dans le droit des contrats internationaux n'est pas une règle de conflit hybride, mais une règle de conflit tout court (13). De toute façon, cette controverse est sans importance pour notre propos.

402. - Poursuivant son raisonnement, le professeur GAILLARD indique que c'est surtout par l'étendue de la liberté qu'elle confère aux parties que la règle posée par l'article 1494, alinéa 1er, mérite de retenir l'attention. Le texte ne fait de la soumission de la procédure à une loi déterminée qu'une possibilité parmi d'autres. Les parties peuvent également choisir de combiner des principes appartenant à diverses lois étatiques, suivant toutes les formes de dépeçage ou de cumul concevables. Il leur est également loisible de soumettre les questions de procédure à des règles de droit autres que celles d'un système juridique étatique donné : soit aux principes de procédure communs à plusieurs lois étatiques, soit aux principes généraux de procédure communs à tous les droits ou à la *lex mercatoria* de procédure, quel que soit le contenu que l'on veuille lui donner. Les parties peuvent enfin régler elles-mêmes l'intégralité des questions de procédure dans leur convention. Le droit français de l'arbitrage leur donne ainsi toute liberté d' " inventer une procédure " (14).

Si la règle de l'alinéa 1 de l'article 1494 est incontestable, c'est celle de l'alinéa 2 qui pose problème

403. - Selon le professeur GAILLARD, la justification de l'alinéa 2 de l'article 1494 est la suivante : " En l'absence de toute expression de volonté des parties, le droit français dispose, à l'article 1494, alinéa 2, du nouveau Code de procédure civile, que " l'arbitre règle la procédure, autant qu'il est besoin, soit directement, soit par référence à une loi ou à un règlement d'arbitrage ". Les arbitres se voient ainsi reconnaître la même liberté de choix que les parties. Ils ont, comme elles, la faculté de choisir une loi étatique donnée, de combiner plusieurs lois étatiques, de se référer à des principes

(12) GAILLARD, Traité, n° 1201.

(13) Voir : KASSIS, Le nouveau droit européen des contrats internationaux, LGDJ 1993, nos 323 et s.

(14) GAILLARD, Traité, n° 1202. Nous ne croyons pas en l'existence d'une *lex mercatoria*, et encore moins en l'existence d'une *lex mercatoria* de procédure, dont le contenu n'a jamais été dévoilé.

supra-nationaux, de s'en tenir à un règlement d'arbitrage, ou enfin de ne choisir qu'un règlement ou une loi "de référence ". Il leur est également permis de ne procéder à aucun choix jusqu'à ce que tel ou tel incident de procédure appelle une réponse précise. Ils pourront aussi se contenter d'affirmer qu'ils "détermineront en tant que de besoin les règles qui gouvernent la procédure ". Le droit français de l'arbitrage international consacre ici très clairement la théorie du contrat sans loi et autorise à raisonner exclusivement en termes de "décisions" prises au cas par cas et non plus de "règles" caractérisées par leur portée générale " (15).

Telle est la justification de la règle de l'alinéa 2 de l'article 1494,, qui se résume, selon le professeur GAILLARD, en un " extrême libéralisme dont fait preuve le droit français, tant à l'égard des parties qu'à l'égard des arbitres ", en une " liberté absolue donnée aux parties et aux arbitres dans la détermination - ou même dans l'invention - de la procédure arbitrale ", en un "principe d'autonomie complète" en matière de procédure arbitrale (16).

Mais si la liberté absolue des parties dans la détermination de la procédure arbitrale se comprend, sur quoi se fonde la liberté subsidiaire des arbitres ? La liberté subsidiaire des arbitres en matière de fixation de la procédure arbitrale est considérée par le professeur GAILLARD comme le prolongement, la suite logique de la liberté des parties.

c) Critique de l'alinéa 2 de l'article 1494 et des arguments du professeur GAILLARD : absence de qualité de mandataires des arbitres et nécessité de règles législatives supplétives de procédure, et au moins d'une règle sur le processus de décision des arbitres

404. - Pour que les arbitres règlent la procédure arbitrale, toute la procédure arbitrale, à défaut de règlement de cette procédure par les parties elles-mêmes, encore faut-il que les arbitres soient mandatés par les parties pour le faire. On comprendrait que les arbitres puissent régler la procédure arbitrale s'ils ont reçu un mandat spécifique à cet effet. Mais, en l'absence d'un tel mandat spécifique, les arbitres ne sont habilités à régler la procédure arbitrale que s'ils sont considérés comme mandataires des parties par les règles du droit de l'arbitrage commercial international elles-mêmes. Or, en droit français, le contrat entre les parties et l'arbitre n'est pas un contrat de mandat. L'arbitre ne représente ni les parties ni celle qui l'a désigné. Une jurisprudence française constante a clairement refusé de qualifier l'arbitre de mandataire des parties aussi bien dans l'arbitrage interne que dans l'arbitrage international : la fonction juridictionnelle à laquelle accède l'arbitre est exclusive de toute dépendance ou de représentation à l'égard des par-

(15) **GAILLARD,** Traité, n° 1203.

(16) **GAILLARD,** Traité, n° 1204.

ties ou de l'une d'elles, comme le rappelle le professeur FOUCHARD dans le même Traité de l'arbitrage commercial international (17).

405. - On pourrait objecter qu'en matière d'arbitrage interne, l'article 1460 du N.C.P.C. sous le titre II (L'instance arbitrale) dispose que " les arbitres règlent la procédure arbitrale sans être tenus de suivre les règles établies pour les tribunaux, sauf si les parties en ont autrement décidé dans la convention d'arbitrage ". Or, si cela est vrai pour l'arbitrage interne, cela devrait l'être à plus forte raison pour l'arbitrage international, dira-t-on..

Indiscutablemnt l'article 1460 du N.C.P.C. autorise en matière d'arbitrage interne les arbitres à régler la procédure dans l'instance arbitrale sans qu'ils soient tenus de suivre les règles établies pour les tribunaux, sauf si les parties en ont autrement décidé dans la convention d'arbitrage. Mais cela ne veut pas dire que l'article 1460 a autorisé les arbitres à le faire parce qu'ils ont la qualité de mandataires des parties, du seul fait de l'autorisation qui leur est donnée par l'article 1460. En réalité, l'article 1460 a habilité les arbitres à régler la procédure arbitrale si les parties ne l'ont pas elles-mêmes réglée, mais seulement sur les points essentiels et dans l'instance arbitrale seulement et non pour ce qui concerne la sentence arbitrale qui fait l'objet du titre III, alors que l'instance arbitrale fait l'objet du titre II. C'est une autre considération que la qualité de mandataires des parties qui justifie l'article 1460 du N.C.P.C., à savoir que le législateur a voulu que le déroulement de l'arbitrage interne ne soit pas bloqué par la survenance de tout incident de procédure dans l'instance arbitrale, ce qui obligerait les arbitres à en référer au tribunal étatique pour le réglement de l'incident. Le fait que l'incident de procédure soit sans importance majeure sur le sort de l'arbitrage explique et justifie l'autorisation donnée aux arbitres de régler la procédure. La preuve en est que le même article 1460 et les autres articles qui le suivent sous le titre II contiennent des dispositions que l'arbitre dans l'arbitrage interne doit respecter. Surtout que l'autorisation de l'article 1460 s'arrête aux incidents de procédure de l'instance arbitrale. Quant à la sentence arbitrale qui fait l'objet du titre III, les arbitres n'ont aucun pouvoir de déroger aux règles qui la concernent et qui se trouvent sous le titre III.

406. - On peut comprendre que des règles de procédure législatives impératives s'imposent aux arbitres et que même certaines s'imposent aux parties dans un arbitrage interne et que de telles règles soient incompatibles avec le caractère international de l'arbitrage, mais des règles législatives supplétives, édictées pour s'appliquer sauf convention contraire des parties, seraient-elles aussi

(17) FOUCHARD, Traité, n°s 1115 à 1118

incompatibles avec le caractère international de l'arbitrage, et pour quelles raisons ?

407. - Mais il n'y a pas que cela. Que des règles législatives générales de procédure arbitrale ne soient pas nécessaires en matière d'arbitrage international, qu'il suffise de règler tout incident de procédure après sa survenance par des décisions des arbitres prises au cas par cas et non par des règles générales, on est autorisé à penser que c'est la première fois que l'on entend un pareil son de cloche dans le droit comparé de l'arbitrage international. Sans parler des risques qu'il y aurait à se garder d'édicter des règles de procédure jusqu'à ce que surgisse un incident de procédure qui appelle une solution précise, comme le faisait remarquer le Président BELLET, on peut se demander au nom de quelle logique le droit français de l'arbitrage international consacrerait-il en matière de procédure arbitrale la théorie du contrat sans loi, autorisant à raisonner exclusivementen termes de " décisions " prises au cas par cas par les arbitres et non plus de " règles " caractérisées par leur portée générale ?

Si l'édiction de règles étatiques impératives de procédure en matière d'arbitrage international est une atteinte au principe de liberté des parties de choisir les règles de procédure, en quoi l'édiction de règles étatiques supplétives de procédure, applicables seulement dans le silence de la convention d'arbitrage, porterait-elle atteinte à leur liberté ? Où se trouve le fondement de la thèse qui voit dans la " liberté de choix des arbitres " en matière de procédure arbitrale un prolongement et une suite logique de la " liberté de choix des parties " ? Pourquoi présumer que les parties en gardant le silence sur les règles de procédure ont donné implicitement le pouvoir aux arbitres de déterminer ces règles avec les incertitudes que comporte cette détermination et ne sont pas censées plutôt se fier à des règles de procédure certaines édictées par le législateur et ayant un caractère supplétif ?

408. - Sans doute, comme le prévoit l'article 1460 en matière d'arbitrage interne, le tribunal règle-t-il la procédure dans l'arbitrage international, en ce sens qu'il établit les règles sur l'instruction et le déroulement de l'instance arbitrale. Mais il y a des règles de procédure essentielles qui doivent être préétablies et ne peuvent pas être laissées à la discrétion du tribunal arbitral, dans l'arbitrage international.

A supposer même qu'il soit possible pour les arbitres de régler tout incident de procédure après sa survenance, au cas par cas, encore faut-il non seulement que le tribunal arbitral soit déjà constitué mais aussi que son processus de décision soit déjà fixé. Or, s'il n'est pas fixé par les parties, le processus de décision des arbitres ne peut être fixé que par une règle générale préétablie du législateur national. Ce n'est pas le tribunal arbitral qui fixe lui-même son processus de décision (à savoir si la sentence et les décisions doivent être prises à la majorité dans tous les cas ou si, à défaut de majorité, le président doit statuer ou décider seul). La règle sur le processus de décision du tribunal arbitral ne peut émaner que des parties elles-mêmes ou, à défaut d'accord des parties sur le processus de décision, d'un législateur national.

A partir du moment où le tribunal arbitral opère dans un vide procédural total, il ne peut ni prendre ses décisions ni établir son processus de décision à la majorité. Lorsqu'un tribunal étatique statue ou prend une décision à la majorité, il ne le fait pas en vertu d'une règle évidente, allant de soi, d'une règle en quelque sorte de " droit naturel ". Il le fait en vertu d'une règle positive préétablie définissant son " processus de décision ". Les tribunaux étatiques ne prennent leurs décisions à la majorité que parce qu'il y a une règle générale positive préétablie qui se trouve à l'article 449 du Code de procédure civile et qui dispose que " la décision est rendue à la majorité des voix ". Un tribunal arbitral dûment constitué et appelé à régler la procédure arbitrale, comme l'y invite l'article 1494, alinéa 2, ne peut pas la régler par une décision à la majorité des voix s'il n'y a pas déjà une règle de droit positive édictant ce mode de prise de décision. Une règle générale préétablie sur le processus de décision d'un tribunal quelconque (décision majoritaire, décision du président à défaut de majorité) doit précéder toute décision que rend ce tribunal.

409. - Se référant à la solution retenue par certains droits nationaux et par certains réglements d'arbitrage qui prévoient que la sentence est rendue par le président du tribunal arbitral seul, à défaut de majorité (droit suisse, droit espagnol, règlement de la C.C.I.), le professeur GAILLARD fait l'observation suivante : " Dans le silence de la loi, il n'est pas inconcevable que, sauf convention contraire des parties, le juge français accepte une telle pratique, même lorsqu'elle n'est pas expressément prévue par le règlement d'arbitrage applicable, plutôt que de contraindre le président du tribunal à se rallier à l'avis de l'un de ses co-arbitres ou à constater que, faute de majorité, la sentence ne peut pas être rendue " (18).

On voit mal comment et dans quelles conditions il serait possible au juge français de se prononcer sur une telle pratique pour l'accepter. De quel juge français s'agit-il ? En aucun cas il ne peut s'agir du président du tribunal de

(18) **GAILLARD**, Traité, n° 1371.

de grande instance de Paris. Celui-ci peut intervenir, au titre de l'alinéa 2 de l'article 1493, dans la phase pré-arbitrale, c'est-à-dire dans la phase de constitution (ou de reconstitution) du tribunal arbitral, en cas de difficulté, mais seulement pour désigner un arbitre (ou des arbitres). Il ne peut en aucun cas intervenir pour donner des directives sur le processus de décision des arbitres, pour dire si la sentence doit être rendue à la majorité en tout état de cause, ou si elle peut être rendue par le président seul, à défaut de majorité. S'agit-il du juge étatique du contrôle de la sentence ? Mais celui-ci n'intervient que pour contrôler une sentence déjà prise. La remarque du professeur GAILLARD semble bien énigmatique

d) L'isolement du droit français en matière de procédure de l'arbitrage commercial international

410. - Le professeur GAILLARD met en évidence la modernité du droit français de l'arbitrage commercial international en matière de procédure arbitrale en soulignant que les diverses législations nationales récentes ainsi que les conventions internationales et les différents règlements d'arbitrage international vont dans le sens du décret de 1981, rompant avec la tradition qui consistait à appliquer à la procédure de l'arbitrage international la loi du siège de l'arbitrage, tradition qui avait reçu sa consécration dans la résolution adoptée par l'Institut de droit international à Sienne en 1952 et qui se maintient dans la Convention de New York de 1958. Le professeur GAILLARD cite à l'appui de son observation les lois néerlandaise et portugaise de 1986, la loi suisse de 1987, le décret législatif algérien de 1993, les lois égyptienne et italienne de 1994, la loi-type de la C.N.U.D.C.I. de 1985, la Convention de Genève de 1961 sur l'arbitrage commercial international, la Convention B.I.R.D. du 18 mars 1965 créant le C.I.R.D.I., le règlement d'abitrage de la C.C.I. (Chambre de Commerce Internationale), le règlement d'arbitrage de la C.N.U.D.C.I., le règlement d'arbitrage de la L.C.I.A. (London Court of International Arbitration) et le règlement d'arbitrage international de l'A.A.A. (American Arbitration Association) (19).

411. - L'affirmation du professeur GAILLARD se fonde sur une lecture incomplète des législations nationales, des conventions internationales et des règlements d'arbitrage cités. Toutes les législations nationales, toutes les conventions internationales, tous les règlements d'arbitrage auxquels se réfère le professeur GAILLARD, suivent, il est vrai, la voie de l'article 1494, alinéa 1, du N.C.P.C. en adoptant le principe de la liberté des parties de choisir les règles de la procédure arbitrale. Sans doute, ces législations nationa-

(19) GAILLARD, Traité, n°s 1180 à 1189.

les, conventions internationales et règlements d'arbitrage international contiennent une règle similaire à celle de l'alinéa 2 de l'article 1494 selon laquelle dans le silence de la convention, l'arbitre règle la procédure. Mais ces législations, conventions internationales et règlements d'arbitrage ne se limitent pas à cette règle. On y trouve aussi d'autres règles de procédure arbitrale et surtout des règles relatives à la sentence arbitrale, et à tout le moins une règle sur le processus de décision des arbitres. Seul le droit français de l'arbitrage international laisse toute la procédure arbitrale à la discrétion des arbitres en l'absence de convention des parties.

En consultant ces lois nationales, conventions internationales et règlements d'arbitrage, on y trouve à côté de la règle équivalente à l'alinéa 2 de l'article 1494 du N.C.P.C., non seulement une disposition relative au processus de décision des arbitres, mais aussi d'autres dispositions relatives à la sentence arbitrale (forme, mentions nécessaires, signature, rectification des erreurs matérielles, interprétation, sentences additionnelles). On y trouve aussi des dispositions relatives à la procédure dans l'instance arbitrale (représentation et assistance des parties, défaut d'une des parties, audition des témoins, expertise, interruption de l'instance) [19 bis].

En résumé, de tous les droits nationaux, de toutes les conventions internationales et de tous les règlements d'arbitrage, le droit français est le seul qui, en matière d'arbitrage international, ne contient aucune règle de procédure arbitrale, même pour ce qui concerne le processus de décision des arbitres

Les auteurs du décret de 1991 n'ont pas réalisé que sans une disposition législative supplétive fixant le processus de décision des arbitres dans un arbitrage international, cet arbitrage s'expose à une paralysie totale..

e) Le problème du délai d'un arbitrage international et le casse-tête des juristes français

412. - Rien n'illustre mieux les méfaits du vide juridique procédural du droit français de l'arbitrage international que le désarroi des juristes français face au problème du délai de l'arbitrage international.

Ce problème ne se pose que si les parties n'ont pas fixé elles-mêmes le délai imparti au tribunal arbitral pour rendre sa sentence ou n'ont pas fait référence à un instrument de fixation d'un tel délai, en adoptant, par exem-

(19bis) Ainsi, par exemple, l'alinéa 2 de l'article 182 de la loi fédérale suisse sur le droit international privé dispose bien que si les parties n'ont pas réglé la procédure, celle-ci sera, au besoin, fixée par le tribunal arbitral, soit directement, soit par référence à une loi ou à un règlement d'arbitrage. Mais il y a aussi dans cette loi l'article 189 qui dispose que la sentence arbitrale est rendue dans la procédure et selon les formes convenues par les parties et qu'à défaut d'une telle convention, la sentence est rendue à la majorité. Cet exemple n'est pas le seul, loin s'en faut.

ple, une loi de procédure ou un règlement d'arbitrage contenant des dispositions en la matière ou en déléguant à un tiers la fixation de ce délai.

413. - Le problème s'était posé en droit français avant le décret de 1981. Cassant un arrêt de la Cour d'appel de Paris qui avait cru devoir affirmer que les arbitres ne peuvent, à leur discrétion, prolonger la durée de leur saisine et que ce principe, qui participe de la nature même de l'institution, s'applique à tout arbitrage, national ou international, la Cour de cassation a jugé dans un arrêt du 30 juin 1976 que " l'ordre public international tel qu'il est conçu en France, n'exige pas que les pouvoirs des arbitres soient enfermés, à défaut de délai conventionnel, dans un délai légal [20]." Le silence du décret de 1981 sur la question n'a fait que renforcer cette vision, l'article 1494 du N.C.P.C. consacrant le vide procédural en matière d'arbitrage international, alors que l'article 1456, al. 1 du N.C.P.C. dispose, en matière d'arbitrage interne, que " si la convention d'arbitrage ne fixe pas de délai, la mission des arbitres ne dure que six mois à compter du jour où le dernier d'entre eux l'a acceptée " [21].

414. - On s'accorde donc à dire qu'en droit français, le délai d'arbitrage ne s'impose pas au titre de l'ordre public international. Ainsi donc, selon le droit français, un arbitrage international pourrait se prolonger indéfiniment, si les parties ne lui ont pas elles-mêmes fixé un délai ou si elles ne se sont pas référées dans la convention d'arbitrage à une loi ou à un règlement comportant fixation de délai.

Le principe est confirmé par l'arrêt du 15 juin 1994 dans l'affaire SONIDEP où la Cour de cassation a jugé que " la loi française n'exige pas, en matière d'arbitrage international, que les pouvoirs des arbitres soient enfermés, à défaut de délai conventionnel, dans un délai légal " [22].

415. -Et pourtant on a du mal à admettre qu'un arbitrage international puisse s'éterniser ou qu'il puisse dépendre de la seule volonté du tribunal arbitral d'y mettre fin. La doctrine n'a pas tardé à critiquer l'arrêt BRUYNZEEL de 1976. Mme RUBELLIN-DEVICHI observait que le refus d'accueillir comme faisant partie de l'ordre public international l'impossibilité de laisser les arbitres discrétionairement maîtres de la durée de leurs pouvoirs est un facteur d'incertitude et une atteinte à l'efficacité de l'arbitrage international, une situation saugrenue qui choque le bon sens [23]. Le professeur

(20) Cass. 30 juin 1976, **BRUYNZEEL**, Rev.Arb. 1977.137, note **RUBELLIN-DEVICHI** ; **J.D.I.**, 1977.114.
(21) Voir, en ce sens, **FOUCHARD**, La coopération du président du tribunal de grande instance à l'arbitrage, Rev. Arb. 1985, p. 45.
(22) Cass. 15 juin 1994, Rev. Arb. 1995, p. 88, note **GAILLARD**.
(23) Note précitée.

OPPETIT relevait que " le principe de la limitation dans le temps du délai imparti à un juge pour se prononcer pourrait sans aucun doute s'imposer en droit positif avec la même vigueur que celui du respect des droits de la défense, car ils ont en commun de répondre à une donnée de droit naturel, au coeur du concept de justice...il ne semble pas que ce soit situer cette exigence de délai pour statuer à un degré trop élevé de l'ordonnancement juridique que de lui assigner un tel fondement, car ce point de vue trouve désormais un appui très fort dans un texte ayant valeur positive (notamment en France) et proclamant l'existence de principes permanents et intangibles qui s'imposent aux États : la Convention européenne des droits de l'homme. En effet, au terme de l'article 6, § 1er, de cette Convention, " toute personne a droit à ce que sa cause soit entendue équitablement, publiquement et dans un délai raisonnable" " (24).

Le professeur GAILLARD lui-même, pourtant défenseur résolu du libéralisme du droit français de l'arbitrage international, ne peut s'empêcher de reconnaître que l'arrêt SONIDEP du 15 juin 1994 paraît, " au moins par sa formulation ", " très libéral, sinon laxiste " (25). À la vérité, le laxisme est dû au vide procédural instauré en matière d'arbitrage international par l'article 1494 du N.C.P.C. et qui fait, qu'à défaut de fixation par les parties d'un délai à l'arbitrage international, celui-ci reste sans délai et les arbitres restent totalement libres de laisser s'écouler le temps qu'ils veulent pour s'acquitter de leur mission, alors que l'arbitrage interne est limité dans le temps par l'article 1456 du N.C.P.C.

416. - Le professeur GAILLARD suggère que les limites à cette liberté des arbitres d'étendre leur mission à l'infini soient recherchées dans la notion d'ordre public international, la conception française des exigences de justice procédurale pouvant aisément se nourrir des principes fondés par la Convention européenne des droits de l'homme et spécialement de son article 6 (1). Ainsi donc, pour le professeur GAILLARD, " l'exigence que les arbitres du commerce international se prononcent dans un délai raisonnable après avoir été saisis pourrait parfaitement être considérée comme faisant partie intégrante de l'ordre public international procédural français " (26).

417. - Mais le recours à la notion d'ordre public international ne s'avère, au bout du compte, d'aucune utilité pratique et ne pallie en aucune manière l'absence de règle positive fixant un délai légal à l'arbitrage international,

(24) Note précitée.

(25) GAILLARD, note sous SONIDEP, Rev. Arb., 1995, p. 97.

(26) *ibidem*, p. 98.

à défaut de délai fixé par les parties elles-mêmes. Le professeur GAILLARD est bien obligé de reconnaître que l'invocation de l'ordre public sur ce point précis est vaine. " Force est de reconnaître cependant, observe-t-il, que le principe posé par la Convention européenne est particulièrement difficile à sanctionner en matière d'arbitrage. Il serait, en effet, paradoxal d'annuler ou de refuser de reconnaître la sentence intervenue tardivement " (27) par application des articles 1502-5° et 1504 du nouveau Code de procédure civile, motif pris de sa contrariété à l'ordre public procédural. Une telle annulation, en imposant aux parties de saisir une autre juridiction pour voir trancher leur différend, irait, en effet, à l'encontre du but qu'entend promouvoir l'article 6 (1) de la Convention européenne. L'argument ne pourrait donc être avancé qu'au cours de l'arbitrage, pour rappeler les arbitres à leurs devoirs, ou à l'occasion d'une action en responsabilité des arbitres, mais l'on sait avec quelles précautions de telles actions doivent être traitées " (28). Cet aveu d'impuissance est éloquent. Il illustre l'impasse du droit français devant le vide procédural consacré par l'article 1494 du N.C.P.C. Les défenseurs de ce vide ne voient pas que l'ordre public international n'est pas toujours créateur de règles positives. Comme on l'a vu, il ne crée pas de règle positive sur le processus de décision du tribunal arbitral, à défaut de fixation de ce processus par les parties. Il ne crée pas non plus une règle positive fixant un délai déterminé à l'arbitrage international, à défaut de délai fixé par les parties. On voit qu'il ne sert à rien de dire qu'il est contraire à l'ordre public international que l'arbitrage n'ait pas de délai. Tout bien considéré, rien ne peut tenir lieu d'une disposition législative supplétive fixant un délai, faute de délai conventionnel.

418. - En dernière analyse, la solution du droit français est aberrante : à défaut de délai conventionnel, un arbitrage international peut se poursuivre indéfiniment et impunément dans le temps, et rien ne peut suppléer la fixation d'un délai par les parties sauf une disposition législative supplétive. L'arrêt SODINEP confirme que la loi française n'exige pas, en matière d'arbitrage international, que les pouvoirs des arbitres soient enfermés, à défaut de délai conventionnel, dans un délai légal, bien que cela heurte, selon les expressions du professeur GAILLARD, la conception française des exigences de justice procédurale élémentaire, laquelle pourrait se nourrir des principes de la Convention européenne des droits de l'homme, et il ne sert à rien d'invoquerl'ordre public international procédural français. Le président du tribunal de grande instance ne peut pas

(27) Si jamais elle intervient.

(28) GAILLARD, note sous SONIDEP, Rev. Arb. 1995, p. 100. A la vérité, les chances de succès d'une telle action sont quasiment nulles.

suppléer un délai qui n'a pas été fixé par les parties elles-mêmes. Contrairement à ce qu'en pense le professeur GAILLARD, il ne semble pas permis de dire que la question de savoir si les arbitres sont totalement libres de laisser s'écouler le temps qu'ils veulent avant de s'acquitter de leur mission a été laissée ouverte par l'arrêt SODINEP. Cet arrêt l'a plutôt bel et bien tranchée dans le sens qui exclut tout délai non conventionnel.

419. - Le problème demeure inchangé si l'on admet avec le professeur DE BOISSÉSON que " le délai ne saurait être entièrement assimilé à une simple règle de procédure, puisqu'il trace le cadre temporel à l'intérieur duquel les règles de procédure, les mesures d'instruction sont établies ou décidées " (DE BOISSÉSON, Le droit français de l'arbitrage interne et international. G.L.N. Joly, 1990, n° 764). On ne voit pas, en effet, comment, vu sous cet angle, le problème du délai peut trouver une solution ni comment on peut rouvrir la porte qui a été fermée par l'arrêt SODINEP.

420. - On voit bien qu'au bout du compte il n'y a de solution au problème que la fixation par le législateur d'un délai à l'arbitrage international à l'instar d'autres lois nationales (lois italienne, portugaise, égyptienne, etc.) et des règlements d'arbitrage international. Ce délai législatif sera à l'évidence une règle supplétive, à défaut de délai convenu par les parties.

CONCLUSION DE LA PREMIÈRE PARTIE

421. - L'examen de la thèse de l'autonomie de la convention d'arbitrage international par rapport à tout droit étatique et de sa variante, la méthode des règles matérielles, a permis de constater qu'elles procèdent d'une analyse erronée, que les arguments invoqués pour les justifier sont sans fondement juridique et qu'au total elles sont un défi aux principes du droit international privé des contrats.

Testées dans leur mise en oeuvre en matière de validité de la convention d'arbitrage international, elles débouchent sur des impasses et apparaissent comme une anomalie française dans le droit comparé de l'arbitrage commercial international.

L'article 1502, 1° du N. C. P. C., qui a remplacé en 1981 l'article V. 1 (a) de la Convention de New York, ne contient plus les renvois à la loi choisie par les parties et subsidiairement à la loi du pays du siège de l'arbitrage, lesquelles étaient des règles étatiques désignées selon la méthode des conflits de lois. Mais le législateur de 1981 a omis d'indiquer au juge de l'exequatur les nouvelles règles en matière de validité de la convention d'arbitrage. Ce silence est une énigme, car des commentateurs autorisés du décret de 1981 avaient affirmé au lendemain de ce décret qu'il n'a pas modifié l'approche conflictualiste. En supposant que cette approche ait été abandonnée et remplacée par la méthode des règles matérielles, le test de la mise en oeuvre de cette méthode en matière de validité de la convention d'arbitrage s'avère stérile.

Quant à la constitution du tribunal arbitral, l'autonomie des parties proclamée par l'article 1493 du N. C. P. C. est insuffisante pour résoudre les difficultés qu'elle peut rencontrer sans des règles législatives supplétives qui font défaut en droit français. Par ailleurs, l'absence de telles règles dans l'article 1502, 2° du N. C. P. C. ne permet pas au juge de l'exequatur de statuer sur l'irrégularité de constitution du tribunal arbitral invoquée devant lui. Singularité du droit français.

De même, l'autonomie des parties dans le règlement de la procédure arbitrale, proclamée par l'article 1494 du N. C. P. C., sans règles législatives supplétives, et le désintérêt législatif de la procédure au niveau de l'exequatur débouchent sur une absence de règles indispensables de procédure arbitrale. Autre singularité du droit français.

DEUXIÈME PARTIE

LA RÉALITÉ DE L'AUTONOMIE DU DROIT APPLICABLE AU FOND DU LITIGE

422. -La " spécificité de l'arbitrage international " est aujourd'hui un thème à la mode, mais l'expression revient le plus souvent comme un leitmotiv sans que l'on indique l'essentiel de ce que traduit l'idée. Il faut, croyons-nous, souligner d'entrée de jeu que la spécificité du statut juridique de l'arbitrage international est double, ce que l'on ne fait pas toujours ressortir : elle s'affirme d'une part par rapport à l'arbitrage interne et d'autre part par rapport au traitement du contrat international par le juge étatique en l'absence de convention d'arbitrage.

423. - La spécificité par rapport à l'arbitrage interne est mise en évidence par une constatation très simple. Dans l'arbitrage international les parties peuvent choisir le droit applicable au fond du litige. En l'absence d'un tel choix, un problème de conflit de lois se pose pour l'arbitre : il devra déterminer le droit qui, parmi d'autres qui auraient vocation à s'appliquer, est appelé à régir le fond du litige. De tels problèmes ne se posent évidemment pas devant l'arbitre dans un arbitrage interne. Cet arbitrage étant celui d'un contrat interne, il est régi par le droit étatique interne en ce qui concerne le fond du litige, et par définition, un problème de conflit de lois ne peut pas se poser. Corrélativement, les parties ne peuvent pas choisir un droit étranger pour régir leur contrat dans un arbitrage interne.

424. - Mais la spécificité de l'arbitrage international ne s'affirme pas seulement par rapport à l'arbitrage interne, il y a aussi spécificité par rapport au traitement du contrat international par le juge étatique en l'absence d'arbitrage, et c'est cet aspect des choses que l'on omet souvent de mettre en évidence. En effet, on est tenté, dans une première approche, de dire que le contrat international est traité de la même manière par le juge étatique et par l'arbitre, qu'il n'y a donc pas un traitement juridique différent et que la seule différence est une différence d'organe de juridiction : d'une part, une juridiction étatique, d'autre part une juridiction privée, et le reste serait le même. La loi d'autonomie ne joue-t-elle pas devant les deux, les parties pouvant choisir le droit applicable à leur contrat international, qu'elles se présentent devant un juge étatique ou devant un arbitre ? Et un problème de conflit de lois ne se pose-t-il pas en matière de contrat international, que l'on soit en présence d'un juge étatique ou en présence d'un arbitre ?

A la vérité, une telle approche est courte et superficielle, elle est loin de rendre compte de la réalité. Le traitement du contrat international par l'arbitre diffère du traitement du contrat international par le juge étatique sur deux points qui ne sont pas d'une importance égale. D'une part, la liberté de choix du droit applicable au contrat international devant le juge étatique en l'absence d'arbitrage n'est pas absolue dans certains droits nationaux. On sait, en effet, que dans certains droits nationaux, les parties à un contrat international ne peuvent pas choisir un droit qui n'a aucun lien avec ce contrat, et même dans les droits nationaux où leur choix est inconditionnel, ce choix n'a pas la même portée ni les mêmes conséquences.

425. - Mais il y a plus important que cette différence. Le juge étatique est un organe de l'ordre juridique étatique, il juge, dit le droit et tranche les litiges au nom de l'État qui l'a investi de son office, il est le gardien de l'ordonnancement juridique de l'État au nom duquel il juge. Il a donc, comme on le dit, une *lex fori*, il doit respecter les règles du droit national qui s'imposent à lui. Cela étant, lorsqu'il est appelé à résoudre un litige ayant trait à un contrat international dans le sens du droit international privé, en l'absence d'une *electio juris* par les parties, il doit mettre en oeuvre le système de conflit de lois et appliquer la règle de conflit qui lui indique lequel des différents droits nationaux qui sont en " en conflit ", c'est-à-dire qui pourraient avoir vocation à régir le contrat international, il aura à appliquer. Or, le système de conflit de lois qu'il doit mettre en oeuvre est son système national, celui de sa *lex fori*, et la règle de conflit qui lui dira quel droit national doit être appliqué est celle de son propre droit national, la règle de conflit de son for. Et cette règle de conflit peut différer et diffère souvent, selon que le juge saisi est celui de tel ou tel État.

426. - Lorsqu'un arbitre est saisi d'un litige relatif à un contrat international, les choses changent du tout au tout. L'arbitre n'est pas un organe d'un ordre juridique étatique, il n'est pas investi de sa mission par l'État, et il ne statue pas, ne dit pas le droit et ne tranche pas les litiges au nom d'un État, il n'est donc pas le gardien d'un ordonnancement juridique étatique. L'arbitre est un juge privé choisi et investi de sa mission par les parties qui sont ses "créateurs" , parce que l'ordre juridique étatique les autorise à le faire. L'arbitre, contrairement au juge étatique, n'a pas de *lex fori*. Cela est vrai de tout arbitre, que l'arbitrage soit interne ou international. Seulement, cette vérité est sans portée pratique dans un arbitrage interne, pour la raison qu'un problème de conflit de lois ne se pose pas dans un tel arbitrage. L'arbitrage étant interne, du fait que le contrat est interne, ne présentant des points de contact qu'avec un seul État, aucun problème de conflit de lois ne se pose pour l'arbitre. Dès lors que le contrat est interne, même si le litige dont il fait l'objet est porté devant un arbitre, ce contrat sera régi en tout état de cause par le droit interne.

427. - Il n'en va pas de même, loin s'en faut, lorsque le litige dont est saisi l'arbitre est un litige qui porte sur un contrat international. Dans une telle situation, on est en présence de deux vérités : d'une part l'arbitre n'a pas de *lex fori*, et d'autre part cet arbitre est confronté à un problème de droit applicable : quel droit doit-il appliquer pour la solution du litige ? Problème embarrassant. Car n'ayant pas de *lex fori*, lorsque les parties ne lui ont pas désigné le droit à appliquer, rien, absolument rien ne lui donne une indication à cet effet. Devra-t-il mettre en oeuvre un système de conflit de lois ? Mais lequel, dès lors qu'il n'a pas de *lex fori* et que le système de conflit de lois est celui de la *lex fori* ? Du reste, et pour la même raison, qu'est-ce qui l'oblige à passer par un système de conflit de lois ? N'y étant pas tenu, il pourra donc mettre en oeuvre ce qu'on appelle la " méthode directe ", c'est-à-dire désigner directement le droit national applicable sans le passage obligé par la méthode conflictuelle. Mais quel droit national appliquera-t-il par cette méthode dite directe ? Et pourquoi tel droit plutôt que tel autre ?

428. - L'arbitre ne trouve pas de réponse à ces questions, car la réponse ne lui vient de nulle part. Voilà donc la conjonction de deux vérités fondamentales - l'absence de *lex fori* et la pluralité des droits pouvant avoir vocation à s'appliquer - qui débouche sur une conséquence insoupçonnée : hormis le cas d'une *electio juris* par les parties, l'arbitre dans l'arbitrage international n'est soumis à aucun droit national, à aucune loi. Aucune règle de droit quelle qu'elle soit, ne s'impose à lui. Et, que l'on s'en réjouisse ou qu'on le déplore, le contrat est pour lui un contrat sans loi, et il demeure sans loi jusqu'à ce que lui, l'arbitre international, lui donne une loi en vertu d'un choix volontaire et souverain. Autrement dit, on se trouve alors sous l'empire de la loi du juge, c'est-à-dire de la loi choisie, voire créée, par l'arbitre lui-même.

429. - Et c'est là, croyons-nous, le trait majeur, le trait le plus frappant de la spécificité de l'arbitrage international. Il faut aller au-delà de l'observation que cette spécificité se traduit par le " caractère contractuel - au moins prédominant - de l'institution et du principe de l'autonomie de la volonté "(1). Le caractère contractuel n'est pas l'apanage de l'arbitrage international. Il imprègne aussi bien et dans la même mesure l'arbitrage interne. Les deux institutions ont un caractère mixte, contractuel et juridictionnel, et il nous paraît difficile de parler, pour l'une ou l'autre, de prédominance d'un caractère sur l'autre. Quant à l'autonomie de la volonté, dans le sens du pouvoir pour les parties de choisir le droit applicable, si elle est absente dans l'arbitrage interne, elle marque le statut juridique du contrat international devant le juge étatique aussi bien que le statut du contrat international devant l'arbitre. Ce n'est donc pas par le choix du droit applicable au contrat international par les parties que se traduit la singularité de l'arbitrage international. La singularité de l'arbitrage international se traduit vraiment par cette " loi du juge ", c'est-à-dire par le pouvoir souverain de l'arbitre d'imposer son droit à lui, le droit tel qu'il le conçoit pour la solution du litige, si les parties n'ont pas elles-mêmes formulé ou indiqué un choix. Le contrat dans l'arbitrage international est un contrat sans loi, c'est-à-dire sans règles de droit qui s'imposent à l'arbitre.

430. - L'idée continue de s'achopper au dogme de l'ubiquité des règles de droit. Elle heurte le réflexe de ceux qui trouvent que le concept de " contrat sans loi " ou de " loi du juge " est une absurdité ou un sacrilège en droit. Encore que l'idée que l'arbitre n'a pas de *lex fori* ne soit pas très récente, on commence à peine à s'acclimater à la vérité qui se trouve être le seul aboutissement logique et conséquent de l'idée que l'arbitre n'a pas de *lex fori*, à savoir qu'en l'absence de choix du droit applicable par les parties, c'est le seul droit de l'arbitre, juge privé, qui règne sans partage dans l'arbitrage international.

431. - C'est donc là où elle se trouve vraiment qu'il faut chercher l'autonomie de l'arbitrage commercial international, c'est-à-dire dans le droit applicable au fond du litige, et non dans la convention d'arbitrage international. L'autonomie de la convention d'arbitrage international est un mythe. L'autonomie du droit applicable au fond du litige dans l'arbitrage inter-

(1) LALIVE, POUDRET, REYMOND, Le droit de l'arbitrage interne et international en Suisse, Payot, Lausanne, 1989, p. 259.

national est une réalité. Il y a en matière de droit applicable au fond du litige dans l'arbitrage international une double autonomie : il y a une autonomie des parties dans le choix du droit applicable au fond, et il y a une autonomie de l'arbitre dans le droit qu'il applique au fond en l'absence de choix du droit par les parties.

432. - On devrait logiquement commencer par examiner l'autonomie des parties dans le choix du droit applicable au fond du litige. On inversera cependant l'ordre logique des choses et on commencera par l'examen de l'autonomie de l'arbitre dans le droit qu'il applique au fond du litige lorsque les parties n'ont pas choisi ce droit, et cela pour une double raison. D'abord, parce que l'autonomie du droit appliqué par l'arbitre au fond du litige est l'autonomie la plus singulière, la plus paradoxale, celle qui rencontre le plus de difficultés à être admise par les juristes, parce qu'elle heurte les idées reçues et le dogmatisme juridique. Ensuite, parce que l'autonomie des parties dans le choix du droit applicable au fond du litige n'est pas une autonomie tout à fait originale, parce qu'elle correspond à l'autonomie des parties dans le choix du droit applicable au contrat international, lorsque c'est le juge étatique qui est saisi du litige relatif à ce contrat en l'absence de convention d'arbitrage. On verra cependant que l'autonomie des parties dans le choix du droit applicable au fond du contrat international dans un arbitrage, bien qu'elle corresponde à l'autonomie des parties dans le choix du droit applicable au fond du contrat international en l'absence d'arbitrage, n'est pas du tout la même autonomie, pour les raisons que l'on verra.

433. - De fait on comprend mieux les diverses situations qui se présentent en matière de droit applicable au fond du litige dans l'arbitrage international, lorsqu'on commence par examiner les curiosités du droit appliqué au fond du litige par l'arbitre en l'absence de choix du droit par les parties.

Mais notre étude ne sera pas complète si on n'examine pas, dans un troisième titre, un droit que certains auteurs français considèrent comme étant un droit authentique qui doit être appliqué au fond du litige dans l'arbitrage international. Il s'agit de la *lex mercatoria* ou droit transnational. On verra que ce droit prétendument autonome n'est qu'un mythe.

Cette deuxième partie comprendra donc trois titres. Dans un premier titre sera examinée l'autonomie de l'arbitre dans le droit qu'il applique au fond du litige en l'absence de choix du droit par les parties. Dans un deuxième titre sera examinée l'autonomie des parties dans le choix du droit applicable au fond du litige. Dans une troisième partie, on verra pourquoi la *lex mercatoria* ou le droit transnational est un mythe.

TITRE I

L'AUTONOMIE DE L'ARBITRE INTERNATIONAL
DANS LE DROIT
QU'IL APPLIQUE AU FOND DU LITIGE
EN L'ABSENCE
DE CHOIX DU DROIT PAR LES PARTIES

434 - On serait tenté de croire que lorsqu'un contrat international est porté devant un arbitre, il y a alors une sorte d'addition des problèmes propres à l'arbitrage et des problèmes propres au contrat international. D'un point de vue juridique, il y a beaucoup plus que cela, il s'opère une métamorphose juridique dans le sens propre.

435. - Dans l'arbitrage d'un contrat interne, on sait comment les choses se passent. Dans l'ensemble, l'arbitre traite le contrat interne comme l'aurait traité un juge étatique. Pour ce qui concerne le droit applicable au fond du litige, il est absolument le même que celui qu'aurait appliqué le juge étatique saisi du même litige en l'absence de convention d'arbitrage : c'est le droit interne, national, et l'arbitre a les pieds posés sur une terre solide.

436. - Par ailleurs, lorsqu'en l'absence d'une convention d'arbitrage, un litige relatif à un contrat international est porté devant un juge étatique, celui-ci est confronté à un problème qui trouve sa solution dans le droit international privé des contrats : le droit applicable au fond du contrat international est, comme nous le savons, le droit que désigne la règle de conflit de la *lex fori* du juge, mise en oeuvre selon son système national de conflits de lois. Il appliquera donc le droit - son droit national ou un droit national étranger - désigné par la règle de conflit de son for. Cela à moins que les parties n'aient elles-mêmes choisi d'un commun accord le droit applicable à leur contrat international, en vertu du principe d'autonomie, si et dans la mesure où le droit national du for autorise un tel choix. Donc, le juge étatique appliquera la méthode des conflits de lois à défaut d'*electio juris* par les parties. Certes, cette méthode a ses infirmités. Sa mise en oeuvre n'est pas toujours aisée, loin s'en faut, et ses résultats ne procurent pas toujours la même certitude que lorsque le contrat est interne. Mais il n'en reste pas moins que le juge étatique s'appuie, plus ou moins bien, sur des règles de droit déterminées dans la recherche du droit applicable pour la solution du litige.

437. - La situation devient autrement embarrassante lorsqu'un litige relatif à un contrat international est porté devant un arbitre. Pour s'en convaincre, il convient de se mettre à la place de l'arbitre, de voir comment les choses se passent dans sa tête, le cheminement de sa pensée, en oubliant toute idée préconçue, tout ce qu'on a lu dans les livres sur l'arbitrage international.

438. - La première question que se pose l'arbitre, celle qui est particulièrement embarrassante, est de savoir quel droit il va appliquer au fond, c'est-à-dire à la solution du litige. Comme tout juge public ou privé, il doit chercher le fil qui le conduit à ce droit.

439. - A la vérité, les choses se passeront sans problèmes ou plutôt sans problèmes majeurs, si les parties ont déjà choisi d'un commun accord le droit que l'arbitre aura à appliquer. L'arbitre est créé par les parties, et si son créateur lui indique le droit applicable, il devra s'y conformer. D'ailleurs le juge étatique lui-même, saisi d'un contrat international, est lié par le droit choisi par les parties, en vertu de la loi d'autonomie que l'on connait. Ce n'est donc qu'à défaut d'un tel choix par les parties que l'arbitre va se demander quel droit il doit appliquer.

Dans cette recherche du droit applicable au fond du litige, le raisonnement de l'arbitre qui procède logiquement passe successivement par trois étapes.

440. - Dans une première étape, l'arbitre s'avisera, comme le fait nécessairement le juge étatique, d'appliquer la méthode conflictuelle, dès lors que le contrat est international. Il se posera la question de savoir quel est le droit applicable au contrat en vertu de la règle de conflit, ce qui implique la recherche de cette règle. Or, il ne tardera pas à constater que, contrairement au juge étatique, il n'a pas une règle de conflit, pour la raison bien simple que la règle de conflit est dictée au juge étatique par sa *lex fori* et que lui, arbitre, n'a pas de *lex fori*. Il en conclut logiquement qu'il est donc incapable, au bout du compte, de trouver un droit national qui s'impose à lui pour la solution du litige.

441. - Débouchant ainsi sur une impasse, l'arbitre tentera de suivre une autre direction dans sa recherche du droit applicable. Ayant constaté qu'il n'a pas de *lex fori*, donc pas de règle de conflit, il se demandera si, après tout, il ne peut pas s'en passer. N'est-il pas dit que tout contrat s'inscrit objectivement, d'emblée, dans un ordre juridique de base déterminé ? Cet ancrage indiquera alors tout naturellement le droit applicable au contrat, puisque ce droit sera celui de cet ordre juridique de base. Mais l'arbitre ne tarde pas à constater qu'un tel ordre juridique de base n'existe pas lorsqu'il s'agit d'un contrat international.

L'arbitre est près de conclure qu'il n'est lié par aucun droit, qu'aucune règle de droit ne s'impose à lui, qu'il est libre de trancher le litige comme il l'entend, en choisissant lui-même le droit qu'il estime approprié, voire, au besoin, en allant à la solution du litige, sans se référer à des règles de droit.

442. - Mais l'arbitre, pour épuiser toutes ses recherches et aller au bout de son analyse, se pose une troisième et dernière question. S'il se comporte de la sorte, c'est-à-dire s'il choisit la solution qu'il trouve appropriée sans se sentir lié par des règles de droit déterminées, ne risque-t-il pas d'être désavoué plus tard, lorsque viendra l'heure de vérité où sera demandée devant un juge étatique la reconnaissance ou l'exécution de la sentence arbitrale qu'il aura rendue ? Le juge étatique de l'exequatur n'exercera-t-il pas alors un contrôle et ne procédera-t-il pas à une censure de la sentence, donc du choix par l'arbitre du droit applicable au contrat et au litige pour sanctionner un mauvais choix de l'arbitre. L'arbitre va se rendre compte que sa liberté à cet égard ne sera ni contrôlée ni censurée et que sa sentence n'encourra aucun sanction de ce fait, pour la simple raison que la consultation des différents droits nationaux et des conventions internationales en la matière permet de constater qu'ils ne prévoient ni un tel contrôle ni une telle censure. L'arbitre conclura donc que ce que lui commande la théorie du droit, à savoir qu'il peut statuer sur le fond du litige selon le droit qu'il juge approprié, ne sera pas censuré par le juge étatique du contrôle de la sentence.

443. - Le résultat ne fait donc pas l'ombre d'un doute, et il peut s'exprimer par des propositions équivalentes, à savoir que le contrat international devant l'arbitre est un contrat sans loi, ou que l'arbitre qui statue sur un litige relatif à un contrat international n'est pas soumis à des règles de droit, ou enfin que la loi qui s'applique au contrat international dans un arbitrage est la loi de l'arbitre, juge privé, c'est-à-dire le droit tel qu'il le conçoit. Tout cela, bien entendu, en supposant qu'il n'y a pas eu d'*electio juris* par les parties elles-mêmes.

Cette conclusion stupéfiante *prima facie*, surréaliste et absurde pour certains, est la résultante logique de la conjonction et du jeu combiné de trois vérités juridiques : l'arbitre saisi d'un contrat international n'a pas de *lex fori* ; le contrat international ne s'insère pas objectivement, d'emblée, dans un ordre juridique de base ; les différents ordres juridiques nationaux ne remettent pas en cause, au niveau de la reconnaissance et de l'exécution de la sentence, le pouvoir de l'arbitre d'appliquer le droit que lui dicte sa propre conception du droit, voire son pouvoir de choisir la solution du litige qu'il juge appropriée sans le passage obligé par une règle de conflit et même sans être soumis à des règles de droit.

Ce sont ces trois vérités qu'il nous faut examiner successivement pour commenter ensuite le résultat auquel elles conduisent inéluctablement.

CHAPITRE I

L'ABSENCE DE *LEX FORI*

DE L'ARBITRE INTERNATIONAL

444. - L'affirmation que l'arbitre international n'a pas de *lex fori* est devenue aujourd'hui un lieu commun, un poncif. On n'en discute plus. Ce sont seulement ses conséquences logiques qu'on ne voit pas, ou qu'on voit mal, ou plutôt qu'on ne veut pas voir.

Pourtant il a fallu un certain temps et il a fallu des efforts pour qu'on se rende à cette évidence. Il fut un temps où une bonne partie sinon la majorité de la doctrine croyait que l'arbitre international a une *lex fori* qui est la loi du siège de l'arbitrage. Toutefois, on n'a pas tardé longtemps à constater qu'il n'en est rien. Et alors l'affirmation de l'absence de *lex fori* de l'arbitre a commencé à être reconnue mais sans que ceux qui la reconnaissent en tirent les conséquences qui s'imposent, sans aller jusqu'au bout de la logique de cette affirmation. Même aujourd'hui, le préjugé légaliste demeure très fort et la plupart des auteurs ont du mal à admettre que l'absence de *lex fori* de l'arbitre international débouche sur un *vacuum juris* qui ne peut être comblé que par lui, c'est-à-dire par le droit qu'il décide lui-même d'une manière souveraine. Les esprits acceptent encore mal l'idée qu'en passant devant l'arbitre plutôt que de passer devant le juge étatique, le contrat international bascule d'une galaxie à une autre, de la loi qui s'impose au juge à la loi librement choisie, voire créée, par l'arbitre.

Il n'est pas étonnant que l'on ait pu se laisser éblouir au départ par l'idée que l'arbitre international a, lui aussi, une *lex fori* et que cette *lex fori* est tout naturellement la loi du siège de l'arbitrage.

A - LA THÈSE DE LA *LEX FORI* DU SIÈGE DE L'ARBITRAGE

445. - La question de savoir quelle loi doit appliquer l'arbitre saisi d'une relation objectivement internationale n'a vraiment commencé à hanter les esprits des juristes que depuis que l'arbitrage international a commencé à se développer.

Une première thèse a prévalu dans la doctrine juridique pendant un certain temps, assez court du reste, c'est celle de SAUSER-HALL et de la résolution d'Amsterdam de l'Institut de droit international de 1957, à savoir que la *lex fori* de l'arbitre international est la loi du lieu où se déroule l'arbitrage. Selon cette thèse, l'arbitre étant une juridiction, il a bien une *lex fori*, car son for est le territoire de l'État où il exerce sa mission, et il doit, comme toute juridicition qui y siège, respecter la répartition des compétences législatives de ce for. L'arbitrage étant une institution conventionnelle par sa source, SAUSER-HALL affirmait qu'il faut, certes, reconnaître aux parties le pouvoir d'indiquer à l'arbitre le droit à appliquer, " mais ce pouvoir, elles ne peuvent l'exercer que dans les limites permises par les règles de rattachement de l'État du siège du tribunal arbitral qui, en tant que *lex fori*, délimite l'étendue de l'autonomie qu'il y a lieu de reconnaître aux parties ". Et si elles n'ont pas conclu d'accord sur le droit applicable, " les règles de rattachement des lois de l'État du siège du tribunal arbitral seront appliquées par les arbitres pour résoudre les conflits de lois ". C'est dans ce sens qu'a été conçu l'article 11 de la Résolution d'Amsterdam.

En somme, la juridiction arbitrale était, selon cette thèse, purement et simplement assimilée à une juridiction étatique.

446. - Sans parler des difficultés pratiques d'application de la thèse en question dans les hypothèses où il n'existe pas de siège arbitral unique ou lorsqu'il n'existe pas de siège du tout, l'arbitrage s'effectuant par correspondance, et sans parler du fait que le plus souvent le droit du pays du siège arbitral choisi n'a aucun lien avec l'objet du litige, ce choix étant dicté par des convenances d'opportunité ou parce qu'on a voulu un lieu d'arbitrage " neutre ", c'est surtout l'objection théorique formulée contre la thèse qui est décisive.

Ainsi que l'a montré le professeur GOLDMAN, le rattachement systématique de l'arbitrage international au droit du pays du siège de l'arbitrage ignore ses deux caractères fondamentaux en le traitant comme une procédure étatique et comme une procédure purement interne. En effet, d'une part, l'arbitrage ne peut pas être assimilé au fonctionnement du service public de la justice dans l'État où il est géographiquement localisé et ne concerne donc en rien la souveraineté de cet État, laquelle s'exprime et s'exerce par le fonctionnement du service public de la justice. L'arbitrage demeure une activité distincte de celle de l'État, et l'on ne voit pas en quoi les règles que celui-ci a édictées pour régir l'activité de ses juges le concerneraient nécessairement. D'autre part, si un conflit de lois apparaît, c'est que le rapport litigieux n'est pas purement interne, et l'arbitrage non plus. Lorsque le rapport juridique est international, rien n'autorise à contraindre les arbitres à appliquer le droit international privé du pays où se déroule l'arbitrage, dès lors que la localisation purement géographique d'une activité de caractère privé est logiquement sans influence sur le rattachement de cette acitvité au système de répartition des compétences législatives de l'État où elle se situe, plutôt qu'à celui d'un autre État.

B - LA PREMIÈRE APPARITION DE LA CONSTATATION QUE L'ARBITRE INTERNATIONAL N'A PAS DE *LEX FORI*

447.- La constatation que le juge privé qu'est l'arbitre international n'a pas de *lex fori* semble avoir été faite pour la première fois à propos des tribunaux arbitraux mixtes qui ont été créés après la première guerre mondiale par les traités de paix. L'un de ces tribunaux, le Tribunal Arbitral Mixte roumano-allemand avait affirmé dans l'affaire NEGREANU que, " n'appartenant à aucun État et siégeant où bon leur semble, les tribunaux mixtes n'ont pas de *lex fori* ". A ce propos, la réplique de NIBOYET fut la suivante : " ... ici, au lieu qu'il s'agisse d'une *lex fori* territoriale, ce sera la conception que le tribunal s'en fera ; ce sera une *lex fori* tout de même " (1). Commentant cette controverse, JÖRG GENTINETTA, cité par EISEMANN, s'est posé la question de savoir si, en admettant que l'arbitre international n'a pas de *lex fori*, au sens reçu de l'expression, c'est-à-dire une *lex fori* territoriale, il ne peut pas " tout de même " avoir " sa " loi, comparable à la *lex fori* du juge étatique. A cela GENTINETTA répond par l'affirmative, et l'essentiel de son raisonnement est le suivant : la *lex loci* est " la " loi du juge parce qu'elle est la loi de l'État dont il tient ses pouvoirs judiciaires ; or, si pour le juge la *lex loci* est celle de " son créateur " (*Creator*), l'arbitre a également un " créateur " : les parties en litige. Sa loi, la *lex loci* de l'arbitrage commercial international serait donc, en premier lieu, l'ensemble des directives contenues dans la convention arbitrale. Ces directives émanant des parties ne connaitraient d'autres limites que les principes généraux du droit. Enfin, quant aux points sur lesquels il n'y a pas de directives des parties, alors s'imposerait ce que NIBOYET appelle " la propre conception " de l'arbitre.

448. - Il n'est pas exagéré de dire qu'on trouve déjà dans ces quelques lignes l'indication majeure sur le statut du contrat international devant l'ar-

(1) Cité par EISEMANN, La *lex fori* de l'arbitrage commercial international, Travaux du Comité français de droit iternational privé, 1973-1975, Dalloz 1977, p. 191.

bitre, sur le régime de l'arbitrage international et sa spécificité. En choisissant de soustraire le litige sur le contrat international au juge étatique pour le porter devant un arbitre, juge privé, les parties font échapper ce contrat au droit qui l'aurait normalement régi pour le soumettre au droit tel que le conçoit l'arbitre. Sauf qu'en soulignant que " la propre conception de l'arbitre " est " tout de même " une *lex fori*, la constatation de NIBOYET ne met pas suffisamment l'accent sur l'essentiel, à savoir l'abysse qui sépare, d'une part, la *lex fori* du juge étatique qui est un droit objectif, positif, connu à l'avance, donc prévisible, qui vient au juge de l'extérieur et s'impose donc à lui et, d'autre part, un droit qui dépend de la propre conception de l'arbitre, qu'il façonne lui-même, qui ne sera pas le même d'un arbitre à un autre et qui n'est donc ni certain, ni prévisible, dès lors qu'il ne sera connu que lorsque l'arbitre aura construit " sa " conception du droit. NIBOYET n'est pas allé jusqu'à une vision complète de la portée logique de la *lex fori* du juge étatique et d'une *lex fori* de l'arbitre international, entendue dans le sens que l'on vient de voir. Il n'en reste pas moins que ces observations rapides de NIBOYET et GENTINETTA sont remarquables, d'autant plus que la doctrine juridique qui les a suivi marque dans sa majorité une régression sensible par rapport à elles.

449. - Cette régression apparaît même déjà chez EISEMANN, le commentateur des propos de NIBOYET et de GENTINETTA. NIBOYET l'avait dit simplement : la *lex fori* de l'arbitre international est la conception qu'il s'en fait, c'est-à-dire, en somme, sa propre conception du droit . Mais l'idée ne rassure pas, ne tranquilise pas. Laisser à l'arbitre de forger le droit applicable à son gré signifie l'incertitude et l'imprévisibilité, et cela fait mal. L'absence de *lex fori* territoriale pour l'arbitre embarrasse, parce qu'elle crée un vide qu'il faut combler, et il faut le combler par un droit qui s'impose et non par un droit laissé à l'arbitre. On va donc se mettre à la recherche d'un droit qui soit un substitut, un *ersatzs* de la *lex fori* territoriale, c'est-à-dire une autre *lex fori*, mais qui soit autre chose que la conception que se fait l'arbitre du droit.

EISEMANN qui cherche cette autre *lex fori*, comme l'indique d'une manière significative l'intitulé de sa communication, en interrogeant la " jurisprudence arbitrale ", constate qu'à défaut de choix par les parties de la loi applicable, les arbitres appliquent tantôt un droit national, tantôt ce que l'on est convenu d'appeler la *lex mercatoria*, ou aussi les normes du droit des gens, ou enfin les principes généraux du droit. Il observe aussi qu'un grand nombre d'arbitres admettent qu'il leur appartient de " forger " eux-mêmes leurs propres règles de conflit, ce qu'on trouve d'ailleurs dans certains règlements d'arbitrage (2), que certains ont tendance à appliquer cu-

(2) Règlement CCI à l'époque.

mulativement les systèmes de conflit intéressés au litige, alors que d'autres ont tendance à établir une hiérarchie entre le contrat, les usages et le droit national, ou entre le contrat, les usages et, en *ultima ratio*, les principes généraux du droit.

450. -.Or, le sentiment qui se dégage de cet examen de la " jurisprudence arbitrale " est pour EISEMANN que " c'est là certainement une question mal éclairée ". En d'autres termes, rien ne dit que l'arbitre doive suivre nécessairement une direction plutôt qu'une autre. Un autre auteur, qui a succédé à EISEMANN comme secrétaire général de la Cour d'arbitrage de la CCI dira une dizaine d'années plus tard que la " jurisprudence arbitrale " donne à cet égard une " impression d'incohérence " (3). Admettons que l'arbitre du commerce international n'a pas de *lex fori*, au sens reçu de l'expression, c'est-à-dire territoriale. Mais ne peut-il pas " tout de même " avoir " sa " loi, comparable à la *lex fori* du juge étatique, se demande EISEMANN ? UN droit applicable laissé au choix de l'arbitre plutôt que de s'imposer à lui n'étant pas un substitut convaincant et rassurant de la *lex fori*, d'où viendra le souffle normatif qui impose à l'arbitre de suivre telle voie plutôt que telle autre, d'appliquer tel droit plutôt que tel autre ? Pour EISEMANN, un " dépassement du conflit des lois " est nécessaire, mais il est préférable de ne pas l'attendre de la seule *lex mercatoria*, quelle qu'en soit la portée de *lege lata*. Il faudra l'attendre, pense-t-il, des innombrables " concrétisations " auxquelles les principes généraux du droit peuvent mener en la matière et qui sont appelées à faciliter considérablement, avec ou sans la *patientia principis*, l'édification d'un système, de plus en plus cohérent et complet, de droit privé international qui, lié avec bien des éléments fournis par le droit étatique, constituera quant au fond la *lex fori* de l'arbitrage commercial international ou la l*ex arbitri* (4).

451. - Ce " système de plus en plus cohérent et complet de droit privé international " demeure aujourd'hui un voeu pieux, et les " innombrables concrétisations des principes généraux du droit " demeurent une *lex ferenda* qui se fait toujours attendre et dont les pâles lueurs ne sont pas encore perceptibles. Mais ce qui est plus important que le doute sur l'avènement de ce droit privé international, c'est le doute sur la source à laquelle il puiserait son impérativité pour l'arbitre. La *lex fori* s'impose au juge étatique parce qu'elle fait partie de l'ordre juridique dont il tient son office, où il puise son pouvoir et au nom duquel il rend la justice. Mais d'où

(3) DERAINS, Attente légitime des parties et droit applicable au fond en matière d'arbitrage commercial international, Travaux du Comité français de droit international privé, 1985, p. 86.

(4) EISEMANN, *op. cit.*, p. 205.

peut venir à l'arbitre qui ne tire son pouvoir que des parties qui l'ont désigné pour trancher le litige un " souffle normatif ", une impérativité qui lui commanderait d'appliquer tel droit plutôt que tel autre, si elle ne vient pas des parties elles-mêmes ? Si le mystère n'est pas levé, la *lex arbitri* ne saurait être un droit qui s'impose à l'arbitre mais un droit que lui-même crée et impose, lorsque les parties ne l'ont pas fait.

C - L'ABSENCE DE LEX FORI DE L'ARBITRE INTERNATIONAL ET SES CONSÉQUENCES CHEZ BATIFFOL

452. - Le problème a été perçu par BATIFFOL en 1957 dans une réflexion rapide de trois pages (5).

Constatant que l'interprétation du principe de l'autonomie de la volonté n'est pas la même dans tous les pays en cas de silence des parties et que l'arbitre peut donc se trouver en présence de solutions de conflit différentes dans les différents États avec lesquels la situation qui lui est soumise a des points de rattachement, BATIFFOL se demande comment l'arbitre doit se comporter dans une telle situation. Il observe d'emblée que la difficulté du problème vient de ce que les juges d'État sont tenus de suivre les règles de conflit de lois de l'État au nom duquel ils rendent la justice, alors que l'arbitre, ne rendant la justice au nom d'aucun État, n'est pas tenu de suivre les règles de conflit d'un pays plutôt que celles d'un autre.

453. - Qu'est-ce qui va donc tenir lieu de *lex fori* du juge étatique pour l'arbitre ? Autrement dit, quelle sera la *lex arbitri* ?

Le problème ne se posera sans doute pas si les parties ont choisi le droit applicable au contrat. Comme l'indique BATIFFOL, si on se réfère au principe que l'arbitre rend la justice en vertu de la volonté des parties, il faudra donc rechercher dans cette volonté les raisons du choix de la règle de conflit, et ce sera facile si les parties ont directement désigné la loi applicable à leur contrat. Le conflit de lois est alors résolu (6).

454. - C'est vrai. Mais l'ennui, c'est que les parties sont parfois sinon souvent ou le plus souvent muettes sur la loi qu'elles choisissent pour s'appliquer à leur contrat international. Il faudra alors, indique BATIFFOL, dégager la loi applicable d'après les indices de leur volonté implicite généralement retenus par les tribunaux, mais, nouvel ennui, la difficulté vient

(5) BATIFFOL, L'arbitrage et les conflits de lois, Rev.Arb. 1957, p. 110.
(6) BATIFFOL constate que même dans ce cas peuvent se poser d'autres conflits de lois sur les matières accessoires de la capacité ou des droits réels. Mais alors, le système de conflits du pays dont la loi a été choisie par les parties ne pourra pas être légitimement consulté, pour la bonne raison que ces matières sont en dehors du domaine de l'autonomie de la volonté

précisément de ce que les tribunaux des différents États ne retiennent pas les mêmes indices. Il faudrait donc, poursuit BATIFFOL, trouver dans le contrat des indices propres à l'arbitrage. Mais encore faut-il que l'on trouve dans le contrat de vrais indices de la volonté des parties. Et à partir de là, il ne semble plus permis de suivre BATIFFOL, parce que ce qu'il suggère participe du domaine de la spéculation et non des indices fiables. Le lieu convenu par les parties lui apparaît comme étant l'indice le mieux qualifié, surtout s'il s'agit d'un organisme ayant établi une procédure selon une certaine loi. Or, nous savons qu'à une exception doctrinale près (7), l'attribution au choix du siège arbitral de la valeur indicative d'un choix par les parties du droit applicable n'a plus cours dans la doctrine, depuis que l'on ne croit plus aux thèses de SAUSER-HALL et de la Résolution d'Amsterdam, depuis que l'on sait que le choix du siège est souvent fait pour des convenances ou des considérations qui n'ont rien à voir avec la loi du pays où il se trouve, lorsque ce choix n'est pas tout à fait fortuit. Seulement, les réflexions de BATIFFOL ont été faites en 1957, c'est-à-dire l'année même où était prise la Résolution d'Amsterdam, alors qu'on pouvait difficilement échapper à la fascination qu'exerçait la thèse du siège arbitral, qui prévalait alors.

A défaut d'indications émanant du contrat lui-même, " l'arbitre en sera réduit, selon BATIFFOL, à affirmer, sans se référer à aucun système, que dans le cas qui lui est soumis, les indices de la volonté des parties font pencher pour l'application des règles de conflit de tel État plutôt que de tel autre ". Mais une telle affirmation paraît absolument arbitraire, dès lors que l'on se trouve dans l'hypothèse où les parties sont muettes et qu'il n'y a donc pas d'indices fiables de leur volonté. Il s'agit donc d'une " présomption de volonté " imputée par l'arbitre aux parties. Mais nous savons qu'une présomption de volonté est, comme le dit le professeur GOLDMAN, largement divinatoire (8). Une présomption de volonté, c'est souvent faire parler le silence. Selon l'expression de JEAN ROBERT, c'est le plus souvent ce que le juge ou l'arbitre voulait décider en mettant sur le dos des parties cette intention présumée plutôt que quelque chose qui corresponde à une réalité juridique et démontrée (9).

455. - Il apparaît donc qu'en dernière analyse une seule certitude demeure,à savoir l'absence de *lex fori* de l'arbitre international. A défaut d'indices sérieux d'une volonté des parties indiquant un droit déterminé, on continue de patauger. On se trouve toujours dans une épaisse zone

(7) Celle du professeur MANN.

(8) GOLDMAN, Cours de l'Académie de droit international, *op. cit.*, P. 371.

(9) ROBERT, intervention sur la communication de DERAINS, Trav. du Comité fr. de dr. int. priv., 1985, p. 95.

d'ombre : la *lex fori* fait défaut, mais le substitut ou le succadéné n'apparaît toujours pas. La *lex arbitri*, dans le sens d'un droit qui s'impose à l'arbitre, est toujours introuvable.

Que reste-t-il alors à dire si ce n'est que c'est l'arbitre qui crée son propre droit, faute de choix du droit par les parties ? " L'arbitrage, suggère BATIFFOL, sera peut-être une voie par laquelle les contrats internationaux pourront échapper aux règles du conflit des lois dans la mesure où les arbitres auront la latitude de créer un droit privé international commun : une pareille création, qui ne saurait être que lente, suppose un milieu international suffisamment homogène pour que les sentences soient exécutées de bon gré, sans quoi le recours aux tribunaux d'États pour l'exequatur ramènerait inéluctablement au système des conflits de lois ".

On retrouve la conclusion d'EISEMANN qu'on a vue, à savoir l'attente d'une *lex ferenda* faite de ce " droit privé international " par lequel se réaliserait le dépassement du conflit de lois. Seulement, ce nouveau droit demeure un voeu pieux dont les signes précurseurs n'apparaissent pas encore à l'horizon, d'autant plus que le milieu international n'est pas près de devenir suffisamment homogène et que les sentences arbitrales ne sont pas prêtes d'être exécutées de bon gré sans contrainte étatique.

456. - Mais la nouveauté dans ce droit international privé souhaité par BATIFFOL, c'est qu'il serait créé par les arbitres. Il s'agit donc de la création d'un nouveau droit et non des " des concrétisations " d'un droit préexistant, à partir des principes généraux du droit dans la conception d'EISEMANN. Que le droit qui régit le contrat international soit créé par l'arbitre dans le plein sens du mot, lorsqu'il n'a pas été choisi par les parties, semble, comme on le verra, le seul aboutissement logique du raisonnement qui part de la constatation que l'arbitre n'a pas de *lex fori*. Mais que ce droit créé par les arbitres dans les différents cas concrets devienne un jour un " droit privé international ", c'est-à-dire un *corpus juris* qui serait une *lex arbitri* s'imposant aux arbitres dans l'arbitrage international se heurte à une objection rationnelle. Il faudrait nous expliquer comment, par quel processus magique un droit disparate, créé de toutes pièces pendant un certain temps par des arbitres dispersés, que rien ne lie, va se muer en un droit unifié pour devenir ensuite obligatoire pour les nouvelles générations d'arbitres, autrement dit pourquoi les nouvelles recrues d'arbitres vont se mettre spontanément à adorer ce que ceux des premières générations ont créé librement plutôt que de continuer l'oeuvre de création du droit. En somme il s'agit de résoudre la quadrature du cercle de la " jurisprudence arbitrale ".

457. - JEAN ROBERT faisait un rêve en 1979. Dans la discussion de la communication du professeur GOLDMAN au Comité français de droit international privé sur la *lex mercatoria* dans les contrats et l'arbitrage internationaux, voici ce qu'il disait, s'adressant au professeur GOLDMAN : " Je crains que, trop souvent, cet appel aux principes généraux du droit, surtout en matière économique, ne soit aussi un appel à un certain laxisme pour introduire ce que l'auteur, celui qui prétend appliquer la *lex mercatoria*, voudra y trouver.. En fait, pour moi, la *lex mercatoria*, ce sera, comme en matière anglo-saxone, le droit du précédent : c'est par ce qui aura été décidé dans un certain nombre de cas concrets, par l'accumulation de ce qui aura été décidé un certain nombre de fois, sur un point particulier, en matière d'un usage commercial international, que l'on dégagera l'idée ; par conséquent, on en viendra nécessairement à faire cette recherche du précédent, comme le font nos collègues anglo-saxons, surtout les Britanniques " (10).

458. - Mais le rêve de JEAN ROBERT est irréalisable pour une raison simple. Pour que le droit du précédent joue comme il a joué en droit anglais, et pour qu'on puisse parler de jurisprudence arbitrale, encore faut-il qu'un tel droit comporte une organisation judiciaire qui fasse partie d'un ordre juridique où, au sein d'une hiérarchie, des juridictions supérieures veillent au respect du précédent par les juridictions inférieures et fassent oeuvre régulatrice. Or, le propre des juridictions de l'arbitrage international, c'est qu'une organisation et une coordination y font absolument défaut, et qu'en l'absence d'une telle organisation, il n'y aura jamais ni un droit du précédent ni une *lex arbitri* dont le respect s'impose aux arbitres.

459. - Que reste-t-il alors sinon l'absence de *lex fori* de l'arbitre international et la liberté absolue pour lui de créer le droit qui servira à la solution du litige mais seulement dans les limites du cas concret dont il est saisi ?

D - L'ABSENCE DE *LEX FORI* ET SES CONSÉQUENCES CHEZ LE PROFESSEUR GOLDMAN

460. - L'absence de *lex fori* dans l'arbitrage international est remarquablement mise en évidence par le professeur GOLDMAN dans son Cours à l'Académie de droit international (11).

" On sait, en effet, écrit-il, que lorsqu'un litige est porté devant une juridiction étatique, celle-ci applique toujours son propre système de solution des conflits ; le droit international privé est toujours, en principe, le droit du for. On sait aussi qu'en l'état actuel de l'organisation internationale, cette solution est la seule concevable, précisément parce qu'il existe, du point de vue formel - et sans préjudice de similitudes quant au fond - autant de sys-

(10) Trav. du Comité fr. de dr. int. priv., 1977-1979, p. 260.

(11) GOLDMAN, Cours de l'Académie de droit international, *op. cit.*, p. 363-364.

tèmes de solutions que d'États souverains. Le juge qui exerce ses fonctions au nom d'un État ne peut par conséquent faire autrement que de respecter la répartition des compétences législatives telle que voulue par cet État ".

" Toute autre est la situation de l'arbitre saisi d'un litige relatif à un rapport de droit international. Il ne juge ni au nom, ni par l'investiture de l'État, mais en vertu de pouvoirs qui trouvent leur source dans la volonté des parties, et dont il a été investi soit personnellement et originellement, soit par un organisme d'arbitrage ayant bénéficié de l'investiture " primaire " des parties ".

Il faut en déduire, comme le souligne le professeur GOLDMAN, que, lorsqu'un litige " international ", c'est-à-dire portant sur un rapport de droit international, est jugé par des arbitres, qui n'exercent pas un pouvoir juridictionnel au nom d'un État, l'application d'un système étatique de solution de conflits ne s'impose plus du tout avec la même évidence que lorsqu'il est porté devant une juridiction elle-même étatique (12). Il faut plutôt dire, croyons-nous, non seulement que l'application d'un système étatique de conflit ne s'impose pas avec la même évidence, mais qu'elle ne s'impose pas du tout. Qu'est-ce à dire sinon qu'il faut en déduire raisonnablement que l'arbitre est alors libre de créer et d'appliquer le droit tel qu'il le conçoit ? Telle n'est cependant pas la conclusion du professeur GOLDMAN.

461. - Pour lui, si l'arbitre international n'a pas de *lex fori* étatique, il n'en reste pas moins soumis aux " solutions coutumières internationales " qui sont de véritables règles de droit, puisque ce sont des prescriptions émises par des autorités qui sont des organismes corporatifs, présentant une certaine généralité et comportant une sanction. Ainsi se formerait progessivement " un droit commun des relations économiques internationales ", qui constitue un " dépassement du conflit des lois ", si bien que l'on peut " escompter que l'arbitrage international de droit privé parviendra à l'établissement d'un système de rattachement qui lui soit propre, spécialement dans le domaine des contrats " (13).

462. - On verra que " ce système autonome de rattachement " n'est qu'une utopie, qu'il n'est qu'un produit de l'imagination, qu'il n'émane d'aucune autorité et n'est pourvu d'aucune sanction. Il ne saurait constituer des règles qui s'imposent à l'arbitre international et auxquelles celui-ci doit obéissance, pouvant se substituer, pour lui, à la *lex fori* du juge étatique. Le vide juridique laissé par la *lex fori* est loin d'être comblé, et tout porte à croire qu'il ne le sera jamais.

(12) *ibidem.*

(13) GOLDMAN, Recueil des Cours de l'Académie de droit international, *op. cit.*, p. 474-480

E - L'ABSENCE DE *LEX FORI* DE L'ARBITRE INTERNATIONAL ET SES CONSÉQUENCES DANS LA LITTÉRATURE JURIDIQUE ANGLO-SAXONNE

463. - Ce n'est que sur le tard que l'idée que l'arbitre international n'a pas de *lex fori* a commencé à se frayer un chemin dans la littérature juridique anglo-saxonne et que les auteurs anglo-saxons ont commencé à se rendre à l'évidence que l'arbitre internationl n'a pas de *lex fori*.

464. - Se référant à GOLDMAN et à LALIVE, REDFERN et HUNTER observent que, le siège de l'arbitrage étant habituellement choisi pour d'autres raisons que les règles de conflit du for, cela a conduit à formuler une doctrine qui a été adoptée par les règlements d'arbitrage institutionnel et suivie dans la pratique de l'arbitrage international, selon laquelle, à la différence du juge étatique, un tribunal arbitral international n'est pas tenu de suivre les règles de conflit de lois du pays où il a son siège. Ils constatent que cette doctrine compte de nombreux puissants défenseurs, en particulier chez les juristes allemands, français et suisses. Ils approuvent le professeur GOLDMAN qui trouve que l'arbitre, contrairement au juge étatique, n'a pas de *lex fori*.

Se demandant si le tribunal arbitral est toujours tenu de procéder à son choix par la voie de règles de conflit, ils estiment que la question peut être académique, puisque le tribunal arbitral cherche en pratique à appliquer la loi (ou les règles de droit, s'il est permis de s'exprimer ainsi) qu'il estime appropriée. Les auteurs se réfèrent à l'article 1496 du nouveau Code de procédure civile français.

465. - En conclusion, REDFERN et HUNTER observent qu'en matière de décision du tribunal arbitral sur le fond, il n'y a aucune règle universelle. Dans certains systèmes juridiques, le tribunal arbitral doit suivre les règles de conflit du siège de l'arbitrage, mais cette attitude semble de plus en plus anachronique. La tendance moderne dans les conventions internationales et la règle sur l'arbitrage est de donner au tribunal une grande latitude dans le choix du droit, tout en insistant sur le fait que le tribunal arbitral procède par la voie de règles de conflit appropriées. Certains droits nationaux (y compris les droits français, suisse et néerlandais) poussent la tendance jusqu'à sa conclusion logique. : en abandonnant complètement toute référence à des règles de conflit, ils permettent au tribunal arbitral de décider lui-même quelle loi (ou règles de droit) il estime appropriée pour la solution du litige.

Les deux auteurs recommandent cette dernière approche : si l'on fait confiance au tribunal arbitral pour trancher un litige, on peut lui faire confiance pour déterminer les règles de droit qui le guideront pour prendre sa décision. Si les parties ne veulent pas laisser au tribunal arbitral une telle liberté d'action, le moyen est entre leurs mains, elles n'ont qu'à choisir la loi ou les règles de droit à appliquer (14).

466. - Il est visible que pour REDFERN et HUNTER, la conclusion logique de l'absence de *lex fori* pour le tribunal arbitral ne va pas au-delà du choix par ce tribunal des règles de droit qu'il juge appropriées au règlement du litige. Les auteurs anglos-saxons, très en retard sur les autres sur cette question, ne sont pas allés au-delà de cette conclusion pour constater que sa véritable suite logique, c'est qu'il n'y a pas de règles de droit du tout pour l'arbitre international.

467. - Les auteurs américains sont encore restés bien en deçà de cette réflexion. GARY BORN prend acte des commentaires de ceux qui rejettent la prise en considération des règles de conflit de loi du siège de l'arbitrage au motif qu'un tribunal arbitral n'est pas l'équivalent d'un tribunal étatique et n'est pas lié par une *lex fori* comme ce dernier. Se référant à l'ouvrage de CRAIG, PARK et PAULSSON sur le règlement d'arbitrage de la CCI, où est signalée la tendance moderne qui trouve que l'arbitre n'est pas tenu d'appliquer les règles de conflit du siège, parce que ses pouvoirs dérivent d'une convention d'arbitrage et qu'il n'exerce pas un pouvoir public au nom de l'État, l'auteur doute que de tels propos puissent être convaincants. Si les règles de conflit du siège du tribunal arbitral ne sont pas appliquées, quelles autres règles de conflit le seront-elles ? Existe-t-il une règle de conflit internationale, et quel en est le contenu ? Les nations civilisées partagent-elles des principes de base à ce propos ? Faut-il faire une application cumulative de règles de conflit nationales, comme le suggèrent certaines sentences de la CCI ? L'auteur qui ne trouve pas de réponses à ces questions conclut que le droit applicable dans l'arbitrage international est enveloppé d'incertitude, ce qui ne répond pas à l'idéal de prévisibilité (15).

(14) **REDFERN** and **HUNTER**, Law and practice of international arbitration, Sweet and Maxwell 1999, p. 131-134.
(15) **GARY BORN**, International commercial arbitration in the United State, Kluwer, 1994, p. 113-1125.

CHAPITRE II

L'ABSENCE D'ORDRE JURIDIQUE DE BASE DU CONTRAT INTERNATIONAL

468. - Si la relation objectivement internationale, dans le sens du droit international privé, qui est le plus souvent une relation contractuelle, donc un contrat international, s'inscrit nécessairement et naturellement dans un ordre juridique de base déterminé, le droit de cet ordre juridique de base sera indiscutablement la *lex fori* du juge étatique dans un procès judiciaire en l'absence de convention d'arbitrage, et il sera indiscutablement la *lex fori* de l'arbitre international dans le cas d'une convention d'arbitrage entre les parties. Il ne serait alors pas permis d'affirmer que l'arbitre internatinal n'a pas de *lex fori*. Il aurait une *lex arbitri*, qui est l'équivalent d'une *lex fori*.

Mais la question est justement de savoir si le contrat international s'inscrit nécessairement et naturellement, d'emblée, dans un ordre juridique de base.

A - l'apparition du concept d'ordre juridique de base (*Grundlegung*) dans le cadre du *State contract*

469. - Le concept d'ordre juridique de base est apparu dans la littérature juridique à propos du contrat économique entre un État et une entreprise privée étrangère, appelé *State contract,* en tant que concept distinct du concept du droit applicable au contrat.

La formulation développée de cette distinction a été faite par PROSPER WEIL pour servir de support à sa théorie de l'internationalisation du contrat d'État, c'est-à-dire de la soumission de ce contrat au droit international public, lorsqu'il s'agit d'un contrat de développement économique.

Pour PROSPER WEIL, l'internationalisation du contrat d'État est une internationalisation *ex natura*. D'après cette théorie, ce n'est pas un *choice of law* qui déclenche le mécanisme d'internationalisation du *State contract* ; celui-ci " s'enracine" ou s'insère " d'emblée " dans l'ordre juridique international, parce que c'est de par sa nature qu'il relève de cet ordre et qu'il est donc soumis au droit international public, qu'il y ait ou non un *choice of law* par les parties et quel que soit le droit choisi. L'enracinement dans l'ordre international se réalise par le seul fait que certaines caractéristiques se trouvent réunies dans une catégorie de contrats d'État, à savoir les contrats de développement économique, sans que ce rattachement direct à l'ordre international puisse être affecté par le choix du droit applicable au contrat. Mais ce rattachement n'exclut pas l'application de certaines règles de droit national lorsque les contractants se réfèrent à de telles règles.

470.- L'objectif de la théorie est d'assurer au cocontractant privé la protection contre une nationalisation, protection nécessaire à de tels contrats, par la soustraction de ces derniers à l'aléa de souveraineté fondé sur le principe que l'État partie est maître de son droit interne. Cette protection résulte d'une " clause de stabilisation " qui consiste à " geler " la législation nationale de l'État partie au *State contract.* L'insertion d'une telle clause dans le contrat a pour objet et pour effet de limiter l'application des règles nationales à celles qui existaient au jour de la conclusion du contrat, les parties étant libres de choisir ces règles comme elles auraient pu en choisir d'autres. La clause lie l'État au titre de règle de fond adoptée par les parties dans le cadre d'un contrat relevant de l'ordre juridique international. Une modification ultérieure de la législation n'aura pas de prise sur une clause de stabilisation. Et la méconnaissance de cette clause par l'État engage donc sa responsabilité internationale envers l'investisseur et, le cas échéant, envers l'État national de ce dernier.

471. - Une application retentissante de cette théorie a été faite par le professeur RENÉ JEAN DUPUY dans la sentence qu'il a rendue dans l'arbitrage TEXACO et CALASIATIC contre la Libye.

La théorie du professeur WEIL et la sentence du professeur RENÉ-JEAN DUPUY ont soulevé un tollé dans la littérature juridique. Il n'entre pas dans notre propos d'examiner les nombreuses critiques formulées à leur égard, surtout la critique du professeur WENGLER (1).

472. - Toujours est-il que cette théorie a dirigé l'attention de la pensée juridique sur le concept d'ordre juridique de base dont dérive la force obligatoire du contrat, en tant que concept distinct du droit qui régit ce contrat. La nécessité de cette distinction est ainsi formulée par le professeur WEIL : " A moins de considérer l'accord des parties comme générateur d'un ordre juridique spécifique..., on ne peut échapper à la question préalable de savoir quel est l'ordre juridique dans lequel le contrat s'insère, où il puise sa validité et dans lequel il prend ses racines. C'est à un second stade seulement - c'est-à-dire une fois réglé le problème de l'ordre juridique servant de fondement au contrat - qu'interviendra la détermination des règles de fond appelées, sur renvoi de l'ordre juridique de base, à gouverner matériellement le contrat " (2).

473. - Dans les discussions de l'Institut de droit international sur les accords entre un État et une personne privée étrangère, la question de savoir s'il faut faire cette distinction a été posée par le rapporteur, le professeur. VAN HECKE, aux membres de l'Institut. Les avis ont été partagés, certains la trouvant fondamentale, d'autres sans importance (3). On peut regretter que la question n'ait pas fait l'objet d'un examen plus approfondi et qu'elle n'ait pas affecté la résolution de la session d'Athènes. Aujourd'hui, la controverse reste ouverte.

474. - Le concept a fait l'objet d'une analyse remarquable du professeur **MAYER** (4). Mais cette étude se place au seul niveau du droit international privé. Le professeur MAYER voit dans le concept d'ordre juridique de base un mythe. Nous croyons que l'affirmation ne peut pas être ainsi énoncée en termes absolus. Il est nécessaire de nuancer l'approche.

475. - Un contrat, comme tout rapport juridique, se rattache par sa nature à un ordre juridique dont il tire sa validité et d'où dérive sa force obligatoi-

(1) Pour plus de détails, voir : **KASSIS**, Le nouveau droit européen des contrats internationaux, précité, pages 231 et s. et les références citées.
(2) **WEIL**, Droit international et contrats d'États, Mélanges Reuter, Pedone, 1981, p. 559.
(3) Annuaire de l'Institut de droit international, session d'Oslo 1977, vol. 57, tome I, p. 206 et s. **MANN** assimile l'ordre juridique de base à la *lex fori*.
(4) **P. MAYER**, Le mythe de l'ordre juridique de base ou *Grundlegung*, in Etudes Goldman, p. 217 et s.

re . Il ne saurait se détacher de tous les ordre juridiques existants. La réalité et la nécessité du concept d'ordre juridique de base apparaissent avec force lorsque le juriste ne limite pas son champ visuel au seul droit international privé, lorsque le problème n'est pas posé seulement en termes de droit international privé. On peut alors dire d'une manière générale que toute relation juridique se rattache nécessairement ou bien à l'ordre international (régi par le droit international public) ou bien à l'un des ordres étatiques qui constituent avec l'ordre international les seuls ordres juridiques parfaits ou systèmes globaux dans l'état présent du droit (5).

476. - Mais pour ce qui a trait au concept d'ordre juridique de base, cette affirmation de caractère très général ne suffit pas pour rendre compte de la réalité. Car ce qui pose problème, c'est la distinction entre ordre juridique de base et droit applicable au contrat. Force est donc d'examiner les diverses catégories de relations juridiques qui peuvent se présenter.

D'abord, les relations de l'ordre international, c'est-à-dire les relations entre les États ou entre les États et les organisations internationales, régies par le droit international pubic. On laissera de côté le *State contract* et la thèse des professeurs WEIL eT DUPUY, selon laquelle le *State contract* plonge ses racines dans l'ordre international, comme les traités, thèse qui est à juste titre rejetée par la majorité de la doctrine, mais dont l'examen approfondi mériterait de plus longs développements qui dépassent le cadre de notre propos. Prenons l'hypothèse qui ne pose pas problème, celle du traité. Un traité entre deux États est, de par sa nature, enraciné directement dans l'ordre juridique international dont il tire sa validité et sa force obligatoire. Dans un tel traité, un État peut s'engager à fournir certaines prestations de caractère économique à un autre État, et les deux États peuvent convenir que les obligations relatives à ces prestations seront régies par les règles du droit privé étatique de l'un ou de l'autre ou d'un troisième. Une telle clause du traité est légitime et a une force obligatoire pour les deux États, dès lors que le droit de l'ordre international, c'est-à-dire le droit international pu-blic, ne la prohibe pas. Mais il serait impropre de parler d'une distinction entre l'ordre juridique de base dont les relations sont gouvernées par le droit international public et le droit applicable aux obligations prévues dans le traité, qui est un droit privé étatique, car ce droit applicable aux obligations prévues dans le traité fait partie du traité par incorporation. Il y a un ordre juridique de base, mais il n'y a pas de conflit de lois.

477. - Passons à une autre relation, celle d'un contrat interne, dont tous les éléments le rattachent à un seul ordre juridique étatique, l'ordre juridique français par exemple. Il est légitime de dire dans cette hypothèse que l'or-

(5) Voir : KASSIS, Théorie générale des usages du commerce, précité, n° 721.

dre juridique français est l'ordre juridique de base de ce contrat, dans lequel celui-ci s'insère et prend ses racines et où il puise sa validité et sa force obligatoire. L'ordre juridique français, ordre de base, l'autorisant, les parties à un tel contrat peuvent, de *lege lata*, en respectant l'ordre public français, incorporer dans leur contrat des règles supplétives appartenant à un autre ordre juridique : c'est l'incorporation qui, comme on le sait, est autre chose que la désignation d'une loi étrangère par la règle de conflit en droit international privé. (6)

B - **Le concept d'ordre juridique de base en droit international privé**

478. - C'est lorsqu'on passe au contrat international, et plus généralement à la relation objectivement internationale,dans le sens du droit international privé, que les choses se compliquent et que la notion d'ordre juridique de base devient problématique. Certes, un contrat ne peut pas se trouver dans le vide, en dehors des nombreux ordres étatiques qui peuplent l'univers juridique. Mais peut-on parler à propos d'un tel contrat international qui a des liens avec plus d'un ordre juridique étatique, d'un ordre juridique de base dans lequel il s'enracine directement et pour ainsi dire naturellement, et qui serait distinct du droit qui le gouverne, désigné par l'accord des parties ou la règle de conflit ? Et quel serait cet ordre juridique de base ?

479. - La doctrine connaît une thèse dans ce sens, celle de l'auteur suisse ADOLF SCHNITZER : c'est la thèse de ce qu'il appelle le " rattachement fonctionnel ", telle qu'il l'a défendue en 1968 dans son cours à l'Académie de droit international. Elle a pour point de départ l'idée qu'il faut rechercher ce qui concrétise chaque catégorie de contrats en examinant l'essence du contrat, ou son centre de gravité. Les entreprises commerciales ou industrielles exercent leurs fonctions dans la vie économique et sociale en concluant des contrats, et la prestation qui caractérise le contrat vise la fonction du rapport juridique dans la vie économique et sociale de l'homme. Le rapport juridique, le contrat, doit être rangé dans la sphère de l'ordre juridique où il déploie sa mission : il faut donc toujours rechercher la prestation caractéristique et la fonction du rapport en cause par une appréciation des éléments de fait.

480. - Pour ce qui concerne le principe de l'autonomie de la volonté, l'auteur souligne que la validité du contrat ne peut pas dépendre du droit choisi par les parties. Car si la validité est en cause, c'est précisément la validité du choix du droit qu'il y a lieu également d'examiner, et il est absolument illogique de confier cet examen à la loi choisie par les parties. Etant donné

(6) KASSIS, Le nouveau droit européen..., *op. cit.*, n°s 248 à 250.

que la volonté des parties n'est qu'une source de droit dérivée et que dans la plupart des cas les parties n'ont pas stipulé la loi applicable, force est donc de commencer l'étude du problème de l'autonomie de la volonté des parties en examinant par la méthode objective les bases de rattachement du contrat et de discuter ultérieurement le problème de l'autonomie de la volonté des parties, celle-ci n'étant qu'un problème spécial dans le cadre de la détermination de la loi applicable.

481. - Il ne reste alors qu'à s'entendre sur la question de savoir quel ordre juridique est compétent pour habiliter les parties à choisir la loi applicable. Cette décision doit être confiée à la loi reconnue compétente sur la base d'un examen objectif des faits. Selon SCHNITZER, cet examen conduit à la conclusion suivante qu'il propose au législateur suisse comme texte déterminant le droit applicable aux contrats internationaux.

" Le contrat est soumis à la loi du lieu où la prestation qui caractérise le contrat en visant sa fonction dans un ordre juridique déterminé est due (domicile professionnel, à défaut séjour habituel, établissement principal, succursale).

Pour autant que l'ordre juridique ainsi déterminé habilite les parties à choisir la loi par une convention expresse ou concluante, la loi choisie raisonnablement est applicable " (7).

C - La critique du professeur MAYER du concept d'ordre juridique de base en droit international privé

482. - Ce concept d'ordre juridique de base, qui appelle, en droit international privé, à distinguer les règles applicables au contrat de l'ordre juridique qui permet le choix de ces règles, a fait l'objet d'une critique magistrale du professeur MAYER, dans son étude précitée dans les Mélanges Goldman. On en rappellera les points essentiels et les conclusions.

483. - Le professeur MAYER observe à juste titre que si l'on assigne à l'orre juridique de base le rôle exclusif " d'aiguillage ", de " dispatching ", il ne mérite plus la qualification d'ordre, en raison des effets limités du prétendu enracinement. En effet, comme le principe de l'autonomie de la volonté semble être, certes avec des nuances, universellement reconnu, les éléments objectifs n'ont finalement aucune importance : ils désignent un ordre juridique de base qui ne servira que de relais, et ce relais fonctionnera à peu près de la même façon dans tous les cas. Seul compte donc finalement la volonté des parties, ainsi reconnue toute puissante.

(7) SCHNITZER, Les contrats internationaux en droit international privé suisse, Cours de l'Académie de droit international, 1968-I, t. 123, p. 579 à 595.

484. - Qui plus est, et surtout, lorsqu'on est en présence d'un conflit de lois, il est vain de chercher à identifier un ordre juridique " premier ", immédiatement donné et qui permettrait de résoudre le conflit (8). Autrement dit, c'est l'idée qu'un conflit d'ordres juridiques peut se résoudre sur la base d'un enracinement qui est erronée. Car s'il y a enracinement, il se manifesterait par la suppression du conflit : le conflit exclut l'enracinement. Il suffit pour s'en convaincre d'observer avec le professeur MAYER la situation du juge et celle de l'arbitre et leur comportement en matière de conflit de lois. Tous les deux ont le pouvoir de choisir la loi applicable. Ils n'ont pas une obligation précise et sanctionnée de respecter la localisation réelle de la situation juridique : la localisation est souvent équivoque, susceptible d'être appréciée différemment par des observateurs différents, et surtout un État peut faire appliquer, quelle que soit la localisation, sa propre loi par ses juges sans commettre, sauf circonstances exceptionnelles, une violation du droit international (9).

485. - Mais force est de souligner avec le professeur MAYER la différence, à cet égard, entre la situation du juge étatique et celle de l'arbitre international.

Le juge applique la règle de conflit de sa *lex fori* parce qu'elle s'impose à lui, et le devoir d'obéissance le dispense de chercher le point de départ de son raisonnement ailleurs que dans son propre ordre juridique. Comme le remarque le même auteur, la question de savoir ce qui confère à un État le pouvoir de décider, selon les règles qu'il s'est lui-même fixées, la loi aplicable à un rapport donné ne se pose que lorsqu'on se place du point de vue d'un observateur extérieur à cet ordre (10).

486. - Il n'en va pas de même pour l'arbitre, parce qu'il n'est pas l'organe d'un État et n'a pas de *lex fori*. Si le juge étatique peut et doit appliquer sa propre règle de conflit, et se trouve par là dispensé d'affronter le problème métaphysique de la source originelle de la juridicité du contrat, l'arbitre se trouve au départ dans le vide, ce qui ne fait souvent qu'exacerber son désir

(8) Le professeur MAYEr le démontre d'une manière concluante pour ce qui concerne le *State contract* (p. 212-213).

(9) Sur ce point voir les développements de MAYER dans : Droit international privé et droit international public sous l'angle de la notion de compétence (Rev. crit. de dr. int. priv. 1979, p. 553 à 559).

(10) Il semble que l'on soit fondé à se rallier à la réponse du professeur MAYEr à cette question, qui est un substitut à la *Grundlegung*, à savoir qu'il s'agit d'un pouvoir qui va de pair avec la compétence pour juger - le mot compétence étant pris au sens du droit international public - et qui peut donc appartenir, même dans une vision restrictive des choses, cumulativement à plusieurs États.

de déterminer un ordre juridique d'enracinement. Il s'imaginera donc souvent avoir découvert un rattachement objectif à un ordre juridique, puis constatera que cet ordre permet aux parties de choisir les règles qui leur conviennent. Le mythe de l'ordre juridique de base est donc pour lui particulièrement tentant. Mais dès lors que ce n'est qu'un mythe, quel est donc, dans le cadre de l'arbitrage international, le fondement du pouvoir des parties de choisir la *lex contractus*, et plus largement le fondement de l'application par l'arbitre d'une loi donnée ?

487. - On peut d'abord chercher l'explication de ce fondement indépendamment de l'insertion de l'arbitrage dans un système de contrainte étatique, ce qui revêt une importance particulière lorsque la contrainte étatique se heurterait à l'immunité d'exécution de l'État défendeur. Le professeur MAYER constate avec raison que l'arbitre n'a tout simplement pas à se préoccuper du fondement du pouvoir qu'ont les parties de choisir la loi applicable. Tandis que le juge étatique se situe au-dessus du contrat, auquel il peut insuffler la vie par l'application de règles de droit, ou par un acte de volonté lorsqu'il statue en amiable compositeur, l'arbitre est à l'intérieur d'un système créé par le contrat, et ne possède aucun pouvoir hétéronome par rapport aux parties. Celles-ci ne lui demandent donc pas de fonder, par l'application des règles de droit, la force obligatoire de leurs engagements, mais plus modestement d'énoncer le contenu de leurs obligations. Pour cela, il n'a pas besoin d'un point de départ juridique. L'*ultima ratio* du choix des règles à appliquer se trouve pour lui dans la volonté des parties, subsidiairement dans la sienne propre.

488. - Si donc les parties ont choisi une loi, il est inutile que l'arbitre se demande d'où elles tenaient le pouvoir de le faire : il lui suffit de constater qu'elles l'ont fait. Si les parties n'ont pas précisé selon quelles règles elles voulaient voir trancher le litige, l'arbitre qui désire appliquer un droit étatique le choisira librement, parce qu'aucune solution ne s'impose à lui. S'il ne procède pas à un choix direct, il s'inspirera de telle ou telle règle de conflit étatique, ou des principes généraux du conflit de lois : ce ne seront de toute façon pour lui que des modèles qui lui permettront d'éviter le reproche d'arbitraire. Mais, en tout état de cause, sa liberté et son autonomie par rapport au droit sont totales.

489. - Si l'on se place sur un autre plan, au point de vue étatique, c'est-à-dire dans le cadre d'un système de contrainte étatique, la sentence arbitrale apparaît comme un acte juridictionnel privé, dont la force obligatoire n'existe que dans la mesure où un État lui en confère une. Or, tout État devant les tribunaux duquel la sentence est invoquée est compétent pour se prononcer sur son efficacité. Alors, de deux choses l'une. Ou bien, selon le droit de l'État devant lequel la sentence est invoquée et dont l'intervention n'est motivée que par la présence de biens du débiteur dans cet État, aucun obstacle tiré du choix par l'arbitre du droit applicable ne peut s'opposer à la prétention du demandeur, sous réserve que l'arbitre se soit conformé à la mission qui lui avait été conférée, ce qui est le cas du droit français. Si tel est le cas, c'est le droit de l'État devant lequel la sentence est invoquée qui a habilité l'arbitre à choisir librement le droit applicable, soit directement, soit par la médiation d'une règle de conflit elle-même choisie librement, le tout sous réserve que l'arbitre ait respecté la volonté des parties. Ou bien le droit de l'État devant lequel la sentence est invoquée n'habilite l'arbitre qu'à appliquer certaines règles de conflit déterminées. S'il ne l'a pas fait, sa sentence ne recevra pas exéction.

490 - Telle est en substance la démonstration du profeseur MAYER du caractère mythique du concept d'ordre juridique de base, et sa conclusion est la suivante : " La source ultime de la juridicité d'une relation internationale se trouve simultanément dans tous les États dont les tribunaux peuvent être appelés à émettre une décision à son égard, soit directement, soit à l'occasion de l'exequatur d'une sentence arbitrale : aucun ordre juridique n'est fondamental pour la relation, la *Grundlegung* est inexistante " [11].

D - La place du concept d'ordre juridique de base dans le droit international privé des contrats

491. -L'analyse du professeur MAYER paraît concluante. Elle ne semble d'ailleurs pas avoir fait l'objet d'une critique sérieuse. Certains auteurs déclarent ne pas la suivre totalement, mais sans en préciser les raisons [12]. Seul, semble-t-il, JEAN ROBERT est revenu sur la question de l'ordre juridique de base. Dans son étude sur le " phénomène transnational ", et après s'être référé aux propos du professeur WEIL que l'on a vus, JEAN ROBERT écrit : " Comme tel, et s'il faut recourir à un arbitrage, l'ordre juridique de base est celui que détermine la règle de conflit du for à laquelle se réfère le juge. L'objection serait alors que l'arbitre international n'a pas de for et qu'il ne puise donc nulle part le droit de déterminer le système juridique de base où le contrat trouve les conditions de son existence et de sa validité. Cette objection semble cependant apparente si l'on veut bien considérer que la loi dans laquelle s'insère le contrat, et qui déterminera au premier chef sa validité, est, ou la loi nationale qui résulterait de la volonté des

(11) **MAYER**, Le mythe de l'ordre juridique de base, Mélanges Goldman, Litec, 1982, p. 199 et s.
(12) Voir, par exemple : **DERAINS**, L'ordre public et le droit applicable au fond du litige dans l'arbitrage international, Rev. Arb. 1986, p. 411.

parties, ou, à défaut de volonté exprimée, comme en cas de recours à un tiers droit, les éléments de celle-ci se dégageant de la " localisation " du contrat ".

Se référant à la théorie de la localisation de BATIFFOL, JEAN ROBERT ajoute : " A l'effet de reconnaître les faits matériels dont la réunion va permettre la localisation du contrat, l'absence de for de l'arbitre va ainsi demeurer sans conséquence. Il appartiendra alors à l'arbitre, cette localisation étant constatée, d'en tirer la conclusion directe inscrite dans ces faits et de reconnaître la loi propre du contrat " (13).

492. - On a du mal à suivre la pensée de JEAN ROBERT dans ces propos. On ne voit pas comment l'ordre juridique de base peut être celui que détermine la règle de conflit du for à laquelle se réfère le juge. Ainsi qu'il a été proposé par les auteurs qui ont adopté le concept, l'ordre juridique de base est celui dans lequel s'insère directement la relation juridique d'une manière objective, et celle-ci ne peut s'insérer que dans un ordre juridique de base qui est unique. Il n'a rien à voir avec la règle de conflit qui ne fait que désigner le droit applicable, parmi deux ou plusieurs droits pouvant avoir vocation à s'appliquer.

493. - Par ailleurs, il est difficile de suivre l'opinion de JEAN ROBERT selon laquelle l'absence de *lex fori* serait sans incidence sur la désignation du droit applicable par la voie de la " localisation ". Certes, il n'est pas interdit à l'arbitre international de procéder à la désignation du droit applicable par la mise en oeuvre de la " localisation ", dans le sens des professeurs BATIFFOL et LAGARDE, comme le ferait un juge étatique. Mais là n'est pas le problème. Il ne s'agit pas de savoir si l'arbitre peut procéder à une telle localisation, mais s'il est tenu de le faire, c'est-à-dire s'il existe une règle de droit qui le lui impose. Or, en l'absence de *lex fori*, on ne voit pas comment une telle règle existerait.

494. - Une précision finale s'impose dans le cadre de l'examen du concept d'ordre juridique de base. La notion de prestation caractéristique et l'idée que la prestation caractéristique est censée due au lieu où le débiteur de cette prestation a son domicile professionnel (ou sa résidence habituelle ou son établissement principal) ont été retenues, comme on le sait, par la Convention de Rome de 1980 sur le droit applicable aux obligations contractuelles. Aux termes de l'article 4.1 de cette convention," dans la mesure où la loi applicable n'a pas été choisie conformément aux dispositions de l'article 3 (c'est-à-dire par les parties), le contrat est régi

(13) ROBERT, Le phénomène transnational, LGDJ, 1988, p.12 à 14.

par la loi du pays avec lequel il présente les liens les plus étroits ". Et aux termes de l'article 4.2, " il est présumé que le contrat présente les liens les plus étroits avec le pays où la partie qui doit fournir la prestation caractéristique a, au moment de la conclusion du contrat, sa résidence habituelle ou, s'il s'agit d'une société, association ou personne morale, son administration centrale ". Les termes clairs de ces dispositions ne laissent pas l'ombre d'un doute sur le fait qu'il s'agit du droit applicable au contrat, de la " loi qui régit le contrat ", et qu'il s'agit de surcroît d'une simple présomption. Il n'est donc guère question d'un ordre juridique de base comme dans la thèse de SCHNITZER.

495. - On voit donc que le concept d'ordre juridique de base du contrat international, en tant que concept distinct de celui du droit applicable à ce contrat, n'a fait son apparition qu'en matière de *State contract*, dans la thèse du professeur PROSPER WEIL et dans la sentence arbitrale du professeur RENÉ-JEAN DUPUY, et avait pour seul objectif de justifier la thèse qui consiste à affirmer que le *State contract* s'insère dans l'odre juridique international et se trouve donc régi par le droit international public, ce droit autorisant le choix par les parties du droit applicable au *State contract*. La logique de la thèse doit d'ailleurs conduire à l'idée que les règles de droit choisies par les parties sur autorisation du droit international public sont " incorporées " dans le *State contract*, ce qui est, comme on le sait, foncièrement différent d'un choix de droit international privé, où la loi choisie par les parties ne s'incorpore pas au contrat international mais, au contraire, le " régit ", c'est-à-dire qu'elle a la primauté sur les stipulations de ce contrat et peut même, en cas de contradiction, les annuler. On ne peut donc pas au départ, croyons-nous, extrapoler à partir de ce concept, tel qu'il a été " inventé " pour le *State contract*, pour en faire un concept général du droit international privé des contrats. Cela sans oublier que ce concept ne résiste pas à l'analyse, comme l'a montré la critique du professeur MAYER.

496. - En dehors du domaine particulier du *State contract*, on ne trouve pas, pour ce qui concerne le contrat international d'une manière générale, une autre voix que celle du professeur SCHNITZER pour affirmer que l'ordre juridique de base de ce contrat est celui dans la sphère duquel la partie qui doit fournir la prestation caractéristique a, au moment de la conclusion du contrat, sa résidence habituelle, ou son administration centrale s'il s'agit d'une personne morale. Nous avons vu dans l'examen de la Convention de Rome que, même en ne retenant pas le concept d'ordre juridique de base, il est déjà pour le moins difficile, pour ne pas dire plus, de justifier la prise en compte de la loi de la résidence du débiteur de la prestation caractéristique comme étant celle avec laquelle le contrat est présumé - et seulement présumé - avoir les liens les plus étroits pour en faire une simple règle de conflit (14). Que dire si l'on va jusqu'à en faire un " ordre juridique de base " du contrat.

497. - Il suffit d'ailleurs de relire SCHNITZER pour constater qu'il n'est lui-même pas convaincu du bien-fondé de sa thèse. Voici, en effet, ce qu'il écrit :

" Il ne reste que de s'entendre sur la question de savoir quel ordre juridique est compétent pour habiliter les parties au choix de la loi applicable. Nous avons déjà fait allusion au fait que nous préférons la conception qui consiste à confier cette décision à la loi reconnue compétente sur la base d'un examen objectif des faits. Mais il faut admettre qu'une autre opinion est souvent préférée, celle d'abandonner la décision à la loi du for. Cela est plus facile, car cette solution épargne au juge l'examen préalable et objectif de déterminer la loi applicable dans tous les cas où la loi du for, c'est-à-dire le droit international privé du for, habilite les parties à choisir la loi applicable. Il n'est pas étonnant que cette conception trouve le consentement des tribunaux.

" En tous cas, s'il est acquis que la volonté des parties n'est pas une source originaire, mais une source dérivative du droit, le problème, du point de vue théorique, devient d'importance mineure. Pour cette raison, il est grand temps de mettre fin aux interminables discussions sur ce problème. Il suffirait de constater que le problème est en théorie plutôt un pseudo-problème et que la question appartient à la politique juridique. Tout ordre juridique peut admettre, élargir ou restreindre la portée de la volonté des parties en matière de choix de la loi applicable. Cela change dans le temps et dans l'espace selon les données économiques et sociales et, partant, selon la conception plus ou moins libérale ou dirigiste " (15).

498. - En somme, le concept d'ordre juridique de base du contrat international n'est pas seulement, comme l'a montré le professeur MAYER, un concept erroné, mais il est aussi, de l'aveu même de SCHNITZER, un concept inutile. Sa seule raison d'être dans le droit international privé des contrats serait de servir de fondement juridique au choix par les parties de la loi applicable, leur seule volonté ne pouvant constituer elle-même un tel fondement : le contrat international serait ancré dans un ordre juridique de base, et cet ordre habiliterait les parties à choisir la loi applicable. Or, il est beaucoup plus simple de dire, et le droit positif l'a d'ailleurs dit lui-même, que c'est la *lex fori* du juge qui habilite les parties à choisir la loi applicable : la *lex fori* de la juridiction saisie directement du litige relatif au contrat

(14) Voir KASSIS, Le nouveau droit européen des contrats internationaux, LGDJ, 1993, nos 254 et s.

(15) SCHNITZER, *op. cit.*, p. 586.

international, lorsque ce litige est porté directement devant elle, et la *lex fori* de la juridiction de l'exequatur en cas d'arbitrage. Aller à la recherche de l'ordre juridique de base du contrat international, c'est chercher midi à quatorze heures.

CHAPITRE III

L'ABSENCE DE CONTRÔLE *A POSTERIORI* PAR LA JURIDICTION ÉTATIQUE DE LA DÉSIGNATION ET DE L'APPLICATION DU DROIT AU FOND DU LITIGE PAR L'ARBITRE INTERNATIONAL

A - L'ABSENCE DE CONTRÔLE DU DROIT APPLIQUÉ AU FOND ET SON INCIDENCE SUR L'AUTONOMIE DE L'ARBITRE INTERNATIONAL

499. - La conjonction des deux vérités que l'on vient de voir, à savoir l'absence de *lex fori* de l'arbitre international et l'absence d'un ordre juridique déterminé comme ordre de base du contrat international, ont un corollaire bien précis, à savoir que l'arbitre international est autonome par rapport au droit qu'il applique au fond du litige, en ce sens qu'il n'est soumis à aucune règle de droit, lorsque les parties n'ont pas choisi elles-mêmes le droit à appliquer au fond du litige. L'arbitre international a donc le pouvoir de choisir lui-même la règle de droit qu'il estime appropriée à cet effet, il a même le pouvoir de créer lui-même la règle de droit qui doit s'appliquer au fond, il peut même ne pas passer du tout par une règle de droit en donnant directement au fond du litige la solution qu'il estime comme étant la solution juste, à partir de sa propre conception du droit et de la justice. On est donc en présence d'un contrat sans loi ou de la loi de l'arbitre.

500. - C'est vrai, mais cette observation risque de ne pas être suffisante. En effet, on accepte d'aller en arbitrage pour obtenir une sentence qui soit susceptible d'exécution forcée. On a beau dire que l'exécution forcée est une situation anormale, que les sentences arbitrales sont le plus souvent exécutées volontairement. Le moment de l'exécution est l'heure de vérité de la sentence, " *the acid test* ". L'arbitrage n'a pas de sens si la possibilité d'une exécution forcée de la sentence n'est pas envisageable. Or, l'exécution forcée signifie la contrainte étatique ou la possibilité de recourir à la contrainte étatique (1). Pour obtenir la contrainte étatique, les systèmes nationaux connus exigent un certain contrôle préalable de la sentence par le juge étatique avant de lui accorder la reconnaissance et l'exécution.

Si le juge étatique, dans l'exercice de ce contrôle, possédait le pouvoir de vérifier si l'arbitre a fait une désignation adéquate du droit applicable au fond, s'il est habilité par son droit national à considérer que l'arbitre est soumis, en matière de droit applicable au fond, à certaines règles de droit déterminées, et s'il constate que l'arbitre n'a pas respecté ces règles, il est évident qu'il refusera alors d'accorder la reconnaissance et l'exécution à la sentence. L'arbitrage n'aura servi à rien et la sentence sera un chiffon de papier (2), bien que l'arbitre international n'ait pas de *lex fori* et que le contrat international n'ait pas d'ordre juridique de base.

501. - Mais les différents droits nationaux prévoient-ils un contrôle par le juge de l'exequatur sur le droit désigné et appliqué par l'arbitre international au fond du litige ? Lorsqu'on consulte le droit comparé, on constate qu'un tel contrôle n'existe pas d'une manière générale. Le contrôle du juge de l'exequatur ne porte généralement pas sur l'application au fond du litige d'une loi plutôt que d'une autre.

502. - Il en est ainsi particulièrement en droit français. L'article 1502 du N.C.P.C., qui énumère les cas d'ouverture de l'appel de l'ordonnance qui accorde la reconnaissance ou l'exécution de la sentence rendue à l'étranger, et l'article 1504 du même N.C.P..C., qui énumère les cas d'ouverture du recours en annulation de la sentence rendue en France en matière d'arbitrage international, ne prévoient pas de sanction contre la sentence où l'arbitre a fait une mauvaise désignation du droit applicable au fond du litige ou une mauvaise application de ce droit. Il s'ensuit que la juridiction

(1) " L'absence de recours effectif à la contrainte étatique n'est guère significative, car l'on ignore le rôle qu'a pu jouer la menace, ouverte ou implicite, du recours à la contrainte. Ce phénomène n'est pas propre à l'arbitrage. La plupart des débiteurs paient d'eux-mêmes leurs dettes, mais combien le feraient-ils si l'on décrétait qu'ils ne sauraient y être contraints " ? (MAYER, Cours de l'Académie de la Haye, précité, p; 369).

(2) MAYER, Cours de l'Acad. de la Haye, précité, p; 366.

étatique du contrôle de la sentence ne saurait, à l'occasion d'une instance en annulation ou en exequatur, se livrer à une révision au fond de la sentence. Ni un mal jugé, ni une erreur d'interprétation de la loi applicable au fond, ni une erreur dans la qualification juridique, ni un raisonnement juridique dénué de pertinence, ni une mauvaise appréciation des faits de la cause, ni une dénaturation des documents produits ne sauraient constituer une cause d'annulation ou de refus d'exequatur de la sentence.

503. -La révision au fond de la sentence arbitrale n'existe pas ou n'existe plus dans presque tous les droits modernes de l'arbitrage commercial international. La raison pour laquelle est exclue la révision au fond de la sentence par la juridiction étatique du contrôle de la sentence résulte de la prise de conscience par les législateurs nationaux du fait qu'un contrôle trop étendu dénaturerait l'arbitrage qui est un autre type de justice. Lorsqu'on en admet le principe, on se rend compte qu'il faut éviter d'entraver par une tutelle trop étroite ceux qui administrent cette justice. De plus on risque de provoquer une inflation de recours : si l'on permet trop largement à la justice étatique (les Cours d'appel en France) de substituer son appréciation à celle des arbitres, les recours seront systématiques, et il sera plus nuisible qu'utile d'avoir une première phase arbitrale, le dernier mot appartenant aux juges étatiques (3).

504. - La révision au fond par la juridiction étatique du contrôle de la sentence arbitrale est exclue dans la loi-type de la CNUDCI sur l'arbitrage commercial international, adoptée par la Commission des Nations-Unies pour le droit commercial international en 1985. Cette loi-type a été adoptée par un grand nombre de pays.

505. - La révision au fond est de même exclue dans la plus importante des conventions internationales en matière d'arbitrage, la Convention de New York de 1958 sur la reconnaissance et l'exécution des sentences arbitrales étrangères, convention qui a acquis un caractère oecuménique en raison du grand nombre de pays qui l'ont signée ou y ont adhéré.

Lorsqu'on examine l'article V de cette convention, où sont énumérés les cas de refus de reconnaissance et d'exécution des sentences rendues à l'étranger, on trouve que parmi ces cas ne figure pas celui où l'arbitre a fait une mauvaise désignation ou une mauvaise application du droit au fond.

506. - Lorsque le droit applicable au fond du litige par l'arbitre international échappe au contrôle de la juridiction étatique, la sentence arbitrale n'est plus sanctionnée pour mauvaise désignation par l'arbitre du droit ap-

(3) PIERRE MAYER, La sentence contraire à l'ordre public au fond, Rev. Arb., 1994, p. 617.

plicable au fond ou pour mauvaise application de ce droit ou pour mal jugé. Or, on ne peut pas parler de règle de droit, de norme juridique, s'il n'y a pas de sanction pour sa violation. C'est la définition même du droit : pas de sanction, pas de norme juridique. L'ordre juridique est un ordre de contrainte : il prescrit certaines conduites humaines en attachant aux conduites opposées des sanctions qui sont dirigées contre ceux qui les ont adoptées, et, si besoin est, en employant la force physique. C'est ce qui distingue l'ordre juridique de l'ordre moral où n'existent pas de pareilles sanctions, mais où les sanctions se trouvent uniquement dans l'approbation des conduites conformes aux normes et la désapprobation des conduites contraires aux normes, l'emploi de la contrainte n'entrant pas en ligne de compte (4).

A partir du moment où la seule sanction concevable contre la sentence qui n'a pas respecté une règle de droit à laquelle l'arbitre doit obéissance serait le refus d'exequatur ou l'annulation de la sentence par le juge étatique du contrôle et à partir du moment où une telle sanction n'existe pas dans le droit positif des différents pays, on ne peut qu'affirmer que l'arbitre international tranche le litige au fond sans obéir à aucune règle de droit.

Le fait que la seule sanction concevable contre la sentence qui n'a pas respecté des règles de droit auxquelles l'arbitre international doit obéissance serait le refus d'exequatur et le fait qu'une telle sanction n'existe pas dans le droit positif sont une confirmation de l'autonomie de l'arbitre international au regard du droit applicable au fond du litige.

B - L'autonomie de l'arbitre international limitée à la désignation du droit à appliquer au fond et à l'application effective de ce droit. Elle n'exclut pas le refus d'exequatur pour violation de l'ordre public par la solution de fond.

507. - L'absence de contrôle du droit applicable au fond du litige par l'arbitre international doit être bien comprise. Elle signifie que le contrôle du juge de l'exequatur ne porte pas sur la désignation par l'arbitre international du droit applicable ni sur l'application effective de ce droit au fond. Comme le principe d'autonomie signifie que les parties peuvent choisir le droit applicable au contrat, c'est seulement lorsque les parties n'ont pas fait un tel choix que s'exerce souverainement et sans contrôle du juge de l'exequatur le pouvoir de l'arbitre international de déterminer le droit applicable au fond du litige.

508. - Par ailleurs, la liberté de l'arbitre d'appliquer le droit qu'il estime approprié au fond est limitée par le respect de l'ordre public.

(4) KELSEN, Théorie pure du droit, traduction Eisenmann, Dalloz 1962, p. 46, 85-86.

L'article V. 2 (a) de la Convention de New York dispose que la reconnaissance et l'exécution d'une sentence arbitrale pourront être refusées si l'autorité compétente du pays où la reconnaissance et l'exécution sont requises constatent que la reconnaissance ou l'exécution de la sentence serait contraire à l'ordre public de ce pays.

Aux termes de l'article 1504 du N.C.P.C., la sentence rendue en France en matière d'arbitrage international peut faire l'objet d'un recours en annulation si elle est contraire à l'ordre public international.

509. - A la vérité, cette limitation n'affecte pas la liberté de l'arbitre de désigner souverainement le droit applicable, et de l'appliquer souverainement au fond, comme le montre M. YVES DERAINS. " Il se peut, bien entendu, écrit-il, que le contenu du droit appliqué par l'arbitre heurte l'ordre public international du pays où l'exécution de la sentence est recherchée et que cette incompatibilité suscite un refus d'exequatur. Mais ce n'est pas le choix du droit qui est alors en cause, ce sont ses solutions de fond. C'est ainsi, par exemple, qu'une sentence condamnant une partie au paiement d'intérêts ne pourra pas être exécutée en Arabie Saoudite. Mais il importe peu qu'elle s'appuie sur le droit allemand, le droit anglais, le droit français ou tout autre droit. Le fait qu'elle mette en oeuvre une solution contraire à la notion d'ordre public, telle que définie par la *chari'a* islamique, est la cause du refus d'exécution et non pas le choix d'un droit plutôt que d'un autre " (5).

C - LES LIMITATIONS LÉGISLATIVES AU LIBRE CHOIX DU DROIT APPLICABLE AU FOND PAR L'ARBITRE INTERNATIONAL MAIS SANS ÉDICTION DE SANCTION

510. - Le professeur MAYER fait une remarque d'une grande pertinence à propos des six articles du titre V (l'arbitrage international) du livre IV (sur l'arbitrage) du N.C.P.C. Ces règles s'adressent aux parties et à l'arbitre. Mais ceux-ci n'ont aucun devoir d'obéissance envers le législateur français, s'agissant d'un arbitrage par hypothèse international. Spécialement l'arbitre, à la différence du juge étatique, n'agit pas au nom d'un ordre juridique et n'est donc pas tenu d'en suivre les règles. Les règles du titre V ne seraient effectivement sanctionnées que si le titre VI (sur la reconnaissance et l'exécution forcée des sentences rendues à l'étranger ou en matière d'arbitrage international) confiait au juge de l'exequatur le contrôle de la bonne application de ces règles. Or, ce contrôle s'effectue en fait selon les critères qu'énonce l'article 1502 (et l'article 1504) du titre VI et qui

(5) DERAINS, L'ordre public et le droit applicable au fond du litige dans l'arbitrage international, Rev. Arb., 1986, p. 378.

sont très largement indépendants des règles énoncées au titre V. Il ne semble pas, par exemple, que l'on pourrait faire grief à l'arbitre de ne pas avoir tenu compte des usages du commerce (comme l'y invite l'article 1496, al. 2 qui figure sous le titre V). Inversement, selon le même article 1502, le juge de l'exequatur doit contrôler le respect du principe de la contradiction ainsi que la conformité à l'ordre public international dont le titre V ne fait pas mention. C'est donc au titre VI et spécialement à l'article 1502 (et 1504) de ce titre que l'arbitre soucieux de prononcer une sentence dont l'exécution puisse être obtenue en France devra se référer. Les règles du titre V constituent plutôt un Code de bonne conduite dont l'autorité est essentiellement morale (6).

La même remarque a été faite par un autre auteur. Le professeur PERROT relève, en effet, " qu'il y a une chose qui, semble-t-il, n'a pas été aperçue comme elle aurait dû l'être : c'est qu'il y a beaucoup de dispositions qui restent sans sanction. On s'en est étonné. En réalité, il y a certains textes qui ont simplement une vertu incitative. On cherche à incliner en un sens, puis si c'est méconnu, on passera outre, mais on cherche à infléchir peu à peu. Et c'est un état d'esprit qui se retrouve très fréquemment dans le nouveau Code " (7).

(6) MAYER, L'insertion de la sentence dans l'ordre juridique français, précité, p. 81-82.

(7) Débats sur le rapport du professeur PERROT au Comité français de droit international privé (Sur la réforme de l'arbitrage international), Travaux du Comité, 1981-1982, p. 71.

CHAPITRE IV

L'ABSENCE DE RÈGLES DE DROIT APPLICABLES AU FOND DU LITIGE DANS L'ARBITRAGE INTERNATIONAL, RÉSULTAT DE LA CONJONCTION DE TROIS VÉRITÉS

511. - Le dernier constat que l'on vient de faire, à savoir l'absence de contrôle par la juridiction étatique du droit appliqué au fond par l'arbitre international et partant l'absence de sanction de la mauvaise désignation ou de la mauvaise application de ce droit par l'arbitre international pourrait donner lieu à croire que cette absence de contrôle et de sanction suffit à elle seule à fonder et à justifier l'absence de règles de droit dans l'arbitrage international et l'autonomie de l'arbitre, lorsque les parties n'ont pas fait une *electio juris*. On a dit que cette autonomie de l'arbitre est " implicite ". M. YVES DERAINS soutient, en effet, que " la liberté de l'arbitre en matière de détermination du droit applicable au fond du litige est le plus souvent implicite. Elle résulte de ce que, lorsqu'une procédure d'exécution forcée est nécessaire à l'efficacité d'une sentence arbitrale, le contrôle du juge ne porte généralement pas sur l'application au fond du litige d'une règle de droit plutôt que d'une autre " (1). A la vérité, on ne voit pas pourquoi cette liberté serait " implicite " et non " explicite ". La liberté de l'arbitre d'appliquer le droit qu'il estime approprié au fond du litige ne résulte pas du fait que le contrôle du juge étatique ne porte pas sur l'application d'une règle de droit plutôt que d'une autre. Cette liberté de l'arbitre résulte de ce que l'arbitre international n'a pas de *lex fori* et de ce qu'il n'y a pas d'ordre ju-

(1) DERAINS, *loc. cit.*, Rev. Arb. 1986, p. 377, n° 5.

ridique de base du contrat international. La liberté de l'arbitre est un résultat direct, un corollaire du fait que l'arbitre international n'a pas de *lex fori* et du fait que le contrat international ne s'enracine pas dans un ordre juridique de base. Si le juge étatique devait contrôler l'application par l'arbitre d'une règle de droit plutôt que d'une autre, cela aurait constitué un obstacle à la liberté de l'arbitre en matière de détermination du droit applicable au fond du litige, cette liberté qui résulte de l'absence de *lex fori* et de l'absence d'ordre juridique de base du contrat international. L'absence de contrôle du juge étatique sur le droit appliqué par l'arbitre au fond ne constitue tout simplement pas un obstacle à la liberté de l'arbitre laquelle résulte d'autre chose que de l'absence de contrôle du juge étatique sur le droit applicable au fond. L'absence de règles de droit ne se réaliserait pas si l'arbitre international avait une *lex fori* et si le contrat international était ancré dans un ordre juridique de base. Le fait que le contrôle de la sentence par le juge étatique ne porte pas sur l'application d'une règle de droit plutôt que d'une autre ne fait que conforter l'autonomie de l'arbitre dans la détermination du droit applicable au fond du litige, mais elle n'en est pas la cause. La cause en est l'absence de *lex fori* de l'arbitre international et l'absence d'un ordre juridique de base dans lequel le contrat international serait ancré. Force est à cet effet de comparer l'arbitrage interne et l'arbitrage international en ce qui concerne le droit applicable au fond du litige.

A - L'arbitrage interne

512. - L'arbitre dans un arbitrage interne, tout comme l'arbitre dans un arbitrage international, n'a pas de *lex fori*. A la différence du juge étatique, il n'est pas, lui non plus, investi d'un office par l'État, il ne tranche pas les litiges au nom d'un État, il n'est pas le gardien de l'ordonnancement juridique de l'État.

Mais l'arbitre dans un arbitrage interne est saisi d'un litige relatif à une relation juridique interne qui est le plus souvent, mais pas toujours, un contrat. Cette relation juridique, étant une relation interne, s'insère directement et immédiatement, de par sa nature, dans un ordre juridique étatique déterminé qui est un ordre interne, l'ordre juridique de tel ou tel État, qui est un ordre comportant des commandements et des sanctions. Un contrat de vente entre des Français résidant en France, conclu en France, pour une marchandise se trouvant en France et devant être livrée en France, la monnaie de compte et la monnaie de paiement étant la monnaie française et le paiement devant être effectué en France, est un contrat français qui s'insère dans l'ordre juridique français. Même si l'arbitre dans un arbitrage interne n'a pas de *lex fori*, il doit appliquer les règles de droit de l'ordre juridique dans lequel s'insère le contrat, c'est-à-dire les règles de droit françaises, dès lors que pour un tel contrat interne il n'y a pas de conflit de lois.

513. - Il n'est donc pas déterminant que l'arbitre dans cet arbitrage interne n'ait pas de *lex fori*. Il a naturellement l'obligation d'appliquer au fond les règles de droit de l'ordre juridique étatique dans lequel s'insère le contrat.

514. - Sans doute le droit appliqué par l'arbitre au contrat dans cet arbitrage interne sera-t-il contrôlé par la juridiction étatique française. Aux termes de l'article 1482 du N.C.P.C. français, la sentence d'un arbitrage interne français est susceptible d'appel, sauf renonciation à l'appel et sauf, bien entendu, clause d'amiable composition. Et la Cour d'appel exerce un contrôle sur le droit appliqué par l'arbitre interne au fond et peut donc réformer la sentence pour non-application ou mauvaise application de ce droit. Mais ce n'est pas parce qu'il y a ce contrôle *a posteirori* que l'arbitre doit appliquer les règles du droit français. Il doit les appliquer même si ce contrôle n'existe pas, lorsque les parties ont renoncé à l'appel, dans la convention d'arbitrage. La règle de droit reste une règle de droit assortie d'une sanction, même si la possibilité de sanction a disparu avec la renonciation à l'appel ou avec l'acquiescement. Un nombre considérable de jugements acquièrent la force de chose jugée par suite d'une renonciation à l'appel ou d'un acquiescement, ce qui ne veut pas dire qu'il n'y a plus de règle de droit parce que la sanction a disparu en raison de cette circonstance particulière qu'est la renonciation à la voie de recours ou l'acquiescement. La règle reste une règle, parce que, telle qu'elle est édictée, elle est assortie de la sanction, même si la possibilité d'exercice effectif de la sanction n'existe plus en raison de la disparition de cette possibilité pour une raison quelconque. Ce qui compte, c'est l'existence d'un ordre juridique doté de règles de droit assorties de sanctions.

B - L'arbitrage international

515. - La position de l'arbitre dans un arbitrage international est singulière.

L'arbitre international, comme l'arbitre dans un arbitrage interne, n'a pas lui non plus de *lex fori*.

En revanche, contrairement au contrat interne, le contrat international ne s'insère pas dans un ordre juridique de base pour les raisons qu'on a vues au chapitre précédent, et c'est ce qui fait la différence fondamentale entre l'arbitrage interne et l'arbitrage international. Dans un arbitrage interne, l'arbitre saisi d'un litige relatif à un contrat interne qui s'insère dans l'ordre juridique interne, celui de l'État auquel le rattachent tous ses éléments, doit trancher ce litige conformément aux règles de ce droit interne et non à celles d'aucun autre droit, exactement comme devrait le faire le juge étatique de cet État si la convention d'arbitrage n'existait pas, dès lors qu'un conflit de lois n'existe pas par définiiton. Dans l'arbitrage international, le litige soumis à la juridiction de l'arbitre concerne une relation objectivement internationale, que nous supposons contractuelle. Or, le contrat international, dans le sens du droit international privé, ne s'insère pas dans un ordre juridique de base déterminé, contrairement à un contrat interne. On ne peut pas directement, immédiatement dire que c'est un contrat français, anglais ou allemand. Du fait des liens qui le rattachent simultanément à plusieurs ordres juridiques étatiques, on ne peut dire quelles règles de droit le régissent que si une règle de conflit désigne ces règles. Or, une règle de conflit ne peut être que la règle de conflit de la *lex fori* d'un juge étatique, et la règle de conflit varie selon la *lex fori* de l'État du juge saisi du litige. Dans l'arbitrage international le juge saisi est un arbitre, et l'ennui, c'est que l'arbitre n'a pas de *lex fori*. Et comme la connaissance de la *lex fori* est indispensable pour la désignation des règles de droit applicables au contrat international dans l'arbitrage, il est littéralement impossible de dire quelles sont les règles de droit que l'arbitre doit appliquer à ce contrat.

516.- La seule conclusion qu'impose la logique du droit international privé combinée avec celle de l'arbitrage consiste en ce que l'arbitre international ne doit pas et ne peut pas devoir obéissance à des règles de droit, dès lors que les parties n'ont pas choisi elles-mêmes ces règles. A partir du moment où l'arbitrage international est l'arbitrage d'une relation objectivement internationale dans le sens du droit international privé, il faut appliquer nécessairement à la fois les règles fondamentales de l'arbitrage et celles du droit international privé. Or, dans le droit de l'arbitrage, l'arbitre n'a pas de *lex fori*, et en droit international privé, le contrat international ne s'inscrit pas dans un ordre juridique de base. Le résultat de la mise en oeuvre de ces deux vérités fondamentales nous donne la seule conclusion logique selon la théorie du droit, à savoir que dans l'arbitrage international, il ne peut pas y avoir de règles de droit qui s'imposent à l'arbitre.

517. - La conjonction de ces deux vérités ne conduit à cette conclusion qu'à condition que le droit appliqué au fond du litige par l'arbitre international échappe au contrôle et à la révision de la juridiction étatique de l'exequatur et à l'action en annulation de la sentence.

Si, en dépit du fait que l'arbitre international n'a pas de *lex fori*, et si nonobstant le fait que le contrat international ne s'intègre pas dans un ordre juridique de base, le droit de l'exequatur ou de l'action en annulation de la sentence prévoit que la juridiction étatique du contrôle de la sentence a compétence pour contrôler le droit appliqué au fond du litige, cette juridiction pourra refuser l'exequatur à la sentence ou l'annuler. Il n'aura alors servi à rien que l'arbitre n'ait pas de *lex fori* et que le contrat international ne s'intègre pas dans un ordre juridique de base. L'arbitre devra alors appliquer au fond du litige les mêmes règles de droit qu'appliquera *a posteriori* le juge étatique du contrôle de la sentence.

Or, dans le système de la Convention de New York et dans le droit français de l'arbitrage international, la sentence échappe au contrôle de la juridiction étatique de l'exequatur et de celle du recours en annulation, pour ce qui concerne le droit appliqué par l'arbitre au fond du litige. C'est ce qui ressort de l'article V de la Convention de New York et des articles 1502 et 1504 du N.C.P.C. français, ainsi qu'on l'a vu.

Il s'ensuit que, dans le système de la Convention de New York et dans le système du droit français de l'arbitrage international, le fait que le droit appliqué par l'arbitre au fond du litige échappe au contrôle de la juridiction étatique de l'exequatur et du recours en annulation, est un troisième facteur qui vient s'ajouter à l'absence de *lex fori* pour l'arbitre et à l'absence d'insertion du contrat international dans un ordre juridique de base, pour conduire à la conclusion que l'arbitrage international où les parties n'ont pas fait d'*electio juris* est un arbitrage sans règles de droit pour ce qui a trait au fond du litige.

518. - On a déjà constaté que les professeurs REDFERN et HUNTER approuvent l'approche des droits français, suisse et néerlandais selon laquelle l'arbitre international n'a pas de *lex fori* et que de ce fait il n'est pas tenu de suivre une règle de conflit déterminée. La seule conclusion qu'ils en tirent, c'est que l'arbitre international choisit les règles de droit qu'il estime appropriées au règlement du litige. Ces auteurs ne vont pas jusqu'au bout de la logique qu'impose cette conclusion, à savoir que l'arbitre international n'est pas soumis à des règles de droit, et qu'il tranche le litige selon son droit à lui, c'est-à-dire selon sa propre conception du droit.

Or, le droit anglais est encore en deçà de ce qui est admis dans les droits français, suisse et néerlandais et que les professeurs REDFERN et HUNTER considèrent comme une tendance saine et adéquate, à savoir que l'arbitre international tranche le litige selon les règles de droit qu'il estime appropriées à l'espèce. En effet, l'article 46 de la nouvelle loi anglaise sur l'arbitrage (1996) dispose que le tribunal arbitral tranche le litige conformément au droit que les parties ont déclaré applicable au fond du litige et qu'à défaut d'un tel choix, le tribunal arbitral applique la loi désignée par la règle de conflit qu'il juge appropriée en l'espèce. Bien que la logique juridique de l'arbitrage international commande de souscrire à l'idée que l'arbitre international n'obéit pas à des règles de droit, il apparaît donc que cette idée n'a pas encore droit de cité en droit anglais qui en est encore à retenir la règle de conflit jugée par l'arbitre appropriée à l'espèce. Par ailleurs, le droit appliqué au fond du litige par l'arbitre international est contrôlé par le juge étatique du contrôle de la sentence arbitrale aux termes de l'article 69 de la nouvelle loi anglaise.

519. - Il semble donc permis de dire qu'à l'exception du droit anglais, les droits modernes de l'arbitrage commercial international adoptent en général l'idée que l'arbitre international n'a pas de *lex fori* et qu'en l'absence de choix par les parties du droit applicable au fond du litige, il n'est pas lié par une règle de conflit déterminée. Mais les droits modernes qui suivent cette ligne n'arrivent pas à faire le pas supplémentaire qui est la suite logique de ce raisonnement pour admettre au bout du compte que l'arbitre international n'est pas lié par des règles de droit. Les droits modernes restent attachés à l'idée qu'en l'absence de choix par les parties du droit applicable au fond, l'arbitre international n'est pas délié complètement des règles de droit mais qu'il ne fait que choisir les règles de droit qu'il estime appropriées. C'est ce que dit précisément l'article 1496 du N.C.P.C. français que nous retrouverons.

Oser affirmer qu'en l'absence de choix par les parties du droit applicable au fond, l'arbitre international tranche le litige sans obéir à des règles de droit demeure une sorte d'hérésie, de sacrilège.

C - La différence entre le fond du litige et la convention d'arbitrage international du point de vue de la soumission à des règles de droit

520. - A ce propos, une question peut intriguer le juriste à juste raison. Pourquoi l'arbitre international n'obéit-il pas à des règles de droit en statuant sur le fond du litige (2), alors que la convention d'arbitrage international obéit à des règles de droit (en ce qui concerne sa formation, sa validité, etc.) ainsi qu'on l'a vu ? L'arbitre international n'a pas de *lex fori* en statuant sur le fond du litige, il n'a pas de *lex fori* non plus en statuant sur l'existence ou la validité d'une convention d'arbitrage international. Le contrat international n'a pas d'ordre juridique de base, qu'un juge étatique ou un arbitre en soit saisi. La convention d'arbitrage est un contrat international, elle n'a donc pas d'ordre juridique de base. Pourquoi donc obéit-elle à des règles de droit dans l'arbitrage international ?

La différence est la suivante : bien qu'en tant que contrat international, elle ne s'insère pas dans un ordre juridique de base, la convention d'arbitrage international subit le contrôle du juge étatique dans le cadre de la demande d'exequatur ou du recours en annulation, et le juge étatique est appelé dans ce contrôle à vérifier que l'arbitre a appliqué à cette convention la loi qu'il aurait dû lui appliquer, et à sanctionner la sentence par un refus d'exequatur ou par l'annulation lorsqu'il lui apparaît que l'arbitre n'a pas appliqué la loi appropriée (3). Et c'est pour éviter cette sanction du juge étatique du contrôle de la sentence que l'arbitre doit prendre les devants et appliquer à la convention d'arbitrage international la loi étatique appro-

(2) A condition, bien entendu, que les parties n'aient pas fait d'*electio juris*.

(3) Article V. 1 (a) de la Convention de New York et articles 1502 et 1504 du N.C.P.C.

priée. Si l'arbitre international n'a pas de *lex fori*, le juge de l'exequatur (ou du recours en annulation) en a une, dès lors que c'est un juge étatique. Et si le droit appliqué par l'arbitre international au fond du litige échappe au contrôle du juge de l'exequatur, celui-ci est habilité à vérifier qu'il existe bien une convention d'arbitrage international et qu'elle est valide. Il effectue cette vérification au regard de la loi étatique désignée par la règle de conflit de sa *lex fori*. Car la convention d'arbitrage international, qui est un contrat international, bien qu'elle ne soit pas ancrée dans un ordre juridique de base, devient soumise au droit de l'ordre juridique du juge de l'exequatur lorsqu'elle s'expose à son contrôle (ce droit est déterminé par l'article V. 1 (a) de la Convention de New York).

CHAPITRE V

LA RÉALITÉ D'UNE JUSTICE ÉTATIQUE SANS RÈGLES DE DROIT

521. - L'autonomie de l'arbitre international, sa liberté de désigner le droit applicable au litige, en l'absence de choix de ce droit par les parties, voilà donc l'idée-force, le principe majeur de l'arbitrage international, résultat de la conjonction des deux vérités qu'on a vues, à savoir l'absence de *lex fori* de l'arbitre international et l'absence d'ordre juridique de base du contrat international, résultat conforté par une troisième vérité, à savoir que le juge étatique du contrôle de la sentence ne contrôle pas le droit appliqué par l'arbitre au fond du litige.

Certains résistent mal à la tentation de voir une ressemblance entre cette autonomie de l'arbitre international et l'autonomie des parties. C'est ainsi que le professeur LALIVE a cru pouvoir écrire que " l'autonomie des parties au contrat international, quant au choix du droit matériel applicable et, partant, du système de droit international privé applicable, trouve ainsi sa contre-partie ou sa " projection " dans l'autonomie de l'arbitre international " (1). Il ne nous semble pas que l'on puisse suivre cette opinion. Ce n'est pas parce que les parties sont libres de choisir le droit applicable au contrat international que l'arbitre l'est aussi lorsque les parties n'ont pas procédé à ce choix. Preuve en est qu'en l'absence de choix par les parties, le juge étatique ne peut pas procéder lui-même à un tel choix lorsqu'il est saisi d'un litige en dehors d'un arbitrage, dès lors qu'il est lié par la règle de conflit du for. La liberté de l'arbitre international de déterminer le droit applicable au contrat est une sorte de " produit nouveau ", une résultante de l'application " combinée " des règles de droit international privé des contrats et des règles de l'arbitrage, c'est-à-dire de l'application combinée de la vocation de plus d'un droit à régir le contrat international, d'une part, et des règles spécifiques de l'arbitrage portant sur un contrat international (l'absence de *lex fori* de l'arbitre international et l'absence d'ordre juridique de base du contrat international), d'autre part.

522. -Lorsqu'un litige sur un contrat international est porté devant un juge étatique en l'absence de convention d'arbitrage, les parties choisissent le droit applicable à ce litige en vertu d'une règle de conflit qui est une règle de conflit de la *lex fori* du juge étatique, et ce choix est un choix de droit international privé (2). Lorsqu'un litige sur un contrat international est porté devant les arbitres, il n'y a pas de *lex fori* pour les arbitres et partant pas de règle de conflit, l'autonomie des parties dans le choix de droit applicable au litige n'est pas dictée par la règle de conflit d'une *lex fori*, elle dérive directement de la volonté des parties, et leur autonomie est illimitée. Dans un tel arbitrage, lorsque les parties n'ont pas fait de choix du droit applicable, le choix de ce droit dérive directement de la volonté de l'arbitre, et c'est une autonomie, une liberté absolue.

Lorsque dans un arbitrage international les parties n'ont pas choisi le droit applicable au contrat international, l'arbitre international choisit le droit qu'il veut, applique au contrat international le droit qu'il veut, ne doit pas obéissance à des règles de droit. Il ne doit obéissance qu'au contrat et qu'à la mission que les parties lui ont conférée. Autant dire qu'il est autonome à l'égard des règles de droit et que sa justice est une justice sans règles de droit.

(1) LALIVE, Les règles de conflit de lois appliquées au fond du litige par l'arbitre international siégeant en Suisse, in L'arbitrage international privé et la Suisse, Georg, Genève, 1977, p. 86.

(2) La loi d'autonomie qui habilite les parties à choisir le droit applicable au contrat international dont est saisi le juge étatique en l'absence de convention d'arbitrage, est une règle de conflit de la *lex fori* du juge étatique (voir : KASSIS, Le nouveau droit européen des contrats internationaux, précité, n°s 176 et s.).

523. - La seule conclusion logique à laquelle auraient dû arriver les auteurs qui ont fait la constatation que l'arbitre international n'a pas de *lex fori*, c'est que cet arbitre, du seul fait qu'il n'a pas de *lex fori,* n'est pas soumis à des règles de droit et qu'il tranche le litige selon son droit à lui, c'est-à-dire le droit tel qu'il le conçoit.. Or, tous ces auteurs qui ont admis l'absence de *lex fori* de l'arbitre international n'en ont pas tiré la seule conclusion qui s'impose, à savoir que l'arbitre, lorsque les parties ne lui ont pas donné des directives sur le droit à appliquer, doit trancher le litige selon sa propre conception du droit. Seul NIBOYET a su tirer cette conclusion logique : à défaut de directives données par les parties, seule s'impose la propre conception de l'arbitre. Ce qui revient à dire que l'arbitre international ne doit obéissance à aucune règle de droit, qu'il ne doit respecter que la seule volonté des parties.

Tous les autres auteurs se sont évertués à courir après des ersatz de la *lex fori*, c'est-à-dire à d'autres règles de droit. EISEMANN, BATIFFOL et GOLDMAN ont parlé tour à tour de *lex mercatoria*, de concrétisations des principes généraux du droit, d'indices de volonté implicite, de présomption de volonté, de la création d'un droit privé international, de solutions coutumières internationales, d'un système autonome de rattachement. Tous ces auteurs ont été incapables de justifier leur conclusions.

524. - Ce qui a empêché ces auteurs de voir que l'absence de *lex fori* dans l'arbitrage international affranchit l'arbitre de toute obéissance à des règles de droit, c'est le dogme ou le féitchisme des règles de droit. Le juriste dogmatique ne peut pas concevoir qu'un juge public ou privé puisse trancher un litige sans passer par la médiation de règles de droit, sans fonder son jugement sur des règles de droit. Pour lui, il n'y a pas de droit ni de justice sans règles de droit. La première notion que l'on enseigne aux étudiants dans une introduction aux études juridiques est qu'à la base de tout le droit se trouve la notion de règle de droit, prescription de caractère abstrait et général, qui n'est pas faite pour un individu ou un acte en particulier mais pour tous les individus et tous les actes relevant d'une certaine situation, d'une catégorie abstraitement définie, et dont le caractère obligatoire est garanti par l'intervention de sanctions auxquelles l'autorité publique prête son appui (3).

Or, les règles de droit ne sont pas tout le droit. Il y a bien un droit sans règles de droit, et une justice sans règles de droit existe, même en dehors de l'arbitrage international. Une justice sans règles de droit est une réalité même dans le cadre de la justice étatique.

Cette affirmation semble pourtant téméraire pour ce qui concerne la jus-

(3) Voir par exemple : MARTY et RAYNAUD, Droit civil, tome I, Introduction aux études juridiques, Sirey, 1972, n°4.

tice étatique, parce qu'elle est contredite par l'article 12 du N.C.P.C. aux termes duquel le juge tranche le litige conformément aux règles de droit qui lui sont applicables.

Conformément à cet article, le juge étatique, après avoir procédé à la qualification juridique des faits litigieux, arrive à la solution du litige par la médiation de règles de droit abstraites et générales qui sont applicables à ces faits. C'est le fameux syllogisme qui caractérise tout jugement et qui suppose que la règle de droit soit dégagée avant son application aux faits litigieux.

Mais de nombreux auteurs ont mis en doute la réalité de ce processus, même en ce qui concerne le juge étatique.

A- Des doutes dans la doctrine sur la réalité du passage obligé du juge étatique par des règles de droit à la solution du litige

525. - Il est fréquent que des magistrats fassent des confidences sur le processus effectif d'élaboration de leurs jugements. Normalement, le juge doit chercher d'abord la règle de droit qui s'applique à la situation et il déduit de son application la solution du litige. Or, dans la réalité, ce processus est souvent inversé : le juge cherche d'abord et directement la solution qu'il estime équitable, et une fois qu'il l'a trouvée, il trouve une règle de droit à sa mesure. La règle devient l'habillage subséquent de la solution équitable. Il arrive, avoue un magistrat, que le juge soit tenté de chercher d'abord la solution qu'il veut donner en fonction d'une espèce déterminée et qu'il pose ensuite la règle générale qui est censée justifier cette solution (4). Un autre magistrat confie même que ce comportement effectif du juge est général, que la démarche du juge étatique d'aujourd'hui n'est pas si éloignée de celle des arbitres, même amiables compositieurs. En effet, ajoute-t-il, le juge n'est plus ce qu'il était naguère. Il n'est plus le juge aux mains liées, parce que la loi n'est plus ce qu'elle était. Le postulat de la plénitude du droit est démodé. " Toute la loi, rien que la loi ", c'était ROBESPIERRE. Mais entre ROBESPIERRE et MOTULSKY, les temps ont passé. Quelle est aujourd'hui la démarche des juges étatiques dans leur délibéré ? C'est d'abord l'équité qu'ils recherchent. Pénétrant dans leur chambre du Conseil, après avoir entendu les avocats, ils se réunissent. Chacun d'eux suggère la solution qui lui paraît supportable par chacune des parties, la solution qui lui paraît équitable ; ils recherchent d'abord cette solution équitable et ensuite seulement ils vérifient si elle est compatible avec les règles de droit. Or, les règles de droit sont tellement multiples, tellement

(4) PONSARD, Intervention aux débats du Comité français de droit international privé sur la communication de M. DERAINS, Attente légitime des parties et droit applicable au fond en matière de droit international, Travaux du Comité, années 1984-1985, p. 93.

incertaines, tellement contradictoires parfois, que leur foisonnement, loin de réduire le juge en esclavage, contribue à son émancipation, lui laissant le choix. D'ailleurs, lorsque, sur la solution équitable, l'accord est fait, par prudence, les juges peuvent encore rechercher la motivation qui échappera au contrôle de la Cour de cassation. Finalement, amiable composition et application de la loi me paraissent alors se rejoindre et se confondre. Je n'irai pas jusqu'à dire que l'équité, c'est le droit (5)

526. - Cette vision réaliste de la justice étatique a été commentée par le professeur BREDIN qui appelle le phénomène " la loi du juge " et qui y trouve une des causes du " déclin du droit ". Le juge a, écrit-il, mission d'appliquer la loi, mais s'il la méprise, il y a mille moyens de la mettre à son service. Le droit écrit laisse encore de vastes terrains qu'il n'a pas défrichés et qui appartiennent au juge. La loi doit être interprétée, peut être contredite par l'exégèse de ses intentions, elle peut être contournée, négligée, et elle est parfois ignorée. Il y a mille chemins pour le juge s'il veut se débarasser de la loi qui le gêne. Si la loi contredit la conviction du juge, le plus souvent c'est elle qui doit céder et c'est le juge qui impose son sentiment du juste et de l'utile. Même la Cour de cassation place le plus souvent au-dessus de la loi son sentiment du juste, et elle a de nombreuses recettes pour étouffer la loi en la vénérant. Le juge moderne puise sa décision dans le sentiment du juste et de l'injuste, qui devient source essentielle du droit qui sera dit, bouleversant ainsi la hiérarchie des sources du droit. Petits et grands juges ont en commun cette conviction moderne qu'il n'y a de bonne justice que d'équité. Or, dans l'équité se mêlent religion, morale, préjugés, sentiments et ressentiments (6).

Le professeur BREDIN résume ainsi ses réflexions. Le juge tranche le litige, affirme l'article 12 du nouveau Code de procédure civile, conformément aux règles de droit qui lui sont applicables. Où les trouve-t-il ? Dans les codes. Mais il les trouve aussi, surtout peut-être, dans ce " fonds commun " de principes, de règles de conduite, de préceptes qui font une morale judiciaire. La jurisprudence n'est qu'une suite de comportements qui éclairent et solidifient cette morale. Loi des marchands ? Loi des travailleurs ? Loi des époux ? C'est mal dire. Ce n'est jamais que la loi du juge, l'idée que le juge se fait des règles d'un juste commerce, d'un équitable rapport de forces entre employeur et salarié, d'une bonne relation conjugale. Et on exagère à peine, en posant que ni la doctrine, ni la coutume, ni la jurispru-

(5) M. VASSOGNE, Intervention dans les débats sur la communication du professeur BREDIN (L'amiable composition et le contrat), Journée d'étude du Comité français de l'arbitrage) 12 janvier 1984), Rev.Arb. 1984, p. 277-278.

(6) BREDIN, La loi du juge, Le Droit des relations économiques internationales, Etudes offertes à BERTHOLD GOLDMAN, p. 15 et s.

dence, ne sont sources de droit ; elles en seraient plutôt les symptômes. La source du droit du juge c'est l'esprit du juge, sa morale, son éthique, sa culture, sa classe, sa caste : tout ce qu'il appelle équité. Ce qui prend appui sur le droit écrit, le plus souvent pour s'y confondre, parfois pour s'en séparer (7).

527. - Même le professeur FOUCHARD se fait l'écho de ces doutes sur la réalité du passage obligé du juge étatique par des règles de droit. Evoquant " le fameux syllogisme qui caractérise tout acte juridictionnel et qui suppose que la règle de droit soit dégagée avant son application aux faits litigieux ", le professeur FOUCHARD se demande : " Est-il bien sûr, d'ailleurs, que les juges étatiques, et pas seulement ceux du premier degré, ne s'efforcent pas parfois, dans le secret du délibéré, de dégager d'abord la solution qu'ils estiment juste et d'en chercher ensuite une motivation juridique ? " (8)

528. - En réalité, toutes ces réflexions ne sont pas déterminantes. Que les juges étatiques inversent le processus de l'article 12 du N.C.P.C., qu'ils aillent directement à la solution qu'ils trouvent juste en leur âme et conscience pour chercher par la suite des règles de droit à la mesure de cette solution n'affecte pas le principe du passage obligé par des règles de droit à cette solution, même si le principe en question est contourné par les juges. Même ceux qui constatent qu'en réalité les juges vont directement à la solution équitable et l'habillent ensuite de règles de droit qui conviennent à cette solution reconnaissent que les juges qui procèdent de cette manière recherchent après coup les règles de droit qui conviennent à cette solution, ce qui constitue une reconnaissance de la nécessité d'une motivation par des règles de droit. De toute manière, on ne peut pas tirer argument d'une mauvaise application de la loi par les juges pour en nier l'existence. Le problème se pose en des termes différents. La question est de savoir si le " fameux syllogisme qui suppose que la règle de droit soit dégagée avant son application aux faits litigieux " caractérise vraiment tout acte juridictionnel, comme l'écrit le professeur FOUCHARD. Oublions pour le moment la justice arbitrale. Est-ce que toute justice étatique passe par des règles de droit ? N'existe-t-il pas ailleurs qu'en France et même en France une justice sans règles de droit ?

B- L'ORDRE JURIDIQUE ET LA JUSTICE SANS RÈGLES DE DROIT DANS L'ANALYSE DE SANTI ROMANO

(7) **BREDIN**, précité, p. 21.

(8) **FOUCHARD**, L'arbitrage international en France après le décret du 12 mai 1981, **JDI**, 1982, p. 397, note 57.

529. - Le juriste qui a apporté la plus grande contribution à détruire le préjugé qui fait dépendre l'existence d'un ordre juridique et d'une justice de l'existence de règles (ou normes) de droit est sans nul doute SANTI ROMANO dont les réflexions sur l'ordre juridique sont capitales pour notre propos.

Dans une des plus belles analyses juridiques de tous les temps, SANTI ROMANO souligne une vérité fondamentale : le droit n'est pas, du moins n'est pas seulement, la norme posée, mais bien l'entité qui la pose. Le processus d'objectivation d'où résulte le phénomène juridique ne commence pas au moment de la production d'une règle, explique-t-il, mais à un stade antérieur : les normes n'en sont qu'une manifestation, une de ses multiples manifestations, un moyen par lequel s'affirme le pouvoir de ce moi social dont il est question. Ce moi n'est pas seulement l'origine du droit, il est le droit lui-même, et la norme n'en est que l'expression. Si l'on dit que la norme juridique est objective, ce n'est pas parce qu'elle est formulée avec une particulière précision, par exemple parce qu'elle est écrite ; autrement elle ne se distinguerait pas de nombre d'autres normes susceptibles d'une expression analogue, dont certaines, du reste, telles les coutumes, ne revêtent pas cette précision. Le caractère de cette objectivité est celui qui se rattache à ce qu'il y a d'impersonnel dans le pouvoir qui fixe la règle, au fait que ledit pouvoir, qui s'élève au-dessus des individus et les dépasse, constitue lui-même le droit.

Dans le même ordre d'idées, SANTI ROMANO observe qu'avec l'opinion qui se répand que le droit objectif ne se compose pas seulement de normes générales, mais aussi d'ordres individuels et concrets, on doit admettre aussi, ou bien que ces derniers sont des normes, ou bien que le droit comprend non seulement des normes, mais aussi d'autres éléments (9).

530.- Poursuivant son analyse, SANTI ROMANO constate que non seulement on peut imaginer dans l'abstrait, mais qu'on rencontre effectivement dans l'histoire, comme chacun le sait, des ordres juridiques sans normes écrites et même, à proprement parler, sans normes non écrites. Il est possible de concevoir un ordre dans lequel il n'y eut pas place pour le législateur, mais pour le juge seulement. C'est un expédient suggéré par notre mentalité moderne, mais qui ne correspond pas à la réalité, que de dire : le juge dans ce cas, en même temps qu'il tranche le litige dont il est saisi, pose la norme sur laquelle se règle son jugement. La vérité est bien plutôt que le juge peut se fonder sur ce qu'on appelle la justice du cas d'espèce, sur l'équité ou sur d'autres éléments qui sont tout autre chose qu'une authen-

(9) On sait que le concept de norme juridique individuelle est un des concepts de base, à côté de la norme générale, dans la théorie du droit chez KELSEN (KELSEN, Théorie pure du droit, Dalloz 1962).

tique norme juridique, laquelle, par sa nature, vise une catégorie d'actions et est en conséquence abstraite et générale. S'il en est ainsi, le juridique, dans l'hypothèse envisagée, réside, non dans les normes, qui font défaut mais dans le pouvoir, dans le magistrat qui exprime la conscience sociale objective, avec des moyens différents de ceux qui sont propres à des ordres plus complexes et plus évolués.

531. - SANTI ROMANO conclut que l'objectivité de l'ordre juridique ne peut pas se réduire aux seules normes juridiques. Elle n'est pas sans rapport avec elles et s'y reflète même, mais part toujours d'un élément logiquement et matériellement antérieur aux normes et aboutit souvent à des phénomènes qui ne se trouvent pas tous compris dans l'action de poser les normes elles-mêmes. Ce qui équivaut à dire que celles-ci sont ou peuvent être une partie de l'ordre juridique, mais restent bien loin de l'épuiser (10).

C - L'ACTUALITÉ DES ZONES DE JUSTICE ÉTATIQUE SANS RÈGLES DE DROIT ET LA CRÉATION DU DROIT PAR LE JUGE

532 - Nombreux sont les juristes de la famille romano-germanique qui croient qu'il n'y a pas de droit et qu'il n'y a pas de justice sans règles de droit, dans le sens de règles générales et abstraites. Tout au plus, pensent-ils, une justice sans règles de droit a pu être une justice primitive ou du moins celle de temps révolus. Ceci c'est le préjugé du dogmatisme juridique. Or, il existe même aujourd'hui des pans entiers, des zones considérables de droit et de justice étatiques sans règles de droit générales et abstraites : le système de la *common law*, la création systématique du droit par le juge, même dans les pays de la famille romano-germanique, dans de vastes domaines, la création du droit par le juge par l'interprétation ou en cas de lacunes, et enfin l'amiable composition. C'est donc une réalité du paysage juridique contemporain qui est réfractaire à une explication par les " règles de droit ".

D - LA *LEGAL RULE* ANGLAISE

533. - On sait, en effet, que dans le système juridique de la *common law*, c'est par un raisonnement réductif ou zététique (en entendant par ce terme toutes les méthodes de raisonnement non déductif) que l'on va de la décision juridictionnelle à la *ratio decidendi* qui constitue le précédent. Ce n'est pas le jugement d'un cas qui résulte du droit, c'est au contraire le droit qui

(10) SANTI ROMANO, L'ordre juridique, traduction FRANÇOIS et GOTHOT, Dalloz, 1975, p. 13 à 15.

résulte du jugement d'un cas (11). Si l'on s'exprime en termes kelséniens, il faut donc dire que le juge anglais ne crée que des règles individuelles et jamais des règles de droit dans le sens continental. La " *legal rule* " dans le système de la *common law* n'a donc pas du tout le même sens que la " règle de droit " des systèmes de codification. La *legal rule* anglaise se place au niveau de l'espèce à l'occasion de laquelle elle a été dégagée (12). Il est vrai que, dans l'organisation judiciaire anglaise, les décisions des Cours supérieures constituent des précédents obligatoires pour les juridictions inférieures, mais il ne s'agit toujours pas de règles générales et abstraites, mais de la *ratio decidendi*, la " *reason* " qui est le support nécessaire de la solution, et cette *ratio decidendi* dépend des faits du cas qui sont déterminants (*material*). S'il trouve qu'il y a un fait déterminant qui n'est pas commun au cas qui lui est soumis et au précédent cité, le tribunal anglais jugera que les deux cas doivent être distingués et que le précédent n'en est pas un. C'est ce processus du " *distinguishing* " qui assouplit en fait dans une mesure considérable la règle du précédent et permet d'adapter le droit aux circonstances toujours changeantes, car les faits déterminants d'une espèce déjà jugée sont rarement identiques à ceux du cas présent. Le juge peut donc forcer les distinctions lorsqu'il se sent gêné par le précédent, en considérant les *material facts* de l'espèce précédente de manière restrictives.

E - La création du droit en France par interprétation de la loi ou en cas de lacunes

534. - Mais la justice sans règles de droit préétablies, abstraites et générales, n'est pas l'apanage de la *common law*. Elle est une réalité de tous les jours, même dans le système français réputé un système de justice à base de règles de droit.

Le juge français qui est en présence d'une règle de droit incomplète doit la compléter en l'interprétant. Ce faisant, il crée le droit partiellement en le complétant dans le cadre du procès.

535. De même, le juge français crée le droit lorsqu'il se trouve en présence d'une lacune. Ceux qui ne croient pas au dogme de la plénitude de l'ordre juridique ne peuvent que reconnaître l'existence de lacunes qui sont des zones de *vacuum juris* dans l'ordonnancement juridique. Et comme la solution du " *non-liquet* " n'est pas admise en droit interne et en droit international privé, encore qu'elle le soit par une partie de la doctrine en

(11) H. Tammelo, La *ratio decidendi* et la règle de droit, in : La règle de droit, Travaux du Centtre national des recherches de logique, Bruxelles 1971, p; 125.

(12) R. David, Les grands systèmes de droit contemporain, Dalloz 1978, p. 370 et s., nos 320 à 325.

droit international public, et que le juge qui refuse de juger sous prétexte de silence ou d'insuffisance de la loi peut être poursuivi pour déni de justice (13), il faut bien reconnaître que le juge opère in *vacuo* en cas de lacune et que c'est lui qui crée le droit en même temps qu'il tranche le litige (14).

F - Les zones de justice sans règles de droit en France

536. - Mais ce n'est pas seulement en cas de lacunes ici ou là que le juge français tranche les litiges sans se fonder sur des règles de droit préalables. Il y a des pans entiers du droit français où les règles législatives sont absentes ou du moins en nombre très réduit, ce qui a conduit les tribunaux à créer eux-mêmes le droit dans leurs jugements au lieu de juger à partir de règles préexistantes. Il suffit de penser au droit administratif et au droit international privé (15). Point n'est besoin d'en dire plus sur l'importance de la création du droit par le juge dans l'ordre juridique français.

G - L'amiable composition en droit étatique français et dans l'arbitrage

537. - *Last but not least*, il y a l'amiable composition. Et l'on sait que ce n'est pas l'arbitre seul qui peut être amiable compositeur, mais aussi le juge étatique (article 12 du N.C.P.C., dernier alinéa). Mais qu'est-ce que l'amiable composition ? On sait qu'il y a en doctrine deux conceptions de l'amiable composition.

538. - Selon une certaine conception, il s'agit dans l'amiable composition d'autre chose que l'équité : ce serait une solution transactionnelle du litige décidée par l'amiable compositeur. Or, la solution transactionnelle est celle qui termine ou prévient une contestation par des concessions réciproques entre les parties. Une telle solution peut ne pas être équitable. Selon cette conception, l'amiable compositeur, juge ou arbitre, n'accordera pas à une partie tout ce qu'elle demande et ne refusera pas à l'autre tout ce qu'elle demande. Pour le professeur GOLDMAN, ce n'est pas de l'amiable composition que de statuer *ex aequo et bono* : l'amiable compositeur peut décider tout ce dont les parties pourraient convenir par voie de transaction. Or, une

(13) Article 4 du Code civil français.

(14) Sur ces questions voir : KASSIS, Théorie générale des usages du commerce, n°s 122 à 138.

(15) Encore qu'aujourd'hui, après l'entrée en vigueur de la Convention de Rome, des règles de caractère législatif existent dans le droit international privé des contrats, mais elles ne concernent que les contrats.

transaction n'est pas toujours équitable, et si l'équité n'est pas le droit strict, elle poursuit, comme le droit, le *suum cuisque*. Pour le professeur WENGLER, décider selon l'équité implique l'affinement des règles de droit applicables dans la mesure où celles-ci ne tiennent pas compte, avec leur caractère général, des particularités du cas concret. Au contraire, faire du juge ou de l'arbitre un amiable compositeur, c'est lui permettre d'imposer aux parties une solution qui, de par son contenu et en tenant compte d'éléments tout à fait étrangers à la réglementation normative mais sentis comme importants pour les parties en cause, est capable de créer de nouveau, parmi ces parties, un climat paisible ou même amical. Ainsi l'amiable composition aboutit souvent, mais pas toujours, à dicter un règlement transactionnel du litige, situé entre les positions prises dans le procès par les parties.

539. - Selon une autre conception de l'amiable composition, la solution de l'amiable compositeur est une solution équitable, en ce sens que l'amiable compositeur écarte la règle du droit positif qu'il estime inéquitable pour appliquer ce qu'il estime équitable, c'est-à-dire ce qui correspond à sa conception personnelle de ce qui est juste et de ce que devrait être le droit dans l'espèce dont il est saisi. Il pourra ainsi accorder au demandeur tout ce qu'il demande et débouter complètement le défendeur, s'il trouve que cette solution est celle de l'équité, c'est-à-dire celle qui correspond à sa propre conception de ce qui est juste (16).

Il nous semble que l'on doit sans hésiter reconnaître que le droit positif français a retenu cette dernière conception de l'amiable composition. Pour ce qui concerne le juge, l'article 12 du Code civil dispose que le juge tranche le litige conformément aux règles de droit qui lui sont applicables et que, le litige né, les parties peuvent aussi conférer au juge mission de statuer comme amiable compositeur. Pour l'arbitre, dans un arbitrage interne, l'article 1474 du N.C.P.C.dispose que " l'arbitre tranche le litige conformément aux règles de droit, à moins que, ~~dans la~~ convention d'arbitrage, les parties ne lui aient conféré mission de statuer comme amiable compositeur ".

Ainsi donc, *a contrario*, selon la définition législative de l'article 1474 du N.C.P.C., l'amiable composition est la justice sans règles de droit, voire au besoin contraire aux règles de droit. C'est l'équité, la conception personnelle, c'est-à-dire du juste et de l'injuste, que s'est forgé l'arbitre. Au besoin, elle est l'équité *contra legem*, c'est-à-dire une justice contraire aux règles de droit, si telle est la conception de la solution équitable selon le juge ou l'arbitre dans l'espèce dont il est saisi. L'amiable compositeur corrige ou écarte la règle de droit.

(16) Voir sur ces deux conceptions : KASSIS, Problèmes de base de l'arbitrage en droit comparé et en droit international, tome I, n°s 399 à 402.

CHAPITRE VI

LA JUSTICE SANS RÈGLES DE DROIT ET LE CONTRAT SANS LOI, INSCRITS DANS LA LOGIQUE DE L'ARBITRAGE COMMERCIAL INTERNATIONAL

540. - La caractéristique de la justice sans règles de droit de l'arbitre international, ce qui la distingue de la ,justice étatique - lorsque les parties au litige n'ont pas conféré au juge mission de statuer comme amiable compositeur selon le dernier alinéa de l'article 12 du N.C.P.C. - c'est que la justice sans règles de droit est inhérente à l'arbitrage international pour ce qui concerne le fond du litige, qu'elle est organique, avouée et essentielle, parce qu'elle participe de l'institution de l'arbitrage international.

L'observation de la pratique a pu mettre en évidence la gamme des choix offerts à l'arbitre international et effectivement utilisée par lui. L'analyse progressive a pu montrer que cette gamme répond à la logique de l'arbitrage international, plus précisément à sa logique propre en matière de détermination du droit applicable au fond du litige en l'absence de choix de ce droit par les parties. Cette logique procède des deux vérités que l'on connaît : l'absence de *lex fori* dans l'arbitrage international et l'absence d'ordre juridique de base du contrat international. La prise de conscience par les auteurs de cette logique s'est faite progressivement. Or, cette logique implacable est généralement acceptée par la doctrine, sauf la dernière étape du raisonnement, l'étape du résultat sur lequel on débouche au bout du chemin et que nombre de juristes trouvent toujours choquant, aberrant, inadmissible, à savoir l'idée de justice arbitrale sans règles de droit ou, en termes plus simples, l'idée de contrat sans loi.

A - De la règle de conflit qui s'impose à la règle de conflit choisie par l'arbitre international

541. - Il n'est pas étonnant que le juriste soit habitué à réfléchir, à raisonner en termes de conflit de lois, lorsqu'il s'agit d'une relation objectivement internationale, donc d'un contrat international. La méthode conflictuelle est la méthode classique du droit international privé, elle est celle qu'applique le juge étatique. Par une sorte de réflexe, le juriste transpose la nécessité de la règle de conflit de la justice étatique à l'arbitrage international : comment l'arbitre international peut-il trouver le droit applicable au litige sans une règle de conflit ? Comment une règle de conflit ne s'impose-t-elle pas à lui comme elle s'impose au juge étatique ? C'est le raisonnement de SAUSER-HALL et de la résolution d'Amsterdam, le raisonnement d'une approche superficielle de l'arbitrage international.

A partir du moment où l'on s'est rendu compte que la thèse de la soumission de l'arbitre international à la règle de conflit du siège de l'arbitrage est une thèse erronée, sans fondement juridique, on a commencé à se rendre compte du même coup qu'il n'y a pas de règle de conflit qui s'impose à cet arbitre. Où pourrait-elle se cacher, dès lors que la règle de conflit qui s'impose ne peut être que celle d'une *lex fori*, que le droit du pays du siège ne peut être logiquement la *lex fori* de l'arbitre international et qu'une autre règle de conflit est introuvable ? S'il faut donc à tout prix une règle de conflit et s'il n'y en a aucune qui s'impose, il ne reste plus qu'à dire que c'est l'arbitre qui choisira celle qu'il estime appropriée, soit en raison d'un certain lien avec le litige ou avec les parties, soit en raison de son contenu.

B - Du choix de la règle de conflit au choix direct du droit applicable au litige par l'arbitre international

542. - Mais la logique de l'arbitrage international ne s'arrête pas à ce stade. Reprenant et poursuivant l'argumentation que l'on trouve dans des études précédentes, le professeur MAYER rend compte d'une manière excellente de deux vérités successives auxquelles conduit cette logique.

D'abord, l'arbitre n'est pas tenu d'appliquer une règle de conflit quelle qu'elle soit. " S'il n'existe pas une règle de conflit déterminée qui s'impose à l'arbitre, aucune règle de conflit ne s'impose à lui, et il peut s'en passer totalement ". Car, comme l'explique l'auteur, " la méthode du conflit de lois a certes une grande valeur, mais elle ne s'impose pas indépendamment des règles de conflit positives qui la mettent en oeuvre ". Or, ces règles de conflit positives n'existent pas pour l'arbitre international qui n'a pas de *lex fori*. C'est ainsi que la pratique arbitrale a mis en oeuvre la méthode dite " directe " qui consiste pour l'arbitre à désigner directement la loi applicable sans passer par une règle de conflit déterminée.

543. - La seconde vérité, c'est que dans cette désignation directe de la loi applicable, aucune loi déterminée ne s'impose à lui, il procède à un choix libre. Car ce que l'on a admis à propos des règles de conflit, on doit l'admettre à propos des règles substantielles, indique le professeur MAYER : "Puisque aucune règle de conflit, plus largement aucune règle de droit international privé, ne s'impose à l'arbitre, l'application d'aucune loi étatique ne lui est non plus imposée, car elle ne pourrait l'être que par leur truchement. Et dès lors, l'arbitre n'étant obligé d'appliquer ni telle loi étatique, ni telle autre, ni une quelconque, il est en droit de n'en appliquer aucune " (1).

Dire que l'arbitre n'est pas tenu d'appliquer une loi étatique quelconque, c'est dire qu'il peut choisir celle qu'il estime appropriée. C'est dire aussi qu'il peut faire un panachage de règles de droit tirées de diverses lois étatiques. C'est dire enfin qu'il peut choisir des règles qui ne se trouvent pas dans des lois étatiques, c'est-à-dire des règles qu'il fabrique lui-même.

Ainsi le droit de l'arbitrage international apparaît comme une grande carte de règles de droit qui se trouvent dans différents systèmes juridiques étatiques et d'autres qui ne font pas partie d'ordres juridiques étatiques, et l'arbitre choisit à sa guise dans cette carte.

C - DU CHOIX DE RÈGLES DE DROIT À LA JUSTICE ARBITRALE SANS RÈGLES DE DROIT

544. - C'est la dernière étape du raisonnement axé sur la logique de l'arbitrage international, et c'est là que le bât blesse toujours pour une partie importante de la doctrine. De nombreux auteurs peuvent admettre tout sauf l'idée que l'arbitre international puisse statuer sans avoir recours à des règles de droit, sans se baser sur des règles de droit préétablies. Pour ces auteurs, statuer en droit, c'est statuer selon des règles de droit, parce que le droit est synonyme de règles de droit et qu'il n'y a pas de droit sans règles de droit. Dès lors, et sauf s'il est amiable compositeur, l'arbitre international ne peut s'en passer. Et c'est pourquoi l'idée d'une justice arbitrale sans règles de droit pose toujours problème, se heurte toujours à de fortes résistances. Le préjugé légaliste ou plus précisément le préjugé de l'ubiquité des règles de droit reste solidement enraciné dans les esprits.

545. - Or, l'idée de choisir des règles de droit par l'arbitre est en elle-même absurde et contradictoire. En effet, des règles de droit " à la carte " sont-elles vraiment des règles de droit ? La règle de droit abstraite et générale impose d'elle-même son effet juridique. C'est le *Sollen* de KELSEN, un commandement. Or, un commandement ne se choisit pas, il s'impose. La seule exception à cette réalité, c'est la possibilité pour les parties elles-

(1) MAYER, Cours de l'Académie de La Haye, *op. cit.*, p; 404.

mêmes de choisir les règles de droit qui régiront leur contrat international. Cette possibilité existe justement parce qu'il y a une règle de droit spécifique qui l'autorise lorsqu'il s'agit d'un litige sur un contrat international dont est saisi un juge étatique en l'absence d'une convention d'arbitrage. Et c'est alors un vrai choix de règles de droit, un choix de droit international privé autorisé par une règle de droit, les règles choisies étant d'authentiques règles de droit (2). Mais qu'est-ce qui peut imposer à l'arbitre international une règle de droit déterminée, d'où peut lui venir le souffle de l'esprit normatif, dès lors qu'il n'a pas de *lex fori*, qu'il ne se trouve en présence d'aucun ordre juridique de base et que de surcroît sa sentence sera reconnue et exécutée même s'il n'a pas statué selon des règles de droit ? Car c'est bien là le test : l'exequatur ne sera pas refusé à une sentence où l'arbitre international exonéré de l'obligation de motiver ou même non exonéré de cette obligation ne se sera fondé dans sa sentence sur aucune règle de droit.

546. - Au demeurant, la règle de droit en tant que telle, c'est-à-dire en tant que commandement, n'a aucun sens pour l'arbitre international qui ne reçoit de commandement de personne et de nulle part (sauf des parties, bien entendu). Pour lui, la règle de droit est un modèle et toutes les règles de droit sont des modèles. Tous ces modèles lui sont proposés comme dans un catalogue et non imposés, tout modèle pour lui est facultatif, il peut le prendre comme il peut s'en passer. Le professeur MAYER traduit cette réalité d'une manière excellente dans les termes suivants : " La loi n'apparaît plus que sous son aspect de proposition rationnelle, et non plus sous celui d'un véritable impératif ; l'arbitre choisit entre les diverses lois comme entre autant de modèles possibles, et celle qu'il retient n'a pour mérite que de lui avoir plu... Dans l'arbitrage international, tout système juridique se réduit au rôle de "système de référence". Ce n'est pas se passer d'une loi qui est impossible pour l'arbitre, c'est au contraire en appliquer une au sens plein du terme, comportant un élément d'obéissance " (3).

547. - Voilà donc ce qui fait la spécificité, l'altérité de cette institution juridique qu'est l'arbitrage international : des règles de droit qui ne sont plus de véritables règles de droit mais deviennent des modèles facultatifs, optionnels, en somme, au bout du compte, une justice arbitrale sans règles de droit. Qui plus est, ce vide de règles de droit a cette particularité qu'il n'est pas accidentel, qu'il est organique, institutionnel, inhérent à la nature de l'arbitrage international. Il suffit qu'il y ait arbitrage international pour

(2) Cette règle de droit du for est elle-même une règle de conflit. Voir : KASSIS, Le nouveau droit européen des contrats internationaux, n°s 176 et s.

(3) MAYER, *op. cit.*, p. 405.

que toute règle de droit disparaisse en tant que telle. L'arbitre pourra dire et même croire qu'il a appliqué ou qu'il applique telle ou telle règle de droit. C'est son illusion. Il a en fait appliqué un modèle qu'il aurait pu ne pas appliquer pour en appliquer un autre.

548. - Cette situation est foncièrement différente des autres situations que l'on a vues où des règles de droit sont absentes. Dans le cas d'une lacune juridique, le juge tranche le litige malgré l'absence d'une règle de droit préexistante qui s'imposerait à lui pour lui dicter sa solution, mais l'absence de règles de droit est partielle et occasionnelle. Il y a des règles qui manquent mais il y en a beaucoup d'autres qui existent. Dans l'arbitrage international, en ce qui concerne le fond du litige, il n'y a pas de règles de droit du tout, et il ne peut y en avoir. Il y a une impossibilité rationnelle d'existence de règles de droit pour l'arbitre. Dans l'amiable composition, les règles de droit ne font pas défaut au départ, mais ce sont les parties qui n'en veulent pas et qui dispensent le juge ou l'arbitre (dans l'arbitrage interne) de les appliquer. Dans l'arbitrage international, les parties n'ont pas besoin de donner un pouvoir particulier à l'arbitre pour qu'il n'applique pas de règles au fond, il suffit qu'elles gardent le silence, qu'elles n'indiquent pas elles-mêmes des règles à l'arbitre pour que celui-ci n'applique pas du tout de règles de droit au fond. De même, l'absence de règles de droit dans l'arbitrage international n'est pas la même chose que l'absence de règles (au sens du droit français) dans le système de la *common law* où la notion de règle abstraite et générale est inconnue. Ce qui est appelé " la règle du précédent " et qui consiste en l'obligation des juges de juger comme leurs prédécesseurs résulte de l'organisation et de la hiérarchie judiciaires. Tel n'est pas le cas, loin s'en faut, dans l'arbitrage international où une organisation hiérarchique d'ensemble (telle que RENÉ DAVID l'appelait de ses voeux) est inexistante. Et même dans les pays de droit écrit où les règles de droit prétoriennes prédominent dans certains domaines, comme le droit administratif et le droit international privé, la règle de droit créée par le juge devient jurisprudence grâce toujours à l'organisation et à la hiérarchie judiciaires. Dans l'arbitrage international où elles sont absentes et où l'arbitre rend des décisions qui tranchent des litiges sans édicter de vraies règles de droit, de telles règles ne peuvent pas exister en tant que telles.

549. - La justice sans règles de droit de l'arbitre international est différente de la " loi du juge ", dans le sens que lui donne le professeur BREDIN, où le juge contourne les règles de droit tout en feignant de les respecter, ce qui implique des " détours ", une certaine " manipulation " de la règle de droit. Le juge qui applique " sa loi " la présente toujours comme une règle de droit qui n'est pas la sienne, mais de toute manière on se trouve sur un terrain de règles de droit, un terrain où les règles de droit ne sont pas absentes. Dans l'arbitrage international, les règles de droit sont littéralement absentes, parce qu'elles sont littéralement impossibles. L'absence de *lex fori*, l'absence d'ordre juridique de base du contrat international et l'absence de sanction pour une violation quelconque d'une règle de droit de fond par l'arbitre font qu'il n'y a pas et qu'il ne peut pas y avoir pour l'arbitre une source de règles de droit en ce qui concerne le fond du litige.

550. - La justice sans règles de droit de l'arbitre international rappelle la justice du cas d'espèce que l'histoire du droit a connue et qu'évoquait SANTI ROMANO, chaque cas examiné et tranché par le juge étant un cas d'espèce auquel il donnait la solution en exprimant la conscience sociale objective, en se fondant sur ce qu'on appelle la justice du cas d'espèce, sur l'équité ou sur d'autres éléments qui sont autre chose qu'une authentique règle de droit, laquelle, par sa nature, vise une catégorie d'actions et est en conséquence abstraite et générale (4).

551. - Est-ce à dire qu'avec l'arbitrage international on retourne en quelque sorte à ces anciens ordres juridiques, qui étaient des ordres sans règles de droit et où il n'y avait place qu'à des juges et à un système de contrainte ? Quelque paradoxal que cela puisse paraître, telle est la réalité de l'arbitrage international. Curieux retournement de l'histoire du droit : un pan considérable des relations juridiques d'aujourd'hui qui sont d'une grande complexité, à savoir les contrats internationaux qui comportent des conventions d'arbitrage sans désignation par les parties du droit applicable au fond, se singularise par l'absence d'authentiques règles de droit comme dans les anciennes sociétés peu développées. Retournement qui est le fruit de l'apparition et du développement de cette nouvelle justice privée dans le domaine des contrats internationaux.

(4) SANTI ROMANO, L'ordre juridique (traduction française, Dalloz 1975, p. 114). Cela ne veut pas dire pour autant qu'un ordre juridique peut exister sans normes (SOLLEN), encore qu'il puisse se concevoir sans législateur (voir KASSIS, Théorie générale des usages du commerce, n°s 596-597). Car, sans parler des normes inhérentes à la structure même de l'ordre juridique et sans parler des normes individuelles, les normes juridiques qui régissent les relations entre les personnes peuvent être et ont été historiquement diffuses et fondues dans la conscience sociale objective, avant de s'individualiser dans ce qu'on appelle " règles de droit " dans les ordres juridiques plus complexes et plus évolués. La règle de droit des sociétés développées n'est pas une norme diffuse qui se fond dans la conscience sociale, elle est une règle générale et abstraite, définie et précise, posée à l'avance et visant un comportement ou un rapport déterminé ou une catégorie déterminée d'actions.

D - LE DROIT SANS RÈGLES DE DROIT, LE NON-DROIT ET LES CONDITIONS DE L'ORDRE JURIDIQUE

552. - Le juriste dogmatique ne peut pas entendre parler d'un droit sans règles de droit. Pourtant ce droit sans règles de droit n'est ni l'arbitraire ni l'antidroit. Ce n'est pas non plus le phénomène du non-droit analysé par le doyen CARBONNIER (5). Dans les zones de non-droit qu'il décrit il n'y a ni règles de droit ni juge ni sanction. Le droit sans règles de droit est bien du droit, car les règles de droit ne sont pas une condition nécessaire du droit, une condition de l'ordre juridique.

553. - Il y a quelque trois-quarts de siècle, SANTI ROMANO mettait l'accent sur l'idée que deux conditions sont nécessaires et suffisantes pour qu'on soit en présence d'un ordre juridique : un juge et une sanction. Dans le même temps, SANTI ROMANO mettait l'accent sur la vraie signification de la sanction : une simple garantie, directe ou indirecte, médiate ou immédiate, préventive ou répressive, assurée ou seulement probable et organisée au sein même de l'ordre juridique. Et puis on trouve chez lui cette remarquable précision sur la sanction : les éléments qui forment la sanction, loin d'être complémentaires ou accessoires aux normes, les précèdent, et en forment la base, la racine ; il est donc nécessaire, lorsqu'on définit le droit, de les considérer avant les normes elles-mêmes (6).

554 - Pour le professeur CARBONNIER, le premier des théorèmes fondamentaux de la sociologie juridique est que le droit est plus grand que les sources formelles du droit (loi, coutume, jurisprudence). Notamment, pour ce qui concerne les jugements, il souligne que dans leur immense majorité, les jugements sont des jugements individuels, bien souvent des jugements d'équité, qui ne sont pas l'application pure et simple de règles de droit antérieures et qui ne se répéteront jamais, donc ne se consolideront jamais en jurisprudence et ne deviendront jamais des règles de droit. D'où une sorte de lemme, de proposition préliminaire : le droit est plus grand que la règle de droit, il déborde de partout la notion de règle. Il y a toute une part du droit qui ne tient pas dans des commandements abstraits, généraux et permanents, mais qui est faite de décisions individuelles, de jugements spontanés et sans lendemain. Tous les phénomènes d'autorité peuvent, au fond, donner lieu à des phénomènes de droit (7).

Un juge et une sanction, voilà donc ce qui suffit pour qu'il y ait ordre juridique, juridicité, droit. Or, ces deux conditions se trouvent réunies dans

(5) CARBONNIER,Flexible droit, L.G.D.J., 1979.

(6) SANTI ROMANO, *op. cit.*, p. 20-21.

(7) CARBONNIER, Flexible de droit, LGDJ, 1983, p. 20-21.

l'arbitrage international. On y trouve le juge qui est l'arbitre, juge privé mais juge quand même. On y trouve aussi la sanction qui est l'exécution forcée de la sentence arbitrale après exequatur. Et il n'en faut pas plus. Point n'est besoin de règles de droit, puisque le juge étatique accordera l'exequatur à la sentence sans se préoccuper de savoir si l'arbitre a appliqué telle règle de droit ou telle autre, il l'accordera quelles que soient les règles appliquées et même si l'arbitre tranche le litige sans se référer à aucune règle de droit déterminée.

On peut regretter que les analystes de l'arbitrage international n'aient pas voulu voir l'importance de cette réalité dans une approche théorique de l'arbitrage international et que les juristes s'essoufflent à courir après des règles de droit qui ne sont que des mirages et qu'ils réduisent toute leur approche à une telle recherche.

E- CONTRAT SANS LOI, CONTRAT SANS RÈGLES DE DROIT ET CONTRAT SANS DROIT. LA CONFUSION DES PROBLÈMES

555. - Dire que la justice de l'arbitre international est une justice sans règles de droit revient à dire que dans l'arbitrage international le contrat est sans loi. Or, le seul fait de parler d'un contrat sans loi provoque une réaction de rejet. Le concept est jugé insensé, scandaleux. Les décisions judiciaires et les auteurs rivalisent de force dans sa condamnation.

Le contempteurs du contrat sans loi trouvent un argument de poids dans les arrêts de la Cour Permanente de Justice Internationale du 12 juillet 1929 dans les affaires des Emprunts Serbes et Brésiliens, où la Cour déclare que" tout contrat qui n'est pas un contrat entre États, en tant que sujets du droit international, a son fondement dans une loi nationale " (8). La Cour de cassation française enchaîne dans l'arrêt des Messageries Maritimes du 21 juin 1950 : " tout contrat international est nécessairement rattaché à la loi d'un État " (9). La condamnation n'est pas moins péremptoire dans la sentence ARAMCO C. ARABIE SAOUDITE du 23 août 1958 : " Un contrat quelconque ne peut exister *in vacuo*, mais doit reposer sur un droit "(10).

Les auteurs ne sont pas moins sévères dans la récusation du contrat sans loi. Pour M. LEVEL, le terme même de contrat sans loi n'est pas sans évoquer, dans l'acception qu'il peut avoir pour le sens commun, l'idée même d'une révolte (11). Pour M. MAZEAUD, un contrat qui serait sans loi n'a pas de sens (12). Un auteur se demande si l'on peut concevoir qu'un

(8) Rapportés dans Rev. crit. de dr. int. priv. 1929, p. 427.

(9) Rev. crit. de dr. int. priv. 1950, p. 609.

(10) Rev. crit. de dr. int. priv. 1963, p. 272.

(11) LEVEL, Le contrat sans loi, Trav. du Comité fr. de dr. int. priv., Dalloz, 1967, p. 209.

(12) Débat sur le rapport du professeur LEVEL, *op. cit.*, p. 234.

acte puisse naître à la vie juridique et se développer dans un vide législatif (13). Pour un autre auteur le concept mérite le dédain : " Point n'est besoin de nous attarder, tant elle nous paraît absurde, sur la théorie du "contrat sans loi" " (14). Même pour JEAN ROBERT, qui pourtant écrivait ailleurs qu'au-dessus de son rôle de juge l'arbitre devient un législateur pour les parties (15), " l'idée de contrat sans loi, qui resurgit périodiquement, ne répond en fait à aucune réalité possible " (16). Et l'on peut enrichir à volonté le florilège.

556. - Seulement voilà : toutes ces formules lapidaires que l'on trouve dans les arrêts et toutes ces condamnations sommaires des auteurs sont tributaires d'un malentendu à la base, qu'occulte l'expression "contrat sans loi", laquelle peut avoir deux significations différentes et poser deux problèmes différents. Encore une fois on voit le juriste souffrir des méfaits de la polysémie juridique.

557. - En se demandant comment un contrat peut être sans loi, on peut vouloir dire deux choses différentes, on pose deux problèmes qui n'ont rien à voir l'un avec l'autre. En disant qu'un contrat ne peut pas être sans loi, on peut entendre par là qu'un contrat ne peut pas avoir des effets juridiques, une force obligatoire, s'il n'y a pas une source ou un fondement d'où il puise et dont il tire sa juridicité, c'est-à-dire ses effets juridiques, sa force obligatoire. C'est alors un problème de source ou de fondement des effets juridiques et de la force obligatoire du contrat. On peut entendre par là d'autre part qu'un contrat ne peut pas échapper à des lois ou plus exactement à des règles de droit. C'est alors un autre problème, le problème de savoir si un contrat n'est pas forcément régi par des lois, ou par des règles de droit.

558. - Ces deux problèmes ne peuvent pas se poser pour un contrat interne, rattaché par tous ses liens à un ordre juridique étatique unique. Le contrat interne est enraciné dans un ordre juridique étatique qui est la source et le fondement de ses effets juridiques et de sa force obligatoire. Etant enraciné dans un ordre juridique étatique déterminé, il est forcément régi par les lois ou par les règles de droit de cet ordre juridique étatique.

559. - Les deux problèmes ne peuvent se poser que pour le contrat interna-

(13) L. PEYREFITTE, Le problème du contrat dit sans loi, D. 1965, Chroniques, p. 18 et s.

(14) DENIS BETTEMS, Les contrats entre États et entreprises étrangères, Méta-Éditions, Lausanne 1989, p. 142.

(15) ROBERT, Rev. Arb. 1981, p. 535.

(16) ROBERT, Le phénomène transnational, LGDJ, 1988, p. 10.

tional dans le sens du droit international privé, c'est-à-dire pour le contrat rattaché par des liens différents à deux ou plusieurs ordres juridiques étatiques, et qui donne par conséquent lieu à un conflit de lois. On peut alors dire de ce contrat international qu'il ne peut pas être sans loi, en ce sens qu'il ne peut pas ne pas avoir une source ou un fondement de sa juridicité, où il puise et dont il tire ses effets juridiques et sa force obligatoire. On peut dire aussi du même contrat qu'il ne peut pas être sans loi, en ce sens qu'il est forcément régi par des lois ou plus exactement par des règles de droit. Force est de se demander si la proposition est vraie dans un sens ou dans l'autre.

a) La source ou le fondement de la juridicité du contrat international

560. - Dès lors qu'il ne s'agit pas d'un rapport qui s'inscrit dans l'ordre juridique international où les relations sont régies par le droit international public, la source ou le fondement des effets juridiques et de la force obligatoire du contrat international - dans le sens du droit international privé - se trouve nécessairement dans un ordre juridique étatique, du fait qu'il n'y a de système de contrainte organisée que dans des ordres juridiques étatiques. La source de la juridicité du contrat international se trouve dans un ordre juridique étatique, mais l'on ne sait pas encore lequel. Le contrat international ne puise pas ses effets juridiques et sa force obligatoire d'un ordre juridique étatique connu *ab initio*, le jour où le contrat international a été conclu. Il tire sa force obligatoire de l'un des ordres étatiques de la galaxie juridique, parce que tous ces ordres confèrent effets juridiques et force obligatoire au contrat international, parce que dans tous ces ordres se trouve d'une manière ou d'une autre le principe *pacta sunt servanda*. Il est possible que l'ordre juridique étatique déterminé où se trouve la source de la juridicité du contrat international reste à jamais inconnu, si le contrat international est un de ces contrats heureux qui n'ont pas d'histoire. Ce n'est que le contentieux, c'est-à-dire la pathologie du contrat international malade, qui va révéler l'ordre juridique déterminé qui va lui conférer les effets juridiques, lorsqu'une partie va frapper à la porte de cet ordre pour solliciter la mise en oeuvre effective de la juridicité. Mais la partie en quête de la consécration de l'effet juridique aurait pu frapper à la porte d'un autre ordre. Et cela va dépendre des circonstances (compétence internationale du tribunal, lieu de situation des biens du débiteur dans l'arbitrage).

Toutefois, il importe peu, pour la théorie du droit comme en pratique, que l'on sache à l'avance, l'ordre juridique étatique déterminé qui confère au contrat international des effets juridiques, dès lors que tous les ordres étatiques peuvent jouer ce rôle et que les parties savent déjà lors de la conclusion de ce contrat qu'un jour ou l'autre, en cas de contentieux, un ordre juridique étatique reconnaîtra son effet juridique. La source de la juridicité ou le fondement de la force obligatoire du contrat international se trouve potentiellement dans l'ensemble des ordres juridiques étatiques. C'est ce qui fait la différence entre le contrat international et le contrat interne dont la source ou le fondement de juridicité se trouve dans l'ordre juridique étatique déterminé où il est enraciné et qui est forcément soumis aux règles de droit de cet ordre.

561. - Mais la source ou le fondement de la juridicité, c'est-à-dire de l'effet juridique, de la force obligatoire du contrat international est une chose et la mise en oeuvre, la consécration de cette juridicité est une chose différente. Si la juridicité de tout contrat international a sa source et son fondement dans tous les ordres juridiques étatiques, la mise en oeuvre effective de cette juridicité pour un contrat international déterminé n'est nécessaire que s'il y a un litige sur ce contrat. Lorsqu'un tel litige surgit, la juridicité du contrat international va être mise en oeuvre et consacrée dans le jugement du juge étatique en l'absence d'arbitrage.

562. - Le professeur MAYER est l'auteur qui a développé la meilleure analyse théorique et la plus cohérente du traitement du contrat international par le juge étatique et par l'arbitre, dans son article dans les Mélanges GOLDMAN et dans son Cours à l'Académie de droit international. Nous avons souscrit dans l'ensemble à cette analyse théorique dans le présent ouvrage et dans notre ouvrage sur le nouveau droit européen des contrats internationaux. Dans son article sur la neutralisation du pouvoir normatif de l'État en matière de contrats d'État, le professeur MAYER revient sur la question et formule les observations suivantes qui appellent selon nous une mise au point et un commentaire.

On ne peut qu'approuver le professeur MAYER lorsqu'il écrit que " les scrupules théoriques à l'égard du contrat sans loi paraissent sans fondement ". En réalité, on n'a jamais pu formuler de critique sérieuse du contrat sans loi, et les scrupules à cet égard sont des scrupules dogmatiques. Pour autant qu'on le sache, la seule critique élaborée du contrat sans loi que l'on trouve dans les écrits est celle du professeur GAILLARD dans le Traité de l'arbitrage commercial international de 1996 qui sera examinée plus loin. Reprenant les remarques de SANTI ROMANO et du professeur CARBONNIER, le professeur MAYER a raison d'affirmer que ce qui est important est d'avoir un juge et un système de contrainte, extérieur aux parties.

Se référant à la proposition de la sentence ARAMCO c. ARABIE SAOUDITE selon laquelle un contrat quelconque ne peut exister *in vacuo*, mais doit reposer sur un droit, le professeur MAYER pose la question cruciale : en l'absence d'une loi applicable, comment fonder la force obligatoire du contrat ?

A cette question le professeur MAYER répond de la manière suivante : si ce n'est pas dans la loi que le contrat puise sa validité, ce sera dans la décision du juge. Pour le juge étatique, c'est facile à concevoir : une décision d'un organe normatif a autant de puissance qu'une règle. Pour l'arbitre, sa décision, étant privée, elle ne peut rien fonder à elle seule, mais les règles étatiques qui reconnaissent à la sentence l'autorité de chose jugée confèrent indirectement au contrat sa force obligatoire (17).

563. - Ces observations appellent la mise au point suivante. Plutôt que de validité, il faudrait, à notre sens, parler de la source de la juridicité (ou de l'effet juridique ou de la force obligatoire du contrat), la validité étant entendue dans le sens des conditions qui doivent être remplies pour que le contrat produise ses effets juridiques, sa force obligatoire. Cela étant précisé, c'est l'ordre juridique qui est la source de la juridicité ou le fondement de la force obligatoire du contrat.

Lorsque le litige sur un contrat international est porté devant un juge étatique, l'effet juridique de ce contrat va se concrétiser dans le jugement. Mais l'effet juridique existe déjà potentiellement avant le jugement, dans l'ordre juridique étatique du juge saisi et dans tous les autres ordres juridiques étatiques. Pour le juge étatique, la source de la juridicité du contrat n'est pas et ne peut pas se trouver dans la volonté des parties mais dans le fait qu'il existe un ordre juridique étatique qui confère à l'accord des volontés un effet juridique ou une force obligatoire. Pour un contrat interne, c'est un ordre juridique étatique unique et connu au moment de la conclusion du contrat. Pour le contrat international, c'est l'ensemble des ordres juridiques étatiques.

564. - C'est vrai que le jugement, décision d'un organe normatif, qui est une norme individuelle, qui commande un résultat déterminé (tel doit payer telle somme à tel) et qui sera exécuté, a autant de puissance qu'une règle de droit, norme abstraite et générale. Mais dans notre contexte, on n'a pas besoin de dire que c'est le juge qui a créé la force obligatoire du contrat. Cette force existait déjà potentiellement dans l'ordre juridique du juge. Pourquoi ? Parce que si les règles de droit diffèrent et peuvent différer d'une manière considérable d'un ordre juridique à un autre, il y a dans tous les ordres juridiques dans l'état actuel des sociétés civilisées un principe fondamental qui leur est commun : c'est le principe de l'effet juridique ou de la force obligatoire des conventions. Certes, les conditions de la validité des conventions (capacité, consentement, licéité de l'objet, respect de l'ordre public, etc.), c'est-à-dire les conditions qui doivent être remplies

(17) MAYER, La neutralisation du pouvoir normatif de l'État en matière de contrats d'États, JDI, 1986, p; 25.

pour que le contrat produise des effets juridiques, peuvent changer et changent beaucoup d'un ordre juridique étatique à un autre. Certes, les effets de ces conventions peuvent différer et diffèrent d'un ordre juridique à un autre dans leur contenu et leurs limites. Mais le principe selon lequel un contrat qui remplit par hypothèse les conditions de validité ("légalement formé", selon l'expression du Code civil français) produit un effet juridique, est le dénominateur commun de tous les ordres juridiques nationaux. Et c'est pourquoi les parties s'engagent dans des contrats internationaux, sachant fort bien que leur contrat puise sa juridicité dans tous les ordres nationaux et ayant la certitude et la sécurité suffisantes que, quel que soit le juge étatique qui sera saisi, il reconnaîtra cette juridicité qui ne dépend pas, sauf abus, de son bon vouloir et qui n'a donc pas sa source dans la décision qu'il prendra.

Tout donne donc lieu à penser que, lorsque le litige est porté devant un juge étatique, le problème de la source de la juridicité du contrat international, du fondement de sa force obligatoire, est un faux problème.

565. - Lorsque le litige est porté devant un arbitre, le problème ne se pose même pas pour lui. Comme l'a montré le professeur MAYER dans les passages précités, contrairement au juge étatique qui se situe au-dessus du contrat, l'arbitre est à l'intérieur d'un système créé par le contrat, et ne possède aucun pouvoir hétéronome par rapport aux parties. Celles-ci lui demandent modestement d'énoncer le contenu de leurs obligations et de trancher leur litige et non de fonder la force obligatoire de leurs engagements. L'arbitre n'a donc pas besoin d'un départ juridique, d'un point d'appui autre que le contrat. On ne peut se demander quel est le fondement de la force obligatoire du contrat que lorsqu'on se place du point de vue d'un observateur extérieur qui se trouve en dehors du système créé par le contrat, et non du point de vue de l'arbitre qui est à l'intérieur de ce système. Or, s'agissant d'un arbitrage, le contrat puise encore moins sa force obligatoire de la décision de l'arbitre. Celle-ci n'est pas comme le jugement une norme juridique individuelle dotée par elle-même de force obligatoire et susceptible d'être imposée aux parties par la contrainte. Elle n'est qu'un écrit privé qui n'acquiert la force obligatoire que dans la mesure où un ordre juridique étatique lui en confère une dans la procédure de l'exequatur. Finalement, ici aussi la source ultime de la juridicité du contrat international se trouve simultanément dans une multiplicité d'ordres juridiques étatiques. Non dans tous ceux dont les juges peuvent être appelés directement à se prononcer à son égard par une décision judiciaire qui tranche un litige, mais dans tous les ordres juridiques qui peuvent être appelés à reconnaître l'efficacité de la sentence arbitrale dans la procédure d'exequatur.

On voit bien que dans les deux hypothèses de justice étatique et de justice arbitrale, la juridicité du contrat international a sa source et son fondement simultanément dans une multiplicité d'ordres juridiques étatiques.

b) L'OBLIGATION D'APPLIQUER DES RÈGLES DE DROIT

566. - L'obligation pour le juge ou l'arbitre d'appliquer des règles de droit déterminées pour la solution du litige relatif à un contrat international est une autre histoire, elle n'a rien à voir avec la source de la juridicité ou le fondement de la force obligatoire du contrat.

Une telle obligation existe-t-elle pour le juge ou pour l'arbitre ? Ici aussi plus qu'ailleurs on ne peut répondre par des aphorismes qui cachent un monolithisme trompeur. La réponse ne peut être que nuancée et circonstanciée, car force est de faire une distinction entre deux cas de figure, selon que c'est un juge étatique ou un arbitre qui est saisi directement du litige relatif au contrat international.

567. - Lorsqu'un litige sur un contrat international est soumis directement à un juge étatique, celui-ci doit appliquer des règles de droit déterminées au fond pour fonder le jugement par lequel il tranche le litige. La loi étant prise dans le sens de règles de droit, le contrat ne sera pas sans loi. Il y a une règle de droit à laquelle le juge étatique ne peut pas échapper : c'est la règle de conflit de sa *lex fori* qui lui désigne à son tour les règles d'un droit étatique déterminé qu'il doit appliquer.

568. - Si telle est la position du juge étatique saisi directement du litige sur un contrat international, l'arbitre a-t-il, lui, une obligation d'appliquer des règles de droit déterminées à la solution du litige ? A-t-il un devoir d'obéissance à de telles règles, et s'il en est ainsi, d'où peut lui venir un tel devoir ? Ainsi qu'on l'a vu, l'arbitre international qui n'a pas de for, donc pas de droit du for, ne peut pas avoir une règle de conflit à laquelle il doit obéissance et qui puisse lui commander d'appliquer telle loi ou telle règle de droit ou telle autre pour la solution du litige dont il est saisi. Car une règle de conflit ne peut être que la règle de conflit d'une *lex fori*.

Si l'arbitre international applique quand même à cet effet des règles de droit auxquelles il ne doit pas obéissance, c'est parce qu'il les applique en tant que modèles et non en tant que normes pourvues d'impérativité. Et s'il les applique en tant que modèles, c'est parce qu'il les choisit lui-même, parce qu'il les estime bons et appropriés à la solution du litige. Quelque paradoxal que cela puisse paraître, il est logiquement impossible que l'arbitre doive obéissance à une règle de droit quelle qu'elle soit. Cette impossibilité dictée par l'absence de *lex fori* est confirmée au niveau de l'exequatur. Comme le système juridique des différents pays ne subordonne pas la reconnaissance et l'exécution de la sentence arbitrale à un contrôle de la loi appliquée au contrat, l'efficacité de la sentence est reconnue quel que soit le modèle choisi par l'arbitre. L'indifférence des États à cet égard confirme et consacre l'affranchissement de l'arbitre de toute règle de droit. Comme l'observait le professeur MAYER, ce n'est pas se passer d'une loi qui est impossible pour l'arbitre international, c'est au contraire en appliquer une au sens plein du terme, comportant un élément d'obéissance. Voilà donc l'absurde qui s'avère réel : l'idée de contrat sans loi est non seulement une réalité possible, contrairement à ce qu'en dit JEAN ROBERT, mais la réalité fondamentale de l'arbitrage international. Comme le souligne encore le professeur MAYER, le contrat sans loi, qui ne recevrait pas la sanction étatique s'il était soumis directement au juge, la reçoit indirectement lorsque le litige est tranché au fond par un arbitre (18).

569. - Ainsi donc, dans l'arbitrage international, le contrat est sans loi, c'est-à-dire sans règles de droit qui le régissent, ni nationales ni anationales. Mais ceci n'est vrai que si le litige relatif au contrat est tranché par un arbitre. Le contrat international n'est pas sans loi, comme on l' a vu, si le litige est tranché par un juge étatique. C'est pourquoi il nous semble nécessaire de nuancer les propositions suivantes du professeur MAYER." Le contrat sans loi, écrit-il, a pour particularité déroutante de ne trouver son principe de validité que le jour où l'arbitre statue. Mais n'en est-il pas de même en réalité pour tout contrat international qui ne comporte pas une clause de choix de la loi ? Il est certain qu'il est soumis à une loi, mais celle-ci sera indéterminée jusqu'à ce que l'arbitre l'ait choisie ; il "flotte" donc tout autant que le contrat sans loi " (19).

Il semble d'abord nécessaire de faire la distinction, comme on l'a dit, entre la question de la source de la juridicité du contrat international et la question de savoir s'il est nécessairement soumis à des lois ou des règles de droit déterminées. Le contrat international a son principe de juridicité simultanément dans tous les ordres juridiques dont les juges peuvent être saisis en cas de litige. Parler de "flottement" n'a de sens qu'au regard de règles de droit applicables au contrat et non au regard du fondement de sa juridicité. S'il s'agit des règles de droit applicables au contrat, il est vrai que celui-ci flotte jusqu'au jour où un juge étatique est saisi, parce que c'est alors que l'on saura quelle est la règle de conflit qui sera retenue, les règles de conflit étant différentes selon les ordres juridiques, et c'est donc alors que l'on saura si ce sont les règles de droit de tel ou tel État qui seront appliquées. De toute manière, ce n'est pas le juge étatique qui fait des choix. La règle de conflit et, partant, les règles de droit qu'elle désigne s'imposent à ce juge. Mais ce qui vient d'être dit n'est vrai que lorsque le

(18) **MAYER,** Droit international privé, *op. cit.*, n° 700.

(19) **MAYER**, La neutralisation du pouvoir normatif de l'état..., *op; cit.*, p; 25.

contrat qui ne comporte pas une clause de choix du droit ne comporte pas non plus une convention d'arbitrage. S'il comporte une telle convention, le contrat est alors et reste indéfiniment sans loi, il n'est jamais soumis à une loi, celle-ci reste à jamais indéterminée pour la bonne raison qu'elle n'existe pas. L'arbitre ne pourra jamais choisir la loi du contrat puisque celui-ci n'en a pas. Il pourra choisir seulement des modèles qu'il trouve appropriés pour le règlement du litige. Le contrat n'arrête pas de flotter. Même après la saisine de l'arbitre, même après la sentence et même après l'exequatur, personne ne peut jamais dire quelle est ou quelle a été la loi de ce contrat, parce que tout simplement c'est la loi ou plutôt le droit de l'arbitre lui-même, le droit tel qu'il le conçoit.

Il y a là une vérité qui peut ne pas réjouir les parties soucieuses d'un droit qui garantisse une certaine certitude et une certaine prévisibilité, donc une certaine sécurité. Il existe cependant un moyen pour les parties de se prémunir contre cette incertitude et cette insécurité en choisissant elles-mêmes le droit applicable au contrat, c'est-à-dire au fond du litige.

570. - Force est d'avertir qu'il faut éviter une confusion. Contrat sans loi veut dire tout simplement que le contrat international dans l'arbitrage où les parties n'ont pas choisi le droit applicable au litige est un contrat qui n'est pas régi par des lois ou par des règles de droit bien définies auxquelles l'arbitre doit obéissance. Mais cela ne veut pas dire que c'est un contrat sans droit. C'est un contrat régi par un droit, mais ce droit est celui de l'arbitre, c'est le droit dicté par la conception que se fait l'arbitre lui-même du droit, et cet arbitre n'est pas tenu de rendre compte ou de préciser ce qu'est le droit tel qu'il le conçoit et tel qu'il lui dicte la solution du litige.

CHAPITRE VII

LA PROBLÉMATIQUE DE L'ARTICLE 1496 DU N.C.P.C. ET LA LOGIQUE DE L'ARBITRAGE INTERNATIONAL : UN PAS EN AVANT ET UN CONTRESENS

571. - La conception dogmatique qui assimile le droit aux règles de droit est si fortement ancrée dans les esprits que les adversaires les plus résolus du légalisme juridique n'ont pas pu s'en libérer. Ainsi qu'on le verra, les défenseurs de la *lex mercatoria* proclament que les règles de droit étatiques sont mauvaises, archaïques, inadaptées aux besoins du commerce international, et c'est pourquoi ils considèrent que l'arbitre international doit s'en défaire, mais c'est pour appliquer des règles anationales. Celles-ci sont quand même des règles de droit. Pas plus que pour les légalistes, il ne saurait pour eux y avoir un droit sans règles de droit.

572. - Ce dogmatisme est tel que même le législateur français n'y a pas échappé. Le fétichisme de la règle de droit a trouvé, en effet, une consécration législative dans le nouvel article 1496 du Code de procédure civile en France, introduit par le décret de 1981. Cet article dispose que l'arbitre (dans l'arbitrage international, bien entendu) tranche le litige conformément aux règles de droit que les parties ont choisies, et à défaut d'un tel choix, conformément à celles qu'il estime appropriées, et qu'il tient compte dans tous les cas des usages du commerce.

A s'en tenir à ce texte, l'arbitre international ne peut dans aucun cas de figure statuer sans s'appuyer sur une règle de droit. C'est la négation pure et simple du contrat sans loi et de la justice arbitrale sans règles de droit. En faisant abstraction de l'hypothèse sur laquelle on reviendra, où les parties ont choisi les règles de droit et où l'arbitre doit se conformer à leur choix, ayant reçu d'elles son investiture, on se rend compte d'emblée que cette disposition législative est contraire aux enseignements d'une approche théorique adéquate et à la logique de l'arbitrage international. Cet article 1496 mérite que l'on s'y arrête.

A - L'ABSENCE DE FORCE OBLIGATOIRE DE L'ARTICLE 1496

573. - Le décret de 1981 aurait pu faire l'économie de ce texte pour la raison qu'il n'a aucune valeur normative. Ainsi qu'on l'a montré, et comme l'ont relevé les auteurs déjà cités (1), les dispositions du titre V où se trouve cet article ne sont pas de vrais commandements de caractère normatif, parce qu'ils s'adressent à l'arbitre international qui, n'ayant pas de *lex fori*, ne reçoit pas de commandements du législateur français, pas plus d'ailleurs que d'un autre législateur, et parce que, de surcroît, le respect de ces dispositions n'est pas sanctionné, l'exequatur n'étant refusé que pour les cas prévus au titre VI (2). Or, aucun contrôle ni aucune sanction ne sont prévus de la part de la juridiction étatique d'exequatur ou de l'annulation de la sentence pour ce qui concerne le droit appliqué par l'arbitre au fond du contrat international. Ainsi, la sentence qui donne la solution du litige sans référence à une quelconque règle de droit recevra l'exequatur comme la sentence qui se sera référée à des règles et quelles que soient ces règles. A quoi sert-il alors de dire que l'arbitre tranche le litige conformément à des règles de droit ? Sans être un commandement, l'article 1496 ferait, a-t-on dit, partie d'un code de bonne conduite ayant une autorité simplement morale et non juridique. Mais force est d'observer qu'une tel-

(1) Voir supra, MAYER, L'insertion de la sentence dans l'ordre juridique français, *op. cit.*, p. 81-82 ; PERROT, *op. cit.*, p. 71.

(2) A la vérité, il faut relativiser l'affirmation que toutes les dispositions du titre V sont dépourvues d'effet juridique. Ainsi, pour ce qui concerne l'intervention du président du tribunal de grande instance de Paris dans les cas de difficulté de constitution du tribunal arbitral, comme prévu à l'article 1493, cette disposition autorise ce président à intervenir s'il est sollicité. De même, et surtout l'article 1492 qui définit l'arbitrage international peut avoir une portée juridique certaine. Si l'arbitre considère que le contrat est international selon le critère juridique des points de rattachement, alors qu'il ne l'est pas dans le sens de l'article 1492, dès lors qu'il se déroule dans la sphère économique d'un seul pays, le juge de l'exequatur refusera de le considérer comme tel et lui appliquera les règles de l'exequatur relatives à un arbitrage interne et non celles de l'arbitrage international.

le obligation morale de l'arbitre international de se référer à des règles de droit ne fait pas partie du droit et n'a pas de fondement dans la logique de l'arbitrage international. Elle s'avère sans portée juridique, puisqu'on ne voit pas quelle serait la sanction de sa violation. C'est un pur exercice de style.

Cependant, tout n'est pas superfétatoire dans l'article 1496 lorsqu'on le juge à l'aune de la théorie du droit.

B - UN PAS EN AVANT : L'AVEU DE L'INEXISTENCE DE RÈGLES DE CONFLIT QUI S'IMPOSENT À L'ARBITRE

574. - Dans la mesure où l'on admet que la logique de l'arbitrage international ne commande pas que l'arbitre applique une règle de conflit déterminée, dans la mesure où l'on admet qu'aucune règle de conflit ne s'impose à lui, l'article 1496 traduit une avancée dans le sens de la bonne approche théorique. Elle eût été parfaite si la vision ne s'était pas arrêtée en cours de route, si le raisonnement avait été poussé jusqu'au bout de sa logique. Car le juge qui choisit les règles de droit qu'il estime appropriées sans qu'aucune d'elles ne s'impose à lui est en réalité un juge qui peut se passer de règles de droit et n'en appliquer aucune. L'article 1496 n'a pas fait ce pas, et c'est regrettable.

Il n'en reste pas moins vrai que l'article 1496 représente un progrès considérable dans une approche théorique correcte par comparaison avec d'autres textes législatifs qui se sont préoccupés de donner des directives à l'arbitre international en matière de droit applicable en exigeant qu'il applique une règle de conflit, encore que ces directives soient, comme celles de l'article 1496, dépourvues de la valeur normative d'un commandement juridique, dès lors qu'elles sont dépourvues de sanction, élément indispensable à la règle de droit.

C - L'EXEMPLE DE L'ARTICLE 1496 DU N.C.P.C. SUIVI PAR D'AUTRES LÉGISLATIONS NATIONALES, PAR LE RÈGLEMENT D'ARBITRAGE DE L'AMERICAN ARBITRATION ASSOCIATION ET PAR LE NOUVEAU RÈGLEMENT D'ARBITRAGE DE LA CCI

575. -L'exemple du législateur français de 1981 a été suivi par d'autres.

Le décret législatif algérien n° 93-09 du 25 avril 1993 a inséré dans le Code algérien de procédure civile l'article 458 bis 14 en matière d'arbitrage international, aux termes duquel " le tribunal arbitral tranche le litige en application des règles de droit que les parties ont choisies, ou, à défaut d'un tel choix, selon les règles de droit qu'il estime appropriées ".

L'article 73 du nouveau Code tunisien de l'arbitrage (loi n° 93-42 du 26 avril 1993) dispose en matière d'arbitrage international : " 1. Le tribunal arbitral tranche les différends conformément aux règles de droit désignées par les parties. 2. A défaut d'une telle désignation, le tribunal arbitral applique les règles de droit qu'il estime appropriées ".

Par ailleurs, un très grand règlement d'arbitrage international a suivi les traces du législateur français de 1981. Aux termes de l'article 28 alinéa 1 du Règlement d'arbitrage international de l'American Arbitration Association, en vigueur au 1er avril 1997, " The tribunal shall apply the substantive law (s) or rules of law designated by the parties as applicable to the dispute. Failing such a designation by the parties, the tribunal shall apply such law (s) or rules of law as it determines to be appropriate " Ainsi, on constate dans ces nouveaux textes l'abandon du passage obligé par une règle de conflit. Mais on constate dans le même temps le maintien de l'attachement à la notion de règle de droit.

Enfin, le règlement d'arbitrage de la Chambre de Commerce Internationale s'est aligné sur l'article 1496 du N.C.P.C. en matière de droit applicable au fond du litige. Aux termes de l'article 17 du nouveau règlement d'arbitrage de la CCI qui est entré en vigueur en janvier 1988, " les parties sont libres de choisir les règles de droit que le tribunal arbitral devra appliquer au fond du litige. A défaut de choix par les parties des règles de droit applicables, l'arbitre appliquera les règles de droit qu'il juge appropriées ".

D - LE PAS SUPPLÉMENTAIRE QUI N'A PAS ÉTÉ FAIT ET LE NON-SENS DE LA NOTION DE RÈGLE DE DROIT DANS LE CONTEXTE DE L'ARTICLE 1496

576. - La mésaventure de l'article 1496, c'est qu'il se rapproche considérablement de la logique de l'arbitrage international sans aller jusqu'au bout de cette logique. La raison en est que les auteurs de cet article sont restés prisonniers du fétichisme de la règle de droit, de la conception dogmatique qui n'arrive pas à réaliser qu'il puisse y avoir un droit sans règles de droit. Or, non seulement l'attachement à la notion de règle de droit est contraire à la logique de l'arbitrage international *in se*, mais il est aussi contraire à la logique intrinsèque du texte même de l'article 1496. La notion devient un contresens dans ce texte qui comporte de ce fait une *contraditio in terminis*.

Que l'arbitre statue conformément aux règles de droit qu'il juge appropriées, cela veut dire d'abord qu'il n'est pas tenu de s'orienter vers des règles de droit déterminées qui s'imposeraient à lui. Il peut suivre une quelconque règle de conflit comme il peut s'en passer, n'y étant pas tenu, et aller directement aux règles de droit à appliquer. L'article ne dit pas qu'il doit les puiser dans une source déterminée, ni qu'il doit les prendre dans un ordre juridique ayant une existence objective, ni même qu'il doit appliquer des règles préexistantes et connues. La suite logique du texte est que l'arbitre choisit les règles qu'il juge appropriées dans n'importe quel ordre juridique, qu'il peut faire un panachage de règles puisées dans plusieurs ordres juridiques (3), qu'il n'est même pas tenu de les choisir dans un ordre juridique quelconque, qu'il peut donc concevoir dans sa tête, sans se référer à des règles connues, celles qui sont selon lui appropriées à l'espèce. Autrement dit, il peut édicter un code complet de règles de droit de son cru pour le litige. Rien ne le lui interdit dans le texte de l'article 1496. JEAN ROBERT l'a très bien compris qui écrivait qu'en raison de l'extraordinaire amplitude qui a été donnée par cet article à l'arbitre international, celui-ci devient ainsi, à côté, mais au-dessus de son rôle de juge, un législateur supplétif pour les parties, autant pour la règle de procédure que pour les règles de fond. En réalité, il devient un législateur tout court et non seulement un législateur supplétif (4).

Mais à quoi sert-il alors de dire que l'arbitre doit statuer conformément à des règles de droit, dès lors qu'il peut choisir et même créer celles qu'il veut ? La notion de règle conserve-t-elle un sens quelconque, dès lors que cette règle perd sa valeur normative de règle qui s'impose pour devenir un simple modèle dépourvu de normativité ? Cela n'équivaut-il pas à dire tout simplement que l'arbitre statue sans règles de droit ?

E - LE DÉSARROI DES COMMENTATEURS DE L'ARTICLE 1496 ET LE NON-SENS DE LA RÈGLE DE DROIT POUR L'ARBITRE INTERNATIONAL LORSQUE LES PARTIES N'ONT PAS CHOISI LE DROIT APPLICABLE

577. - L'article 1496 a donné naissance à une grande controverse. Cette controverse est édifiante dans la mesure où elle met en évidence l'erreur et l'inanité de l'attachement à la notion de règle de droit dans l'arbitrage international.

Pour s'en rendre compte, il suffit d'évoquer les discussions qui se sont déroulées au colloque organisé en 1981 par le Comité français de l'arbitrage.

a) Constatant que l'article 1496 ne parle plus de loi ni de règle de conflit de lois, mais de règles de droit que l'arbitre estime appropriées, lePrésident BELLET se demande où l'on va avec cette liberté et quel est le sens du choix d'une règle de droit par l'arbitre, d'autant plus qu'on pourra combiner les règles comme on veut, qu'on peut trouver une décision du Tribunal de Londres, une règle de Scandinavie et arriver à un aimable mélange qui donne une souplesse énorme. N'est-ce pas déraisonnable, se demande le Président BELLET ? Il estime qu'avec cette liberté à peu près complète, on

(3) Un " ***cocktail*** ", ou un " pot-pourri ", dirait MAZAUD.

(4) Sauf si l'on entend par législateur supplétif que l'arbitre international est législateur lorsque les parties n'ont pas fait un choix de droit.

a abandonné le recours à une règle de conflit de lois, et on peut alors découper et combiner comme on veut, et on arrive à une sorte de subjectivisme et d'impressionisme. De plus, ajoute-t-il, l'article 1502 tel qu'il est rédigé ne permet pas aux juges d'exercer leur contrôle sur les règles de droit choisies et combinées, de sorte que l'arbitre peut faire ce qu'il veut.

578. - Qu'il n'y ait pas de contrôle du juge de l'exequatur sur le droit appliqué par l'arbitre international au fond du litige, qu'il n'y ait pas de sanction à cet égard, c'est bien vrai. Reste néanmoins l'aspect théorique de la question, et à ce niveau une observation s'impose. Après tout, les parties peuvent, comme on le sait, choisir le droit applicable au contrat international, même en l'absence d'arbitrage. Et l'on peut se demander pourquoi un tel choix serait interdit à l'arbitre. L'ennui, c'est qu'un choix par les parties et un choix par l'arbitre, ce n'est pas du tout la même chose. En l'absence de convention d'arbitrage, lorsqu'un juge étatique est saisi d'un litige relatif à un contrat international, les parties peuvent choisir la loi applicable à ce contrat, parce qu'il y a à l'origine une règle de droit, qui est une règle de conflit de la *lex fori* autorisant les parties à choisir la loi qui régit leur contrat international.

579. - Le choix par les parties de la loi sur octroi de la *lex fori* se comprend. Mais que l'arbitre choisisse lui-même des règles de droit comme on choisit dans un catalogue est un défi au bon sens.. Une règle de droit qui est choisie par l'arbitre international n'est plus une règle de droit, elle devient pour l'arbitre un modèle pour la construction de sa sentence, un modèle dépouillé de l'élément impératif de la règle pour ne conserver que son élément rationnel en tant que proposition générale applicable à un cas particulier, mais sans la normativité, sans s'imposer en tant que norme (SOLLEN). De fait, il n'y a aucune incohérence dans cette explication : l'arbitre international qui ne doit obéissance à aucune règle de droit peut choisir les modèles qu'il veut. Encore faut-il ajouter qu'il n'est même pas tenu de choisir des modèles de solution à caractère général, il peut aller tout droit à la solution du litige sans de tels modèles, en statuant selon sa conscience et son sentiment du droit, sans doute sous l'influence de la conscience collective.

580. - **b)** Telle n'est cependant pas l'opinion du professeur GOLDMAN pour lequel il n'y a pas d'explication possible sans la notion de règle de droit. Sa réponse au Président BELLET est la suivante : " Enfin sur le problème de la règle de droit, vous dites : on va chercher en Patagonie, à Londres ou à Singapour, ce qui correspond à ce qu'on veut faire. Je pense que c'est une caricature amusante des principes généraux du droit, mais ce n'est qu'une caricature. Toute règle se caractérise par un minimum de généralité. A l'heure actuelle, il y a au moins trois grands systèmes politico-sociaux ; il est donc vain d'élaborer un système universel. Mais tout arbitrage se fait dans un cadre déterminé, et, dans ce cadre, par "règles de droit", on entend des règles assez généralement admises, qui ont subi l'épreuve d'un certain nombre de décisions" (5).

La réponse du professeur GOLDMAN est une dérobade qui fait sourire. Elle fait violence à l'article 1496. Force est d'observer d'abord que cet article ne parle pas du tout de " principes généraux du droit " pour qu'on puisse parler de caricature amusante de ces principes. L'article parle de " règles de droit que l'arbitre estime appropriées ". Or, une règle que l'arbitre trouve dans le droit d'Angleterre ou de Singapour ou de Patagonie est bien une règle de droit, et rien dans cet article ne permet de faire grief à l'arbitre de l'appliquer, s'il l'estime appropriée. Et puis, à supposer qu'une généralité soit nécessaire, qu'est-ce que c'est que cette "généralité" qu'invoque le professeur GOLDMAN en disant que par " règles de droit " on entend des règles assez généralement admises qui ont subi l'épreuve d'un certain nombre de décisions ? Est-ce à dire qu'il ne suffit pas que la règle se trouve dans le code ou dans la jurisprudence d'un seul pays pour qu'elle soit une règle et que l'arbitre la choisisse s'il la trouve appropriée ? La règle qui se trouve dans le droit d'un seul pays n'est-elle pas une règle ? On ne voit pas non plus ce que vient faire ici l'allusion aux trois grands systèmes politico-sociaux qui existent à l'heure actuelle. Prisonnier du carcan de la notion de règle de droit, le professeur GOLDMAN enserre l'article 1496 dans un étau arbitraire en traçant à la portée de cet article des limites que ses termes ne comportent pas. Même à l'intérieur d'un même système politico-social il existe des règles différentes selon les différentes législations nationales qui font partie de ce système (durée différente de la prescription selon tel ou tel pays, prise en compte de la théorie de l'imprévision et son rejet dans tel ou tel pays, pour ne citer que des exemples).

581. - Les termes d'un texte législatif ont un sens qu'il est vain d'éluder ou de contourner. L'article 1496 dispose qu'à défaut de choix des règles de droit par les parties, l'arbitre tranche le litige conformément aux règles de droit " qu'il estime appropriées ". Cela veut dire qu'une gamme de règles de droit différentes se présente à l'arbitre pour le règlement du litige, et que parmi ces règles différentes il lui appartient de dire que telle règle est appropriée et que telle autre ne l'est pas. Il s'agit d'une " estimation du caractère approprié ou non de la règle ", c'est-à-dire d'un " choix " souverain de règles par l'arbitre, retenant certaines d'entre elles et écartant les autres. Or, c'est cette idée de choix de règles par un juge - l'arbitre étant un juge privé, mais un juge de toute manière - qui est un non-sens.

(5) Rev. Arb. 1981, p. 497.

582. - Autre argument du professeur GOLDMAN : " La plupart des arbitres sont soucieux de remplir convenablement leur mission, indépendamment des sanctions qui interviendraient s'ils ne la remplissent pas, et ils entendent tenir compte de ce que les parties veulent, et de ce qu'elles peuvent vouloir " (6). On a du mal à suivre ce raisonnement. L'arbitre qui applique l'article 1496 et choisit, parmi des règles de droit différentes qui se présentent à lui, celles qu'il estime appropriées n'est pas nécessairement un arbitre peu soucieux de remplir convenablement sa mission ; au contraire, c'est ce souci qui le conduit à choisir les règles qu'il choisit. Les opinions des différents arbitres peuvent être très différentes sur les règles appropriées pour la solution du même litige, encore que tous ces arbitres soient consciencieux à l'extrême et extrêmement soucieux de remplir convenablement leur mission. Rien ne sert par ailleurs de dire dans notre contexte que les arbitres entendent tenir compte de ce que les parties veulent. Les arbitres doivent incontestablement tenir compte de ce que veulent les parties, mais cela est sans rapport avec notre hypothèse. Il s'agit justement de savoir ce que l'arbitre va appliquer pour trancher le litige dans l'hypothèse où les parties n'ont rien choisi, lorsqu'elles n'ont exprimé aucune volonté, lorsqu'elles n'ont pas dit ce qu'elles veulent en matière de droit applicable. Reste enfin, contrairement à ce qu'en pense le professeur GOLDMAN, la question de la sanction, parce que, ainsi qu' on l'a vu, sans sanction il n'y a pas de règle de droit. Lorsque l'arbitre, soucieux de remplir convenablement sa mission, choisit, en l'absence de volonté exprimée par les parties, les règles de droit selon lesquelles il va trancher le litige, il fait un choix souverain affranchi de tout contrôle et de toute sanction.

583. - Lorsque l'article 1496 dispose que l'arbitre tranche le litige conformément aux règles de droit " qu'il estime appropriées ", il s'agit d'une estimation personnelle de l'arbitre, il y a du subjectivisme dans cette estimation. Ce n'est pas une donnée objective qui s'impose à l'arbitre, par exemple en raison d'un " lien objectif " entre la situation et un pays, sinon on reviendrait à la méthode conflictuelle, et il serait alors impropre de dire que l'arbitre a tranché le litige selon les règles de droit qu'il estime appropriées. L'arbitre choisit par une estimation personnelle des " règles " parmi d'autres. Deux arbitres différents peuvent avoir des estimations différentes de la règle de droit appropriée. L'article 1496 autorise l'arbitre à appliquer une " règle de droit " parce qu'il trouve qu'elle convient le mieux aux caractéristiques du contrat en question, même si elle se trouve dans le droit de Singapour ou de Patagonie, même si elle n'a aucun lien objectif avec le contrat, même si elle ne s'insère pas dans un " grand système politico-

(6) Rev. Arb. 1981, p. 489.

social " (7).

584. - **c)** Dans le débat qui a suivi le rapport du professeur PERROT au Comité français de droit international privé sur la réforme de l'arbitrage international, le professeur LAGARDE se demandait si l'article 1496 autorise l'arbitre international à créer une règle de droit. Cet article dispose que l'arbitre applique les règles de droit qu'il estime appropriées, mais cela ne veut pas dire, au sens du professeur LAGARDE, que cet article autorise l'arbitre à fabriquer des règles de droit, qu'il lui donne liberté de faire n'importe quoi. Pour ce dernier, le texte donne simplement licence - et c'est déjà énorme - de déterminer dans les règles de droit qui préexistent celles qui lui paraissent appropriées, mais c'est une chose différente de choisir une règle de droit qui existe que de la fabriquer.

Le professeur PERROT répond qu'il comprend très bien ces réticences, mais qu'il n'est pas certain qu'à la lecture du texte on puisse l'interpréter de cette manière, et que de même que l'arbitre peut fabriquer une règle de procédure, il pourrait fabriquer une règle de fond.

A cette réponse qu'il ne trouve pas convaincante, le professeur LAGARDE réplique qu'une règle de droit, c'est une règle qui s'applique dans une certaine généralité, qui définit d'une façon abstraite une situation, qui est appelée à s'appliquer un certain nombre de fois quand cette situation se reproduira, et que si l'arbitre fait du coup pour coup, on ne peut pas dire que ce sont des règles de droit.

Au bout du compte, le professeur PERROT rejoint cette opinion. Ce sera peut-être au niveau de la convention d'arbitrage et au moment où on conclut le contrat que ces règles de droit pourront être fixées, mais on voit mal, avoue-t-il, que l'arbitre élabore lui-même les règles de droit au moment où il est saisi (8).

585. - A la vérité, la création d'une règle de droit par le juge ne semble ni plus incompréhensible ni plus grotesque que le choix par lui d'une règle plutôt que d'autres, différentes ou opposées, dans un tout-venant de règles de droit (9). Le juge étatique ne choisit jamais les règles de droit qu'il estime appropriées dans une matière de droit international privé. Il applique une règle de conflit qu'il ne choisit pas à sa guise puisque c'est une règle de

(7) C'est ce qu'avait décidé un arbitre dans une sentence rendue en 1977 dans un arbitrage CCI n° 2689, cité par M. DERAINS (JDI 1978, Chronique des sentences arbitrales de la CCI, page 998).

(8) Travaux du Comité français de dr. in. pr., 1981-1982, p. 77.

(9) Une création de règles par le juge peut s'expliquer en cas d'absence de règles. Un choix de règles de droit par un juge, quel qu'il soit, ne peut s'expliquer dans aucun cas de figure.

conflit de sa *lex fori* qui lui désigne les règles étatiques qu'il doit appliquer. Tout s'impose à lui. Le professeur LAGARDE trouve déjà énorme que l'article 1496 autorise l'arbitre à déterminer dans les règles de droit qui préexistent celles qui lui paraissent appropriées. En vérité, non seulement c'est énorme, mais c'est théoriquement inconcevable, s'il s'agissait de véritables règles de droit. Il n'est pas moins énorme pour l'arbitre de choisir les règles que de les créer. Du reste, la différence est pratiquement illusoire : l'arbitre énoncera au besoin la règle sans dire qu'il l'a créée. Qui peut prétendre qu'il ne l'a pas trouvée dans le droit d'un pays ou d'un autre ?

586. - En réalité, l'explication est différente. Ce qui est vrai, c'est que l'arbitre fait du coup pour coup, selon l'expression du professeur LAGARDE, et en faisant du coup pour coup, on ne peut pas dire qu'il choisit ou crée des règles de droit. Il choisit ou crée des modèles pour statuer sur le litige. Mais ils peuvent aussi être des modèles que l'arbitre se forge sans les trouver quelque part. L'arbitre international ne choisit ni ne crée de véritables règles de droit, parce que de telles règles n'existent pas pour lui, et c'est le tort de l'article 1496 d'avoir fait usage de la malheureuse expression " règles de droit ".

587. - **d)** Dans le débat qui a suivi un autre rapport au Comité français de droit international privé, celui du M. DERAINS en 1985 sur l'attente légitime des parties et le droit applicable au fond, le professeur LOUSSOUARN posait la même question que posait le professeur LAGARDE en 1982 : l'arbitre peut-il créer des règles de droit ? Question embarrassante s'il en est, eu égard au texte de l'article 1496 : s'il peut en créer, comment concilier une telle affirmation avec l'obligation qui lui est faite de statuer en droit ? La question qui tracasse, disait le professeur LOUSSOUARRN, c'est de savoir, lorsqu'on parle d'appliquer la règle de droit la plus appropriée (ce qui permet de se référer à une règle de conflit, à une loi étatique interne, à des usages du commerce), si cela implique en réalité que cette règle de droit soit une règle préexistante ou si à la limite on concevrait que l'arbitre forge de toutes pièces ses propres règles de droit. La question est ainsi remarquablement posée, parce que ce sont deux affirmations qui s'excluent l'une l'autre, on ne peut pas dire une chose et son contraire. Et le dilemme est aussi remarquablement décrit :" Si l'on dit (solution prudente) qu'il faut que la règle préexiste, l'inconvénient c'est qu'on risque aussi de scléroser le droit et d'empêcher cette *lex mercatoria* de prospérer. D'un autre côté, si on dit qu'à ce moment-là on va véritablement admettre que l'arbitre peut tout faire en quelque sorte, alors je pose la question, quelle signification conserve-t-on à l'amiable composition ? " (10)

(10) LOUSSOUARN, in Travaux du Comité fr. de dr. int. priv., 1984-1985, p. 96.

588. - La réponse de M. DERAINS mérite d'être commentée. Selon lui, " à partir du moment où l'arbitre n'applique pas une règle préexistante, qu'il s'agisse d'une règle d'origine étatique ou d'une règle anationale, à partir du moment où il crée une solution, je crois qu'il vaut mieux parler de solution nouvelle que de règle parce que dans la notion de règle il y a la notion de généralité ; il s'agit peut-être d'une généralité future mais ceci suppose tout d'abord la répétition d'une même solution (par plusieurs solutions) sinon il statue en amiable compositeur ".

En fait, il y a dans la notion de règle non seulement une idée de généralité, mais aussi une idée d'impérativité.

Si l'on suit cette explication, il faut bien admettre ce que M. DERAINS admet lui-même, à savoir que l'arbitre n'a pas appliqué une règle de droit préexistante lorsqu'il a prononcé la solution du litige. C'est donc qu'il n'est pas tenu d'appliquer une règle préexistante. S'il en est ainsi, cela signifie tout simplement que ce que dit l'article 1496, à savoir que l'arbitre tranche le litige selon les règles de droit qu'il estime appropriées, est une inexactitude, un paralogisme.

F - LA TENTATIVE DU PROFESSEUR GAILLARD VISANT À DÉMONTRER LA CONDAMNATION DU CONTRAT SANS LOI

589. - On ne trouve pas dans les écrits des juristes une contestation sérieuse de cette démonstration, qui est d'une simplicité déconcertante, de la carence totale de règles de droit dans l'hypothèse du contrat international qui comporte une convention d'arbitrage sans choix du droit par les parties. Contre cette logique de l'arbitrage international qui veut que le contrat soit sans loi si les parties n'ont pas fait un choix de droit, les auteurs qui la contestent ne semblent pas avoir développé un argument sérieux. Ils se contentent de manifester leur mauvaise humeur et de condamner sommairement le contrat sans loi sans autre forme de procès, ou bien ils font comme l'autruche en ignorant la réalité désagréable du contrat sans loi.

a) L'explication de JEAN ROBERT

590. - Une tentative dans ce sens a été faite par JEAN ROBERT. Pour montrer que l'idée de contrat sans loi ne répond à aucune réalité possible, il écrit ce qui suit : " En matière d'autonomie, la pure volonté des parties, même devenue commune, reste juridiquement ineffective pour aussi longtemps qu'elle ne s'est pas moulée, que ce soit par les parties ou par le juge, dans la catégorie juridique que constitue le contrat, même s'il doit demeurer verbal. Catégorie juridique, le contrat ne prend lui-même d'existence et de validité qu'en tant que reconnu comme tel par une loi. Un contrat n'a pas en effet de validité en lui-même, mais au regard des exigences d'un système dans lequel (et de la même façon par les parties ou par le juge) il est reconnu devoir s'insérer. En cet état, la décision du juge ne crée pas la règle, mais elle la constate. Le contrat, même prétendument "sans loi", s'insère donc nécessairement dans un système juridique " (11).

591. - On constate dans ces propos la confusion entre les deux problèmes, celui de la source de la juridicité ou du fondement de la force obligatoire du contrat international, et celui de la possibilité théorique d'un contrat sans loi dans l'arbitrage international, c'est-à-dire d'une justice arbitrale sans règles de droit. Le premier problème étant résolu comme cela a été montré, à savoir qu'il n'y a pas un ordre juridique de base, déterminé à l'avance, pour le contrat international, et que la source ultime de la juridicité de ce dernier se trouve simultanément dans tous les ordres juridiques dont les tribunaux peuvent être appelés à rendre une décision à son égard, soit directement, soit à l'occasion de l'exequatur d'une sentence arbitrale, aucune preuve n'est apportée par le professeur ROBERT en ce qui concerne le second problème, pour montrer que l'arbitre ne peut pas statuer sur le litige sans règles de droit.

b) L'explication du professeur GAILLARD

592. - Dans le Traité de l'arbitrage commercial international, le professeur GAILLARD expose la thèse de la condamnation du contrat sans loi dans le cadre de l'hypothèse où les parties ont choisi le droit applicable au fond du litige.

Le professeur GAILLARD se demande si les parties peuvent stipuler que leur contrat ne soit soumis à aucune règle de droit, entendant ainsi le faire échapper à tout contrôle au regard d'une norme supérieure. L'auteur examine les deux arguments qui ont été invoqués au soutien de la validité d'une telle clause (12).

593. - D'abord, l'argument selon lequel le contrat lui-même s'analyserait en un ensemble de normes et constituerait l'une des " règles de droit "que les parties peuvent choisir. C'était l'argument de JEAN ROBERT (13). Le professeur GAILLARD trouve que cet argument n'emporte pas la conviction, dans la mesure où le contrat ne devient lui-même une norme que lorsqu'une norme supérieure lui reconnaît la juridicité. Mais cette réponse du professeur GAILLARD n'est pas plus convaincante que l'argument lui-même. En effet, à supposer que la stipulation contractuelle soit elle-même une règle de droit, dire qu'elle ne devient une norme ayant force obligatoire que lorsqu'une norme supérieure lui reconnaît cette force n'est plus vrai

(11) **ROBERT**, Le phénomène transnational, *op. cit.*, p. 10-11.
(12) **GAILLARD, JCL** de dr. int. priv. fr., fasc. 586-9-1, n° 21, et Traité, n°s 1440-1441.
(13) **J. ROBERT**, L'arbitrage, 5[éd]., 1983, n° 330, p. 288.

dans l'arbitrage international, car cette norme supérieure ne peut être que la *lex fori* du juge. Or, l'arbitre international, contrairement au juge étatique, ainsi qu'on l'a vu, n'a pas de *lex fori*.

A la vérité, l'argument lui-même ne peut emporter la conviction, loin s'en faut. Car si l'on entend par norme ou règle de droit, la norme ou la règle de droit abstraite et générale, il est indiscutable que la stipulation contractuelle n'est pas une norme ou une règle de droit abstraite et générale.

594. - En réalité, c'est le second argument invoqué au soutien de la thèse du contrat sans loi, qui semble difficilement réfutable. C'est l'argument qui se fonde sur la nature même de l'arbitrage international, l'argument qui met en évidence l'idée que l'arbitre qui tient son pouvoir de la volonté des parties n'a pas de *lex fori* pour fonder la force obligatoire d'un contrat, que l'arbitre doit respecter la volonté des parties sans chercher à justifier ce devoir, et que le fait que le droit français ne subordonne la reconnaissance et l'exécution des sentences à aucun contrôle de la loi appliquée par l'arbitre suffit à justifier le respect de la volonté des parties d'écarter toute loi.

Le professeur GAILLARD s'insurge contre cet argument. Son objection est la suivante : " A suivre ce raisonnement, qui consiste à reconnaître à l'arbitre une liberté absolue, l'arbitre n'aurait pas davantage de raison de respecter la volonté des parties de faire échapper leur convention à toute règle de droit que de s'écarter de ce choix " (14).

595. - On a du mal à comprendre l'objection du professeur GAILLARD. Cette objection procède à notre sens de la confusion entre la question de la source de la juridicité (ou de la force obligatoire) du contrat et la question de savoir si l'arbitre doit obéissance à des règles de droit pour la solution du litige relatif au contrat international.

Bien sûr, la décision de l'arbitre international puise sa juridicité dans les ordres juridiques des États qui accepteront de la reconnaître ultérieurement. Sans doute cette sentence n'aurait aucune valeur si les États ne la reconnaissent pas ultérieurement. Mais il s'avère que les États acceptent de reconnaître la sentence arbitrale, bien que l'arbitre n'ait pas de *lex fori*, bien qu'il tire ses pouvoirs directement de la volonté des parties, bien qu'il n'applique pas des règles de droit.

596. - Pour que l'arbitre doive obéissance à des règles de droit, encore faut-il savoir d'où lui vient ce devoir. On comprend que le juge étatique doive obéissance à des règles de droit, parce que c'est sa *lex fori* qui lui commande ce devoir. Mais l'arbitre n'a pas de *lex fori*, donc il n'a pas le devoir d'obéir à des règles de droit. En revanche, il doit respecter la volonté des

(14) GAILLARD, JCL précité, p. 7, n° 21. Repris dans le Traité, n° 1441.

parties, parce que c'est de cette volonté qu'il tient directement ses pouvoirs, parce que c'est la volonté des parties qui l'a créé. Il n'a donc pas une liberté absolue, comme l'écrit le professeur GAILLARD. Il n'a pas la liberté de ne pas respecter la volonté des parties. Tenant directement ses pouvoirs de cette volonté, il doit la respecter, sans rechercher à justifier ce devoir.

Ce raisonnement est d'une simplicité à toute épreuve, et l'objection du professeur GAILLARD ne résiste pas à l'analyse.

Pourquoi le fait que la sentence puise sa juridicité dans les ordres juridiques des États qui acceptent ultérieurement de la reconnaître implique-t-il que l'arbitre doive appliquer des règles de droit, si ces mêmes ordres juridiques acceptent de reconnaître la sentence, quelles que soient les règles de droit que l'arbitre a appliquées et même s'il n'a pas appliqué du tout des règles de droit ? Selon la Convention de New York et les articles et 1502 1504 du N.C.P.C., l'ordre juridique français accepte la reconnaissance et l'exécution de la sentence arbitrale internationale, quelles que soient les règles de droit que l'arbitre a appliquées au fond du litige et même s'il n'a pas appliqué du tout des règles de droit, dès lors que ces textes n'instituent aucun contrôle sur le droit appliqué par l'arbitre au fond du litige.

597. - Du coup, toutes les objections contre la thèse du contrat sans loi dans l'arbitrage international tombent. Toutes sauf une : l'objection tirée du texte de l'article 1496. Effectivement le professeur GAILLARD en est réduit au bout du compte à opposer cette ultime objection à la thèse du contrat sans loi. " Quel que soit le libéralisme, écrit-il, les prescriptions du droit français de l'arbitrage international ne se réduisent pas à celles qui sont sanctionnées par une action en annulation ou en refus d'exequatur. Même si elle n'est pas reprise au titre des causes de refus de recnnaissance ou d'annulation des articles 1502 et 1504 du nouveau Code de procédure civile, la règle de l'article 1496 est claire en ce qu'elle exige que le contrat soit soumis à des "règles de droit". Cette prescription s'impose aux arbitres dans tous les abitrages soumis à la loi française " (15).

(15) GAILLARD, Traité, n° 1441. Dans la dernière phrase, le professeur GAILLARD soutient que la prescription de l'article 1496 qui exige que le contrat soit soumis à des règles de droit s'impose aux arbitres dans tous les arbitrages soumis à la loi française. Pour autant que l'on sache, il n'y a pas d'arbitrages internationaux soumis à la loi française et d'autres à une autre loi nationale quant au fond. La soumission d'un arbitrage international quant au fond à telle ou telle loi nationale n'a pas de sens. Dans tout arbitrage international se déroulant en France, les parties sont libres de choisir le droit applicable au fond et, à défaut d'un tel choix, l'arbitre statue selon le droit tel qu'il le conçoit. Sans cela, l'autonomie de l'arbitrage international n'aurait pas de sens. Le choix des parties ou des arbitres de soumettre l'arbitrage à la loi française (ou à une autre) ne peut se comprendre que pour la loi de procédure. C'est ce que dit l'article 1495 du N.C.P.C., et c'est dans ce sens que le professeur FOUCHARD comprend la soumission de l'arbitrage international à la loi française. Voir : FOUCHARD, Colloque du 23 septembre 1981 sur le décret de 1981, Rev. Arb., 1981, p. 466, note 22.

Ainsi donc le seul argument qui plaiderait en faveur de la condamnation du contrat sans loi dans l'arbitrage international serait un argument exégétique, un argument tiré du texte d'une législation déterminée, la législation française. Mais on voudrait alors poser la question suivante. Si tant est que l'article 1496 s'impose à l'arbitre et lui commande d'appliquer des règles de droit, lorsque l'arbitre tranche le litige sans appliquer de telles règles, quelle sera la sanction de cette violation de l'article 1496 ? Il n'y en a aucune. Et si tel est le cas, quelle est cette règle de droit qui n'est pas assortie de sanction ? La sanction est l'élément qui conditionne la règle de droit, c'est-à-dire tout simplement l'élément sans lequel il n'y a pas de règle de droit. Continuer à clamer que l'article 1496 exige que le contrat soit soumis à des règles de droit ne devient-il pas alors un pur exercice de style ?

598. - L'article 1496 du N.C.P.C. exigeant de l'arbitre qu'il tranche le litige conformément à des règles de droit dans le cas où les parties ont choisi ces règles, comme dans le cas où elles ne l'ont pas fait, l'arbitre devant alors trancher le litige conformément aux règles de droit qu'il estime appropriées, on comprend que l'argument tiré du texte de l'article 1496 ne plaide pas en faveur de la condamnation du contrat sans loi.

599. - De plus, dire que la prescription selon laquelle le contrat doit être soumis à des règles de droit s'impose à l'arbitre dans l'arbitrage international parce que l'article 1496 du N.C.P.C. l'exige n'a pas de sens. Car à quelles règles de droit est-il prescrit à l'arbitre international d'obéir ? Selon le même article, ce sont les règles de droit qu'il a lui-même choisies parce qu'il les a jugées appropriées. Mais comment n'est-il pas venu à l'esprit des défenseurs de l'article 1496 qu'il est aberrant de dire que l'arbitre international doit obéir à des règles de droit qu'il a lui-même choisies ? Une règle de droit a par définition un caractère normatif, c'est un commandement qui vient de l'extérieur, un *Sollen*. Quel est ce nouveau genre de règles de droit que l'arbitre choisit souverainement pour qu'elles s'imposent à lui après coup ? Dans cette optique, la règle de droit devient un non-sens.

G - LES RÈGLES DE DROIT DONT L'ARBITRE INTERNATIONAL DOIT TOUJOURS TENIR COMPTE

600. - Ce qui vient d'être dit signifie-t-il que l'arbitre international, dans l'arbitrage où les parties n'ont pas choisi le droit applicable au fond du litige, est exonéré de l'application ou de la prise en compte de toute règle de droit ? Ce serait une grave erreur de le croire. L'arbitre international n'applique pas des règles de droit pour la solution du litige. Mais cela ne veut pas dire qu'il n'applique pas du tout des règles de droit ou ne tient pas compte du tout de règles de droit. Mais ce sont d'autres règles de droit que l'arbitre international doit appliquer ou prendre en compte. L'arbitre international doit prendre en considération que sa sentence sera contrôlée par le juge étatique de l'exequatur. Pour éviter que le juge étatique de l'exequatur refuse l'exequatur à sa sentence, l'arbitre international doit tenir compte de deux catégories de lois que le juge étatique applique ou prend en compte.

Il y a d'abord les lois de police. L'arbitre international doit appliquer les lois de police que le juge étatique de l'exequatur appliquera dans son contrôle de la sentence. Il y a deux catégories de lois de police que le juge étatique de l'exequatur applique dans son contrôle ou dont il tient compte dans ce contrôle. Il y a les lois de police du for, celles que prévoit l'article 7, paragraphe 2 de la Convention de Rome de 1980 sur la loi applicable aux obligations contractuelles (16). Il y a aussi les lois de police étrangères au *for*. Elles sont prévues à l'article 7 paragraphe 1 de ladite convention (17).

H - L'ARTICLE 1496 ET LES USAGES DU COMMERCE

601. - Pourquoi l'article 1496 du N.C.P.C. sur le droit applicable au fond par l'arbitre international fait-il une place à part aux usages du commerce ? Quelle particularité ont donc les usages du commerce pour qu'une disposition spéciale leur soit consacrée ?

On ne reviendra pas sur la nature juridique de l'usage du commerce. On a montré ailleurs que la nature juridique de l'usage en général, qu'il s'agisse ou non d'un usage du commerce, est la même en droit interne et en droit international privé. L'expression " usage conventionnel " rend bien compte de cette nature : c'est une pratique qui est devenue tellement courante que les contractants sont présumés, par l'interprétation complétive de leur volonté, s'y être référés, sans besoin d'une mention expresse dans leur convention. Ce n'est pas autre chose que la présomption de fait (*implied*

(16) Aux termes de l'article 7 paragraphe 2 de la Convention de Rome, " les dispositions de la présente convention ne pourront porter atteinte à l'application des règles de la loi du pays du juge qui régissent impérativement la situation quelle que soit la loi applicable au contrat ".

(17) L'article 7 paragraphe 1 de la Convention de Rome dispose : " Lors de l'application, en vertu de la présente convention, de la loi d'un pays déterminé, il pourra être donné effet aux dispositions impératives de la loi d'un autre pays avec lequel la situation présente un lien étroit, si et dans la mesure où, selon le droit de ce dernier pays, ces dispositions sont applicables quelle que soit la loi régissant le contrat. Pour décider si effet doit être donné à ces dispositions impératives, il sera tenu compte de leur nature et de leur objet, ainsi que des conséquences qui découleraient de leur application ou de leur non-application ".

term). Personne ne conteste cette explication en droit interne, où elle est d'ailleurs consacrée par des dispositions du Code civil. On ne voit pas pourquoi il en serait autrement dans l'arbitrage international. L'usage du commerce n'est donc pas une règle de droit, n'est pas une règle coutumière [18].

602. - Mais à supposer même que, contrairement à une analyse adéquate, l'usage du commerce soit une règle de droit coutumière, en quoi se distinguerait-il des autres règles de droit ? Est-ce pour autoriser l'arbitre à l'appliquer que l'article 1496 la vise d'une manière expresse ? Mais l'arbitre n'a pas besoin d'une autorisation spéciale pour l'appliquer comme il applique toute autre règle, en supposant que l'arbitre applique de véritables règles de droit et non des modèles. Est-ce pour commander à l'arbitre de l'appliquer ? Mais l'arbitre n'a pas besoin d'un texte de loi qui lui commande d'appliquer une règle, si tant est qu'il s'agit d'une véritable règle de droit, parce que la règle de droit est elle-même un commandement.

Si l'usage du commerce est une règle de droit, l'arbitre devrait se comporter à son égard comme à l'égard de toutes les autres règles de droit, selon l'indication générale que lui donne le législateur au premier alinéa de l'article 1496 : il appliquera les règles de droit qu'il estime appropriées, fussent-elles ou non des usages du commerce.

603 - L'usage du commerce aurait-il une impérativité plus grande que celle des autres règles de droit pour mériter cette mention spéciale ? On n'en voit pas la raison, et on ne nous l'explique pas de toute manière. Du reste, s'il en était ainsi, on ne voit pas pourquopi la mention ne figure pas pour l'arbitrage interne, à l'article 1474 du N.C.P.C.

Le plus savoureux, c'est qu'on nous dit précisément le contraire, c'est-à-dire que l'usage du commerce n'est pas si impératif que cela, et on se base pour le dire sur les termes mêmes de l'article 1496. Dans le débat qui a suivi le rapport du professeur PERROT, plusieurs intervenants ont demandé qu'on leur explique le sens et la raison d'être du second alinéa de l'article 1496. Il s'est trouvé un seul défenseur de ce texte, le professeur FOUCHARD, pour dire ceci : " Il convient de remarquer que l'expression "tenir compte" n'est quand même pas très impérative, et c'est volontairement, je crois, qu'on a utilisé cette expression qui est assez lâche " [19]. Le législateur aurait-il donc parlé pour ne rien dire ? Le professeur FOUCHARD croit pouvoir trouver une explication. " Je crois quand même possible, dit-il, que cela donne un peu de souplesse même si les usages ne sont pas très établis,

(18) **KASSIS**, Théorie générale..., *op. cit.*, n° 201 et s. ; **ROBERT**, Le phénomène transnational, *op. cit.*, p. 32 et s.

(19) Travaux du Comité fr. de dr. int. privé, précité, p. 72.

pas très définis, que les arbitres auront quelque marge ". Mais était-il besoin d'une intervention du législateur pour énoncer un truisme ? Et puis, est-ce une bonne recommandation, méritant de figurer dans un texte de loi, pour inciter l'arbitre à tenir compte d'usages pas très établis ni très définis ?

Le second alinéa de l'article 1496 est donc soit une maladresse, soit une redondance. Mais est-il de bonne législation d'édicter des redondances ?

CHAPITRE VIII

L'IMPACT DE L'INJONCTION LÉGISLATIVE D'UN PASSAGE OBLIGÉ PAR UNE RÈGLE DE CONFLIT

604. - L'article 1496 du N.C.P.C. ne fait pas obligation à l'arbitre, dans la désignation du droit applicable au fond du litige, de passer par une règle de conflit. Il y a là, ainsi qu'on l'a vu, un progrès dans le sens de la logique de l'arbitrage international, encore que ce progrès soit relativisé par l'attachement fétichiste à l'idée qu'un droit sans règles de droit est impossible. Cette marche qui s'est arrêtée en cours de route n'a pas été imitée par d'autres droits nationaux, mêmes plus jeunes que le droit français. Ces systèmes nationaux restent très archaïques, parce qu'ils sont prisonniers de la croyance que, dès lors qu'il s'agit d'un contrat international, il est impossible de penser autrement qu'en termes de conflit de lois, même dans un arbitrage international

605. - L'article 187 de la loi fédérale suisse sur le droit international privé de 1987 dispose que " le tribunal arbitral statue selon les règles de droit choisies par les parties ou, à défaut de choix, selon les règles de droit avec lesquelles la cause présente les liens les plus étroits ".

Le nouvel article 834 du Code italien de procédure civile (loi du 5 janvier 1994) dispose que " les parties peuvent fixer d'accord entre elles les règles que les arbitres doivent appliquer au fond du litige ou prévoir qu'ils statueront en équité. A défaut de prévisions contraires des parties, la loi qui s'applique est celle qui est la plus étroitement liée avec le rapport litigieux ".

L'article 39 de la loi égyptienne du 21 avril 1994 dispose que " si les deux parties ne se sont pas mises d'accord sur les règles de droit applicables au fond du litige, le tribunal arbitral applique les règles de fond de la loi qui lui paraît avoir les liens les plus étroits avec le litige ".

Aux termes de l'article 1051 du nouveau Code de procédure civile allemand, " à défaut de désignation par les parties, le tribunal arbitral applique la loi de l'État avec lequel l'objet de la procédure présente les liens les plus étroits ".

Aux termes de l'article VII de la Convention Européenne de Genève du 21 avril 1961 sur l'arbitrage commercial international, " les parties sont libres de déterminer le droit que les arbitres devront appliquer au fond du litige. A défaut d'indication par les parties du droit applicable, les arbitres appliqueront la loi désignée par la règle de conflit que les arbitres jugeront appropriée en l'espèce ".

Enfin, aux termes de l'article 28 paragraphes 1 et 2 de la loi modèle de la CNUDCI, " le tribunal arbitral tranche le différend conformément aux règles de droit choisies par les parties comme étant applicables au fond du différend...et qu'à défaut d'une telle désignation par les parties, le tribunal arbitral applique la loi désignée par la règle de conflit de lois qu'il juge applicable en l'espèce ".

Lorsqu'on examine ces diverses dispositions, on peut faire les commentaires suivants.

A - TOUS CES TEXTES PRÉVOIENT LE PASSAGE OBLIGÉ PAR UNE RÈGLE DE CONFLIT

606. - Seules la disposition de la Convention Européenne et celle de la loi-type de la CNUDCI parlent de " règle de conflit ". Les autres textes parlent de loi ou de règles de droit qui a ou qui ont les liens les plus étroits avec le rapport litigieux (ou la cause, ou le litige), sans faire usage de l'expression " règle de conflit ". Est-ce qu'il faut comprendre de ces textes qu'ils ne font pas obligation à l'arbitre de passer par une règle de conflit ? C'est ce que semble avoir compris le professeur BERNARDINI qui écrit que dans le cas où les parties ne se sont pas prononcées sur ledroit applicable au fond du litige, " l'arbitre, sans recourir à une règle de conflit, appliquera le critère de la loi étatique ayant le lien le plus étroit avec le contrat ". Et le professeur BERNARDINI ajoute que ce critère est clairement inspiré par la Convention de Rome de 1980 (1).

(1) **BERNARDINI**, L'arbitrage en Italie après la récente réforme, Rev. Arb. 1994, p. 492.

607. - Nous croyons que l'on ne peut pas partager cette opinion et que tous les textes précités commandent d'appliquer une règle de conflit, même si l'expression n'y apparaît pas. En effet, dire que l'arbitre applique la loi (ou les règles de droit) désignée par une règle de conflit, et dire que l'arbitre applique la loi (ou les règles de droit) qui a les liens les plus étroits avec le rapport litigieux, c'est du pareil au même. Lorsque l'arbitre applique la loi qui a les liens les plus étroits avec le rapport litigieux, c'est une règle de conflit qu'il applique.

Sans doute dans le système des conflits de lois, il y a d'abord ce qu'il est convenu d'appeler le principe de proximité selon lequel le contrat international est régi par la loi du pays avec lequel il présente les liens les plus étroits. C'est ce qu'énonce le premier paragraphe de l'article 4 de la Convention de Rome de 1980 (2). Sans doute, comme l'écrit le professeur LAGARDE, si le principe de proximité envahit la règle de conflit au point de se substituer entièrement à elle, comme c'était le cas dans les jurisprudences anglaise et française avant l'entrée en vigueur de la Convention de Rome, la règle de conflit se réduit au principe que le contrat est régi par l'ordre juridique avec lequel il présente les liens les plus étroits, et il reste un principe avec lequel on pourra sans doute obtenir des solutions ponctuelles, mais il n'y a plus de règle ni de prévisibilité (3).

C'est pourquoi le souci de certitude et de prévisibilité a conduit la Convention de Rome à ne pas se contenter du seul principe de proximité et à édicter de véritables règles de conflit précises. C'est ce qu'énoncent les paragraphes 2, 3 et 4 de l'article 4 de la Convention. A la vérité, la certitude que les règles de conflit édictées dans ces paragraphes sont censées apporter n'est qu'une illusion, puisqu'elles sont édictées en termes de présomptions. Le caractère de présomption de chacune de ces règles de conflit est confirmé par le paragraphe 5 de l'article 4 qui dispose que " les présomptions des paragraphes 2, 3 et 4 sont écartées lorsqu'il résulte de l'ensemble des circonstances que le contrat présente des liens plus étroits avec un autre pays ". C'est la clause dite clause échappatoire ou clause d'exception.

C'est ainsi que dans le système des conflits de lois en matière de contrats, tel qu'il a été adopté par la Convention de Rome, la règle de conflit est, au bout du compte, déterminée par le juge qui peut écarter les règles de conflit-présomptions et dire quelle est la règle de conflit définitive, selon le pays avec lequel il apparaît au juge que le contrat présente les liens les plus étroits, compte tenu de l'ensemble des circonstances.

(2) " Dans la mesure où la loi applicable n'a pas été choisie conformément aux dispositions de l'article 3, le contrat est régi par la loi du pays avec lequel il présente les liens les plus étroits ". (Convention de Rome, art. 4.1)

(3) LAGARDE, Commentaire de la Convention de Rome, Rev. crit. de dr. internat. privé, 1991, p. 306, n° 27.

C'est ce même système qui s'applique en matière d'arbitrage international, conformément aux dispositions que l'on vient de voir des droits suisse, italien, égyptien, etc. C'est l'arbitre international qui détermine la règle de conflit à retenir, selon son appréciation de l'étroitesse respective des liens du contrat avec les différents États. A la seule différence que les susdites dispositions ne prévoient pas de règles de conflit édictées en tant que simples présomptions, pouvant donc être écartées au bout du compte, la détermination de la règle de conflit appartenant en définitive à l'arbitre, comme elle appartient en définitive au juge étatique dans le droit international privé des contrats en l'absence d'arbitrage (4).

B - LES RÈGLES DE DROIT DÉSIGNÉES PAR LA RÈGLE DE CONFLIT DÉTERMINÉE PAR L'ARBITRE SONT-ELLES NÉCESSAIREMENT DES RÈGLES DE DROIT ÉTATIQUES (UNE LOI) OU PEUVENT-ELLES ÊTRE DES RÈGLES DE DROIT NON ÉTATIQUES ?

608. - La question est provoquée par la différence de terminologie utilisée dans les différents textes. L'article italien, l'article de la Convention Européenne et celui de la loi de la CNUDCI parlent de "loi". Le texte suisse et le texte égyptien parlent de "règles de droit". La discussion repose donc sur des arguments lexicologiques.

De la possibilité offerte aux parties par l'article 834 italien de désigner des "règles" (norme) plutôt qu'une "loi" (*legge*) et de ce que la "loi" doit s'entendre comme la référence à un système de droit étatique, le professeur BERNARDINI déduit que la mention de "règles" dans le cas de choix des parties peut être interprétée comme impliquant non seulement une référence à un système de droit étatique mais aussi à des règles issues de sources différentes d'un système étatique déterminé (tels les principes généraux du droit). En revanche, de ce que le même article italien dispose qu'à défaut de prévisions contraires des parties, la "loi" qui s'applique est celle qui est la plus étroitement liée avec le rapport litigieux, le professeur BERNARDINI déduit que dans le silence des parties l'arbitre ne peut qu'appliquer une loi étatique et ne peut donc pas faire application de règles anationales (5).

Les commentaires des auteurs sont différents pour ce qui concerne le droit suisse, en raison de la différence de terminologie.

609. - L'article 117 alinéa 1 de la loi fédérale suisse sur le droit international privé dispose qu'en l'absence d'arbitrage, le contrat est régi par le " droit de l'État avec lequel il présente les liens les plus étroits, à défaut d'élection de droit par les parties ". Ainsi donc, le juge étatique ne peut appliquer dans

(4)Sur l'idée de présomption et son impact sur la règle de conflit dans le droit international privé des contrats, voir : KASSIS, Le nouveau droit européen..., précité, n°s 254 et s.
(5) BERNARDINI, précité, p. 492.

cette hypothèse qu'un droit étatique.

En cas d'arbitrage, l'article 187 de la même loi fait usage de l'expression "règles de droit" et non de "droit étatique".

Selon les commentateurs suisses, la raison d'être de cette différence de terminologie est de permettre à l'arbitre d'appliquer non seulement le droit d'un État (contrairement à l'article 117 alinéa 1), mais des règles de droit étatiques ou non étatiques. Les auteurs suisses nous l'expliquent. " Les liens dont l'arbitre siégeant en Suisse doit tenir compte, écrit M. REYMOND, ne sont pas exclusivement des liens géographiques, comme le lieu d'exécution du contrat ou la nationalité des parties. Il peut s'agir tout aussi bien des liens de la cause avec un ordre juridique, comme l'ordre juridique international pour un contrat d'État ou la *lex mercatoria* pour un contrat commercial international " (6). De même le professeur LALIVE estime que l'arbitre international n'est nullement obligé ni de statuer selon un droit étatique ni, s'il croit devoir en l'espèce borner son investigation à des règles étatiques, de les emprunter à un seul système de droit national, qu'il peut donc appliquer la *lex mercatoria* (7).

610. - Toutefois, cette interprétation ne fait pas l'unanmité des commentateurs suisses. Un autre auteur suisse est d'un avis différent.

Selon M. BUCHER, il ne saurait être question pour l'arbitre international d'un détachement absolu de tout droit étatique. Sans doute, observe-t-il, les arbitres jouissent en principe d'une autonomie par rapport au système de droit international privé des États concernés par le litige, mais " ils tiendront cependant compte des solutions prévues dans ces systèmes, pour aboutir à une décision qui s'insère d'une façon harmonieuse dans le contexte économique et social dans lequel le rapport litigieux se trouve placé ". Tout particulièrement, s'agissant du "droit transnational" ou "droit anational" ou "*lex mercatoria*", M. BUCHER estime que l'article 187 ne prévoit pas, en l'absence d'un choix des parties, un pouvoir de l'arbitre de se référer à un tel droit, car dans cette hypothèse, les arbitres doivent rechercher les "règles de droit" (texte allemand : *Recht*)" avec lesquelles la cause a "les liens les plus étroits", qui les conduit vers un système étatique de droit, d'autant plus que le droit transnational n'est pas destiné à régir des situations que les parties ne désirent pas lui soumettre " (8).

L'opinion de M. BUCHER est contestée par le professeur LALIVE(9)

(6) CLAUDE REYMOND, La nouvelle loi suisse et le droit de l'arbitrage international. Réflexions de droit comparé, Rev. Arb., 1989, p. 406.
(7) LALIVE, POUDRET et REYMOND, in : Le droit de l'arbitrage, Payot Lausanne, 1989, pp. 394 et 399.
(8) A. BUCHER, Le nouvel arbitrage international en Suisse, Helbing et Lichtenhan, 1988, p. 84-85.
(9) LALIVE, POUDRET et REYMOND, Payot, 1989, p. 399.

611. - Ce débat entre auteurs suisses appelle une interrogation. Dans le système des conflits de lois, le lien s'établit entre le contrat international et un ordre juridique déterminé en raison des éléments du contrat ou de ses circonstances matérielles. BATIFFOL et LAGARDE écrivent : " Le droit positif a fait l'expérience qu'un contrat ne se localise pas naturellement. Dans la mesure où il consiste essentiellement dans l'échange des consentements, il constitue un événement immatériel qui n'occupe pas, en soi, de place propre dans l'espace. Mais il se manifeste par des événements, échanges de paroles, rédaction d'un écrit, actes d'exécution qui, eux, étant matériels, sont localisés. Dès lors le problème consiste à déterminer lequel de ces événements divers caractérise le mieux la localisation de l'ensemble de l'oprération, si on admet qu'elle forme une unité devant être soumise à une seule loi ". Il faut donc, ajoutent les mêmes auteurs, rechercher dans chaque cas comment se localise le contrat d'après ses caractères propres (10).

Quel est donc l'élément matériel, événement ou circonstance, afférent au contrat, constituant le "caractère propre" du contrat, qui établirait le lien direct entre ce contrat et un ordre juridique non étatique ?

Dans l'explication de M. REYMOND, l'ordre juridique non étatique ne saurait être que l'un de deux : l'ordre juridique international pour un contrat d'État et l'ordre juridique anational de la *lex mercatoria* pour un contrat commercial international. Or, on ne voit d'abord pas l'élément matériel (ou l'événement ou la circonstance) du contrat d'État qui établit un lien avec l'ordre juridique international. Serait-ce le fait que l'une des parties au contrat est un État ? Mais ce fait établit un lien avec le droit de cet État et non avec l'ordre juridique international. L'existence d'un lien du contrat d'État avec l'ordre juridique international demeure donc enveloppée de mystère. Reste le lien du contrat commercial international ordinaire avec le prétendu ordre juridique anational ou transnational (ou ordre juridique de la *lex mercatoria*). Quel est l'élément matériel ou le caractère propre d'un tel contrat qui établit le lien avec l'ordre anational ? Est-ce le seul fait que le contrat soit commercial international ? Mais encore faut-il qu'il soit certain qu'un tel ordre existe. Raisonner en supposant établie son existence demeure une pétition de principe.

C - COMPARAISON DE L'ARTICLE 1496 DU N.C.P.C. AVEC L'ARTICLE 187 SUISSE ET LES DISPOSITIONS ÉQUIVALENTES

612. - Si les dispositions législatives nationales en matière d'arbitrage international avaient une force contraignante pour l'arbitre, se poserait alors la question de savoir laquelle des deux dispositions est la plus contraignante pour ce dernier. Il est raisonnablement permis de penser que c'est l'article

(10) BATIFFOL et LAGARDE , Droit international privé, 1983, n° 572.

suisse qui serait plus contraignant donc plus archaïque. En effet, l'article 187 suisse reste attaché à la méthode conflictuelle et édicte une règle de conflit spécifique pour l'arbitrage international, comme l'écrit M. REYMOND (11), alors que l'article 1496 du N.C.P.C. consacre l'abandon du conflictualisme dans l'arbitrage international en matière de droit applicable au fond du litige. Il est évident que cet article laisse l'arbitre libre d'appliquer les règles de droit qu'il estime appropriées, même si elles n'ont pas les liens les plus étroits avec le contrat litigieux, même si elles n'ont aucun lien avec ce dernier, alors que l'article 187 suisse exige que les règles de droit appliquées aient les liens les plus étroits avec la cause (c'est-à-dire avec le contrat litigieux). Il s'ensuit que selon ce dernier article l'arbitre ne peut pas appliquer des règles qui n'ont pas avec la cause les liens les plus étroits et qu'à plus forte raison il ne peut pas appliquer des règles sans lien quelconque avec cette cause. L'optique suisse demeure conflictualiste, alors que le texte français affranchit complètement l'arbitre du conflictualisme.

Telle n'est pas l'opinion de M. REYMOND. Encore que la règle suisse paraisse au premier abord plus contraignante que la règle française, on peut cependant, pense-t-il, se demander si elles ne conduiront pas à des résultats assez proches. Car, selon lui, les liens dont l'arbitre siégeant en Suisse doit tenir compte ne sont pas exclusivement des liens géographiques, comme le lieu d'exécution du contrat ou la nationalité des parties : il peut s'agir tout aussi bien des liens de la cause avec un ordre juridique, comme l'ordre juridique international pour un contrat d'État ou la *lex mercatoria* pour un contrat commercial international. D'autre part, ajoute le professeur REYMOND, on peut penser que, de son côté, l'arbitre international siégeant en France sera appelé à indiquer les raisons qui l'ont conduit à choisir telles règles de droit comme appropriées au litige, en tout cas lorsque ce choix ne se sera pas porté sur l'un ou l'autre des candidats traditionnels. Pour M. REYMOND, la démarche ne sera donc pas fondamentalement différente de celle qui aurait été la sienne s'il avait siégé en Suisse (12).

613. - L'opinion de M. REYMOND semble difficile à suivre. La thèse de l'internationalisation du contrat d'État ne nous semble pas soutenable, surtout après l'entrée en vigueur de la Convention de Rome (13). La thèse de la *lex mercatoria* sera examinée plus loin (14). Non moins difficile à suivre est l'opinion du professeur REYMOND selon laquelle l'arbitre interna-

(11) **CLAUDE REYMOND**, La nouvelle loi suisse et le droit de l'arbitrage international, Réflexions de droit comparé, Rev.Arb., 1989, p. 406.
(12)**REYMOND**, précité, Rev.Arb., 1989, p. 406.
(13) Voir : **KASSIS**, Le nouveau droit européen..., précité, n°s 378 et s.
(14) Voir aussi les précédents ouvrages de l'auteur : **KASSIS**, Théorie générale des usages du commerce et le Nouveau droit européen..., précité, n°s 352 et s.

tional siégeant en France sera appelé à indiquer les raisons qui l'ont conduit à choisir telles règles comme appropriées au litige. Il n'y a absolument rien ni dans l'article 1496 du N.C.P.C. ni dans d'autres dispositions du droit français sur l'arbitrage international ni dans le Convention de New York qui autorise la juridiction étatique française qui contrôle la sentence arbitrale en vue de sa reconnaissance et de son exécution à refuser l'exequatur au motif que l'arbitre n'a pas rendu compte des raisons qui l'ont conduit à choisir telles ou telles règles de droit comme étant appropriées au litige (15).

Le professeur REYMOND lui-même n'a pas pu d'ailleurs s'empêcher de constater que l'article français autorise l'arbitre à choisir, pour des raisons intellectuelles, un droit dont le degré de développement et l'autorité internationale le rendent le plus approprié à apporter la solution des problèmes dont il est saisi, donc un droit qui n'a ni le lien le plus étroit ni aucun lien du tout avec la cause, ce que l'article suisse n'autorise certainement pas.

Si les dispositions législatives relatives au droit applicable au fond du litige pouvaient avoir une force contraignante pour l'arbitre international, il faudrait considérer l'article 187 suisse et les dispositions correspondantes des autres droits nationaux que l'on a vues (Italie, Egypte, etc.), qui laissent l'arbitre prisonnier du conflictualisme comme des archaïsmes au regard de l'article 1496 du N.C.P.C. qui l'en affranchit.

D - L'ABSENCE DE FORCE CONTRAIGNANTE DES DISPOSITIONS LÉGISLATIVES QUI COMMANDENT À L'ARBITRE D'APPLIQUER LE DROIT DÉSIGNÉ PAR UNE RÈGLE DE CONFLIT

614. - Dans notre commentaire de l'article 1496 du N.C.P.C., il nous est apparu que cet article est dépourvu de force contraignante et ne peut donc être considéré comme une vraie règle de droit, pour la bonne raison qu'il est dépourvu de sanction. Sa violation ne peut donc pas affecter l'efficacité de la sentence arbitrale. Il ne peut pas être considéré comme une injonction faite à l'arbitre international par le droit français, parce que l'arbitre international, du fait qu'il n'a pas de *lex fori*, ne peut pas être le destinataire d'une injonction d'un droit national. Il ne peut pas y avoir de règles de droit pour l'arbitre, parce qu'il n'y a pas pour lui de *lex fori*. Nonobstant cette constatation, l'article 1496 du N.C.P.C. aurait eu par ricochet une force contraignante pour l'arbitre s'il pouvait avoir une force contraignante pour la juridiction étatique qui contrôle la sentence arbitrale aux fins de sa reconnaissance et de son exécution. Car ce qui ne peut pas être un commandement à l'adresse de l'arbitre qui n'a pas de *lex fori* peut en être un à l'adresse du juge étatique qui statue au nom de l'État. Au titre de ce commandement, le juge étatique refuserait la reconnaissance et l'exécution de la sen-

(15) REYMOND, précité, Rev. Arb., 1989, p. 406-407.

tence arbitrale qui ne le respecterait pas. Or, l'article 1496 du N.C.P.C. n'est même pas un commandement pour le juge étatique parce qu'il concerne le droit applicable au fond du litige et que le législateur national n'a pas investi ce juge du pouvoir de contrôler le droit appliqué par l'arbitre au fond du litige. Un tel pouvoir n'est prévu ni en droit français (articles 1502 et 1504 du N.C.P.C.) ni dans la Convention de New York. Et comme il n'y a pas de règle de droit sans sanction, la sanction étant de l'essence de la règle de droit, tout se passe au bout du compte comme si l'article 1496 du N.C.P.C. n'existait pas. Aussi paradoxal que cela puisse paraître, le législateur français aura ainsi parlé pour ne rien dire.

615. - Cela s'applique mot pour mot aux dispositions que l'on a vues et qui commandent à l'arbitre de statuer selon la loi (ou les règles de droit) qui a les liens les plus étroits avec le rapport litigieux ou selon la loi désignée par la règle de conflit que l'arbitre juge appropriée. Lorsqu'on examine les droits nationaux (droit suisse, droit italien, droit égyptien) ou les autres textes (Convention Européenne de Genève, loi-type de la CNUDCI) qui contiennent de telles dispositions, on constate que les textes qui énumèrent d'une manière limitative les cas de refus de reconnaissance et d'exécution de la sentence ne prévoient pas parmi ces cas la violation par l'arbitre du droit applicable au fond du litige. D'une manière générale, ni les législations étatiques ni les conventions internationales en matière d'arbitrage international n'investissent la juridiction étatique du pouvoir de contrôler la sentence arbitrale internationale pour ce qui a trait au droit appliqué par l'arbitre au fond du litige (16). L'arbitre pourra donc violer impunément les dispositions relatives au droit applicable au fond du litige (article 187 suisse, article 834 italien, article 39 égyptien, article 105 allemand, article VII de la Convention Européenne, article 28 paragraphe 2 de la loi-type de la CNUDCI). Ces dispositions dont la violation n'est passible d'aucune sanction ne peuvent donc pas être considérées comme des règles de droit. Elles sont donc toutes un exercice inutile, et tous les débats qui ont pour objet leur analyse et la comparaison de leur portée respective sont des débats stériles.

616. - Le plus curieux, c'est que les concepteurs de la loi-type de la CNUDCI savaient pertinemment que l'article 28 paragraphe 2 de cette loi n'avait aucune force obligatoire et allait rester lettre morte, faute de sanction. On lit dans l'historique de ce texte (17) qu'un long débat s'est engagé

(16) Sauf de rares exceptions dont la plus notoire est le droit anglais (article 69 de la nouvelle loi anglaise de 1996).

(17) HOLTZMANN et NEUHAUS, A Guide to UNCITRAL Model Law on commercial arbitration, Legislative History and Commentary, Kluwer, 1994, p. 806.

à la Commission et que les vues étaient très partagées sur le point de savoir si le tribunal arbitral devrait appliquer des règles de conflit pour déterminer la loi applicable au fond ou s'il peut déterminer directement cette loi. Selon une des thèses, la loi-type devrait fournir un guide au tribunal arbitral en disposant que la loi applicable doit être déterminée par une décision sur les règles de conflit applicables. Il a été observé que, bien qu'un tribunal, en appliquant la loi-type ou la plupart des lois nationales, ne puisse pas censurer ni réviser la décision du tribunal arbitral sur les règles de conflit de lois ni, par conséquent, sur la loi substantielle applicable, l'effet désirable de la règle du paragraphe 2 de l'article 28 est qu'il soit souhaitable que le tribunal arbitral énonce les raisons de sa décision sur le choix de la règle de conflit de lois. De plus, cette approche apporterait aux parties une meilleure prévisibilité ou certitude que celle qui permet au tribunal arbitral de déterminer directement la loi applicable au fond du litige.

617. - Selon une autre thèse soutenue à la commission, il ne serait pas approprié de limiter le pouvoir du tribunal arbitral de statuer sur la loi applicable au fond du litige en l'astreignant à se prononcer d'abord sur la règle de conflit de lois. En pratique, un tribunal arbitral ne se prononce pas d'abord sur les règles de conflit de lois, mais il arrive souvent à une décision sur la loi applicable au fond par des voies plus directes. Il a été suggéré qu'il ne serait pas approprié qu'une loi-type sur l'arbitrage commercial international ignore de telles pratiques qui se développent sur la base d'un large éventail d'autonomie reconnue aux parties dans de nombreux systèmes juridiques. De plus, il a été observé qu'il est douteux que l'exigence d'une application préalable d'une règle de conflit de lois fournirait en fait une meilleure certitude qu'une détermination directe de la loi applicable, dès lors que, d'une part, les règles de conflit de lois diffèrent d'un système juridique à un autre, et que, d'autre part, les raisons qui ont conduit le tribunal arbitral à choisir la loi applicable sont souvent similaires aux facteurs de rattachement utilisés dans les règles de conflit de loi. Il a été souligné aussi que la liberté du tribunal arbitral, selon le paragraphe 2 ne devrait pas être plus limitée que celle accordée aux parties au paragraphe 1er.

618. - En raison des divergences de vues au sein de la Commission, il a été suggéré de supprimer le paragraphe 2 de l'article 28 aussi bien que le paragraphe 1er qui dispose que les parties tranchent le litige conformément au droit choisi par les parties, au motif qu'il ne serait pas nécessaire qu'une loi sur la procédure arbitrale traite du droit applicable au fond du litige.

De plus, et c'est là le point d'orgue, il a été observé qu'à partir du moment où la loi-type ne prévoit pas de censure par la juridiction étatique d'une sentence arbitrale pour application erronée de l'article 28, cet article n'est pas plus qu'une directive (*guideline*) au tribunal arbitral.

Cette dernière observation est parlante. Elle reprend nos réflexions précédentes sur l'inanité des dispositions législatives sur le droit applicable au fond du litige que l'on trouve dans les différents droits nationaux sous leurs différentes formes, qu'elles commandent à l'arbitre d'appliquer les règles de droit qu'il estime appropriées ou qu'elles lui commandent de passer par une règle de conflit. Elle souligne l'inanité de ces dispositions en raison de l'absence de contrôle de la sentence et de l'absence de sanction.

Malgré le caractère péremptoire de cette observation qui aurait dû conduire logiquement à la suppression du paragraphe 2 de l'article 28 et contre laquelle personne n'a objecté, l'article 28 a été maintenu sans modification, au motif que la loi-type aurait été incomplète sans une disposition sur les règles applicables au fond du litige, surtout que la loi-type traite de l'arbitrage commercial international où une carence de règles à cet égard donnerait lieu à une grande incertitude. Mais il ne s'est trouvé personne au sein de la Commission pour justifier le maintien du paragraphe 2, bien qu'il se soit avéré qu'il édicte tout au plus une (*guideline*) et non une véritable règle de droit.

CHAPITRE IX

L'ARBITRE INTERNATIONAL

ET

L'AMIABLE COMPOSITION

619. - Aux termes de l'article 1497 du N.C.P.C., " l'arbitre statue comme amiable compositeur si la convention des parties lui a conféré cette mission ". Le texte ne distingue pas selon que les parties ont fait ou non un choix du droit applicable.

La question doit donc être examinée dans chacune des deux hypothèses, et il nous semble que l'analyse n'est pas la même dans l'une comme dans l'autre. Nous examinerons la première dans le cadre du droit applicable au fond lorsque les parties ont choisi ce droit. Nous examinerons ici l'impact d'une clause d'amiable composition dans l'hypothèse d'absence de choix par les parties du droit applicable.

La question précise qui se pose est de savoir s'il est nécessaire que la mission de statuer en amiable compositeur soit conférée expressément à l'arbitre international par les parties pour qu'il ait la qualité d'amiable compositeur, lorsque les parties n'ont pas choisi le droit applicable. En réalité, dans cette dernière hypothèse on ne voit pas pourquoi l'arbitre aurait besoin d'un pouvoir spécial des parties pour statuer en amiable compositeur : à notre sens, il l'est d'office. On devrait donc en conclure que l'article 1497 comporte à cet égard une inexactitude dans l'hypothèse où les parties n'ont pas choisi le droit applicable, car dans cette hypothèse il est amiable compositeur même si les parties ne lui ont pas conféré ce pouvoir. La question se pose donc seulement dans le cas où les parties ont choisi le droit applicable au fond.

A - QU'EST-CE QUE L'AMIABLE COMPOSITION ?

620. - Pour s'en convaincre, force est de revenir d'abord, à la définition de l'amiable composition. Il a été précédemment montré qu'il existe en doctrine deux conceptions de l'amiable composition. Il y a la conception selon laquelle l'amiable compositeur tranche le litige par une solution transactionnelle, dans le sens d'une transaction intervenue entre les parties elles-mêmes, c'est-à-dire la solution à mi-chemin, par concessions réciproques, sans donner tout à l'un et rien à l'autre. Mais il y a une autre conception, celle de la solution équitable qui ne résulte pas de l'application pure et simple des règles de droit à l'espèce mais de la conception personnelle que se fait l'arbitre de l'équité, compte tenu des circonstances et des particularités de l'espèce. Il y a éviction des règles de droit, et l'arbitre substitue aux règles évincées l'équité, c'est-à-dire sa propre conception de ce que devrait être l'équité dans l'espèce dont il est saisi (1). L'amiable composition, c'est l'équité - l'*aequitas* et non l'*equity* anglaise -, l'équité qui corrige la règle de droit.

Il nous paraît incontestable que c'est cette seconde conception de l'amiable composition qui a été retenue par le législateur français, et cela d'une manière claire. L'amiable composition s'oppose aux règles de droit dans deux textes : l'article 12 du Code civil qui dit que le juge tranche le litige conformément aux règles de droit qui lui sont applicables et que, le litige né, les parties peuvent aussi lui conférer mission de statuer en amiable compositeur et l'article 1474 du N.C.P.C. qui dit que l'arbitre, dans un arbitrage interne, tranche le litige conformément aux règles de droit à moins que les parties ne lui aient conféré mission de statuer en amiable compositeur. C'est donc le législateur français lui-même qui oppose dans deux textes l'amiable composition à un règlement selon les règles de droit.

B - L'ARBITRE INTERNATIONAL EST AMIABLE COMPOSITEUR DANS LA LOGIQUE DE L'ARBITRAGE INTERNATIONAL LORSQUE LES PARTIES N'ONT PAS CHOISI LE DROIT APPLICABLE

621. - Cela étant, à partir du moment où on se rend à l'évidence dictée par la logique de l'arbitrage international, à savoir qu'en l'absence de choix par les parties du droit applicable, l'arbitre tranche le litige sans se conformer à des règles de droit, on se rend du même coup à cette autre évidence que

(1) C'est, en somme, la justice selon le juge MAGNAUD qui affirmait le droit pour le juge " d'interpréter humainement les inflexibles prescriptions de la loi ". (Sur le "phénomène MAGNAUD", voir GÉNY, Méthodes d'interprétation et sources en droit positif français, LGDJ 1954, t.5, n° 196 et MOTULSKY, Écrits, Dalloz 1974, p. 34).

l'arbitre international est alors amiable compositeur *ex natura*. De ce que l'arbitre international n'a pas de *lex fori*, qu'il n'est pas confronté à un ordre juridique de base du contrat international et ne s'expose pas à un contrôle *a posteriori* du juge étatique de l'exequatur sur le droit qu'il applique au fond, il n'existe pas pour lui à cet égard de règles de droit auxquelles il doit obéissance. De ce fait, il est amiable compositeur, dès lors qu'en vertu de sa définition législative, l'amiable composition est la justice sans règles de droit.

C - L'ARBITRE INTERNATIONAL EST AMIABLE COMPOSITEUR DANS LA LOGIQUE MÊME DE L'ARTICLE 1496

622. - Même si l'on fait abstraction de la logique de l'arbitrage international et si l'on s'en tient seulement à l'article 1496 qui, ainsi qu'on a pu le voir, ne va pas jusqu'au bout de cette logique en gardant l'attachement aux règles de droit, le résultat est le même : l'arbitre est encore amiable compositeur.

Lorsqu'on dit que l'arbitre internatrional tranche le litige conformément aux règles de droit qu'il estime appropriées, on lui donne le pouvoir absolu de faire son choix dans la masse des règles de droit de tous les ordres juridiques étatiques, plus les règles anationales pour ceux qui croient à l'existence d'un droit anational, à la seule condition que l'arbitre estime que les règles de droit qu'il a sélectionnées sont appropriées. Or, qui choisit combine : sous l'autorité de l'article 1496, l'arbitre pourra faire un panachage, confectionner un habit d'arlequin de règles de droit prises çà et là dans les différents ordres juridiques. Et comme de surcroît l'article 1496 ne dit pas que les règles qu'il estime appropriées doivent être des règles qui préexistent, quelque part dans un ordre juridique quelconque, l'arbitre pourra se forger son propre *corpus* de règles, il pourra établir tout un code pour les besoins du litige dont il est saisi. Et que l'on ne nous dise pas qu'il y a là une caricature. Rien ne permet de dire que l'arbitre, ce faisant, serait allé au-delà des limites du texte : il aura bien tranché le litige conformément aux règles de droit qu'il a estimées appropriées.

623. - Point n'est besoin d'ailleurs pour l'arbitre de préciser s'il a trouvé telle règle qu'il invoque dans un ordre juridique déterminé ou s'il l'a créée, à supposer même que l'article 1496 ne l'autorise pas à créer des règles nouvelles qui n'existent pas encore. D'autant plus que personne ne peut vérifier si la règle existe ou non quelque part dans un des nombreux ordres juridiques existants.

De fait, l'arbitre finit toujours par trouver, même parmi les règles préexistantes et sans avoir à en créer, une règle de droit ou une combinaison de règles qui donne la solution qu'il privilégie. On peut multiplier les exemples. Une des principales solutions de l'amiable composition est la réduction par l'arbitre de l'obligation d'une partie ou l'augmentation correspondante de l'autre en cas de survenance de circonstance imprévues qui rendent l'obligation contractuelle exorbitante, contrairement à la première des règles de droit (*pacta sunt servanda*). Si la mise en oeuvre de la théorie de l'imprévision n'a pas de base en droit privé français ni dans beaucoup d'autres droits nationaux, l'arbitre sera sûr de la trouver dans un autre droit, par exemple le droit égyptien ou le droit algérien.

L'arbitre n'a même pas besoin de se référer à une règle de droit en bonne et due forme. Il pourra se contenter de se référer à un usage sans que personne puisse contester qu'un tel usage existe quelque part. N'est-il pas dit à l'article 1497 qu'il tient compte des usages du commerce ? M. DERAINS ne peut que constater que " les arbitres habillent souvent la solution d'une autre façon en se référant de façon générale aux usages du commerce international, sans se soucier d'apporter la preuve de l'existence d'un usage particulier (2)." Et il a une conclusion qui clôt le débat : " Je crois, dit-il, que c'est pour beauxoup une question de présentation". Et c'est bien vrai.

Il n'est donc pas étonnant de voir l'idée que tout arbitrage international est une amiable composition en l'absence de choix par les parties du droit applicable revenir comme un leitmotiv chez des juristes qui ont porté une réflexion sur l'arbitrage international. La différence entre l'arbitrage en droit et l'amiable composition s'efface et l'article 1497 devient une redondance dans l'hypothèse où les parties n'ont pas choisi le droit applicable. Il faut dire plutôt que cet article comporte même une inexactitude, dès lors que l'arbitre international est amiable compositeur même si les parties ne lui ont pas conféré cette mission dans un arbitrage international où elles n'ont pas choisi le droit applicable.

624. -De ce que le choix par l'arbitre d'une règle de droit appropriée n'est pas soumis au contrôle de la juridiction étatique et qu'une combinaison de règles venant de tout bord l'est encore moins, pour le président BELLET la réalité est simple : l'arbitre peut faire ce qu'il veut, mais il doit simplement " annoncer la couleur"." Si on dit qu'il est amiable compositeur, il mettra : " il apparaît équitable, et en équité nous pensons que..." ; s'il n'est pas amiable compositeur, il énoncera un certain nombre de règles auxquelles il donnera une apparence juridique " (3). Mais où se trouve la différence ? Encore une fois, tout se réduit à une question de présentation, d'habillage.

Les juristes ont multiplié les réflexions dans le même sens. Le professeur LOUSSOUARN se demande si on conserve une signification quelconque à l'a-

(2) Trav. du Comité fr. de dr. int. privé, 1984-1985, p. 101.

(3) Rev. Arb. 1981, p. 489.

miable composition lorsqu'on admet que l'arbitre peut tout faire en quelque sorte (4). Le professeur LAGARDE se pose la même question (5). Le professeur PERROT est d'avis qu'à partir du moment où on laisse une telle souplesse, il est bien certain que la clause d'amiable composition a un peu moins d'utilité (6). M. DERAINS est encore plus catégorique : " Lorsque l'arbitre, ce qui est le cas dans bien des hypothèses, aura choisi lui-même la règle de droit, la clause d'amiable composition sera vraiment une précaution superflue " (7).

Même réflexion sous la plume du Président BELLET et de M. MEZGER :" Si les termes "règles de droit" signifient, comme c'est normal, "règles de fond", la deuxième proposition de l'article 1496, alinéa 1, autorise les arbitres à donner, à défaut de stipulation contraire des parties leur indiquant la loi ou les règles de droit applicables, la solution qu'ils estiment appropriée en l'espèce et le mot "règle de droit" n'a plus alors aucun sens. La question se pose donc de savoir en quoi les arbitres visés à l'article 1496 se distinguent alors de l'amiable compositeur ? " (8)

Il n'y a pas, que l'on sache, un seul juriste en France qui puisse expliquer en termes précis la différence, dans l'hypothèse de silence des parties sur le droit applicable, entre l'arbitre international et l'amiable compositeur en l'état actuel des textes.

625. - Et pourtant, le professeur FOUCHARD insiste sur la distinction : " Je voudrais qu'on fasse quand même attention parce qu'à l'avenir cela peut poser des problèmes. Je crois que l'arbitrage de droit et l'arbitrage d'équité doivent être bien distincts et je crois qu'en fait, il est dommage que les arbitres mélangent tout. Effectivement les arbitres amiables compositeurs disent qu'ils appliqueront les principes généraux du droit : vous avez raison, les sentences sont bien motivées comme ils le disent, mais c'est une fausse démarche. Les tribunaux sont très indulgents avec les arbitres qui parlent, à la fois, d'équité, de principes généraux ou d'usages. Je crois que l'équité devrait venir ensuite pour corriger la règle de droit qu'on a déjà posée, qu'on a appliquée et qu'on élimine pour des raisons précises " (9).

Or, si telle est la différence bien connue entre l'arbitre qui statue en droit et l'amiable compositeur, le professeur FOUCHARD n'arrive toujours pas à nous expliquer la différence entre un arbitre qui statue en droit mais qui

(4) Trav. du Comité fr. de dr. int. privé, 1984-1985, p. 66.

(5) Travaux, 1981-1982, p. 73.

(6) *ibidem*, p; 73.

(7) *ibidem*, p. 74.

(8) **BELLET** et **MEZGER**, L'arbitrage international dans le nouveau code de procédure civile, Rev. crit. de dr. int. priv., 1982, p. 632.

(9)Travaux, p. 73.

" choisit les règles de droit qu'il estime appropriées ", qui ne doit donc pas obéissance à des règles de droit, d'une part, et un arbitre amiable compositeur d'autre part..

626. - Mais à cet endroit surgit une objection qui peut paraître sérieuse. Si l'arbitre modifie les obligations des parties tout en ne touchant pas à l'essence du contrat, en ne substituant pas au contrat fait par les parties un contrat foncièrement différent, il est sans doute amiable compositeur. Si les parties ne lui ont pas conféré cette mission, il aurait trahi leur volonté, donc outrepassé sa mission. Or, dans un tel cas de figure, le juge de l'exequatur pourra refuser la reconnaissance ou l'exécution pour dépassement de la mission de l'arbitre (article 1502-3° du N.C.P.C. et article V.1 (c) de la Convention de New York).

On voit pointer l'objection dans les propos suivants du Président BELLET et de M. MEZGER : " Puisque l'article 1497 dit expressément que l'arbitre ne statue comme amiable compositeur que si les parties lui ont confié cette mission, il faut qu'une distinction existe entre l'amiable compositeur et l'arbitre défini par l'article 1496. Cette distinction peut-elle être trouvée dans la soumission de l'arbitre ordinaire aux clauses du contrat litigieux, lesquelles font toujours partie des "règles de droit que les parties ont choisies", tandis que l'amiable compositeur serait même libéré de cette sujétion et autrorisé à corriger, adapter ou autrement modifier le contrat au nom de l'équité sous la seule réserve de ne pas toucher à l'essence du contrat, c'est-à-dire de ne pas substituer un contrat complètement différent à celui fait par les parties. Même avec cette réserve, pareille conception de l'amiable compositeur nous paraît très discutable. Il est certes permis aux parties de conférer aux amiables compositeurs un pouvoir aussi exorbitant mais on ne saurait présumer que telle est leur volonté [10]."

627. - A y regarder de près, même cette réserve ne semble pas sérieuse.

Il n'est pas vrai d'abord qu'un arbitre ne peut pas toucher aux obligations contractuelles pour les "corriger", c'est-à-dire les modifier d'une manière ou d'une autre, s'il n'a pas reçu les pouvoirs d'amiable compositeur. A preuve, et rien qu'à titre d'exemple, les nombreuses législqtions qui, comme on le sait, adoptent le principe *rebus sic stantibus* et la théorie de l'imprévision. En vertu de telles règles de droit législatives, même le juge modifie les obligations des parties sans avoir besoin de recevoir d'elles un pouvoir spécial à cet effet. Des dispositions de ce genre existent dans divers droits nationaux. L'arbitre dira tout simplement qu'il n'a pas besoin d'être amiable compositeur et qu'il lui suffit de choisir de telles règles qu'il estime appropriées dans tel ou tel droit étatique, dès lors qu'il a ce pouvoir en

(10) BELLET et MEZGER, p; 632.

vertu de l'article 1496 lui-même.

Et puis, après tout, qu'est-ce qui autorise à dire à l'adresse de l'arbitre qu'on ne saurait présumer que les parties l'ont investi du pouvoir "exorbitant" de corriger le contrat au nom de l'équité en l'absence d'une clause expresse dans ce sens ? Cela, c'est le droit français, l'article 1497, qui le dit. Mais l'abitre international, qui n'a pas de *lex fori*, n'est pas tenu d'interpréter le contrat et de découvrir la volonté des parties selon les indications du droit français. Il peut procéder à cette interprétation en présumant, dans le silence des parties, qu'elles ont, bien entendu, voulu l'investir d'un tel pouvoir. Cela ne lui est pas interdit dès lors que cela se fait et s'avère très raisonnable et très normal dans d'autres sytèmes juridiques comme le droit américain et qu'il peut statuer selon les règles de droit qu'il estime appropriées.

Il suffit de se référer à la jurisprudence des tribunaux américains. On lit dans une de leurs décisions que " les arbitres, à moins que le compromis ne le leur interdise expressément, peuvent ne pas suivre les règles strictes du droit et de la preuve et statuer en équité ". Dans d'autres décisions on peut lire aussi que " si les parties, dans leur accord n'insistent pas pour que ce soit la loi applicable qui gouverne leur décision, les arbitres peuvent statuer selon leur propre notion de la justice ", ou que " l'arbitre peut faire ce qu'aucun juge n'a le droit de faire : décider volontairement *contra legem* et ne pas voir sa décision annulée ". Une autre décision plus élaborée dit que " le fait que la clause compromissoire soit une méthode contractuelle de règlement des différends, par laquelle les parties créent leur propre juridiction, choisissent leurs juges, renoncent à toutes voies de recours autres que le droit limité d'appel ou de révision, dispense les arbitres des règles concernant l'administration des preuves et leur laisse le soin de décider des questions en cause conformément à leur sens de la justice et de l'équité " (11). C'est ce qui fait dire au juriste américain DOMKE avec raison que " la clause d'amiable composition n'a pas lieu d'être en droit américain " (12).

628. - On se demande si, en l'absence d'un choix par les parties du droit applicable, une juridiction d'exequatur française pourrait refuser l'efficacité à une sentence internationale pour dépassement de la mission de l'arbitre (article 1502-3°) au motif qu'il a suivi le mode de penser américain et in-

(11) Voir la jurisprudence américaine citée par le professeur ÉRIC LOQUIN, L'amiable composition en droit comparé et international, Librairies Techniques 1980, n°s 143-147.

(12) MARTIN DOMKE, The law and practice of commercial arbitration, 1968, p. 256. L'attitude de la jurisprudence américaine irrite le professeur MANN qui appelle à la combattre (F. A. MANN, *Lex facit arbitrum*, in Liber Amicorum for MARTIN DOMKE, Nijhoff 1967, p. 177).

terprété la clause compromissoire comme lui donnant le pouvoir de statuer en équité même en l'absence de stipulation expresse, et contrairement à l'article 1497. Dans le même ordre d'idées, il est permis de penser sans risque d'erreur, croyons-nous, qu'une juridiction française d'exequatur ne pourrait pas refuser la reconnaissance et l'exécution à une sentence internationale, au motif qu'une telle interprétation de la clause compromissoire selon le mode américain d'interprétation serait contraire à l'ordre public international. Encore faut-il rappeler que l'arbitre n'a même pas besoin de cela. Au lieu de déclarer ouvertement qu'il interprète la clause compromissoire dans un sens qui lui donne pouvoir de statuer *contra legem* et de modifier en équité une des obligations du contrat, il trouvera toujours dans la galaxie juridique une règle de droit qu'il invoquera sans qu'il ait besoin de préciser sa source pour justifier la solution qu'il trouve équitable par un raisonnement à cent pour cent juridique, en appliquant les règles de droit qu'il estime appropriées et rien d'autre. Ou bien il omettra tout simplement de donner des explications sur le mode de raisonnement qu'il a adopté et sur les règles de droit qu'il a choisies. Le choix par l'arbitre international des règles de droit qu'ils estime appropriées, en l'absence de choix par les parties elles-mêmes, ne se résout-il pas, sous le couvert d'une affirmation qu'il a résolu le litige en termes de règles de droit, en l'absence totale de règles de droit et en une liberté souveraine de l'arbitre de statuer en équité, même sans avoir reçu des parties les pouvoirs d'un amiable compositeur ?

L'octroi par les parties à l'arbitre international des pouvoirs d'un amiable compositeur est une redondance lorsque les parties n'ont pas choisi le droit applicable, parce qu'il a alors ces pouvoirs par la nature des choses [13]. En somme, à défaut d'*electio juris* par les parties, l'arbitre international fait de l'amiable composition sans le savoir, comme le bourgeois gentilhomme faisait de la prose sans le savoir.

629. -Le professeur FOUCHARD écrivait en 1965 que très généralement, les praticiens du commerce international ne désirent pas voir la sentence rendue sur des bases aussi imprécises que celles de pures considérations d'équité et que la signification véritable de l'amiable composition, assez controversée en doctrine, ne doit pas être recherchée dans un refus général de toute norme juridique. Une telle conception serait trop éloignée des besoins de sécurité et de stabilité du commerce international pour que les praticiens du commerce international l'acceptent en principe. Il y a, poursuit-il, dispense d'appliquer les règles de droit, mais ces règles sont essentiellement celles qui forment les droits étatiques : les commerçants veulent se préserver de ce qu'ils considèrent comme des archaïsmes, mais

(13) Ainsi qu'on le verra, la mission de statuer comme amiable compositeur n'a de sens pour l'arbitre international que dans le cas d'*electio juris* par les parties.

ne renoncent pas à voir leurs relations obéir à des normes mieux adaptées aux conditions du commerce international ou à leurs branches professionneles [14]. Si tel est vraiment le voeu des praticiens du commerce intenational, c'est leur illusion. L'arbitrage international ne peut leur assurer ni sécurité ni stabilité ni l'assurance de voir s'appliquer des normes mieux adaptées que les normes étatiques au commerce international, dès lors que l'arbitre international " choisit les règles de droit qu'il estime appropriées ", c'est-à-dire qu'il les choisit à sa discrétion, ce qui revient à dire qu'il n'y a pas de règles qui s'imposent à lui et que sa justice est une justice sans règles de droit. Car on ne voit pas la différence entre une justice sans règles de droit et une justice où le juge choisit les règles de droit. Si les praticiens du commerce international entendent se sécuriser et voir s'appliquer des règles de droit, ils n'ont qu'à les choisir eux-mêmes.

(14) FOUCHARD, L'arbitrage commercial international, Dalloz, 1965, n° 582.

TITRE II

L'AUTONOMIE DES PARTIES DANS LE CHOIX DU DROIT APPLICABLE AU FOND DU LITIGE

CHAPITRE UNIQUE

LE FONDEMENT ET LES CONSÉQUENCES DE L'AUTONOMIE DES PARTIES DANS LE CHOIX DU DROIT APPLICABLE AU FOND DU LITIGE DANS L'ARBITRAGE COMMERCIAL INTERNATIONAL

630. - On serait tenté de croire et on lit parfois que l'autonomie des parties dans le choix du droit applicable au fond du litige dans l'arbitrage international est quasiment un truisme et ne pose en réalité aucun problème. Après tout, la loi d'autonomie qui autorise les parties à choisir le droit applicable au contrat international n'est-elle pas un principe fondamental du droit international privé des contrats en l'absence de convention d'arbitrage, lorsque le juge étatique est directement saisi du litige ? S'il en est ainsi, ce principe ne devrait-il pas s'appliquer *a fortiori* dans l'arbitrage international, justice qui est elle-même d'origine conventionnelle ? Où seraient les différences dans la mise en oeuvre de la loi d'autonomie dans l'une et dans l'autre des deux situations ?

Une telle réflexion serait trop hâtive. Ce qui peut apparaître *prima facie* comme un lieu commun mérite en réalité un examen plus attentif. Non seulement les caractéristiques et la mise en oeuvre de la loi d'autonomie des parties ne sont pas les mêmes dans l'arbitrage international et en l'absence d'arbitrage international, mais les différences à cet égard sont théoriquement et pratiquement très importantes, précisément parce que le fondement de l'autonomie des parties dans l'une et l'autre des deux situations n'est pas le même.

A - LE FONDEMENT DE L'AUTONOMIE DES PARTIES DANS LE CHOIX DE LA LOI APPLICABLE AU FOND DU LITIGE EN L'ABSENCE D'ARBITRAGE INTERNATIONAL : LA RÈGLE DE CONFLIT DE LA *LEX FORI* DU JUGE ÉTATIQUE

631. - Pour le juge étatique saisi directement d'un litige sur un contrat international en l'absence d'une convention d'arbitrage international, ce qu'il est convenu d'appeler la loi d'autonomie, c'est-à-dire de l'autonomie des parties dans le choix du droit applicable au fond du litige, est la règle de conflit principale de la *lex fori* du juge.

Cette règle de conflit principale est énoncée à l'article 3(1) de la Convention de Rome de 1980 : " Le contrat est régi par la loi choisie par les parties ". Le choix de la loi ne résulte pas de la volonté des parties. Cette volonté ne joue un rôle que parce que c'est la loi qui le lui confie : c'est une règle de la *lex fori*, l'article 3(1) de la Convention de Rome, qui confie expressément ce rôle à la volonté. L'accord de volonté des parties sur la loi applicable a un effet obligatoire parce que c'est cette règle qui le prévoit. Comme l'écrit le professeur MAYER, la règle de la *lex fori* joue à l'égard de l'accord de volonté sur le choix de la loi le même rôle que l'article 1134 du Code civil à l'égard de la substance du contrat (1).

Le contrat étant "régi" par la loi choisie, il s'ensuit qu'il est placé sous l'empire de cette loi, encore qu'elle soit une loi choisie par les parties, et il se trouve placé sous l'empire de cette loi tout comme une règle de conflit subsidiaire de la *lex fori* (article 4 de la Convention de Rome) désigne directement la loi applicable ou donne pouvoir au juge de la désigner, à défaut de choix par les parties. Dans les deux cas, la règle est une règle de conflit. Comme le souligne le professeur LAGARDE, le choix est un choix de droit international privé, en ce sens que le contrat est soumis à la loi choisie. Il ne s'agit donc pas d'une incorporation de la loi choisie dans le contrat (2).

632. - Certes, il est anormal, en soi, que les parties choisissent elles-mêmes la loi qui, une fois choisie, va "régir" leur contrat, dès lors que la loi est un commandement, un impératif. Mais ce qui est anormal en soi devient tout à fait normal, dès lors que c'est une loi qui l'ordonne, à savoir la règle de conflit principale de la *lex fori* qui est la loi positive de l'État qui investit le juge de son pouvoir et au nom duquel il rend la justice.

Il s'ensuit que, devant le juge étatique, en l'absence d'arbitrage, la loi choisie par les parties pour régir leur contrat demeure une loi authentique comme une autre, pourvue du caractère impératif, et dont la violation est sanctionnée. Si le tribunal de grande instance ne respecte pas le choix des

(1) MAYER, Droit international privé, *op. cit.*, n° 694, p; 435.

(2) LAGARDE, Rev. crit. de dr. int. priv., 1991, p. 300.

parties, son jugement sera réformé en appel

B - LES CONSÉQUENCES DU CHOIX DE LA LOI PAR LES PARTIES EN L'ABSENCE D'ARBITRAGE

a) Les parties ne peuvent choisir qu'une loi étatique

633. - De ce que l'article 3 (1) de la Convention de Rome dispose que le contrat est régi par la loi choisie par les parties, il résulte que les parties ne peuvent choisir qu'une loi étatique. Le mot "loi" évoque la loi d'un pays, c'est-à-dire une loi étatique. Ce qui est confirmé par l'article 4 de la Convention de Rome aux termes duquel, " dans la mesure où la loi applicable au contrat n'a pas été choisie conformément aux dispositions de l'article 3, le contrat est régi par la loi du pays avec lequel il présente les liens les plus étroits ". Le choix ne peut donc porter que sur la loi d'un pays et sur rien d'autre. Par là-même se trouve exclu le contrat sans loi. Ainsi se trouve aussi exclu le choix d'un droit qui n'est pas un droit étatique, par exemple le choix du droit international public, ou le choix des principes généraux du droit, ou le choix du droit transnational ou de la *lex mercatoria*. Le professeur GOLDMAN avait vu le danger venir dès l'année 1979, avant l'entrée en vigueur de la Convention de Rome, alors que celle-ci n'était qu'un avant-projet (3).

b) Le dépeçage

634. - L'article 3 (1) (3e phrase) de la Convention de Rome dispose que " les parties, par leur choix, peuvent désigner la loi applicable à la totalité ou à une partie seulement de leur contrat ". Cela pose le problème du "dépeçage", possibilité de diviser le contrat en plusieurs parties qui seront soumises à des lois différentes. Ce texte a donné lieu à de nombreuses discussions. Il est admis que le dépeçage pratiqué par les parties n'est pas totalement libre, mais qu'il est limité et soumis à certaines conditions. Selon le professeur LAGARDE, le dépeçage voulu par les parties doit être raisonnable, c'est-à-dire qu'il ne doit pas conduire à des solutions incohérentes ou encore, comme on l'a dit parfois, à un pot-pourri juridique (4).

c) Les modifications ultérieures de la loi choisie

635. - Par là-même se trouve résolu le délicat problème des clauses d'intangibilité ou de stabilisation par lesquelles les parties "pétrifient" le contenu de la loi déclarée applicable en s'accordant à soumettre leur contrat

(3) LAGARDE, *loc. cit.*, p. 300. Voir : KASSIS, Le nouveau droit européen..., précité, n° 353
(4) Voir : KASSIS, *op. cit.*, nos 331 et s.

à une certaine loi dans sa teneur au jour de la conclusion du contrat. Comme l'observe le professeur LAGARDE, une clause de ce genre équivaudrait à un choix de droit matériel, c'est-à-dire à une "contractualisation" ou incorporation de la loi choisie dans le contrat, ce qui ne serait pas un choix de loi au sens de l'article 3 de la Convention selon lequel le contrat est soumis à la loi choisie. Il faut donc convenir avec le professeur LAGARDE qu'en présence de telles clauses, il y a lieu de rechercher la loi objectivement applicable au contrat selon les critères de l'article 4, puis de vérifier le sort que cette loi fait à la clause de stabilisation.

d) Le choix d'une loi qui annule

636. - Le fait que le contrat soit soumis à la loi choisie entraîne la nullité de toute stipulation contractuelle qui ne serait pas en accord avec cette loi, et même la nullité de tout le contrat s'il est dans son ensemble incompatible avec elle.

e) Pas de contrat sans loi

637. - A partir du moment où la loi choisie par les parties régit le contrat et où, en l'absence d'un tel choix, le contrat est régi par la loi désignée directement par la *lex fori* (selon les critères de l'article 4 ou des autres articles de la Convention de Rome), il ne peut pas y avoir de contrat sans loi pour le juge étatique saisi directement d'un litige relatif à un contrat international en l'absence de convention d'arbitrage [5].

C - LE FONDEMENT DE L'AUTONOMIE DES PARTIES DANS LE CHOIX DU DROIT APPLICABLE AU FOND DU LITIGE DANS L'ARBITRAGE INTERNATIONAL : LA VOLONTÉ DES PARTIES

638. - Si pour le juge étatique saisi directement d'un litige relatif à un contrat international en l'absence d'arbitrage, l'autonomie des parties dans le choix du droit applicable au fond du litige a pour fondement la règle de conflit principale de la *lex fori* du juge (article 3 (1) de la Convention de Rome), il n'en va pas de même pour l'arbitre international. Dans l'arbitrage international, l'autonomie des parties dans le choix du droit applicable au fond du litige trouve son fondement directement dans la volonté des parties. La raison en est que l'arbitre international n'a pas de *lex fori* qui s'impose à lui en dehors de la volonté des parties, parce qu'il n'est pas

(5) Pour plus de détails, voir KASSIS, Le nouveau droit..., *op; cit.*, p. 347 et s. L'article 116 al. 1 de la DIP (loi fédérale suisse sur le droit international privé) étant identique à l'article 3 (1) de la Convention de Rome, il nous semble que l'analyse précédente devrait s'appliquer en droit international privé suisse.

investi de sa mission par l'État, parce qu'il ne juge pas au nom d'un État et qu'il n'est pas le gardien de l'ordonnancement juridique d'un État. N'ayant pas de *lex fori*, il n'a pas de règles de droit à respecter, il n'y a pas de règles de droit qui priment la volonté des parties. La volonté des parties est autonome et souveraine. La règle de droit choisie par les parties n'est plus une règle de droit et ne doit plus être traitée comme telle, elle devient une clause contractuelle qui s'incorpore au contrat et n'a pas plus de valeur ou de force que les autres clauses contractuelles. C'est l'incorporation par référence ou par renvoi.

D - CONTESTATION DE CETTE VÉRITÉ PAR LE PROFESSEUR GAILLARD DANS LE TRAITÉ : SEULE UNE LOI PEUT FONDER L'AUTONOMIE DES PARTIES. CRITIQUE DE CETTE THÈSE

639. - On a déjà examiné la thèse du professeur GAILLARD visant à démontrer la condamnation du contrat sans loi [(6)]. Les prescriptions du droit français de l'arbitrage international ne se réduiraient pas à celles qui sont sanctionnées par une action en annulation ou en refus d'exequatur. Même si elle n'est pas reprise au titre des causes de refus de reconnaissance ou d'annulation des articles 1502 et 1504 du nouveau Code de procédure civile, la règle de l'article 1496 serait claire en ce qu'elle exige que le contrat soit soumis à des "règles de droit". C'est pourquoi, selon le professeur GAILLARD, cette prescription s'impose aux arbitres dans tous les arbitrages soumis à la loi française. Nous avons pu constater qu'il faut prendre le contre-pied de cette thèse du professeur GAILLARD, parce que l'article 1496 du N.C.P.C. qui exige que le contrat soit soumis à des règles de droit n'est pas une prescription qui s'impose aux arbitres, et cela pour deux raisons. D'abord, aucune prescription d'un droit national ne s'impose à un arbitre international qui n'a pas de *lex fori*. Ensuite, parce que la violation de l'article 1496 du N.C.P.C. n'encourt aucune sanction.

640. - Cette thèse est reprise au paragraphe 1425 du Traité de l'arbitrage commercial international. Selon le professeur GAILLARD, le principe d'autonomie dans l'arbitrage international n'a d'autre valeur que l'affirmation par les parties elles-mêmes de leur propre autonomie. Or, poursuit le même auteur, à strictement parler, seule une loi peut fonder une telle autonomie et en fixer les conditions d'exercice et les limites : soit la loi du lieu où se déroule l'arbitrage, généralement compétente pour connaître des recours en annulation formés à l'encontre de la sentence, soit les lois des États qui accepteront de reconnaître une sentence ayant donné effet au choix des parties sur la loi applicable [(7)].

(6) Voir supra, n°s 592 à 599.

(7) **GAILLARD**, Traité, p. 798, n° 1425.

641. - On ne peut pas souscrire à cette analyse du professeur GAILLARD. Il y a dans l'article 1496 du N. C. P. C. l'affirmation de deux autonomies dans la désignation du droit applicable au fond du litige. La première, c'est l'autonomie des parties dans le choix des règles de droit. La seconde, c'est l'autonomie de l'arbitre dans la désignation des règles de droit, en l'absence de choix de ces règles par les parties. Pour ce qui concerne cette dernière autonomie, le professeur GAILLARD soutient que son fondement est l'article 1496 lui-même, parce que seule une loi peut la fonder. Il en déduit que la sentence qui tranche le litige sans appliquer des règles de droit viole l'article 1496, ce qui devrait entraîner un refus d'exequatur. La thèse du professeur GAILLARD est inacceptable, parce que l'exequatur d'une telle sentence n'est jamais refusé pour non application d'une loi. La première autonomie est celle des parties dans le choix des règles de droit applicables au fond. Pour le professeur GAILLARD, cette autonomie aussi est fondée sur une loi, à savoir le même article 1496. Si l'arbitre ne respecte pas le choix des parties, sa sentence s'expose à un refus d'exequatur. C'est vrai. Mais l'exequatur n'est pas refusé pour violation d'une loi, à savoir l'article 1496, mais pour une autre raison, celle de ne pas s'être conformé à sa mission qui est de respecter la volonté des parties (article 1502-3° du N. C. P. C.) La condamnation du contrat sans loi n'est toujours pas démontrée.

E - LES CONSÉQUENCES DU CHOIX DU DROIT PAR LES PARTIES DANS L'ARBITRAGE

Dans un arbitrage international, les conséquences du choix du droit par les parties ne seront pas les mêmes qu'en l'absence d'arbitrage.

a) Les parties peuvent choisir une loi étatique ou des règles de droit non étatiques

642. - Dès lors que dans l'arbitrage international, le choix par les parties du droit applicable au contrat trouve son fondement juridique directement dans la volonté des parties, en l'absence de *lex fori*, et dès lors que les règles de droit perdent leur caractère de règles de droit et deviennent des clauses contractuelles, les parties peuvent choisir des règles de droit puisées dans un ou plusieurs droits étatiques ou des règles de droit non étatiques. Elles peuvent combiner les règles de droit choisies comme elles l'entendent. Elles peuvent créer des règles-modèles et en faire un "code" à l'usage de l'arbitre. Elles peuvent dire tout simplement qu'elles choisissent la *lex mercatoria*. Si l'arbitre estime qu'un droit qui s'appelle *lex mercatoria* existe et que ses règles sont connues, il les appliquera. Seulement il les appliquera en tant que stipulations contractuelles et non en tant que règles de droit.

b) Le dépeçage

643. - Lorsqu'il s'agit d'un arbitrage international, dès lors qu'il n'y a pas de *lex fori* et que les règles de droit choisies par les parties deviennent de simples modèles de référence qui s'incorporent au contrat, le dépeçage est certainement permis aux parties sans les restrictions de la Convention de Rome. Le professeur GAILLARD écrit à la page 806 (n° 1436) du Traité de l'arbitrage commercial international : " En permettant aux parties de choisir les "règles de droit" applicables, l'article 1496 du nouveau Code de procédure civile valide incontestablement le dépeçage , sans même qu'il soit besoin, pour le justifier, d'établir qu'il est possible d'isoler telle ou telle "partie" du contrat. Ce que dit le professeur GAILLARD est tout à fait vrai, sauf que les parties n'ont pas besoin d'une "validation" par l'article 1496 pour opérer un tel dépeçage. Il faut dire tout simplement que la nature de l'arbitrage international exclut qu'il puisse y avoir un problème de dépeçage.(8)

c) Les modifications ultérieures de la loi choisie

644. - Dans l'arbitrage international, si la loi choisie vient à être modifiée après la clause de choix, les dispositions nouvelles de la loi choisie ne seront pas applicables au contrat en cours, dès lors qu'il s'agit d'une incorporation. Les dispositions de la loi choisie sont devenues des clauses contractuelles, la volonté des parties s'étant portée sur chacune d'elles, comme si elles avaient été recopiées dans le contrat. La loi choisie ne peut être modifiée que par un nouvel acte de volonté commun et clairement exprimé. C'est la conséquence logique de l'incorporation qui est une contractualisation de la loi choisie. A moins, bien entendu, que les parties elles-mêmes ne conviennent clairement, dans la clause de choix, qu'elles entendent que les modifications futures de la loi choisie s'appliquent à leur contrat. L'arbitre est lié par une telle clause, parce qu'elle est l'expression de la volonté des parties, la volonté anticipée d'une incorporation des modifications futures.

d) Les clauses de gel de la loi choisie

645. - Dans l'arbitrage international, des clauses d'intangibilité, de stabilisation de la loi choisie par les parties sont une redondance. L'intangibilité ou la stabilisation de la loi choisie par les parties est un corollaire de l'incorporation. La loi choisie est intangible, elle est figée, elle n'est pas affectée par les modifications futures édictées par le législateur, parce que telle est la nature des choses, la logique de l'incorporation. Seule une vo-

(8) Voir : KASSIS, Le nouveau droit..., n°s 331 et s.

lonté expresse des parties peut modifier la loi choisie qui est devenue une partie du contrat du fait de l'incorporation, ou prévoir que les modifications futures s'appliqueront..

C'est pourquoi nous croyons que le débat sur les clauses de gel de la loi choisie dans le cadre de l'arbitrage international est un faux débat, parce que la loi choisie est naturellement figée du fait de son incorporation sauf stipulation contraire, et que l'on n'a donc guère besoin d'une clause de gel. Abstraction faite des clauses de stabilisation ou d'intangibilité de la loi choisie dans un contrat d'État où peut se poser un problème spécifique relatif à la souveraineté de l'État contractant, problème qui dépasse le cadre de notre propos, les controverses sur la validité des clauses de gel dans le cadre de l'arbitrage international sont de vaines querelles lorsqu'on souscrit à l'analyse du choix des parties en une incorporation. Si la validité d'une clause de gel est controversée en droit international privé fnaçais (9), la controverse n'a pas de place dans l'arbitrage international, puisque la loi choisie est gelée sauf volonté contraire des parties, et sans besoin d'une clause de gel. Et c'est pourquoi il n'est guère nécessaire de recourir à des arguments fondés, par exemple, sur les principes de droit transitoire de la loi choisie par les parties (10). Point n'est besoin non plus de tirer argument de l'absence de contrôle de la loi applicable au fond au niveau ultérieur de la reconnaissance de la sentence par le juge étatique. Le professeur GAILLARD écrit qu'en l'absence de contrôle de la loi applicable au fond, rien dans le droit français de l'arbitrage ne permettrait au juge connaissant de cette question, à l'occasion d'un recours en annulation par exemple, de mettre en cause la validité d'une sentence donnant effet à une clause de gel de la loi applicable (11). C'est vrai, mais c'est enfoncer une porte ouverte.

e) Le choix d'une loi qui annule

646. - Dans l'arbitrage international, le choix d'une loi par les parties ne peut pas entraîner la nullité du contrat, même si celui-ci devrait être considéré comme nul selon l'une ou l'autre des dispositions de la loi choisie. Il en est de même si l'une des stipulations contractuelles devrait être considérée comme nulle parce qu'elle est incompatible avec une des dispositions impératives de la loi choisie. Le choix de la loi par les parties ayant valeur d'incorporation et non de soumission du contrat à la loi choisie, les parties qui ont voulu le contrat ne peuvent pas avoir voulu sa nullité - ou la nullité d'une de ses stipulations - par la mise en oeuvre de la

(9) Sur l'état de la question après la Convention de Rome, voir : KASSIS, Le nouveau droit..., précité.

(10) GAILLARD, JCL, précité, p. 6, n° 18 ; Traité, n° 1438.

(11) GAILLARD, JCL précité, n°s 19-20, et Traité, n° 1438.

loi qu'elles ont choisie. On ne peut parler, dans une telle situation, que d'incohérence, de contradiction entre les stipulations du contrat et la loi choisie. La volonté des parties, telle qu'elle apparaît dans les stipulations expresses du contrat fait échec à l'annulation du contrat ou de l'une de ses clauses par la mise en oeuvre d'une disposition de la loi choisie. La logique commande de considérer que les parties ont choisi la loi applicable sans avoir voulu que sa mise en oeuvre conduise à la nullité totale ou partielle du contrat qui est le leur. Les dispositions de la loi choisie qui entraîneraient une telle nullité sont censées n'avoir pas été voulues par les parties. Les clauses contractuelles expresses priment les dispositions contraires de la loi choisie. C'est la seule solution logique de l'incohérence : *potius ut valeat quam ut pereat*. Il en serait autrement devant le juge étatique en l'absence d'arbitrage, car alors la loi choisie "régit" le contrat, elle lui est supérieure, c'est le contrat qui est soumis à la loi choisie, conformément au commandement de la *lex fori*.

647. - Cette opinion que nous soutenons et qui nous apparaît comme un corollaire de l'incorporation, est contestée par certains auteurs.

Pour le professeur GAILLARD, l'explication que nous adoptons doit être condamnée de la manière la plus ferme, parce qu'elle repose sur une conception erronée de la volonté des parties au moment du choix de la loi applicable. Car, pense-t-il, " en contractant, les parties entendent généralement se placer sous la protection générale d'un système juridique auquel elles font confiance, parfois il est vrai sans bien connaître son contenu, pour résoudre toutes les difficultés susceptibles de survenir à propos de leur convention " (12). L'explication du professeur GAILLARD repose sur une lecture de la pensée des parties qui n'a aucun support dans le contrat lui-même, en somme sur ce qui relève plutôt de la divination, et même sur une lecture contredite par les termes du contrat. Il serait adéquat de dire que les parties, en choisissant la loi applicable à leur contrat international, ont entendu se placer sous la protection générale du système juridique qu'elles ont choisi, mais seulement en l'absence de convention d'arbitrage international. Car, en l'absence d'arbitrage, la *lex fori* du juge étatique commande qu'il y ait en tout état de cause une loi qui "régit" le contrat international, c'est-à-dire une loi nationale déterminée qui se place au-dessus du contrat international. Même si elle est choisie par les parties sur autorisation de la *lex fori*, cette loi n'en sera pas moins supérieure au contrat, parce qu'elle régit celui-ci, et l'application des dispositions de la loi choisie pourra, par conséquent, conduire à l'annulation du contrat ou de certaines de ses clauses. C'est dans cette hypothèse d'absence d'arbitrage que l'on peut dire que les parties,en choisissant la loi, ont entendu se placer sous la protection générale du sys-

(12) **GAILLARD**, **JCL**, page 7, n° 19 et Traité, n° 1439.

tème juridique choisi. A la vérité, et plus exactement, c'est la *lex fori*, et non les parties elles-mêmes, qui veut que la loi qu'elles ont choisie leur serve de "protection" et annule au besoin leur contrat si la mise en oeuvre de la loi choisie conduit à la nullité de ce contrat.

648. - Il n'en va pas de même dans le cadre d'un arbitrage international. Ce serait faire violence à la volonté des parties que de concevoir que par leur choix de la loi applicable, elles ont entendu se placer sous sa "protection", et plus précisément qu'elles ont entendu que la loi choisie annule le contrat qu'elles ont expressément voulu. Car il n'existe pas, dans l'arbitrage international, une *lex fori* extérieure à la volonté des parties qui puisse commander à l'arbitre de placer la loi choisie à un niveau supérieur à la volonté qui a procédé au choix, de sorte que la mise en oeuvre de la loi choisie puisse conduire au besoin à l'annulation du contrat voulu par elles. Les parties ont choisi la loi afin que l'arbitre se réfère à cette loi incorporée au contrat pour résoudre un litige sur leurs obligations réciproques, pas plus.

649. - Le professeur GAILLARD pense que si l'application de la loi choisie conduit à l'annulation du contrat ou d'une de ses clauses, c'est aussi respecter la volonté des parties que de l'annuler. Mais cela voudrait dire qu'on respecte la loi choisie par les parties pour annuler un contrat qui, c'est le moins que l'on puisse dire, a été lui-même indiscutablement voulu par elles. Lorsqu'on souscrit à l'explication par l'incorporation, la situation se présente comme comportant une incohérence entre deux clauses ou deux ensembles de clauses contractuelles : d'une part les stipulations expresses du contrat, et d'autre part une stipulation qui n'est pas directement exprimée mais qui se déduit d'un raisonnement que l'on fait à partir de certaines dispositions de la loi choisie et qui conduit à la nullité du contrat ou d'une partie de ses clauses. La question est alors une question d'interprétation de la volonté des parties lorsqu'on se trouve en présence de deux clauses contractuelles contradictoires. D'abord, on ne voit pourquoi on devrait privilégier la clause qui s'obtient par déduction de la loi choisie à la clause clairement exprimée. Ensuite, il y a le principe de l'effet utile (*potius ut valeat quam ut pereat*) : il faut interpréter le contrat dans le sens qui lui donne effet plutôt que dans le sens qui entraîne sa nullité.

La contradiction existe incontestablement dans l'hypothèse envisagée, et l'on ne peut pas dire que les parties ont voulu la contradiction et l'incohérence de leur contrat. La seule interprétation raisonnable est celle qui consiste à dire que les parties n'ont pas vu la contradiction parce qu'elles n'ont pas étudié soigneusement la loi qu'elles ont choisie, qu'elles ne se sont pas rendu compte qu'elle contient des dispositions qui conduisent à annuler leur contrat ou certaines de ses clauses, et que la chose qu'elles ont incontestablement voulue en tout état de cause, c'est leur contrat et ses clauses expresses et non sa nullité ou la nullité de l'une ou l'autre de ses clauses.

650. - Il est une autre hypothèse qu'il y a lieu d'examiner dans notre contexte : c'est celle où le contrat contient une clause qui prévoit qu'en cas de conflit entre les dispositions de la loi choisie par les parties et les stipulations du contrat lui-même, ce sont celles-ci qui l'emportent. On voit se développer de telles clauses, et la doctrine en général n'a pas de difficulté à admettre qu'il faut leur donner effet et faire prévaloir les stipulations du contrat contre les dispositions contraires de la loi choisie. Cette opinion n'est pas partagée par le professeur GAILLARD. Sans doute, écrit-il, " dans une telle hypothèse, les parties n'ont pas voulu que les dispositions de leur convention puissent être invalidées par la loi qu'elles ont choisie pour régir cette convention (13). Cela ne signifie pas pour autant que cette volonté de faire échapper certaines clauses à l'emprise de la loi généralement applicable soit efficace. En effet, les clauses qui entrent en contradiction avec la loi choisie ne sont plus soumises, de par la volonté des parties, à aucune loi. Le contrat deviendrait, si l'on devait s'en tenir à la volonté des parties, un contrat partiellement sans loi. Or, on aura l'occasion de constater que le droit français de l'arbitrage n'admet pas le contrat sans loi " (14).

De fait, le professeur GAILLARD a formulé dans les deux paragraphes suivants du Traité les arguments qui, selon lui, plaident en faveur de la condamnation du contrat sans loi. Et on a pu constater que sa tentative n'a pas été couronnée de succès (15). Ainsi qu'on l'a vu, un contrat dont la loi est choisie par les parties dans un arbitrage international est bel et bien un contrat sans loi, dès lors que la loi choisie par les parties n'est plus une loi véritable mais s'incorpore au contrat et devient un ensemble de clauses contractuelles qui s'ajoute aux autres.

L'objection du professeur GAILLARD contre le pouvoir des parties d'écarter par une mention expresse l'application aux clauses de leur contrat des dispositions du droit qu'elles ont choisi et qui seraient de nature à annuler ces clauses ne repose donc pas sur une justification rationnelle. Mais même en l'absence d'une telle mention expresse, on a du mal à suivre le raisonnement qui voudrait, en matière d'arbitrage international, qu'en l'absence d'une mention expresse contraire, la loi choisie par les parties l'emporte sur une clause contractuelle incompatible avec les dispositions de cette loi, entraînant de ce fait l'annulation de la clause en question et même,

(13) Le verbe "régir" est, dans le contexte, une impropriété de langage. La loi choisie par les parties régit le contrat international en l'absence d'arbitrage, mais pas dans un arbitrage.

(14) **GAILLARD**, JCL précité, n° 20 et Traité, n° 1439.

(15) Voir supra, nos 592 à 599 et nos 639 à 641.

selon le cas, la nullité du contrat tout entier.

A l'opposé du raisonnement du professeur GAILLARD, notre analyse est partagée par des auteurs comme M. DERAINS. Pour celui-ci, les parties peuvent fort bien écarter du droit applicable choisi, des dispositions qui annulent certaines clauses du contrat, mais si telle est leur volonté, elles doivent le préciser. M. DERAINS ajoute que le conflit entre le texte du contrat et l'ordre public du droit choisi par les parties ne doit donc être résolu par l'arbitre international qu'à la lumière des termes des clauses contractuelles. Ainsi, une clause prévoyant que " pour toutes les questions non réglées dans le contrat, la loi néerlandaise sera applicable " oblige les arbitres à donner effet à toutes les stipulations contractuelles, quand bien même elles seraient nulles en vertu de l'ordre public néerlandais (16).

f) Le contrat sans loi

651. - Pour les raisons que l'on a vues, le contrat dans l'arbitrage international est sans loi, c'est-à-dire sans règles de droit. La loi ou les règles de droit choisies par les parties perdent leur impérativité, leur caractère de loi ou de règles de droit et deviennent par leur incorporation au contrat des modèles de référence, des stipulations contractuelles. A plus forte raison, en l'absence de choix par les parties, le contrat est sans loi, sans règles de droit, et l'arbitre applique au contrat son propre droit, c'est-à-dire sa propre conception du droit.

F - SANCTION DE LA MÉCONNAISSANCE PAR L'ARBITRE DU DROIT CHOISI PAR LES PARTIES

652. - Lorsqu'on se place dans l'hypothèse où les parties n'ont pas fait un choix du droit applicable au fond et où la désignation de ce droit appartient à l'arbitre, le juge étatique de la reconnaissance et de l'exécution de la sentence, en entendant par là, en ce qui concerne le droit français, la Cour d'appel dans une instance en exequatur (ou un recours en annulation), n'exerce aucun contrôle sur le droit appliqué par l'arbitre au fond. Le juge étatique de l'exequatur (ou du recours en annulation) n'est pas une juridiction du second degré, il ne se livre pas à une révision au fond de la sentence. Il ne peut pas sanctionner un mal jugé, une erreur de fait ou de droit, une erreur d'interprétation de la loi applicable au contrat ou une mauvaise appréciation des faits.

Le juge du recours en annulation ou de l'exequatur ne ne peut donc pas sanctionner par une annulation ou un refus d'exequatur un mauvais choix

(16) DERAINS, L'ordre public et le droit applicable au fond du litige dans l'arbitrage international, Rev. Arb., 1986, p. 390, n°s 28-29.

par l'arbitre de ce droit. Lorsqu'on examine l'article V de la Convention de New York et les articles 1502 et 1504 du N.C.P.C. français, on n'y trouve aucune disposition qui permettrait au juge étatique de sanctionner un mauvais choix par l'arbitre du droit applicable au fond ou une mauvaise application de ce droit. D'ailleurs, en l'absence de choix par les parties, il est exclu qu'il puisse y avoir un mauvais choix par l'arbitre en raison de sa liberté de désigner le droit applicable, du fait qu'il n'a pas de *lex fori*, ce que ne fait en réalité que rappeler l'article 1496.

653. - *Quid* lorsque les parties ont elles-mêmes choisi le droit applicable au fond ? Ainsi qu'on l'a vu, le droit qu'elles ont choisi s'incorpore à leur contrat. Il devient un ensemble de clauses contractuelles que l'arbitre doit dès lors respecter, étant l'expression de leur volonté. Le respect du droit que les parties ont choisi fait alors partie de la mission qu'elles lui ont confiée. Il doit statuer en se conformant à cette mission. Parce que la volonté des parties tient lieu de *lex fori* pour l'arbitre, et parce que, à la différence de l'hypothèse où c'est l'arbitre qui désigne le droit à défaut de choix par les parties, lorsque ce sont elles qui ont choisi, l'article V de la Convention de New York et les articles 1502 et 1504 prévoient bien une sanction du non respect par l'arbitre international de la mission qui lui a été conférée, cette sanction étant l'annulation ou le refus de reconnaissance ou d'exécution de la sentence.

En effet, l'article V. 1(c) dispose que la reconnaissance et l'exécution de la sentence rendue à l'étranger seront refusées s'il est fourni à l'autorité compétente du pays où elles sont demandées la preuve " que la sentence porte sur un différend non visé dans le compromis ou n'entrant pas dans les prévisions de la clause compromissoire, ou qu'elle contient des décisions qui dépassent les termes du compromis ou de la clause compromissoire ". Et l'article 1502 dispose que l'appel de la décision qui accorde la reconnaissance ou l'exécution à la sentence rendue à l'étranger n'est ouvert que dans cinq cas dont le troisième est celui où " l'arbitre a statué sans se conformer à la mission qui lui a été conférée ". Il en est de même de la sentence rendue en France en matière d'arbitrage international qui a fait l'objet d'un recours en annulation (article 1504).

654. - Mais le fait pour le juge étatique d'examiner si l'arbitre n'a pas violé le droit choisi par les parties et n'a pas ce faisant manqué à sa mission ne comporte-t-il pas un contrôle de la manière dont l'arbitre a statué au fond, le juge étatique s'attribuant ainsi un pouvoir de révision au fond et se muant en une juridiction du second degré ? C'est précisément là que gît la difficulté. Le juge étatique se trouve en présence de deux impératifs contradictoires : l'obligation de contrôler le respect par l'arbitre de la volonté des parties qui sont ses créateurs, à travers le contrôle du respect de la mission qui lui a été confiée, d'une part, et d'autre part, l'obligation de ne pas se livrer dans son contrôle à une révision au fond qui ferait de lui un juge du second degré. Comment résoudre le conflit entre ces impératifs contradictoires ? Le contrôle du respect par l'arbitre de sa mission ne doit pas conduire à remettre en cause le principe essentiel selon lequel le droit de l'arbitrage ne prévoit aucun contrôle de la manière selon laquelle l'arbitre statue au fond, sous la seule réserve du respect des exigences de la conception française de l'ordre public international [17]. Et le professeur MAYER, parlant du contrôle de la conformité de l'arbitrage à la mission conférée à l'arbitre, écrit que " le contrôle doit être enfermé dans certaines limites ; toute partie qui n'a pas eu gain de cause pourrait sinon prétendre que l'arbitre a mal raisonné, mal apprécié les preuves ou mal interprété les règles de droit et s'est par là soustrait à sa mission ; le juge étatique deviendrait une véritable juridiction du second degré. Seul un comportement révélant un mépris ou une incompréhension flagrants de la volonté des parties relative à l'objet ou au déroulement de l'arbitrage devrait être sanctionné. Certes, la limite est difficile à tracer. Mais l'incertitude qui en découle est le prix qu'il faut payer pour éviter de transformer l'instance de contrôle en nouvelle instance au fond, tout en assurant la nécessaire protection des parties contre un abus de l'arbitre "[18].

Ces incertitudes sont fâcheuses, constate le professeur MAYER, car à travers elles se manifeste l'un des problèmes cruciaux de l'arbitrage : celui de la coexistence de la justice arbitrale et de la justice étatique. Le contrôle par le juge étatique de la bonne application des règles de droit en général est exclu, enchaîne le professeur MAYER, parce que le législateur, dans sa sagesse, a pris conscience du fait qu'un contrôle trop étendu dénaturerait l'arbitrage : c'est un autre type de justice, et si l'on en admet le principe, il faut éviter d'entraver par une tutelle trop étroite ceux qui l'administrent. De plus, ajoute l'auteur, on risquerait de provoquer une inflation de recours : si l'on permet trop largement à la justice étatique (c'est-à-dire aux cours d'appel) de substituer son appréciation à celle des arbitres, les recours seront systématiques, et il sera plus nuisible qu'utile d'avoir une première phase arbitrale, le dernier mot appartenant aux juges étatiques [19].

On comprend aisément qu'il n'y ait pas là seulement une question de limites du contrôle du juge étatique au niveau de la reconnaissance et de l'exécution de la sentence, car de la solution de cette question dépend la sosolution d'une autre, celle de l'efficacité du choix du droit applicable au

(17) **GAILLARD,** *ibidem*, Fasc. 586-10, p. 19, n° 66 ; et Traité, n° 1634.

(18) **MAYER,** L'insertion de la sentence dans l'ordre juridique français, in Droit et pratique de l'arbitrage international en France, **FEDUCI**, 1994, p. 95.

(19) **MAYER,** La sentence arbitrale contraire à l'ordre public au fond, Rev. Arb. 1994, p. 616 et 617.

fond par les parties et de l'existence d'un véritable devoir assorti d'une sanction à la charge de l'arbitre de respecter le choix par les parties du droit applicable. Car parler d'un devoir de l'arbitre de respecter le choix par les parties du droit applicable au fond serait un exercice de style si la violation par lui de ce devoir n'est pas sanctionnée par une annulation ou un refus d'exequatur de la sentence. L'enjeu du problème est d'ailleurs plus grand, puisqu'il s'agit non seulement du respect par l'arbitre du choix par les parties du droit applicable au fond, mais du respect par lui des stipulations contractuelles, le droit choisi étant incorporé au contrat.

655. - A cette étape de l'analyse, la question se pose de savoir si on ne peut pas disposer de directives plus précises. En admettant que le traitement des situations doit se faire au cas par cas, ne peut-on pas aller au-delà des généralités qui consistent à dire qu'il faut concilier les deux impératifs contradictoires qui tiraillent le juge de l'exequatur ou de l'action en annulation en deux sens opposés - le respect du choix des parties d'un côté, et de l'autre côté, le principe de l'attachement à ne pas transformer l'instance de contrôle de la sentence en une instance au fond ? Ne peut-on pas aller au-delà de la proposition qui dit que seul un comportement de l'arbitre qui révèle un mépris ou une incompréhension flagrants de la volonté des parties devrait être sanctionné par le juge étatique au niveau de la reconnaissance et de l'exécution de la sentence ? Et où commence le mépris ou l'incompréhension flagrants de cette volonté ?

Il semble bien que l'on se trouve devant un des problèmes les plus épineux et dans une des zones d'ombre les plus épaisses de l'arbitrage international.

656. - L'apport de la jurisprudence au problème de la sanction de la méconnaissance par l'arbitre du choix par les parties du droit applicable au fond, par application de l'article 1502-3°, semble inexistant. On ne trouve rien à cet égard dans le dépouillement des arrêts de la Cour d'appel de Paris en matière de contrôle des sentences arbitrales depuis la réforme de 1981, effectué par Mme CRÉPIN [20]. Les auteurs sont peu diserts sur ce point. Comme exemples de méconnaissance par l'arbitre de sa mission mettant en oeuvre la sanction de l'article 1502-3°, ils citent la méconnaissance des règles de procédure choisies par les parties, la sentence *ultra petita*, les demandes incidentes tardives, le fait de statuer en amiable compositeur sans pouvoir spécial [21]. Mais ils ne semblent pas s'intéresser à la méconnais-

(20) **SOPHIE CRÉPIN**, Le contrôle des sentences arbitrales par la Cour d'appel de Paris depuis les réformes de 1980 et 1981, Rev. Arb. 1991, p. 521 et s.

(21) **DE BOISSÉSON**, *op. cit.*, p. 836 ; **F. C. JEANTET**, L'accueil des sentences étrangères ou internationales dans l'ordre juridique français, Rev. Arb. 1981, p. 518 ; **ROBERT**, 6[éd.] Dalloz, n° 341, p. 299 ; **MAYER**, précité, n° 29, p.95.

sance du droit choisi par les parties sur le fond du litige en général.

657. - La sanction de la méconnaissance par l'arbitre du choix par les parties du droit applicable au fond a été examiné fondamentalement par le professeur GAILLARD. Voici ce qu'il écrit : " La troisième situation dans laquelle les arbitres vont se voir reprocher de ne pas avoir respecté leur mission relativement au fond du droit est celle dans laquelle ils ont méconnu leur obligation de faire application des règles de droit choisies par les parties. Cela suppose que les règles de droit (loi étatique ou règles transnationales) applicables au fond par les arbitres aient été clairement identifiées par les parties et que les arbitres ne se soient pas conformés à ce choix. Ainsi par exemple, une sentence appliquant un droit étatique autre que celui que les parties auraient choisi, pourra être annulée ou se voir refuser l'exequatur en application des articles 1502-3° et 1504 " (22).

Nous croyons avec le professeur GAILLARD que la sentence qui applique un droit étatique autre que celui que les parties ont choisi doit être annulée ou se voir refuser l'exequatur. Sinon il ne servirait à rien de dire que l'arbitre doit respecter la volonté des parties y compris leur choix de la loi applicable. Il y a sans doute dans un tel comportement un mépris flagrant de la volonté des parties par l'arbitre, et l'on ne voit pas dans quels autres cas le mépris serait plus grand. Mais encore faut-il que le contenu de la loi choisie par les parties et celui de la loi appliquée par l'arbitre soient clairement identifiés. La sanction ne doit pas jouer lorsqu'il s'agit seulement d'une mauvaise interprétation par l'arbitre de la loi sur laquelle s'est portée la volonté des parties, parce que le redressement du mal jugé, de l'erreur de fait ou de droit sont une révision de la manière dont l'arbitre a statué au fond. L'instance d'annulation ou d'appel de l'ordonnance d'exequatur serait dans ce cas une instance de réformation effectuée par une juridiction du second degré. Pour que s'applique la sanction, il faut donc que l'arbitre ait manisfesté clairement sa volonté d'appliquer une loi différente de la loi choisie, soit par maladresse, soit qu'il ait trouvé qu'il n'est pas lié par le choix des parties. On comprend que de tels cas soient rares. On comprend aussi que les frontières ne soient pas toujours très nettes entre la méconnaissance par l'arbitre du droit choisi par les parties d'une part, et le mal jugé, l'erreur de droit, la mauvaise interprétation ou la mauvaise application du droit choisi par les parties d'autre part.

658. - Tout ce qui précède étant bien retenu, et en admettant avec le professeur GAILLARD que l'application par l'arbitre, dans les conditions que l'on vient de voir, d'une loi autre que la loi choisie par les parties s'expose à la sanction de l'article 1502-3° (ou de l'article 1504, bien entendu selon

(22) **GAILLARD**, Traité, n° 1637.

le cas), une telle sanction doit-elle s'exercer automatiquement, et sans aucune considération du résultat auquel a conduit un tel dépassement par l'arbitre de sa mission ? Autrement dit, la juridiction de l'annulation ou de l'exequatur doit-elle juger que la sentence doit être annulée ou se voir refuser l'exequatur en raison d'un tel dépassement, même si le résultat n'en a pas été affecté, c'est-à-dire si le dispositif de la sentence aurait été le même si l'arbitre avait appliqué le droit choisi par les parties ? Question bien embarrassante. Le contrôle et la sanction seraient particulièrement rigoureux dans un système de règlement des litiges (l'arbitrage) qui se distingue généralement par une réduction sensible des contraintes de la justice étatique, car cela impliquerait alors une incursion dans le fond par le juge de l'exequatur ou du recours en annulation, qui devient de ce fait une juridiction de réformation.

C'est vrai. Nous croyons cependant qu'il serait inadmissible que la sentence soit annulée ou que la reconnaissance et l'exécution lui soient refusées au motif que l'arbitre a dépassé sa mission en méconnaissant le choix par les parties du droit applicable, même si cette méconnaissance n'a eu aucun effet sur le résultat qui aurait été le même si l'arbitre avait appliqué la loi choisie par les parties. Que cela comporte une certaine incursion du juge étatique dans le fond est moins grave que de refuser la reconnaissance et l'exécution à une sentence arbitrale dont le résultat doit être approuvé, même si la loi appliquée n'était pas la bonne, dès lors que ce résultat serait resté inchangé si l'arbitre avait appliqué la loi qu'il aurait dû appliquer. Après tout, le juge de l'instance d'exequatur ou du recours en annulation qui examine la sentence pour voir si sa reconnaissance et son exécution sont ou non conformes à l'ordre public international ne fait-il pas une certaine incursion dans le fond ?[23]

(23) Cette opinion est confortée par la jurisprudence de la Cour de cassation dans l'arrêt du Plateau des Pyramides :" Si la mission de la Cour d'appel, saisie en vertu des articles 1502 et 1504 du Nouveau Code de procédure civile, est limitée à l'examen des vices énumérés par ces textes, aucune limitation n'est apportée au pouvoir de cette juridiction de rechercher en droit et en fait tous les éléments concernant les vices en questions. " (Civ. 1re, 6 janvier 1987, Plateau des Pyramides, Rev. Arb. 1987, p. 469 note Leboulanger ; JDI, 1987, note GOLDMAN.

TITRE III

LE MIRAGE D'UNE AUTRE AUTONOMIE :

LA *LEX MERCATORIA* OU LE DROIT TRANSNATIONAL

659. - L'autonomie que nous avons examinée jusqu'ici, dans cette deuxième partie, c'est l'autonomie des parties dans le choix du droit applicable au fond du litige, et à défaut de choix par les parties, l'autonomie de l'arbitre dans la détermination de ce droit. C'est la seule véritable autonomie dans l'arbitrage international. Du fait que par cette autonomie les règles de droit choisies par les parties ne sont plus des règles de droit, mais deviennent des clauses contractuelles, et du fait que l'arbitre, en l'absence de choix par les parties, applique au fond du litige son propre droit, tel qu'il le conçoit, le contrat devient un contrat sans loi, c'est-à-dire un contrat sans règles de droit.

Ceux qui récusent l'idée que le contrat international puisse être un contrat sans loi, parce qu'ils croient que ce contrat, même dans le cadre de l'arbitrage international, est toujours soumis à des règles de droit, et qui, dans le même temps, sont convaincus de l'inadéquation des droits étatiques, en raison de leur archaïsme et des besoins spécifiques du commerce international, sont tentés par l'idée de voir ce contrat soumis à des règles qui ne soient pas des règles étatiques tout en étant d'authentiques règles de droit. C'est ce qui explique la fascination qu'a exercé sur les esprits en France la théorie de la *lex mercatoria*.

660. - On ne se propose pas de reprendre ici en détail le contenu de cette théorie ni les critiques dont elle a fait l'objet. Si on en fait un rappel très rapide, c'est pour montrer que les analyses doctrinales successives qui en ont été faites durant quatre décennies ainsi que l'évolution du droit des contrats internationaux débouchent au bout du compte sur l'impossibilité rationnelle de l'existence de règles de droit non étatiques pouvant se présenter comme une alternative aux droits nationaux pour régir le contrat international, en dehors d'un arbitrage aussi bien que dans le cadre d'un arbitrage. Mais le plus savoureux, c'est qu'à travers ses tribulations et ses avatars, la *lex mercatoria* a perdu sa substance, de sorte qu'on ne comprend plus ce qu'elle est ni ce à quoi elle sert.

On examinera successivement la *lex mercatoria* authentique, celle de son concepteur, le professeur GOLDMAN. On montrera ensuite son impossibilité rationnelle. On prendra enfin connaissance de la *lex mercatoria* dernière mouture chez les disciples du professeur GOLDMAN, où elle est ravalée à une banale étude de droit comparé.

CHAPITRE I

LA *LEX MERCATORIA* AUTHENTIQUE DU PROFESSEUR GOLDMAN : L'ORDRE JURIDIQUE AUTONOME DE LA COLLECTIVITÉ DES OPÉRATEURS DU COMMERCE INTERNATIONAL

661. - Les bâtisseurs de la *lex mercatoria* sont incontestablement CLIVE SCHMITTHOFF (1) et BERTHOLD GOLDMAN (2), mais c'est surtout ce dernier qui l'a étoffée, qui lui a donné sa structure et sa véritable dimension, et qui a fait école.

(1) SCHMITTHOFF, The law of international trade, its growth, formulation and operation, in : Sources of international trade, London, 1964 ; International business law : a New Law Merchant, in Current law and social problems, University of Toronto, 1961, p. 129.
(2) GOLDMAN : Frontières du droit et *lex mercatoria*, in : Archives de philosophie du droit, 1964, p. 177. La *lex mercatoria* dans les contrats et l'arbitrage internationaux : réalités et perspectives, in JDI 1979, p. 475 ; Nouvelles réflexions sur la *lex mercatoria*, in Études LALIVE, 1993, p. 241 et s.

A - LE CONTENU DE LA *LEX MERCATORIA*

662.- Selon le professeur GOLDMAN, la *lex mercatoria* est faite d'usages et de principes. Les uns et les autres sont des règles de droit coutumières, qui régissent les structures et le fonctionnement juridiques propres à la collectivité des opérateurs du commerce international. Les uns et les autres sont des règles de droit transnationales ou plus précisément anationales, en ce sens qu'elles ne puisent pas leur autorité dans les systèmes juridiques nationaux, mais dans la conscience qu'en a prise la société internationale des commerçants (3).

a) Les règles coutumières de la *lex mercatoria* sont des usages et des principes

663. -La *lex mercatoria* est un diptyque formé de deux volets : les usages et les principes. Tout en étant des règles coutumières, les usages se distinguent des principes par leur caractère plus spécifique et leur domaine plus circonscrit (4).

Mais, à y regarder de près, les règles que l'on cite comme principes de la *lex mercatoria* sont toutes des principes que l'on rencontre dans les différents droits nationaux. Pourquoi donc en faire des principes spécifiques de la *lex mercatoria* au lieu d'y voir des principes communs aux droits nationaux ? Après quelques hésitations (5), le professeur GOLDMAN estime que ces principes, bien qu'ils viennent des systèmes juridiques nationaux, ne puisent pas leur autorité dans ces systèmes mais dans la conscience qu'en a prise la société internationale, et qu'ils sont, en conséquence, des règles coutumières propres au droit du commerce international (6).

b) La dualité des sources de la *lex mercatoria* : les règles coutumières du droit spontané et les règles créées par la jurisprudence arbitrale

664. - Étant pour le moins un " ensemble " (7) ou une " collection " (8) de

(3) GOLDMAN, La *lex mercatoria*..., précité, p. 487.

(4) GOLDMAN, La *lex mercatoria*...précité, p. 487.

(5) Dans " Frontières du droit et *lex mercatoria* ", le professeur GOLDMAN parle " des normes professionnelles, ou des règles coutumières et des principes " (p. 178), et voit dans le droit transnational " un réceptacle des principes communs aux droits nationaux, mais creuset aussi des règles spécifiques qu'appelle le commerce international " (p. 184).

(6) GOLDMAN, La *lex mercatoria*..., p. 485, 487, 489.

(7) *Ibidem*, p. 502.

(8) *Ibidem*, p. 497.

règles de droit, la *lex mercatoria* a donc pour première source les pratiques professionnellement codifiées, les clauses contractuelles, les " montages " juridiques, les types ou ensembles contractuels nouveaux, créés par les praticiens du commerce international spontanément, lorsque ces pratiques, clauses, montages, etc. se sont progressivement élevés, par la répétition, au rang d'institutions coutumières, c'est-à-dire lorsqu'ils sont devenus des règles coutumières par leur application en l'absence de référence contractuelle expresse (9).

665. - Mais le contenu de la *lex mercatoria* est alimenté en partie par des règles créées par les sentences arbitrales, ce qui fait de la jurisprudence arbitrale la seconde source de ce droit anational. Cette jurisprudence produit des " principes " plutôt que des " usages ". Tout en constatant qu'elle est laborieuse, hésitante et souvent contradictoire, le professeur GOLDMAN fait un constat des fruits qu'elle a déjà produits et qui, pour partiels et ambigus qu'ils soient encore, sont à placer dans son contenu (10). Cette création normative par la jurisprudence arbitrale n'a rien de surprenant dans la mesure où tout juge qui doit résoudre des litiges constate, précise et crée des règles de droit. Les défauts que l'on peut parfois relever dans cette jurisprudence arbitrale, surtout l'imprécision fréquente des règles formulées, ne lui sont pas propres, mais se rencontrent chaque fois que le juge passe insensiblement de l'interprétation d'une règle préexistante à l'élaboration d'une règle nouvelle (11).

c) La *lex mercatoria* est un ordre juridique ou un système de droit, encore qu'il soit incomplet et non tout à fait autonome

666. - Dès 1964, le professeur GOLDMAN estime que, tout en n'étant pas un système juridique complet, entièrement autonome et suffisant à lui-même, la *lex mercatoria* est entraînée dans un mouvement vers une systématisation certes incomplète, mais croissante (12). Pourquoi ne le serait-~~elle~~ pas, dès lors qu'elle est composée de règles de droit ? Parce que ces règles n'émanent pas d'une autorité ? Mais une telle " provenance " n'est pas indispensable pour qu'une norme soit juridique. Preuve en est le droit coutumier. Et par ailleurs, il n'y a pas lieu de s'attacher à une conception restrictive de l'autorité. Les contrats-types et les usages codifiés émanent le plus souvent d'organismes professionnels qui ne sont certes pas des autorités publiques, mais sont quand même des autorités professionnel-

(9) *Ibidem*, p. 478, 487, 501.

(10) *Ibidem*, p. 491-496.

(11) **GOLDMAN,** Frontières du droit..., précité, p. 188.,

(12) *Ibidem*, p. 189, 192.

les (13). Dira-t-on que les règles de la *lex mercatoria* ne sont pas assorties de sanction ? Mais l'intégration de la sanction dans le concept de règle de droit est d'abord pour le moins discutable en théorie (14). Et puis, il ne faut pas oublier les sanctions disciplinaires appliquées par les groupements et les corporations ainsi que les autres sanctions *sui generis* (15).

667. - Dans son étude de 1979, il y a une radicalisation de l'idée de système : celui-ci est plutôt pris dans le sens d'ordre juridique dans la conception institutionnelle plus moderne (16). L'auteur lie le concept de règle à l'idée d'institution juridique, à l'organisation, aux structures et au fonctionnement de la collectivité des opérateurs du commerce international (17). La *lex mercatoria* est bien un système dès lors qu'elle comporte ses règles de droit, ses autorités professionnelles, ses sanctions professionnelles, ses propres juges - les arbitres du commerce international - et, ce qui est nouveau et particulièrement significatif, son propre ordre public (18).

668. - Toutefois, la *lex mercatoria* n'est pas encore un système complet, et c'est pourquoi elle se combine sans difficulté avec un droit étatique. Elle ne donne pas de solutions à certains problèmes (validité du consentement ou capacité des contractants), encore que des règles coutumières anationales puissent se former dans l'avenir sur des points relatifs à ces questions. Mais cette limitation de son champ d'application n'empêche pas qu'elle fournisse déjà l'aménagement concret des rapports économiques internationaux et qu'elle règle effectivement la quasi-totalité des questions pouvant surgir dans l'interprétation et l'exécution des contrats (19).

B - L'IRRÉALISME ET LES PARALOGISMES DE LA *LEX MERCATORIA*

669. - Un rappel exhaustif des critiques qui ont visé la théorie de la *lex mercatoria* dépasse le cadre de notre propos. Nous avons fait un inventaire de ces critiques dans un précédent ouvrage (20). Nous nous contenterons d'en relever ici les points essentiels.

a) Les usages du commerce

670. - L'usage du commerce n'est pas une règle de droit coutumière, mais

(13) *Ibidem*, p. 191.
(14) GOLDMAN, La *lex mercatoria* dans les contrats..., précité, p. 499.
(15) GOLDMAN, Frontières du droit..., précité, p. 191, 192.
(16) LAGARDE, Approche critique de la *lex mercatoria*, in Mélanges GOLDMAN, p. 127.
(17) GOLDMAN, La *lex mercatoria* dans les contrats..., précité, p. 499.
(18) *Ibidem,p.* 498.
(19) *Ibidem,*p. 479, 480.
(20) KASSIS, Théorie générale des usages du commerce.

un usage conventionnel. La notion d'usage conventionnel en tant que notion distincte de la notion de règle de droit coutumière, est bien connue dans les droits étatiques. L'usage est une pratique qui est devenue tellement courante dans la vie des affaires que les parties considèrent qu'elle va de soi et qu'il n'est plus nécessaire de s'y référer expressément par une clause de leur contrat. Par interprétation de leur volonté, il est présumé qu'elle y est sous-entendue.

Les traits essentiels de la notion transparaissent à travers la définition extensive qu'en donne GÉNY [21]. Elle est aussi bien rendue par LEBRUN : " L'usage conventionnel est une pratique généralement suivie dans la vie des affaires, et à laquelle les contractants sont présumés, par interprétation de volonté, s'être référés, à moins de clause contraire dans leur convention " [22].

671 - Cette caractéristique marque la différence entre l'usage conventionnel qui n'est pas une règle de droit et la coutume qui est une règle de droit. Si l'usage présente bien l'élément matériel de la coutume, puisqu'il suppose une pratique constamment et longuement suivie, il ne contient pas l'élément psychologique également nécessaire pour caractériser la coutume, à savoir l' *opinio necessitatis*. En effet, l'usage conventionnel ne permet d'interpréter ou de suppléer la volonté des contractants que parce qu'ils sont censés s'y être référés librement, et " ce choix même exclut chez eux le sentiment d'une sanction juridique " [23].

672. - L'instrument par lequel l'usage est sous-entendu dans la convention des parties par interprétation de leur volonté est la présomption de fait (ou présomption de l'homme), procédé bien connu du droit, qui consiste à établir un fait inconnu à partir de simples indices [24] et qui relève donc du droit des preuves. Si l'existence et la généralité de la pratique doivent être prouvées, point n'est besoin de prouver que la partie contre laquelle l'usage conventionnel est invoqué l'a effectivement connu pour qu'elle soit présumée avoir entendu s'y soumettre. Il suffit qu'elle ait pu le connaître. Et pour cela, il suffit de prouver qu'elle n'est pas étrangère au milieu où la pratique est effectivement appliquée [25].

673. - Cette notion d'usage conventionnel différent d'une règle de droit

(21) GÉNY, Méthode d'interprétation et sources du droit privé positif, 2e éd. 1954, t. 1er, *op. cit.*, p. 418-419.
(22) LEBRUN, La coutume, L.G.D.J. 1932, p. 253.
(23) GÉNY, *op. cit.*, p. 422.
(24) PERELMAN, Les présomptions et les fictions en droit, Travaux du Centre national de recherches de logique, Bruxelles 1974, Bruylant, p. 340.
(25) Pour une approche plus détaillée, voir KASSIS, *op. cit.*

coutumière est consacrée en France par un texte de droit positif, l'article 1160 du Code civil, aux termes duquel " on doit suppléer dans le contrat les clauses qui y sont d'usage, quoiqu'elles n'y soient point exprimées ". Ce texte qui a l'âge du Code civil voit dans l'usage, pratique devenue courante que l'on insère d'ordinaire dans les contrats, une clause contractuelle généralisée à un point tel que les contractants la considèrent comme évidente et n'éprouvent plus le besoin de l'insérer expressément. Elle s'ajoute au contrat en tant que clause sous-entendue, suppléée par une présomption de fait. Or, une présomption de fait n'est pas une règle de droit, loin s'en faut .

On trouve dans tous les systèmes juridiques étatiques cette notion d'usage conventionnel consacrée par le Code civil français en tant que notion distincte de celle de règle de droit coutumière. On la trouve en droit allemand sous le nom d'usages d'affaires ou d'usage du commerce (*Verkehrssiten* ou *Handelgesbraüche*) différents de la coutume (*Gewohnheitsrecht*). Elle est connue en droit anglais comme *implied term* (26).

674. - Le professeur GOLDMAN est bien obligé, au bout du compte, de reconnaître que les usages du commerce ne sont pas des règles de droit mais des usages conventionnels, mais il propose une thèse nouvelle, que la doctrine ne connaît pas et qui va à l'encontre de l'article 1160 du Code civil : seuls certains usages du commerce mais pas tous seraient des règles de droit coutumières. Par leur généralité (que possèdent, par exemple, les usages codifiés dans les Règles et Usances du crédit documentaire et dans les Incoterms de la Chambre de Commerce Internationale), et par leur application en l'absence même de toute référence contractuelle, les usages visés seraient de véritables règles coutumières, extérieures au contrat auquel ils s'appliquent, comme toute autre règle de droit (27) Cette thèse laborieuse et tiraillée traduit l'embarras de l'auteur. Elle ne résiste pas à l'analyse. La codification de certains usages par un organisme privé comme la Chambre de Commerce Internationale n'affecte pas leur nature et n'en fait pas des règles de droit coutumières. Ils demeurent des usages du commerce comme les autres. Leur généralité ne diffère pas de la généralité des autres. Il n'existe pas deux généralités ou une généralité à deux vitesses dans les pratiques des commerçants. Que les usages qui ont fait l'objet d'une codification privée soient extérieurs au contrat et s'appliquent à celui-ci en l'absence même de toute référence contractuelle, il en est absolument de même pour les usages conventionnels qui n'ont pas fait l'objet d'une telle codification.

(26) The Moorcock (1889) 14. P. D. 64.
(27) **GOLDMAN,** L'arbitrage, les conflits de loi et la *lex mercatoria*, Actes du 1er Colloque sur l'arbitrage commercial international, Université Laval, Wilson et Lafleur, Montréal 1986, p. 124.

675. - Mais l'essentiel est ailleurs et ne semble pas avoir été perçu par le professeur GOLDMAN : si la généralité est un trait commun aux usages conventionnels et aux règles coutumières, le trait distinctif qui fait la différence entre les deux catégories, c'est bien l'*opinio necessitatis* qui caractérise toute règle de droit coutumière, et qui est absente dans les usages conventionnels. Les contractants considèrent que la règle de droit a pour eux une force obligatoire, alors qu'ils ne ressentent aucune obligation de respecter les usages du commerce conventionnels, puisqu'ils peuvent écarter leur application par un acte de volonté. Seulement, comme ces usages sont des pratiques généralement appliquées, les commerçants, en omettant de les insérer expressément dans leur contrat, les considèrent comme sous-entendus, comme allant de soi. Et l'instrument juridique par lequel s'opère la suppléance de la clause d'usage a un nom connu en droit : c'est la présomption de fait. Et parce que l'*opinio necessitatis* fait défaut à l'usage du commerce, même codifié par la Chambre de Commerce Internationale, il ne peut jamais être une règle de droit coutumière.

676. - Dans sa quête d'une explication qui puisse faire de l'usage du commerce une règle de droit, le professeur FOUCHARD hasarde une thèse encore plus sibylline, où l'on voit apparaître un nouveau concept, un concept intermédiaire. " Si les usages, écrit-il, sont bien à notre sens des règles de droit, leur très grande diversité - qui est fonction des lieux, des branches et des opérations qu'ils couvrent - leur interdit souvent d'atteindre un degré élevé de généralité " (28). Mais le professeur FOUCHARD oublie que là où il n'y a pas un degré suffisant de généralité, il n'y a ni usages conventionnels ni règles de droit. Rien ne sert par ailleurs de dire que le champ d'application des usages en fait " des règles très particulières ". Que la règle de droit régisse un champ particulier, limité, elle n'en reste pas moins une règle de droit si elle répond aux caractéristiques de la notion, en particulier à la condition de la généralité. Elle n'en reste pas moins une règle générale dans le cadre propre du champ d'application qui est le sien.

677. - Mais c'est surtout une autre proposition du professeur FOUCHARD que l'on a du mal à suivre. Il estime que " la fonction propre des usages est essentiellement de compléter et d'interpréter des obligations contractuelles, faute de stipulations écrites assez détaillées " et que " cette fonction les maintient donc à un niveau intermédiaire entre la règle conventionnelle et la norme de droit, abstraite et générale " (29). Or, que la fonction propre de l'usage soit de compléter et d'interpréter des obligations contractuelles, faute de stipulations écrites assez détaillées, cela est tout à fait vrai ,

(28) **FOUCHARD**, Les usages, l'arbitre et le juge, Mélanges **GOLDMAN**, p. 77.
(29) *Ibidem*.

mais c'est précisément la fonction de l'usage conventionnel qui opère en vertu d'une présomption fondée sur l'autonomie de la volonté, et non la fonction d'une règle de droit coutumière, abstraite et générale, qui opère en vertu du sentiment de l'obligatoire, de l' *opinio necessitatis*, élément incontournable de la coutume. L'usage du commerce se place dès lors au niveau de l'usage conventionnnel, et l'on comprend mal qu'il se place à un niveau intermédiaire entre l'usage conventionnel [30] et la norme (ou règle) de droit, abstraite et générale.

Ces explications laborieuses et tourmentées de l'école de la *lex mercatoria* sont un exercice inutile qui se heurte au droit positif qui trouve son expression à cet égard dans l'article 1160 du Code civil. Tant qu'il manque à l'usage du commerce l' *opinio necessitatis*, tant qu'il n'est pas senti comme obligatoire, tant que les parties peuvent l'écarter par un acte de volonté, prouver que l'usage est une règle de droit coutumière équivaut à prouver la quadrature du cercle.

678. - En admettant même que l'usage du commerce puisse être une règle de droit coutumière, encore faut-il prouver qu'il est une règle de droit anationale, qu'il ne puise pas son autorité dans les systèmes de droit étatiques, mais en dehors de ces systèmes. Or, cette affirmation des tenants de la *lex mercatoria* demeure un postulat contredit par la réalité.

Car qui peut prétendre aujourd'hui que les usages et les montages nouveaux de la *lex mercatoria* sont l'apanage du commerce international ? Tous ces usages sont communs aux contrats du commerce international et aux contrats du commerce interne. Il en est ainsi des usages codifiés par la Chambre de Commerce Internationale (crédit documentaire, Incoterms) considérés par le professeur GOLDMAN comme règles coutumières anationales qui régiraient le commerce international, et bien d'autres, codifiés (garanties contractuelles) ou non codifiés (contrats clé en mains, clauses de *hardship*, etc.). Et ce ne sont que des exemples. Cette réalité n'échappe pas au professeur GOLDMAN. " Des clauses comparables, écrit-il, se rencontrent dans des contrats internes importants et de longue ou assez longue durée : mais le problème de la formation éventuelle d'un droit commercial coutumier se pose alors différemment en raison de la résistance nécessairement plus grande que cette évolution rencontre dans le droit étatique du même pays " [31]. Mais l'ennui, c'est qu'on n'a pas pu donner l'exemple d'un seul usage du commerce international qui rencontre une résistance telle qu'elle l'empêche d'être considéré dans le même temps un usa-

(30) Appelé à tort par le professeur **FOUCHARD** " règle conventionnelle ", concept insolite, inconnu du droit. Il n'y a pas, dans notre contexte, de " règles conventionnelles ". Il y a des usages conventionnels d'une part, et des règles de droit qui obligent, d'autre part.
(31) **GOLDMAN**, La *lex mercatoria*..., précité, p. 241, note 62.

ge dans les contrats commerciaux internes. Une telle résistance, à supposer qu'elle soit réelle, ne saurait expliquer une élévation des usages des contrats internationaux à un statut distinct de celui des usages des contrats internes. On a souligné à juste titre le phénomène d'irradiation et d'uniformisation des usages dans les deux catégories de contrats, uniformisation appelée par la similitude des problèmes posés (32).

Lorsqu'il y a une résistance aux usages du commerce, cette résistance ne peut venir que de règles étatiques impératives, et elle est généralement la même, lorsqu'elle existe, qu'il s'agisse de contrats internationaux ou de contrats internes. Quant aux lois étatiques supplétives, elles ne s'opposent pas à la formation d'usages conventionnels contraires, parce que l'usage prévaut, comme on le sait, sur la loi supplétive, qu'il concerne un contrat interne ou un contrat international.

679. - L'argument qui revient le plus souvent dans l'explication de la spécificité des usages du commerce international et sur lequel se basent ceux qui proclament l'élévation de la *lex mercatoria* au rang d'un système anational, c'est l'affirmation que ces usages se forment en marge, en dehors des droits étatiques. C'est vrai. Mais il n'y a pas là un trait distinctif des usages du commerce international. Tous les usages se créent, se forment et se développent en dehors du droit étatique, même les usages du commerce interne, en ce sens qu'ils se forment d'une manière spontanée, par des pratiques spontanées qui se généralisent. Mais qu'ils soient internes ou internationaux, ils se forment à l'intérieur d'un espace étatique et dans un cadre national.

680. - La critique que l'on vient d'exposer succinctement (33) avait été approuvée par de nombreuses voix autorisées.

JEAN ROBERT mettait en évidence l'idée que les usages, purement issus de la pratique, sont sans rapport avec les exigences de la formation d'une règle coutumière et restent donc de nature contractuelle, faute d'une troisième catégorie où les insérer. C'est d'ailleurs la conception consacrée par l'article 1160 du Code civil français. Car, explique-t-il, l'*opinio necessitatis* rend seule compte de la force obligatoire qui doit nécessairement se dégager dans l'esprit de l'ensemble des intéressés quant à la portée d'une

(32) **J. HONNOLD**, The influence of the law of international trade on the development and character of English and American commercial law, dans : The Sources of law of international trade (International Association of Legal Science), London, 1964, p. 83. Voir aussi : **PH. KAHN**, *Lex mercatoria* et pratique des contrats internationaux, in : Le contrat économique international, travaux des VIIe Journées d'études juridiques **JEAN DABIN**, 1975. **PEDONE**, p. 185.

(33) Pour une analyse plus détaillée, voir : **KASSIS**, Théorie générale..., précité, p. 288 et s.

certaine règle, pour lui donner le caractère de règle de droit, c'est-à-dire la munir d'une autorité comparable à celle de la loi (34).

681. - On retrouve la même approche des usages du commerce international chez lord MUSTILL dans sa critique magistrale des thèses de la *lex mercatoria* : l'usage est une pratique généralement suivie qui est incorporée tacitement dans le contrat, et il n'y a rien de spécial au commerce international à cet égard (35). Si la clause de référence ou de renvoi à la *lex mercatoria* en tant que règles d'un droit anational est un non-sens, parce qu'on ne peut pas incorporer dans le contrat, donc " contractualiser ", un droit qui n'existe pas, une clause de référence ou de renvoi aux usages du commerce est une redondance, dès lors que l'incorporation se passe d'une telle clause, parce qu'elle est tacite (36).

b) Les principes généraux du droit

682. - Les usages du commerce international étant l'un des deux volets de la *lex mercatoria*, l'autre volet serait constitué par les principes généraux du droit. La *lex mercatoria*, écrit le professeur GOLDMAN, est formée de principes qui sont le " réceptacle des principes communs aux droits nationaux " et d'usages qui sont " le creuset...des règles spécifiques qu'appelle le commerce international " (37). Selon le professeur FOUCHARD, la spécificité des usages consiste en ce qu'ils sont " des règles de nature corporative, très souvent particulières à chaque profession ou à chaque branche du commerce international " ; quant aux principes, ce sont " des principes généraux de droit privé, assez universellement admis pour former un embryon d'une sorte de "droit commun des nations" " (38), ou " les règles communes aux différents systèmes juridiques nationaux " (39).

Ainsi, les règles relatives au crédit documentaire sont des usages, alors que *pacta sunt servanda*, le principe de bonne foi et les règles sur l'enrichissement sans cause seraient des principes généraux du droit.

(34) J. ROBERT, Le phénomène transnational, L.G.D.J. 1988, p. 30-33.

(35) Lord JUSTICE MUSTILL, The new *lex mercatoria*, the first twenty-five years, in Liber Amicorum for lord WILBERFORCE, Clarendon Press, Oxford 1987, p. 157-159.

(36) Sur la différence entre usage conventionnel et loi supplétive, voir : KASSIS, Théorie générale, précité, p. 126 et s. et ROBERT, Le phénomène transnational, précité, p. 33.

(37) GOLDMAN, Frontières du droit et *lex mercatoria*, Archives de philosophie du droit, 1964, p. 184.

(38) FOUCHARD, L'arbitrage commercial international.

(39) FOUCHARD, l'État face aux usages du commerce international, Travaux du Comité fr. de dr. internat. privé, Dalloz 1977, p. 73-74.

683. - Or, d'emblée surgit une objection de simple logique : si les principes généraux du droit sont communs aux différents systèmes juridiques étatiques, pourquoi en faire des règles anationales, étrangères à ces systèmes ? Cela ne s'appelle-t-il pas chercher midi à quatorze heures ? L'explication serait la suivante. Que les principes généraux aient été élaborés à partir de systèmes juridiques nationaux, écrit le professeur GOLDMAN, n'empêche pas qu'ils ne puisent pas leur autorité dans ces systèmes, mais dans la conscience qu'en a prise la société internationale des commerçants (40). Le professeur LOQUIN écrit dans le même sens que si les principes généraux ont leur équivalent dans les droits nationaux, ce ne serait pas par là qu'ils seraient des règles de droit, mais parce qu'ils sont " reçus " en vertu du consensus des opérateurs du commerce international (41). Parlant des mêmes principes généraux dans le cadre d'un arbitrage, le professeur KAHN est d'avis que lorsqu'ils sont proclamés et utilisés par les arbitres, ils subissent une double déformation ou ils reflètent une double originalité : d'abord ils ont un domaine d'application mondiale dans la sphère du commerce international ; ensuite, même s'ils trouvent leur origine ou leur équivalent dans un droit national, leur expression par les arbitres entraîne toujours une transformation, une simplification, un détachement de l'origine, qui permettent la transnationalisation de la règle (42).

On a du mal à comprendre l'explication proposée. Si vraiment, comme le dit le professeur GOLDMAN, les principes généraux qui se trouvent dans tous les systèmes juridiques nationaux ne puisent pas leur autorité dans ces systèmes, mais dans la conscience qu'en a prise la société internationale des commerçants, force est de se demander s'il est concevable que cette société puisse ne pas en prendre conscience en tant que règles étatiques communes aux systèmes juridiques nationaux. Or, il serait aberrant de penser qu'une telle société puisse se mettre au ban des principes généraux du droit communs à tous les États et les défier. Et si la société internationale des commerçants ne peut pas les défier en tant que tels, il faut en conclure logiquement que la prise de conscience de ces principes par la société internationale des commerçants n'est pas vraiment une condition de leur mise en oeuvre, dès lors qu'elle va de soi (43). Si, comme le dit le professeur LOQUIN, les principes généraux sont des règles de droit non parce qu'ils sont communs à tous les droits nationaux mais parce qu'ils sont

(40) **GOLDMAN**, La *lex mercatoria* dans les contrats..., précité, p. 487.

(41) **LOQUIN**, Application des règles anationales dans l'arbitrage commercial international, Séminaire C.C.I. des 7-8 avril 1986 sur l'apport de la jurisprudence arbitrale, cité par **ROBERT**, Le phénomène transnational, précité, p. 25.

(42) **KAHN**, Les principes généraux du droit devant les arbitres du commerce international, **JDI** 1989.

(43) Après tout, les opérateurs du commerce international sont des sujets des différents États.

" reçus ", en vertu d'un consensus des opérateurs du commerce international, la question qui aurait dû embarrasser les tenants de la *lex mercatoria* consiste à se demander si une telle " réception " et un tel consensus peuvent faire défaut et s'ils ne s'imposent pas aux opérateurs du commerce international. Et s'il est impensable qu'ils puissent ne pas s'imposer à ces opérateurs, parler de consensus et de réception serait une redondance. Il est donc illogique que les principes généraux du droit communs aux systèmes nationaux puissent être conçus comme des règles anationales. On ne voit pas enfin où se trouvent la transformation et le détachement de l'origine qui conditionneraient leur application mondiale et leur " transnationalisation ", dès lors que cette transnationalisation résulte du seul fait qu'ils sont communs à tous les systèmes juridiques nationaux (44).

684. - De surcroît, le caractère vague de ces principes et leur nombre très réduit auraient dû à eux seuls dissuader les adeptes de la *lex mercatoria* d'y voir un droit anational pouvant régir les contrats internationaux au lieu des droits étatiques. On les compte toujours sur le bout des doigts. Lord MUSTILL a inventorié en 1987, à partir des sentences arbitrales publiées, une vingtaine de principes généraux. Bien maigre moisson, comme il le constate, pour un quart de siècle d'un " système anational "en cours de formation (45). Qui plus est, nombre de ces principes ne sont, comme l'observe le professeur KAHN, que des " suggestions d'auteur " (46). La source où il faut dépister ces principes étant la " jurisprudence arbitrale ", il suffirait qu'une, ou du moins un petit nombre de sentences arbitrales, " proclame " un principe général pour que l'on ait affaire à une règle de droit coutumier anational qui serait alors une auberge espagnole (47). Et de surcroît, ces principes généraux anationaux ne sont que du " brut ", selon l'expression de JEAN ROBERT (48).

685. - Que l'on observe l'un de ces principes, le plus cité, *pacta sunt servan-*

(44) Même les " principes généraux du droit reconnus par les nations civilisées ", considérés par l'article 38 du Statut de la Cour internationale de justice comme une des sources du droit international public, sont des principes acceptés par les États in *foro domestico* et faisant partie de leur droit national (**ROUSSEAU**, Droit international public, Sirey tome I, p. 373).

(45) Lord **MUSTILL**, précité, p. 177.

(46) **KAHN**, **JDI** 1989, p. 325. On n'a pas manqué d'observer qu'il est fréquent qu'une vérification, même superficielle, montre qu'un prétendu principe général est inconnu d'une famille juridique majeure (**MUSTILL**, précité, note 95 ; **MAYER**, précité, p. 424).

(47) La jurisprudence arbitrale internationale est un mythe. Voir : **KASSIS**, Théorie générale..., précité, p.501 à 518.

(48) **ROBERT**, précité, p. 24.

da. Qui a jamais pu nier ce principe, et trouve-t-on un seul droit étatique qui ne le proclame pas ? Le résultat serait le même si l'on applique ce principe ou si on applique un droit étatique, constate le professeur MAYER (49) ? Un principe général a besoin d'une " concrétisation ", parce qu'il n'est qu'une expression commode pour désigner, d'une façon synthétique, un régime juridique complexe (50), le résultat d'un processus d'abstraction et de généralisation qui a dépouillé une règle de droit de ses détails et de ses modalités d'application. Ce n'est que le processus inverse de concrétisation qui ajoute ces détails et modalités qui en permet la mise en oeuvre effective pour la solution des litiges (Quand le contrat est-il valablement formé ? Quand cesse-t-il d'être valable ? Le principe joue-t-il en cas d'un grand changement de circonstances ?). Il en va de même du principe de bonne foi, connu de tous les systèmes juridiques, mais que certains considèrent moins comme une règle de droit que comme une règle de morale, et qui est de toute manière trop flou en lui-même. Car l'important, comme l'écrivait VIRALLY, est de savoir ce que la bonne foi oblige à observer, ce qui peut varier considérablement suivant le système étatique considéré et la nature de la transaction.

686. - Seraient-ils vraiment anationaux que ces principes généraux du droit seraient incapables de régir à eux seuls (avec les usages) les relations commerciales internationales, tant en raison de leur nombre dérisoire qu'en raison de leur contenu vague. Ils ne sauraient tenir lieu de codes entiers. Que l'on songe à des questions comme les suivantes : la formation du contrat (date, lieu, vices du consentement), la prescription et les autres modes d'extinction des obligations, les conditions de la résolution du contrat, les conditions de la cession de créance et de dette, les dommages-intérêts pour inexécution ou retard (dommage direct ou indirect, prévisible ou imprévisible, intérêts moratoires) (51), force majeure. Les principes généraux sont incapables d'apporter les réponses qu'il faut pour la solution des litiges.

(49) MAYER, précité, p. 423. C'est l'un des principes majeurs de tous les droits étatiques. Par exemple, l'article 1135 du Code civil français.

(50) VIRALLY, Mélanges GOLDMAN, précité, pages 373 et s.

(51) Rien n'illustre mieux la vanité des tentatives des tenants de la *lex mercatoria* d'asseoir le droit des contrats internationaux sur des règles anationales que leur quête de règles anationales en matière d'intérêts moratoires et leur peine à déceler de telles règles. Voir par exemple : DERAINS, Intérêts moratoires, dommages-intérêts compensatoires et dommages punitifs devant l'arbitre international, Etudes offertes à PIERRE BELLET, Litec 1991, p. 101 et s. Un auteur qui croit pourtant à la *lex mercatoria*, M. PIERRE KARRER, reconnaît qu'il n'y a pas au bout du compte un ordre public transnational en matière d'intérêts (Transnational law in international arbitration, in Transnational rules in international commercial arbitration, ICC Publishing,1993, p. 231, note 23.

Ainsi donc, les usages du commerce et les principes généraux du droit constituant les deux volets de ce diptyque qu'on convient d'appeler la *lex mercatoria*, on constate au bout du compte que ce droit n'est guère un droit spécifique, distinct des droits étatiques. Aussi une observation du professeur SCHLOSSEr rend-elle bien compte de la *lex mercatoria* : les règles qui la composeraient, écrit-il, sont des platitudes ou des lieux communs (52).

c) La thèse d'un ordre juridique autonome des opérateurs du commerce international

687. - De nombreux auteurs et en particulier le professeur LAGARDE ont mis en évidence ce qui manque à la " communauté internationale des commerçants " pour constituer une institution, un ordre juridique, à savoir une véritable organisation qui lui imprime un caractère unitaire. Dans le commerce international, au lieu d'une organisation unique apparaissent plutôt des " îlots " d'organisation, des associations à vocation limitée qui souvent entrent en concurrence avec des organisations rivales, locales ou régionales. Le milieu dans lequel se développe le commerce international est lui-même si étendu , si diversifié et si cloisonné qu'on en vient à douter qu'il puisse servir de cadre à une communauté pourvue d'un minimum d'organisation, à l'instar des autres exemples d'ordres juridiques (53). SANTI ROMANO mettait en garde contre la confusion entre l'ordre juridique organisé, d'une part, et un groupe homogène et solidaire, d'autre part (54).

688. - La thèse de l'ordre juridique autonome de la *lex mercatoria* se heurte à une autre difficulté : cet ordre juridique n'est pas ou n'est pas encore complet, en ce sens que l'on peut rencontrer, dans les relations économiques internationales, des difficultés dont la solution ne sera pas trouvée dans les règles juridiques de cet ordre (vices du consentement, capacité, pouvoir de représentation, forme des actes). Le professeur GOLDMAN ne le nie pas, encore qu'il s'estime autorisé à se demander si dans son développement la *lex mercatoria* n'absorbera pas certaines au moins de ces questions. Il ne trouve cependant pas l'objection péremptoire : les lacunes n'empêchent pas que cet ordre juridique existe ; il peut seulement en résulter qu'une situation ou un rapport économique déterminé relève, lorsque le droit s'en empare, en même temps de la *lex mercatoria* et d'une loi étatique, et rien n'empêche une " cohabitation " entre les deux, la loi étatique comblant

(52) SCHLOSSER, Das Recht der internationalen privaten Schiedsgerichtsbarkeit, Mohr, Tubingen, 1989, compte rendu de CLAUDE WITZ in Rev. Arb., 1990, p. 954.

(53) LAGARDE, Approche critique de la *lex mercatoria*, Études GOLDMAN, p. 135-137. Sur l'ensemble de la question, voir : KASSIS, Théorie générale..., précité, nos 584 à 664.

(54) SANTI ROMANO, précité, p; 18.

les lacunes de la *lex mercatoria* (55).

Une telle cohabitation ou plutôt combinaison ne laisse pas cependant d'apparaître curieuse. S'agissant de relations économiques internationales privées, on voit mal qu'un ordre juridique puisse en compléter un autre. Lorsqu'il y a une lacune dans les règles d'un ordre juridique étatique, on ne comble pas cette lacune, que l'on sache, en empruntant une règle de droit à un autre ordre juridique. Il y a alors création du droit par le juge et non " combinaison " d'ordres juridiques différents. Les ordres juridiques ne sont pas complémentaires (56).

d) Le problème de l'autorité et de la sanction dans la *lex mercatoria*

689. - Dès ses premières réflexions sur la *lex mercatoria* en 1964 jusqu'aux dernières en 1993, le professeur GOLDMAN a toujours été embarrassé par les problèmes de l'autorité et de la sanction de la *lex mercatoria*, conditions de tout ordre juridique.

Il a commencé par s'insurger contre l'objection formulée contre le caractère de règles juridiques de la *lex mercatoria* au motif qu'elles n'émaneraient pas d'une autorité. Pour lui, une telle " provenance " n'est pas indispensable pour qu'une norme soit juridique, et il est difficile de lier indissolublement droit et autorité, car cela aboutirait à nier que le droit coutumier soit du droit. Mais l'observation du professeur GOLDMAN repose sur une pétition de principe, car encore faut-il d'abord établir que *lex mercatoria* est faite de règles coutumières. Lier droit et autorité aboutirait aussi, indique-t-il, à ne reconnaître au droit coutumier le caractère de droit qu'à partir du moment où il est consacré par une application judiciaire, ce qui serait confondre droit et contentieux ((57). En réalité, cette réflexion couvre un paralogisme. Car s'il est vrai que le contentieux n'est pas tout le droit, comme l'observe le professeur GOLDMAN, il n'en est pas moins vrai que c'est à travers le contentieux qu'apparaît la règle coutumière par sa con-

(55) **GOLDMAN** : La *lex mercatoria*..., précité, p. 479, 480 ; Nouvelles réflexions..., précité, p. 250.

(56) Sur le problème des lacunes, voir : **KASSIS,** théorie générale..., précité. Les disciples du professeur **GOLDMAN** expriment parfois des doutes sur sa thèse de l'ordre autonome de la *lex mercatoria*. Le professeur **FOUCHARD** a écrit, par exemple, qu'elle ne constitue pas un système juridique au sens propre du terme, c'est-à-dire un ensemble cohérent, complet, autonome, embrassant tous les aspects de l'activité qu'il entend régir, comportant ses propres règles d'interprétation de nature à compléter ses inévitables lacunes, concluant au rejet de cette " conception totalitaire " de la *lex mercatoria* (l'État face aux usages du commerce international, Trav. du Comité français de dr. int. privé, 1973-1975, p. 74).

(57) **GOLDMAN,** Frontières du droit..., *op. cit.*, p. 190.

sécration judiciaire. Si la règle coutumière n'était pas consacrée par son application par les tribunaux de l'État et par l'exécution forcée de leurs jugements, elle ne serait pas une règle de droit coutumière qui s'impose comme telle.

Aussi, insatisfait d'une tentative de méconnaissance ou de minimisation du rôle que joue l'autorité dans l'odre juridique, le professeur GOLDMAN finit-il par reconnaître que, pour mériter la qualification de règles de droit, les règles de la *lex mercatoria* doivent bien émaner d'une autorité. Mais l'auteur objecte qu'il serait satisfait tout autant à cette condition, que la règle soit l'oeuvre d'une autorité professionnelle, ou d'une autorité publique Or, il existe bien, écrit-il, au sein de la communauté des opérateurs du commerce international, des organismes professionnels qui sont des autorités professionnelles, tout en n'étant pas des autorités publiques (58). Mais encore faut-il, pour que ces organismes soient de véritables autorités, qu'ils édictent des règles impératives à leurs adhérents. Or, ce ne sont pas les contrats-types, usages codifiés et conditions générales, catalogues et modèles contractuels non obligatoires, qui constituent des règles impératives.

690. - C'est sans doute le problème de la sanction qui embarrasse le plus et qui est le talon d'Achille de la *lex mercatoria*. La sanction est l'élément nécessaire pour qu'il y ait une règle de droit, et si la *lex mercatoria* est faite de règles de droit, pour qu'elle soit effectivement appliquée, une condition supplémentaire est requise : celle de la " sanction ".Pour assurer, à l'encontre du contractant récalcitrant, le respect des normes du commerce international, il est indispensable d'en appeler à la force publique d'un État. L'absence de sanction suffit pour ôter à ces règles le caractère d'authentiques règles de droit (59).

L'embarras est manifeste lorsqu'on suit le cheminement de la pensée du professeur GOLDMAN dans sa tentative de trouver une porte de sortie.

691. - Tantôt il trouve discutable l'intégration de la sanction dans le concept de règle de droit (60). Cette contestation ne laisse pas d'étonner. On se demande comment l'éminent auteur a pu mettre en doute cette vérité. Comme l'écrivait SANTI ROMANO, " la sanction ne fait l'objet d'aucune norme spécifique, elle est immanente, latente dans les rouages mêmes de l'appareil organique qui constitue l'ordre juridique dans son ensemble ; elle précède dès lors la norme et en forme la base " (61). Sans la sanction,

(58) **GOLDMAN**, Frontières du droit..., précité, p. 190 ; Nouvelles réflexions..., précité, p.248.

(59) La *lex mercatoria*..., p. 499.

(60) *Ibidem*.

(61) **SANTI ROMANO,** *op. cit.*, p. 15-16.

sans la contrainte sociale, il n'y a pas de norme juridique. C'est ce qui distingue la norme juridique de la norme morale [(62)]. Le professeur GOLDMAN indique que les sentences arbitrales sont le plus souvent spontanément exécutées, ce qui attesterait déjà l'effectivité des règles qu'elles mettent en oeuvre, fussent-elles démunies de sanctions applicables par la collectivité des commerçants [(63)]. Mais c'est oublier que le respect spontané des règles de droit n'est pas la preuve de l'absence de sanction, loin s'en faut. Car, comme l'écrivait SANTI ROMANO, la sanction est une garantie qui peut n'agir qu'indirectement, un moyen de pression nécessairement inhérent au pouvoir social [(64)].Comme l'observe aussi le professeur MAYER, l'absence de recours effectif à la contrainte étatique n'est guère significatif, car l'on ignore le rôle qu'a pu jouer la menace, ouverte ou implicite, du recours à la contrainte [(65)].

692. - Tantôt le professeur GOLDMAN répond à l'objection que des sanctions à la violation des règles de la *lex mercatoria* existent bien, sans qu'elles soient nécessairemennt étatiques : ce sont des sanctions professionnelles mises en oeuvre par la collectivité des commerçants. Le professeur FOUCHARD en avait dressé un remarquable inventaire que le professeur GOLDMAN reprend à son compte (sanctions disciplinaires appliquées par les groupements corporatifs, sanction d'ordre moral consistant en la publicité de la sentence, sanctions directement professionnelles comme l'élimination d'une bourse de commerce ou de certaines opérations commerciales, sanctions pécuniaires garanties par des consignations préalables [(66)]. Sans doute, reconnaît le professeur GOLDMAN, ces diverses " sanctions "sont-elles plutôt des moyens d'assurer indirectement l'exécution de la sentence que des procédés d'exécution forcée proprement dits, mais qu'elles soient comminatoires ne doit pas dissimuler, observe-t-il, leur caractère pratiquement coercitif [(67)].

Ces prétendues " sanctions " ne satisfont pas le juriste. La vraie sanction de la violation d'une règle de droit, c'est le recours à la force publique, c'est la saisie des biens, par le gendarme. Et c'est là que le bât blesse. Le professeur GOLDMAN observe que dans quelques hypothèses - statistiquement rares selon lui - l'exécution de la sentence arbitrale appliquant les normes propres au commerce international ne pourra être obtenue que par

(62) Voir les développements qui précèdent sur la notion.

(63) **GOLDMAN**, Frontières du droit..., précité, p. 191.

(64) **SANTI ROMANO**, *op. cit.*, p; 16.

(65) MAYER, Cours de La Haye, précité, p. 369.

(66) **FOUCHARD**, L'arbitrage commercial international, Dalloz, 1965, n°s 649 et s.

(67) **GOLDMAN**, Frointières du droit..., précité, p. 192

l'intervention de la force publique, mais il ne pense pas que cela laisse ces normes elles-mêmes en dehors du droit, car précisément cette ultime sanction leur est bien accordée. A son avis, elles ne restent par conséquent pas dépourvues de sanction, et l'on peut seulement dire qu'elles doivent quelquefois, pour l'obtenir, faire appel à un ordre juridique étatique par rapport auquel elles se voulaient autonomes (68).

Ainsi donc la violation des règles anationales de la *lex mercatoria* ne serait pas dépourvue de sanction, selon le professeur GOLDMAN, justement parce que les sentences arbitrales qui les appliquent sont sanctionnées par la reconnaissance et l'exécution qui sont accordées à ces sentences par les juridictions de l'ordre juridique étatique. Mais le professeur GOLDMAN ne se rend pas compte que si la reconnaissance et l'exécution sont accordées à la sentence arbitrale par la juridiction étatique, ce n'est pas parce que la sentence a appliqué des règles de droit de la *lex mercatoria*. Elles sont accordées à la sentence même si elle n'a pas appliqué de telles règles, mais des règles de droit étatiques. La sentence est reconnue et exécutée quelles que soient les règles de droit appliquées au fond du litige, justement parce que la juridiction étatique qui contrôle la sentence au niveau de la reconnaissance et de l'exécution n'exerce aucun contrôle sur le droit appliqué au fond par le tribunal arbitral. Il n'y aurait de véritable sanction que si la juridiction étatique qui contrôle la sentence lui refusait la reconnaissance et l'exécution au motif que le tribunal arbitral n'a pas appliqué les règles de la *lex mercatoria* alors qu'il aurait dû le faire. Or, jamais une juridiction étatique n'est allée dans ce sens et il est inconcevable qu'elle le fasse, précisément parce qu'elle n'exerce pas de contrôle sur le droit appliqué par l'arbitre au fond du litige.

Toujours est-il que ni le professeur GOLDMAN ni aucun de ceux qui ont endossé les thèses de la *lex mercatoria* n'ont jamais pu trouver une solution au problème de la sanction qui manque à ses règles et sans laquelle une règle de droit ne saurait se concevoir.

693. - Le professeur GOLDMAN est tourmenté par la question de la sanction des règles de la *lex mercatoria* jusque dans ses derniers écrits sans avoir jamais pu entrevoir une réponse à cette question. Dans ses " Nouvelles réflexions sur la *lex mercatoria* " (69), il se demande " si pour que la *lex mercatoria* soit effectivement appliquée, une condition supplémentaire est requise : celle de la "sanction" (c'est-à-dire de la consécration) de ses règles par les "jurisprudences nationales" " . (70)

Il constate que l'examen de la jurisprudence étatique française ne permet pas de dire avec certitude si aux yeux de celle-ci, pour acquérir la dignité de

(68) **GOLDMAN**, Frontières du droit..., précité, p. 192.
(69) **GOLDMAN**, Nouvelles réflexions sur la *lex mercatoria*, Études **LALIVE**, 1993.
(70) Études **LALIVE**, p. 254.

règles de droit, les composantes de la *lex mercatoria* doivent ou non avoir été consacrées par des " jurisprudences nationales ", et il ne serait pas possible de rechercher la " consécration " ou la " sanction " ainsi exigées dans les seules décisions de juridictions étatiques qui auraient directement appliqué des règles de la *lex mercatoria*, car on aurait du mal à en découvrir beaucoup ; il ne pourrait s'agir, tout au plus, que de décisions portant sur les demandes d'exequatur ou sur des voies de recours relatives à des sentences arbitrales (71).

694. - De l'avis du professeur GOLDMAN, une telle condition de " consécration " ne paraît pas pouvoir être approuvée, car elle reviendrait à n'admettre l'applicabilité des règles de la *lex mercatoria* que lorsqu'elles auront été " reçues " par des systèmes étatiques, ce qui serait anéantir leur spécificité et leur autonomie comme sources de droit (72).

Cette opinion du professeur GOLDMAN est déconcertante et laisse le juriste pantois. On voit mal, en effet, comment il serait concevable de faire appel à un ordre juridique (l'ordre juridique étatique) pour obtenir la sanction de règles de droit d'un autre ordre juridique (l'ordre des opérateurs du commerce international) (73), sans que les règles de celui-ci soient reçues par celui-là. Cela met en évidence dans le même temps l'aberration de l'autonomie d'un ordre juridique de la *lex mercatoria*. L'aberration est encore plus grande du fait que l'ordre juridique autonome de la *lex mercatoria* serait dépourvu non seulement de sanctions qui lui soient propres mais aussi de juridictions qui lui soient propres. Mais, réplique-t-on, les juridictions arbitrales ne sont-elles pas les juridictions propres à l'ordre juridique de la *lex mercatoria* ? Ceux qui le croient oublient qu'une juridiction arbitrale n'est pas la marque d'un ordre juridique autonome. Les ordres juridiques étatiques comportent bien des juridictions arbitrales : il n'y a pas que l'arbitrage commercial international, il y a aussi les arbitrages internes.

Mais les juridictions arbitrales ne peuvent pas être les seules juridictions de l'ordre juridique autonome des opérateurs du commerce international, à supposer qu'un tel ordre existe. Les tribunaux étatiques sont aussi les juridictions d'un tel ordre. Car lorsqu'il y a litige entre opérateurs du commerce international, ce litige n'est pas nécessairement et dans tous les cas tranché par la voie de l'arbitrage. L'arbitrage est un mode conventionnel de règlement des litiges. Il n'y a arbitrage que par accord des parties. A défaut d'un tel accord, le litige entre opérateurs du commerce international

(71) *Ibidem*, p. 254.
(72) *Ibidem*, p. 254.
(73) Curiosité que le professeur GOLDMAN n'a pas manqué de relever (Frontières du droit et *lex mercatoria*, Archives de philosophie du droit, précité, p. 192).

n'est résolu que par une juridiction étatique.

695. - La règle de droit, enseignait le professeur GOLDMAN, est une norme qui gouverne effectivement une collectivité, parce que les membres de celle-ci ont conscience qu'en la transgressant, ils entrent en conflit non seulement avec le bien (comme lorsqu'il s'agit d'une règle morale), mais aussi avec l'organisation, les structures et le fonctionnement de cette collectivité (74). Si tant est que la *lex mercatoria* est l'ensemble des règles qui gouvernent la collectivité des opérateurs du commerce international, ces règles devraient être appliquées par tout tribunal saisi d'un litige relatif aux relations commerciales internationales, quel que soit ce tribunal. Elles seraient appliquées par un tribunal arbitral s'il existe entre les parties une convention d'arbitrage. Sinon, elles seraient appliquées par le tribunal étatique compétent pour connaître du litige. Une éventuelle *lex mercatoria* ne serait pas l'apanage des tribunaux arbitraux. Elle devrait donc être appliquée soit par l'arbitre international soit directement par le tribunal étatique, selon qu'il y a ou non convention d'arbitrage. Contrairement à ce qu'en pense le professeur GOLDMAN, sa " consécration " par les tribunaux étatiques est donc une condition de son existence. Ainsi donc, si lex *mercatoria* il y a, elle devrait être logiquement " reçue " par les droits étatiques pour sanctionner la violation de ses règles. Mais elle n'aurait alors plus aucune spécificité, elle ferait partie du droit étatique et de l'ordre juridique étatique, elle ne serait et ne saurait être un " droit anational ", un ordre juridique autonome, distinct des ordres juridiques étatiques (75).

e) Mécanisme d'intervention de la *lex mercatoria* et conflictualisme. *Lex mercatoria* et *electio juris*

696. - N'est pas moins incohérente la tentative du concepteur de la *lex mercatoria* de concilier celle-ci avec les enseignements de la méthode des conflits de lois.

Dans son dernier article avant sa mort, le professeur GOLDMAN se réfère, pour décrire le mécanisme d'application de la *lex mercatoria*, aux trois exemples de la loi française (après le décret de 1981), de la loi néerlandaise et de la loi suisse. Pour lui, ces textes législatifs modernes sur l'arbitrage international n'excluent pas le recours à une règle de conflit, tout en n'imposant pas qu'elle soit puisée dans un système national déterminé. En raison-

(74) GOLDMAN, La *lex mercatoria* dans les contrats et l'arbitrage internationaux : réalité et perspectives, précité, p. 499.
(75) L'analyse du professeur GOLDMAN dans les Études LALIVE se termine d'ailleurs en queue de poisson. Il reconnaît que la question de la " consécration " ou de la " réception " de la *lex mercatoria* par les systèmes étatiques n'a pas encore reçu de réponse de principe et reste ouverte (*ibidem*, p. 255).

nant sur ces trois exemples, écrit-il, on constate en effet que ces trois lois désignent toutes, en première ligne, les règles de droit choisies par les parties, et à défaut d'un tel choix, celles que l'arbitre estime appropriées. Voici son raisonnement : " La première branche de cette alternative est une règle de conflit pratiquement universelle, dont l'application s'imposait bien évidemment. Il eût été surprenant, en effet, que dans l'arbitrage, mode de règlement des litiges qui repose sur la commune volonté des parties, celle-ci ne soit pas respectée pour choisir la règle applicable au fond ; il est exceptionnel du reste, si tant est que l'on puisse l'admettre, que l'autonomie de la volonté ne s'impose pas tout autant, à cet égard, au juge étatique qu'à l'arbitre.

" Mais la seconde branche de l'alternative paraît s'éloigner du système de conflits de lois : laisser la faculté à l'arbitre de statuer selon les règles de droit qu'il estime appropriées, c'est lui ouvrir, semble-t-il, ce que l'on a appelé la "voie directe" de désignation des règles applicables au fond, sans passage par une règle de conflit.

" Quant à la désignation "directe", force est bien d'admettre qu'elle sera faite au moyen d'un recours implicite, et en quelque sorte instantané, à un mécanisme de conflit : l'arbitre constate qu'il est en présence d'un contrat (ou éventuellement d'un délit civil) transnational (qualification immédiate ne pouvant donner lieu à conflit entre les qualifications de deux ou plusieurs lois différentes), et en déduit, immédiatement aussi, l'applicabilité de la *lex mercatoria*, ce qui exclut également le conflit de systèmes débouchant sur le renvoi.

" Qu'il s'en explique dans sa sentence ou qu'il le fasse sans s'expliquer, l'arbitre parviendra toujours à la *lex mercatoria* par le même cheminement, qui est théoriquement de type conflictuel, mais n'en connaît pratiquement pas les embûches " (75).

697. - Force est d'observer d'abord que, contrairement à ce qu'en dit le professeur GOLDMAN, le cheminement du raisonnement dans la seconde branche de l'alternative n'est plus de type conflictuel.

698. - Mais il y a dans cette analyse du professeur GOLDMAN une erreur plus importante.Si telle est la *lex mercatoria*, elle devrait logiquement exclure toute idée de conflit de lois, donc tout recours même implicite et instantané à un mécanisme de conflit et tout cheminement de type conflictuel. Il y a plus : elle devrait même exclure tout choix par les parties du droit applicable au fond, choix qualifié par le professeur GOLDMAN de " règle de conflit pratiquement universelle ".

Si la *lex mercatoria* est le " droit coutumier transnational " fait de " rè-

(76) GOLDMAN, Nouvelles réflexions sur la *lex mercatoria*, Études LALIVE, p. 253.

gles transnationales que les partenaires des échanges économiques internationaux se donnent progressivement à eux-mêmes " [77] et si " la règle de droit est une norme qui gouverne effectivement une collectivité, parce que les membres de celle-ci ont conscience qu'en la transgressant, ils entrent en conflit non seulement avec le bien (comme lorsqu'il s'agit d'une règle morale), mais aussi avec l'organisation, les structures et le fonctionnement de cette collectivité [78], s'il en est ainsi, toutes les relations économiques internationales devraient être considérées comme régies par les règles de la *lex mercatoria* et ne sauraient en aucun cas être régies par d'autres règles, que l'on soit devant un arbitre ou devant un juge étatique. A partir du moment où il s'agit de relations économiques internationales, il n'y aurait plus d'autres règles que celles de la *lex mercatoria*, qui puissent les régir, d'où il s'ensuit que tout système de conflit de lois ne devrait pas voir le jour, dès lors qu'il n'y aurait plus d'autres lois pouvant entrer en conflit avec les règles de la *lex mercatoria*, celles-ci ayant seules vocation à régir les relations économiques internationales. La *lex mercatoria* serait en quelque sorte la *lex fori* aussi bien du juge étatique que de l'arbitre international, dans la mesure où il est question de relations économiques internationales. Ni systèmes de conflit de lois, ni règles de conflit.

Toujours dans la mesure où il s'agit de relations économiques internationales, les parties n'auraient plus la faculté de choisir pour régir le fond de ces relations un droit autre que la *lex mercatoria*. C'est-à-dire que les parties n'auraient plus la faculté de choisir un droit étatique pour s'appliquer à leur contrat international. L'*electio juris*, cette " règle de conflit pratiquement universelle " selon le professeur GOLDMAN, deviendrait dans la logique de la *lex mercatoria* rationnellement inconcevable, alors que lui-même trouve qu'il eût été surprenant que dans l'arbitrage, mode de règlement des litiges qui repose sur la commune volonté des parties, celle-ci ne soit pas respectée pour choisir les règles applicables au fond. En somme, on serait en présence d'un droit des contrats internationaux opposé par le sommet au seul droit des contrats internationaux que l'on connaît [79].

(77) **GOLDMAN**, La *lex mercatoria*..., op. cit., p. 475.
(78) **GOLDMAN**, *ibidem*, p. 499.
(79) Le professeur **GOLDMAN** faisait observer qu'il faut se prémunir contre une conception qui réduit la *lex mercatoria* à n'être qu'une loi de plus, s'ajoutant à celle des États souverains, dont le nombre s'accroît chaque année de plusieurs unités, à une conception de la *lex mercatoria* qui, bien loin de faire échapper les relations économiques internationales à la complexité et aux incertitudes de la méthode conflictuelle, ne ferait qu'ajouter à l'application de celle-ci une difficulté supplémentaire (**GOLDMAN**, La *lex mercatoria*..., *loc. cit.*, p; 484). Or, c'est ce résultat que l'on obtient et contre lequel le professeur **GOLDMAN** mettait en garde, lorsqu'on met en oeuvre la " règle de conflit pratiquement universelle " qui donne aux parties la faculté de choisir le droit applicable à leur contrat international, donc le droit de choisir un droit étatique au lieu de la *lex mercatoria*.

Non seulement les parties ne devraient plus avoir le pouvoir de choisir un autre droit que la *lex mercatoria*, mais même l'arbitre n'aurait plus le pouvoir de trancher le litige conformément à des règles de droit qui ne seraient pas celles de la *lex mercatoria*..

CHAPITRE II

L'IMPOSSIBILITÉ RATIONNELLE

DE LA

LEX MERCATORIA

699. - La théorie du professeur GOLDMAN est-elle aujourd'hui rationnellement concevable ? Pour pouvoir répondre à la question, force est de faire au départ la distinction selon qu'on se trouve en présence d'une convention d'arbitrage international ou en l'absence d'une telle convention. Il faut rationnellement commencer par affronter la question en se plaçant dans cette dernière hypothèse. Car on a tendance à croire à tort que toutes les fois qu'il y a litige entre deux parties relativement à un contrat international, ce litige ne peut être résolu que par l'arbitrage. On oublie qu'il ne peut y avoir arbitrage international que s'il y a une convention entre les parties à cette fin et qu'à défaut d'une telle convention qui ne peut résulter que d'un accord de volontés, tout litige entre les parties sur un contrat international ne peut être résolu que par un tribunal étatique et non par un tribunal arbitral. Et c'est par cette hypothèse qu'il faut commencer lorsqu'on se pose la question de savoir s'il est rationnellement possible, c'est-à-dire concevable, que le contrat international soit régi par des règles de droit non étatiques. Il nous semble que tel est le cheminement que doit suivre le raisonnement sur la question.

A - LA *LEX MERCATORIA* DEVANT LE JUGE ÉTATIQUE EN L'ABSENCE DE CONVENTION D'ARBITRAGE INTERNATIONAL

a) La position de la justice étatique à l'égard de la *lex mercatoria* en l'absence de choix par les parties du droit applicable

700. - Lorsqu'un litige sur un contrat international est porté devant un juge étatique, se pose d'emblée à ce juge la question de savoir quelles sont les règles de droit qu'il doit appliquer au fond de ce litige. Il fera alors le *distinguo* entre l'hypothèse où les parties ont choisi le droit applicable et l'hypothèse où elles n'ont pas fait d'*electio juris*. On suppose que le juge étatique est un juge européen, la théorie de la *lex mercatoria* étant une théorie européenne, et plus précisément française, la France étant son berceau.

Lorsque les parties n'ont pas choisi le droit applicable à leur contrat international, le juge étatique appliquera, à l'évidence, la Convention de Rome de 1980 dont l'article 4 dispose que dans la mesure où la loi applicable au contrat n'a pas été choisie par les parties, " le contrat est régi par la loi du pays avec lequel il présente les liens les plus étroits ". En l'absence de choix par les parties du droit applicable, le texte ne laisse place à aucune ambiguïté : le contrat international est régi par " la loi du pays ", c'est-à-dire par une loi étatique, et ne peut être régi par des règles de droit qui ne seraient pas celles d'un pays, c'est-à-dire par des règles non étatiques. C'est la condamnation sans appel d'un " droit anational " et l'acte de décès de la théorie de la *lex mercatoria* devant un juge étatique. A tout prendre, c'est l'application scrupuleuse par la Convention de Rome de la méthode des conflits de lois, méthode de solution des conflits entre les lois de pays différents, c'est-à-dire entre des lois étatiques différentes. En l'absence d'arbitrage et en l'absence de choix par les parties du droit applicable, il est exclu que le juge étatique puisse appliquer à un contrat international un droit non étatique, appelé *lex mercatoria* ou droit anational ou, par un abus du langage, droit transnational. L'entrée en vigueur de la Convention de Rome en avril 1991 a donné l'estocade à la théorie de la *lex mercatoria* (1). D'ailleurs, le professeur GOLDMAN voyait déjà cela venir en 1979 (2).

b) La position de la justice étatique à l'égard d'une *lex mercatoria* choisie par les parties

701. - Si, en l'absence d'*electio juris* par les parties, le juge étatique ne peut appliquer qu'un droit étatique et ne peut pas appliquer la *lex mercatoria*, peut-il appliquer celle-ci si elle est choisie par les parties ? Voici comment

(1) Voir sur la question : KASSIS, Le nouveau droit..., précité, n°s 352 et s.

(2) GOLDMAN, La *lex mercatoria*..., précité, p. 258, note 92.

a répondu à la question l'architecte de la Convention de Rome, le professeur LAGARDE : " La Convention de Rome s'est placée dans la perspective d'un choix par les parties d'une loi étatique. Elle n'a pas envisagé l'éventualité du choix d'un ordre juridique non étatique, par exemple des principes généraux du droit ou de ce qui est parfois appelé la *lex mercatoria*. Ce n'est pas à dire qu'un tel choix soit condamné par la convention. Simplement, il n'est pas un choix de loi au sens de celle-ci. Le contrat qui comporterait un tel choix serait régi, semble-t-il, au sens de la convention, par la loi applicable à défaut de choix et c'est à cette loi qu'il appartiendrait de définir la place qu'elle consent à accorder aux règles non étatiques choisies par les parties " (3).

Il est donc clair qu'au regard du juge étatique, lorsque l'article 3 de la Convention de Rome a envisagé le choix par les parties d'une loi, il s'est placé dans la perspective d'un choix d'une loi étatique et a exclu l'éventualité du choix d'un ordre juridique non étatique, par exemple des principes généraux du droit ou de la *lex mercatoria*, en supposant qu'un tel ordre juridique existe. Si les parties ont quand même fait un tel choix, ce n'est pas un choix au sens de la Convention de Rome, et tout se passe comme s'il n'y avait pas de choix du tout. On revient donc à l'hypothèse de l'absence de choix, et c'est alors l'article 4 de la Convention qui s'applique : le juge étatique appliquera la loi étatique du pays qui a les liens les plus étroits avec le contrat. En supposant que la loi qui a les liens les plus étroits avec le contrat est la loi française, le juge étatique devra considérer que le contrat est régi par la loi française, celle-ci étant la loi applicable à défaut de choix. Et c'est à la loi française, nous dit le professeur LAGARDE, qu'il appartiendrait de définir la place qu'elle consent à accorder aux règles non étatiques (*lex mercatoria* ou principes généraux du droit) choisies par les parties.

702. - On voudrait s'arrêter à la dernière proposition du professeur LAGARDE. Dans l'hypothèse où nous sommes, quelle place la loi française, qui régit le contrat, peut-elle consentir à accorder à la *lex mercatoria* en tant qu'ensemble de règles non étatiques choisies par les parties ? On ne voit pas du tout quelle serait cette place. Dans l'explication du professeur LAGARDE, le juge étatique, appliquant la Convention de Rome, doit ignorer le choix par les parties de la *lex mercatoria*, celle-ci n'étant pas faite de règles étatiques et les parties ne pouvant choisir que des règles étatiques. Le juge étatique doit donc ignorer ce choix et revenir à l'hypothèse d'absence de choix pour mettre en oeuvre la règle de conflit de l'article 4 de la Convention de Rome, applicable à défaut de choix. Par voie de conséquence, il doit appliquer la loi étatique française désignée, par hypothèse,

(3) Voir : KASSIS, Le nouveau droit européen..., n° 357.

par cette même règle de conflit.

A partir du moment où l'on a ignoré le choix par les parties de la *lex mercatoria* pour mettre en oeuvre la règle de conflit qui joue en l'absence de choix et où on a appliqué le droit interne français en tant que droit désigné par cette règle de conflit, le juge éatique n'appliquera que ce droit. Le processus est irréversible, on ne peut plus faire machine arrière et retourner à nouveau à l'hypothèse d'un choix par les parties de la *lex mercatoria*, hypothèse que l'on a déjà écartée dans le processus de raisonnement suivi.

703. - Si même, ayant retenu, au terme de ce processus, le droit interne français comme régissant le contrat international, il serait concevable que l'on puisse se demander si le droit français accorde une place aux règles non étatiques de la *lex mercatoria* en les considérant comme choisies par les parties, encore faut-il observer que lorsqu'un droit étatique déterminé, le droit français par exemple, autorise les parties dans un contrat interne français à choisir, pour s'appliquer à ce contrat, des règles autres que des règles françaises, il y a alors, comme on le sait, incorporation, c'est-à-dire que les règles de droit incorporées sont alors contractualisées et n'ont que la valeur de clauses contractuelles. Elles ne sont plus des " règles " qui " régissent " le contrat mais des clauses contractuelles.

704. - Qui plus est, pour pouvoir dire qu'un droit étatique, le droit français par exemple, consent à accorder une place à d'autres règles de droit, c'est-à-dire autorise les parties à un contrat interne français à " choisir ", pour s'incorporer à ce contrat, d'autres règles de droit, encore faut-il que celles-ci existent au préalable en tant que règles, c'est-à-dire qu'elles fassent partie d'un autre droit positif, le droit anglais par exemple, appliquées par les juges anglais en tant que telles aux contrats anglais. Lorsque les parties ont choisi les règles non étatiques de la *lex mercatoria*, ce choix est équivalent à l'absence de choix et la loi étatique qui s'applique au contrat est celle désignée par la règle de conflit de l'article 4 de la Convention de Rome, soit la loi étatique française, nous dit le professeur LAGARDE qui ajoute que c'est alors à celle-ci de définir la place qu'elle consent à accorder aux règles non étatiques de la *lex mercatoria*. Mais le professeur LAGARDE ne voit-il pas qu'il y a dans ce propos une *contradictio in terminis* ? Car d'abord, si tant est que le juge étatique doit considérer ce choix comme une absence de choix, il doit l'oublier complètement et appliquer purement et simplement la loi étatique française. A supposer même que l'on puisse accorder une place au choix de la *lex mercatoria* après l'avoir écarté, encore faut-il se rappeler qu'il ne s'agit pas d'un choix dans le sens du droit international privé mais d'une incorporation, d'une contractualisation des " règles non étatiques de la *lex mercatoria* " choisies.

705. - De surcroît, pour que l'on puisse parler de choix de " règles de la *lex mercatoria* " et pour pouvoir les " choisir ", encore faut-il que de telles règles existent objectivement et préalablement à tout choix. Les parties peuvent choisir des règles de droit françaises ou anglaises par un véritable choix de droit international privé dans le sens de la Convention de Rome ou par incorporation, lorsque de telles règles positives existent et que les juges étatiques français ou anglais les appliquent aux contrats internes français ou anglais en l'absence de tout choix par les parties. On ne peut pas parler de choix par les parties des règles non étatiques de la *lex mercatoria*, quel que soit le sens qu'on donne au mot " choix ", que si de telles règles existent objectivement et sont appliquées par des juges étatiques en l'absence de choix. Or, les droits étatiques excluent l'existence de telles règles et leur application par les juges étatiques aux contrats internes, et la Convention de Rome exclut leur application par ces mêmes juges aux contrats internationaux en l'absence de choix. Envisager une place qu'un droit étatique puisse consentir à des règles non étatiques choisies par les parties serait rationnellement impossible dès lors que l'on a admis *a priori* que de telles règles n'existent pas *ab initio*. Ce serait non seulement une pétition de principe, mais une pétition de principe contraire à la prémisse que l'on a retenue au départ.

Il s'ensuit, croyons-nous, qu'en tout cas de figure, qu'elle soit ou non choisie par les parties, la *lex mercatoria* n'a rationnellement aucune place devant le juge étatique en l'absence d'arbitrage après l'entrée en vigueur de la Convention de Rome de 1980.

B - LA *LEX MERCATORIA* DEVANT L'ARBITRE INTERNATIONAL ET LA JURIDICTION ÉTATIQUE QUI CONTRÔLE SA SENTENCE

706. - S'il n'y a pas et s'il ne peut pas y avoir rationnellement place à une *lex mercatoria* devant le juge étatique en l'absence d'arbitrage international, peut-on dire que sa prise en compte est concevable en cas d'arbitrage international ? Nous croyons qu'une telle thèse est absolument aberrante. On peut l'écarter d'un revers de main. Car si tant est que la *lex mercatoria* est faite de règles de droit et que, comme l'affirme le professeur GOLDMAN, " la règle de droit est une norme qui gouverne effectivement une collectivité " (4), une règle de droit ne peut pas gouverner une collectivité lorsqu'un litige au sein de cette collectivité est porté devant un tribunal arbitral si la même règle ne peut pas la gouverner lorsque le même litige est porté devant un tribunal étatique. Une telle conception de la règle de droit serait tout simplement une monstruosité juridique. S'il n'y a pas de *lex mercatoria* devant le juge étatique en l'absence d'arbitrage international,

(4) GOLDMAN, La *lex mercatoria* dans les contrats..., précité, p. 499.

il ne peut pas y en avoir une devant l'arbitre international.

Cette seule réflexion suffit comme fin de non-recevoir contre la thèse d'une *lex mercatoria* qui jouerait seulement dans l'arbitrage international. Mais il y a plus.

Faisons ici aussi la distinction entre deux cas de figure.

a) Les parties n'ont pas fait un choix de droit

707. - Ainsi que cela a été précédemment souligné, il apparaît que dans une telle situation l'arbitre international ne doit obéissance à aucune règle de droit. Les textes disent qu'il tranche le litige selon les règles de droit qu'il estime appropriées. En réalité, il faut lire derrière cet euphémisme qu'il n'y a plus alors de règles de droit du tout, et que c'est le règne du contrat sans loi, parce que des règles de droit que l'arbitre choisit s'il les estime appropriées en en écartant d'autres parce qu'il n'en a pas la même appréciation ne sont plus des règles de droit. Et il en est ainsi non pas parce que des textes de droit positif le disent (article 1496), mais parce que telle est la réalité institutionnelle de l'arbitrage international (absence de *lex fori*, absence d'ordre juridique de base du contrat international, absence de contrôle du droit appliqué au fond par l'arbitre).

Et lorsque l'arbitre international ne doit pas obéissance à des règles de droit, il n'y a plus pour lui de règles de droit ni étatiques ni anationales. Parler de *lex mercatoria* n'est alors qu'un verbiage creux. Lorsque l'arbitre affirme qu'il a statué selon le droit français, il n'aura pas en réalité statué selon des règles du droit français auxquelles il aurait obéi, mais selon un modèle optionnel, parce qu'il a trouvé bon, selon sa seule appréciation, d'opter pour le droit français. Lorsque les parties n'ont pas fait d'*electio juris*, l'arbitre international n'adore que l'idole juridique qu'il a lui-même créée, même s'il ne le dit pas, même s'il ne le croit pas. Si l'arbitre affirme qu'il a statué selon la *lex mercatoria*, il aura aussi statué selon un modèle optionnel de son cru qu'il aura ainsi baptisé, et il pourra mettre derrière cette appellation tout ce qu'il voudra : c'est l'auberge espagnole.

b) Les parties ont choisi la *lex mercatoria*

708. - *Quid* si les parties ont dans un arbitrage international choisi la *lex mercatoria* ?

Dans son compte-rendu de l'ouvrage de l'auteur du présent travail sur le nouveau droit européen des contrats internationaux, le professeur LAGARDE approuve l'observation de l'auteur selon laquelle l'application par l'arbitre international de la *lex mercatoria* tient au fait qu'il n'y a pas pour lui de règles de droit du tout, parce qu'il n'a pas de *lex fori* et ne doit pas plus obéissance à des règles anationales qu'à des règles nationales et que si l'arbitre affirme dans sa sentence s'être conformé à la *lex mercatoria*, il aura simplement statué selon un modèle optionnel qu'il aura ainsi baptisé. Le professeur LAGARDE observe qu'il reste toutefois l'hypothèse où ce sont les parties qui ont choisi de soumettre leur contrat à la *lex mercatoria* et que l'auteur du présent travail ne dit pas si l'on doit voir dans un tel choix celui de " règles de droit " s'imposant à l'arbitre en application de l'article 1496 du N. C. P. C. (5).

Nous croyons avoir montré dans ce qui précède que dans l'hypothèse où les parties ont choisi de soumettre leur contrat à la *lex mercatoria*, et en supposant qu'une *lex mercatoria* existe et est une réalité, on ne peut pas voir dans un tel choix celui de " règles de droit " s'imposant à l'arbitre en application de l'article1496 du N. C. P. C.., dès lors que cet article ne saurait être un commandement que pour le juge étatique français, parce qu'il est un commandement de sa *lex fori*. Il ne saurait constituer un commandement pour l'arbitre, pour la simple raison que celui-ci n'a pas de *lex fori* et n'obéit donc pas à des règles de droit. Si l'arbitre applique et est tenu d'appliquer des " règles de droit " choisies par les parties, c'est parce que, du fait de ce choix, elles ne sont plus pour lui d'authentiques règles de droit mais deviennent par l'incorporation de simples stipulations contractuelles auxquelles il doit obéissance en tant que telles, sa mission consistant à appliquer les stipulations contractuelles et à statuer selon elles.

Ainsi donc, que les parties aient ou n'aient pas " choisi les règles de droit ", qu'elles aient choisi des règles étatiques ou anationales, il n'y a pour l'arbitre international dans aucun cas de figure de véritables règles de droit, il n'y a que le contrat.

709. - La *lex mercatoria* est un mythe qui a trop longtemps fourvoyé une bonne partie de la pensée juridique française. Si elle est moins dans l'air du temps, si on y croit de moins en moins, elle continue de faire du mal à la théorie de l'arbitrage commercial international en France par la fascination qu'elle exerce toujours sur nombre de ses partisans inconditionnels et irréductibles qui tentent sans cesse de la rafistoler pour la rendre plus résistante aux objections qu'elle soulève mais au prix d'une déperdition de substance. Si elle ne se justifie pas, la séduction qu'elle exerce s'explique. Elle est si attrayante, elle aurait apporté des solutions aux problèmes du droit des contrats internationaux et de l'arbitrage commercial international si elle était tant soit peu juridiquement rationnelle. Comme le disait JEAN ROBERT, elle éblouit sans convaincre.

(5) **LAGARDE**, Rev. crit. de dr. i. pr., 1994, p. 597.

CHAPITRE III

LA *LEX MERCATORIA* NOUVELLE MOUTURE OU LE DROIT TRANSNATIONAL LES THÈSES DU PROFESSEUR GOLDMAN RAVALÉES AU RANG D'UNE BANALE ÉTUDE DE DROIT COMPARÉ

710. - Les juristes de l'école de la *lex mercatoria* ont adopté à l'égard des critiques qui ont fusé de toute part et pendant de longues années contre l'enseignement du professeur GOLDMAN une attitude consistant à ignorer tout simplement ces critiques et à se contenter de ressasser les thèses de son concepteur.

En 1995 parut dans le Journal de droit international l'article du professeur GAILLARD intitulé " Trente ans de *lex mercatoria*. Pour une application sélective de la méthode des principes généraux du droit ". En 1996 parut le Traité de l'arbitrage commercial international des professeurs FOUCHARD, GAILLARD et GOLDMAN.Dans la cinquième partie de cet ouvrager, rédigée par le professeur GAILLARD, se trouvent exposées dans une trentaine de pages les thèses de la *lex mercatoria*. Cet exposé du professeur GAILLARD reprend et complète le contenu de son article précité de 1995.

En examinant l'exposé du professeur GAILLARD sur la *lex mercatoria* dans le Traité de l'arbitrage commercial international et dans son article de 1995, on ne trouve plus rien de l'enseignement du professeur GOLDMAN.

Au contraire, la *lex mercatoria* du professeur GAILLARD n'a rien à voir avec la *lex mercatoria* du professeur GOLDMAN, elle lui est même opposée par le sommet. Chez le professeur GAILLARD, la *lex mercatoria* est réduite à une simple méthode qui n'a rien de spécifique, elle est ravalée à une banale analyse de droit comparé à laquelle souscrira sans difficulté le juriste le plus hostile aux thèses du professeur GOLDMAN.

Voici cette nouvelle *lex mercatoria* .

A - L'IDÉE D'INADÉQUATION DES DROITS ÉTATIQUES POUR RÉGIR LES RELATIONS COMMERCIALES INTERNATIONALES ET DE LEUR OPPOSITION À UN ORDRE JURIDIQUE NON ÉTATIQUE FAIT PLACE À L'IDÉE DE CONVERGENCE DES SYSTÈMES JURIDIQUES ÉTATIQUES

711. - Dans son article de 1995, le professeur GAILLARD considère que toutes les controverses autour de la *lex mercatoria* ont été attisées par une terminologie ambiguë. La notion de *lex mercatoria* devrait être remplacée par la notion de règles transnationales ou par la notion de principes généraux du droit du commerce international. La raison en serait que la notion de *lex mercatoria* met l'accent sur le contenu des normes davantage que sur leur mode de formation. En insistant sur la nécessité de dégager un droit adapté à la société des marchands, l'expression paraît postuler *a contrario* l'inadéquation des droits étatiques pour régir les relations commerciales internationales. Pourtant, si elle contient une part de vérité, l'idée que la spécificité des relations commerciales internationales requiert souvent un régime propre, est, dans ce contexte, de nature à engendrer certaines confusions. En effet, cette constatation ne débouche pas nécessairement sur la conclusion qu'il convient de recourir à des normes de source internationale pour satisfaire les besoins propres du commerce international. Chaque ordre juridique peut parfaitement prendre conscience de ces besoins et y satisfaire lui-même en soumettant les relations internationales à des règles matérielles différentes de celles qui régissent les relations internes.

Le terme de règle transnationale ou celui de principes généraux du droit du commerce international présente, pour le professeur GAILLARD, l'avantage sur celui de *lex mercatoria* de ne pas nier que la solution des problèmes de la société des marchands puisse être trouvée, le cas échéant, dans les droits nationaux et d'insister sur le fait que la spécificité de ces règles tient davantage à leur source qu'à leur contenu. A l'inverse du concept de *lex mercatoria*, qui semble postuler la spécificité des normes transnationales, la notion de règles transnationales ou de principes généraux suggère que ces normes se fondent sur les ordres juridiques étatiques avec lesquels elles ne sont pas en conflit mais avec lesquels elles entretiennent des liens de filiation.

L'idée n'est plus celle de l'opposition des ordres juridiques étatiques et d'un hypothétique ordre juridique transnational mais celle d'un recours global à un ensemble de droits nationaux dont la fécondité se trouve ainsi reconnue. En d'autres termes, le postulat de l'inadéquation des droits nationaux fait place au souci, plus légitime, de fonder la solution de certains litiges sur un ensemble de droits plutôt que sur un seul dont les solutions originales pourraient décevoir l'attente légitime des parties (1).

712. - Les mêmes propositions sont reprises dans le Traité de 1995. La *lex mercatoria* souffre d'une terminologie très mal fixée, tant dans la pratique contractuelle que dans la présentation doctrinale, écrit le professeur GAILLARD. Les parties utilisent des expressions très variées pour manifester leur volonté de voir leur contrat régi par des règles transnationales : principes généraux du droit du commerce international, principes juridiques généralement reconnus, principes communs à plusieurs systèmes juridiques. La terminologie est encore très variable d'un auteur à l'autre. Pour désigner les règles autres que celles d'un État donné, l'appellation générique est celle de *lex mercatoria*. Essentiellement doctrinal, le terme de *lex mercatoria* recouvre aussi bien les règles transnationales (qu'il n'est pas possible de définir autrement que de manière négative comme toutes les règles dont la source n'est pas seulement un système juridique étatique donné) que les usages du commerce international (définis comme les pratiques habituellement suivies dans une branche déterminée d'activité).

713. - Le professeur GAILLARD considère que le terme de règles transnationales est généralement préférable à celui de règles anationales, pour la seule raison que l'une des sources essentielles de ces règles est précisément la convergence des principaux systèmes juridiques étatiques dont elles sont induites. Ces règles recouvrent elles-mêmes deux notions distinctes : d'une part les règles communes à plusieurs systèmes juridiques dégagées suivant la méthode du tronc commun ; d'autre part, les principes généraux du droit du commerce international dégagées par induction de l'ensemble des grandes familles de systèmes juridiques et de sources internationales telles que la jurisprudence arbitrale internationale ou les conventions internationales en vigueur ou non, en ce qu'elles manifestent une acceptation large des règles en cause par la communauté juridique internationale (2).

Telle devrait être la nouvelle conception de la *lex mercatoria* selon le professeur GAILLARD.

714. - On constate d'emblée que cette *lex mercatoria* du professeur GAIL-

(1) GAILLARD, Trente ans de *lex mercatoria*, JDI, 1995, p. 7-8.

(2) GAILLARD, Traité, nos 1446-1447.

LARD n'a rien à voir avec celle du professeur GOLDMAN et qu'elle en est même plutôt la négation. Tout l'enseignement du professeur GOLDMAN visait à présenter la *lex mercatoria* comme ordre juridique autonome, distinct des ordres juridiques étatiques et ses règles comme des règles coutumières anationales qui se sont formées spontanément au sein de la société des opérateurs du commerce international. Le professeur GOLDMAN n'a cessé de le répéter depuis ses premiers écrits (3) jusqu'au dernier. Dans ses Nouvelles réflexions... (4), deux ans à peine avant l'article du professeur GAILLARD, le professeur GOLDMAN s'insurgeait contre ceux " qui se refusent à voir dans la *lex mercatoria* un ordre juridique autonome, distinct de l'ordre juridique de l'État ".

715. - Le professeur GAILLARD trouve le terme de règles transnationales préférable à celui de règles anationales parce que l'une des sources essentielles de ces règles est précisément la convergence des principaux systèmes juridiques étatiques dont elles sont induites (5). Or, bien que le professeur GOLDMAN ait utilisé l'expression " règles transnationales ", c'est dans le sens de règles anationales qu'il envisageait les règles de la *lex mercatoria*, c'est-à-dire dans le sens de règles qui ne sont pas de source étatique, qui n'émanent pas d'une convergence de systèmes juridiques étatiques mais qui sont des règles coutumières qui se forment en dehors des systèmes étatiques, à l'intérieur de la *societas mercatorum*. L'expression " règles anationales " rend plus exactement le concept de *lex mercatoria* du professeur GOLDMAN. Le professeur FOUCHARD, éminent disciple du fondateur de l'école et le plus ardent défenseur de ses thèses, expliquait que l'expression " droit transnational " est trompeuse et que l'expression " droit anational " est plus exacte, parce qu'elle met mieux en évidence le caractère propre de ce droit qui " se forme, s'applique, se sanctionne en dehors, en marge des cadres et des autorités étatiques, à l'intérieur de groupes humains plus vastes et plus réduits à la fois, qui ne se constituent pas au sein d'une nation, mais d'une ou plusieurs professions ou corporations, et plus généralement d'une " communauté internationale des commerçants" " (6).

716. - Lord MUSTILL avait inventorié en 1987, à partir des sentences arbitrales publiées, une vingtaine de règles de la *lex mercatoria*. Il visait par cet inventaire à mettre en évidence sa pauvreté (7). Pour le professeur GAILLARD,

(3) **GOLDMAN**, Frontières du droit..., précité, pages 180, 189, 190, 191 ; La *lex mercatoria*..., précité, pages 478, 479, 487-491, 502.
(4) **GOLDMAN** , Nouvelles réflexions..., précité, p. 247.
(5) **GAILLARD**, Traité, n° 1447.
(6) Fouchard, L'arbitrage commercial international, Dalloz, 1965, n° 577.
(7) Lord **MUSTILL**, The new *lex mercatoria* : The first twenty five years, in Liber Amicorum for Lord **WILBERFORCE**, Clarendon Press Oxford, p. 174-177.

la présentation des règles transnationales en termes de liste repose sur une conception erronée. Ces règles ne résultent pas selon lui d'une liste mais d'une méthode, et la maîtrise de la technique de la *lex mercatoria* repose bien davantage sur la compréhension d'une méthode que sur la recherche d'une hypothétique liste des principes généraux du droit du commerce international qui en sont la principale composante (8).

B - MÉTHODE DES RÈGLES TRANSNATIONALES

717. - Quelle est donc cette méthode ? Selon le professeur GAILLARD, lorsqu'ils se trouvent confrontés à la nécessité de faire application de règles transnationales, les arbitres et les conseils doivent procéder à une démarche en deux temps.

Dans un premier temps, indique-t-il, il faudra rechercher si les parties elles-mêmes ont arrêté des directives de méthode sur la manière de dégager les règles qu'il convient d'appliquer. Le point de départ de tout raisonnement sur la méthode de détermination des règles de droit applicables doit être la clause de droit applicable elle-même. En présence de clauses déclarant applicables les principes communs à plusieurs systèmes juridiques étatiques spécifiés, suivant la méthode du " tronc commun" (9), les arbitres devront s'en tenir à une analyse comparée des seuls droits visés, à moins que la clause elle-même ne prévoie, comme c'est souvent le cas, le

(8) GAILLARD, Trente ans..., précité, p. 22 ; Traité, n° 1455.

(9) Selon la méthode du " tronc commun" suggérée par M. RUBINO-SAMMARTANO, il faut commencer par une recherche de la volonté réelle des parties. Lorsqu'elles n'ont pas voulu désigner une loi nationale, les parties ont certainement voulu par leur silence exclure chacune la possibilité de recourir à l'application de la loi nationale de l'autre, par un réflexe national et légitime de prudence à l'égard d'une loi inconnue. Mais on ne peut pas dire qu'elles ont voulu aller plus loin et rejter ce qui est commun à leurs lois nationales. Conserver ce " tronc commun " apparaît plutôt comme un choix clair et naturel et peut être considéré comme le choix tacite des parties. Ce n'est que lorsque le tronc commun des lois nationales en présence ne peut pas combler les éventuelles lacunes que l'arbitre devra librement appliquer les règles de conflit, les principes fondamentaux du droit international ou la *lex mercatoria*, en entendant par là l'ensemble des usages en vigueur dans la société internationale, et non un système juridique détaché des systèmes nationaux, un tel système étant fortement controversé. L'application de la *lex mercatoria* est donc résiduelle (RUBINO-SAMMARTANO, Le tronc commun des lois nationales en présence, Rev. Arb., 1987, p. 133. Du même auteur : International Arbitrration Law, Kluwer, 1990, p. 280.

recours subsidiaire à d'autres règles (10).

Lorsque les parties se sont référées, sans autre précision, aux principes généraux de droit du commerce international ou à toute autre expression dans laquelle il est raisonnablement permis de voir la même intention, les arbitres devront chercher les règles applicables dans des analyses de droit comparé, dans les textes de source internationale et dans la jurisprudence des tribunaux arbitraux (11).

Dans un second temps, à défaut de précision sur la méthode apportée par les parties elles-mêmes, les conseils et les arbitres devront procéder à une analyse de droit comparé de façon à dégager la ou les règles pertinentes. Ils devront montrer que, sur telle ou telle question en litige, les droits étatiques convergent vers une solution déterminée, de sorte que cette solution peut être retenue au titre de règles transnationales (12).

Le droit comparé est une source essentielle des règles transnationales. C'est souvent en les induisant de divers systèmes juridiques où ils sont connus, parfois sous des formes différentes, que les arbitres dégagent les principes généraux du droit (13). Mais pour être considérée comme un principe général une règle n'a pas besoin d'être reconnue par l'intégralité des systèmes juridiques, ce qui reviendrait à donner un veto aux systèmes dont les conceptions sont les plus isolées alors qu'il s'agit de dégager une tendance généralement acceptée plutôt que de départager, selon des procédés parfois aléatoires, des droits en présence.

Les textes de source internationale et spécialement les conventions internationales, en vigueur ou non, constituent aussi une source d'inspiration fréquente des arbitres lorsqu'ils doivent déterminer les règles de la *lex mercatoria* (comme la Convention de Vienne de 1980 sur la vente internatioale de marchandises). De même, les résolutions d'organisations internationales suffisamment représentatives (résolutions des Nations-Unies sur la crise irakienne). De même encore, les travaux remarquables de droit comparé d'un organisme tel qu'Unidroit.

Le professeur GAILLARD cite comme dernière source de règles transnatio-

(10) L'auteur cite en exemple le contrat de construction du tunnel sous la Manche, soumis par les parties aux principes communs au droit anglais et au droit français et, en l'absence de tels principes communs, aux principes généraux du droit du commerce international, tels qu'appliqués par les tribunaux nationaux et internationaux (GAILLARD, Traité, n° 1457).

(11) GAILLARD, Traité, n° 1458.

(12) GAILLARD, Trente ans de *lex mercatoria*..., JDI, 1995, p. 24.

(13) L'auteur donne en exemple l'interdiction de se contredire au détriment d'autrui, connue dans les États de la *common law* sous le nom d'*estoppel by representation*, et dans les droits allemand et suisse sous l'adage *non concedit venire contra factum proprium* (GAILLARD, Traité, n° 1458).

nales la jurisprudence des juridictions internationales et la " jurisprudence arbitrale " (14).

A cet endroit on voudrait revenir une fois pour toutes sur cette prétendue jurisprudence arbitrale internationale dont on nous rebat les oreilles.

C. - Existe-t-il une véritable jurisprudence arbitrale internationale source de *lex mercatoria* ?

718 - Le professeur GAILLARD ne se prononce pas sur la question. Il estime que le domaine des principes généraux, plus que tout autre, atteste que la question, naguère très débattue, de savoir s'il convient ou non de parler de " jurisprudence arbitrale " est dépassée par la pratique arbitrale qui, de fait, utilise régulièrement les précédents que constituent d'autres sentences arbitrales rendues dans des circonstances analogues (15).

Nous ne croyons pas du tout que le fait pour la pratique arbitrale d'utiliser régulièrement les précédents d'autres sentences arbitrales rendues dans des circonstances analogues permet d'affirmer que la question de la " jurisprudence arbitrale " est dépassée et permet par là-même de l'esquiver. D'autant plus que le professeur GAILLARD se réfère aux développements consacrés à la question par le professeur FOUCHARD dans le même Traité et à la réponse affirmative de ce dernier (16).

L'auteur du présent travail a montré longuement ailleurs que les sentences des tribunaux arbitraux du commerce international ne peuvent avoir vocation à constituer une jurisprudence arbitrale, à l'image des tribunaux étatiques, dans le sens d'une " source " de droit. Une jurisprudence est l'apanage d'une justice obligatoire et organisée, investie d'un pouvoir institutionnel, ne devant pas son existence et sa fonction au bon vouloir des particuliers, mais à l'ordre juridique lui-même, et constituant de ce fait un véritable office, une hiérarchie et une Cour suprême qui assure l'unité de la jurisprudence (17).

L'auteur du présent travail n'entend pas revenir longuement sur la question. Il voudrait seulement faire un commentaire rapide des observations du professeur FOUCHARD dans le Traité. Le professeur FOUCHARD estime que l'existence d'une jurisprudence arbitrale dépend de la réunion de trois conditions, à savoir le degré d'autonomie, de cohérence et de divulgation des sentences arbitrales. On voudrait s'arrêter sur les deux conditions du degré d'autonomie et de cohérence des sentences arbitrales. Ces deux conditions sont-elles réalisées ?

(14) **GAILLARD**, Traité, n° 1458.

(15) *ibidem*

(16) Traité, page 830, note 151.

(17 **KASSIS**, Théorie générale des usages du commerce, précité, n°s 793 à 803.

719. - S'agissant de la cohérence des sentences, le professeur FOUCHARD reconnaît qu'une telle cohérence n'est pas réalisée dans un arbitrage *ad hoc*, du fait de l'absence dans un tel arbitrage d'une hiérarchie comparable à celle de l'organisation judiciaire française par exemple, avec des juridictions inférieures, un degré d'appel et au sommet une Cour suprême chargée d'assurer l'unité de la jurisprudence.

Mais le professeur FOUCHARD se reprend pour observer que les arbitrages les plus nombreux ne sont pas des arbitrages *ad hoc* mais des arbitrages institutionnels et particulièrement des arbitrages sous l'égide de la CCI. Or, dans ces derniers arbitrages, s'il n'y a pas une hiérarchie et une Cour suprême, il y a un centre (appelé Cour d'arbitrage de la CCI) qui administre et surveille la procédure, donne son avis sur le projet de sentence, et doit l'approuver, qui n'est donc pas démuni de moyens d'action, de conseil ou de pression pour assurer un minimum de cohérence aux sentences. Or, ce sont précisément ce pouvoir de donner son avis sur le projet d'une sentence et ces moyens d'action et de pression qui font douter de l'indépendance des arbitres dans les arbitrages CCI. De plus, de tels moyens ne sont en rien comparables à la hiérarchie des juridictions étatiques et au rôle d'une Cour suprême chargée d'assurer l'unité de la jurisprudence étatique, tels qu'ils sont prévus dans des textes clairs.

720. - Par ailleurs, à supposer que le centre d'arbitrage institutionnel de la CCI soit doté d'une organisation et d'une hiérarchie comparables à celles de la justice étatique - ce qui est loin d'être la réalité - l'arbitrage institutionnel de la CCI n'est pas tout l'arbitrage commercial international, loin s'en faut. Outre les arbitrages *ad hoc*, il y a aussi les arbitrages *ad hoc* semi-organisés qui dépendent bien d'un centre, mais ce centre n'a pas le pouvoir de surveiller la procédure, d'émettre un avis sur un projet de sentence ni d'approuver un tel projet. Ce sont les arbitrages de l'American Arbitration Association, de la London Court of International Arbitration et autres. Il y aussi les arbitrages internationaux qui ne dépendent pas d'un centre, mais qui se déroulent selon un règlement connu, comme l'arbitrage selon le règlement de l'UNCITRAL (CNUDCI). Rien n'autorise à affirmer que les arbitrages les plus nombreux sont ceux qui sont organisés par la CCI. Et même s'ils étaient les plus nombreux, rien n'autorise à affirmer que les sentences arbitrales internationales se distinguent par leur cohérence ou un degré élevé de cohérence. C'est plutôt par leur incohérence qu'elles se distinguent.

721. - S'agissant de l'autonomie des sentences arbitrales internationales, le professeur FOUCHARD ne peut que reconnaître que les appréciations des arbitres ne sont pas souveraines, mais sont soumises au contrôle du juge étatique qui se prononce sur la validité de la convention d'arbitrage et sur la régularité de constitution du tribunal arbitral, un tel contrôle pouvant conduire au refus de reconnaissance et d'exécution ou à la nullité de la sentence. Ainsi, le tribunal arbitral qui se prononce sur la validité de la convention d'arbitrage ou la régularité de la constitution du tribunal arbitral ne dispose pas de l'autonomie nécessaire à la formation, par un ensemble de sentences, d'une " jurisprudence arbitrale ".

722. - Mais, observe le professeur FOUCHARD, il en va différemment lorsque l'arbitre statue au fond. En effet, sous réserve d'une violation de l'ordre public international, sa sentence n'est pas soumise à réexamen par le juge étatique. Or, l'arbitre applique au fond les règles de droit choisies par les parties ou, à défaut d'un tel choix, les règles qu'il estime appropriées (article 1496 du N.C.P.C.). Pour le professeur FOUCHARD, c'est l'affirmation, ou du moins la garantie, de l'autonomie de la jurisprudence arbitrale, l'arbitre appliquant non seulement des lois, mais des règles de droit d'origine diverse, et notamment celles de la *lex mercatoria.* (17 bis)

Or, c'est paradoxalement cette autonomie des parties dans le choix des règles de droit applicables au fond et, en l'absence de choix par les parties, c'est cette autonomie de l'arbitre dans l'application au fond des règles de droit qu'il estime appropriées qui, au lieu de fonder l'existence et l'autonomie d'une jurisprudence arbitrale, comme le pense le professeur FOUCHARD, excluent rationnellement la possibilité d'existence d'une telle jurisprudence. En effet, on ne voit pas comment peut se créer et s'établir une telle jurisprudence à partir d'un fonds illimité et inépuisable de règles de droit où des milliers de parties dans des milliers d'arbitrages internationaux dans les pays les plus divers puisent les règles qu'elles choisissent, et où, en l'absence de choix par les parties, des milliers d'arbitres dans des milliers d'arbitrages internationaux dans les pays les plus divers choisissent les règles de droit qu'ils estiment appropriées. C'est l'autonomie du droit applicable au fond du litige de l'article 1496 qui, au lieu de fonder rationnellement la possibilité d'une jurisprudence arbitrale, fonde rationnellement son impossibilité.

D - LISTE DES RÈGLES TRANSNATIONALES OU DES PRINCIPES GÉNÉRAUX DU DROIT DU COMMERCE INTERNATIONAL

723. - L'affirmation du professeur GAILLARD que la présentation des règles transnationales en termes de liste repose sur une conception erronée et que la maîtrise de la technique de la *lex mercatoria* repose davantage sur la compréhension d'une méthode que sur la recherche d'une hypothétique liste des principes généraux du droit du commerce international qui en sont la principale composante, ne l'empêche pas de présenter une liste de ces principes généraux dégagés par la " jurisprudence arbitrale ".

(17 bis) FOUCHARD, Traité, n° 377.

Dès lors que les règles transnationales (18) ou principes de la *lex mercatoria* ne sont autres que les principes généraux du droit commercial international dégagés par induction de l'ensemble des grandes familles de systèmes juridiques et de sources internationales telles que les sentences arbitrales internationales (qualifiées de jurisprudence arbitrale par un abus du langage) et les conventions internationales en vigueur ou non, règles et principes dégagés à partir d'analyses de droit comparé (19), le professeur GAILLARD établit sa propre liste.

On constate de cette liste que tous les principes généraux sont communs aux droits étatiques et en constituent en quelque sorte le dénominateur commun. On voit se succéder dans la liste tous les grands principes que l'on trouve dans un code des obligations.

En premier lieu, le principe de la force obligatoire des conventions (*pacta sunt servanda*), le principe de bonne foi, le principe du respect des droits. Ces principes couvrent des règles plus spéciales qui peuvent accéder à leur tour à la qualité de principes généraux, par exemple l'estoppel.

Les principes généraux couvrent la plupart des grandes questions du droit des contrats internationaux à propos de la validité de ces contrats, de leur interprétation et de leur exécution.

724. - En matière de validité des conventions, les principes généraux donnent lieu à des règles plus spéciales, comme celle qui permet au contractant raisonnablement diligent de se prévaloir de son ignorance légitime de l'absence de pouvoir du signataire du contrat. Autre règle spéciale : la présomption de compétence des opérateurs du commerce international, rendant plus difficile pour un professionnel de se prévaloir de sa propre erreur pour solliciter l'annulation du contrat.

En matière de principes relatifs à la théorie de l'apparence, le professeur GAILLARD estime que, comme dans les droits étatiques, certaines règles de la *lex mercatoria* tendent à protéger une partie, en dégageant d'une analyse de droit comparé un régime des vices du consentement suffisamment largement accepté pour être considéré comme relevant des principes généraux du droit du commerce international (20). Le professeur GAILLARD estime aussi que la sanction de l'abus de domination économique pouvait être considéré comme un principe général de droit, sans préciser pour autant les contours d'un tel principe.

(18) Sur le caractère amphibologique des expressions " droit transnational " et " règles trasnationales ", voir **KASSIS**, Théorie des usages du commerce, précité, n°s 845 à 881.

(19) **GAILLARD**, Traité, n°s 1447, 1458.

(20) Il y a là plutôt un voeu du professeur **GAILLARD**, car on n'a pas encore dégagé un régime général des vices du consentement, les divergences des législations nationales sur ces questions ne pouvant pas être sous-estimées.

725. - S'agissant des principes relatifs à l'interprétation des conventions, la " jurisprudence arbitrale " aurait reconnu l'existence de nombreux principes assez proches des articles 1156 et suivants du Code civil. Tel le principe d'interprétation selon lequel les conventions s'interprêtent de bonne foi. Tel aussi le principe de l'effet utile ou de l'efficacité, ou le principe de cohérence (le même mot, dans un même document, est censé avoir toujours la même signification), également " reçus " dans la jurisprudence arbitrale. Tel aussi le principe selon lequel en cas de doute, une clause s'interprète contre la partie qui l'a rédigée (*contra proferentem*), qui a son domaine d'élection dans les contrats d'adhésion, ou le principe selon lequel la volonté des parties s'apprécie dans son contexte et selon l'usage dans le pays où le contrat est passé (21).

Le professeur GAILLARD lui-même reconnaît que ces principes sont assez proches des articles 1156 à 1164 du Code civil. En réalité, ils sont identiques à ces derniers. Or, comme l'écrit le doyen CARBONNIER, ce " petit guide - âne des articles 1156 à 1164 " a posé un principe d'interprétation selon lequel l'intention l'emporte sur la formule, et des maximes pour l'interprétation des contrats qui sont plutôt que de véritables règles de droit, des maximes d'ordre intérieur, des conseils adressés au juge (22). On se demande en quoi leur " réception " par la " jurisprudence arbitrale " pour en faire des principes de la *lex mercatoria* serait remarquable.

726. -S'agissant de l'exécution des conventions, le principe de l'article 1134 alinéa 3 du Code civil selon lequel les conventions doivent être exécutées de bonne foi se retrouve dans la " jurisprudence arbitrale " .

Pour les contrats à long terme, il y a aussi l'obligation de chaque partie d'informer son cocontractant des circonstances de nature à compromettre l'exécution du contrat. Pour ces mêmes contrats, la question se pose de savoir si la théorie de l'imprévision a valeur de principe général. Les articles ne vont généralement pas à admettre que les parties ont l'obligation d'adapter le contrat à l'évolution des circonstances économiques, en raison des divergences entre les différentes familles de systèmes juridiques sur l'admission de la théorie de l'imprévision en droit privé, à moins que les parties n'aient prévu une clause de *hardship*. En revanche, la " jurisprudence arbitrale " tendrait à admettre que dans ces contrats les parties ont une obligation de renégocier de bonne foi.

La " jurisprudence arbitrale " a posé le principe de la responsabilité de la partie à laquelle la non-exécution de la convention est imputable. De même , l'exception non *adimpleti contractus* est admise comme principe

(21) Plus contestable serait l'élévation au rang de principe général du principe selon lequel le silence devrait être interprété comme valant acquiescement.

(22) CARBONNIER, Droit civil, 4. Les obligations, P.U.F., 9e édition, 1976, p. 230 et 234.

général de la *lex mercatoria*, le jeu de cette exception étant subordonné au principe de proportionnalité. La résolution pour inexécution, l'exonération du débiteur par un événement de force majeure et l'effet simplement suspensif de la force majeure peuvent également être considérés comme principes généraux par la " jurisprudence arbitrale ", le créancier de l'obli-'gation inexécutée ne pouvant se prévaloir de l'inexécution qu'à condition d'avoir réagi dans un délai raisonnable. L'obligation faite au créancier de l'obligation inexécutée de minimiser ses pertes est l'un des principes les mieux établis de la " jurisprudence arbitrale ". Les dommages-intérêts s'apprécient en fonction de la part de l'obligation inexécutée par rapport à l'ensemble des prestations.

Le principe de réparation intégrale du préjudice subi (*lucrum cessans* et *damnum emergens*) est également admis avec des nuances en matière de contrats d'État, selon que l'on se trouve en présence d'une expropriation licite ou d'une expropriation illicite.

En revanche la condamnation d'un débiteur défaillant à des dommages-intérêts punitifs n'a pas reçu une consécration suffisante en droit comparé pour devenir un principe général, mais il n'est pas exclu que les arbitres puissent dégager sur la base d'une étude de droit comparé un principe de réduction des clauses pénales excessives. Par ailleurs, seulement certaines sentences estiment que seul le dommage direct et prévisible est réparable. Enfin, des règles transnationales relatives aux intérêts n'existent pas encore.

Telle est la liste des règles transnationales ou principes généraux du droit commercial international qui constitueraient, selon le professeur GAILLARD, la *lex mercatoria*. Il est évident de la lecture de ces règles ou principes qu'ils sont les principes communs aux diverses législations nationales, tels qu'ils sont obtenus par une étude du droit comparé obtenue en retenant ce qui est commun à ces diverses législations et en négligeant ce qui ne l'est pas.

727. - Voilà donc la *lex mercatoria* ou le droit transnational ravalé à une banale étude de droit comparé. On voudrait bien qu'il en soit ainsi, mais cette *lex mercatoria* du professeur GAILLARD n'est pas la *lex mercatoria* du professeur GOLDMAN ni celle du professeur FOUCHARD. Si la *lex mercatoria* n'est que cela, c'est-à-dire si elle est telle que l'entend le professeur GAILLARD, on aurait pu faire l'économie des controverses qui ont duré de longues années, et tout arbitre qui est autonome en tranchant les litiges selon le droit qu'il estime approprié et qui trouve que la meilleure méthode serait de le faire en appliquant au fond les règles transnationales ou les principes de la *lex mercatoria* selon le professeur GAILLARD, c'est-à-dire les principes communs à différents droits nationaux dégagés à partir d'une étude de droit comparé, appliquera ces principes s'il les trouve suffisants pour statuer. Tout arbitre ferait ainsi de la *lex mercatoria* sans avoir à le crier sur tous les toits. Tout arbitre ferait de la *lex mercatoria* sans le savoir, comme le bourgeois gentilhomme faisait de la prose sans le savoir.

CONCLUSION DE LA DEUXIÈME PARTIE

728. - Nous avons pu constater dans la deuxième partie de ce travail que la seule véritable autonomie, la seule autonomie authentique dans l'arbitrage commercial international, c'est l'autonomie du droit applicable au fond du litige, qui n'est autre que l'autonomie du droit applicable au contrat principal.

Cette autonomie du droit applicable au fond du litige ou du droit applicable au contrat principal est en réalité une double autonomie. C'est, d'une part, l'autonomie des parties dans le choix du droit applicable au fond, c'est, d'autre part, en l'absence de choix de ce droit par les parties, l'autonomie de l'arbitre dans la détermination du droit applicable au fond.

Des auteurs français pourtant épris d'autonomie et qui le proclament haut et fort ne pouvaient pas ne pas reconnaître cette double autonomie qui se trouve inscrite dans l'article 1496 du nouveau Code de procédure civile. Mais obnubilés par la lettre de ce texte de leur droit positif ils en sont demeurés prisonniers et ont été incapables de le dépasser pour aller jusqu'au bout de la logique de l'autonomie. Ils ont été incapables de percevoir la caractéristique essentielle et la portée de cette autonomie qui fait que dans l'arbitrage international les règles de droit choisies par les parties pour s'appliquer au fond du litige perdent leur caractère de véritables règles de droit pour devenir des clauses du contrat par incorporation. Et dans le cas où, à défaut de choix du droit par les parties elles-mêmes, ces règles sont déterminées par l'arbitre international, elles perdent aussi leur caractère de règles qui s'imposent à cet arbitre pour devenir le droit de l'arbitre, c'est-à-dire le droit tel qu'il le conçoit lui-même et non le droit qui s'impose à lui.

Plutôt que de saisir le sens et la portée de cette autonomie du droit applicable au fond du litige dans l'arbitrage international, ces auteurs en sont restés à tenter de démontrer que le contrat (le contrat principal et non la convention d'arbitrage international) ne peut pas être un contrat sans loi, même dans l'arbitrage international, en invoquant le seul argument exégétique tiré du texte de l'article 1496, bien que ce texte soit dépourvu de sanction et qu'il ne s'impose en aucune manière à un arbitre international.

Au lieu de chercher l'autonomie là où elle se trouve, c'est-à-dire dans le droit applicable au fond du litige, ces mêmes auteurs ont cherché et ont cru avoir trouvé l'autonomie là où elle ne se trouve pas, c'est-à-dire dans la convention d'arbitrage international, en suivant une jurisprudence inexplicable qui a soulevé un tollé dans la doctrine, en proclamant l'autonomie de la convention d'arbitrage international par rapport à tout droit étatique, autonomie déduite par une extrapolation sans fondement à partir d'une autre autonomie, laquelle est indiscutable, à savoir l'autonomie de la convention d'arbitrage international par rapport au contrat principal.

TROISIÈME PARTIE

LES TENTATIVES D'EXTENSION DE L'AUTONOMIE PAR L'ATTÉNUATION DU CONTRÔLE JUDICIAIRE DE LA SENTENCE

OBSERVATIONS PRÉLIMINAIRES

729. - 1- L'autonomie au lendemain de la convention de New York

Au lendemain de la Convention de New York, le champ de l'autonomie dans le droit de l'arbitrage commercial international était bien connu et bien délimité. Son conternu, c'était le droit applicable au fond du litige, c'est-à-dire le droit applicable au contrat de base. C'était là l'autonomie réelle, en ce sens que les parties pouvaient choisir librement ce droit et qu'en l'absence d'*electio juris* des parties, l'arbitre international pouvait le déterminer librement. Le progrès énorme réalisé par la Convention de New York a consisté précisément en ce que cette convention a éliminé le droit du juge étatique de l'exequatur de procéder à une révision au fond du droit choisi par les parties ou déterminé par l'arbitre international pour s'appliquer au fond du litige et a limité le nombre de griefs autorisant le refus d'exequatur par le juge.

Les chantres de l'autonomie, ceux qui appellent à une plus grande autonomie que celle qui a été réalisée par la Convention de New York reconnaissent le progrès considérable que constituait cette Convention. Convention universelle, écrit le professeur FOUCHARD en 1997, elle a permis une large harmonisation dont on voit encore aujourd'hui tout l'intérêt, lorsque les États les plus réservés à l'égard de l'arbitrage décident enfin d'y adhérer. Elle a facilité la circulation internationale des sentences, en limitant le nombre de griefs permettant aux juges d'en refuser l'exécution, et en leur interdisant notamment de procéder à une révision au fond de celles-ci (1).

Les frontières de la zone d'autonomie constituée par le droit applicable au fond du litige ont été très bien tracées dans cette convention. C'est une zone enserrée dans un étau de règles étatiques, règles qu'applique le juge de l'exequatur dans son contrôle de la sentence, l'exequatur (la reconnaissance ou l'exécution de la sentence) étant refusé si ce contrôle révèle l'existence d'un des griefs de l'article V de la Convention de New York.

730. - 2- L'arbitre international, juge de l'exequatur avant la lettre

S'il est du devoir propre du juge étatique de l'exequatur de s'assurer que

(1) **FOUCHARD**, La portée internationale de l'annulation de la sentence arbitrale dans son pays d'origine, Rev. Arb. 1997, page 346. Aussi, du même auteur : Suggestions pour accroître l'efficacité internationale des sentences arbitrales, Rev. Arb. 1998, page 655.

la sentence n'est pas viciée par un des griefs de l'article V de la Convention de New York, cela fait aussi, paradoxalement, partie de la mission de l'arbitre international.

Si des questions relatives au droit applicable à la convention d'arbitrage international (capacité des parties, existence et validité de la convention, constitution du tribunal arbitral) se posent nécessairement devant le juge étatique du contrôle de la sentence lorsqu'il est appelé *a posteriori* à statuer sur un recours en annulation de la sentence ou sur une demande de reconnaissance ou d'exécution de cette sentence, ces mêmes questions se posent nécessairement au préalable devant l'arbitre international dans la procédure d'arbitrage proprement dite.

Si la sentence de l'arbitre international est rendue en violation des règles de droit que la juridiction étatique applique dans son contrôle, cette juridiction refusera la reconnaissance et l'exécution de la sentence, ou bien elle annulera la sentence. Et, au bout du compte, l'arbitrage n'aura servi à rien. Ce qui revient à dire que l'arbitre international ne peut pas se désintéresser des règles de droit qu'appliquera *a posteriori* la juridiction étatique dans son contrôle, en invoquant le fait que, n'ayant pas de *lex fori*, il ne doit pas obéissance à des règles de droit positives. L'arbitre ne peut pas se désintéresser des règles de droit qu'appliquera *a posteriori* la juridiction étatique de contrôle, parce qu'il ne peut pas se désintéresser de ce que sa sentence ne soit pas reconnue ou ne soit pas rendue exécutoire par la juridiction étatique du contrôle.

Une sentence arbitrale est rendue pour être reconnue et exécutée. Rendre une sentence susceptible d'être reconnue et exécutée fait partie de la mission de l'arbitre. Les parties ont eu recours à l'arbitrage pour obtenir une telle sentence. C'est l'objet même de la mission de l'arbitre international. S'il ne vise pas à la réalisation de cet objectif, l'arbitre aura failli à sa mission. Le dernier article du Règlement d'Arbitrage de la Chambre de Commerce Internationale dispose que, dans tous les cas non visés dans ce Règlement, la Cour et l'arbitre procèdent en s'inspirant de ce Règlement et en faisant tous leurs efforts pour que la sentence soit susceptible de sanction légale. A la vérité, point n'est besoin d'un tel rappel dans un règlement d'arbitrage. Il y a là un truisme, puisque cela fait nécessairement partie de la mission confiée par les parties à l'arbitre : rendre une sentence susceptible d'exécution forcée.

Évoquant à propos de la question de l'arbitrabilité du litige l'attitude de certains arbitres qui déclarent se désintéresser du stade ultérieur de l'exequatur et disent qu'il leur importe peu de savoir si leur sentence est susceptible d'être reconnue et exécutée (" Après moi le déluge "), le professeur FOUCHARD a pleinement raison d'observer que cet apparent désintérêt concernant le sort de la sentence procède d'une déontologie curieuse et, à la limite, pourrait engager la responsabilité de l'arbitre (2).

731. - Ainsi l'arbitre international a une double mission et non une mission unique : il est principalement arbitre et accessoirement juge de l'exequatur avant la lettre.

Mais pour qu'il respecte ces règles de droit positives qui seront par la suite appliquées par la juridiction étatique dans son contrôle, encore faut-il que l'arbitre les connaisse. Or, il lui est impossible de les connaître lorsqu'il exerce sa mission d'arbitre. C'est la singularité et le paradoxe du droit de l'arbitrage international.

La reconnaissance et l'exécution de toute sentence arbitrale internationale peuvent être demandées dans tout pays où le débiteur a ou aura des biens saisissables. A l'évidence, le droit appliqué par la juridiction étatique du contrôle de chacun des pays diffère de celui des autres. L'arbitre international ne sait pas et ne peut pas savoir, au cours de l'instance arbitrale, dans quel pays sera demandée la reconnaissance ou l'exécution de la sentence. Pour cette raison et sauf à lui reconnaître le pouvoir extra lucide de lire le futur, l'arbitre international ne peut pas connaître à l'avance le droit qui sera appliqué par la juridiction étatique du contrôle de la sentence.Tout au plus, l'arbitre pourra-t-il faire des paris à cet égard. Mais les paris sont une chose, et la certitude une autre. Le droit ne se construit pas sur des paris.

732. - Ainsi donc, ce devoir de l'arbitre d'appliquer les règles de droit qui seront appliquées *a posterori* par la juridiction étatique du contrôle de la sentence est un devoir à la fois nécessaire et impossible. C'est un devoir nécessaire du fait que si l'arbitre ne le respecte pas, la sentence arbitrale risque de ne pas recevoir la sanction légale du juge étatique, c'est-à-dire de se voir refuser la reconnaissance ou l'exécution. C'est un devoir théoriquement impossible à respecter du fait qu'il est impossible pour l'arbitre de connaître, au moment où il rend sa sentence, les règles qui seront appliquées par une juridiction étatique qui reste encore inconnue.

C'est là une singularité, un des paradoxes du droit de l'arbitrage commercial international. Cette singularité n'empêche pas qu'il soit souvent évident qu'une sentence ne s'exécutera que dans un pays déterminé, soit parce que les travaux à contrôler, corriger ou compléter s'y déroulent, soit parce que le débiteur potentiel n'a de biens que dans ce pays ou bénéficie de l'immunité ailleurs (3). La dispersion internationale des actifs n'empêche pas l'arbitre de se préoccuper du sort de sa sentence. Il existe

(2) FOUCHARD, Les conflits de lois en matière d'arbitrabilité des litiges de propriété industrielle, Rev. Arb. 1977, p. 66.

(3) FADLALLAH, L'ordre public dans les sentences arbitrales, Cours de l'Académie de droit international, Recueil des cours, 1994, tome 249 de la Collection, p. 387.

toujours un pays où se trouvent les actifs les plus importants, par exemple le lieu du siège ou du principal établissement de l'une des parties à l'arbitrage (4). C'est le droit du juge de l'exequatur de ce pays que l'arbitre doit s'efforcer de respecter. L'arbitre siégeant en France doit aussi respecter le droit du juge français de l'exequatur, dès lors que la sentence internationale rendue en France est sujette à recours en annulation.

733. - 3 - Les tentatives d'extension de l'autonomie

Ainsi que l'écrit M. LEURENT, les utilisateurs de l'arbitrage voudraient certes que la sentence soit finale, mais ils souhaitent aussi avoir l'assurance de la possibilité d'un contrôle juridictionnel de la régularité du processus arbitral, une fois celui-ci conduit à son terme. L'attachement des utilisateurs de l'arbitrage à ce contrôle judiciaire est démontré par les résultats pratiques des législations qui écartent ou permettent d'écarter ce contrôle quand aucune des parties n'est établie sur le territoire de leur État (5). A preuve que la loi belge du 27 mars 1985 (amendement Storme) qui avait rendu impossible en droit belge le recours en annulation contre une sentence internationale rendue en Belgique entre parties n'ayant pas la nationalité belge ou n'ayant pas leur résidence ou leur établissement en Belgique a été abrogée par la réforme de mai 1998 et remplacée par un texte du nouveau code judiciaire belge qui autorise seulement les mêmes parties à exclure par un accord le recours en annulation de la sentence arbitrale rendue en Belgique, adoptant ainsi la solution des droits suisse et suédois (6).

734. - D'ailleurs aucune voix ne s'est élevée chez les chantres de l'autonomie pour appeler à une autonomie totale par l'abolition de toute procédure d'exequatur et de tout recours contre une sentence arbitrale internationale. Les chantres de l'autonomie se plaignent seulement de ce que le contrôle de la sentence arbitrale internationale par le juge étatique selon la Convention de New York est trop étendu. Ils veulent le limiter et non l'abolir, et les moyens de le limiter ne manquent pas.

Il s'agit donc de savoir quels sont les moyens de limiter le contrôle du juge étatique sur la sentence dans le cadre du droit existant, de *lege lata*, ou de ce que M. GHARAVI appelle les solutions de continuité (7). Nous parle-

(4) JEAN-BAPTISTE RACINE, L'arbitrage commercial international et l'ordre public, LGDJ 1999, n°s 475-476.

(5) Réflexions sur l'efficacité internationale des sentences arbitrales, Communication de M. BRUNOT LEURENT au Comité français du droit international privé, Travaux du Comité, Pédone, 1944-1945, page 184.

(6) Voir : GUY HORSEMANS, La loi belge du 19 mai 1948 sur l'arbitrage, Rev. Arb., 1999, p. 475.

rons très peu de ce que ce dernier appelle les solutions de rupture, solutions qui relèvent de ce que M. BRUNOT LEURENT appelle la science juridique fiction (8).

Trois genres de tentatives ont été faites réellement dans le cadre du droit existant.

735. - Il y a d'abord la thèse du caractère facultatif et non impératif du refus d'exequatur lorqu'un grief de l'article V de la Convention de New York est avéré. Selon les tentatives visant à accréditer cette thèse, la constatation par le juge de l'exequatur des griefs de l'article V de la Convention de New York n'entraîne pas impérativement un refus de l'exequatur, mais le juge de l'exequatur a alors un pouvoir discrétionnaire de le refuser ou de l'accorder. Ainsi la Convention de New York n'a pas besoin d'être modifiée, mais c'est son interprétation qui sera différente.

Il y a ensuite les tentatives françaises qui ont vu le jour visant à minimiser le contrôle du juge étatique de la sentence et l'impact de ce contrôle par une modification de l'article V de la Convention de New York et visant à accréditer la thèse de l'autonomie de la sentence arbitrale internationale.

Et l'on verra que toutes ces tentatives ont fait long feu.

(7) GHARAVI, The international effectiveness of the annulment of an arbitral award, Kluwer 2002, p. 141.

8) BRUNOT LEURENT, Réflexions sur l'efficacité internationales des sentences arbitrales, Rapport au Comité français de l'arbitrage, années 1993-1995, Pédone, p. 181 s.

CHAPITRE I

LA THÈSE DU CARACTÈRE FACULTATIF DU REFUS D'EXEQUATUR LORSQU'UN DES GRIEFS DE L'ARTICLE V DE LA CONVENTION DE NEW YORK EST AVÉRÉ

736. - Selon cette thèse, lorsqu'un des griefs de l'article V de la Convention de New York est établi, le juge étatique saisi d'une demande d'exequatur d'une sentence arbitrale internationale n'est pas impérativement tenu de refuser l'exequatur, mais c'est pour lui une simple faculté de le refuser, c'est-à-dire qu'il peut aussi l'accorder en dépit du grief.

Si une telle thèse était soutenue devant un magistrat français, il n'aurait pas hésité à y voir sinon une plaisanterie, du moins une aberration notoire. Et pourtant cette thèse a été soutenue et continue de l'être. Elle a été soutenue devant un tribunal américain et a été reçue par ce tribunal. Elle a été soutenue par des juristes qui comptent parmi les plus grands, et elle fait toujours couler beaucoup d'encre.

737. -Les commentateurs de l'article V(1) de la Convention de New York ont fait sur le tard deux découvertes. Ils ont découvert d'abord que cet article n'impose pas au juge de refuser l'exequatur de la sentence dans les cinq cas qui y sont prévus mais qu'il donne au contraire au juge un pouvoir discrétionnaire de refuser ou d'accorder l'exequatur dans les cinq cas en question. Ils ont découvert ensuite une divergence entre le texte français et les autres textes de cet article (les textes anglais, espagnol, russe et chinois) conduisant à des solutions contradictoires : obligation impérative pour le juge de refuser l'exequatur selon le texte français, pouvoir discrétionnaire de le refuser ou de l'accorder selon les autres textes.

Aujourd'hui la controverse bat toujours son plein. L'enjeu du débat est très important, parce qu'il consiste à se demander si le texte a au bout du compte un sens ou si les auteurs de la Convention ont parlé pour ne rien dire. Il est permis de trouver affligeant que l'on en soit encore, plus de quarante ans après cette Convention, qui demeure le texte majeur du droit de l'arbitrage international, à discuter sur le sens de sa disposition principale qui est l'article V.

738. - L'attention s'est portée d'abord sur le texte anglais, personne ne se préoccupant des autres textes. Or, le texte anglais de l'article V (1) est le suivant : " *Recognition and enforcement of the award may be refused, at the request of the party against whom it is invoked, only if that party furnishes to the competent authority where the recognition and enforcement is sought, proof that...* ". Le verbe " *may* " signifierait que lorsque la partie contre laquelle la sentence est invoquée apporte la preuve que l'on se trouve dans l'un des cinq cas, l'autorité à laquelle la requête est adressée n'est pas tenue de refuser la reconnaissance et l'exécution mais qu'elle peut la refuser. Dire qu'elle peut la refuser, c'est dire qu'elle peut aussi ne pas la refuser, donc l'accorder. L'autorité compétente, c'est-à-dire le juge de l'exequatur, jouirait donc dans les cinq cas de l'article V d'un pouvoir discrétionnaire de refuser ou d'accorder la reconnaissance et l'exécution.

A - Le jugement américain du 31 juillet 1996 dans l'affaire Chromalloy

739. - Il s'agissait d'un litige sur un marché d'approvisionnement militaire pour l'Armée de l'air conclu entre l'Égypte et la société américaine Chromalloy Aeroservices Inc., puis résilié par l'Égypte. Une sentence arbitrale rendue en Égypte condamne l'État égyptien à payer diverses sommes à Chromalloy. À la demande de l'État égyptien, la Cour d'appel du Caire annule la sentence par arrêt du 5 décembre 1995, en se fondant sur l'article 53.1(d) de la loi égyptienne de 1994 sur l'arbitrage qui prévoit la recevabilité de l'action en annulation de la sentence si celle-ci a écarté l'application au fond du litige de la loi convenue entre les parties, le motif de l'annulation étant l'application par les arbitres du droit civil égyptien, alors qu'ils auraient dû appliquer le droit administratif.

Malgré son annulation par la Cour d'appel du Caire, la sentence arbitrale a reçu l'exequatur de la United States District Court for the District of Columbia le 31 juilllet 1996.

740 . - Comme le montre M. GHARAVI (1), le jugement de la Cour du district de Columbia repose sur trois fondements.

Le premier, c'est l'interprétation dans le sens potestatif et discrétionnaire (*discretionary standard*) du (*may*) dans l'article V (1) (e) de la Convention de New York aux termes duquel " *recognition and enforcement of the award may be refused, at the request of the party against whom it is invoked, only if that party furnishes to the competent authority where the recognition and enforcement is sought, proof that : e) the award has not yet become binding on the parties, or has been set aside or suspended by a competent authority of the country in which, or under the law of which, the award was made* ".

741. - Le deuxième fondement, c'est le caratère impératif de l'article VII. 1 de la Convention de New York : " *The provisions of the present Convention shall not...deprive any interested party of any right he may have to avail himself of an arbitral award in the manner and to the extent allowed by the law... of the country where such award is sought to be relied upon* ".

La Cour du district de Columbia oppose le caractère discrétionnaire du "*may*" de l'article V au caractère impératif du " *shall not* " de l'article VII. Elle en déduit que selon la Convention de New York, Chromalloy Aeroservices garde tous les droits qu'elle aurait eus à l'exécution de la sentence arbitrale en l'absence de ladite Convention (" *in other words, under the Convention, CAS (Chromalloy Aeroservices) maintains all rights to the enforcement of this Arbitral Award that it would have in the absence of the Convention* ". En conséquence, selon la District Court, si la Convention de New York n'existait pas, le droit américain, le Federal Arbitration Act (FAA) donnerait à Chromalloy Aeroservices droit à l'exécution de la sentence arbitrale. Ce qui est contesté par certains commentateurs (2).

(1) GHARAVI, *op. cit.*, nos 226-229.

(2) GHARAVI, The legal inconsistencies of Chromalloy, in Mealey's International Arbitration Report, mai 1997, p. 21. Du même auteur : The international effectiveness of the annulment of an arbitral award, précité, p. 98-100.

742. - Le troisième fondement du jugement américain dans l'affaire CHROMALLOY, c'est l'affirmation selon laquelle les parties sont convenues que la décision des arbitres sera " *final and binding* " et ne sera sujette à aucun appel ou autre recours, ce qui exclut un appel de cette décision devant les tribunaux égyptiens. Or, ce fondement du jugement a été contesté au motif qu'une sentence " *final and binding* " n'exclut pas tout recours judiciaire contre cette sentence, comme un recours en annulation au siège de l'arbitrage. Or, l'action des parties égyptiennes devant les tribunaux égyptiens n'était pas un appel, mais une action en annulation de la sentence, action que les parties ne pouvaient pas exclure par leur accord selon le droit égyptien.

743. - On se gardera d'intervenir dans un débat purement américain sur les arguments de la District Court of Columbia fondés sur le droit américain (Federal Arbitration Act) et sur l'interprétation qu'en fait le tribunal du district de Columbia, et on portera l'attention seulement sur l'interprétation faite par ce tribunal de l'article V de la Convention de New York dans le sens du pouvoir discrétionnaire du juge, fondé sur le " *may* " de l'article V.

B - Les suites judiciaires de l'affaire Chromalloy. Les affaires BAKER MARINE et MARTIN SPIER

744. - L'affaire CHROMALLOY n'est pas allée plus loin que le jugement de la District Court of Columbia du 31 juillet 1996, les parties ayant par la suite résolu leur litige à l'amiable.

745. - Les trois fondements du jugement dans l'affaire CHROMALLOY ont été invoqués dans l'arrêt rendu le 12 août 1999 par U. S. Court of Appeals for the Second Circuit dans l'affaire BAKER MARINE où la Cour d'appel américaine a refusé l'exécution de deux sentences arbitrales rendues au Nigéria et annulées par la Federal High Court du Nigeria. La Cour d'appel américaine ne s'est pas prévalue du caractère optionnel de l'article V.(1. e) , mais elle a déclaré qu'il suffit que BAKER MARINE n'ait avancé aucune raison valable pour refuser de reconnaître les jugements de la Cour du Nigéria qui ont annulé les sentences arbitrales (3).

Toutefois, une analyse de l'arrêt de la Cour d'appel américaine dans l'affaire BAKER MARINE montre que toute ambiguïté n'est pas levée sur l'interprétation de l'article V dans le sens d'un pouvoir discrétionnaire du juge(4).

Dans l'affaire MARTIN SPIER, la U. S. District Court of the Southern District of New York s'est basée sur la jurisprudence dans l'affaire BAKER

(3) Arrêt **BAKER MARINE**, Rev. Arb. 2000, p. 135, note **GAILLARD**. voir aussi : **GHARAVI**, *op. cit.*, n°s 241-247.

(4) **GHARAVI**, *op. cit.*, p. 102-103.

MARINE pour refuser l'exécution d'une sentence rendue en Italie et annulée par la Cour de cassation italienne (5).

Toujours est-il que les tribunaux américains qui ont accordé l'exequatur à une sentence annulée dans son pays d'origine dans l'affaire CHROMALLOY l'ont refusé par la suite dans deux autres affaires.

746. - Comme on le verra, les tribunaux français accordent l'exequatur à la sentence annulée dans son pays d'origine, mais à partir d'une analyse foncièrement différente et sur la base de textes législatifs foncièrement différents. Les auteurs français qui défendent la position de leurs tribunaux ont cependant accueilli la jurisprudence américaine comme apportant la preuve que la position française n'est pas isolée en droit comparé (6). A la suite des arrêts américains dans les affaires BAKER MARINE et MARTIN SPIER, le professeur GAILLARD ne pouvait que constater que le lointain écho de la jurisprudence française que l'on aurait pu penser trouver dans la jurisprudence américaine s'est considérablement affaibli et que la solution retenue en la matière par la jurisprudence française se trouve passablement isolée en droit comparé (7).

C - Les premières réflexions de M. VAN DEN BERG sur le " *may* " de l'article V

747. - Si c'est seulement en 1996 qu'un tribunal a adopté pour la première fois l'interprétation atypique de l'article V de la Convention de New York dans le sens d'un pouvoir discrétionnaire de refuser ou d'accorder l'exequatur lorsqu'un des griefs de cet article est établi, le " *may* " de l'article V avait déjà retenu l'attention des juristes.

Il semble que M. VAN DEN BERG ait été le premier juriste à avoir constaté l'impact que peut avoir l'existence du " *may* " dans le texte anglais de l'article V de la Convention. Dans son ouvrage sur la Convention de New York qui fait autorité, comme on le sait, il constate l'existence du " *may* " dans les deux paragraphes de cet article et que ce " *may* " a le sens d'une faculté et non un sens impératif qui obligerait le juge à refuser l'exequatur sans possibilité de l'accorder lorsque l'existence d'un des griefs de l'article V est établie (8).

748. - Pour ce qui est du premier paragraphe de l'article V, cela veut dire,

(5) **GHARAVI**, *op. cit.*, p. 104.

(6) **FOUCHARD**, La portée internationale de l'annulation de la sentence arbitrale dans son pays d'origine, Rev. Arb. 1997, p. 342.

(7) **GAILLARD**, note sous **BAKER MARINE**, Rev. Arb. 2000, p. 135.

(8) **VAN DEN BERG**, The New York Convention, Kluwer, p. 265-266.

écrit-il, que si la partie contre laquelle la sentence est invoquée prouve l'existence d'un des griefs pour un refus d'exequatur, le juge a quand même un certain pouvoir discrétionnaire d'accorder l'exequatur en dépit du grief invoqué pour le refus. L'exemple donné par M. VAN DEN BERG est le cas où la partie qui invoque le grief ne peut plus l'invoquer en vertu du principe de l'estoppel, forme anglo-saxonne du principe de l'interdiction de se prévaloir de ses propres contradictions au détriment d'autrui (*non concedit venire contra factum proprium*)[9]. Selon M. VAN DEN BERG, il serait approprié que le juge fasse usage de son pouvoir discrétionnaire pour accorder l'exequatur, bien que le grief soit établi, dans l'hypothèse où le principe de l'estoppel empêche le défendeur dans la procédure d'exequatur d'invoquer ce grief.

M. VAN DEN BERG cite plusieurs exemples de cas où la mise en oeuvre de l'estoppel empêche le défendeur (" *estopped* ") d'invoquer un grief de l'article V pour justifier un refus d'exequatur. Il en est ainsi lorsque le défendeur dans la procédure d'exequatur invoque le non-respect de la condition de la forme écrite de la convention d'arbitrage (article II.. 2 de la Convention de New York) alors qu'il a participé à la désignation des arbitres ou à la procédure d'arbitrage malgré l'absence de convention écrite. Il en est de même lorsque le défendeur est " *estopped* " de prétendre que la convention d'arbitrage a été conclue sous la pression en raison de la position dominante de la partie qui demande l'exequatur, parce que le même défendeur a participé à la procédure d'arbitrage sans avoir formulé d'objection fondée sur une telle pression. Autre exemple : défendeur " *estopped* " de contester l'impartialité de l'arbitre alors qu'il a soulevé ce grief plusieurs mois après la sentence.

749. - Nous croyons que ces exemples sont mal choisis par M. VAN DEN BERG comme illustration du pouvoir discrétionnaire du juge d'accorder l'exequatur malgré le grief établi qui justifie un refus d'exequatur selon l'article V (1). En réalité dans les exemples cités par M. VAN DEN BERG, le juge a passé outre au grief et a accordé l'exequatur non en vertu d'un pouvoir discrétionnaire que lui donnerait le " *may* " de l'article V (1), mais par la mise en oeuvre de l'estoppel qui implique l'irrecevabilité du grief fondée sur une présomption de renonciation à ce même grief du fait du comportement de celui qui l'allègue. Le défendeur aurait perdu son droit à se prévaloir du grief par le jeu de l'estoppel, même en l'absence du "*may* " et de la tournure potestative du texte anglais. La mise en oeuvre de l'estoppel,

(9) Sur l'estoppel dans le droit de la Common law, voir : **SPENCER BOWER** and **TURNER**, The law relating to estoppel by representation, Butterworths 1977 - Sur l'estoppel dans le droit du commerce international, voir : **GAILLARD**, L'interdiction de se contredire aux dépens d'autrui, Rev. Arb. 1985, p. 241 s.

aurait donné le même résultat si le texte de l'article V (1) avait prévu impérativement un refus d'exequatur lorsque le grief est établi. Autrement dit, l'estoppel aurait donné le même résultat lorsqu'on retient le texte français où le "*may*" est inexistant.

750. - M. VAN DEN BERG a observé que le "*may*" se trouve non seulement dans le premier paragraphe de l'article V mais aussi dans le second paragraphe de cet article. Le caractère discrétionnaire qui résulte du "*may*" dans le second paragraphe voudrait dire (" *would mean* "), selon M. VAN DEN BERG, que le juge peut décider que, bien que la sentence viole l'ordre public interne du pays du juge, cette violation n'est pas de nature à empêcher l'exécution de la sentence dans les relations internationales. Et M. VAN DEN BERG ajoute tout de suite que la distinction entre ordre public interne et ordre public international sera examinée par la suite.

Cet exemple que donne M. VAN DEN BERG de la mise en oeuvre du pouvoir discrétionnaire du juge résultant de l'existence du "*may*" dans le second paragraphe de l'article V est aussi inexplicable que les exemples donnés par lui en ce qui concerne le premier paragraphe de l'article. En effet, si une violation de l'ordre public interne du pays du juge de l'exequatur n'entraîne pas un refus d'exequatur de la sentence arbitrale, ce n'est pas en vertu d'un pouvoir discrétionnaire du juge résultant du "*may*" dans le texte, mais parce que le droit national du juge de l'exequatur fait lui-même place à un concept d'ordre public propre aux relations internationales, distinct de l'ordre public interne et plus étroit que ce dernier. Comme le remarque M. VAN DEN BERG lui-même dans la dernière partie de son ouvrage où il commente l'article V (2) de la Convention, la distinction entre ordre public interne et ordre public international est d'une importance capitale. Mais elle n'a rien à voir avec le caractère discrétionnaire du pouvoir du juge de l'exequatur résultant de ce "*may*" et lui permettant d'accorder l'exequatur même en présence d'un grief qui justifie son refus.

On constate de ce qui précède que M. VAN DEN BERG avait déjà remarqué en 1981 la tournure potestative due au " *may* " dans l'article V de la Convention de New York et que cette tournure pouvait avoir des conséquences importantes et donner lieu à des difficultés d'interprétation, mais les exemples qu'il a donnés n'ont rien avoir avec le "*may*" et il n'a pas pu se faire une idée de ce que seraient ces difficultés. Il n'a d'ailleurs donné aucune indication sur la source de ses observations et de ses exemples.

D - L'évocation du problème d'interprétation posé par le "*may*" dans les travaux préparatoires de la loi-type de la CNUDCI (UNCITRAL)

751. - Le 21 juin 1985, c'est-à-dire vingt-sept ans après la Convention de New York, la Commission des Nations-Unies pour le droit commercial international (CNUDCI) a adopté la loi-type sur l'arbitrage commercial international. Les dispositions de l'article V de la Convention de New York ont été finalement reprises telles quelles par l'artilce 36 de la loi-type (*grounds for recognition or enforcement*).

752. - L'ouvrage de MM. HOLTZMANN et NEWHAUS (10) fait état des discussions qui ont précédé l'adoption de l'article 36 de la loi-type. Ces discussions sont assez révélatrices. On lit dans le rapport du troisième groupe de travail que ce groupe avait constaté que l'expression " *recognition and enforcement may be refused* " est ambiguë, parce qu'elle peut être interprétée comme donnant au juge un pouvoir discrétionnaire. Bien qu'une certaine opinion se soit exprimée en faveur d'un tel pouvoir, le point de vue prédominant était que, dans le souci de certitude et de prévisibilité, le juge ne devrait pas être pourvu d'un tel pouvoir discrétionnaire et que l'interprétation devrait être rendue claire en utilisant l'expression " *shall be refused* ". Il était entendu que cette solution n'excluait pas la possibilité d'assurer une certaine flexibilité en considération de certaines raisons particulières de refus, par exemple l'exclusion d'une violation minime ou insignifiante (*minimal or trivial*) du droit procédural (11). Mais lors de la réunion suivante du groupe de travail, l'opinion dominante a trouvé qu'il y a lieu de revenir à l'expression "*may be refused* " et de rejeter l'amendement proposé, sans qu'une explication ait été donnée à ce sujet (12).

Dans le commentaire de l'article 36 de la loi-type on lit ce qui suit :

" As also noted above, one modification to the opening language of para-
" graphe 1 that was proposed but not adopted would have changed the pro-
" vision that an award "may be refused" to "shall be refused". This prop-
" sal deserves brief discussion, because it addresses a significant issue in
" the interpretation of Article 36 : whether minor, nonmaterial defects in ar-
" bitral procedure or in other aspects of the arbitration should result in refu-
" sal of recognition or enforcement. The Working Group initially adopted
" the proposed change, on the ground that, "for the sake of certainty and
" predictability", the court should not have discretion to refuse recognition
" or enforcement if the grounds set forth in Article 36 were met. Neverthe-

(10) HOLTZMANN et NEWHAUS, A guide to the UNCITRAL Model Law on International Commercial Arbitration : Legislative history and commentary, Kluwer and TMC Asser Institute, 1989-1994.

(11) Même ouvrage, p. 1082.

(12) Même ouvrage, p. 1092.

" less, the Report states, " It was understood that that solution did not pre-
" clude the possibility of providing some flexibility as regards individual
" reasons for refusal (*e. g.* exclusion of minimal or trivial infraction of pro-
" cedural rule).
" At its next meeting, the Working Group rejected this change, and rein-
" stated the "may be refused" wording. Its Report offers no explanation,
" but it may be inferred that, in addition to the general desire to align Article
" 36 with the New York Convention, it was thought preferable to provide
" a general power of "flexibility" with respect to granting or refusing re-
" cognition or enforcement (13).

On a donc très bien réalisé en 1985 que le "*may*" de l'article V de la Convention de New York et de l'article 36 de la loi-type de la CNUDCI peut causer de sérieux roblèmes d'interprétation, on a tenté de le remplacer dans l'article 36 par une formule impérative (*shall be refused* au lieu de *may be refused*), mais on n'a rien fait au bout du compte, on a fait délibérément l'impasse sur de tels problèmes. On a voulu maintenir une certaine flexibilité, mais seulement pour éviter qu'un refus d'exequatur ne soit prononcé pour des défauts mineurs ou des griefs dérisoires relatifs à la procédure arbitrale ou à " d'autres aspects de l'arbitrage ". Quels aspects ?

E - La "redécouverte" de la Convention de New York quarante ans après

753. - La réflexion de M. VAN DEN BERG en 1981 et les réflexions faites lors des travaux préparatoires de la loi-type de la CNUDCI en 1985 sur une possible interprétation de l'article V de la Convention de New York dans le sens d'un pouvoir discrétionnaire du juge sont passées inaperçues et n'ont pas retenu l'attention des juristes sur une question aussi grave qui concerne l'application d'une convention internationale qui demeure depuis 1958 pour plus d'une centaine d'États le texte international fondamental en matière d'arbitrage international.

Jusqu'au jour où le tribunal américain, la US Federal Court of District of Columbia a invoqué ce caractère discrétionnaire pour en tirer les conséquences pratiques que l'on sait dans son jugement rendu en 1996 dans l'affaire Chromalloy.

754. - Ce caractère "discrétionnaire" de l'article V est aussi le fondement sur lequel M. PAULSSON a construit toute une théorie en matière de reconnaissance et d'exécution d'une sentence arbitrale qui a été annulée dans son pays d'origine, théorie qui fait la distinction entre "*international standard annulment*" et "*local standard annulment*". Nous y reviendrons

(13) Même ouvrage, p. 1057-1058.

par la suite.

755. - Nous nous limiterons à cet endroit à l'examen de la condition *sine qua non* de cette théorie, à savoir l'interprétation de l'article V de la Convention de New York dans le sens qui donnerait au juge un pouvoir discrétionnaire dans son application. Cette interprétation est de nature à faire perdre à la Convention de New York tout son sens et toute sa portée.

F - Autre découverte tardive : la divergence entre le texte français et les autres textes de l'article V de la Convention de New York

756. - En même temps que l'on "redécouvrait" sur le tard la Convention de New York, selon l'expression de M. PAULSSON (14), on découvrait une bizarrerie stupéfiante : l'article V n'a pas dans le texte français le même sens que dans les textes anglais, espagnol, russe et chinois. Dans le texte anglais, l'article V (1) dispose : " *Recognition and enforcement of the award may be refused...only if...* ". Dans le texte français le même article dispose : " La reconnaissance et l'exécution de la sentence ne seront refusées...que si...". Il est clair que dans le texte français, l'article est impératif : la reconnaissance et l'exécution doivent être refusées lorsqu'un des griefs de l'article V est avéré.

Le " may " conditionnel, écrit M. PAULSSON, saute aux yeux de tout juriste, puisqu'il suppose nécessairement la possibilité du " *may not* ". Il s'ensuit, conclut-il, que l'article V (1) permet mais n'exige point le refus d'exequatrur d'une sentence étrangère qui tombe sous le coup de l'un des cinq alinéas de cet article (15). Or, à ce caractère discrétionnaire, facultatif, du pouvoir du juge d'accorder ou de refuser la reconnaissance et l'exécution de la sentence arbitrale dans le texte anglais (et les textes espagnol, chinois et russe), lorsque se vérifie l'existence de l'un des griefs de l'article V (1), correspond dans le texte français le caractère impératif : le juge est tenu de refuser la reconnaissance et l'exécution de la sentence, lorsque se vérifie l'existence de l'un des mêmes griefs. Au *may* anglais correspond un *must* français. La différence est énorme.

757. - Des divergences aussi flagrantes entre des textes différents d'une même convention internationale sont très rares. L'article XVI de la Convention de New York dispose que ses textes anglais, chinois, espagnol,

(14) PAULSSON, Rediscovering the N.Y. Convention : Further Reflections on Chromalloy, Mealey's International Arbitration Report, April 1997, p. 22.

(15) PAULSSON, L'exécution des sentences arbitrales en dépit d'une annulation en fonction d'un critère local, Bulletin de la Cour Internationale d'Arbitrage de la CCI, vol. 9/ n° 1 - mai 1998, p. 17.

français et russe font également foi. Les textes chinois, espagnol et russe ont, semble-t-il, le même sens que le texte anglais.

Comme il est difficile de parler d'erreur, tous les textes faisant également foi, on se demande à quel texte un juge saisi, quel qu'il soit, devrait s'en tenir. Problème apparemment insoluble. On se demande comment les rédacteurs ont pu ometre de s'assurer de la correspondance des textes.

758. - Les juristes français ont toujours compris l'article V (1) dans le sens impératif (16). " S'il est vrai que l'article V (1) exige que soient invoqués et établis les griefs de cette première liste (les cinq griefs de l'article V (1), observe M. FOUCHARD, il n'a jamais été admis que le juge avait la faculté d'accorder l'exequatur alors même que l'un des cinq girefs est établi, pour autant, évidemment, que la Convention de New York fût applicable et ne s'effaçât pas devant un droit plus favorable " (17).

G - La thèse de M. PAULSSON qui soutient l'interprétation dans le sens du pouvoir discrétionnaire du juge et qui critique l'interprétation française dans le sens impératif

759. - M. PAULSSON pense que le texte français n'exclut pas la liberté du juge dans la mise en oeuvre de l'article V, c'est-à-dire le pouvoir du juge d'accorder l'exequatur nonobstant l'existence de l'un des cinq griefs de l'article V (1) (18). Pour lui, il y aurait dans le texte français seulement l'" insinuation " d'une intention contraire ou l'" allusion " à une intention contraire (*a hint*), mais elle ne serait pas explicite. Et de se demander si cette singularité du texte français devrait régir la compréhension des termes de la Convention (19). Il trouve que le professeur FOUCHARD, qui déduit le caractère impératif par implication de la version française, n'apporte aucune explication sémantique ou juridique à son opinion et qu'au bout du compte, celle-ci n'emporte pas la conviction. Pour M. PAULSSON, en l'absence d'une explication claire, - comme une phrase ajoutée au texte français qui dirait par exemple : " auquel cas, la reconnaissance et l'exécution seront refusées " - ce texte ne saurait être compris dans un sens qui s'opposerait à l'élément discrétionnaire du texte anglais.

760. - M. PAULSSON,qui se prévaut de l'opinion de la grande majorité des

(16) Sauf peut-être M. GAILLARD (voir Traité, n° 1183).
(17) FOUCHARD, La portée internationale de l'annulation de la sentence arbitrale dans son pays d'origine, Rev. Arb. 1997, p. 329, n° 27.
(18) PAULSSON, L'exécution des sentences arbitrales..., précité, p. 17.
(19) PAULSSON, May and Must under the New York Convention : an exercise in syntax and linguistics, Arbitration International, 1998, vol. 4, n° 2, p. 229.
(20) ibidem, p. 229.

commentateurs [21], invoque surtout à l'appui de cette interprétation le but de la convention de New York. Ce but, observe-t-il, n'a pas été de créer un régime d'exécution internationale des sentences. Des voies et moyens pour l'exécution des sentences au-delà des frontières existaient déjà avant la Convention. Non seulement des mécanismes en dehors de la Convention perdurent-ils, mais ils ont évolué de manière significative depuis 1958. Il en est ainsi dans les pays qui ont adopté la loi-type de CNUDCI qui applique les mêmes critères que ceux de la Convention, mais sans s'y référer. Il en est de même de l'article 1502 du NCPC français qui édicte des critères plus libéraux, sans s'y référer.

Le but de la Convention, poursuit M. PAULSSON, a simplement été de faciliter l'exécution des sentences étrangères en établissant un seuil au-dessus duquel celle-ci est obligatoire, et non pas d'établir un régime unique pour régir tous les aspects de l'exécution internationale des sentences. Dans la mesure où des règles existantes ou à venir permettent l'exécution en dehors de la Convention, celle-ci ne devait pas interférer ; ainsi l'article VII dispose que des règles nationales, voire d'autres traités, s'appliquent par préférence s'ils sont plus favorables à l'exécution [22].

761. - De cette analyse, M. PAULSSON tire la conclusion suivante : " En vérité, un juge ne peut en aucun cas violer la Convention en prononçant l'exequatur d'une sentence étrangère. Autrement dit, il est impossible de porter atteinte à la Convention autrement qu'en refusant la reconnaissance ou l'exécution d'une sentence en l'absence d'un des griefs définis à l'article V " [23].

Ce qui veut dire en d'autres termes que le juge ne peut pas refuser l'exequatur en l'absence d'un des cinq griefs de l'article V (1), mais qu'en présence d'un de ces griefs il peut refuser l'exequatur sans qu'il soit obligé de le faire : il peut donc accorder l'exequatur même en présence de l'un des cinq griefs. Autrement dit, le juge peut en toute hypothèse accorder l'exequatur à la sentence. L'idée est très bien exprimée par M. PAULSSON lorsqu'il écrit :

" La question n'est donc pas de savoir s'il est possible pour le juge d'un pays signataire de la Convention de prononcer l'exequatur d'une sentence étrangère lorsque la Convention ne l'exige pas, mais s'il est souhaitable de le faire, voire obligatoire sur un autre fondement juridique " [24].

762. - Dernier argument de M. PAULSSON contre l'interprétation du texte

(21) May and must, précité, p. 228, n° 3.
(22) **PAULSSON**, L'exécution des sentences..., précité, p. 18.
(23) ibidem, p; 17.
(24) ibidem, p. 18. Voir aussi du même auteur : Rediscovering the New York Convention, précité, p. 18.

français dans le sens d'un refus impératif d'exequatur dans les cinq cas : les principes applicables aux conventions en des langues différentes s'opposeraient à une " exception française " (25). M. PAULSSON invoque le principe selon lequel l'unité du traité et de chacune de ses dispositions est d'une importance fondamentale dans l'interprétation des traités en langues différentes et que cette unité est sauvegardée en combinant avec le principe de l'autorité égale des textes authentiques la présomption selon laquelle les termes sont censés avoir le même sens dans chaque langue (26). Appliquant ce concept en la matière, M. PAULSSON estime qu'il est clair que lorsque les quatre autres textes vont dans le sens du pouvoir discrétionnaire du juge, alors que ce sens n'est pas explicitement contredit par le texte français, il faut donner au texte français le même sens que dans les autres textes (27).

H - Les illogismes et les inconséquences de l'interprétation de l'article V dans le sens d'un pouvoir discrétionnaire du juge étatique

763. - Que le juge étatique saisi d'une demande d'exequatur d'une sentence arbitrale étrangère soit doté d'un pouvoir discrétionnaire l'habilitant à prononcer l'exequatur de cette sentence, bien que la partie contre laquelle elle est invoquée soulève l'existence d'un des cinq griefs prévus à l'article V (1) (a, b, c, d et e) et apporte la preuve de ce grief, est, croyons-nous, juridiquement insoutenable.

Le problème majeur et *in fine* insoluble auquel achoppe la thèse du pouvoir discrétionnaire du juge réside dans le concept même de pouvoir discrétionnaire dans le contexte de la demande d'exequatur et dans les conséquences auxquelles il conduit, conséquences incompatibles avec l'office d'un juge qui consiste à dire le droit en vue de trancher un litige.

764. - L'argument invoqué en faveur d'un tel pouvoir discrétionnaire est de caractère sémantique. C'est l'argument du " *may* " qui, comme le dit M. PAULSSON, suppose nécessairement la possibilité de " *may not* " (28). Sémiologiquement, le texte anglais (comme les textes espagnol, russe et chinois) ne pourrait selon cette thèse être compris que comme ayant le sens suivant : lorsqu'est avérée et prouvée par la partie contre laquelle la sentence est invoquée l'existence de l'un des cinq griefs, le juge a un pou-

(25) ibidem, p. 17.

(26) Yearbook of the International Law Commission, 1996-II, p. 225. M. PAULSSON se réfère à l'article 31 (1) de la Convention de Vienne aux termes duquel un traité doit être interprété à la lumière de son objet et de son but.

(27) PAULSSON, May and Must..., précité, p. 230.

(28) PAULSSON, L'exécution des sentences arbitrales..., précité, p. 17.

voir discrétionnaire, il peut refuser l'exequatur, mais il peut aussi l'accorder malgré l'existence du grief. C'est, écrit M. PAULSSON, une question de " *judicial discretion* ". Sans nul doute, le " *may* " anglais a *in se*, du point de vue de la sémantique et en l'isolant de son contexte, un sens potestatif de discrétion pour le juge, de choix, qui dépend de sa seule volonté entre une solution et son contraire. M. PAULSSON va même jusqu'à parler de " libre arbitre " (29), comme si l'on pouvait parler de libre-arbitre lorsqu'il s'agit d'un juge.

Mais si le texte anglais (et les trois autres) ne pose pas problème du point de vue sémantique, c'est en droit qu'il pose problème, et ce problème est très grave.

H. 1 - Le sens du pouvoir discrétionnaire et l'inadmissibilité logique de ce concept dans le contexte de l'article V (1)

765. - Curieusement, ce problème juridique n'a pas échappé à M. PAULSSON, et c'est lui-même qui le pose. Dans son article au Mealey's International Arbitration Report (30), il prend acte d'abord de l'argument sémantique qui appelle le pouvoir discrétionnaire : " *The conditional "may" screams out at any lawyer. Since "may" necessarily contemplates "may not", and since there is no other guidance in the text of the Convention, one may fairly conclude that enforcement notwithstanding annulment is a matter of judicial discretion* ". Mais d'emblée il se rend compte, tout de suite après, de l'ampleur du problème juridique que pose un tel pouvoir discrétionnaire du juge. Si un tel pouvoir discrétionnaire existe, comment doit-il être exercé ? se demande-t-il.

Se plaçant dans la perspective du grief (e) (une sentence qui a été annulée dans son pays d'origine), M. PAULSSON ne voit que des critères subjectifs qui puissent guider la discrétion du juge. Cela va-t-il dépendre de la bonne foi apparente de l'annulation ? S'il en est ainsi, observe-t-il, la question qui se pose est la suivante : est-ce à dire que le concept de bonne foi permet au juge de l'exequatur d'appliquer des perceptions subjectives de l'intégrité des systèmes juridiques étrangers et de donner ainsi effet aux annulations prononcées par les "bons" tribunaux étrangers, et de ne pas en tenir compte lorsqu'elles émanent de "mauvais" tribunaux ? (31)

La question reste sans réponse pour M. PAULSSON. Or, si le juge de l'exequatur devait s'en tenir à des perceptions ou à des critères subjectifs dans l'exercice de sa discrétion, on sait que l'on va alors à la dérive et que l'on sort du domaine du droit. Le juge dispose-t-il au contraire de critères

(29) PAULSSON, L'exécution des sentences arbitrales..., précité, p. 17

(30) PAULSSON, Rediscovering the N. Y. Convention..., précité, p. 22.

(31) PAULSSON, Rediscovering the N. Y. Convention..., précité, p. 22.

objectifs qui le guideraient dans l'exercice de sa discrétion ? M. PAULSSON n'en discerne pas. On doit en conclure que le pouvoir discrétionnaire du juge en la matière débouche immanquablement sur une impasse.

766. - Certes, comme l'observe M. PAULSSON, le tribunal du district de Columbia a trouvé le moyen dans l'affaire Chromalloy de se tenir tout à fait à l'écart de telles questions embarrassantes en évitant tout simplement l'article V de la Convention : le tribunal de Columbia a déclaré (32) que l'article V énonce un pouvoir discrétionnaire, du fait qu'il ne commande pas expressément un refus d'exequatur lorsqu'il y a eu annulation de la sentence arbitrale par une juridiction étrangère. Le tribunal du district de Columbia a pu ainsi ignorer l'article V pour concentrer l'attention sur l'article VII de la même Convention, lequel comporte, lui, l'obligation d'accorder l'exequatur lorsque la législation du pays où la sentence est invoquée commande de l'accorder. Or, le tribunal du district de Columbia a trouvé que la législation des U.S.A. contient un tel commandement (33). Les dispositions de l'article V deviennent alors sans pertinence ("irrelevancies", écrit M. PAULSSON) (34).

Mais l'astuce du tribunal du district de Columbia ne résout pas le problème du pouvoir discrétionnaire du juge de l'exequatur dans la mise en oeuvre de l'article V (1), lorsqu'on fait avec M. PAULSSON et d'autres auteurs une lecture de cet article qui va dans le sens d'un tel pouvoir. Car ce problème est trop grave pour être éludé d'un revers de main. M. PAULSSON pose le problème du pouvoir discrétionnaire du juge de l'exequatur en se plaçant dans la seule perspective de l'un des griefs de l'article V. 1, à savoir le grief (e), celui de la sentence annulée dans son pays d'origine. M. PAULSSON voulait ce faisant échafauder sa thèse de la distinction entre l'annulation d'une sentence arbitrale en fonction d'un " critère international " (*international standard annulment*) et son annulation en fonction d'un " critère local "(*local standard annulment*) (35). Mais à supposer que le problème puisse être résolu avec cette thèse dans le cadre du grief (e) de l'article V (1), ce qui est loin d'être vrai, l'ennui est que l'enjeu du prétendu pouvoir discrétionnaire ne se limite pas au grief (e) mais le dé-

(32) D'une manière catégorique (*flatly*), par un *dictum* comme l'écrit le même auteur (May or must..., précité, p. 228).

(33) Ce qui est contesté par certains auteurs. Voir par exemple : **GHARAVI**, The legal inconsistencies of Chromalloy, Mealey's International Arbitration Report, May 1997, p. 21.

(34) Les tribunaux américains ont marqué par la suite un net recul par rapport à la jurisprudence Chromalloy.

(35) Rediscovering the N. Y. Convention..., précité, p. 29 ; L'exécution des sentences..., précité, p. 30 et s.

passe de loin, parce que le problème se pose aussi à propos des autres griefs (a, b, c et d). Mais si le " *may* " de l'article V de la Convention de New York implique le caractère discrétionnaire du pouvoir du juge, il l'implique pour tous les griefs de l'article V et non seulement pour le grief (e).

767. - A la vérité, s'il s'agit vraiment d'un pouvoir discrétionnaire du juge, comme le pensent M. PAULSSON et les auteurs qui partagent cette opinion, point n'est besoin alors de chercher une justification à la décision du juge qui a accordé l'exequatur nonobstant le vice qui entache la convention d'arbitrage ou la sentence arbitrale. Car quand il s'agit d'un pouvoir discrétionnaire dans la prise d'une décision, celui qui est investi d'un tel pouvoir l'exerce d'une manière souveraine, sans qu'il ait à donner les raisons de sa décision et sans qu'il y ait lieu de se poser des questions sur ces raisons, dès lors que la décision prise en vertu d'un pouvoir discrétionnaire est une décision souveraine qui n'est soumise à aucun contrôle.

768. - Certains textes législatifs donnent au juge un véritable pouvoir discrétionnaire. Il en est ainsi de l'article 287 du Code civil aux termes duquel en cas de divorce, le juge peut confier l'exercice de l'autorité parentale à l'un des deux parents, si l'intérêt de l'enfant le commande, et le juge a un pouvoir discrétionnaire pour apprécier cet intérêt. Il en est de même d'autres dispositions du Code civil en matière d'affaires familiales (articles 211, 289, 374 par exemple). En droit pénal, en matière d'application des circonstances atténuantes en faveur de l'accusé reconnu coupable, l'existence des circonstances atténuantes est laissée à l'appréciation du juge, qui n'est pas tenu de motiver sa décision. De même, en droit pénal, lorsque le législateur édicte une peine pouvant varier entre un minimum et un maximum, le juge a un pouvoir discrétionnaire pour fixer la peine entre les deux limites.

769. - Mais les textes qui donnent au juge un pouvoir discrétionnaire sont rares, parce que, comme l'écrit M. MAYER, il est toujours critiquable de laisser au juge une liberté totale (36). C'est pourquoi, croyons-nous, lorsqu'un texte est ambigu, il ne faut pas l'interpréter dans un sens qui accorderait au juge un pouvoir discrétionnaire lui donnant le choix entre appliquer le texte et ne pas l'appliquer. Autrement dit, l'octroi au juge d'un pouvoir discrétionnaire ne peut résulter que d'un texte clair (37).

(36) MAYER, Les lois de police étrangères, JDI, 1981, p. 327.
(37) C'est pourquoi nous croyons qu'il est inadmissible d'interpréter l'article 7 para 2 de la Convention de Rome de 1980 sur la loi applicable aux obligations contractuelles dans le sens d'une liberté totale du juge de donner ou de ne pas donner effet à une loi de police étrangère. Voir : KASSIS, Le nouveau droit européen des contrats internationaux, p.475, n° 456.

770. - Examinons de plus près l'article V(1) de la Convention de New York. Ce texe édicte une règle de droit claire : dans des conditions déterminées (invocation et preuve de l'un des cinq griefs), le juge refuse l'exequatur de la sentence rendue à l'étranger. Ce texte apparaît comme édictant les conditions négatives de l'octroi de l'exequatur : pour que la sentence soit reconnue et exécutée, il ne faut pas que l'une des parties n'ait pas été informée de la désignation de l'arbitre ou de la procédure d'arbitrage ou qu'il lui ait été impossible de faire valoir ses moyens, il ne faut pas que l'arbitre ait dépassé sa mission, etc. Pour M. PAULSSON et les auteurs qui partagent son interprétation, ce qu'édicte l'article V (1), ce ne sont pas des conditions d'octroi de l'exequatur, mais lorsque ces conditions ne sont pas réalisées, le juge peut refuser l'exequatur, mais il peut quand même l'accorder.

771. - Or, l'article V (1) édicte des règles de droit, et une règle de droit est faite pour être appliquée lorsque les conditions de son application sont réalisées. Qu'une règle de droit édictée donne dans le même temps une option au juge de l'appliquer ou de ne pas l'appliquer, ce n'est plus alors une règle de droit. Le droit, c'est le *Sollen*. Lorsqu'il s'agit de droit, on se trouve dans le domaine de la légalité et non de l'opportunité. Lorsque le juge dispose d'un pouvoir discrétionnaire, c'est-à-dire d'une option (accorder ou ne pas accorder les circonstances atténuantes, donner la garde de l'enfant au père ou à la mère), c'est une règle de droit qui investit le juge de cette option. Cette option est l'objet même de la règle de droit. Mais que la règle de droit, en même temps qu'elle est édictée, dispose que son application soit facultative pour le juge, elle n'est plus alors une règle de droit, on n'est plus alors dans le domaine du droit, parce que le droit ne régit pas l'opportunité, il ne dit pas ce qu'il est souhaitable de faire ou de ne pas faire, il dit ce qu'il faut faire et ce qu'il ne faut pas faire. Il n'y a pas de règle de droit qui, dans le même temps qu'elle est édictée, donne au juge une option entre considérer qu'elle existe en tant que règle et donc l'appliquer, et considérer qu'elle n'existe pas en tant que règle et ne pas l'appliquer. Nous croyons qu'il est inconcevable en droit de souscrire à l'idée de M. PAULSSON selon laquelle la question qui se pose à propos de l'article V (1) est de savoir s'il est souhaitable ou non de prononcer l'exequatur d'une sentence étrangère lorsqu'un des cinq griefs est avéré. La question qui se pose est de savoir s'il est possible de le faire [38]. Parce qu'il n'y a pas un droit du souhaitable et du non souhaitable, le droit n'est pas fait pour dire quand il est souhaitable qu'une personne se comporte

(38) PAULSSON, L'exécution des sentences arbitrales en dépit d'une annulation en fonction d'un critère local, Bulletin de la Cour Internationale d'Arbitrage de la CCI, vol. 9, n°1, mai 1998, p. 18.

d'une certaine manière et quand cela n'est pas souhaitable, mais il est fait pour dire quand la personne doit se comporter d'une certaine manière et quand elle ne doit pas le faire. Le juge est juge de la légalité et non de l'opportunité ou du souhaitable.

772. - Il était donc vain que M. PAULSSON s'interroge comment doit s'exercer la discrétion du juge, c'est-à-dire sur la base de quels critères le juge doit, un des griefs de l'article V (1) étant avéré, décider de refuser ou d'accorder l'exequatur, et il était vain qu'il constate avec étonnement que le même article ne donne pas de directives au juge pour décider s'il est ou non souhaitable d'accorder l'exequatur. Pour la bonne raison qu'un pouvoir discrétionnaire est de par sa nature souverain, qu'il ne s'exerce pas selon des critères objectifs et qu'il se passe de justification.

H. 2 - Le degré de gravité du grief peut-il être le critère du pouvoir discrétionnaire du juge ?

773. - Lorsqu'on examine un à un les griefs de l'article V (1), on constate que tous ces griefs sont très graves, et que si l'un de ces griefs est établi, la convention d'arbitrage ou la sentence arbitrale doit être réputée inexistante, et l'invocation et la preuve de l'un ces griefs ne peut qu'emporter un refus d'exequatur ou une annulation de la sentence, et le juge ne peut tout simplement pas accorder l'exequatur. Lorsqu'il est établi que l'une des parties était incapable ou que la convention d'arbitrage n'était pas elle-même valable (grief a), la convention est réputée inexistante et il s'ensuit que la sentence aussi est inexistante. Il en est de même lorsqu'il est établi que la partie contre laquelle la sentence est invoquée n'a pas été informée de la désignation de l'arbitre ou de la procédure d'arbitrage ou qu'il lui a été impossible de faire valoir ses moyens (grief b), la sentence est réputée inexistante. Il en est de même lorsque la sentence porte sur un différend non visé dans le compromis ou n'entrant pas dans les prévisions de la clause compromissoire ou si elle contient des décisions qui dépassent les termes de la convention d'arbitrage (grief c). De même aussi si la constitution du tribunal arbitral n'a pas été conforme à la convention des parties ou, à défaut de convention, à la loi du pays du siège de l'arbitrage (grief d). De même enfin si la sentence a été annulée dans son pays d'origine (grief e).

Dans tous ces cinq cas (a, b, c, d et e), en raison du grief allégué et prouvé, la sentence ne peut qu'être réputée inexistante. Lorsque la sentence arbitrale est réputée inexistante, cela emporte automatiquement et inexorablement le refus d'exequatur. Le degré de gravité de grief ne peut donc pas être le critère d'un pouvoir discrétionnaire du juge. On ne peut pas parler de gravité plus ou moins grande de la violation d'une règle lorsqu'il s'agit des quatre cas de l'article V (1).

774. - On pourrait tout au plus parler de gravité plus ou moins grande du grief lorsqu'il s'agit de la violation d'une règle de procédure (grief d de l'article V) [39]. On sait que lors des travaux préparatoires de la loi-type de CNUDCI, lorsqu'il a été question de flexibilité dans la rédaction de l'article 36 de cette loi-type, qui correspond à l'article V de la Convention de New York, le seul exemple de flexibilité qui a été évoqué dans la discussion est celui de la flexibilité qui tient compte du degré de gravité de la violation d'une règle de procédure (grief d de l'article V), de manière à pouvoir exclure le refus d'exequatur dans le cas d'une violation minime ou insignifiante (*minimal or trivial*) du droit procédural ([40]. Mais l'ennui, c'est que le " *may* " qui évoquerait un pouvoir discrétionnaire du juge concerne non seulement le grief de violation de la procédure arbitrale (grief d de l'article V.1), mais aussi les griefs (a, b, c et e) et le grief d'irrégularité de constitution du tribunal arbitral (grief d). Or, pour tous ces griefs, sauf pour le grief de violation de procédure arbitrale, il est exclu de parler de violation minime ou insignifiante qui ne justifierait pas un refus d'exequatur.

Il est inimaginable que les concepteurs de la Convention de New York aient pu vouloir que le juge d'un État signataire de cette Convention puisse accorder l'exequatur bien que la convention d'arbitrage ou la sentence soit entâchée d'un vice aussi grave que les vices (a), (b), (c) et (e) et le vice d'irrégularité de constitution du tribunal arbitral (vice " d " de l'article V.1). Et il serait ahurissant que le juge puisse avoir le pouvoir d'accorder l'exequatur dans des cas aussi graves que les cas en question où le grief est l'inexistance d'une sentence arbitrale valide.

H. 3 -Le but de la Convention de New York et le prétendu pouvoir discrétionnaire du juge

775. - On pouvait croire avec le professeur FOUCHARD que le but de la Convention de New York était une harmonisation des conditions d'exécution des sentences, qu'elle a facilité leur circulation internationale en limitant le nombre de griefs permettant aux juges d'en refuser l'exécution, et en leur interdisant notamment de procéder à une révision au fond des sentences [41]. On pouvait croire avec M. SCHWARTZ que son but était d'établir un traitement international harmonieux et uniforme des sen-

(39) Où prévaut la notion de " formalités substantielles " (voir : **VINCENT** et **GUICHARD**, Procédure civile, Dalloz 1987, n° 474).

(40) C'est pourquoi il est permis de discuter le bien-fondé de l'inclusion du vice de procédure parmi les griefs de l'article V de la Convention de New York.

(41) **FOUCHARD**, La portée internationale de l'annulation de la sentence arbitrale dans son pays d'origine, précité, Rev. Arb., 1997, p. 346.

tences arbitrales (42). Pour M. PAULSSON, le but de la Convention de New York n'était pas d'établir un régime unique pour régir tous les aspects de l'exécution internationale des sentences, mais son but était de faciliter l'exécution des sentences étrangères en établissant un seuil au-dessus duquel celle-ci est obligatoire (43).

Nous croyons qu'il n'est pas de bonne méthode pour l'interprète de tenter de justifier le pouvoir discrétionnaire du juge en glosant d'abord sur le but de la Convention de New York tel que l'interprète le conçoit. Nous pensons qu'il faut aller droit au but en examinant s'il est juridiquement concevable de déduire des termes de la Convention un tel pouvoir discrétionnaire.

Nous avons pu constater, par un raisonnement par l'absurde, à partir des termes mêmes de l'article V (1), qu'il est juridiquement impossible, c'est-à-dire qu'il est juridiquement impensable que les auteurs de la Convention aient pu concevoir d'accorder au juge un pouvoir optionnel l'autorisant à accorder l'exequatur même si l'un des cinq griefs de l'article V (1) est établi, alors qu'un tel pouvoir optionnel peut se concevoir seulement lorsqu'il s'agit d'une violation minime ou insignifiante de la procédure arbitrale (l'une des deux violations constitutives du giref d).

776. - Il est évident que si l'interprétation dans le sens optionnel du droit du juge étatique tombe, du même coup tombe la thèse de M. PAULSSON de la distinction entre ISA (*international standard annulation*) et **LSA** (*local standard annulation*), thèse qui ne peut s'expliquer et se justifier que par le pouvoir optionnel du juge.

H. 4 - Les autres arguments de M. PAULSSON à l'appui de la thèse du pouvoir discrétionnaire du juge de l'exequatur

Les autres arguments à l'appui de la thèse du pouvoir discrétionnaire du juge dans l'application de l'article V (1) ne sont pas plus heureux.

777. - a) Contrairement à ce que pense M. PAULSSON, il n'y a pas dans la version française de l'article V (1) seulement une " insinuation " ou une " allusion " (*a hint*) à un caractère impératif pour le juge de l'application de la disposition, lorsqu'un des griefs est avéré. La disposition est on ne peut plus claire, elle commande au juge impérativement son application et exclut toute option. Ce n'est pas le professeur FOUCHARD qui déduit l'impé-

(42) SCHWARTZ, A comment on Chromalloy, Hilmarton à l'américaine, Journal of International arbitration, 1997, p. 128.

(43) PAULSSON, L'exécution des sentences arbitrales en dépit d'une annulation en fonction d'un critère local, précité, p. 17.

rativité " par implication ", comme le croit M. PAULSSON, elle se trouve directement énoncée dans le texte français qui ne peut pas être autrement compris et n'a pas besoin d'un supplément d'explication. Ce n'est pas le professeur FOUCHARD qui n'apporte pas d'explication juridique à l'impérativité, c'est M. PAULSSON qui n'apporte pas d'explication juridique au pouvoir discrétionnaire du juge.

778. - b) Quant aux principes applicables aux conventions internationales en plusieurs langues, on ne voit pas en quoi ils s'opposeraient à la prétendue " exception française ". Que l'unité d'un traité et de ses dispositions soit d'une importance fondamentale dans l'interprétation des traités en plusieurs langues est indiscutable. Mais ce n'est pas d'un problème de l'unité du traité et de ses dispositions qu'il s'agit lorsqu'il existe une divergence entre des versions en langues différentes du même traité. Il ne sert à rien de dire alors que l'unité est sauvegardée en combinant avec le principe de l'autorité égale des textes authentiques la présomption selon laquelle les traités sont censés avoir le même sens dans toutes les versions. Sans doute les versions différentes ont-elles une autorité égale. Sans doute les traités sont-ils censés avoir le même sens dans les diverses versions. Mais il y a là une présomption qui peut être infirmée par la réalité. Il s'agit alors de savoir quel est le sens exact des textes et la divergence ne peut plus alors être résolue par la seule sémantique, elle ne peut l'être que par la rationalité juridique du contenu. Nous pensons que M. PAULSSON a tort de croire que c'est parce que quatre versions du traité donnent sémantiquement le sens d'un pouvoir discrétionnaire du juge, alors que la cinquième va dans un sens contraire, qu'il faut donner à cette version le même sens que celui des quatre autres. Ce n'est pas le nombre plus grand des versions qui fait poids, mais la rationalité objective du contenu. Or, comme on l'a vu, le sens d'un pouvoir discrétionnaire du juge dans le contexte heurte la rationalité juridique. La solution de la divergence que la sémantique est incapable de fournir, puisque la divergence est elle-même sémantique, sera donnée par le droit, puisqu'il s'agit précisément d'une question de droit, à supposer qu'il y ait divergence sémantique.

779. - c) M. PAULSSON a tout à fait raison de se référer à l'article 31 (1) de la Convention de Vienne sur les traités, aux termes duquel un traité doit être interprété à la lumière de son objet et de son but. Or, ni l'objet ni le but de l'article V (1) de la Convention de New York ne peuvent rationnellement être de donner au juge un pouvoir discrétionnaire d'accorder l'exequatur de la sentence lorsqu'un des cinq griefs de cet article est avéré.

780. - d) De l'aveu de M. PAULSSON, les travaux préparatoires de la Conven-

Convention de New York sont ambigus (44). Or, si tel est le cas, on ne voit pas sur quoi se fonde M. PAULSSON en affirmant que les travaux prépara-préparatoires seraient plutôt favorables à la thèse selon laquelle l'exécution discrétionnaire est permise.

781. - e) On ne peut pas non plus souscrire à l'observation de M. PAULSSON selon laquelle, compte tenu de l'objectif de la Convention de New York de favoriser l'exécution des sentences (manifeste dans l'article VII), une interprétation téléologique s'opposerait également à ce que l'article V (1) soit compris comme imposant un refus chaque fois que le juge de l'exequatur constate un défaut tel que défini à la Convention (45). La Convention de New York a sans doute eu pour objectif de favoriser l'exécution des sentences et c'est justement pour favoriser cette exécution qu'elle a limité à cinq les cas dans lesquels l'exequatur doit être refusé, de sorte qu'il ne soit pas possible de le refuser dans d'autres cas. La facilité édictée par la Convention consiste précisément en ce que le refus d'exequatur ne soit pas possible en dehors de ces cas. Mais la Convention n'a pas exclu que l'on puisse aller au-delà de cette facilité. Et c'est pourquoi elle a prévu à l'article VII que des législations nationales ou d'autres conventions internationales puissent rendre l'exécution des sentences encore plus facile que ne le fait la Convention. Une interprétation téléologique ne peut donc pas s'opposer à ce que l'article V (1) soit compris comme imposant un refus d'exequatur dans les cinq cas, parce que c'est l'interprétation téléologique en même temps que logique qui appelle cette lecture. C'est l'interprétation téléologique elle-même qui, prenant en compte le but visé, celui de faciliter l'exécution de la sentence, veut que l'exécution soit refusée dans les cinq cas seulement et non dans d'autres.

I - La preuve péremptoire de l'illogisme d'un pouvoir discrétionnaire du juge, tirée de l'article V lui-même

782. - Mais après tout, pourquoi aller plus loin que l'article V pour chercher la preuve que le " *may* " de cet article ne peut pas avoir un sens optionnel autorisant le juge à accorder l'exequatur en dépit de l'un des griefs de cet article ? La preuve se trouve dans le texte même de l'article V, plus précisément dans son second paragraphe.

Le juriste ne peut que s'étonner de constater que ceux qui interprètent l'article V (1) dans le sens d'un pouvoir discrétionnaire du juge l'autorisant à accorder l'exequatur dans les cinq cas prévus n'ont pas remarqué qu'il existe dans le texte de l'article V lui-même une disposition qui condamne

(44) PAULSSON, L'exécution des sentences arbitrales..., précité, p. 17, note 11.
(45) PAULSSON, L'exécution des sentences arbitrales..., précité, p. 17, note 11.

inexorablement la thèse du pouvoir discrétionnaire et appelle une lecture de l'article dans le sens d'une obligation impérative pour le juge de refuser l'exequatur lorsque se vérifie l'existence de l'un des cinq cas en question.

a) Le " *may* " de l'article V (1) et le " *may* " de l'article V (2)

783. - Arrêtons-nous à la version anglaise de l'article V et oublions provisoirement la version française.

Il est curieux que l'attention des commentateurs n'ait pas été retenue par le fait que le " *may* " du premier paragraphe de l'article V revient dans le second paragraphe du même article.

Le second paragraphe de l'article V est ainsi conçu : " *Recognition and enforcement of an arbitral award may also be refused if the competent authority in the country where recognition and enforcement is sought finds that...* (suivent les deux cas de non-arbitrabilité et de contrariété à l'ordre public) ". Le " *may* " du second paragraphe serait ainsi une autre découverte tardive.

784. - Si " *may* " suppose nécessairement " *may not* " (46), il doit en être ainsi, à l'évidence, pour le second paragraphe de l'article V aussi bien que pour le premier. C'est-à-dire qu'il faudrait en déduire sémantiquement que dans le second paragraphe aussi, le juge qui, dans les deux cas de non-arbitrabilité et de contrariété à l'ordre public de l'article V (2), peut refuser l'exequatur, peut aussi bien l'accorder en dépit de la non-arbitrabilité et de la contrariété à l'ordre public, de même qu'il peut refuser l'exequatur ou l'accorder malgré les cinq griefs de l'article V (1). Le juge disposerait ainsi du même pouvoir discrétionnaire dans les deux hypothèses de l'article V (2) que dans les cinq hypothèses de l'article V (1). Logique oblige.

La mise en oeuvre de ce pouvoir discrétionnaire dont disposerait le juge pose les mêmes problèmes dans l'application du paragraphe 2 de l'article V que dans l'application du premier paragraphe du même article. Mais, à y regarder de plus près, les problèmes que poserait sa mise en oeuvre dans le paragraphe 2 sont beaucoup plus graves, parce qu'ils débouchent sur une impasse et parce qu'il résulte de sa mise en oeuvre des conséquences absolument aberrantes.

b) L'irrationalité de la reconnaissance au juge d'un pouvoir discrétionnaire dans l'application du paragraphe (2) de l'article V

785. - Pourquoi est-il absolument irrationnel de parler de pouvoir discré-

(46) " *May* " necessarily contemplates " *may not* " (PAULSSON, Rediscovering the N. Y. Convention..., précité, p. 22).

tionnaire du juge dans l'application du paragraphe (2) de l'article V ?

Ce qui différencie essentiellement le paragraphe (2) du premier paragraphe, c'est que le refus de l'exequatur par le juge dans l'application du premier paragraphe est conditionné non seulement par l'existence objective de l'un des cinq griefs qui y sont prévus mais par le fait que la partie contre laquelle la sentence est invoquée soulève elle-même le grief et en fournisse la preuve, alors que le juge peut soulever *ex officio* l'un des deux griefs du paragraphe (2) pour refuser de sa propre initiative l'exequatur, même si le grief n'est pas soulevé par la partie intéressée pour demander le refus d'exequatur.

Pourquoi cette différence ? Parce que les deux vices prévus au paragraphe (2), à savoir la non-arbitrabilité du litige et la contrariété à l'ordre public (la non-arbitrabilité étant considérée comme un cas de contrariété à l'ordre public) sont très graves, plus graves que les cinq griefs du premier paragraphe. Et c'est pourquoi, comme toutes les fois qu'il s'agit de violation de l'ordre public, laquelle est d'une extrême gravité, la Convention de New York a reconnu au juge, au paragraphe (2) de l'article V, le pouvoir de soulever d'office l'un ou l'autre des deux griefs qui y sont prévus pour refuser l'exequatur de sa propre initiative. La Convention a voulu ainsi marquer la particulière gravité des deux griefs du paragraphe (2) par comparaison avec celle des cinq griefs du premier paragraphe pour autoriser le juge à les soulever d'office et refuser d'office l'exequatur sans nécessité d'une demande dans ce sens de la partie intéressée.

786. - Mais s'il en est ainsi, une autre question de logique se pose en ce qui concerne notre propos. Comment peut-on concilier logiquement le fait que les deux griefs du paragraphe (2) soient d'une gravité telle que le texte a donné au juge le pouvoir de s'y fonder pour refuser l'exequatur d'office, même sans demande de la partie intéressée, lorsqu'il constate l'existence de l'un ou de l'autre, avec l'idée que le juge dispose même dans cette situation d'un pouvoir discrétionnaire l'habilitant à accorder l'exequatur malgré le fait que l'un ou l'autre des deux griefs soit avéré ? Comment le juge peut-il tenir d'une manière convaincante le raisonnement suivant : la reconnaissance et l'exécution de la sentence seraient contraires à l'ordre public de l'État dont je tiens mon office de juge, et cette contrariété à l'ordre public est tellement grave que le texte m'a donné le pouvoir de la soulever d'office pour refuser l'exequatur, même sans que l'une ou l'autre des parties en fasse la demande, mais je trouve quand même, en vertu du pouvoir discrétionnaire que me donne le verbe (*may*) du même texte, que cette contrariété à l'ordre public n'est pas assez grave pour justifier un refus d'exequatur, et c'est pourquoi j'accorde l'exequatur ?

La contrariété à l'ordre public peut-elle ne pas être assez grave pour justifier un refus d'exequatur et être dans le même temps assez grave pour que le juge soit habilité à la soulever d'office, justement pour refuser l'exequatur ? Le moins que l'on puisse dire, c'est qu'un tel propos serait absolument incohérent et qu'un tel raisonnement serait absolument aberrant.

c) La version française de l'article V (2), preuve supplémentaire du caractère aberrant de l'interprétation dans le sens du pouvoir discrétionnaire

787. - Ceux qui voient dans le " *may* " la tournure potestative plaidant en faveur du pouvoir discrétionnaire du juge et autorisant celui-ci à accorder l'exequatur en dépit d'un des griefs prévus à l'article V (1) devraient en dire autant de la version française de l'article V (2) de la Convention de New York.

En effet, le texte français de l'artricle V (2) de la Convention est le suivant : " La reconnaissance et l'exécution d'une sentence arbitrale pourront aussi être refusées si l'autorité compétente du pays où la reconnaissance et l'exécution sont requises constate : a) que, d'après la loi de ce pays, l'objet du différend n'est pas susceptible d'être réglé par voie d'arbitrage ; ou : b) que la reconnaissance ou l'exécution de la sentence serait contraire à l'ordre public de ce pays ".

Le verbe " pourra " ou " pourront " est l'équivalent français du " *may* " anglais.

On constate que le " *may* " est employé dans le texte anglais des deux paragraphes de l'article V, alors que son équivalent français " pourront ", qui n'apparaît pas dans le premier paragraphe de l'article V, apparaît au contraire dans le second paragraphe de cet article. Troisième découverte tardive, mais dans le texte français cette fois.

Si le verbe " pourront " doit avoir un sens optionnel comme le " *may* " anglais, cela voudrait dire que le juge aurait, selon le texte français, le pouvoir de refuser ou d'accorder l'exequatur dans les deux hypothèses du second paragraphe de l'article V (non-arbitrabilité et contrariété à l'ordre public) et n'aurait que le pouvoir de refuser l'exequatur dans les cinq hypothèses du premier paragraphe. Ce qui serait le comble de l'absurdité, dès lors qu'au contraire le juge, en raison de la gravité comparée des griefs, applique d'office le second paragraphe, alors qu'il n'applique le premier paragraphe que sur la demande du défendeur et après que celui-ci ait apporté la preuve du grief allégué.

788. - Dira-t-on alors dans l'application du texte anglais qu'il est exclu de parler de pouvoir discrétionnaire du juge lorsqu'il s'agit de l'article V (2) parce qu'un tel pouvoir serait en contradiction avec le refus d'office par le juge d'accorder l'exequatur en présence de l'un des deux griefs de cet article, mais qu'il n'est pas exclu de parler de pouvoir discrétionnaire du juge lorqu'il s'agit de l'article V (1) où le juge n'a pas le pouvoir de refuser d'office l'exequatur en présence de l'un des cinq griefs de cet article ? Mais il ne peut pas logiquement y avoir de pouvoir discrétionnaire dans l'application de l'article V (1) si un tel pouvoir n'existe pas dans l'application de l'article V (2), parce que précisément le prétendu pouvoir discrétionnaire reposerait sur l'argument sémantique tiré du verbe (*may*) et que ce verbe se trouve aussi bien dans l'un que dans l'autre des deux paragraphes de l'article. Si c'est le verbe (*may*) qui donne la tournure potestative à la disposition et fonde sémantiquement le pouvoir discrétionnaire, à partir du moment où ce verbe se trouve dans les deux paragraphes de l'article V, ou bien on doit admettre le pouvoir discrétionnaire dans les deux paragraphes ou bien il faut l'exclure dans les deux paragraphes pour conclure que le juge ne dispose pas d'un pouvoir discrétionnaire l'autorisant à accorder l'exequatur à la sentence nonobstant l'existence et la preuve de l'un des griefs du premier et du second paragraphe de cet article, et que si l'un de ces griefs est avéré le juge doit impérativement refuser l'exequatur, soit sur la demande de la partie intéressée si l'on se trouve dans un des cinq cas du premier paragraphe, soit d'office, de sa propre initiative si l'on se trouve dans un des deux cas du second paragraphe.

789 bis. - Le raisonnement en termes de sémantique et le sens potestatif qui en résulte, débouchant sur un prétendu pouvoir discrétionnaire du juge et autorisant celui-ci à accorder l'exequatur en dépit d'un grief allégué et prouvé ne sont donc qu'un leurre et un piège du vocabulaire qui heurte la logique juridique élémentaire. La thèse du caractère discrétionnaire du refus d'exequtur par le juge étatique dans l'application de l'article V de la Convention de New York est une mystification juridique. Il y a là un exemple des méfaits de la polysémie en droit et une illustration d'un vocabulaire qui va au-delà de la pensée authentique des auteurs du texte (47).

(47) On rappellera ici les termes par lesquels le professeur ROBERTO AGO mettait en garde contre les pièges de la polysémie juridique. Le professeur AGO écrivait en 1957 que nombre de problèmes sont suscités, non par quelque chose d'inexplicable, mais par les étrangetés du langage, et il n'est pas rare que des discussions soient faussées par le fait que des auteurs différents se servent du même terme mais en lui attribuant des significations différentes, ou que, à l'opposé, ils se servent de termes différents pour indiquer une même réalité. Et il arrive aussi qu'un même auteur, parfois sans s'en rendre compte, et souvent sans que ses lecteurs s'en aperçoivent, emploie un terme donné dans des sens différents dans le même exposé (R. AGO, Droit positif et droit international, Annuaire français de droit international, p. 14-15) Dans le même sens : SANTI ROMANO, L'ordre juridique, Dalloz, 1975, p. 6.

J - L'absence d'exemples juriprudentiels d'une mise en oeuvre de la thèse du caractère discrétionnaire du refus d'exequatur

790. - Il est significatif que l'exemple unique d'une jurisprudence qui a mis en oeuvre la thèse du caractère discrétionnaire du refus d'exequatur soit celui du jugement du tribunal du district de Columbia. On se souvient que c'est à propos de la procédure arbitrale que l'on a pu parler de violation minime ou dérisoire (*minimal or trivial*) lors des travaux préparatoires de la loi-type de la CNUDCI. Or, il est tout aussi significatif que l'on n'ait pas pu trouver un seul exemple d'application jurisprudentielle de la thèse du caractère discrétionnaire du refus d'exequatur, même pour une violation minime ou dérisoire de la procédure arbitrale. Contrairement à la doctrine française qui trouve qu'il n'y a pas d'ambiguïté dans la version française de la Convention de New York et qui n'admet pas la thèse du caractère discrétionnaire du refus d'exequatur (48), le professeur GAILLARD semble être le seul à souscrire à cette thèse. Le professeur GAILLARD est d'avis que le juge de l'exequatur devrait user de la discrétion que lui laisse l'article V de la Convention de New York pour ne pas refuser de donner effet à une sentence au seul motif de la violation d'une règle procédurale de la loi du siège de l'arbitrage (49). Contrairement à cette opinion, nous croyons que le juge saisi d'une demande d'exequatur de la sentence, dans le cadre d'application de la Convention de New York, est tenu de refuser d'y faire droit à ce titre et ne peut pas ignorer la méconnaissance de la loi du siège de l'arbitrage, même en matière de procédure, sauf accord contraire des parties, bien entendu. En admettant même que l'on puisse tolérer une violation minime ou insignifiante (*minimal or trivial*) de la procédure convenue ou, subsidiairement, de la loi procédurale du siège de l'arbitrage, il est absolument inadmissible de lire l'article V comme donnant au juge un pouvoir discrétionnaire général l'habilitant à accorder l'exequatur à une sentence étrangère lorsqu'a été soulevé et prouvé l'un des cinq griefs du premier paragraphe de cet article. On peut critiquer la Convention de New York pour avoir retenu la violation de la procédure arbitrale parmi les cinq griefs de l'article V (1) justifiant ainsi le refus d'exequatur, mais on ne peut pas refuser d'appliquer le texte de l'article V (1) sous prétexte qu'il confère au juge de l'exequatur un pouvoir discrétionnaire l'autorisant à accorder l'exequatur en cas d'existence avérée de l'un des cinq griefs, fût-ce une violation minime ou dérisoire de la procédure arbitrale.

(48) FOUCHARD, Rev. Arb., 1997, p. 344, n° 27.
(49) GAILLARD, Traité, n° 1183.

CHAPITRE II

L'ÉCHEC DES TENTATIVES FRANÇAISES VISANT À L'EXTENSION DE L'AUTONOMIE

A - L'autre voie pour limiter ou alléger le contrôle du juge étatique : le " petit trésor de la Convention de New York "

791. - La thèse du caractère optionnel du refus d'exequatur aurait été une solution de rêve pour ceux qui trouvent toujours que la zone d'autonomie de la sentence arbitrale internationale reste très réduite au lendemain de la Convention de New York. Si cette thèse était soutenable, pour que l'étau se desserre et que la sentence arbitrale internationale se libère, il suffirait d'une simple interprétation de l'article V de la Convention de New York qui rendrait le refus d'exequatur pour le juge étatique une simple faculté au lieu d'être une obligation impérative. Mais cette thèse est indiscutablement insoutenable, comme on vient de le voir, elle doit donc être définitivement abandonnée.

Mais la thèse du caractère discrétionnaire du refus d'exequatur, telle qu'elle a été développée par M. PAULSSON et par le jugement du tribunal du district de Columbia était-elle le seul moyen d'oeuvrer en faveur d'un contrôle allégé des sentences arbitrales, " du moins pour limiter le pouvoir de nuisance des juges étatiques qui persistent dans une hostilité excessive à l'égard de l'arbitrage international ? "(1)

792. - Une telle voie existe, affirme le professeur FOUCHARD, et elle est ouverte par la Convention de New York elle-même. Car cette Convention recèle un " petit trésor ", une idée géniale qui lui assure sa pérennité, même si cette pérennité est inutile..., c'est son article VII al. 1 selon lequel les dispositions de la présente Convention...ne privent aucune partie intéressée du droit qu'elle pourrait avoir de se prévaloir d'une sentence arbitrale de la manière et dans la mesure admises par la législation ou les traités du pays où la sentence est invoquée.

Il apparaît de cet article que la Convention de New York s'est voulue modeste et réaliste, poursuit le professeur FOUCHARD. Ses auteurs ont cherché à harmoniser la circulation internationale des sentences, mais plus encore à la favoriser. L'harmonisation réalisée en 1958 s'étant révélée insuffisante, rien n'interdisait aux États et aux juges de faire plus et mieux pour l'exécution des sentences. Or, en quarante ans, la Convention de New York a fatalement vieilli, et elle a révélé ses insuffisances. Mais quelles sont ces insuffisances ? Dans les deux articles du professeur FOUCHARD à la Revue de l'Arbitrage en 1997 et en 1998 (2), ces insuffisances sont passées en revue. Elles résultent de ce que le contrôle du juge est trop étendu à bien des égards. Les griefs recevables devraient être restreints ou autrement définis. Plus concrètement, les principaux archaïsmes de la Convention de New York seraient les suivants :

793. - a) Archaïsme en matière d'arbitrabilité

Il est inutile, observe le professeur FOUCHARD, de prévoir spécialement un refus d'exequatur si d'après la loi du pays d'accueil, l'objet du différend n'est pas susceptible d'être réglé par voie d'arbitrage (art. V.2.a). En effet, cette non-arbitrabilité ne doit être sanctionnée dans ce pays que si elle répond aux conceptions fondamentales de l'accès à la justice publique et si, dans le cas concret, l'objet même de la sentence porte atteinte à l'ordre public de ce pays ; or, la violation de cet ordre public est déjà un grief rece-

(1) **FOUCHARD**, La portée internationale de l'annulation de la sentence arbitrale dans son pays d'origine, Rev. Arb., 1997, n° 3, p. 348, n° 33.

(2) **FOUCHARD**, Suggestions pour accroître l'efficacité internationale des sentences arbitrales, Rev. Arb., 1998, n° 4, p. 653 et s. **FOUCHARD**, article préciité, Rev. Arb. 1997, p. 329 et s..

vable selon l'article V. .2 . (b).

b) Archaïsme en matière de contrôle de la validité de la convention d'arbitrage international, de la régularité de la constitution du tribunal arbitral et de la procédure suivie (art. V. 1 (a) et art. V. 1 (d).

Selon le professeur FOUCHARD, le contrôle de la validité de la convention d'arbitrage international, de la régularité de la constitution du tribunal arbitral et de la procédure suivie (art. 1 a. et d.) laisse une place trop importante à la détermination de la loi applicable à chacune de ces questions et, même subsidiairement, à la loi du siège arbitral. Cette approche conflictualiste serait aujourd'hui dépassée.

c) Archaïsme enfin de l'article V. 1.(e) qui donne au juge du siège de l'arbitrage le pouvoir d'annuler la sentence arbitrale, faisant de cette annulation dans le pays du siège arbitral (ou dont la loi était applicable à l'arbitrage) une cause propre de refus d'exequatur dans tous les autres pays.

793bis. - Or, la dénonciation de ces archaïsmes n'est pas chose nouvelle. Ils étaient déjà dénoncés par les juristes français dès 1981, c'est-à-dire il y a près d'un quart de siècle, et leur dénonciation a servi de fondement à la réforme de 1981. Par cette réforme, le droit français s'est essayé à balayer tous ces archaïsmes. Il a voulu faire plus et mieux que la Convention de New York pour favoriser l'exécution des sentences. Si le mal vient de l'article V de la Convention, qu'à cela ne tienne. Le législateur français édictera des dispositions qui rendront l'exécution plus facile que l'application de l'article V. Ces dispositions remplaceront l'article V en vertu de l'article VII de la Convention, et le tour est joué. Mais comment les nouvelles dispositions législatives vont-elles rendre l'exécution plus facile ? Il y aura pour cela deux procédés - Soit on en éliminera de l'article V certains cas où s'exerce le contrôle du juge étatique. Il en sera ainsi en éliminant le contrôle de l'arbitrabilité, c'est-à-dire l'article V 2 (a), en éliminant aussi le refus d'exequatur si la sentence étrangère a été annulée dans son pays d'origine, c'est-à-dire l'article V. 1 (e), en éliminant enfin le contrôle de la procédure arbitrale de l'article V. 1 (d). Ainsi se réduiront l'étendue de la zone de contrôle du juge et les possibilités de refus d'exequatur et s'étendra dans la même mesure l'autonomie de l'arbitrage. Soit en éliminant de l'article V tout renvoi à la méthode conflictuelle, donc tout renvoi à la loi étatique véhiculée par cette méthode. Ainsi se réduira non pas l'étendue de la zone de contrôle du juge étatique, mais l'impact de ce contrôle, dans la mesure où se réduira l'impact du droit étatique sur la sentence. L'autonomie de l'arbitrage en sera accrue pour autant.

Peut-on affirmer que la réforme de 1981 a été couronnée de succès ?

B - L'échec de la réforme française de 1981

Nous croyons que la réforme française de l'arbitrage international de 1981 s'est soldée par un échec sur tous les points où elle a cru faire mieux et plus que la Convention de New York.

a) L'éliminationde la non-arbitrabilité comme cause spécifique de refus d'exequatur

794. - L'article 1502 du N.C.P.C. a modifié l'article V (2) de la Convention de New York en supprimant la non-arbitrabilité du litige comme cause spécifique de refus d'exequatur, pour répondre au voeu du professeur FOUCHARD, dès lors qu'elle est un cas de contrariété à l'ordre public. Ce voeu était exprimé dès 1965, date de sa thèse sur l'arbitrage commercial international. Pourquoi envisager la non-arbitrabilité spécialement, écrivait-il, dès lors que la Convention de New York prévoit le refus d'exequatur pour contrariété à l'ordre public international, tel que l'entendent la doctrine et la jurisprudence françaises, c'est-à-dire ces conceptions fondamentales de chaque civilisation juridique qui entraînent un refus d'exequatur lorsque la loi étrangère normalement compétente les heurte directement ? Cette notion d'ordre public international est plus étroite que celle d'ordre public interne. Or, observe le professeur FOUCHARD, précisément c'est cet ordre interne qui est visé en matière d'arbitrabilité : les règles impératives du droit interne du for sont déclarées directement applicables à la question de savoir si le litige pouvait être soumis à l'arbitrage. Il s'ensuit que le jeu exceptionnel de l'ordre public international aurait dû suffire pour rejeter les sentences qui, du point de vue de l'arbitrabilité du litige, violent les principes essentiels du droit du pays de leur importation. L'hypothèse de non-arbitrabilité serait rarissime en France : il s'agirait essentiellement des matières d'état des personnes (litige touchant à un divorce, etc) En revanche, une sentence portant sur des questions de brevets, de licences d'importation ou d'exploitation ne serait pas considérée comme contraire à l'ordre public international français (3)

795. - Or, ainsi qu'on l'a vu, si le législateur français a suivi dans le décret de 1981 la suggestion du professeur FOUCHARD en assimilant la non-arbitrabilité du litige à une contrariété à l'ordre public international, la jurisprudence ne l'a pas suivie. Même après le décret de 1981, elle continue de considérer non seulement les litiges sur des matières d'état des personnes, mais aussi les litiges sur des questions de brevets, de licences d'importation, ainsi que les litiges sur des questions de violation de la réglementation

(3) FOUCHARD, L'arbitrage commercial international, précité, n° 200.

sur les changes, de la violation des règles relatives au contrôle des investissements étrangers, de la violation des règles sur l'arrêt des poursuites individuelles des créanciers, sur le dessaisissement du débiteur et sur l'interruption de l'instance en cas de faillite, comme non-arbitrables, bien que leur arbitrabilité ne heurte pas les conceptions fondamentales de la civilisation juridique française (4).

b) L'élimination du renvoi de l'article V. 1 (a) à la loi choisie par les parties et du renvoi subsidiaire à la loi du siège de l'arbitrage, en matière de formation et de validité de la Convention d'arbitrage

796. - Suite au décret de 1981, l'article 1502 du N.C.P.C. a modifié l'article V. 1 (a) de la Convention de New York en supprimant le renvoi qui y est fait à la loi choisie par les parties et le renvoi subsidiaire à la loi du siège de l'arbitrage. Pourquoi cette suppression ? Selon le professeur FOUCHARD, l'article V. 1 (a) de la Convention est fondé sur une approche conflictualiste qui fait une place trop importante à la loi du siège de l'arbitrage (5). Avec le décret de 1981, cette " approche conflictualiste " est selon lui abandonnée, et l'article 1502 du N.C.P.C. ne comporte aucune règle de rattachement pour le contrôle des sentences internationales ou étrangères (6).

Le contrôle par le juge étatique de la sentence n'est pas abandonné. Au contraire, il est maintenu. Ce qui est abandonné, c'est l'approche conflictualiste et avec elle, son corollaire, à savoir l'application par le juge d'une loi étatique dans ce contrôle. Le juge contrôlera bien la sentence, mais il appliquera dans ce contrôle autre chose qu'une loi étatique, et la sentence sera ainsi affranchie de " l'influence des cadres étatiques " par une petite manipulation de l'article V. 1 (a) de la Convention de New York, en en éliminant quelques mots, élimination autorisée et même préconisée par l'article VII. 1 de la Convention.

797. - Reste une petite question : A quelle loi doit alors se référer le juge de l'exequatur pour s'assurer que la convention d'arbitrage n'est pas nulle ? Rien dans le texte de l'article 1502 ne donne une indication au juge à cet effet, et pourtant le juge a besoin de se référer à une loi pour décider si la convention d'arbitrage est valable ou non. Pourquoi l'article 1502 du N.C.P.C. a-t-il fait l'impasse sur cette loi de référence, alors que la loi de référence se trouvait bien dans l'article V. 1 (a) de la Convention de New York ? La référence à la loi choisie par les parties serait certes la plus logi-

(4) Voir supra, n°s 265 à 269.

(5) FOUCHARD, La portée internationale..., *loc. cit.*, Rev. Arb., 1997, p. 347.

(6) FOUCHARD, *loc. cit.*, p; 347, note 41.

que , observe le professeur FOUCHARD (7). Mais s'il en est ainsi, pourquoi ne l'a-t-on pas dit clairement dans le nouvel article 1502, laissant le juge dans l'obscurité totale ?

798. - Si on ne l'a pas dit, précise le professeur FOUCHARD, c'est parce qu'il est très rare que les parties songent à désigner expressément une loi propre à la convention d'arbitrage (8). Mais si cela est rare, il est quand même possible que les parties aient songé à le faire, et le législateur n'aurait pas dû garder le silence sur cette hypothèse, laissant le juge dans l'embarras. En réalité, si le législateur a omis d'indiquer au juge que celui-ci doit se référer à la loi choisie par les parties pour l'appliquer à la convention d'arbitrage et décider en conséquence si cette convention est valable ou non, c'est parce qu'en indiquant au juge, à l'article 1502, 1° du N.C.P.C. de se référer à la loi choisie par les parties pour régir leur convention d'arbitrage, le législateur aurait dû dans le même temps indiquer au juge la loi à laquelle celui-ci doit se référer si les parties ont omis de choisir la loi, et c'est là que le bât blesse. Car le législateur français n'aurait pas pu indiquer au juge cette loi, parce qu'il est en principe réfractaire à la méthode conflictuelle, donc à toute loi étatique. Allergique à une loi étatique, le législateur était allergique particulièrement à la loi du siège de l'arbitrage, même indiquée subsidiairement en l'absence d'*electio juris*, dès lors que " cette loi , à supposer que le siège soit fixé, n'a guère de titre à s'appliquer à une matière qui est ici de nature contractuelle, et non procédurale " (9).

799. - Pourtant, le professeur FOUCHARD savait très bien déjà en 1965 que la loi du siège de l'arbitrage n'a pas de titre propre à s'appliquer à la convention d'arbitrage international, mais cela ne l'a pas empêché de trouver alors la solution de la Convention de New York théoriquement et pratiquement satisfaisante (10). Elle a bien fait, écrivait-il alors, en adoptant, en l'absence d'indication par les parties de la loi compétente, un système plus ferme que les indices de localisation trop nombreux pour pouvoir assurer la sécurité nécessaire à la convention d'arbitrage, d'autant plus que la fixation à l'avance d'un ordre hiérarchique entre ces indices était impossible. Il trouvait alors que la Convention de New York a simplifié la tâche du juge en ne retenant que l'indice le plus significatif, celui du siège de l'arbitrage, coupant court à la controverse classique entre subjectivistes et objectivistes. Il concluait son long plaidoyer en faveur de cette solution

(7) FOUCHARD, *loc. cit.*, Rev. Arb., 1998, page 659.

(8) FOUCHARD, *ibidem*, page 659.

(9) FOUCHARD, *ibidem*, page 659.

(10) Voir supra, n° 217.

de la Convention de New York en écrivant que si la loi du siège ne peut être prééminente en matière d'arbitrage, ses titres pour le régir sont assez grands pour qu'elle intervienne subsidiairement (11).

800. - Ce qui est donc sûr, c'est que le professeur FOUCHARD croyait fermement que l'approche est demeurée conflictualiste, même après le décret de 1981. On a déjà montré (12) que dans son commentaire du décret de 1981, à la question de savoir selon quelle loi il convient d'apprécier la validité de la convention d'arbitrage contestée, il répondait qu'à l'évidence, c'est selon la loi d'autonomie, que cette loi est en parfait accord avec les principes les mieux établis dans le droit international. Mais il ajoutait surtout en se référant à l'article 1502. 1°, qu'à défaut de choix exprès, il appartient au juge de localiser cette convention, en retenant différents indices qui témoignent en même temps de la volonté des parties à cet égard et que le lieu du siège de l'arbitrage, s'il a été fixé par la convention, est un de ces indices, parmi les plus significatifs, mais qu'il ne joue pas le rôle d'un rattachement subsidiaire automatique. Le professeur FOUCHARD s'étonnait même qu'un doute ait pu surgir à propos de l'article 1502. 1° (13). On comprend que le lieu du siège de l'arbitrage ne joue plus le rôle d'un rattachement subsidiaire automatique, l'article 1502. 1° du N.C.P.C. ayant remplacé l'article V. 1 (a) de la Convention de New York. Mais lorsqu'il est question de localisation de la convention par le juge, d'indices de localisation, le lieu du siège de l'arbitrage étant l'un de ces indices, il est indiscutable que l'approche est restée conflictualiste (14).

801. - Qu'est-ce qui explique ce changement de cap ? L'approche qui était conflictualiste en 1982 ne l'est plus dans le Traité de l'arbitrage de 1996 ni dans les articles du professeur FOUCHARD des années 1997 et 1998.

L'approche conflictualiste avait laissé la place à ce que le professeur FOUCHARD appelle des " suggestions favorables à l'élaboration de règles matérielles ", en parlant d'un modèle à suivre, qui serait celui du droit suisse (15). Le juriste ne peut que rester sur sa faim en entendant dire que le nouveau droit de référence pour le juge dans son contrôle de la sentence n'est pas encore élaboré mais se trouve à l'étape de suggestions.

802. - En réalité, dans l'optique des professeurs FOUCHARD et GAILLARD, les

(11) **FOUCHARD,** L'arbitrage commercial international, précité, n°s 124 à 128.
(12) Voir supra, n° 221.
(13) **FOUCHARD**, L'arbitrage international en France après le décret de 1981, **JDI,** 1982, p.383.
(14) C'était aussi l'opinion du professeur **GOLDMAN**. Voir supra, n° 220.
(15) **FOUCHARD,** *loc. cit.*, Rev. Arb., 1998, n° 4, page 659.

règles matérielles ont dépassé de loin le stade des suggestions et de l'élaboration, elles sont définitivement établies et constituent toute une méthode. On en est pleinement convaincu en lisant le Traité de l'arbitrage de 1996, et il ne s'agit pas de simples suggestions lorsqu'il nous est dit que l'approche conflictualiste est aujourd'hui abandonnée en France (16) et que seules des règles matérielles étaient nécessaires et suffisantes pour atteindre l'objectif du décret de 1981 qui était de consacrer l'autonomie des praticiens et de fixer les limites de cette autonomie lors du contrôle de l'arbitrage par un juge français (17).

Mais si l'approche conflictualiste a été remplacée en France par une nouvelle approche définitivement établie en termes de règles matérielles, deux questions se posent pour le juriste.

803. - La première consiste à se demander s'il faut adopter cette nouvelle approche même lorsque les parties ont choisi une loi étatique pour régir leur convention d'arbitrage. Or, pour le professeur FOUCHARD, la solution la plus logique est d'appliquer la loi choisie par les parties. Mais on retombe alors dans l'approche conflictualiste dont il nous a été dit qu'elle est abandonnée, car l'application à la convention d'arbitrage de la loi choisie par les parties est, comme on le sait, le premier degré du conflictualisme en ce qui concerne les contrats internationaux.

A supposer que la prise en compte par le juge de la loi étatique choisie par les parties ne soit qu'une exception qui vaut seulement dans l'hypothèse d'*electio juris* et qu'en dehors de cette hypothèse, l'approche n'est plus conflictualiste mais une approche en termes de règles matérielles, où donc le juge (la Cour d'appel) saisi du grief d'invalidité de la convention d'arbitrage doit-il chercher les règles matérielles sur la validité de la convention d'arbitrage qui doivent lui servir de référence ?Le nouveau texte français, à savoir l'article 1502 du N.C.P.C., qui ne comporte aucune règle de rattachement, ne comporte non plus aucune autre règle qui puisse servir de référence pour le juge dans son contrôle de la validité de la convention d'arbitrage. Il ne reste plus qu'à dire que le juge doit rechercher les nouvelles règles matérielles de référence dans la jurisprudence française.

804. - Or, si le juge interroge à cet effet la jurisprudence française, il y trouve une série d'arrêts qui proclament le principe de validité , d'efficacité propre et d'autonomie de la clause compromissoire par rapport à toute loi étatique, une règle matérielle selon laquelle l'existence et la validité de la clause compromissoire doit s'apprécier d'après la commune volonté des parties indépendamment de toute loi étatique. Mais ces princi-

(16) FOUCHARD, l*oc. cit.*, Rev. Arb., 1997, page 347, n° 31.
(17) FOUCHARD, Introduction : spécificité de l'arbitrage international, Rev. Arb., 1981, page 460.

pes sont loin de donner au juge une indication suffisante sur les règles spécifiques auxquelles il doit se référer lorsqu'il est confronté à des problèmes qui se posent en matière d'existence ou de validité de la clause compromissoire, par exemple lorsque l'invalidité de la clause est soulevée devant lui en raison d'une incapacité, d'un défaut de pouvoir ou d'un vice du consentement.

805. - Trouvant que l'affirmation jurisprudentielle de tels principes ne fournit pas de solutions concrètes à des problèmes concrets qui se posent devant lui, le juge se voit obligé d'interroger la doctrine juridique à cet effet. Lorsqu'il consulte la doctrine, par exemple l'ouvrage qui fait autorité en France, à savoir le Traité de l'arbitrage commercial international de 1996, il y trouve qu'on lui dit que certaines formules des arrêts ont un caractère excessif, que la terminologie de la jurisprudence est assez malvenue, que l'affirmation selon laquelle la convention d'arbitrage a une validité et une efficacité propres apparaît comme une pétition de principe, car une convention ne peut être valide qu'au regard d'une norme qui lui reconnaît cet effet. Mais le juge y lit aussi que cette constatation ne doit pas conduire à méconnaître l'apport réel de la jurisprudence, à savoir que la validité de la convention d'arbitrage doit s'apprécier au regard de la seule conception française de l'ordre public international, que cela consiste à faire échapper l'appréciation de la validité de la convention d'arbitrage aux particularismes locaux, mais qu'il ne s'agit pas de l'ordre public d'éviction, l'ordre public n'étant ici que l'expression des règles matérielles minimales qui, dans la conception française de l'arbitrage international, doivent être respectées pour que l'on puisse accepter de donner effet à une convention d'arbitrage (18).

Comme la terminologie de la jurisprudence est malvenue, il faudrait plutôt dire qu'il y a lieu de substituer à la méthode conflictuelle la variante de ces principes, à savoir la méthode des règles matérielles, entendue dans le sens que l'on vient de voir.

806. - Or, il nous est apparu dans la première partie du présent ouvrage qu'en appliquant le test du principe d'autonomie de la convention d'arbitrage par rapport à tout droit étatique ou le test de sa variante, la méthode des règles matérielles, à la recherche des règles qui régissent la formation et la validité de la convention d'arbitrage, on n'obtient pratiquement aucun résultat. La raison en est simple : en matière de formation, de validité de la convention d'arbitrage et de vices du consentement, il n'y a pas de règles matérielles dictées par l'ordre public international. Comme cela a été bien dit , ce qu'on va appliquer au nom de l'ordre public international, c'est le

(18) GAILLARD, Traité, n°s 439-442.

droit français, on va énoncer de nouvelles règles qui, vraisemblablement ressembleront énormément à celles que contient le Code civil sur l'erreur, le dol, la violence, etc. Pourquoi parler d'ordre public international lorsqu'il s'agit d'appliquer des règles du droit civil ? [19]

807. - Alors on peut poser à nouveau la question que posait le professeur FOUCHARD en 1998. A-t-on fait plus et mieux que la Convention de New York, comme il le croit, lorsqu'on a remplacé en 1981 l'article V. 1 (a) de cette Convention par l'article 1502, 1° du N.C.P.C. qui a éliminé le renvoi à la loi choisie par les parties et le renvoi subsidiaire à la loi du lieu du siège de l'arbitrage ? Sous prétexte d'éviter l'approche conflictuelle, on a éliminé un texte clair qui indique au juge le droit de référence sur la base duquel il doit statuer sur le grief d'absence de convention d'arbitrage ou de convention nulle, pour le remplacer par un texte qui n'indique aucun droit de référence au juge, obligeant celui-ci à s'éreinter pour tenter de déchiffrer un texte indéchiffrable. Est-ce là le progrès qu'aurait réalisé la réforme française du droit de l'arbitrage international en 1981 ?

c- Élimination du renvoi de l'article V. 1 (d) à la convention des parties et du renvoi subsidiaire à la loi du siège de l'arbitrage, en matière de règles sur la composition du tribunal arbitral et sur la procédure arbitrale

808. - Ici aussi, suite au décret de 1981, l'article 1502 du N.C.P.C. a modifié l'article V. 1 (d) de la Convention de New York en supprimant le renvoi qui y était fait à la convention des parties et le renvoi subsidiaire à la loi du pays du siège de l'arbitrage. Ici aussi cette modification visait à abandonner l'approche conflictualiste et à y substituer une approche nouvelle, mais le nouveau texte ne donne aucune indication sur cette nouvelle approche. C'est-à-dire qu'il est demandé au juge de faire lui-même des supputations, de deviner lui-même la nouvelle approche. Mais pourquoi donc s'est-on gardé de lui indiquer clairement dans le nouveau texte le contenu de la nouvelle approche ?

808 bis. - Le professeur FOUCHARD estime en 1998 que la Convention de New York a révélé ses ambiguïtés et ses insuffisances du fait que son article V. 1. (d) soumet la constitution du tribunal arbitral et la procédure arbitrale à la convention des parties et, à défaut de convention, à la loi du pays du siège de l'arbitrage [20]. Mais dans un texte qui commande d'ap-

(19) Voir supra, n° 81.

(20) **FOUCHARD**, *loc. cit.*, Rev. Arb., 1998, n° 4, page 660.

pliquer la convention des parties et, à défaut de convention, la loi du pays du siège de l'arbitrage, il n'y a absolument aucune ambiguïté ni aucune insuffisance, dès lors que les repères sont désignés dans le texte lui-même. Le professeur FOUCHARD reconnaissait en 1965, comme on le sait, la parfaite clarté et la parfaite suffisance de l'article V. 1., tant en ce qui concerne la loi qui régit la validité de la convention d'arbitrage que la loi qui régit la constitution du tribunal arbitral et la procédure arbitrale.

809. - Si ambiguïté et insuffisance il y a, c'est dans le texte de l'article 1502 du N.C.P.C. qu'elles se trouvent, c'est-à-dire dans un texte qui a voulu faire " plus et mieux " que la Convention de New York. Et contrairement à l'opinion du professeur FOUCHARD, ces ambiguïtés et ces insuffisances ne sont pas de nature à réduire les contestations ultérieures de la sentence, mais plutôt à les créer.

Si, comme l'écrit le professeur FOUCHARD, l'évolution est marquée par le recul de la méthode conflictualiste et de l'influence des cadres étatiques auxquelles se substituent des règles matérielles peu nombreuses (21), pourquoi ne les a-t-on pas identifiées à l'article 1502 ? Pourquoi n'a-t-on pas indiqué au juge du contrôle de la sentence où il doit chercher pour trouver ces " règles matérielles " ? " Dans l'approche conflictualiste, pour connaître les règles à appliquer en matière de constitution du tribunal arbitral et de procédure arbitrale, il suffisait de s'en remettre à la convention des parties et, à défaut de convention, à la loi étatique désignée par la règle de conflit." Pour éviter les incertitudes et les controverses de la méthode conflictuelle, la Convention de New York a simplifié, mais vraiment simplifié en invitant le juge à se référer à la convention des parties, et, à défaut de convention, à la loi du siège de l'arbitrage. Dans la nouvelle approche, à la suite de l'abandon par la réforme de 1981 de l'approche conflictualiste, on tombe dans l'incertitude totale du droit. A l'approche conflictualiste s'est substituée l'absence totale de règles, c'est-à-dire le néant. Les laudateurs de la réforme de 1981 le nient avec force : à la méthode conflictualiste, à l'influence des cadres étatiques se sont substituées " des règles matérielles peu nombreuses ". Mais quelles sont-elles ces règles matérielles ? Deux paragraphes à l'article 1493, l'un pour affirmer l'autonomie des parties dans la constitution du tribunal arbitral, l'autre pour donner à un juge français compétence pour intervenir dans la constitution du tribunal arbitral, lorsqu'elle se heurte à une difficulté. Et deux paragraphes à l'article 1494 pour affirmer l'autonomie des parties, et dans le silence de la convention d'arbitrage, l'autonomie de l'arbitre pour régler la procédure arbitrale.

Les règles matérielles qui se substituent à la méthode conflictualiste et à

(21) Rev. Arb. *1998*, page 661.

l'influence des cadres étatiques en matière de constitution du tribunal arbitral et de procédure arbitrale et dont le professeur FOUCHARD écrit qu'elles sont peu nombreuses, sont en réalité réduites aux deux règles des articles 1493 et 1494 du N.C.P.C. qui proclament l'autonomie des parties dans leur convention pour constituer le tribunal arbitral et régler la procédure arbitrale, et, à défaut de convention des parties, l'autonomie de l'arbitre pour régler cette procédure. Les règles matérielles sont peu nombreuses parce que, selon le professeur FOUCHARD, la préoccupation des auteurs du décret de 1981 a été de " faire simple ", et parce que la simplicité consiste à dire qu'en matière de constitution du tribunal arbitral et de procédure arbitrale, tout est laissé à la convention des parties. Mais lorsque les parties ont été peu disertes dans leur convention, et que le juge a besoin de règles claires pour le guider vers des solutions claires, alors que le législateur n'a pas édicté des règles supplétives suffisantes, la simplicité risque de friser le simplisme et l'insuffisance des règles législatives supplétives risque de tourner au vide juridique et de conduire au désarroi du juge.

810. - Il suffit de rappeler à ce propos les difficultés dans lesquelles se débat le juge d'appui français (le Président du tribunal de grande instance de Paris) à qui il est demandé d'intervenir dans la constitution du tribunal arbitral, lorsque celle-ci se heurte à une difficulté, si la clause compromissoire est manifestement nulle ou insuffisante pour permettre de constituer le tribunal arbitral, parce qu'aucun texte ne prévoit la solution en matière internationale, alors qu'elle est prévue dans un arbitrage interne. Le professeur FOUCHARD énumère les différentes thèses qui ont été proposées et entre lesquelles la jurisprudence ne semble pas avoir clairement choisi. Il est significatif que le professeur FOUCHARD s'abstienne de préciser la thèse à laquelle il se rallie lui-même (22). Il est tout aussi significatif de constater que le juge d'appui français ait accepté de proroger les fonctions d'un tribunal arbitral, bien qu'aucun texte ne lui confère un tel pouvoir en matière internationale, alors qu'un tel pouvoir est prévu dans un arbitrage interne (23).

Si donc il y a ambiguïtés et insuffisances, elles sont dues à l'article 1502 du N.C.P.C. et non à l'article V de la Convention de New York qui était d'une clarté et d'une suffisance exemplaires. Toutes les ambiguïtés et les insuffisances de l'article 1502 du N.C.P.C. auraient pu être évitées si le législateur français avait en 1981 suivi l'exemple d'autres législations en adoptant une solution d'une simplicité exaspérante : un article proclamant

(22) Traité, n°s 851 à 855.

(23) Traité, n° 866. Voir aussi la solution laborieuse du juge d'appui en cas de demande de remplacement d'un arbitre décédé (Traité, n° 884).

la liberté des parties de désigner les arbitres ou de prévoir les modalités de leur désignation, et un ensemble d'articles édictant des règles supplétives qui s'appliqueront sauf convention contraire des parties.

811. - L'article 1502 du N.C.P.C. a supprimé le contrôle par le juge étatique de la procédure arbitrale. Il n'y aura plus de refus d'exequatur en France pour mauvaise application de la procédure arbitrale, sauf en cas de violation du principe de la contradiction. Il y a là un facteur essentiel d'efficacité de la sentence, parce que la suppression du contrôle de la procédure, observe le professeur FOUCHARD, permet d'écarter les particularismes procéduraux de toute loi étatique (24). Seulement, ce faisant, on a jeté le bébé avec l'eau du bain. On aurait pu très bien laisser aux parties, et subsidiairement à l'arbitre, la liberté de régler la procédure, mais en gardant certaines dispositions législatives supplétives absolument indispensables dans un droit de l'arbitrage international, comme le processus de décision des arbitres (majorité ou majorité et sentence du président seul dans le cas du partage des voix sans majorité) et la détermination d'un délai maximum de l'arbitrage avec possibilité d'intervention du juge d'appoint pour proroger les pouvoirs du tribunal arbitral et une disposition législative supplétive en cas de récusation d'arbitre.

812. - D'une manière générale, on n'a pas fait en France en 1981 plus et mieux pour l'exécution des sentences arbitrales, comme le pense le professeur FOUCHARD, en éliminant de l'article V de la Convention de New York le renvoi à la loi choisie par les parties et le renvoi subsidiaire à la loi du pays du siège de l'arbitrage. Au contraire, on a fait un pas énorme en arrière, parcequ'on a éliminé un repère connu pour le remplacer par un repère énigmatique (les règles matérielles) que l'on n'a même pas identifié dans le nouveau texte, laissant au juge la tâche pénible, ou plutôt impossible, de le découvrir.

On verra plus loin que la thèse française de l'autonomie de la sentence arbitrale internationale a été un autre échec.

C - Le prétendu recul de l'approche conflictualiste dans d'autres lois modernes

813. - Abandonnée en France, l'approche conflictualiste serait aussi en recul dans de nombreuses lois modernes, selon le professeur FOUCHARD (25). Trois droits nationaux sont donnés en exemple : le droit allemand, le droit néerlandais et le droit suisse.

(24) Article précité, Rev. Arb., 1998, page 661.
(25) **FOUCHARD**, *loc. cit.*, Rev. Arb., 1997, page 347.

814. - Le professeur FOUCHARD affirme que les parties qui demandent l'exequatur d'une sentence rendue à l'étranger ne se placent que sur le terrain du droit commun, jugé plus favorable à l'exécution que la Convention de New York, que c'est souvent le cas en Allemagne, malgré l'ancienneté de son Code et que c'est toujours le cas en France (26).

C'est peut-être le cas en France, si les articles nés du décret de 1981 sont jugés plus favorables à l'exécution des sentences arbitrales que la Convention de New York. Mais le sont-ils vraiment ? Des dispositions comme celles de l'article 1502 du N.C.P.C. qui ont abandonné l'approche conflictualiste de l'article V de la Convention de New York pour une approche énigmatique, ainsi qu'on l'a vu, sont-elles plus favorables à l'exécution des sentences que la Convention de New York ? Peut-être, mais cela n'est pas certain, parce qu'il faut d'abord déchiffrer l'article 1502, et l'on ne nous a pas fourni une clé sûre pour le déchiffrer.

815. - S'agissant de l'Allemagne, elle s'est dotée trois mois après l'article du professeur FOUCHARD d'une nouvelle loi sur l'arbitrage dont les dispositions sont les mêmes pour l'arbitrage interne et pour l'arbitrage international (27). L'article 1061 de cette nouvelle loi dispose que la reconnaissance et l'exécution des sentences arbitrales étrangères sont régies par la Convention de New York. On ne voit donc pas en quoi le droit commun allemand serait plus favorable que la Convention de New York à l'exécution des sentences arbitrales internationales.

816. - La loi néerlandaise serait plus favorable à l'arbitrage en ce que selon l'article 1076 du Code néerlandais de procédure civile, plusieurs des griefs énumérés ne pourraient aboutir au refus d'exécution si la partie qui les invoque ne les a pas soulevés en temps utile au cours de l'instance arbitrale (28). Mais l'avancée consiste-t-elle en si peu de choses ? De plus les dispositions du droit néerlandais sont les mêmes pour l'arbitrage interne et pour l'arbitrage international, ce qui n'est pas fait pour avantager particulièrement ce dernier.

817. - Reste la référence au droit suisse considéré par le professeur FOUCHARD comme le modèle à suivre. La loi fédérale de 1987 sur le droit international privé marque-t-elle vraiment un recul de l'approche conflictualiste, comme le croit le professeur FOUCHARD ? L'auteur prise surtout les articles 177 et 178 de la loi suisse. C'est l'article 178 qui est le plus important dans notre contexte puisqu'il concerne la loi applicable à la con-

(26) **FOUCHARD**, *loc. cit.*, Rev. Arb., 1997, page 347.
(27) Loi allemande du 22 décembre 1997, Rev. Arb., 1998, page 441.
(28) **FOUCHARD**, *loc. cit.*, Rev. Arb., 1997, page 347.

vention d'arbitrage et que c'est cette loi qui peut révéler si l'approche retenue est une approche conflictualiste ou non. Et ce n'est pas le premier paragraphe qui est le plus important puisqu'il concerne la forme de la convention d'arbitrage. Si les exigences requises pour sa forme se réduisent à sa preuve par un texte, comme l'écrit le professeur FOUCHARD, ces exigences ne sont pas différentes de celles de la Convention de New York (article II). C'est le paragraphe 2 qui a une importance particulière pour notre propos, parce qu'il concerne la loi applicable au fond de la convention d'arbitrage [29]. Or, ce paragraphe est le type de la règle de conflit alternative, où les lois de référence sont toutes des lois étatiques. Et le professeur FOUCHARD ne s'y est pas trompé, puisqu'il écrit quelques lignes plus loin qu' " à défaut de règles matérielles internationales spécifiques, il conviendrait au moins que la règle de conflit acquière une fonction validante, et là encore la loi suisse nous montre la voie, en faisant prévaloir, pour les conditions de fond de la convention d'arbitrage, la loi la plus favorable à sa validité ". Si cette règle de conflit alternative acquiert une fonction validante, elle n'en reste pas moins une règle de conflit [30].

818. - Le professeur FOUCHARD signale en outre que la validité et l'autonomie de la clause compromissoire sont évidemment affirmées par l'article 178 de la loi suisse, ce qui fait partie des solutions opportunes retenues par ce droit. Là aussi il ne faut pas se tromper. Lorsque l'article 178 parle de validité de la convention d'arbitrage, c'est pour dire que cette validité ne peut pas être contestée pour le motif que le contrat principal ne serait pas valable ou que la convention d'arbitrage concernerait un litige non encore né. Ce n'est pas la " validité de principe " de la convention d'arbitrage posée en postulat par la jurisprudence française. Et ce n'est pas non plus l'autonomie de la convention d'arbitrage par rapport à tout droit étatique, mais la banale autonomie de la convention d'arbitrage par rapport au contrat principal [31].

Et surtout il ne faut pas oublier que l'article 194 de la loi suisse adopte en

(29) Article 178.2 de la loi suisse : " Quand au fond, elle (la convention d'arbitrage) est valable si elle répond aux conditions que pose soit le droit choisi par les parties, soit le droit régissant l'objet du litige et notammment le droit applicable au contrat principal, soit encore le droit suisse ".

(30) S'agissant de la constitution du Tribunal arbitral, il est vrai que l'article 190 de la loi suisse, qui dispose que la sentence peut être attaquée lorsque l'arbitre unique a été irrégulièrement désigné ou le tribunal arbitral irrégulièrement composé, ne comporte aucune règle de rattachement. Mais les commentateurs de cet article n'ont pas manqué de souligner que les irrégularités de la désignation de l'arbitre ou de la constitution du tribunal arbitral devraient être jugées au premier chef en application de la convention des parties et subsidiairement en application du droit cantonal (LALIVE, POUDRET, RAYMOND, Le droit de l'arbitrage interne et international en Suisse, Payot, Lausanne, 1989, p.423.

(31) FOUCHARD, *loc. cit.*, Rev. Arb., 1998, page 660.

matière de reconnaissance et d'exécution des sentences arbitrales étrangères la Convention de New York, et qu'il l'adopte telle quelle sans soustraction ni modification quelconque. Si la loi fédérale suisse est le modèle à suivre, ce modèle baigne dans le conflictualisme.

819. - Lorsqu'on observe le nombre impressionnant d'États qui ont adopté l'approche conflictualiste de la Convention de New York en adoptant cette Convention sans aucune modification, lorsqu'on observe aussi le nombre impressionnant d'États qui ont adopté la loi-type de CNUDCI dont l'article 36 est identique à l'article V de la Convention de New York, on se rend compte que l'affirmation du professeur FOUCHARD selon laquelle l'approche conflictualiste est en recul dans de nombreuses lois modernes est une affirmation contestable. Car pour autant que l'on sache, il n'y a que le droit français qui a apporté des modifications à l'article V de la Convention de New York (ainsi que le droit libanais qui est une copie conforme du droit français). On se rend compte dans le même temps de l'isolement du droit français qui fait cavalier seul dans un monde où règne le conflictualisme.

D - L'impact paradoxal du nouveau droit français de l'arbitrage international

820. - A la veille de la date à laquelle le nouveau droit français de l'arbitrage commercial international est entré en vigueur, c'est-à-dire à la veille du décret du 12 mai 1981, le droit appliqué à tout contrat international, qu'il soit ou non assorti d'une convention d'arbitrage, était un droit régi par la méthode des conflits de lois. A partir du 12 mai 1981, le droit appliqué à la convention d'arbitrage international est un droit qui a abandonné l'approche conflictualiste. Mais le droit appliqué au contrat international qui n'est pas assorti d'une convention d'arbitrage est resté un droit régi par le conflictualisme. Certes, ce n'est pas une règle législative qui le dit, mais la jurisprudence qui commande que tout contrat international soit régi par l'approche conflictualiste. Car tout le droit international privé français, y compris celui des contrats internationaux, était un droit jurisprudentiel qui adoptait l'approche conflictualiste. Cette approche est restée conflictualiste après le décret de 1981 pour tout contrat international, sauf lorsqu'il s'agit d'une convention d'arbitrage international.

821. - Pouvait-on espérer en mai 1981 un abandon du conflictualisme pour les contrats internationaux qui ne sont pas assortis d'une convention d'arbitrage ? Certainement pas. Non seulement la jurisprudence française était fixée depuis longtemps et d'une façon constante dans le sens du conflictualisme, mais des signes existaient en 1981 qui étaient annonciateurs d'un attachement encore plus fort au conflictualisme en matière de contrats internationaux. En effet, un an avant le décret de 1981, était signée à Rome le 19 juin 1980 la Convention CEE sur la loi applicable aux obligations contractuelles entre les pays de la Communauté économique européenne. On savait déjà, dès que fut connu l'avant-projet de cette convention, qu'une fois elle sera en vigueur, elle enfoncera encore davantage et pour de longues années le droit européen des contrats internationaux qui était déjà bien enfoncé dans le conflictualisme. Un auteur comme le professeur GOLDMAN ne pouvait que le déplorer. Il écrivait déjà en 1979 que les rédacteurs de l'avant-projet de cette convention européenne n'ont pas laissé la moindre place au droit spontané (entendez le droit non conflictualiste de la *lex mercatoria*). (32)

Ainsi donc, alors que le droit européen des contrats internationaux non assortis d'une convention d'arbitrage s'enfonçait davantage dans le conflictualisme et devenait avec l'entrée en vigueur de la Convention de Rome un droit conflictualiste non seulement en vertu d'une jurisprudence constante mais aussi en vertu d'une convention internationale (Convention de Rome) dont la longévité est incomparablement plus grande que celle d'une jurisprudence qui peut changer d'un jour au lendemain à la suite d'un revirement, on voit le nouveau droit de l'arbitrage des contrats internationaux issu du décret de 1981 abandonner totalement le conflictualisme.

822. - Qu'en est-il résulté ? Avec le décret de 1981, on voit apparaître dans le droit des contrats internationaux une dualité, une incohérence, selon que ces contrats sont ou non assortis d'une convention d'arbitrage. Les contrats internationaux non assortis d'une convention d'arbitrage demeurent régis par l'approche conflictualiste, alors que la convention d'arbitrage internationale, qui est après tout un contrat international comme les autres, échappe à cette approche. Mais le législateur français (le décret de 1981), qui a affranchi la convention d'arbitrage international des règles du conflictualisme, a omis d'indiquer les règles nouvelles censées se substituer aux règles du conflictualisme éliminées. A telle enseigne que ni le juge étatique français ni l'arbitre international siégeant en France ne savent plus quelles règles ils doivent appliquer en matière d'existence et de validité de la convention d'arbitrage international.

D. 1 - Le paradoxe de la dualité et de l'incohérence du droit appliqué par le juge étatique au contrat international : droit conflictualiste appliqué au contrat international non assorti d'une convention d'arbitrage,

(32) Cité dans : KASSIS, Le nouveau droit européen... précité, n° 353, p. 375.

droit non conflictualiste appliqué à la convention d'arbitrage international

823. - La Convention de Rome de 1980 (en vigueur à partir d'avril 1991) soumet tous les contrats internationaux, à l'exception de la convention d'arbitrage international, aux règles des conflits de lois. La Convention de Rome cohabite aujourd'hui en droit français avec le droit de l'arbitrage international issu du décret de 1981.

Avant le décret de 1981, tous les contrats internationaux, y compris la convention d'arbitrage international, sont régis par les règles des conflits de lois. Plus particulièrement, la convention d'arbitrage international était régie par les règles des conflits de lois non seulement en vertu d'une jurisprudence française constante mais aussi en vertu d'une convention internationale, à savoir la Convention de New York de 1958 (articles V.1.a et V.1.d). Avec le décret de 1981, la convention d'arbitrage international n'est plus régie par les règles des conflits de lois.

824. - Le droit de l'arbitrage international issu du décret de 1981 ne se réfère plus à aucune règle de conflit (qui véhicule nécessairement une loi étatique). Mais de surcroit, il a affranchi la convention d'arbitrage international de toute règle de conflit et partant de toute loi étatique. En effet, l'article 1502 du NCPC, résultant du décret de 1981, a éliminé les renvois de l'article V de la Convention de New York aux règles de rattachement qui sont des règles de conflit véhiculant des lois étatiques (loi choisie par les parties et, à défaut de choix, loi du pays du siège de l'arbitrage).

De la cohabitation de la Convention de Rome de 1980 (en vigueur à partir d'avril 1991) avec le droit de l'arbitrage international issu du décret de 1981 au sein du droit français résulte une dualité, voire une incohérence du droit français. Tous les contrats internationaux sont régis par les règles des conflits de lois de la Convention de Rome. Seule la convention d'arbitrage international, qui est pourtant un contrat international comme les autres, échappe au conflictualisme de la Convention de Rome. Il s'ensuit une situation et des conséquences paradoxales illustrées par les constatations suivantes.

825. - Une Cour d'appel française est saisie de l'appel d'un jugement du tribunal de grande instance et elle a à statuer sur le point de savoir si un contrat international (un contrat par échange de lettres entre absents, par exemple) s'est bien formé ou non, ou bien sur le point de savoir si un contrat international est valide ou non (si un vice du consentement est allégué, par exemple). Cette Cour d'appel appliquera les règles étatiques

véhiculées par une règle de conflit conformément à la Covention de Rome de 1980, si le contrat international n'est pas affecté d'une convention d'arbitrage.

826. - La même Cour d'appel française, saisie de l'appel d'une décision française qui a accordé l'exequatur à une sentence arbitrale rendue à l'étranger, et qui doit statuer sur un grief d'inexistence ou d'invalidité de la convention d'arbitrage international (si la nullité de cette convention est alléguée pour erreur ou dol ou violence) n'appliquera pas les règles étatiques véhiculées par une règle de conflit, en dépit du fait que la convention d'arbitrage international soit un contrat international. Pourquoi ? Parce qu'en application du décret de 1981, l'article 1502 du NCPC s'est substitué à l'article V de la Convention de New York et que l'article 1502 en question ne contient plus de renvois à des règles de rattachement, contrairement à l'article V de la Convention de New York.

D. 2 - Le paradoxe du juge français de l'exequatur déboussolé par le silence du texte législatif

827. - C'est un autre paradoxe du droit français, encore plus déroutant. Non seulement le droit français est incohérent en soumettant les contrats internationaux à deux catégories différentes de règles : règles étatiques véhiculées par une règle de conflit pour les contrats internationaux en général, règles non véhiculées par une règle de conflit, donc règles non étatiques pour la convention d'arbitrage international. Le droit français est paradoxal du fait qu'il garde le silence justement là où il aurait dû parler. A la suite de la dualité et de l'incohérence que l'on vient de voir, le droit français qui élimine les règles que ne doit pas appliquer le juge de l'exequatur en matière d'existence et de validité de la convention d'arbitrage international, en éliminant les règles de rattachement de l'article V de la Convention de New York, se garde d'indiquer à ce juge les règles qu'il doit appliquer en ces matières. A partir du moment où l'article V de la Convention de New York est remplacé par l'article 1502 du NCPC qui écarte l'application de règles étatiques de rattachement véhiculées par une règle de conflit, et du fait de l'élimination des renvois de l'article V de la Convention de New York aux deux règles de rattachement (loi choisie par les parties et, à défaut de choix, loi du pays du siège de l'arbitrage), le juge français de l'exequatur ne sait plus quelles règles sont censées se substituer aux règles de rattachement écartées en matière de formation et de validité de la convention d'arbitrage international. A défaut d'indication par le législateur sur ces règles de substitution, pour le juge étatique de l'exequatur, c'est le *vacuum juris*. L'article 1502 du NCPC commande au juge de l'exequatur de vérifier qu'il existe bien une convention d'arbitrage international et que cette convention n'est pas nulle, mais il n'indique pas à ce juge quelles règles il doit appliquer dans cette vérification, alors que le texte abrogé (l'article V de la Convention de New York) l'indiquait clairement. Le silence du législateur de 1981 est tout simplement une énigme.

828. - Il est permis de se livrer à des supputations sur ce qui a pu trotter dans la tête des concepteurs du décret de 1981 lorsqu'ils ont supprimé les renvois de l'article V de la Convention de New York aux deux règles de conflit (loi choisie par les parties et, à défaut de choix, loi du pays du siège de l'arbitrage) sans les remplacer par d'autres. On peut comprendre à la limite que les concepteurs du décret de 1981 ne voulaient pas de ces deux règles parce que ce sont des règles étatiques véhiculées par des règles de conflit et que les concepteurs du décret de 1981 ont horreur des règles de conflit et des règles étatiques dans l'arbitrage international. Mais des règles nouvelles en substitution aux règles éliminées sont indispensables pour le juge de l'exequatur qui doit statuer sur un grief d'inexistence ou d'invalidité de la convention d'arbitrage international invoqué devant lui. Or, de telles règles nouvelles ne sont pas indiquées dans le nouvel article 1502 du NCPC. On peut, pour expliquer ce silence du nouveau texte législatif, supposer que dans l'esprit du législateur de 1981, c'est au juge de l'exequatur qu'il appartient de créer les règles nouvelles qui seraient alors des règles matérielles jurisprudentielles. Cette création est dans la ligne de pensée du Président ANCEL et de Mme KESSEDJIAN (33). Mais la création de telles règles matérielles par le juge est un saut dans le vide, dans l'inconnu, car c'est alors le juge qui doit se livrer à des spéculations, à des supputations. Qui pourrait prévoir les règles que le juge va créer ?

829. - En admettant l'horreur de l'approche conflictualiste comme donnée de base et point de départ du raisonnement des concepteurs de l'article 1502 du NCPC, la question qui se pose est de savoir si le juge de l'exequatur, créateur de règles matérielles, non conflictualistes, peut trouver des règles meilleures et plus libérales que les deux règles de rattachement conflictualistes auxquelles renvoyait l'article V de la Convention de New York abrogé par le nouvel article 1502 du NCPC, lorsque ce juge a à se prononcer sur un grief qui se prévaut de l'inexistence ou de l'invalidité de la convention d'arbitrage international. La première de ces deux règles de rattachement, qui désigne la loi choisie par les parties, est, comme l'écrivait le professeur GOLDMAN, une règle pratiquement universelle dont l'application s'impose évidemment (34). Qui peut prétendre qu'il existe une règle meilleure, plus libérale que cette règle qui est le summum du libéralis-

(33) Voir supra, n°s 144 à 161.

(34) Mélanges Lalive, p. 253.

me ? Quant à la règle de rattachement subsidiaire, celle qui désigne la loi du pays du siège de l'arbitrage, le professeur FOUCHARD trouvait lui-même en 1965, comme on le sait, que cette loi était, à défaut de choix par les parties, l'indice le plus significatif pour assurer la sécurité de la convention d'arbitrage international et que cet indice était théoriquement et pratiquement tout à fait satisfaisant. Or, qui peut dire le contraire ?

830. - De toute manière, s'il faut admettre que l'article 1502 du NCPC, en éliminant les deux règles de rattachement auxquelles renvoyait l'article V de la Convention de New York, a voulu que le juge français de l'exequatur n'applique plus aucune règle de rattachement, mais applique plutôt en matière d'existence et de validité de la convention d'arbitrage international des règles matérielles, on ne trouve nulle part ni dans le décret de 1981 ni dans la lettre du premier ministre qui accompagne ce décret une définition de ces règles matérielles. L'expression " règles matérielles ".ne s'y trouve pas. Il appartiendrait donc au juge de l'exequatur de créer ces règles matérielles. Parce que, comme l'écrit le Président ANCEL, dans un domaine où la règle légale est défaillante, il y a une délégation implicite au pouvoir du juge de créer les règles sous la forme de règles matérielles. et c'est ainsi que s'affirme une tendance des règles matérielles à supplanter la méthode des conflits de lois. (35)

831. - En admettant que c'est au juge français de l'exequatur (c'est-à-dire la Cour d'appel), qu'il appartient de créer les règles matérielles qui doivent s'appliquer à la formation et à la validité de la convention d'arbitrage international, une autre question se pose : comment le juge français de l'exequatur va-t-il procéder à cette création ? Création des règles matérielles par le juge ne veut pas dire que cette création est laissée à l'arbitraire du juge. L'arbitraire, même celui du juge , n'est pas le droit, parce que le droit est le contraire de l'arbitraire. Si le contrôle de la formation et de la validité de la convention d'arbitrage international doit s'effectuer au regard des règles créées par le juge, cette création elle-même doit se faire, comme l'écrit le Président ANCEL, au regard de normes prédéfinies et en quelque sorte " supérieures ". Quelles sont ces normes ? " A défaut de référence à un système de droit étatique quel qu'il soit, il ne subsiste qu'un critère de contrôle, propre à assurer la vérification de la validité de la convention d'arbitrage international et son accomplissement dans la sécurité juridique, c'est l'ordre public international ", précise le Président ANCEL.

Voilà donc les règles matérielles qui s'appliquent en matière d'existence et de validité de la convention d'arbitrage international liées à la notion d'ordre public international. Il y a là la seule définition des règles matérielles que l'on trouve dans la littérature juridique française sur l'arbitrage

(35) Travaux du Comité français de droit international privé, 1991-1992, Pedone, p. 82.

international. Cette définition sera développée par le professeur GAILLARD qui écrit dans le Traité que l'existence et la validité de la convention d'arbitrage international doivent être contrôlées au regard des seules exigences de l'ordre public international.

832. - Or, lier la définition des règles matérielles qui régissent l'existence et la validité de la convention d'arbitrage international à l'ordre public international est absolument inacceptable. Ni les conditions de la capacité pour conclure une convention d'arbitrage international, ni les conditions de formation d'une convention d'arbitrage international (conditions de la formation d'une convention d'arbitrage international entre absents selon le système de la déclaration ou selon celui de l'information), ni les conditions de validité d'une convention d'arbitrage international (conditions de l'erreur, du dol, de la violence) n'ont un rapport quelconque avec l'ordre public international. Il est absolument sans importance pour l'ordre public international que l'âge de la majorité requise pour conclure une convention d'arbitrage international soit l'âge de dix-huit ans ou de vingt ans, ou que la convention d'arbitrage international entre absents se forme selon le système de l'émission ou selon celui de l'information, ou que telles ou telles soient les conditions de la nullité de la convention d'arbitrage international pour vice du consentement (quels sont les moyens employés qui peuvent être considérés comme manoeuvres frauduleuses ? quand le silence peut-il être considéré comme ayant provoqué une erreur déterminante ou un dol ? dans quel délai l'erreur, le dol ou la violence peuvent-ils être invoqués ?). Toutes ces conditions peuvent varier substantiellement d'un système étatique à un autre sans que l'ordre public international en soit affecté. Tant il est vrai que, comme l'écrivait judicieusement le professeur MAYER, on est amené à faire jouer à l'ordre public international un très grand rôle qui n'est d'ailleurs pas son rôle classique puisqu'il n'y a pas de loi à évincer. On va appliquer au nom de l'ordre public international le droit français. On va énoncer de nouvelles règles qui vraisemblablement ressemblent énormément à celles que contient le code civil sur l'erreur, le dol, la violence, etc.(36)

833. - Cela étant, on comprend bien que la Cour d'appel française, saisie de l'appel d'une ordonnance qui a accordé l'exequatur à une sentence arbitrale étrangère, lorsqu'il est demandé à cette Cour de statuer sur un grief qui invoque l'inexistence ou l'invalidité de la convention d'arbitrage international, se voit déboussolée, ayant perdu ses repères, du fait que l'article 1502 du NCPC, qui a remplacé l'article V de la Convention de New York, garde le silence et ne contient aucune indication sur les règles

(36) Travaux du Comité français de droit international privé, précité, p. 111.

à appliquer en matière de formation et de validité de la convention d'arbitrage international, alors que ces règles étaient clairement indiquées dans le texte précédent abrogé (l'article V de la Convention de New York). N'est-il pas étonnant que l'on continue de parler de règles matérielles qui régissent la formation et la validité de la convention d'arbitrage international, alors que l'on en est encore plus de vingt ans après le décret de 1981, à la recherche d'une définition introuvable de ces règles matérielles ? N'est-il pas étonnant que l'attention ne se soit pas portée sur cette curiosité à cent pour cent française que sont les règles matérielles censées régir la formation et la validité de la convention d'arbitrage international ? N'est-il pas étonnant que l'on n'ait pas encore vu la gravité d'un texte (l'article 1502 du NCPC) qui commande au juge étatique de l'exequatur (la Cour d'appel) de vérifier qu'une convention d'arbitrage international s'est bien formée et qu'elle n'est pas nulle sans lui indiquer les règles à appliquer dans cette vérification ?

D. 3 - Le paradoxe de l'arbitre international siégeant en France déboussolé par le silence du texte législatif

834. - Ce n'est pas seulement le juge français de l'exequatur (la Cour d'appel) qui est déboussolé par le silence de l'article 1502 du NCPC sur les règles à appliquer en matière de formation et de validité de la convention d'arbitrage international, mais l'arbitre international siégeant en France est lui aussi déboussolé par ce silence.

Force est de rappeler ici la question fondamentale que doit se poser l'arbitre siégeant en France, lorsqu'est soulevée devant lui par une des parties l'inexistence ou l'invalidité de la convention d'arbitrage international, plus précisément lorsqu'une partie invoque devant lui la nullité de cette convention pour erreur, dol ou violence. Quel raisonnement doit suivre cet arbitre, et plus exactement son raisonnement peut-il être différent de celui de la Cour d'appel qui serait saisie par la suite d'un recours en annulation de sa sentence (article 1504 du NCPC) ?

Pour le professeur GAILLARD, le raisonnement de l'arbitre n'est pas le même que celui de la Cour, car l'arbitre doit raisonner au regard des principes généralement acceptés, alors que la Cour doit raisonner au regard des conceptions que son droit (c'est-à-dire le droit étatique de la Cour) retient des conditions de validité de la convention d'arbitrage international. (37) Nous croyons, contrairement à l'opinion du professeur GAILLARD, que le raisonnement de l'arbitre doit nécessairement être le même que celui de la

(37) Voir supra n°s 222, 223.

Cour d'appel. L'arbitre doit se demander quel sera le raisonnement de la Cour d'appel en matière d'existence ou de validité de la convention d'arbitrage international et il doit se mettre sur la même longueur d'onde que la Cour. Car si les règles appliquées par l'arbittre en matière d'existence ou de validité de la convention d'arbitrage international étaient différentes de celles qu'appliquera par la suite la Cour d'appel saisie d'un recours en annulation de sa sentence, cette sentence sera tout simplement annulée (article 1504 du NCPC). Mais l'ennui, c'est que ces règles ne sont pas indiquées dans l'article 1502 du NCPC, alors qu'elles l'étaient dans l'article V de la Convention de New York. On voit bien que c'est aussi l'arbitre siégeant en France en matière d'arbitrage international qui est déboussolé par le silence de l'article 1502 du NCPC sur les règles qui régissent l'existence et la validité de la convention d'arbitrage international.

CHAPITRE III

LA THÈSE FRANÇAISE DE L'AUTONOMIE DE LA SENTENCE ARBITRALE OU L'EXEQUATUR D'UNE SENTENCE ANNULÉE DANS SON PAYS D'ORIGINE

835. - Autre conception, autre anomalie française.

Ainsi qu'on l'a vu, le test de l'abandon de l'approche conflictualiste par le droit français en 1981, c'était l'élimination dans le nouvel article 1502 du renvoi à la loi choisie par les parties et du renvoi subsidiaire à la loi du pays du siège de l'arbitrage, ainsi que l'élimination dans le même article 1502 du refus d'exequatur en raison de la non-arbitrabilité du litige. Le législateur français croyait que la non-arbitrabilité du litige est assimilable à la contrariété à l'ordre public international, dès lors que celui-ci est limité aux conceptions fondamentales de la civilisation française. Or, on sait que la jurisprudence française ne s'est pas limitée à cette conception étroite de l'ordre public. Quant à l'élimination du renvoi à la loi choisie par les parties et du renvoi subsidiaire à la loi du pays du siège de l'arbitrage, les auteurs du décret de 1981 croyaient que cette élimination était suffisante pour marquer l'abandon de l'approche conflictualiste et ils ne se sont pas embarrassés par l'absence d'identification de la nouvelle approche censée se substituer à l'approche conflictualiste. L'essentiel consistait pour eux à éliminer l'intervention d'une loi étatique, celle du pays du siège de l'arbitrage, toujours véhiculée par la règle de conflit, à moins que les parties n'aient choisi la loi applicable, ce qui est rare.

Cela était suffisant pour marquer l'abandon de l'approche conflictualiste. Mais on a voulu faire plus en éliminant dans la foulée l'article V. 1 (e) qui prévoit le refus d'exequatur d'une sentence annulée dans son pays d'origine. En effet, le nouvel article 1502 ne prévoit pas le refus d'exequatur d'une sentence qui a été annulée par une autorité compétente du pays dans lequel, ou d'après la loi duquel, la sentence a été rendue.

836. - L'objectif était clair. Les auteurs de la réforme de 1981 ont voulu que l'annulation d'une sentence par le juge du pays de l'arbitrage, ou par le juge du pays d'après la loi duquel la sentence a été rendue, n'ait pas d'effet en France. Ce qui veut dire que cette annulation n'aura pas d'effet devant le juge français de l'exequatur et n'empêchera pas celui-ci d'accorder à la sentence annulée l'exequatur demandé. Pourquoi ? Parce que les auteurs de la réforme de 1981 soupçonnent l'annulation de la sentence par le juge du lieu de l'arbitrage d'être étroitement liée aux particularismes nationaux du lieu de l'arbitrage, c'est-à-dire aux particularismes de la loi étatique du siège de l'arbitrage. C'est encore et toujours l'hostilité des auteurs de la réforme du droit français de l'arbitrage international de 1981 contre le droit étatique qui poursuit celui-ci dans le dernier de ses bastions. En autorisant l'exequatur d'une sentence annulée dans son pays d'origine, les auteurs de la réforme de 1981 entendent faire plus et mieux pour l'exécution des sentences arbitrales internationales, en se fondant sur le même article VII (1) de la Convention de New York.

A - Le précédent de la Convention de Genève de 1961

837. - Les défenseurs de l'exequatur d'une sentence annulée dans son pays d'origine invoquent le précédent de la Convention européenne sur l'arbitrage commercial international signée à Genève en 1961. Cette convention, postérieure à la Convention de New York, était destinée à régir l'arbitrage international en Europe, et spécialement dans les rapports commerciaux Est-Ouest, dans un cadre géographique beaucoup plus restreint que celui de la Convention de New York (dix-sept pays de l'Europe occidentale et de l'Europe de l'Est plus la Haute-Volta).

838. - L'article IX de la Convention de Genève limite les cas dans lesquels l'annulation de la sentence dans un État contractant constitue une cause de refus d'exécution dans un autre État contractant. L'annulation n'a un effet international que si elle a été motivée par l'un des quatre premiers griefs énumérés à l'article V (1) de la Convention de New York. Ce qui veut dire que si l'annulation a été prononcée dans le pays d'origine pour non-arbitrabilité ou pour contrariété à l'ordre public de ce pays (c'est-à-dire pour l'un des deux griefs de l'article V. 2. de la Convention de New York), elle sera sans effet devant le juge de l'exequatur des autres pays contractants, qui pourra, en conséquence, lui accorder l'exequatur en dépit de son annulation dans son pays d'origine.

Le but des auteurs de la Convention de Genève était clair : ils voulaient que les causes d'annulation étroitement liées aux particularismes nationaux du pays du siège de l'arbitrage ne s'imposent pas dans les autres pays. Il suffisait à cet effet que l'annulation de la sentence dans son pays d'origine n'empêche pas son exécution dans d'autres pays.

839. - Les défenseurs de la solution adoptée par la réforme française de 1981 qui prévoit l'exécution d'une sentence arbitrale étrangère annulée dans son pays d'origine trouvent dans la Convention de Genève de 1961 un précédent qui conforte la solution qu'ils défendent. L'article IX de la Convention de Genève porte directement atteinte au système de la Convention de New York. La suprématie du juge du lieu de l'arbitrage sur les juges des pays de l'exécution de la sentence n'était plus absolue lorsqu'il annulait une sentence. En limitant l'effet international de sa décision, la Convention de Genève permettait qu'une sentence annulée dans son pays d'origine soit exécutée ailleurs [1].

L'élimination du grief (e) de l'article V de la Convention de New York par l'article 1502 du N.C.P.C. en 1981 n'était donc pas la première atteinte délibérée au système de New York mais la seconde.

C'est vrai. Mais les défenseurs du nouvel article 1502 du N.C.P.C. passent sous silence une différence de taille entre l'atteinte de l'article 1502 et l'atteinte de la Convention de Genève de 1961. L'article IX de la Convention de Genève prive d'effet international l'annulation de la sentence dans son pays d'origine seulement pour les griefs étroitement liés aux particularismes nationaux du lieu de l'arbitrage (non-arbitrabilité du litige et contrariété à l'ordre public du pays de l'arbitrage). Mais l'effet international est maintenu pour les griefs qui ne sont pas étroitement liés à ces particularismes nationaux, à savoir les griefs de l'article IX de la Convention de Genève qui sont les mêmes que les griefs (a), (b), (c) et (d) de la Convention de New York. Il n'en est pas du tout de même pour l'article 1502 du N.C.P.C. Celui-ci prive d'effet international l'annulation de la sentence dans son pays d'origine pour tout grief sans exception, même s'il n'est pas étroitement lié aux particularismes nationaux du pays de l'arbitrage. Si le système de la Convention de Genève pouvait se justifier, celui de l'article 1502 du N.C.P.C. ne se justifie en aucune manière.

(1) FOUCHARD, *loc. cit.*, Rev. Arb., 1997, n°3, pages 333-334 ; PAULSSON, L'exécution des sentences arbitrales en dépit d'une annulation en fonction d'un critère local (ACL), Bulletin de la Cour Internationale d'Arbitrage de la CCI (vol. 9/n°1, mai 1998, page 31).

Mais le plus important en la matière est ailleurs.

B - Les applications du principe d'autonomie de la sentence arbitrale dans la jurisprudence française

840. - Une jurisprudence suivie en France a appliqué le principe selon lequel l'annulation de la sentence dans son pays d'origine n'impose pas à la juridiction française d'en refuser l'exequatur. Cette jurisprudence prend appui sur l'article VII (1) de la Convention de New York et sur l'absence dans le texte français pertinent d'une disposition équivalente à l'article V (1) (e) de cette Convention.

a) L'affaire NORSOLOR

841. - Le premier arrêt a été rendu par la Cour de Cassation en 1984 dans l'affaire Norsolor (2). Une sentence arbitrale rendue en Autriche avait été partiellement annulée par la Cour d'appel de Vienne au motif que le tribunal arbitral avait dépassé sa mission en ne déterminant pas le droit étatique applicable et en s'étant borné à se référer à la *lex mercatoria* internationale, " droit mondial d'une validité incertaine ". Au vu de cette annulation partielle, la Cour d'appel de Paris avait le 19 novembre 1982 rétracté l'ordonnance d'exequatur précédemment prise et maintenue par le Tribunal de grande instance de Paris. La Cour de cassation casse et annule l'arrêt de la Cour d'appel de Paris au motif qu'en vertu de l'article VII de la Convention de New York le juge ne peut pas refuser l'exequatur lorsque son droit national l'autorise, et qu'en vertu de l'article 12 du N.C.P.C. ce juge doit donc, même d'office, vérifier l'existence de cette autorisation.

b) L'affaire POLISH OCEAN LINE

842. - Le deuxième arrêt est celui rendu par la Cour de cassation le 10 mars 1993 dans l'affaire Polish Ocean Line (3). Une sentence arbitrale rendue en Pologne avait fait l'objet d'une décision judiciaire polonaise de sursis à exécution et d'un recours en annulation. La Cour de cassation énonce dans son arrêt que le juge français ne peut, lorsque la sentence a été annulée ou suspendue par une autorité compétente de son pays d'origine, refuser l'exécution pour ce motif qui n'est pas au nombre de ceux prévus à l'article 1502 du N.C.P.C., bien qu'il soit prévu à l'article V (1) (e) de la Convention de New York.

(2) Cass. 9 oct. 1984, Norsolor, Rev. Arb., 1985, p. 431, note GOLDMAN.

(3) Cass. 10 mars 1993, Polish Ocean Lin, Rev. Arb., 1993. 225, 2e esp. note Hascher.c

c) L'affaire HILMARTON

843. - Mais c'est la jurisprudence française dans l'affaire Hilmarton qui a eu le plus grand retentissement. L'arrêt de la Cour de cassation du 10 juin 1997 (4) a mis fin à un feuilleton qui a défrayé la chronique arbitrale pendant une dizaine d'années.

La société anglaise Hilmarton ayant réclamé à la société française OTV des honoraires contractuellement prévus pour ses interventions auprès des autorités algériennes en vue de l'obtention d'un marché public en Algérie, un premier arbitrage CCI se déroule à Genève et l'arbitre rend le 19 août 1988 une sentence (5) qui déboute la demanderesse Hilmarton en se fondant sur la nullité du contrat d'intermédiaire, au motif que la loi algérienne prohibe tout trafic d'influence. Sur recours d'Hilmarton, la Cour de justice de Genève annule le 17 novembre 1989 cette première sentence pour arbitraire, estimant que la violation de la loi algérienne ne choque pas les bonnes moeurs selon le droit suisse. Un recours d'OTV est rejeté par le Tribunal fédéral suisse le 17 avril 1990 (6). La procédure d'arbitrage reprend en Suisse sur la demande d'Hilmarton et un nouvel arbitre est nommé qui rend le 10 avril 1992 une sentence contraire qui condamne OTV au paiement des honoraires réclamés.

Entre-temps, OTV avait requis en France l'exequatur de la première sentence qui avait débouté Hilmarton, et l'exequatur est prononcé par ordonnance du Président du Tribunal de grande instance de Paris du 27 février 1990. Sur appel, la Cour de Paris confirme cette ordonnance par arrêt du 19 décembre 1991 (7), en se fondant sur l'article VII de la Convention de New York, et en constatant que l'annulation de la sentence en Suisse ne constitue pas un motif de refus d'exequatur, aux termes de l'article 1502 du N.C.P.C. Hilmarton se pourvoit en cassation contre cet arrêt du 19 décembre 1991, mais la Cour de cassation rejette son pourvoi par son arrêt du 23 mars 1994. Dans cet arrêt, la Cour de cassation, dans la ligne de ses précédentes décisions, constate une fois encore que l'article VII de la Convention de New York permet à OTV de se prévaloir des règles françaises en matière d'exequatur des sentences rendues à l'étranger et que l'article 1502 du N.C.P.C. ne prévoit pas, au nombre des cas de refus d'exequatur de ces sentences, leur annulation dans leur pays d'origine. La Cour de cassation relève de surcroît que " la sentence rendue en Suisse était une sentence internationale qui n'était pas intégrée dans l'ordre juridique de cet État, de sorte que son existence demeurait établie, malgré son annu-

(4) Cass. 10 juin 1997, Hilmarton, Rev. Arb., 1997, p. 376 s.

(5) Rev. Arb., 1993.327.

(6) Rev. Arb., 1993.315.

(7) Rev. Arb., 1993.300.

lation " [8].

844. - Mais l'imbroglio est porté à son comble lorsque Hilmarton a obtenu entre-temps l'exequatur en France de l'arrêt du Tribunal fédéral suisse de 1990 et de la seconde sentence arbitrale rendue en Suisse. Ces deux décisions sont portées par OTV devant la cour d'appel de Versailles qui les confirme par deux arrêts du 29 juin 1995 [9]. Elle considère que l'exequatur en France de la première sentence en faveur d'OTV, tel qu'obtenu avant qu'elle ne fût annulée dans l'ordre juridique étranger, " ne peut avoir pour effet de figer le litige dans l'ordre juridique français au stade où il se trouvait à la date de cette sentence, et de rendre de la sorte inefficaces en France les recours régulièrement formés dans l'ordre juridique étranger contre cette sentence " et " qu'en décider autrement aboutirait à faire prévaloir de façon systématique la sentence qui, la première, aurait été reconnue ou déclarée exécutoire en France, quelle que fût sa valeur dans l'ordre juridique suisse ".

La Cour de cassation ne l'a pas vu de cet oeil. Par son arrêt du 10 juin 1997 [10], elle casse sans renvoi les deux arrêts de la Cour d'appel de Versailles. Le motif retenu est que ces deux arrêts ont, malgré l'arrêt de rejet de la Cour de cassation du 23 mars 1994, accordé l'exequatur à l'arrêt du 17 avril 1990 du Tribunal fédéral suisse et à la seconde sentence arbitrale du 10 avril 1992, et qu'en statuant ainsi, alors que l'existence d'une décision française irrévocable portant sur le même objet entre les mêmes parties faisait obstacle à toute reconnaissance en France d'une décision judiciaire ou arbitrale rendue à l'étranger incompatible avec elle, la Cour d'appel a violé la règle de l'autorité de la chose jugée consacrée par l'article 1351 du code civil français.

845. - En définitive, seule la première sentence arbitrale, qui a été annulée par la suite en Suisse, est reconnue en France.

Comme l'écrit le professeur FOUCHARD, si l'arrêt de la Cour de cassation de 1997 a mis fin au contentieux post-arbitral de l'affaire *Hilmarton* et au désordre qu'il avait provoqué, ce n'est pas à dire que le désordre international disparaît : si Hilmarton ne peut plus espérer obtenir l'exécution forcée en France de la seconde sentence, elle conserve le droit de la faire exécuter dans tous les pays où elle pourrait trouver des actifs à saisir [11].

(8) Rev. d'arbitrage 1994, p. 328

(9) Rev. Arb., 1995.639.

(10) Rev. Arb., 1997.376.

(11) **FOUCHARD**, note sous : Cass., 10 juin 1997, Hilmarton, Rev. Arb., 1997, p. 379.

d) L'affaire Chromalloy

846. - La jurisprudence française dans l'affaire Hilmarton est confirmée dans l'affaire Chromalloy : la Cour d'appel de Paris par arrêt du 14 janvier 1997 a accordé l'exequatur en France d'une sentence arbitrale rendue en Egypte et annulée par la cour d'appel du Caire. C'est la fameuse affaire Chromalloy que l'on a vue et qui est plus connue par ses développements aux Etats-Unis.

C) Les conséquences de l'exequatur d'une sentence annulée dans son pays d'origine : le désordre dans l'arbitrage international

847. - La jurisprudence française dans les affaires Hilmarton et Chromalloy a soulevé un tollé dans la doctrine. On a parlé du cauchemar Hilmarton (12) et des contradictions juridiques de Chromalloy (13). La controverse doctrinale se poursuit (14). Deux éminents auteurs se sont employés à défendre le droit français, le professeur FOUCHARD et M. PAULSSON.

La critique du droit français porte sous l'angle de la justification théorique et de la logique juridique d'une part, et sous l'angle des conséquences d'autre part.

(12) HAMID GHARAVI, A nightmare called Hilmarton, Mealey's International Arbitration Report, septembre 1997, page 20.

(13) GHARAVI, The legal inconsistencies of Chromalloy, Mealey's international Arbitration Report, mai 1997, page 21.

(14) Sur Chromalloy : pour l'approuver : G. SAMPLINER, " Enforcement of foreign arbitral awards after annulment in their country of origin ", 11 Mealey's Intern. Arb. Report, (sept. 1996) ; J. PAULSSON, " Rediscovering the N. Y. Convention : further Reflections on Chromalloy ", 12 Mealey's Intern. Arb. Report, April 1997 ; pour la critiquer : H. GHARAVI, " Chromalloy : another view ", 12 Mealey's Intern. Arb. Report, Jan. 1997 ; E. SCHAWARTZ, " A Comment on Chromalloy-Hilmarton, à l'américaine ", 14 J. Int. Arb. 125 (June 1997) ; plus circonspect : G. DELAUME, " Enforcement against a foreign State of an arbitral award annuled in the foreign State ", RDAI, 1997.253.

Sur Hilmarton : pour l'approuver : FOUCAHRD, la portée internationale de l'annulation de la sentence, Rev. Arb., 1997, p. 239 et s. ; JARROSSON, note sous Cass. 23 mars 1994, Rev. Arb., 1994, p. 327 et s. ; pour la critiquer : J.F. POUDRET, Quelle solution pour en finir avec Hilmarton, Rev. Arb., 1998, p. 7 et s. ; GHARAVII, The international effectiveness of the annulment of an arbitral award, Kluwer, 2002.

848. - A supposer qu'elle soit inattaquable en droit, s'est-à-dire selon le droit français de l'arbitrage international, on a surtout insisté sur son inopportunité en fait, parce qu'elle accentue considérablement le désordre dans l'arbitrage international. En privant d'effet le jugement étranger d'annulation, écrit le professeur FOUCHARD, l'État d'accueil de la sentence adopte une attitude nationaliste, peu compatible avec les exigences de la courtoisie internationale. D'autre part et surtout, le système de New York vole en éclats : disparaît toute chance d'une coordination internationale du contrôle de la sentence, que l'article V. 1. (e) cherchait à assurer. La sentence sera annulée dans un pays, exécutoire dans un autre, et rejetée dans un troisième. On encourage ainsi un *forum shopping* anarchique et coûteux : la partie bénéficiaire de la sentence cherchera le juge le plus libéral, pour peu que se trouvent sur son territoire des créances, des dépôts bancaires ou des biens appartenant à la partie condamnée. Cette course à l'exequatur provoque une instabilité et une relativité préjudiciables à l'image de l'arbitrage international et porte atteinte à la sécurité et au développement de cette méthode de règlement des litiges du commerce international [15].

849. - En rappelant ce grief retenu par la critique de la jurisprudence française, le professeur FOUCHARD n'y répond guère d'une manière convaincante. Pour lui, le jugement américain de Columbia dans l'affaire Chromalloy [16], montre à tout le moins à ceux qui en doutent que l'effet international de l'annulation d'une sentence arbitrale n'est pas une question spécifiquement française, qu'elle ne se pose pas dans tous les pays qui ont retenu cette annulation comme un cas de refus de la sentence rendue à l'étranger ou qui ont purement et simplement intégré dans leur droit commun les dispositions de l'article V de la Convention de New York, mais qu'elle se pose ou se posera dans tous les autres pays, qui restent les plus nombreux [17].

D - Une autre manifestation de l'isolement du droit français

850. - Cette affirmation du professeur FOUCHARD est surprenante. A lire son dernier propos cité ci-dessus, on serait porté à croire que les pays les plus nombreux ont adopté la position du droit français en accordant l'exequatur à une sentence arbitrale annulée dans son pays d'origine. Mais le professeur FOUCHARD ne donne aucune indication sur les pays qui ont adopté la position du droit français. Or, le paysage du droit comparé de l'arbitrage

(15) **FOUCHARD**, *loc. cit.*, Rev. Arb., 1997, page 343.

(16) Resté unique jusqu'à ce jour.

(17) **FOUCHARD**, *ibidem*, p. 342.

international ne semble pas conforter l'affirmation du professeur FOUCHARD. Le nombre de pays qui ont purement et simplement intégré dans leur droit commun les dispositions de l'article V de la convention de New York, reproduisant exactement la liste des griefs de cet article, ne cesse d'augmenter. Ce n'est pas seulement le cas de la loi fédérale suisse de 1987 (article 194) et du code de procédure civile italien dans sa rédaction de la loi de 1994 (article 840), mais c'est aussi le cas de la nouvelle loi anglaise de 1996 sur l'arbitrage (article 103.f) et de la nouvelle loi allemande de 1997 (article 1061) (18). C'est enfin et surtout le cas de la loi-type de CNUDCI (article 36.1.a. V) adoptée par un nombre grandissant d'États.

851. - On se demande si on ne doit pas plutôt se rallier à l'observation du professeur JARROSSON qui trouve, contrairement à l'opinion du professeur FOUCHARD, que c'est le droit français qui est assez isolé dans son refus de prendre en considération le sort de la sentence arbitrale dans son pays d'origine (19). Le professeur GAILLARD trouve lui aussi, contrairement au professeur FOUCHARD, que le droit français se trouve passablement isolé dans l'octroi de l'exequatur à une sentence annulée dans son pays d'origine, après le recul de la jurisprudence américaine par rapport à la décision du tribunal de Columbia dans l'affaire Chromalloy (20).

Si le désordre dans l'arbitrage international causé par la jurisprudence Hilmarton et la position isolée du droit français en la matière ne dérangent pas énormément M. PAULSSON qui trouve évident que l'on puisse s'accommoder d'occasionnelles décisions contradictoires jusqu'au jour lointain où l'on aura un tribunal de commerce mondial à compétence obligatoire (21), ce désordre embarrasse énormément les auteurs français eux-mêmes. Dans l'attente que ce jour lointain arrive, pourquoi ne pas colmater une

(18) Le paragraphe 3 de cet article dispose même qu' " au cas où une sentence arbitrale, après avoir été déclarée exécutoire, est annulée dans un autre État, l'annulation de l'exequatur peut être demandée ".
(19) **JARROSSON**, note sous Cass. 23 mars 1994, Hilmarton, Rev. Arb., 1994, page 334. Le professeur **JARROSSON** trouve que le droit français est assez isolé, non dans son libéralisme pris globalement, mais dans son refus de prendre en considération le sort de la sentence à l'étranger. A quoi le professeur **JARROSSON** se réfère-t-il lorsqu'il estime que le droit français n'est pas isolé dans son libéralisme pris globalement ? Certainement au fait que le législateur français a dans l'article 1502 du N.C.P.C. éliminé de l'article V de la Convention de New York le renvoi au droit choisi par les parties et le renvoi subsidiaire à la loi du pays du siège de l'arbitrage parce que pour lui le libéralisme c'est l'éloignement du droit étatique.
(20) **GAILLARD**, Rev. Arb., 2000, page 139.
(21) **PAULSSON**, Bulletin de la Cour d'arbitrage de la CCI, mai 1998, page 22.

brêche sérieuse et évidente dans le droit de l'arbitrage international ?

Lorsqu'on observe d'une part la quasi unanimité des États qui prennent en compte l'annulation à l'étranger de la sentence arbitrale, et d'autre part la position quasiment unique du droit français qui accorde l'exequatur à la sentence annulée dans son pays d'origine, il faut bien admettre que c'est bien là un grand désordre dans le paysage mondial de l'arbitrage international. Et aussi un grand recul par rapport au progrès considérable qu'a réalisé la Convention de New York qui, de l'aveu du professeur FOUCHARD, a permis une large harmonisation, dont on voit encore aujourd'hui tout l'intérêt, lorsque les États les plus réservés à l'égard de l'arbitrage décident enfin d'y adhérer, et qui a facilité la circulation internationale des sentences, en limitant le nombre des griefs permettant aux juges d'en refuser l'exécution, et en leur interdisant notamment de procéder à une révision au fond de celle-ci (22).

852. - Conscients des difficultés et de l'isolement du droit français à cet endroit, des auteurs français sont parfois taraudés par la tentation de faire l'impasse sur la mésaventure française et de revenir tout simplement à l'article V de la convention de New York. L'exemple du professeur JARROSSON est révélateur. Si l'on souhaitait, à moindre frais, corriger les sources de désordre telles que l'affaire Hilmarton en a fait naître, on pourrait penser à modifier le droit français, suggère-t-il. La première possibilité conduirait à intégrer à la liste des griefs de l'article 1502 du N.C.P.C. l'équivalent de l'article V.1 (e) de la Convention de New York. Plutôt qu'une intégration, ce serait une réintégration et un retour à la bonne voie juridique suivie par les autres droits nationaux. Le professeur JARROSSON n'ose pas reconnaître la nécessité de faire ce pas en arrière pour retrouver la Convention de New York dont le droit français s'était écarté malencontreusement en 1981. " Ce serait, écrit-il, effectuer un retour inacceptable au regard de l'esprit des textes français et de l'évolution du droit de l'arbitrage international ". Mais on ne voit pas et le professeur JARROSSON ne nous dit pas en quoi l'esprit des textes français et de l'évolution du droit international de l'arbitrage rendrait inacceptable un retour à la Convention de New York, si un tel retour est la bonne solution juridique et si le décret de 1981 s'est trompé en s'en écartant. Refusant l'évidence de la nécessité d'un retour à l'article V de la Convention de New York au nom de l'esprit des textes français et de l'évolution du droit international de l'arbitrage, le professeur JARROSSON pense à la " réactivation " de l'article VI de la Convention de New York comme solution de rechange au retour à l'article V. Mais le professeur JARROSSON est concient qu'une telle " réactivation " ne sert à rien, puisqu'il s'agit d'une sim-

(22) C'est le professeur **FOUCAHRD** qui écrit, *loc. cit.*, Rev. Arb., 1997, page 346.

ple suspension de la sentence arbitrale, ce qui ne fait que repousser le problème dans le temps si la sentence est finalement annulée là où elle a été rendue. En désespoir de cause, le professeur JARROSSON se rabat sur la thèse de la non intégration de la sentence internationale dans l'ordre juridique de l'État où elle est rendue, thèse discutable que nous retrouverons et qui ne justifie en aucune manière l'autonomie de la sentence arbitrale internationale et l'exequatur d'une sentence annulée dans son pays d'origine [(23)].

E - L'objection péremptoire contre la solution du droit français : une sentence annulée dans son pays d'origine n'existe plus. Les tentatives doctrinales de justification de cette solution

853. - Il y a plus grave que le désordre créé par l'exequatur d'une sentence annulée dans son pays d'origine, c'est l'absence de justification en droit d'un tel exequatur.

En dépit du désordre qu'elle crée dans l'arbitrage international, la jurisprudence Hilmarton est inattaquable en droit français, selon le professeur FOUCHARD. Elle applique l'article VII de la Convention de New York et en respecte la lettre et l'esprit [(24)].. Le grief de l'article V. 1.(e) de la Convention de New York ne figure pas au nombre des griefs de l'article 1502 du N.C.P.C. Contrairement à la jurisprudence américaine dans l'affaire Chromalloy, la jurisprudence française n'avait pas besoin d'invoquer un prétendu pouvoir discrétionnaire du juge d'appliquer l'article V de la Convention de New York en dépit du grief, ce qui n'aurait d'ailleurs pas été conforme à la version française de cet article.

Mais il faut aller au-delà de l'article VII de la convention de New York et de la disparition du grief V. 1 (e) dans le droit commun français. Il faut se demander si l'exequatur d'une sentence annulée dans son pays d'origine est compatible avec la logique juridique élémentaire. Car il y a une objection logique péremptoire contre l'exequatur d'une sentence annulée dans son pays d'origine : une sentence annulée dans son pays d'origine n'existe plus en droit. Et si elle n'existe plus, comment lui accorder l'exequatur ?

854. - A cette objection les auteurs qui défendent la solution française de l'autonomie de la sentence arbitrale ont trouvé une réplique qui, *prima facie*, paraît encore plus péremptoire, pour ainsi dire. Une sentence n'est après tout qu'un acte juridique privé, pas plus qu'un contrat elle n'a une

(23) JARROSSON, note sous Cass. 23 mars 1994, Hilmarton, Rev. Arb., 1994, pages 334-335.

(24) FOUCHARD, *loc. cit.*, Rev. Arb., 1997, page 345.

nationalité, affirme le professeur FOUCHARD. Le même auteur indique dans le même article que derrière la formule de la Cour de cassation qui peut choquer et selon laquelle une sentence rendue en Suisse n'est pas intégrée dans l'ordre juridique de cet État, on trouve une solution assez banale en droit international privé. Il arrive en effet, précise-t-il, qu'une situation (un contrat, un mariage, une adoption...), jugée irrégulière ou frappée de nullité dans un pays, soit reconnue dans un autre, ce qui est la conséquence de la diversité des ordres juridiques souverains et des conflits entre leurs lois et leurs juridictions (25). Le professeur JARROSSON observe dans le même sens que donner davantage d'effets en France à ce qui n'existe plus à l'étranger, cela n'est pas une situation inédite en droit international privé. Imaginons, ajoute-t-il, un mariage religieux célébré en France, entre deux étrangers de même nationalité et dont le droit admet la validité d'un mariage soumis aux seules règles religieuses, ce mariage est nul en France, mais il pourra être valide et produire ses effets dans l'État dont les époux sont ressortissants (26). M. PAULSSON renchérit en observant qu'un contrat, un acte de mariage ou d'adoption est valide et produit ses effets dans le pays X, et ce quand bien même le contrat ou l'acte en question avait son origine dans un pays Y et y avait été annulé et qu'il en va de même pour les sentences arbitrales (27).

855. - Ces auteurs oublient une chose, c'est que la sentence arbitrale n'est pas simplement un acte juridique privé comme un contrat, un acte de mariage ou d'adoption, elle est plus qu'un acte juridique, elle est un acte juridictionnel. C'est ce qu'on lit dans tous les manuels et traités sur l'arbitrage, parfois dès les premières pages d'un manuel ou d'un traité. On lit, par exemple, chez MOTULSKY que l'arbitrage est une justice, qu'il s'est créé pour trancher des différends, que la mission de l'arbitre est la même que celle du juge, que c'est un juge privé, mais un juge, que la négation du caractère public de son activité n'implique pas celle de son caractère juridictionnel, que l'arbitrage est une justice privée d'origine normalement conventionnelle, que la sentence revêtue de l'exequatur devient un jugement, que l'arbitrage ne s'épuise pas dans sa nature de contrat ni dans sa nature de juridiction, qu'il a un caractère mixte ou plutôt complexe (28). On lit sous la plume de JEAN ROBERT que la sentence demeure en elle-même un acte juridictionnel à l'état de simple écrit privé, puisqu'émanant de personnes seulement commises par les parties pour le faire, elle est, certes, obligatoire en ce que celles-ci se sont engagées par la convention d'ar-

(25) **FOUCHARD**, *op. cit.*, Rev. Arb., 1997, pages 352 et 354.

(26) **JARROSSON**, note sous Versailles, 20 juin 1995 ; Hilmarton, Rev. Arb. 1995, p. 653.

(27) **PAULSSON**, Bulletin de la Cour d'arbitrage de la **CCI**, mai 1998, page 21.

(28) **MOTUSKY**, Etudes et notes sur l'arbitrage, Dalloz 1974, pages 6 à 20.

bitrage à ce qu'elles le soient, mais elle n'est pas pour autant exécutoire, que la vertu de la sentence est supérieure à celle du contrat en ce que celui-ci ne devient exécutoire qu'après une décision judiciaire contradictoire qui l'ordonne, que la sentence comporte cependant la potentialité à se voir reconnue comme décision judiciaire seulement au moyen de l'apposition de la forme exécutoire (29). Le professeur JARROSSON achève son ouvrage consacré à la notion d'arbitrage en définissant celui-ci comme étant " l'institution par laquelle un tiers règle le différend qui oppose deux ou plusieurs parties, en exerçant la mission juridictionnelle qui lui a été confiée par les parties "(30). Et le professeur FOUCHARD endosse cette définition dans le Traité de l'arbitrage commercial international (31).

Et c'est parce que la sentence arbitrale est un acte juridictionnel, à la différence du contrat qui n'est qu'un acte juridique, qu'elle a, dès qu'elle a été rendue, l'autorité de la chose jugée que n'a pas le contrat, qu'elle soit rendue dans un arbitrage interne (article 1476 du NCPC) ou dans arbitrage international (article 1500 du NCPC).

F - La proposition du professeur FOUCHARD de supprimer tout recours en annulation contre les sentences arbitrales internationales

856. - A la fin de son article sur la portée internationale de l'annulation de la sentence arbitrale dans son pays d'origine (32), le professeur FOUCHARD propose que l'on supprime tout recours en annulation contre les sentences arbitrales au motif qu'il est déraisonnable, en l'état actuel du droit international privé, qu'un juge étatique veuille ou puisse dicter aux autres pays leur attitude à l'égard d'une sentence qui n'est après tout qu'un acte juridique privé. Ainsi chaque État déciderait librement de lui conférer ou non la force exécutoire, ce qui est une simple question d'exécution de la sentence dans un État, et non une question de validité de la sentence *urbi et orbi*, selon l'expression du professeur JARROSSON (34).

857. - Avant de formuler sa proposition, le professeur FOUCHARD posait deux questions : pourquoi annuler une sentence si elle n'a pas à être exécutée dans ce pays ? Et pourquoi l'annuler si cette annulation n'a pas d'effet à l'étranger ? Nous croyons que les deux questions sont mal posées ou plutôt qu'elles ne devraient pas être posées. A la première question on répondra qu'il n'y a pas de sentence rendue et annulée dans un pays et dont l'exé-

(29) **JEAN ROBERT**, L'arbitrage, 5° édition, 1983, Dalloz, page 186.
(30) **JARROSSON**, La notion d'arbitrage, **LGDJ**, 1987, n° 785.
(31) **FOUCHARD**, Traité, *op. cit.*, page 12.
(32) **FOUCHARD**, *loc. cit.*, Rev. Arb., 1997, pages 351-352.
(33) **FOUCHARD**, *loc. cit.*, Rev. Arb., 1997, pages 351-352.
(34) **JARROSSON**, Note sous Cass. 21 mars 1994, Rev. Arb. 1994, page 332.

cution ne puisse pas être demandée dans ce même pays. Quant à la seconde question on y répondra avec le professeur POUDRET qu'il suffit de constater que, de *lege lata*, l'annulation peut avoir précisément effet dans la plupart ou plutôt dans tous les pays signataires de la Convention de New York (sauf la France et le Liban).

858. - Mais revenons à la proposition du professeur FOUCHARD (35). S'il est déraisonnable qu'un juge étatique veuille ou puisse dicter aux autres pays leur attitude à l'égard d'une sentence arbitrale internationale, il faudra dire alors que tous les États signataires de (ou adhérents à) la Convention de New York ont une attitude déraisonnable. Parce que, en vertu de l'article V. 1 (e) de la Convention de New York, le juge d'un pays signataire de cette Convention qui a annulé une sentence internationale rendue dans son pays impose aux juges des autres pays signataires de refuser d'exécuter la sentence qu'il a annulée. De même devrait être déraisonnable la loi-type de la CNUDCI Il faudra dire plus, il faudra dire que l'attitude du législateur français est, elle aussi, déraisonnable. Mais, objectera-t-on, le législateur français n'applique plus l'article V. 1 (e) de la Convention de New York depuis le décret de 1981 qui a réformé l'arbitrage international, dès lors que le grief de l'article V. 1 (e) n'apparaît plus dans le texte du nouvel article 1502 du N C P C, véhiculé par le décret de 1981. C'est vrai. Mais si législateur français n'a pas repris en 1981 l'article V. 1 (e) de la

(35) Le professeur **FOUCHARD** estime que la solution qu'il propose a été adoptée en Belgique par la loi dite loi **STORME** du 27 mars 1985. Nous croyons que cette opinion est fort contestable. La solution prônée par le professeur **FOUCHARD** est dictée par des raisons de pure logique juridique (il est déraisonnable, selon lui, qu'un juge étatique annule une sentence arbitrale et dicte par cette annulation aux autres pays leur attitude à l'égard de cette sentence). L'objectif de la loi **STORME** est foncièrement différent. Édictée au profit des seuls étrangers, elle visait à alléger les charges du juge belge en excluant qu'il puisse annuler la sentence arbitrale rendue en Belgique dans un litige qui n'a aucun lien avec ce pays (les parties étant des personnes physiques qui n'ont pas la nationalité belge ou une résidence en Belgique ou des personnes morales non constituées en Belgique ou n'y ayant pas une succursale ou siège quelconque d'opération). Elle visait dans le même temps à favoriser l'arbitrage en Belgique en attirant les parties étrangères désireuses d'éviter les recours en annulation contre des sentences belges. La loi **STORME** a eu, comme l'écrit M. **GHARAVI**, un effet boomerang. Au lieu d'attirer les arbitrages en Belgique, elle a fait fuir les entreprises qui ne souhaitaient pas se hasarder dans un mode de règlement qui exclut toute possibilité de recours. L'encre de l'article du professeur **FOUCHARD** de 1997 avait à peine séché que le législateur belge a abrogé la loi **STORME** (par la loi du 19 mai 1998), la remplaçant par un texte inspiré de l'article 192 de la loi suisse, lequel subordonne l'exclusion de l'action en annulation à une déclaration expresse de parties qui n'ont aucun lien avec la Belgique.

la Convention de New York, il a édicté une autre règle de droit entachée du même défaut qui est de vouloir dicter aux autres pays leur attitude à l'égard d'une sentence internationale rendue en France. En effet, par le jeu conjugué des articles 1504 et 1502, le juge français se voit autorisé à annuler une sentence internationale rendue en France, et à dicter par une telle annulation aux autres pays l'attitude à prendre à l'égard de cette sentence. Les juges des autres pays devront tout simplement adopter une position en harmonie avec celle du juge français, à savoir refuser d'exécuter la sentence annulée.

859. - Or, ce que le professeur FOUCHARD trouve déraisonnable en 1997, il le trouvait raisonnable, il le trouvait même l'exemple à suivre en 1982. Il estimait alors le recours en annulation de l'article 1504 du N C P C absolument raisonnable et pleinement justifié en droit. Il écrivait, en effet, en 1982, au lendemain de la réforme de 1981, que le droit français " favorise une répartition internationale des compétences juridictionnelles des États à l'égard des sentences intéressant le commerce international. Le juge français se voit reconnaître le droit d'annuler les sentences rendues sur son sol, mais se voit interdire de le faire pour les sentences rendues à l'étranger. Si cette attitude (conforme à la Convention de New York) était partagée par tous les tribunaux étrangers, il en résulterait une simplification considérable du statut international des sentences ; elles ne pourraient être annulées que dans le pays où elles ont été rendues, mais elles pourraient toujours l'être, pour les causes déterminées par cet État. Les juges des autres États, sans être d'ailleurs astreints, dans tous les cas, à tenir compte de cette annulation, ne pourraient de leur côté, s'ils estiment inacceptable l'introduction de cette sentence dans l'ordre juridique, qu'en refuser la reconnaissance et l'exécution ". Et l'auteur d'ajouter que cela évite le risque de *forum shopping* qui consisterait pour la partie de mauvaise foi à rechercher un pays où faire annuler la sentence (36).

Tels étaient les propos du professeur FOUCHARD en 1982. Or, le professeur FOUCHARD sait très bien que les juges des autres États ne peuvent que refuser la reconnaissance et l'exécution de la sentence française annulée dans son pays d'origine.

Contrairement à ce qu'affirme le professeur FOUCHARD, ils n'ont pas le choix, ils sont astreints dans tous les cas à en refuser la reconnaissance et l'exécution, parce qu'ils sont astreints dans tous les cas à tenir compte de son annulation par le juge français, à partir du moment où ils sont les juges

(36) **FOUCHARD**, L'arbitrage international en France après le décret du 12 mai 1981, **JDI**, 1982, page 374, spécialement n° 74. Ces propos du pofesseur **FOUCHARD** sont endossés par le professeur **JARROSSON**, note sous Cass. 23 mars 1994, Hilmarton, Rev. Arb. 1994, page 333.

d'États signataires de la Convention de New York, et ce en vertu de l'article V. 1 (e) de cette Convention.

860. - Lorsque le professeur FOUCHARD revient sur ses propos de 1982 en affirmant en 1997 qu'il est déraisonnable, en l'état actuel du droit international privé, qu'un juge étatique veuille ou puisse dicter aux autres pays leur attitude à l'égard d'une sentence, lorsqu'il appelle en conséquence à supprimer le recours en annulation de la sentence internationale dans tous les pays, chaque État décidant librement de lui conférer ou non la force exécutoire, les nouveaux propos du professeur FOUCHARD ont un sens indiscutable, à savoir que le décret de 1981 s'est trompé, ne serait-ce que sur un point en dotant le juge français du pouvoir d'annuler une sentence arbitrale internationale rendue en France. Ce faisant, le professeur FOUCHARD ne se rend-il pas compte qu'il apporte de l'eau au moulin des détracteurs du droit français, qui fustigent le système français pour avoir doté le juge français du pouvoir d'annuler une sentence internationale rendue en France, alors que le même système français ne reconnaît aucune valeur au jugement étranger qui a annulé une sentence internationale rendue à l'étranger ? Or, c'est là que le bât blesse. Les juristes français et étrangers - ils sont légion - ont en effet beau jeu de dénoncer l'illogisme, l'incohérence, le caractère paradoxal (37) du système français qui ne manque pas d'audace (38) en s'octroyant ce qu'il n'octroie pas aux autres sytèmes. On a parlé d'impérialisme juridique (39), de paternalisme (40) à propos de ce système français des " deux poids deux mesures " du droit français (41).

(37) **GHARAVI**, *op. cit.*, Kluwer 2002, page 82.

(38) **LEURENT**, Reflections on the international effectiveness of arbitration awards, 12 Arb. Int., n° 3, 1996, pages 270.

(39) **HIRSCH**, intervention au Colloque de 1981, Rev. Arb. 1981, page 490 ; Président **ANCEL**, intervention dans les débats sur la communication au Comité français du droit international du 20 mars 1992, Pedone, page 116.

(40) **P. MAYER**, L'insertion de la sentence dans l'ordre juridique français, in Droit et pratique de l'arbitrage international en France, Feduci, 1984, page 89

(41) " Que l'arbitrage soit soumis à la loi du siège n'est pas une opinion, écrit le professeur **POUDRET**, mais un fait indiscutable. Même l'article 1504 du NCPC ouvre un recours contre la sentence arbitrale rendue en France en la soumettant à l'article 1502, c'est-à-dire aux exigences du droit français. On peut certes le déplorer mais non l'ignorer " (**POUDRET**, Quelle solution pour en finir avec l'affaire Hilmarton ? Rev. Arb. 1998, p. 23). M. **VAN DEN BERG** écrit de son côté : " The French theory is based on the view that the place of arbitration is legally irrelevant for international arbitration. With a fair measure of inconsistency, the French theory only applies to awards rendered outside France. For an award rendered inside France in an international arbitration, the place of arbitration is legally relevant. Such an award is subject to the provisions contained in Articles 1492-

G - L'automatisme du système français de l'exequatur d'une sentence étrangère annulée dans son pays d'origine

861. - L'objectif de la proposition du professeur FOUCHARD est le même que celui de la Convention de Genève de 1961, à savoir que l'annulation de la sentence internationale dans son pays d'origine qui serait liée à des particularismes nationaux du lieu de l'arbitrage ne s'impose pas dans d'autres pays. Cet objectif est réalisé par la disparition, dans le nouvel article 1502 du NCPC, du grief (e) de l'article V (1) de la Convention de New York. De ce fait le juge français de l'exequatur ignore l'annulation de la sentence et accorde l'exequatur à la sentence annulée.

Dans le système français, l'exequatur est accordé à toute sentence internationale étrangère annulée dans son pays d'origine. Mais cela repose sur le présupposé que toute annulation est étroitement liéee à des particularismes locaux du lieu de l'arbitrage. Ainsi l'exequatur est accordé à toutes les sentences annulées dans leur pays d'origine pour des raisons étroitement liées ou non étroitement liées à de tels particularismes.

862. - Il ne faut pas oublier les conditions de la genèse de la Convention de New York. Bien que la Convention ait eu initialement pour but de faciliter " l'arbitrage dans le commerce international ", rien n'indiquait que l'opération qui fait l'objet de l'arbitrage devait être une opération " internationale ". Ce qui explique l'absence d'une telle indication, c'est que le projet de Convention présentée par la Chambre de Commerce Internationale en 1953 visait " l'exécution des sentences arbitrales internationales ". Comme cette expression concernait le concept de " sentences a-nationales " et que ce concept a été rejeté par le projet suivant de l'ECOSOC (Commission économique et sociale des Nations-Unies) de 1955, il a été jugé opportun de changer l'expression " sentences internationales " dans le titre, et comme de surcroît il s'est avéré difficile de trouver une définition appropriée du " commerce international ", les délégués à la Conférence de New York

(suite de la note 41) 1507 of the French code of civil Procedure. Article 1504 provides : " The action for setting aside is available against awards rendered in France in international arbitration, on the grounds of Article 1502 ". If it is believed that the place of arbitration is legally irrelevant, and if no effect is given to the annulment of an award made outside France in an international arbitration, it is illogical to provide for the possibility of setting aside an award rendered in France in an international arbitration. The refusal of enforcement in France (Article 1502) would have sufficed. What is sauce for the goose is also sauce for the gander. Considering this situation, a foreign court will be confused : what should it do with an award rendered in France in an international arbitration that has been set aside under Article 1504 ? " (The ICC International Court of Arbitration Bulletin, vol. 9/n° 2 - November 1998, p. 17).

de 1958 ont jugé comme allant de soi que la Convention s'applique aussi aux sentences arbitrales internes (42).

863. - Mais il est permis de penser qu'il est absurde qu'une convention internationale comme la Convention de New York destinée à s'appliquer aux sentences internationales étrangères s'applique aussi à des sentences internes étrangères pour lesquelles elle n'était pas destinée. Cela est d'autant plus absurde que la Convention de New York contient des dispositions inconcevables pour les sentences internes étrangères, rendues dans un autre État. Par exemple, le fait que les parties puissent choisir la loi qui s'applique à leur convention d'arbitrage, comme cela est indiqué dans les griefs (a) et (d) de l'article V. (1) de la Convention de New York, ne peut se comprendre que si le contrat litigieux est international, donc si l'arbitrage aussi est international, et ne peut pas se concevoir pour un arbitrage interne. Il n'y a pas d'explication à cette absurdité, si ce n'est de dire que c'est le résultat d'une erreur. M. VAN DEN BERG le reconnaît mais trouve une excuse à cette erreur en écrivant qu'il arrive rarement et qu'il n'est jamais arrivé dans les cas rapportés qu'on ait demandé l'exequatur d'une sentence interne étrangère. On peut cependant concevoir, ajoute-t-il, une situation où la partie perdante dans un arbitrage interne possède des biens à l'étranger (43). En principe, il n'y aurait pas d'objection à exécuter de telles sentences. Cela peut être considéré, écrit VAN DEN BERG, comme un effet secondaire anodin (*harmless side-effect*) de la large définition du champ d'action de la Convention de New York (44). Il faut avouer que cette dernière réflexion de M. VAN DEN BERG ne pêche pas par excès de logique.

864. - Toujours est-il que la Convention de New York s'applique à toutes les sentences étrangères, aux sentences internationales étrangères aussi bien qu'aux sentences internes étrangères. C'est un curieux mélange des genres. Si la sentence étrangère dont l'exequatur est demandé en France est une sentence interne, on peut comprendre qu'elle puisse être suspectée d'être étroitement liée, de même que son annulation, à des particularismes nationaux. Mais si la sentence étrangère à exécuter en France est une sentence internationale, une telle présomption n'est plus permise. Si la senten-

(42) **ALBERT JAN VAN DEN BERG**, The New York Arbitration Convention of 1958, Kluwer, 1981, page 17.

(43) Exemple : deux Anglais domiciliés à Londres concluent un contrat de vente-achat d'un meuble se trouvant à Londres, à un prix libellé en monnaie anglaise et payable à Londres. Ils sont en litige. Une convention d'arbitrage est signée à Londres et la sentence rendue à Londres. Le demandeur veut exécuter la sentence à Paris où l'autre a des biens saisissables.

(44) *ibidem*.

ce étrangère internationale a été annulée dans son pays d'origine, il est fort possible, voire même probable, que les causes de son annulation ne soient pas liées à des particularismes nationaux. Pourquoi alors ne pas tenir compte de son annulation ? On voulait ne pas prendre en compte les annulations étroitement liées à des particularismes nationaux du pays de l'arbitrage, on finit par ne pas prendre en compte toutes les annulations, même celles qui ne sont pas liées du tout à de tels particularismes. Ainsi on chasse dans le même mouvement les annulations liées à des particularismes nationaux du pays de l'arbitrage avec celles qui ne le sont pas, et il s'ensuit qu'on accorde *in fine* l'exequatur à toutes les sentences étrangères annulées.

865. - M. PAULSSON qui approuve la solution française dans son principe lui reproche d'être excessive dans la mesure où elle ne tient compte d'aucune annulation étrangère. Même s'il s'agissait d'une ACI (annulation en fonction d'un critère international, traduisez : annulation non liée à des particularismes nationaux), la partie qui s'oppose à la demande d'exequatur devrait pouvoir démontrer à nouveau au juge français le bien-fondé du motif qui aurait justifié l'annulation (lequel suffirait également par définition à justifier le refus d'exequatur en France). Les preuves et les arguments qui ont convaincu le juge étranger peuvent être perçus autrement par le juge français qui pourrait de surcroît admettre de nouvelles preuves et de nouveaux arguments au soutien de la sentence. M. PAULSSON suggère une solution plus modérée à l'égard des ACI (annulation en fonction d'un critère international) qui serait de leur reconnaître une validité *prima facie*. La règle générale de la Convention de New York étant ainsi écartée au vu de l'ACI, on devrait par conséquent pouvoir apporter la preuve par la négative (le tribunal arbitral n'était pas incompétent, n'était pas irrégulièrement composé, n'avait pas violé les droits de la défense) que l'annulation étrangère était injustifiée. M. PAULSSON constate que les critères à appliquer aux ACI méritent sans doute une étude approfondie [(45)].

866. - Mais ces suggestions de M. PAULSSON nécessitent que le droit français revienne d'abord sur l'élimination du grief (e) de l'article V. (1) de la Convention de New York, c'est-à-dire qu'il revienne au bercail de cette Convention avec les modifications qui s'imposent, parce que dans l'état actuel du droit français après la réforme de 1981 et le nouvel article 1502, aucune annulation étrangère d'une sentence arbitrale rendue à l'étranger ne peut être prise en compte. On voulait écarter seulement les annulations liées à un particularisme local du lieu de l'arbitrage, on a éliminé au bout du compte toutes les annulations. La Cour de cassation avait affirmé dans

(45) PAULSSON, *loc. cit.*, Bulletin de la Cour d'arbitrage de la CCI, mai 1998, page 31.

l'arrêt NORSOLOR, sur le fondement de l'article VII de la Convention de New York, le principe selon lequel " le juge ne peut refuser l'exequatur lorsque son droit national l'exige " et, sur le fondement de l'article 12 du NCPC, que " le juge doit même d'office se livrer à cette recherche " (46).

Le pire, c'est que l'impossibilité de la prise en compte de l'annulation étrangère d'une sentence rendue à l'étranger s'est encore aggravée et radicalisée avec l'affirmation par la Cour de cassation d'un autre principe en 1994 dans le même arrêt

H - Le principe jurisprudentiel selon lequel l'existence d'une sentence internationale qui n'était pas intégrée dans l'ordre juridique de l'État où elle a été rendue demeure établie malgré son annulation

867. - Ce principe a été affirmé par la Cour de cassation dans son arrêt du 23 mars 1994 dans l'affaire Hilmarton. Cette société ayant reproché à l'arrêt de la Cour d'appel d'avoir confirmé l'ordonnance d'exequatur en dépit de l'annulation de la sentence, la Cour de cassation répond que c'est à juste titre que la Cour d'appel a décidé qu'en application de l'article VII de la Convention de New york, la société OTV était fondée à se prévaloir des règles françaises relatives à l'exequatur des sentences rendues à l'étranger en matière d'arbitrage international et notamment l'article 1502 du NCPC qui ne retient pas, au nombre des cas de refus de l'exequatur, celui de leur annulation dans leur pays d'origine. Et la Cour de cassation achève son arrêt en affirmant que la sentence rendue en Suisse était une sentence internationale qui n'était pas intégrée dans l'ordre juridique suisse, de sorte que son existence demeurait établie malgré son annulation.

868. - Ce principe, tel qu'il a été affirmé par la jurisprudence en 1994, vient de la doctrine. Il a été évoqué par le professeur GOLDMAN dans son étude sur la sentence Norsolor. L'éminent juriste observait que si une sentence a été annulée dans l'ordre juridique auquel elle est intégralement intégrée, elle n'existe pas, et elle n'est donc pas susceptible d'être exequaturée, mais que cette inexistence ne pouvait pas être admise si l'annulation frappait, dans le pays où elle a été rendue, une sentence internationale, car celle-ci n'est pas intégrée dans l'ordre juridique du pays de sa localisation géographique (47).

869. - Issu de la doctrine, avalisé par la jurisprudence, ce principe a été critiqué à juste titre. On a reproché à la Cour de cassation d'avoir affirmé

(46) Cass. 9 oct. 1984, Société Pabalk contre Société Norsolor, Rev. Arb., 1995, page 431, note **GOLDMAN**.

(47) **GOLDMAN**, Une bataille juridique autour de la *lex mercatoria*. L'affaire Norsolor, Rev. Arb., 1983, p. 379, spécialement p. 389 à 392.

qu'une sentence arbitrale suisse n'est pas intégrée dans l'ordre juridique suisse, alors qu'une telle constatation relève de la compétence du juge suisse et non du juge français. On a aussi critiqué le principe au motif qu'il n'était pas nécessaire au juge français de se prononcer sur le point de savoir si une sentence rendue en Suisse s'intègre ou non dans l'ordre juridique suisse pour apprécier l'autorité que le juge français lui reconnaîtrait en France en dépit de son annulation en Suisse.

870. - La solution française qui ne tient pas compte de l'annulation de la sentence dans son pays d'origine et qui permet ainsi d'accorder l'exequatur à la sentence étrangère en dépit de son annulation dans son pays d'origine était pleinement justifiée en France par le fait que le nouvel article 1502 du NCPC ne mentionne pas parmi les causes de refus d'exequatur l'annulation de la sentence étrangère dans son pays d'origine (qui fait l'objet de l'article V. 1 (e) de la Convention de New York) et par le fait que cette dérogation à la Convention de New York est tolérée par l'article VII de cette Convention. La solution française n'avait donc pas besoin d'une justification supplémentaire par le principe affirmé par la Cour de cassation dans le motif par lequel elle achève son arrêt du 23 mars 1994 (arrêt Hilmarton). Ce dernier motif de l'arrêt Hilmarton était donc surabondant superfétatoire, en quelque sorte un *obiter dictum*.

871. - Cet *obiter dictum* est-il seulement surabondant ? Est-il valable, juridiquement correct *in se* ? Le professeur FOUCHARD estime que l'observation de la Cour de cassation paraît justifiée si on prend à la lettre le motif cité (48). L'analyse du porfesseur JARROSSON du principe en question dans sa note sur l'arrêt Hilmarton du 23 mars 1994 (49) est autrement plus élaborée, elle mérite réflexion.

872. - Mais avant d'examiner cette analyse du professeur JARROSSON, il nous faut lever une incertitude sur le principe invoqué dans le dernier motif de l'arrêt en question. Le principe selon lequel une sentence arbitrale n'est pas intégrée dans l'ordre juridique de l'État où elle a été rendue s'applique-t-il à toute sentence arbitrale ou seulement à la sentence internationale ? Le professeur GOLDMAN à qui revient la paternité du principe affirmait que seule la sentence internationale n'est pas intégrée dans l'ordre juridique du pays de sa localisation géographique. Le professeur GAILLARD endosse cette affirmation et en déduit que seules les sentences purement internes annulées dans leur pays d'origine ne pourraient pas être reconnues en France au titre du droit commun en application de la jurisprudence Hil-

(48) **FOUCHARD**, *op. cit.*, Rev. Arb., 1997, page 344.
(49) **JAROSSON**, note sous Cass. 23 mars 1994, Hilmarton, pages 329 et s.

marton [50].

Or, à supposer que le principe, tel qu'il est affirmé par le professeur GOLDMAN et par la jurisprudence Hilmarton soit juridiquement correct *in se*, il semble impossible de le confiner aux seules sentences internationales, comme le font le professeur GOLDMAN et le professeur GAILLARD. Comme l'observe M. PAULSSSON (51), la déduction du professeur GOLDMAN et du professeur GAILLARD se heurte au droit positif français, dès lors qu'il n'existe pas dans ce droit après la réforme de 1981 un texte qui permette de refuser l'exequatur d'une sentence étrangère, qu'elle soit internationale ou interne, sur le fondement de son annulation dans son pays d'origine. En effet, la Convention de New York s'applique, ainsi qu'on l'a vu, à toute sentence étrangère, qu'elle soit internationale ou interne. Si l'existence d'une sentence demeure établie malgré son annulation dans son pays d'origine, du fait que la sentence n'est pas intégrée dans l'ordre juridique de l'État où elle a été rendue, cela devrait s'appliquer à toute sentence arbitrale même interne.

873. - Cela étant, force est de se demander si vraiment une sentence arbitrale - admettons qu'elle soit internationale - ne s'intègre pas dans l'ordre juridique de l'État où elle a été rendue.

Comme on l'a déjà vu, l'analyse du professeur JARROSSON fait suite à sa constatation de l'isolement du droit français qui fait cavalier seul [52] en excluant, dans la réforme de 1981, l'annulation de la sentence dans son pays d'origine de la liste des causes qui justifient un refus d'exequatur de la sentence étrangère. Le professeur JARROSSON se demandait s'il ne fallait pas revenir sur cette conclusion, c'est-à-dire revenir au texte de la Convention de New York. Il estimait que ce serait effectuer un retour en arrière inacceptable au regard de l'esprit des textes français et de l'évolution du droit international de l'arbitrage.

Ce que le professeur JARROSSON entend par retour inacceptable au regard de l'esprit des textes français et de l'évolution du droit international de l'arbitrage, c'est le retour au conflictualisme de l'article V de la Convention de New York, prétendument abandonné par le droit français après la réforme de 1981, mais abandonné sans être remplacé par rien de précis, parce que ce que les Français appellent la méthode des règles matérielles, censée remplacer le conflictualisme de l'article V, sans que d'ailleurs cela soit précisé dans le nouvel article 1502 du NCPC, c'est une construction purement française à laquelle les auteurs français ont été incapables de donner un contenu consistant et qui demeure une énigme pour le juriste non

(50) **GAILLARD**, Traité, page 929, n° 1595.

(51) **PAULSSON**, Rediscovering the N. Y. Convention, précité, page 32, note 17.

(52) Ou presque seul, car il a été suivi par le droit libanais.

français et même pour un juriste français. C'est ce que nous avons cru pouvoir démontrer dans la première partie de cet ouvrage.

874. - Faute de pouvoir réintégrer à la liste des griefs du nouvel article 1502 du NCPC l'équivalent de l'article V. 1 (e) de la Convention de New York, sous prétexte que ce serait pour le droit français se désavouer en effectuant un retour en arrière inacceptable, c'est dans le droit français, indique le professeur JARROSSON, qu'il convient de trouver la solution donnée en l'espèce par la Cour de cassation, et cette solution n'est pas autre chose que le principe de non-intégration de la sentence internationale dans l'ordre juridique de l'État où elle a été rendue. Le professeur JARROSSON procède ensuite à un commentaire assez long de ce principe, mais en oubliant l'essentiel. Il s'agissait en effet dans le propos du professeur JARROSSON de corriger les sources de désordre telles que l'affaire Hilmarton en avait fait naître et de chercher une solution qui serait un remède à ces sources de désordre, mais en évitant de faire le retour en arrière inacceptable selon lui. Or, le professeur JARROSSON oublie dans son commentaire l'essentiel de ce qu'il se proposait de montrer, à savoir en quoi le principe affirmé dans le dernier motif de la Cour de cassation apporte un remède à ces désordres, tout en évitant de faire le retour en arrière inacceptable.

875. - Dans son commentaire du principe de la non-intégration de la sentence internationale dans l'ordre juridique de l'État où a été rendue cette sentence, le professeur JARROSSON prend des positions contradictoires, tour à tour approuvant le principe et le critiquant, il souffle tout à tour le chaud et le froid. Il souffle le chaud lorsqu'il écrit que c'est avec bonheur que la Cour a trouvé dans ce principe la justification de la solution en l'espèce, que ce principe est d'autant plus remarquable qu'il est affirmé pour la première fois par la Cour et qu'il n'était pas absolument nécessaire au soutien de sa décision.

876. - Mais le professeur JARROSSON souffle le froid lorsqu'il exprime dans le paragraphe suivant son scepticisme sur le contenu de la notion, en écrivant que le contenu de la notion d' " intégration dans un ordre juridique " reste flou, que l'intégration peut s'entendre à divers degrés et que chaque État est susceptible de varier dans la conception qu'il s'en fait. Si le contenu de la notion reste flou et si l'intégration peut s'entendre à divers degrés, il est difficile d'en déduire que c'est avec bonheur que la Cour de cassation a affirmé un tel principe. Et si chaque État est susceptible de varier dans la conception qu'il s'en fait, on peut difficilement approuver la Cour de cassation de l'avoir affirmé.

877. - Plusieurs affirmations du professeur JARROSSON sont présentées comme des conséquences du principe de la non-intégration de la sentence internationale dans l'ordre juridique de l'État où elle a été rendue, alors que ce sont des vérités qui n'ont rien à voir avec ce principe. Il en est ainsi de la localisation géographique de l'arbitrage dont le professeur JARROSSON dit qu'elle n'impose pas l'application de la loi de procédure locale ni même d'une quelconque loi de procédure. Que la localisation géographique de l'arbitrage ne soit pas assimilable à l'intégration de la sentence dans un ordre juridique est une vérité d'évidence, parce que la localisation géographique de l'arbitrage n'a rien à voir avec la sentence et que l'impact de la localisation géographique sur la nature juridique de l'arbitrage et sur les lois qui le régissent est une question qu'on résout avant d'arriver à la sentence arbitrale. Cette question a été résolue le jour où on a abandonné la vieille thèse de SAUSER-HALL et de la résolution d'Amsterdam de l'Institut de droit international de 1957 et où on a compris que l'arbitrage n'est pas assimilable à la justice d'un État et que l'arbitre ne statue pas au nom d'un État.

878. - Dans le commentaire du professeur JARROSSON il y a une affirmation à laquelle on ne saurait se rallier en aucune manière. Pour le professeur JARROSSON, en invoquant dans le dernier motif de son arrêt dans l'affaire Hilmarton le principe dont il est question, la Cour de cassation n'avait fait qu'appliquer à l'espèce en la libéralisant une idée largement admise en doctrine et selon laquelle la sentence internationale n'est pas intégrée dans l'ordre juridique de l'État où elle a été rendue. Le professeur JARROSSON invoque à l'appui de son affirmation l'article du professeur GOLDMAN où celui-ci commente la sentence Norsolor (53) et l'article du professeur MAYER sur l'insertion de la sentence dans l'ordre juridique français (54). Il y a, semble-t-il, dans le propos du professeur JARROSSON une confusion. Dans ces deux articles, il ne s'agit pas de la même question. Dans l'article du professeur GOLDMAN il s'agit bien de l'intégration de la sentence internationale dans l'ordre juridique de l'État où elle a été rendue (sentence Norsolor rendue et annulée en Suisse). Dans l'article du professeur MAYER, il s'agit non pas de l'insertion d'une sentence internationale dans l'ordre juridique de l'État où elle a été rendue, mais de l'insertion ou de l'introduction d'une sentence étrangère dans l'ordre juridique français par l'effet d'une décision d'exequatur par laquelle un juge français reconnaît la sentence étrangère et lui accorde la force exécutoire en France. Ce qui est tout autre chose que l'intégration d'une sentence dans l'ordre juridique de l'État où elle a été rendue. Le principe dont il est question dans le dernier motif de l'arrêt Hilmarton de la Cour de cassation n'est donc pas l'applica-

(53) Voir supra note 47.
(54) Voir supra note 40.

tion d'une idée largement admise dans la doctrine française. Elle a un seul précédent doctrinal, celui du professeur GOLDMAN.

879. - Quant à l'article du professeur MAYER sur l'insertion de la sentence internationale dans l'ordre juridique français, il ne va pas du tout dans le sens d'une approbation du principe de la non-intégration de la sentence internationale dans l'ordre juridique de l'État où elle a été rendue ni dans le sens d'un alignement sur l'opinion du professeur GOLDMAN. Il suffit de relire les observations du professeur MAYER pour constater dans quelle mesure sont grandes les contradictions et les inconséquences du système français, ainsi que les contradictions et les inconséquences du principe énoncé dans le dernier motif de l'arrêt Hilmarton de la Cour de cassation.

Ce que le professeur MAYER veut dire en parlant de l'insertion de la sentence internationale dans l'ordre juridique français, c'est le fait que par l'exequatur de la sentence internationale, c'est-à-dire par l'acte par lequel le juge français reconnaît la sentence internationale et lui donne la force exécutoire, cette sentence est insérée ou introduite dans l'ordre juridique français, en ce sens qu'elle acquiert la même force exécutoire qu'une sentence rendue en France. La Convention de New York et le texte législatif français ne disent pas plus. Ils ne parlent pas d'insertion ou d'introduction de la sentence dans l'ordre juridique français. L'insertion dans l'ordre juridique français est une métaphore pour dire que par l'exequatur la sentence est devenue exécutoire comme une sentence rendue en France, pas plus.

Le professeur MAYER observe justement que la façon dont se réalise en France l'introduction dans l'ordre juridique français de la sentence arbitrale peut être imputée à l'adoption " partielle " par le législateur de la thèse contractualiste, et que le fait qu'une sentence ait été prononcée en France ne conduit pas à l'assimiler à un jugement français de première instance, dont l'appel serait possible devant la Cour d'appel : contrairement aux sentences rendues en matière interne, les sentences rendues en France en matière internationale ne peuvent faire l'objet que d'une voie de nullité, ce qui les rapproche des contrats. Cette réflexion du professeur MAYER rejoint celle du professeur JARROSSON qui estime que le défaut d'intégration de la sentence dans l'ordre juridique de l'État où elle est rendue " explique au moins partiellement " (55) l'organisation des voies de recours et, plus précisément l'absence en France de l'appel de la sentence rendue en matière internationale sur le territoire français (56).

(55) Il faut souligner les termes " adoption partielle " et "explique au moins partiellement".
(56) Le professeur **JARROSSON** ajoute : " ou bien dans certains États (Belgique, Suisse) l'exclusion possible des voies de recours, lorsque les intérêts locaux ne sont pas en jeu ". Mais on a déjà vu que cette dernière exclusion relève d'une autre explication.

880. - Toujours dans le sens de la thèse contractualiste et du rapprochement des sentences arbitrales aux contrats, le professeur MAYER observe à juste titre que les sentences rendues à l'étranger ne sont pas assimilées à des jugements étrangers, ce qui conduirait le juge de l'exequatur à vérifier d'abord qu'elles sont parfaites, valables et exécutoires dans leur pays d'origine, alors que ce sont des actes privés dont l'efficacité est librement appréciée par le juge devant lequel on les invoque. C'est ce que le professeur MAYER appelle la délocalisation juridique des sentences internationales en ce sens qu'elles ne sont pas considérées comme des actes appartenant à un ordre juridique donné mais comme des actes privés.

881. - La délocalisation juridique appelle la délocalisation géographique : de même que le lieu de conclusion d'un contrat international est sans grande incidence sur son régime, de même le lieu où la sentence intervenue en matière internationale a été prononcée n'a qu'une importance secondaire, et en cela l'observation du professeur MAYER rejoint celle du professeur FOUCHARD pour lequel une sentence arbitrale n'est pas insérée dans l'ordre juridique de l'État où elle a été rendue. Mais cette assimilation de la sentence internationale à un contrat n'est que relative et non totale, car si le lieu où la sentence internationale a été prononcée n'a qu'une importance secondaire, ce lieu n'est pas ignoré et n'est pas dépourvu de toute importance dans le système français, comme l'observe le professeur MAYER, et comme cela est constaté dans la suite de son analyse.

882. - La double délocalisation, juridique et géographique, de la sentence internationale n'appelait pas nécessairement une troisième, souligne le professeur MAYER, qui consisterait à écarter toute recherche d'un centre de gravité de l'arbitrage et toute détermination d'une loi compétente pour régir la procédure et donner force obligatoire à la sentence. Et le professeur MAYER reprend la comparaison de la sentence avec un contrat pour observer que le fait que le contrat soit un acte privé et que son lieu de conclusion n'apparaisse pas essentiel, n'empêche pas de " localiser " le contrat en vue de lui appliquer la loi du pays avec lequel il présente les points de contact les plus déterminants. Ce qui fait que le contrat a, dans un certain sens, une nationalité par cette localisation, contrairement à l'observation du professeur FOUCHARD.

883. - La délocalisation des sentences opérée par le décret de 1981 est encore plus poussée, constate le professeur MAYER. Les sentences rendues en matière internationale ne sont rattachées préférentiellement à aucun ordre juridique, elles " flottent " jusqu'à ce qu'elles soient invoquées devant le juge français qui leur fait alors subir le contrôle minimal prévu par le droit français. Et, comme il n'est pas exclu que la même sentence soit invoquée devant les juges d'autres pays et que ceux-ci veuillent imposer leurs propres conceptions, la délocalisation se ramène à une multilocalisation, c'est-à-dire à la soumission de la sentence à la loi de chacun des pays dans lesquels elle est invoquée.

884. - Mais le fait que la sentence rendue en France en matière internationale ne fasse pas l'objet d'un appel, contrairement à la sentence rendue en matière interne, ne suffit pas pour affirmer que la sentence internationale rendue en France n'est pas totalement intégrée dans l'ordre juridique français. Le professeur JARROSSON le reconnaissait lui-même lorsqu'il écrivait que le défaut d'intégration de la sentence dans l'ordre juridique où elle est rendue " explique au moins partiellement " l'organisation des voies de recours et plus précisément l'absence en France de l'appel de la sentence rendue en matière internationale sur le territoire français. Car si la sentence internationale rendue en France n'était pas intégrée dans l'ordre juridique français, le juge français ne se serait pas vu reconnaître le droit de l'annuler. Il aurait mis sur pied une procédure d'inopposabilité et non d'annulation de sentence, l'annulation ayant pour effet, comme le note le professeur FOUCHARD lui-même, de dicter aux autres pays l'attitude à prendre à l'égard de la sentence annulée. Or, c'est là que le bât blesse. Le système de droit français est un système de " deux poids, deux mesures ", le droit français s'autorisant le droit d'annuler la sentence internationale rendue en France (article 1504 du NCPC), ce qu'il ne reconnaît pas aux autres droits, l'annulation de la sentence internationale étrangère dans son propre pays d'origine étant tout simplement ignorée en droit français. C'est le talon d'Achille du système du droit français, son point le plus vulnérable par où il s'est exposé aux critiques nourries de la quasi-totalité des auteurs.

885 . - Le professeur MAYER se joint à ces critiques. Il observe que le droit d'annuler les sentences rendues en France ne va dans le sens d'une répartition et d'une " coordination " - telles que les avait soulignées le professeur FOUCHARD dans son article de 1982 (57) - que si les autres États s'inclinent devant la décision française d'annulation. S'ils refusent d'en tenir le moindre compte, on est dans le domaine du " chacun pour soi " et non dans celui de la coopération, et on ne voit pas pourquoi le législateur a mis sur pied une procédure d'annulation plutôt que d'inopposabilité si ce n'est pour permettre aux États étrangers de tirer des effets de l'arrêt prononçant la nullité (58).

(57) Voir supra note 36.
(58) C'est précisément cet effet qui a été voulu par le législateur français en favorisant une répartition internationale des compétences juridictionnelles des États à l'égard des sentences intéressant le commerce international (voir supra note 36).

Il eut été logique, poursuit le professeur MAYER dans son article, de demander symétriquement au juge français de déclarer inefficaces en France, au moins à certaines conditions, les sentences annulées dans leur pays d'origine. La coopération suppose que l'on adopte soi-même l'attitude que l'on escompte des autres (59). Si, comme l'écrivait le professeur FOUCHARD en 1982, le droit français favorise une répartition internationale des compétences juridictionnelles en reconnaissant au juge français le droit d'annuler les sentences sur son sol, cette annulation devant être reconnue à l'étranger, cette même répartition internationale des compétences juridictionnelles devrait reconnaître au juge étranger le droit d'annuler les sentences rendues sur son sol, cette annulation devant être reconnue en France.

886. - BELLET et MEZGER présentaient le refus de tenir compte des jugements étrangers annulant les sentences comme une conséquence logique de la thèse contractualiste : la sentence, contrairement à un jugement, n'appartiendrait pas à l'ordre juridique du pays où elle est rendue et peu importe donc qu'un juge de ce pays ait prétendu l'annuler (60). Commentant cette réflexion, le professeur MAYER observe judicieusement que si on assimilait vraiment la sentence arbitrale à un contrat, on considérerait que le jugement étranger qui l'annule doit être reconnu en France, à des conditions inspirées du droit commun de l'exequatur des jugements ; la condition essentielle de compétence internationale doit assez naturellement être jugée remplie lorsque le jugement émane du pays où la sentence a été rendue, ne serait-ce que parce que la saisie des tribunaux de ce pays est commode. Or, constate le professeur MAYER, en reconnaissant l'autorité de chose jugée de la sentence (article 1476 du NCPC pour la sentence interne, même article sur renvoi de l'article 1500 du NCPC pour la sentence internationale) plutôt que celle du jugement qui l'annule, le décret met donc la sentence à un niveau très supérieur à celui d'un acte privé ordinaire, il la met à un niveau supérieur à celui d'un jugement étranger.

887. - Au vu de ce qui vient d'être dit, il est permis d'avoir des doutes sur la conclusion par laquelle le professeur JARROSSON achève sa note sur l'arrêt de la Cour de cassation du 23 mars 1994 dans l'affaire Hilmarton, où il estime que le dernier motif de l'arrêt en question est d'une parfaite rectitude.

(59) **MAYER,** *loc. cit.*, page 100. Le professeur **OPPETIT** fait la même remarque sur le " chacun pour soi " du système du droit français, Note sous l'arrêt de la Cour de cassation du 23 mars 1994 dans l'affaire Hilmarton (Rev. crit. de DIP, pages 359, 360).

(60) **BELLET** et **MEZGER,** L'arbitrage international dans le nouveau Code de procédure civile, Rev. crit. de DIP 1981, page 649.

888. - On ajoutera une observation à ce qui précède. Lorsque le professeur FOUCHARD se demande en 1997 s'il n'est pas déraisonnable, en l'état actuel du droit international privé, qu'un juge étatique veuille ou puisse dicter aux autres pays leur attitude à l'égard d'une sentence qui n'est après tout qu'un acte juridique privé, ne désavoue-t-il pas ce qu'il écrivait en 1982, prônant le droit français pour avoir reconnu à ses juges le droit d'annuler au nom d'une répartition internationale des compétences juridictionnelles des États à l'égard des sentences intéressant le commerce international, les sentences rendues en France en matière d'arbitrage international ? Et n'apporte-t-il pas de l'eau au moulin de ceux qui stigmatisent le droit français pour son refus de reconnaître indistinctement les jugements d'annulation des sentences étrangères dans leur pays d'origine ?

I - Réflexions sur les systèmes suggérés par le professeur FOUCHARD et par M. PAULSSON

Les systèmes proposés par le professeur FOUCHARD et par M. PAULSSON appellent quelques réflexions.

a - Le système proposé par le professeur FOUCHARD

889. - Parce qu'il est déraisonnable, en l'état actuel du droit international privé, qu'un juge étatique veuille ou puisse dicter aux autres leur attitude à l'égard d'une sentence, qui n'est après tout qu'un acte juridique privé (61), et parce qu'il n'est pas légitime de réserver aux juges d'un État le pouvoir d'anéantir dans le monde entier une sentence qui leur déplaît (62), le professeur FOUCHARD appelle à l'édification d'un système où serait supprimé tout recours en annulation contre les sentences arbitrales internationales et où le seul contrôle judiciaire dont elles seraient l'objet aurait lieu lors d'une demande d'exequatur dans un pays déterminé, chaque État décidant librement de lui conférer ou non la force exécutoire (63).

b - Réflexions sur le système du professeur FOUCHARD

L'instauration d'un tel système est théoriquement tout à fait possible, mais sous deux conditions qu'il y a lieu d'examiner, comme il y a lieu d'examiner l'aboutissement du système proposé.

890. - **b. a** - Il faut d'abord, à l'évidence, que le recours en annulation des

(61) Voir n° 841 *supra*.
(62) *Ibidem*.
(63) *Ibidem*.

sentences rendues en France en matière internationale (article 1504 du NCPC) soit aboli.

891. - **b. b** - Il faut ensuite et surtout que les différents États se mettent d'accord sur une définition uniforme de la sentence arbitrale internationale, ce qui appelle une définition uniforme de l'arbitrage commercial international. L'absence d'une définition uniforme de l'internationalité en matière d'arbitrage peut poser de sérieux problèmes, car il se peut, par exemple qu'un arbitrage, qui serait international pour un État, comme la Suisse, parce que l'une des parties est domiciliée en Suisse ou y a sa résidence habituelle, alors que l'autre ne l'est pas, mais serait interne pour un autre État, comme la France, parce qu'il ne répond pas à la définition française de l'arbitrage international (l'article 1492 du NCPC français aux termes duquel est international l'arbitrage qui met en cause des intérêts du commerce international). Pour certains pays, le critère de l'internationalité de l'arbitrage est le fait que les parties ont leur domicile dans deux pays différents (comme pour la Suisse), ou sont de nationalité différente (comme pour l'Iran) (64) au moment de la signature de la convention d'arbitrage, alors que dans d'autres pays, comme la France, il faut et il suffit que l'arbitrage porte sur une opération qui intéresse plus d'un pays parce qu'elle implique un mouvement de biens, de services, ou un paiement à travers les frontières (65), bien que les parties à l'arbitrage soient domiciliées dans le même pays et possèdent la même nationalité.

892. - L'auteur du présent travail avait attiré l'attention sur le fait que la définition française de l'article 1492 du NCPC est une des plus mauvaises dans le droit comparé de l'arbitrage international, pour la raison qu'elle ne tient compte que du caractère économique de l'opération résultant d'un mouvement à travers les frontières, négligeant les autres facteurs juridiques de l'internationalité (la nationalité des parties, leur domicile ou résidence habituelle ou siège, le lieu de conclusion du contrat). Sans parler de son caractère vague et tautologique, cette définition est d'autant plus problématique qu'elle ne correspond pas, loin s'en faut, à la définition du contrat international, telle qu'elle résulte de la Convention de Rome sur la loi applicable aux obligations contractuelles, entrée en vigueur le 1er avril 1991, alors que l'arbitrage commercial international est principalement l'arbitrage d'un litige relatif à un contrat international (66). Pour réaliser

(64) GHARAVI, *op. cit.*, note 37 ci-dessus, page 154.

(65) FOUCHARD, L'arbitrage international en France après le décret du 12 mai 1981, JDI, 2982, page 378.

(66) Voir l'ouvrage de l'auteur sur le nouveau droit européen des contrats internationaux, précité, nos 88 à 121.

dans quelle mesure la définition de l'article 1492 du NCPC est incomplète, donc mauvaise, il suffit de la comparer à la définition alternative de l'article I (3) de la loi-type de la CNUDCI (67).

893. - **b. c** - Si les deux conditions qui précèdent sont remplies, le système proposé par le professeur FOUCHARD devient réalisable. Tout recours en annulation contre la sentence arbitrale internationale serait supprimé. Chaque État déciderait librement de lui conférer l'exequatur et déciderait librement de l'étendue du contrôle judiciaire préalable auquel cette sentence doit être soumise pour bénéficier de l'exequatur.

Mais quel sera le prix à payer pour la suppression du recours en annulation de la sentence internationale ? Chaque État décidant librement de l'étendue du contrôle préalable à l'exequatur à accorder à la sentence, il n'aura pas à se soucier du contrôle exercé sur la même sentence par les autres États. Toute coordination entre les États à cet égard, comme c'est le cas dans le système de la Convention de New York, aurait disparu. Ce serait le règne du chacun pour soi qu'évoquaient le professeur MAYER et le professeur OPPETIT.

c - Le système proposé par M. PAULSSON

894. - L'hypothèse de départ de la thèse de M. PAULSSON, c'est le sens optionnel du " *may* " de l'article V. (1) de la Convention de New York, entraînant le caractère facultatif du refus d'exequatur pour le juge, laissant à la discrétion de celui-ci de refuser l'exequatur ou de l'accorder nonobstant l'existence d'un des griefs de l'article V. (1). M. PAULSSON s'intéresse dans sa théorie au grief (e), à savoir le grief de la sentence étrangère annulée dans son pays d'origine.

Étant donné que le juge de l'exequatur requis " peut ", selon l'article V. 1. (e) (version anglaise), mais sans y être tenu, refuser de reconnaîtrre et d'exécuter la sentence rendue à l'étranger, au motif qu'elle a été annulée dans son pays d'origine, ce qui doit le guider dans l'exercie de son pouvoir discrétionnaire, c'est le point de savoir si l'annulation est intervenue pour un motif internationalement reconnu (*international standard annulment*) ou si elle est intervenue pour un motif local, c'est-à-dire particulier au droit de l'État du juge qui a annulé la sentence (*local standard annulment*), mais qui n'est pas internationalement reconnu. Mais que faut-il entendre par motif internationalement reconnu ? C'est, selon M. PAULSSON, celui qui est visé par l'un des quatre premiers griefs (a, b, c et d) de l'article V. (1). Tout autre motif entrerait dans la catégorie (*local standard annulment*) et n'aurait qu'un effet local, c'est-à-dire que l'annulation de la sentence dans son

(67) Ce qui ne veut pas dire pour autant que cette dernière est sans défaut.

pays d'origine pour un tel motif ne devrait pas être prise en compte par le juge de l'exequatur d'un autre État et ne devrait donc pas faire obstacle à sa reconnaissance et à son exécution à l'étranger (68).

d - Réflexions sur le système de M. PAULSSON

895. - **d. a** - Le professeur POUDRET trouve la thèse de M. PAULSSON séduisante. Alors que la mise en oeuvre du système proposé par le professeur FOUCHARD nécessite une modification des textes en vigueur (nécessité de l'abolition du recours en annulation), la thèse de M. PAULSSON aurait selon lui le grand avantage de pouvoir être introduite de *lege lata* par une simple modification de l'interprétation donnée généralement à l'article V de la Convention de New York, sans modification du texte de cette Convention. Ce qui est vrai. Le professeur POUDRET estime cependant qu'elle n'est pas, et de loin, une panacée, parce qu'il est peu vraisemblable que les juges de tous les États signataires de la Convention de New York se rallieront à cette interprétation et, moins encore, qu'ils appliqueront des critères d'appréciation uniformes, et parce qu'elle maintient le régime du double contrôle par le juge du pays d'origine et par celui de l'exequatur, ce qui est contraire à l'économie et à l'efficacité de l'arbitrage (69).

896. - **d. b** - En vérité, il y a beaucoup plus à dire sur la thèse de M. PAULSSON. Celle-ci ne tient pas la route pour la simple raison que son hypothèse de départ est erronée.

L'interprétation de la version anglaise de l'article V de la Convention de New York dans le sens du caractère optionnel du " *may* ", donnant au juge un pouvoir discrétionnaire de refuser l'exequatur ou de l'accorder en dépit d'un des griefs de cet article, est tout simplement une erreur, et toute réflexion supplémentaire à cet égard ne peut être que surabondante.

897. - **d. c** - M. PAULSSON ne peut qu'observer que la solution qu'il considère comme juridiquement correcte, est une source d'ennuis et que le caractère non impératif de l'article V. (1) est " *critical* ". Il est certainement préférable, écrit-il, d'adopter l'approche de l'article VII (" notre droit nous commande d'accorder l'exequatur à cette sentence bien que votre tribunal l'ait annulée ") que celle de l'article V. 1. (e) (" nous exerçons notre autorité discrétionnaire pour accorder l'exequatur à cette sentence annulée par votre juge malgré le fait que nous ayions refusé l'exécution de sentences annulées dans d'autres pays, parce que nous ne sommes pas convaincus par la décision de vos juges "). Et il serait bon, conclut M. PAULSSON,

(68) PAULSSON, Rediscovering the N. Y. Convention..., précité, p. 29 ; L'exécution des sentences arbitrales en dépit d'une annulation en fonction d'un critère local, *loc. cit.*, voir supra note 45, page 30.
(69) POUDRET, Rev. Arb., 1998, p. 14.

que les autres systèmes juridiques suivent l'exemple français (70).

Mais encore faut-il que l'on puisse dire : " Notre droit nous impose d'accorder l'exequatur à cette sentence bien que votre tribunal l'ait annulée ". Or, l'ennui est que le droit français n'a pas fait d'émules en ce sens, contrairement à ce qu'en pense le professeur FOUCHARD (71). M. PAULSSON reconnaît lui-même d'ailleurs que telle n'est pas la tendance actuelle des législations nationales, laquelle est plutôt inspirée par la loi-type de la CNUDCI. qui reprend l'article V de la Convention de New York (72).

898. - d. d -Il y a lieu d'observer d'abord qu'à supposer qu'elle puisse être retenue, elle ne tente de proposer un critère objectif à l'exercice du prétendu pouvoir discrétionnaire du juge que dans la seule hypothèse où le grief invoqué est celui du cas (e) de l'article V. (1), c'est-à-dire celui de l'annulation de la sentence dans son pays d'origine. Or, on sait que le problème ne se limite pas à cette seule hypothèse. A supposer que l'on ait trouvé avec M. PAULSSON le bon critère pour l'exercice du pouvoir discrétionnaire du juge de l'exequatur dans le cas (e), peut-on mettre en oeuvre des critères objectifs pour l'exercice d'un tel pouvoir dans les quatre autres cas (a, b, c et d) de l'article V (1) et quels seraient les critères ? L'énigme du pouvoir discrétionnaire du juge de l'exequatur ne serait résolue que dans un cas sur cinq.

899. - Mais même dans le cas d'annulation de la sentence dans son pays d'origine, l'explication est-elle rationnelle ?

Selon la thèse de M. PAULSSON, le juge doit refuser l'exequatur si la sentence a été annulée dans son pays d'origine " en fonction d'un critère international ", c'est-à-dire en raison de l'un des quatre premiers griefs de l'article V. 1, alors qu'il doit l'accorder si la sentence a été annulée dans son pays d'origine " en fonction d'un critère local ", c'est-à-dire en raison d'un grief autre que les quatre griefs en question. Mais à partir du moment où on admet que le juge peut, en vertu de son pouvoir discrétionnaire, accorder l'exequatur même si l'un des quatre premiers griefs est directement soulevé devant lui, il serait illogique qu'il soit tenu de le refuser lorsque la sentence est annulée à l'étranger en raison de l'un de ces mêmes griefs.

Supposons que la partie contre laquelle est invoquée la sentence étrangère soulève devant le juge de l'exequatur le grief selon lequel elle était frappée d'incapacité ou que la sentence est nulle pour vice de consentement (grief a), ou qu'elle n'a pas été informée de la procédure d'arbitrage

(70) **PAULSSON**, Rediscovering the N. Y. Convention..., précité, p. 27, et aussi : L'exécution des sentences arbitrales en dépit d'une annulation en fonction d'un critère local, précité, p. 30.
(71) **FOUCHARD**, La portée internationale..., précité, p. 342, n° 20.
(72) **PAULSSON**, L'exécution des sentences..., précité, p. 30

(grief b), ou que l'arbitre a dépassé sa mission (grief c), ou que le tribunal arbitral n'a pas été régulirement constitué (grief d). Selon l'interprétation qui reconnaît au juge un pouvoir discrétionnaire fondé sur la tournure potestative de la version anglaise, le juge pourrait accorder l'exequatur à la sentence en dépit de l'invocation de l'un de ces griefs. Pourquoi ne pourrait-il pas l'accorder lorsque la sentence a été annulée dans son pays d'origine pour l'un de ces mêmes griefs ? Pourquoi pourrait-il accorder l'exequatur lorsque le grief est invoqué directement devant lui et ne le pourrait-il pas lorsque le même grief a été invoqué devant le juge étranger et a conduit à l'annulation de la sentence ?

La thèse de M. PAULSSON est incompatible avec la logique du pouvoir discrétionnaire qui la sous-tend et en constitue le présupposé, parce qu'un pouvoir discrétionnaire exclut de par sa nature la prise en compte de critères, qui ne peuvent qu'être objectifs, dans son exercice. Un juge nanti d'un pouvoir discrétionnaire l'exerce à sa discrétion. Il n'est pas tenu de justifier l'exercice d'un tel pouvoir dans un sens ou dans l'autre.

e - La mise en oeuvre du système proposé par M. PAULSSON conditionnée par l'abandon du conflictualisme

900. - Ainsi qu'on l'a vu, le système proposé par M. PAULSSON peut être mis en oeuvre de *lege lata* sans aucune modification de l'article V. (1) de la Convention de New York, à la seule condition d'adopter une interprétation de l'article V. (1) dans le sens d'un pouvoir optionnel du juge de refuser l'exequatur ou de l'accorder, même si l'un des griefs de l'article V (1) en question est soulevé et établi, une telle interprétation étant fondée sur le sens optionnel du " *may* ". En réalité, l'interprétation de l'article V (1) de la Convention de New York dans le sens du caractère optionnel du pouvoir du juge n'est pas la seule condition de la mise en oeuvre de *lege lata* du système proposé par M. PAULSSON. La réalisation d'une autre condition est nécessaire à cet effet, et cette condition, qui appelle une modification du texte, n'est autre chose que l'abandon pur et simple du conflictualisme. M. PAULSSON écrit, en effet, dans son article sur l'exécution des sentences arbitrales en dépit d'une annulation en fonction d'un critère local (ACL) (73) :

" La riche expérience du droit du commerce internationnal depuis 1958 nous a enseigné ce qui devrait s'entendre par ACI (annulation en fonction d'un critère international) : une décision fondée sur une règle matérielle contenue dans les quatre premiers alinéas des articles V. (1) de la Convention de New York et 36 (a) de la loi-type de la CNUDCI. Toute autre décision ne serait qu'une ACL, et susceptible d'effet seulement dans le pays où l'annulation fut prononcée ".

(73) PAULSSON, Bulletin de la Cour d'Arbitrage de la CCI, vol. 9/n° 1 - Mai 1998, page 30.

901. - Or, dans les quatre premiers alinéas des articles V. (1) de la Convention de New York et 36 (1) de la loi-type de la CNUDCI il n'y a pas de règles matérielles. Toutes les règles qui s'y trouvent sont conflictuelles. M. PAULSSON veut dire exactement : les quatre premiers alinéas de l'article V. (1) de la Convention de New York tels qu'ils ont été amendés par la réforme du droit français de l'arbitrage international en 1981 et remplacés par l'article 1502 du NCPC (74). En effet, toute trace de conflictualisme a disparu de l'article 1502 du NCPC qui a remplacé en droit français l'article V. (1) de la Convention de New York. Mais l'ennui, c'est que si le renvoi à des règles conflictualistes a disparu dans l'article 1502 du NCPC qui a remplacé l'article V. (1) de la Convention de New York, le nouveau texte de l'article 1502 ne contient aucune référence ni aucun renvoi aux nouvelles règles censées remplacer les règles conflictuelles pour savoir si vraiment ce ne sont plus des règles conflictuelles et dans quelle mesure elles ne le sont plus, si ce sont vraiment, comme le dit M. PAULSSON à la suite d'autres, des règles matérielles et ce qu'il faut entendre par règles matérielles, parce qu'on court toujours après ces règles matérielles pour tenter de savoir ce qu'est au juste leur contenu.

A la page suivante du Bulletin de la CCI, M. PAULSSON affirme que les lois d'un certain nombre de pays ont dépassé l'article V de la Convention de New York, qui paraît aujourd'hui à quelques égards assez vétuste et restrictif. Or, il n'y a là qu'une simple affirmation. M. PAULSSON ne cite pour l'étayer que le propos du professeur FOUCHARD selon lequel l'article V de la Convention de New York est en recul dans de nombreuses lois modernes. Mais ce propos n'est lui-même qu'une simple affirmation et, à l'évidence, il ne suffit pas d'affirmer. Il faut montrer du doigt quelles sont ces lois nouvelles où l'article V est en recul, c'est-à-dire quels sont les États qui ont suivi la France en édictant des lois nouvelles plus favorables à l'exécution des sentences que l'article V. Or, c'est là que le bât blesse.

Toujours est-il que la mise en oeuvre du système proposé par M. PAULSSON est conditionnée non seulement par l'interprétation de l'article V (1) de la Convention de New York dans le sens d'un pouvoir discrétionnaire dont serait nanti le juge de refuser ou d'accorder l'exequatur au cas où l'un des griefs de l'article V. (1) est avéré, mais aussi par l'abandon du conflictualisme et l'adoption de la méthode des règles matérielles qui serait consacrée implicitement par l'article 1502 du NCPC.

(74) M. PAULSSON le dit clairement dans la note 63 du bas de la page 30 : " Afin d'empêcher les ACL de revenir par la porte de service, on ne doit pas tenir compte des renvois incidents au droit du siège figurant aux alinéas (a) et (d) ".

f - Le système proposé par M. PAULSSON peut-il voler au secours du nouveau droit français de l'arbitrage international, tel qu'il a été établi par la réforme de 1981 ?

902. - Parmi les " voies réformistes " passées en revue pour tenter d'améliorer le système français actuel qui consiste à refuser de reconnaître tout jugement d'annulation d'une sentence arbitrale dans son pays d'origine, même si l'annulation est en fonction d'un critère international, ce que M. PAULSSON reproche justement au système français, le professeur FOUCHARD suggère d'appliquer tout simplement en France le système proposé par M. PAULSSON, à savoir de refuser au jugement d'annulation un effet international en cas d'annulation fondée sur des motifs particuliers à l'État du siège de l'arbitrage, les *local standard annulments*, et d'accorder l'exequatur aux seuls *international standard annulments*, c'est-à-dire aux jugements d'annulation fondés sur l'un des quatre griefs (a, b, c et d) de l'article V. (1) de la Convention de New York. Ce serait déjà une révolution, écrit le professeur FOUCHARD, car elle s'attaque à la suprématie du siège de l'arbitrage, et cette révolution avait été engagée, on l'oublie trop souvent, par la Convention de Genève de 1961 : en vertu de son article IX, qui écarte en cela les dispositions de l'article V de la Convention de New York, l'annulation de la sentence pour violation de l'ordre public ou défaut d'arbitrabilité n'est pas une cause de refus d'exécution dans les autres pays (75).

Mais cette solution n'est pas faisable en droit français de *lege lata*. D'abord, elle ne serait acceptable qu'à la condition d'adhérer à son hypothèse de départ, à savoir l'interprétation du " *may* " de l'article V. (1) de la Convention de New York dans le sens d'un pouvoir discrétionnaire accordé au juge de refuser ou d'accorder l'exequatur de la sentence lorsqu'un des griefs de l'article V. (1) est avéré. Ensuite, elle ne serait faisable que si on modifie le droit français actuel qui refuse systématiquement tout jugement d'annulation d'une sentence internationale dans son pays d'origine. Il faut de surcroît qu'une autre condition posée par M. PAULSSON lui-même, comme on l'a vu, soit réalisée, à savoir l'abandon total du conflictualisme, en suivant la voie tracée par la Convention de Genève de 1961. Or, la Convention de Genève de 1961 dont le professeur FOUCHARD chante les vertus et qu'il considère comme étant " déjà une révolution " est une Convention qui n'a pas abandonné le conflictualisme, parce qu'elle est elle-même conflictualiste. L'article IX (1, a) de cette Convention, en matière de contrôle par le juge de l'exequatur de la validité de la convention d'arbitrage, est identique à l'article V. (1, a) de la Convention

(75) FOUCHARD, Suggestions pour accroître l'efficacité internationale des sentences arbitrales, Rev. Arb., 1998, page 670, n° 47.

de New York et renvoie, comme ce dernier, à la loi choisie par les parties et, à défaut d'un tel choix, à la loi du pays du siège de l'arbitrage, ce qui est le label du conflictualisme.

j - L'ambiguïté de la Convention de New York autorisant une interprétation évolutive et téléologique selon le professeur FOUCHARD

903. - Il y a dans l'article du professeur FOUCHARD dans la Revue de l'arbitrage en 1998, où il formule ses suggestions pour accroître l'efficacité internationale des sentences arbitrales, un passage qui mérite une attention particulière. Le professeur FOUCHARD trouve la Convention de New York ambiguë, ce qui en permet selon lui une interprétation évolutive et téléologique. Le meilleur exemple de son ambiguïté serait pour lui le jugement américain rendu dans l'affaire CHROMALLOY, qui estime que le juge n'est pas tenu de refuser l'exécution lorsque l'un des griefs de l'article V de la Convention est établi. Et il semble pour le professeur FOUCHARD que c'est aujourd'hui seulement que l'on découvre que le refus d'exécution est facultatif pour le juge. Pourquoi pas, se demande le professeur FOUCHARD, si cette interprétation permet au juge d'écarter des griefs habilement formulés mais peu consistants ? Car l'essentiel, en matière de contrôle des sentences, affirme-t-il, ce n'est pas en effet le contenu des dispositions d'un texte, mais la manière dont le juge l'appliquera, son attitude concrète à l'égard de la sentence, qui ne doit être ni laxiste ni tatillonne.

904. - Même venant d'un juriste aussi éminent que le professeur FOUCHARD, qui est une autorité en France en matière d'arbitrage commercial international, on a du mal à souscrire à ces propos..

De quelle ambiguïté s'agit-il ? Qu'est-ce qui est ambigu dans la Convention de New York ? Le professeur FOUCHARD a indiscutablement en vue l'ambiguïté résultant du " *may* " dans le texte anglais ainsi que dans le texte des trois autres langues (chinois, espagnol et russe), à l'exception du texte français. Le professeur FOUCHARD reconnaissait lui-même qu'il n'y a pas d'ambiguïté dans le texte français, que le sens dans ce texte est clair, à savoir que le juge doit refuser l'exequatur lorsqu'un des griefs de l'article V de la Convention de New York est établi [76]. Le professeur FOUCHARD est resté à l'écart de la controverse sur le sens du " *may* " dans le texte anglais, se contentant de dire qu'il y a ambiguïté dans ce texte. Or, on ne peut pas rester à l'écart d'une telle controverse sous prétexte qu'il s'agit d'un problème de sémantique dont il faut laisser aux juristes anglo-saxons la solution. Il s'agit d'un problème juridique sur lequel tout juriste doit se prononcer, car l'enjeu est une disposition qui se trouve dans une conven-

(76) Rev. Arb. 1997, page 344, n° 27.

tion internationale ayant un caractère juridique, rédigée en plusieurs langues qui font également foi. Et cette disposition ne peut pas avoir un sens selon son texte dans une langue et un sens différent selon son texte dans une autre langue. Elle ne peut avoir qu'une signification unique dans les textes des différentes langues. Il est donc exclu de parler d'ambiguïté à propos de l'article V de la Convention de New York, parce que l'ambiguïté suppose que le texte peut avoir plusieurs sens possibles, selon la langue dans laquelle il est rédigé, ce qui ne peut pas être le cas en l'occurrence.

Quoi qu'il en soit, nous croyons avoir pu montrer dans ce qui précède que le texte anglais de l'article V de la Convention de New York est un texte clair, dépourvu d'ambiguïté et qu'il ne peut pas avoir juridiquement le sens d'un pouvoir optionnel, discrétionnaire, du juge, autorisant celui-ci à refuser ou à accorder l'exequatur à sa discrétion lorsqu'un des griefs de l'article V est établi. Nous croyons qu'il ne faut plus parler d'ambiguïté de la Convention de New York.

Les affinités entre la position du droit français et l'interprétation du texte anglais de la Convention de New York dans un sens optionnel sont notoires. Une telle interprétation aurait été une manne pour les auteurs français si elle avait pu être retenue et prévaloir, parce qu'avec cette interprétation on aurait pu faire l'économie de la solution du droit français qui récuse toute annulation de la sentence dans son pays d'origine. C'est pourquoi les auteurs français ont été fascinés par le jugement américain dans l'affaire CHROMALLOY et ont perçu comme un revers le fait que cette interprétation n'ait pas tenu la route (77).

905. - Cela dit, il semble impossible de se rallier à la logique du professeur FOUCHARD, lorsqu'il affirme que l'essentiel, en matière de contrôle des sentences, ce n'est pas le contenu des dispositions d'un texte, mais la manière dont le juge l'appliquera, son attitude concrète à l'égard de la sentence. Il faut, à notre sens, prendre le contre-pied de cette affirmation. Nous croyons que l'essentiel, en matière de contrôle des sentences arbitrales comme en toute autre matière, c'est le contenu des dispositions du texte. La manière dont le juge applique le texte et son attitude concrète à son égard ne peuvent et ne doivent dans aucun cas prévaloir contre le contenu du texte. Nous croyons que c'est ce que commandent la rationalité et l'objectivité juridiques.

77) Voir supra n° 746.

SCOLIES SUR LA CONDITION DE MISE EN OEUVRE DU DROIT FRANÇAIS DE L'ARBITRAGE INTERNATIONAL AU LIEU DE LA CONVENTION DE NEW YORK

906. - Le professeur FOUCHARD se range parmi ceux qui appellent à ne pas toucher à la Convention de New York, non pas parce que ses solutions sont satisfaisantes, mais parce qu'elle recèle un petit trésor qui assure sa pérennité, à savoir son article VII. 1 aux termes duquel ses dispositions ne privent aucune partie intéressée du droit qu'elle pourrait avoir de se prévaloir d'une sentence arbitrale de la manière et dans la mesure admises par la législation ou les traités du pays où la sentence est invoquée.

La Convention de New York, poursuit le professeur FOUCHARD, s'est voulue modeste et réaliste. Ses auteurs ont cherché à harmoniser la circulation internationale des sentences, mais plus encore à la favoriser. Comme l'harmonisation réalisée en 1958 se révélait insuffisante au regard de cet objectif, rien n'interdisait aux États et aux juges de faire plus et mieux pour l'exécution des sentences. Elle se présente comme une étape et un instrument au service d'un but majeur : l'amélioration de l'accueil des sentences arbitrales dites étrangères. C'est pourquoi le bénéficiaire de la sentence préfère se prévaloir du droit commun (art. 1502 NCPC) beaucoup plus favorable que la Convention de New York (art. V), affirme le professeur FOUCHARD (78). Voilà donc l'enjeu et le point crucial : l'article 1502 du NCPC, résultant du décret de 1981, est beaucoup plus favorable à l'exécution des sentences que l'article V de la Convention de New York. Cette affirmation est considérée en France comme une vérité que personne n'ose contester ou mettre en doute. Peut-on être aussi sûr et aussi affirmatif que le professeur FOUCHARD ? Voire.

(78) **FOUCHARD**, Rev. Arb. 1998, pages 663, 664, n°s 30 et s.

907. - La Convention de New York est une convention internationale alors que l'article 1502 du NCPC est une disposition du droit interne français. Or lorsqu'une disposition d'un droit interne n'est pas conforme à une disposition d'une convention internationale, c'est la convention internationale qui prévaut, et le juge étatique doit appliquer la disposition de la convention internationale et s'abstenir d'appliquer la disposition de la loi interne qui ne lui est pas conforme. Sauf, bien entendu, lorsqu'une disposition de la convention internationale elle-même fait prévaloir la disposition du droit interne. C'est justement le cas de l'article VII. 1 de la Convention de New York. Mais la condition *sine qua non* selon cet article lui-même, c'est que la disposition du droit interne soit plus favorable à l'exécution des sentences arbitrales.

Et c'est là tout le problème. Il s'agit de savoir si l'article 1502 du NCPC est plus favorable à l'exécution des sentences étrangères que l'article V de la Convention de New York (79).

908. - Pour procéder à cet examen, il faut vérifier que toutes les nouvelles règles de l'article 1502 du NCPC, qui se réclament de l'article VII. 1 de la Convention de New York, sont vraiment plus favorables à l'exécution des sentences que les règles correspondantes de l'article V de cette même Convention. Si elles ne le sont pas, cela veut dire que le fondement de la mise en oeuvre de ces règles internes françaises fait défaut, parce que ce fondement, c'est précisément l'article VII. 1 de la Convention de New York et qu'aux termes de cet article, la mise en oeuvre des règles internes françaises ne se justifie que si ces règles sont plus favorables à l'exécution des sentences que les règles correspondantes de l'article V de la Convention de New York.

909. - A y regarder de près, on ne peut en aucun cas de figure affirmer que les règles de l'article 1502 du NCPC sont plus favorables que les règles correspondantes de l'article V de la Convention de New York. Et c'est là que le bât blesse.

(79) Le problème n'est pas affecté par un autre débat entre le professeur FOUCHARD et M. VEN DEN BERG. Selon ce dernier, si une partie demandant l'exécution de la sentence choisit de se fonder sur la loi interne, elle doit le faire *in toto* et ne peut pas invoquer dans ce cas une autre disposition de la Convention de New York. Le professeur FOUCHARD conteste cette exigence du " tout ou rien " qui ne se trouve pas dans l'article VII, 1 lequel ne pose aucune restriction à l'application de la règle la plus favorable à l'exécution (FOUCHARD, Traité, n° 271 et VAN DEN BERG, The New York Arbitration Convention of 1958, p. 85 et s.).

Les règles de l'article 1502 du NCPC nous sont bien connues.

910. - a) Alors que l'article V. 1 (a) de la Convention de New York renvoie à deux règles étatiques bien identifiées et bien définies, véhiculées par deux règles de conflit, sur la formation et la validité de la convention d'arbitrage, l'article 1502 1° du NCPC dispose que l'exequatur sera refusé si l'arbitre a statué sans convention d'arbitrage ou sur convention nulle, mais sans donner aucune indication sur les règles à appliquer en matière de formation ou de validité de la convention d'arbitrage. L'article 1502, 1° laisse à la Cour d'appel le soin de deviner ces règles ou de les créer. Ou bien on dira alors avec les professeurs GOLDMAN et FOUCHARD dans leurs premiers commentaires que ces règles sont demeurées inchangées, c'est-à-dire les mêmes que celles de l'article V. 1 (a) de la Convention de New York. Mais on ne voit pas alors pourquoi les règles auxquelles renvoie l'article 1502, 1° sur la formation et la validité de la convention d'arbitrage seraient plus favorables à l'exécution des sentences arbitrales que les règles de l'article V. 1 (a) de la Convention de New York, dès lors qu'elles sont les mêmes. Ou bien on dira que les règles de l'article 1502, 1° du NCPC sur la formation et la validité de la convention d'arbitrage ne sont plus celles de l'article V. 1 (a) de la Convention de New York, mais que ce sont des règles matérielles. Mais quelles sont ces règles matérielles sur la formation et la validité de la convention d'arbitrage ? Et pourquoi le législateur de 1981 ne les a-t-il pas identifiées ? Et comment peut-on affirmer que ces règles matérielles non identifiées seraient plus favorables à l'exécution des sentences arbitrales que les règles identifiées auxquelles renvoie l'article V. 1 (a) de la Convention de New York ? Une règle matérielle qui ne dit pas son nom, qui n'est ni identifiée ni identifiable à partir du texte ne peut pas être plus favorable à l'exécution des sentences arbitrales qu'une règle bien définie, bien identifiée dans le texte. Et puis quelle règle matérielle serait plus favorable à l'exécution des sentences arbitrales que la loi choisie par les parties ? Et, à défaut de choix des parties, la méthode des règles matérielles a-t-elle pu désigner des règles matérielles plus favorables à l'exécution des sentences arbitrales que les règles du droit du pays où la sentence a été rendue ? On voit bien qu'en aucun cas de figure l'article 1502. 1° du NCPC ne peut être plus favorable à l'exécution des sentences arbitrales que l'article V. 1 (a) de la Convention de New York.

911. - b) Aux termes de l'article V. 1 (d) de la Convention de New York, l'exequatur sera refusé à la sentence si la constitution du tribunal arbitral n'a pas été conforme à la convention des parties, ou, à défaut de convention, si elle n'a pas été conforme à la loi du pays où l'arbitrage a eu lieu. L'article 1502, 2° du NCPC dispose que l'exequatur est refusé à la sentence si le tribunal arbitral a été irrégulièrement composé ou si l'arbitre unique a été irrégulièrement désigné. L'article 1502, 2° ne précise pas les règles que le juge de l'exequatur (la Cour d'appel) doit appliquer pour vérifier si la composition du tribunal arbitral ou la désignation de l'arbitre unique a été régulière ou non. On comprend que, dans le silence de l'article 1502, 2° du NCPC, la composition du tribunal arbitral ou la désignation de l'arbitre unique soit réputée irrégulière, si elle n'a pas été conforme à la convention des parties. L'article 1493 du NCPC l'avait dit dans son premier alinéa, et l'article 1502, 2° n'avait pas à le répéter. Mais s'il n'y a pas de convention des parties sur la composition du tribunal arbitral ou sur la désignation de l'arbitre unique, comme dans la clause blanche, ou si la convention des parties est incomplète ou insuffisante à cet égard, rien ne supplée l'absence ou l'insuffisance d'une telle convention. Objecte-t-on que c'est l'intervention du juge d'appui conformément à l'article 1493, alinéa 2 qui y supplée ? A cette objection on répondra en soulignant les difficultés parfois insurmontables de prévoir les modalités d'intervention de ce juge en l'absence de dispositions législatives supplétives sur les règles qu'il doit appliquer dans son intervention. L'intervention du juge d'appui d'une manière dont on ne peut pas prévoir à l'avance les modalités ne peut pas être plus favorable à l'exécution des sentences arbitrales que la mise en oeuvre des règles définies de la loi du pays où a eu lieu l'arbitrage.

912. - c) Selon les termes de l'article V. 1 (d) de la Convention de New York, l'exequatur sera refusé à la sentence si la procédure d'arbitrage n'a pas été conforme à la convention des parties, ou, à défaut de convention, si elle na pas été conforme à la loi du pays où l'arbitrage a eu lieu. Selon l'article 1502 du NCPC, il n'y a plus de refus d'exequatur pour un vice quelconque de la procédure arbitrale, sauf si le principe de la contradiction n'a pas été respecté. L'article 1502 du NCPC est certainement plus favorable à l'exécution des sentences arbitrales que l'article V. 1 (d) de la Convention de New York en cas de violation de la procédure arbitrale telle qu'elle a été déterminée dans la convention d'arbitrage ou en cas de vice quelconque de cette procédure.

913. - Mais on a vu la gravité de l'absence absolue de sanction pour violation de la procédure arbitrale convenue entre les parties ou pour tout autre vice de cette procédure. L'article 1494 du NCPC dispose que la procédure arbitrale est réglée par la convention d'arbitrage. Si, dans la procédure effectivement appliquée par le tribunal arbitral, celui-ci a commis une violation grave de la procédure convenue par les parties, y a-t-il en tout cas impunité, et l'exequatur ne sera-t-il jamais refusé à la sentence ? Par ailleurs, l'article 1494 étant tel qu'il est, dans le silence de la convention d'arbitrage, il est inconcevable et inadmissible que le tribunal arbitral règle lui-même toute question de procédure quelle qu'elle soit, y compris le processus de décision des arbitres (unanimité, majorité, décision du président seul en cas d'absence de majorité). Il y a une lacune grave en matière de procédure arbitrale dans le droit français de l'arbitrage international.

914. - d) L'article V. 1 (e) de la Convention de New York dispose que l'exequatur sera refusé si la sentence a été annulée par une autorité compétente du pays dans lequel ou d'après la loi duquel la sentence a été rendue. Ce texte n'est pas repris à l'article 1502 du NCPC ; il n'est donc plus en vigueur dans le nouveau droit français de l'arbitrage international de 1981. Incontestablement, l'article 1502 du NCPC qui accorde l'exequatur à la sentence annulée dans son pays d'origine est plus favorable à l'exécution des sentences que l'article V. 1 (e) de la Convention de New York. Il s'ensuit que la juridiction française doit accorder l'exequatur à une sentence étrangère, même si elle a été annulée par une juridiction de son pays d'origine..

Mais l'ennui, c'est que le principe de l'exequatur d'une sentence annulée dans son pays d'origine, tel qu'il a été adopté par le droit français de l'arbitrage international de 1981, est lui-même un principe contesté, indéfendable, à telle enseigne que d'éminents professeurs français semblent regretter qu'il ait été adopté par le droit français de 1981, comme cela a été montré dans le chapitre précédent. Ces auteurs soulignent dans quelle mesure le droit français qui l'a adopté à l'encontre de la Convention de New York est un droit isolé. Il suffit de lire la note du professeur JARROSSON sur l'arrêt de la Cour de cassation du 23 mars 1994 dans l'affaire HILMARTON (Rev. Arb. 1994, page 234), où le commentateur va jusqu'à évoquer l'idée d'un abandon pur et simple de ce principe par le droit français et d'un retour en arrière pour revenir au bercail de la Convention de New York. Le professeur JARROSSON trouve cependant qu'un tel retour en arrière serait inacceptable au regard de l'esprit des textes français et de l'évolution du droit international de l'arbitrage. Mais on ne voit pas pourquoi et le professeur JARROSSON lui-même ne nous dit pas pourqoi un tel retour en arrière heurterait l'esprit des textes français et l'évolution du droit international de l'arbitrage. Le juriste qui lit ces derniers propos du professeur JARROSSON reste sur sa faim.

915. - Si l'on s'en tient au texte de l'article 1502 du NCPC, lorsqu'on compare les nouvelles règles du droit français de 1981 aux règles correspondantes de l'article V de la Convention de New York à seule fin de savoir lesquelles sont plus favorables à l'exécution des sentences, on se rend compte qu'il n'est pas permis d'affirmer que les règles nouvelles du droit français sont plus favorables à l'exécution des sentences que celles de l'article V de la Convention de New York. La raison en est simple : le nouveau droit français n'a pas pris la peine de les définir, alors qu'elles sont bien définies dans la Convention de New York. Les concepteurs du nouveau droit français étaient d'ailleurs incapables de les définir, parce qu'elles demeurent jusqu'à ce jour indéfinissables.

Le nouveau droit français en matière de procédure arbitrale aurait été plus favorable à l'exécution des sentences que la Convention de New York, s'il n'était pas gravement lacunaire.

Quant au principe de l'exequatur de la sentence annulée dans son pays d'origine, tel qu'il a été adopté par le nouveau droit français, il est certainement plus favorable à l'exécution des sentences que la Convention de New York. Seulement ce principe est insoutenable.

Le droit français de l'arbitrage international issu de la réforme de 1981 est un droit résolument volontariste. Se réclamant de l'article VII. 1 de la Convention de New York, il a voulu faire plus et mieux pour l'exécution des sentences. Mais ce qui s'est passé en fait, c'est qu'on a remplacé les règles définies de l'article V de la Convention de New York par les règles indéfinies de l'article 1502 du NCPC. Dans notre contexte, le mieux s'est avéré l'ennemi du bien.

CONCLUSION

LES MÉSAVENTURES ET L'ISOLEMENT DU DROIT FRANÇAIS

916. - La réforme de 1981 a-t-elle révolutionné le droit de l'arbitrage commercial international en France ? Sans hésitation ni réserves, il faut répondre à cette question par l'affirmative, s'il s'agit du droit applicable au fond du litige. En disposant qu'à défaut de choix des règles de droit par les parties, l'arbitre tranche le litige conformément aux règles de droit qu'il estime appropriées, l'article 1496 du NCPC a opéré une véritable révolution dans le droit de l'arbitrage commercial international. Pour la première fois dans l'histoire de ce droit, un législateur a transcrit dans le droit positif d'un pays la logique du droit de l'arbitrage commercial international à l'étape actuelle de son évolution. Même si son attachement à la notion de règle de droit n'a pas permis au droit français d'aller jusqu'au bout de la logique du droit de l'arbitrage international, qui veut qu'en l'absence de choix du droit par les parties, l'arbitre tranche le litige sans règles de droit, c'est-à-dire selon le droit tel qu'il le conçoit, le droit français peut se targuer d'avoir réalisé dans le décret de 1981 une grande révolution dans le droit de l'arbitrage commercial international. Cette révolution est d'autant plus remarquable que l'exemple du droit français n'a été suivi jusqu'à ce jour que par deux règlements d'arbitrage international, celui de l'American Arbitration Association et, sur le tard, celui de la CCI, ainsi que par très peu de législateurs nationaux (Liban, Algérie, Tunisie), alors que les autres législations nationales et la loi-type de la CNUDCI demeurent prisonnières du conflictualisme en matière de droit applicable au fond du litige. Le droit choisi par les parties et, à défaut d'un tel choix, le droit appliqué par l'arbitre au fond du litige selon sa propre conception du droit, c'est là le seul droit vraiment autonome dans l'arbitrage commercial international.(1).

(1) Sans parler de la loi d'autonomie du droit international privé des contrats, qui est une règle de conflit, et selon laquelle les parties peuvent choisir le droit qui régit leur contrat international en l'absence d'arbitrage.

917. - Si la réforme de 1981 a révolutionné le droit applicable au fond du litige, quel a été son impact sur le reste du droit de l'arbitrage commercial international ? On pense d'emblée au droit applicable à la convention d'arbitrage international et surtout au droit applicable à la validité de cette convention, condition évidemment primordiale pour que l'exequatur soit accordé à la sentence.

Avant la réforme de 1981, l'article V. 1 (a) de la Convention de New York disposait que l'exequatur est refusé à la sentence si la convention d'arbitrage n'est pas valable en vertu de la loi à laquelle les parties l'ont subordonnée (c'est la règle de conflit principale) ou, à défaut d'une indication à cet égard, en vertu de la loi du pays où la sentence a été rendue (c'est la règle de conflit subsidiaire ou secondaire).

Se prévalant de l'article VII. 1 de la Convention de New York, le décret de 1981 comporte une abrogation tacite de l'article V. 1 (a) de la Convention de New York et son remplacement par l'article 1502, 1° du NCPC. Les renvois de l'article V. 1 (a) aux deux règles de conflit ont disparu dans le nouvel article 1502, 1°. Selon toute vraisemblance, le législateur de 1981 ne veut plus de règles conflictuelles en matière de validité de la convention d'arbitrage international, bien que la règle de conflit principale (la loi choisie par les parties) soit, selon l'expression du professeur GOLDMAN, une règle pratiquement universelle dont l'application s'impose évidemment (2).

918. - La première anomalie de l'article 1502, 1° du NCPC, c'est que, contre toute logique, il ne contient aucune indication à l'adresse du juge de l'exequatur sur les nouvelles règles de droit au regard desquelles ce juge doit statuer en matière de validité de la convention d'arbitrage international. Cela fait tout de même bizarre, insolite. Le législateur commande au juge de l'exequatur de statuer sur la validité de la convention d'arbitrage international. Il abroge les règles conflictuelles de l'article V. 1 (a) de la Convention de New York que le juge de l'exequatur appliquait en cette matière de validité, mais il s'abstient d'indiquer au juge les nouvelles règles que celui-ci doit appliquer en la matière.

919. - En raison de cette carence du nouveau texte législatif, le juge de l'exequatur est condamné à chercher ces règles nouvelles. Comme le professeur FOUCHARD soulignait dans sa présentation du nouveau droit qu'il n'y a plus de règles de conflit et qu'elles sont remplacées par des règles matérielles (3), et comme il répète en 1997 que l'approche conflictualiste a été abandonnée en France (4), le juge de l'exequatur se met à cher-

(2) **GOLDMAN**, Mélanges Lalive, p. 253.

(3) **FOUCHARD**, Rev. Arb. 1981, page 460.

(4) **FOUCHARD**, Rev. Arb. 1997, page 347, note 41.

cher ces règles matérielles sur la validité de la convention d'arbitrage international qu'il ne trouve dans aucun texte. Ne trouvant pas ces règles matérielles nouvelles dans les textes, le juge de l'exequatur les cherche dans les écrits des commentateurs du décret de 1981 au lendemain de ce décret.

920. - L'ennui, c'est que le juge de l'exequatur fait une découverte stupéfiante. Les deux sommités du droit de l'arbitrage commercial en France, qui sont dans le même temps les deux grands architectes de la réforme de 1981, les présentateurs de cette réforme et ses plus ardents défenseurs, à savoir le professeur GOLDMAN et le professeur FOUCHARD, soulignaient avec force au lendemain du décret de 1981 que le nouveau droit n'a apporté aucune modification en matière de validité de la convention d'arbitrage international. On se souvient que le professeur GOLDMAN affirmait dans le débat qui a suivi le décret au Comité français de l'arbitrage que la question de savoir si la convention d'arbitrage est ou n'est pas valable est une question qui doit s'apprécier d'après une loi déterminée et que cette loi se détermine d'après la méthode conflictuelle habituelle (5). Et l'on sait que les longs développements qu'il a consacrés en 1989 à la loi applicable à la validité de la convention d'arbitrage international dans le Jurisclasseur de droit international privé sont conçus et rédigés en termes conflictualistes (6). On se souvient aussi que le professeur FOUCHARD, adversaire du conflictualisme, écrivait en 1982, au lendemain du décret de 1981, que le juge français doit statuer sur la validité contestée de la convention d'arbitrage selon la loi d'autonomie, et qu'à défaut de choix exprès des parties, le juge localisera la convention en se référant à différents indices dont le lieu du siège de l'arbitrage est un des plus significatifs. Ce sont là, précisait-il, les principes les mieux établis dans le droit international privé des contrats. Et le professeur FOUCHARD s'étonnait même qu'un doute ait pu surgir à propos de l'article 1502, 1° (7). Tout cela est écrit noir sur blanc de la main du professeur GOLDMAN et de la main du professeur FOUCHARD.

921. - Le juriste qui lit ces propos est abasourdi, déboussolé. Si, comme l'ont dit le professeur GOLDMAN et le professeur FOUCHARD, rien n'a changé en 1981 en matière de droit applicable à la validité de la convention d'arbitrage international, pourquoi le législateur de 1981 a-t-il créé l'illusion qu'il n'y a plus de conflictualisme en la matière, en éliminant dans le nouvel article 1502, 1° les renvois aux deux règles conflictuelles de

(5) Voir supra, n° 220.
(6) Voir supra, n° 206.
(7) Voir supra, n° 221.

l'article V. 1 (a) de la Convention de New York ? Lorsque les mêmes auteurs nous disent tantôt qu'après le décret de 1981 le droit applicable à la validité de la convention d'arbitrage international est resté inchangé et demeure conflictuel, et tantôt qu'après le décret de 1981 le droit applicable à la validitié de cette convention est devenu autre chose que le conflictualisme, lequel des deux propos contradictoires reflète leur pensée authentique ?

Il est impossible de retenir les deux thèses à la fois. Ou bien il faut admettre que le décret de 1981 n'a rien changé aux règles applicables à la validité de la convention d'arbitrage international, que ces règles demeurent celles du conflictualisme, ou bien il faut admettre que la validité de la convention d'arbitrage internationale est régie par des règles nouvelles et que ces règles se sont substituées à celles du conflictualisme et que c'est cela qui explique la disparition dans le nouvel article 1502, 1° des renvois aux deux règles conflictuelles (loi choisie par les parties et loi du pays du siège de l'arbitrage), renvois qui se trouvaient dans l'article V. 1 (a) de la Convention de New York. Mais alors demeure une autre question : pourquoi le législateur de 1981 n'a-t-il pas fait référence à ces règles nouvelles dans l'article 1502, 1° à l'adresse du juge de l'exequatur, dans la mesure où une telle référence est indispensable à celui-ci pour statuer sur une contestation relative à la validité de la convention d'arbitrage international ?

922. - Nous croyons que la seule raison qui explique ce silence de l'article 1502, 1°, c'est que les règles nouvelles étant indiscutablement des règles matérielles selon le contexte général du décret de 1981, personne ne pouvait dire en 1981 ce que sont ces règles dites matérielles à appliquer en matière de validité de la convention d'arbitrage international. Au demeurant, même aujourd'hui ces règles matérielles sont une énigme.

923. - L'histoire des règles matérielles applicables à la validité de la convention d'arbitrage international, on la connaît. La Cour de cassation avait proclamé depuis l'arrêt HECHT du 4 juillet 1972 (8), donc bien avant la réforme de 1981, le principe, repris d'ailleurs dans de nombreux arrêts après cette réforme, de l'autonomie de la convention d'arbitrage international par rapport à tout droit étatique, appelé aussi principe de la validité et de l'efficacité propres de la convention d'arbitrage international, selon lequel l'existence et la validité de cette convention s'apprécient d'après la commune volonté des parties.

Ce principe jurisprudentiel de l'autonomie de la convention d'arbitrage international par rapport à tout droit étatique, qui a soulevé un tollé général dans la doctrine, était inexplicable. Comme on le sait, le professeur

(8) Voir supra, n°s 43 et suivants.

GAILLARD s'est proposé de tenter une explication en 1996, en proposant dans le Traité de l'arbitrage une variante de ce principe, à savoir la méthode des règles matérielles, selon laquelle la validité de la convention d'arbitrage international serait régie par des règles matérielles dictées par la conception française de l'ordre public international et qui seraient l'expression des règles minimales qui, dans la conception française de l'arbitrage commercial international, doivent être respectées pour que l'on puisse donner effet à une convention d'arbitrage.

924. - Cette méthode dite des règles matérielles s'est avérée, ainsi qu'on l'a vu, aussi énigmatique que le principe jurisprudentiel d'autonomie de la convention d'arbitrage international par rapport à tout droit étatique. Bien qu'elle soit développée dans le Traité de l'arbitrage commercial international de 1996 des professeurs FOUCHARD, GAILLARD et GOLDMAN, cette méthode des règles matérielles, ainsi que son application en matière de validité de la convention d'arbitrage commercial international, est une thèse du professeur GAILLARD. Elle ne semble pas avoir fait école en France, et elle est inconnue ailleurs qu'en France. Nous croyons avoir pu montrer dans la première partie de ce travail que le test de l'application de cette méthode à la validité de la convention d'arbitrage international s'est soldé par un échec et que des règles matérielles qui régissent la validité de cette convention n'existent tout simplement pas.

925. - Si on retient cette explication, le droit applicable à la validité de la convention d'arbitrage international demeure un droit conflictuel en France, comme dans tous les autres pays qui appliquent la Convention de New York qui est aujourd'hui le droit oecuménique de l'arbitrage commercial international et que la seule alternative au conflictualisme est le *vacuum juris*. Les voix de ceux qui proclament en France le principe d'autonomie de la convention d'arbitrage international par rapport à tout droit étatique ou la méthode des règles matérielles en matière de validité de la convention d'arbitrage international sont des voix qui prêchent dans le désert. Du reste, de telles voix ne se seraient jamais élevées ailleurs qu'en France, les autres pays appliquant la Convention de New York sans avoir tenté d'y apporter la moindre modification. Le seul droit qui a tenté de le faire est le nouveau droit français de l'arbitrage commercial international issu du décret de 1981 (9).

Au demeurant, la loi qui régit la convention d'arbitrage commercial inernational ne saurait être qu'une loi étatique désignée par une règle de conflit, parce que cette convention, qui est le premier chaînon dans le processus arbitral, est un contrat international régi comme tous les contrats

(9) Et le droit libanais qui est un décalque du droit français.

internationaux, par le droit international privé des contrats où règne depuis SAVIGNY la méthode des conflits de lois. Et selon cette méthode, la règle de conflit principale en matière de contrats est la loi d'autonomie, c'est-à-dire la loi étatique choisie par les parties, et ce n'est qu'à défaut d'un tel choix que la règle de conflit subsidiaire désigne la loi étatique du pays du siège de l'arbitrage, ce pays étant, selon l'expression du professeur FOUCHARD lui-même, un des indices de rattachement parmi les plus significatifs, sans jouer le rôle d'un rattachement subsidiaire automatique (10).

926. - Le droit de l'arbitrage commercial international est un droit complexe, hybride, né de la greffe d'un droit, le droit de l'arbitrage, sur un autre droit, le droit international privé des contrats. Le droit international privé des contrats est la toile de fond du droit de l'arbitrage commercial international. Et tant que le droit international privé des contrats restera un droit de conflits de lois, la convention d'arbitrage international restera régie par la méthode des conflits de lois. Or, le conflictualisme dans le droit international privé des contrats n'est pas près de disparaître. Bien au contraire, avec la Convention de Rome de 1980 sur la loi applicable aux obligations contractuelles, au lieu de s'éloigner du conflictualisme, on s'y enfonce. Il ne sert à rien de se joindre au concert des lamentations sur les infirmités de la méthode conflictualiste. L'auteur du présent travail est de ceux qui croient que le système conflictuel n'est pas un droit véritable, mais un droit d'expédient, une gymnastique préalable pour conduire au droit, autrement dit un droit de vestibule (11). Mais c'est un système résistant qui n'est pas près de disparaître. Selon l'expression du professeur GOLDMAN, le règlement des conflits de loi reste le roc solide du droit international (12). Et l'on a appris à vivre avec son mal. Le conflictualisme ne disparaîtra du droit de l'arbitrage international que le jour où il disparaîtra du droit international privé des contrats.

927. - La grande mésaventure des architectes de la réforme de 1981 de l'arbitrage commercial international en France a été de croire qu'il suffit d'un trait de plume qui supprime les renvois de l'article V. 1 (a) de la Convention de New York à des règles de conflit pour que l'approche conflictualiste soit abandonnée en France en matière de validité de la convention d'arbitrage international. Les architectes du nouveau droit français de l'arbitrage commercial international de 1981 ont été incapables de se rendre compte qu'en dépit de la suppression dans le nouvel article

(10) J. D. I., 1982, page 374.

(11) Voir : KASSIS, Le droit européen des contrats internationaux, précité, n° 521.

(12) GOLDMAN, communication au comité français de droit international privé, Travaux du comité, 1966-1969, Dalloz 1970, page 136.

1502 du NCPC des renvois aux deux règles de conflit de l'article V. 1 (a) de la Convention de New York, ces règles de conflit continuent de régir la validitié de la convention d'arbitrage international, dans la mesure où on n'a pas pu identifier ni des règles matérielles précises qui puissent résoudre concrètement les problèmes qui se posent en matière de validité de la convention d'arbitrage international ni la source de telles règles matérielles précises. En cette matière de validité de la convention d'arbitrage international, on est au bout du compte placé devant un dilemme : ou bien ce sont des règles étatiques désignées par une règle de conflit qui résoudront les problèmes concrets qui se posent en matière de validité de la convention d'arbitrage international, ou bien c'est le *vacuum juris* qui prévaut en ce domaine.

928. - La mésaventure du nouveau droit français de l'arbitrage commercial international n'est pas moins fâcheuse en matière de droit applicable à la constitution du tribunal arbitral. Aux termes de l'article V. 1 (d) de la Convention de New York, l'exequatur était réfusé si la constitution du tribunal arbitral n'est pas conforme à la convention des parties ou, à défaut de convention, à la loi du pays du siège de l'arbitrage. Or, l'article V. 1 (d) a été tacitement abrogé par le nouvel article 1502, 2°, et celui-ci est muet sur les nouvelles règles que le juge de l'exequatur doit appliquer en cette matière. Il est évident que ces nouvelles règles doivent être celles de la convention des parties. C'est ce que prévoyait l'article V. 1 (d) de la Convention de New York, et c'est aussi ce que prévoit le nouvel article 1493 du NCPC. Mais si la convention des parties est insuffisante ? Il ne saurait être question d'appliquer des règles matérielles, pour la bonne raison qu'il n'y a pas de règles matérielles qui fixent les modalités de constitution du tribunal arbitral.

L'approche du législateur de 1981 de l'autonomie des parties est une approche erronée, dans la mesure où ce législateur a cru à tort qu'il suffit de proclamer le principe de cette autonomie dans l'article 1493 du NCPC pour que tout problème relatif à la constitution du tribunal arbitral soit réglé. Ce législateur a cru à tort que l'autonomie des parties dans la constitution du tribunal arbitral est incompatible avec des règles de droit législatives, alors qu'elle s'accommode de règles législatives supplétives, qui ne s'appliquent qu'à défaut de convention contraire des parties ou lorsque les parties ont omis de régler dans leur convention toutes les modalités de constitution du tribunal arbitral. Ce vide législatif prive le juge d'appui de la possibilité d'appliquer des règles préétablies et claires lorsqu'il intervient dans les cas où la constitution (ou la reconstitution) du tribunal arbitral se heurte à une difficulté. On a vu des exemples de ces difficultés qu'affronte le juge d'appui, où des solutions multiples sont proposées à certains problèmes qu'un spécialiste aussi éminent que le professeur FOUCHARD passe en revue sans se prononcer sur leur valeur respective, ce qui signifie que quelque chose ne va pas dans le texte législatif lui-même, sans parler des solutions décidées par le juge d'appui parce qu'elles sont jugées nécessaires alors qu'aucun texte n'investit le juge d'appui du pouvoir de les décider (récusation d'arbitre, par exemple).

929. - Et surtout le *vacuum juris* législatif prive le juge de l'exequatur de règles à appliquer lorsqu'il est saisi du grief d'irrégularité de constitution du tribunal arbitral. Ces règles, qui se trouvaient dans l'article V. 1 (d) de la Convention de New York, ont disparu dans le nouvel article 1502, 2° du NCPC. En l'absence de convention des parties ou en cas d'insuffisance de cette convention, où le juge de l'exequatur va-t-il trouver ces règles de référence supplétives qui ne se trouvent pas dans le nouveau droit issu du décret de 1981 et que le juge ne peut pas aller chercher dans la loi du pays du siège de l'arbitrage que l'on diabolise parce qu'elle a le malheur de porter la marque du conflictualisme (13) ? Ainsi le droit français se trouve être dans le droit comparé de l'arbitrage commercial international, le seul droit qui ne comporte aucune règle législative, se limitant à la règle de l'autonomie des parties en matière de constitution du tribunal arbitral.

930. - De même le droit français se trouve être, dans le droit comparé de l'arbitrage commercial international, le seul droit qui ne comporte aucune règle législative sur la procédure arbitrale, hormis la règle de l'autonomie des parties qui peut être insuffisante. Il ne comporte même pas, contrairement à tous les autres droits nationaux, une règle sur le processus de décision des arbitres, règle qui, si elle n'est pas prévue par l'accord des parties, ne peut être décidée par aucune autre autorité, même par le tribunal arbitral, mais doit être édictée, à titre de règle supplétive, par le législateur lui-même. Cette singularité du droit français est tributaire de l'approche erronée de l'autonomie des parties considérée comme exclusive de toute règle législative, même supplétive, de procédure. De surcroît, c'est le seul droit qui a fait l'impasse sur tout contrôle judiciaire de la procédure arbitrale, hormis le respect du principe de la contradiction.

931. - Et ce n'est pas la moins tourmentée des mésaventures du droit français de l'arbitrage commercial international d'avoir édicté le principe

(13) Il suffit de lire les deux articles du professeur FOUCHARD dans la Revue de l'arbitrage des années 1997 et 1998 pour constater que le seul but de l'abandon du conflictualisme par le décret de 1981, c'est d'éviter le recours à la loi du pays du siège de l'arbitrage, règle de conflit subsidiaire. Les auteurs et les défenseurs de ce décret n'ont aucun mal à appliquer la loi choisie par les parties, règle de conflit principale.

de l'exequatur d'une sentence étrangère en dépit de son annulation dans son pays d'origine, sans faire de distinction entre une annulation d'une sentence interne étrangère et une annulation d'une sentence internationale étrangère, sans faire non plus de distinction entre une sentence internationale étrangère annulée dans son pays d'origine pour des motifs effectivement liés à des particularismes nationaux de ce pays, et une sentence internationale étrangère annulée dans son pays d'origine pour des motifs non liés à des particularismes nationaux de ce pays. Le professeur FOUCHARD a beau soutenir que l'effet international de l'annulation d'une sentence arbitrale n'est pas une question spécifiquement française, il a beau affirmer que si elle ne se pose pas dans tous les pays qui ont retenu cette annulation comme un cas de refus d'exequatur de la sentence rendue à l'étranger ou qui ont purement et simplement intégré dans leur droit commun les dispositions de l'article V de la Convention de New York, elle se pose ou se posera dans tous les autres pays qui restent les plus nombreux, il ne nous a pas donné l'exemple d'un seul de ces pays qui sont les plus nombreux selon lui (13).

932. - La Convention de New York, en vigueur dans près de 120 États, est aujourd'hui, de l'aveu du professeur FOUCHARD, une sorte de fonds commun du droit de l'exécution des sentences arbitrales en matière internationale (14). Convention universelle, elle a constitué un grand progrès en permettant une large harmonisation dont on voit encore aujourd'hui tout l'intérêt, lorsque les États les plus réservés à l'arbitrage décident enfin d'y adhérer (15), et elle a le mérite d'assurer une coordination internationale du contrôle de la sentence, toujours selon le professeur FOUCHARD (16). On peut donc dire des États qui l'ont signée ou qui y ont adhéré que leur droit national a atteint un degré élevé de développement et de modernité en matière d'arbitrage commercial international.

Or, dans l'ensemble de ces droits nationaux de l'arbitrage international, le droit français dissone. Il fait cavalier seul à de multiples égards . Il fait cavalier seul surtout en matière de droit applicable à la validité de la convention d'arbitrage international, en abandonnant l'approche conflictualiste de la Convention de New York, mais sans indiquer les règles qu'il substitue à cette approche. En admettant que les règles nouvelles qu'il a adoptées soient des règles dites matérielles, ces règles matérielles demeurent une énigme que l'on n'a pas pu déchiffrer. Il fait cavalier seul en

(13) **FOUCHARD**, Rev.Arb. 1997, p. 342, n° 20.
(14) **FOUCHARD**, Rev. Arb. 1998, p. 662, n° 24.
(15) **FOUCHARD**, Rev. Arb. 1997, p. 346, n° 31.
(16) **FOUCHARD**, Rev. Arb. 1997, p. 343, n° 25.

matière de constitution du tribunal arbitral, en éliminant les règles précises sur la constitution du tribunal arbitral dans la Convention de New York pour les remplacer par une règle unique et nettement insuffisante sur l'autonomie des parties dans la constitution du tribunal arbitral. Il fait cavalier seul en matière de procédure arbitrale, en éliminant les règles précises de la Convention de New York pour les remplacer par une règle unique et nettement insuffisante sur l'autonomie des parties dans la fixation des règles de procédure et sur le pouvoir subsi-diaire des arbitres de les fixer..Il fait cavalier seul en édictant le principe de l'octroi de l'exequatur à une sentence étrangère en dépit de son annulation dans son pays d'origine.

933. - Le droit français de l'arbitrage commercial international dissone et fait cavalier seul, parce que selon ses défenseurs, il s'est prévalu du petit trésor de l'article VII. 1 de la Convention de New York pour faire plus et mieux que cette Convention pour l'exécution des sentences (17), parce que les nouvelles règles françaises seraient beaucoup plus favorables à l'exécution des sentences (18), parce que la Convention de New York aurait fatalement vieilli et montré ses rides (19), parce que le régime du nouveau droit serait plus libéral, ou en tous cas plus souple pour l'arbitrage international (20).

Mais on voit mal en quoi des règles matérielles sibyllines en matière de validité de la convention d'arbitrage international seraient plus favorables à l'exécution de la sentence arbitrale internationale que les règles conflictuelles claires de la Convention de New York. On ne voit pas non plus en quoi l'absence de règles en matière de constitution du tribunal arbitral et en matière de procédure arbitrale, là où des règles sont indispensables, serait plus favorable à l'exécution des sentences que les règles claires de la Convention de New York. Quant au principe de l'octroi de l'exequatur à la sentence étrangère nonobstant son annulation dans son pays d'origine, il est à l'évidence plus favorable que la Convention de New York à l'exécution des sentences. Mais encore faut-il que ce principe soit d'abord rationnel et conforme à la théorie du droit, ce qu'il n'est pas.

934. - Avec le recul on se rend compte que le droit français souffre d'un isolement total dans le droit comparé de l'arbitrage commercial international. A l'évidence, cet isolement est mal vécu par les auteurs français. Il pèse lourdement sur eux. Leur malaise se manifeste ouvertement, lorsqu'un signal apparu à l'horizon et qui semble aller dans le sens

(17) FOUCHARD, Rev. Arb. 1998, p. 664, n° 32.
(18) FOUCHARD, Rev. Arb. 1998, p. 665, n° 34
(19) FOUCHARD, Rev. Arb. 1998, p. 662, n° 26
(20) FOUCHARD, Rev. Arb. 1998, p. 668, n° 42

de leurs thèses, ne tarde pas à faire long feu, comme le jugement américain du tribunal du district de Columbia [21]. Ils sont parfois taraudés par la tentation de faire marche arrière [22], mais ils reculent devant le prix à payer, qui est de reconnaître que l'on s'est trompé. Seul le professeur FOUCHARD persiste à parler, contre toute évidence, de recul de l'approche conflictualiste en France et dans de nombreuses lois modernes, comme d'un phénomène avéré dans le droit comparé de l'arbitrage commercial international, alors que l'on n'est même pas sûr du recul du conflictualisme en France et il saute aux yeux que l'approche conflictualiste ailleurs qu'en France est à son apogée. Il persiste à vouloir se convaincre et convaincre qu'il y a un recul de l'approche conflictualiste, à partir d'indices qui ne sont pas significatifs [23], alors qu'il ne peut y avoir de véritable recul, de recul significatif, que si un État qui a adhéré à la Convention de New York procède à des amendements de l'article V de cette Convention qui soient dans la ligne de ceux que le droit français a adoptés dans la réforme de 1981. Or, il ne semble pas qu'un seul État se soit engagé dans cette voie jusqu'à présent, sauf le droit libanais.

935. - La Convention de New York aura bientôt cinquante ans. Pendant le demi siècle qui s'est écoulé depuis son apparition sur la scène internationale, quel changement substantiel s'est-il réalisé dans le paysage du droit comparé de l'arbitrage commercial international ? Littéralement aucun. Seul le droit français s'est singularisé en 1981 en s'aventurant dans une réforme ambitieuse qui a voulu ratisser large. Cette réforme a été un succès et un échec. Elle a été un succès en instaurant, quoique timidement et avec beaucoup de retenue, un nouveau droit pour s'appliquer au fond du litige. Droit vraiment autonome, conforme à la logique de l'arbitrage commercial international, et dans le même temps en harmonie avec la Convention de New York qui ne prévoit pas de révision au fond de la sentence arbitrale par le juge étatique.

936. - Mais cette réforme a été un échec, parce que ses concepteurs ont commis une triple erreur. Ils ont cru à tort que l'abandon du conflictualisme peut se décréter sans prévoir et sans indiquer dans le même temps au juge de l'exequatur les règles nouvelles appelées à se substituer aux règles du conflictualisme abandonné. Si la réforme a fait l'impasse sur ces règles nouvelles, c'est parce que ni ses concepteurs ni aucun juriste ne pouvaient avoir la moindre idée de ces règles, surtout en matière de validité de la convention d'arbitrage international. Ces règles nouvelles demeurent tou-

(21) VOIR SUPRA, n° 746.
(22) VOIR SUPRA, n° 837.
(23) VOIR SUPRA, n°s 813 à 819.

jours d'ailleurs une énigme. Ses concepteurs ont aussi cru à tort que l'abandon du conflictualisme peut être décrété par un État seul dans un environnement conflictualiste consacré par une convention internationale (Convention de Rome de 1980 sur la loi applicable aux obligations contractuelles). Ils ont cru à tort que l'abandon du conflictualisme peut se décréter dans le droit de l'arbitrage commercial international alors que le conflictualisme continue de prévaloir dans le droit international privé des contrats, qui est le droit applicable à la convention d'arbitrage international.

937. - Les concepteurs de la réforme de 1981 ont cru à tort enfin qu'il est possible de décréter l'exequatur d'une sentence internationale annulée dans son pays d'origine. Les professeurs JARROSSON et GAILLARD reconnaissent, contre l'opinion du professeur FOUCHARD, que le droit français est isolé dans son refus de prendre en compte le sort de la sentence dans son pays d'origine (24). De l'avis du professeur JARROSSON, le droit français est isolé seulement dans cette solution et non dans son libéralisme pris globalement. Nous nous permettons de prendre le contre-pied de cette dernière affirmation. Il saute aux yeux que le droit français issu de la réforme de 1981 est isolé non seulement dans la susdite solution, mais aussi d'une manière globale, dans son abandon de l'approche conflictualiste et dans la substitution à cette approche d'une approche nouvelle fondée sur l'autonomie de la convention d'arbitrage international par rapport à tout droit étatique et sur la méthode des règles matérielles en tant que variante de l'autonomie en question. Du reste, rien ne permet de soutenir que cette approche est plus libérale que l'approche conflictualiste.

Pour pouvoir dire d'un système juridique qu'il est plus libéral qu'un autre, il faut d'abord que ce système soit rationnel. Or, le système français de l'arbitrage international demeurera un système irrationnel tant que les règles matérielles qui régissent la formation et la validité de la convention d'arbitrage international demeurent une énigme. Du reste, ces règles matérielles, quelles qu'elles soient, ne peuvent pas être plus libérales que la loi choisie par les parties. Et si elles n'ont pas fait de choix, on ne nous a pas indiqué une règle matérielle qui serait plus rationnelle, plus libérale, plus sécurisante pour les parties que la loi du pays du siège de l'arbitrage.

938. - Depuis la réforme de 1981, le droit français a été incapable de convertir les autres droits nationaux ni au postulat de l'autonomie de la convention d'arbitrage international par rapport à tout droit étatique ni au dogme des règles matérielles de validité de la convention d'arbitrage international, de constitution du tribunal arbitral et de procédure arbitrale.

(24) Rev. Arb. 1994, page 334 et Rev. Arb. 2000, page 139.

Tous ces droits nationaux restent fermement attachés au conflictualisme dans la mesure où ils restent attachés à la Convention de New York.

939. - On cogite depuis des décennies sur de multiples projets de science juridique fiction (création d'une Cour supra nationale de contrôle des sentences arbitrales internationales, mise en place d'un système international de contrôle et d'exécution de ces sentences, etc.). Les visionnaires feraient mieux de réduire leurs ambitions à réfléchir sur ce qui est réalisable à un moins long terme, à savoir la révision d'une convention internationale qui existe déjà mais qui a un grand besoin de révision pour être ramenée à son objectif initial, celui d'une convention pour l'exécution des sentences arbitrales internationales, et non pour l'exécution des sentences arbitrales étrangères. Ce qui exige de commencer par s'entendre sur une définition unique de la sentence arbitrale internationale, donc sur une définition unique de l'arbitrage commercial international, qui soit en harmonie avec la définition du contrat international en droit international privé.

En attendant, rien ne permet de présager que le conflictualisme de la Convention de New York est appelé à disparaître dans un avenir plus ou moins proche ni que les États qui ont adopté cette Convention changeront un jour de cap et se rallieront à la dissidence française. En s'éloignant de la Convention de New York, le droit français de l'arbitrage international a perdu ses repères, il s'est égaré et s'est condamné à l'isolement pour de très longues années.

TABLE DES MATIÈRES

TITRE II

Troisième partie

Logiques Juridiques

Collection dirigée par Gérard Marcou

Le droit n'est pas seulement un savoir, il est d'abord un ensemble de rapports et pratiques que l'on rencontre dans presque toutes les formes de sociétés. C'est pourquoi il a toujours donné lieu à la fois à une littérature de juristes professionnels, produisant le savoir juridique, et à une littérature sur le droit, produite par des philosophes, des sociologues ou des économistes notamment.

Parce que le domaine du droit s'étend sans cesse et rend de plus en plus souvent nécessaire le recours au savoir juridique spécialisé, même dans des matières où il n'avait jadis qu'une importance secondaire, les ouvrages juridiques à caractère professionnel ou pédagogique dominent l'édition, et ils tendent à réduire la recherche en droit à sa seule dimension positive. A l'inverse de cette tendance, la collection *Logiques juridiques* des Éditions L'Harmattan est ouverte à toutes les approches du droit. Tout en publiant aussi des ouvrages à vocation professionnelle ou pédagogique, elle se fixe avant tout pour but de contribuer à la publication et à la diffusion des recherches en droit, ainsi qu'au dialogue scientifique sur le droit. Comme son nom l'indique, elle se veut plurielle.

Déjà parus

F. MICHAUT (sous la coord.), *Ecrire l'histoire du droit*, 2006.

Y. LUCHAIRE (sous la dir.), *Collectivités territoriales et gouvernance contractuelle*, 2006.

C. MEIMON-NISENBAUM et E. GRONDARD, *Guide de l'indemnisation : juridique-médical-social*, 2006.

Monnier Sophie, *Les conflits d'éthique et de droit* , 2005.

G. LABRECQUE , *Les différends territoriaux en Afrique*, 2005.

ROMANET DE VALICOURT Éliane, *L'erreur judiciaire*, 2005.

S. CAUDAL et F. ROBBE (sous la direction de), *Les relations entre collectivités territoriales*, 2005.

M. LASCOMBE, *Le droit constitutionnel de la Vème République,* 2005.

G. MARCOU et F. MODERNE (sous la direction de), *Droit de la régulation, service public et intégration régionale* (2 tomes), 2005.

André TARBY, *Un nouveau droit de la formation*, 2005.

Cristel COURNIL, *Le statut interne de l'étranger et les normes supranationales,*2005.

Agnès RABAGNY, *L'homme tel qu'en lui-même. Droit et individualité*, 2005.

604869 - Avril 2015
Achevé d'imprimer par
1livre.com
du rêve à la réalité !

Made in the USA
Las Vegas, NV
26 December 2025

37953001R00324